谨 以 此 书 献 给

中国旧石器时代考古学的奠基人裴文中与贾兰坡大师

中国科学院古脊椎动物与古人类研究所

20世纪旧石器时代考古学研究

高　星　侯亚梅　主编

文物出版社

本书得到中国科学院“百人计划”的资助

目　录

序 ………………………………………………………………………… 贾兰坡（1）
中国旧石器时代考古学的昨天、今天与明天（代前言） ……………… 高　星（3）
专家笔谈………………………………………………………………………（10）
周口店下更新统洞穴含人化石堆积中石英器和其他石器的发现 ……… 裴文中（19）
周口店山顶洞之文化 ……………………………………………………… 裴文中（30）
对中国猿人石器的新看法 ………………………………………………… 贾兰坡（50）
丁村旧石器 ……………………………………………………… 裴文中　贾兰坡（55）
青藏高原旧石器的发现 …………………………………………………… 邱中郎（69）
山西垣曲新发现的旧石器材料 …………………………………………… 邱中郎（71）
水洞沟旧石器时代遗址的新材料 ……………………… 贾兰坡　盖培　李炎贤（74）
山西峙峪旧石器时代遗址发掘报告 …………………… 贾兰坡　盖培　尤玉柱（79）
蓝田旧石器的新材料和蓝田猿人文化 ………………………… 戴尔俭　许春华（91）
湖北大冶石龙头旧石器时代遗址发掘报告
　　…………………………………………… 李炎贤　袁振新　董兴仁　李天元（99）
阳高许家窑旧石器时代文化遗址 ………………………………… 贾兰坡　卫奇（108）
富林文化 …………………………………………………………………… 张森水（120）
虎头梁旧石器时代晚期遗址的发现 ………………………………… 盖培　卫奇（131）
中国细石器的特征和它的传统、起源与分布 …………………………… 贾兰坡（141）
云南元谋盆地发现的旧石器 ……………………………………………… 文本亨（148）
泥河湾组旧石器的发现 ………………………………… 尤玉柱　汤英俊　李毅（154）
大荔人化石地点第二次发掘简报 ……………………………… 张森水　周春茂（163）
论华北旧石器晚期遗址的分布、埋藏以及地质时代问题 ………………… 尤玉柱（171）
阳原石核的动态类型学研究及其工艺思想分析 ……………………………… 盖培（178）
中国猿人石器研究 ……………………………………………… 裴文中　张森水（184）
旧大陆的手斧与东方远古文化传统 ……………………………………… 戴尔俭（192）

东谷坨旧石器初步观察 …………………………………………………… 卫奇（199）
观音洞旧石器文化 ………………………………………… 李炎贤　文本亨（208）
梁山旧石器遗址的初步观察 ………………………………… 黄慰文　祁国琴（219）
阎家岗——旧石器时代晚期古营地遗址 ………… 黑龙江省文物管理委员会等（224）
丁村石制品再观察 ………………………………………………………… 刘源（234）
大布苏的细石器 ………………………………………………………… 董祝安（239）
中国北方旧石器工业的区域渐进与文化交流 ……………………… 张森水（246）
石制品微磨痕分析的实验研究与考古应用 ………………………… 侯亚梅（254）
马鞍山遗址出土碎骨表面痕迹的分析 ……………………………… 龙凤骧（271）
金牛山旧石器遗址（1978年发掘）出土的文化遗物 ……………… 张森水（282）
中国旧石器时代晚期文化的划分 …………………………………… 李炎贤（294）
东亚和东南亚旧石器初期重型工具的类型学——评Movius的分类体系
……………………………………………………………………………… 黄慰文（303）
对九件手斧标本的再研究和关于莫维斯理论之拙见 ……………… 林圣龙（309）
泥河湾盆地半山早更新世旧石器遗址初探 ………………………… 卫奇（323）
石球的研究 ……………………………………………………………… 李超荣（336）
中西方旧石器文化中的技术模式的比较 …………………………… 林圣龙（342）
盘县大洞的石器工业 ………………………… 黄慰文　侯亚梅　斯信强（358）
关于“中国旧石器时代中期”的探讨 …………………………………… 高星（372）
中国早更新世人类活动的信息 ……………………………………… 李炎贤（386）
河北阳原小长梁遗址1998年发掘报告 ………… 陈淳　沈辰　陈万勇　汤英俊（398）
周口店第15地点剥片技术研究 ………………………………………… 高星（407）
北京市王府井东方广场旧石器遗址发掘简报 ……… 李超荣　郁金城　冯兴无（419）
中国旧石器文化序列的地层学基础 ………………………………… 黄慰文（426）
中国科学院古脊椎动物与古人类研究所20世纪旧石器时代考古论著
目录……………………………………………………………………………（441）
20世纪中国旧石器时代考古大事记 ……………………………………（473）
编后记……………………………………………………………………………（491）

序

贾兰坡

如果从1920年在甘肃庆阳发现4件打制石器算起的话，中国旧石器时代考古学已有整整80年的历史了。80岁，对于一个人来说已是高龄，但对于一个学科来说却仍然年轻。然而就是在这一年轻的领域，我国的学子们取得了举世瞩目的成就：将人类在中国乃至东亚生存的历史向前推进了数百万年，为研究人类起源和文化发展做出了重要的贡献，使中国成为世界古人类学和旧石器时代考古学的中心之一。这一切不能不使我们为之自豪和骄傲。

提起中国旧石器时代考古学，不能不提到中国科学院古脊椎动物与古人类研究所。这一学术机构的前身正式成立于1929年，当时叫做“中国地质调查所新生代研究室”，负责周口店的调查、发掘和研究工作。解放后，新生代研究室划归中国科学院古生物学研究所，更名为“新生代及古脊椎动物研究室”。1953年改组为直属中国科学院的“古脊椎动物研究室”，1957年改称研究所，至1959年最终定名为中国科学院古脊椎动物与古人类研究所。自成立以来，这一机构便成为中国古人类学和旧石器时代考古学的研究中心，担负起在全国寻找和调查古人类化石和遗迹、发掘重要的古人类和旧石器遗址、研究古人类体质和文化技术的进步与发展、培养造就该领域科技人才的重任。可以这样说，在我国发现和发掘的重要旧石器时代遗址，很少不留有该所人士的足迹；我国重要的旧石器时代考古研究成果，很少不浸透着该所学者的汗水；在全国各地从事这一领域研究的人员，很少未经过该所的培训和熏陶。因而古脊椎动物与古人类研究所在旧石器方面的研究，代表着我国这一领域的研究水平和方向，是中国旧石器时代考古学的缩影。

转眼要进入21世纪了，回顾我们所走过的道路，我百感交集。在世纪之交，我很想将我们这一学科的工作和成果汇总一下，总结一下取得的成绩，检讨一下存在的问题，明确一个今后努力的方向。可惜年事已高，力不从心了。当高星博士与我商量要编辑出版中国科学院古脊椎动物与古人类研究所《20世纪旧石器时代考古学研究》一书时，我十分欣喜和支持。出这样一本书真是太需要、太及时了。

这本书具有很强的资料性和可读性。它将80年来，在古脊椎动物与古人类研究所工作和学习过的学者所发表的有关旧石器时代考古研究的重要论文收集在一起，系统地演示我国这一学科发展的历史过程，展示我国学者在人类起源和旧石器文化研究方面的诸多独到见解，汇集重要遗址丰富的信息资料。需要指出的是，该书并不仅仅是一部论文集。在论文之后，附加了该所人员著述的旧石器时代考古学文献目录，这为检索查询该领域的文献资料提供了极大的方便。该书的另一个亮点是中国旧石器时代考古大事记，它为读者标出了一座座中国旧石器时代考古学重大事件的里程碑，以编年的方式勾勒出这一学科的发展轨迹。此外，此书的编辑工作是由该所古人类研究室石器组的年轻学者们发起和承担的。后生们敢于承担责任，勇于为我们这一学科的发展献策、献力，这使我特别欣慰。我和裴文中先生这一代人已经或正在退出历史舞台，20世纪五六十年代我们培养出的第二代研究力量也在淡出学术界，“文化大革命”和出洋求学又使我们几乎失掉了第三代。我曾十分担心（至少在古脊椎所）我们这一家业是否会延续下去？通过这本书的编辑，我高兴地知道我们又培养出了一支可观的后继队伍。他们年轻，有朝气，有思想，有事业心。这使我看到了这门学科的活力和希望。

衷心祝愿中国旧石器时代考古学在21世纪有新的突破和更大的发展！

2000年10月

中国旧石器时代考古学的昨天、今天与明天
（代 前 言）

公元20世纪初叶，旧石器时代考古学的种子被西方学者带入中国，并迅速在这块肥田沃土上生根、发芽、开花、结果。经过八十多年的培育灌溉、风吹雨打，它已从幼株长成枝繁叶茂、硕果累累的参天大树：上千个旧石器时代遗址被发现、发掘，大量的学术资料得以积累、整理和研究，大量的学术论文和专著发表、出版。中国学者通过勤奋的耕耘为复原华夏先民在这块广袤的土地上体质的进化和文化发展的历史，为探讨人类在东亚地区的起源、迁徙和适应生存过程，做出了极大的贡献，取得了重要的学术地位。

驻足世纪之交的门槛回眸和前眺，我们百感交集。在这一学科所走过的路上，几代学子用汗水和智慧铸就了一座座史前研究的丰碑，用勤劳的双手勾勒出一幅幅华夏祖先生生不息的历史画卷。我们为此感到骄傲和欣慰；而在我们的前方，未知的领域依然众多，新的课题与挑战又纷至沓来。于是我们又感到责任与重负。如何对过去八十年学科的发展进行恰当的定位和评价，如何总结和推广过去的成就，认识与反思存在的差距与失误，端正与明确未来的方向与任务，这是我们现在面临的一项新的课题。在此我将尝试对中国旧石器考古学的发展历程以历史的角度做一回顾，以理论和方法论的演变为主线进行分期和分析，并探索形成不同阶段特点的人文环境和社会背景，以此抛砖引玉，与同行交流和探讨。

引入与探索阶段（1920～1937）

中国旧石器时代考古学是由欧美学者传入和启动的。早在1913年美国传教士艾德加（J. Edgar）即在长江沿岸寻找和采集过石器。他所采集的所谓石制品多无详细的地点和地层记录。1920年法国古生物学家桑志华（E. Licent）在甘肃庆阳的黄土和黄土底砾层中发现3件打制石器，这成为中国旧石器时代考古学的开端。1923年另一位法国古生物学家德日进（Teilhard de Chardin）和桑志华在内蒙古和宁夏的挥套地区发现了水洞沟等3处旧石器时代遗址，扩大了我国这一阶段的史前遗址的分布区域。

周口店的发掘与研究也是外国人发起的。1918年瑞典古生物学家安特生（J. Andersson）首叩周口店的山门。1921年在安特生的安排下，奥地利古生物学家斯坦斯基（O. Zdansky）开始在周口店龙骨山从事发掘。从1927年起中国地质调查所与美属北京协和医学院合作，在洛克菲勒基金会的资助下对周口店进行了连续10年的大规模发掘。1929年中国学者裴文中主持周口店的发掘工作，并于当年12月2日在第1地点发现第一具北京猿人头盖骨，轰动国际学术界，成为人类演化研究的一座里程碑。同年裴文中还在遗址中发现用火遗迹；1930年在下洞发现石制品；1931年大量的石制品在周口店被发掘和确认；随后第13、15、4地点和山顶洞相继被发现和发掘，大量的古人类化石和文化遗存重见天日，尤其是1936年11月贾兰坡连续发掘出3具北京猿人头盖骨，中国旧石器时代考古学进入鼎盛时期。

1937 年发生了日本侵华战争，周口店的发掘工作被迫中断。在随后的几年间裴文中与贾兰坡两位先生在极其险恶的环境下对周口店的材料进行了整理和研究。由于加剧的战争烽火为中国旧石器时代考古学的初创阶段画上了句号。

该阶段持续短暂，从事专门研究的人员寥寥无几，发现的遗址局限于北方的少数地点。此时旧石器时代考古是作为地质古生物学的一个分支在中国崭露头角，研究的方法和思路基本上移植于法国。但其对探索中华民族的远古史和对学科的发展建设具有开创性的、极其重要的意义。

首先，它将古人类在神州大地生存的历史向前推移了 50 多万年，打破了西方学者有关中国无旧石器时代遗存的断言。由于该学科的开拓者们来自地质和古生物学，具有广博的知识底蕴，在周口店的发掘与研究中又采取多学科协作的方式，使得中国旧石器时代考古学在一开始便注重与此相关的古人类学、第四纪地质学和古哺乳动物学紧密结合。这为该学科的后续发展设定了模式，并被裴文中先生形象地定位为“四条腿走路”。此外，裴文中尝试对中国旧石器时代文化的发展过程进行分期与排序。建立了以中国猿人文化、河套文化、山顶洞文化为代表的旧石器时代早、中、晚 3 期的发展序列，并将其与欧洲旧石器文化序列相对比。这种分期与对比模式为以后的研究奠定了基础。在研究方法方面，以裴文中为代表的中国学者除了接受法国的地层学、类型学方法之外，还做了一些开创性的、意义深远的尝试。他们将打隔分方、分层发掘、对出土物进行详细编号记录的方法运用于周口店的发掘，并在工作中不断创新、不断完善，为田野发掘的规范性操作奠定了很高的起点。为了证明周口店出土的石英制品的人工属性，裴文中开展了模拟打制实验，并将实验产品与发掘出土品及自然破碎的石片、石块在显微镜下进行对比观察，确定了人工与非人工碎石的区别标准。裴文中对碎骨也做了同样的观察，同时还对非人工碎石、碎骨的成因和环境条件进行了全面的分析。这些研究工作在实验考古学、微痕研究和埋藏学等方面具有开创性和前瞻性，至今深受西方学术界的推崇。

材料积累、分类与描述阶段（1949～1979）

建国后周口店的发掘与研究工作很快得以恢复，并在一段时期内保持着中国旧石器时代考古学的中心地位。1953 年发现丁村遗址，次年开始大规模的系统发掘；1960 年发现并发掘小南海遗址，同年发掘西侯度遗址、匼河地点群；1963 年发现蓝田遗址、峙峪遗址，同时重新调查和发掘了水洞沟遗址。“文革”期间旧石器考古调查与研究工作被迫中断了数年，70 年代初得以恢复。1971 年发现石龙头遗址；1972 年发掘观音洞遗址、富林遗址；1973 年发现许家窑遗址、下川遗址，发掘鸽子洞遗址，并在元谋人遗址找到石制品；1974 年发现金牛山遗址、猫猫洞遗址；1976 年发现铜梁遗址；1978 年发现小长梁遗址、大荔遗址和庙后山遗址。围绕这些丰富的遗址和材料，中国学者发表了一系列发掘报告和研究论文。

这一阶段的工作是完全由中国的学者独自承担的，是以裴文中和贾兰坡两位先生为主帅，以解放后自己培养的第二代力量为中坚，在近乎封闭的环境下推向前进的。其成就是巨大的：大量更新世人类遗存的发现、发掘、收集和整理使中国一跃成为在世界范围内进行旧石器时代考古研究的最重要的地区之一，并将古人类在中国分布的空间扩大到中华大地的各个角落，生存的时间则又向前推移了 100 多万年。这些为中国史前史的编写奠定了坚实的时空框架和翔实的基础材料。以贾兰坡为代表的一些学者在探讨旧石器时代文化传统方面，提出了华北匼河—丁村系与周口店第1地点—峙峪系、小石器传统、长石片传统及细石器传统等概念，表明该领域的研究已在文化编年的基础上深化到探讨文化的源流以至区域文化传统的成因。这一系列的研究工作使中国旧石器时代考古学形成了自己的特点，并培养、锻炼出一支具有一定规模的科研队伍。

当然，这一阶段的工作并非一帆风顺。四清、文革等政治运动使处于黄金年龄段的科研人员浪费了大量宝贵的时间，新遗址的大量发现、发掘和材料的大量积累，使他们无暇对出土的材料进行充分的消化吸收。许多遗址的发掘缺乏连续性和后续工作，研究方法缺乏创新和突破，仍然停留在地层学、类型学、形态学和文化时空界定、编年排序的层面上。裴文中先生在前期所创导的模拟实验研究、显微观察和埋藏环境分析没能被很好地继承和发扬；研究重心局限在对石器的分类与描述上，而很少去探究这些石器的类型与形态所能揭示的有关人类适应与生存的深层内涵；对石器的分类与功能界定基本上凭主观判断，对材料的观察、表述和研究局限于所谓“典型标本”；对“石器组合”、“考古学文化”乃至“文化传统”的界定及分析多采取简单而直观的归纳、定性和类比。缺乏对遗址形成过程的观察和对一个遗址全部信息体系中部分样本的客观分析、甄别和定位。这些缺欠既体现出学科成长过程中必然的局限性，也反映出社会与外部环境对其施加的影响与限制。

此一阶段的研究重心、研究方法、取得的成就和存在的问题共同集合成中国旧石器时代考古学的鲜明特色，亦即以用地下实物材料诠释马克思主义历史观和辩证唯物主义原理为宗旨，以延伸和复原中华民族悠久的历史为己任，以发现和发掘为工作重点，以地层学、类型学和形态学为基本方法论，对器物的分类和描述为核心内容。这一特点的形成经历了很长的时期，并对以后的学科发展产生了重大的影响和制约。

与世界接轨的转型期（1980～）

20世纪后20年我国旧石器时代田野考古工作取得了巨大的成果。1979、1980年发掘薛关细石器遗址；1981年发现东谷坨遗址、小孤山仙人洞遗址；1982年发现阎家岗遗址；1984年在金牛山遗址出土人类化石，发掘白岩脚洞遗址；1985年发现龙骨坡遗址；1986年发掘岑家湾遗址；1988年发掘四方洞遗址。从1986年起，在百色盆地调查和发掘出土手斧等大量的石制品；1987年在湖北澧水和沅水流域发现大量的旧石器遗存；80年代末至90年代初在安徽水阳江流域发现旧石器遗址群；1990年发现郧县人化石及石器，盘县大洞遗址；90年代初在泥河湾发现半山、马圈沟等多处遗址，并对东谷坨等遗址进行了系统的发掘；1992年发现鸡公山遗址、落笔洞遗址；1993年发现南京汤山人化石；1993～1994年在三峡库区调查发现68处石器时代遗址和哺乳动物化石地点，并在随后的数年间对其中的近20处重要遗址进行了系统发掘；1996年发现并发掘王府井东方广场遗址；1998年发现人字洞遗址，发掘出土目前东亚时代最早的石制品；2000年在建始龙骨洞发掘出土早期人类化石和石制品。这些发现使中国旧石器时代考古研究出现三个新的中心区域，即泥河湾盆地、三峡地区和长江中下游—淮河流域。

野外收获不但体现在数量上，更体现在质量上，尤其表现在对古人类从事生产与生存活动遗迹的寻找和辨认。在阎家岗遗址的发掘中，考古工作者注意到动物化石的有序堆放，进而推测其为人类居住或狩猎藏身的古营地遗迹；在金牛山遗址中，发掘者辨识出人类“生活面”；在安徽毛竹山遗址，研究人员将由砾石、石制品组成的环带和小圆圈定性为“储料场和石器制造场”或“建筑遗存”；在湖北鸡公山遗址，砾石、石器组成的石堆区和“石圈”被推测为制作石器兼居住的“人类活动的场所”；在福建船帆洞遗址中人工“石铺地面”被揭露出来。虽然对上述一些遗存的定性还有待进一步的考证，但说明研究人员的视野已经由单纯的器物而扩展到人类活动的更广阔的空间。

基础研究得到加强，体现在对遗址、文化和区域性的综合研究方面。在北方，对周口店遗址进行了沉积学、古环境学、古脊椎动物学、年代学和考古学等多学科的分析、测试和研究；对北京人在该遗址的文化技术发展、生存方式和环境背景取得了深入的认识。在南方，对观音洞石器文化进行了全面深入的研究，对其技术特点和文化发展阶段进行了有益的探讨，并将其扩展到区域文化体系的层面上。此外，对泥河湾和丁村遗址进行了持续的多方面的探索和研究，初步建立了区域性的文化演变框架，在一定范围内揭示了华夏先民的演化过程。这些发展变化说明我国的旧石器时代考古学研究由长期的以器物为中心转化为以遗址为中心。

中国的学者对旧石器时代考古学文化体系进行了尝试性总结，概括为南、北主工业的二元结构和若干区域性的文化变体。对细石器传统的起源和发展的探讨、北方旧石器文化区域渐进学说的提出、旧石器时代晚期文化体系的划分及对中国旧石器时代的重新分期。另一个研究热点是对旧石器文化发展趋势和动因的阐释。古人类群体在中国演化的连续性与独立性、石器原料的劣质性、竹器的大量使用、因环境而导致的特定适应生存方式等，这些都被不同学者解释为形成中国旧石器文化发展缓慢、规范性差、加工简单等特点的原因。

与此相关的是东西方文化的关系问题，尤其是在东亚是否存在以手斧为代表的西方旧石器技术模式，这成为90年代中国旧石器时代考古学的焦点，并由此炒活了早已沉寂多年的“莫维斯理论”。有的学者认为东亚与西方的远古文化和技术是并驾齐驱的，为同一个文化体系，并引入古人类群体迁徙浪潮和全球古气候、古环境的同步演变作为论据；而反对的观点则认为中国乃至东亚不存在真正的西方阿舍利类型的石器文化，两地在史前技术发展方面各自具有独特性。与此相应的是对中国北方石叶和细石器来源的探讨。持本土论者认为在华北早期的石器文化中已萌生了这样的未来技术，而另外的学者则将目光投向西、北方向寻觅新的文化源头。对这些争论还未能达成共识，但讨论的本身已表明中国的学者在学术上、心理上摆脱了疆域和民族的局限。

中国旧石器考古学取得的最引人注目的进步是方法论的变革和改进。首先是田野方法的改革。从80年代开始，一些学者意识到用地质古生物学的作法及水平方格法已不再能适应研究的需要，因而力求发掘做得更细、收集材料更全面、野外记录更完整。这一发展趋势在90年代初得到普遍的推广。中美考古学家在泥河湾盆地发掘时，将国外已十分普及、成熟的考古发掘方法运用到考古工地，对文化层进行大面积揭露，对出土遗物进行详细的坐标和埋藏情况记录，对移出的土石进行仔细的筛检，对有关古人类活动的遗迹、遗物进行更全面的收集、观察和研究。在这种技术操作下，遗址成为了全方位信息的载体，遗物、遗迹间有了内在的联系，而研究者的目光既能聚焦到文化信息的最小单元，又可扩展到对整个遗址的宏观把握。

以《中国猿人石器研究》为先河，中国的学者开始注重表述与研究的量化，定量分析的理念开始渗透到考古研究之中，使学者们开始摆脱带有强烈主观和随意色彩的定性研究模式，对材料的取舍、表述和研究更全面、更客观、更具有可比性和可用性。与此相应的是规范化的倡导。由于认识到西欧的石器类型学和相关标准不能完全适用于中国的材料，一些学者尝试建立中国乃至东亚的类型学体系，并试图在学术术语、定位、定性等方面建立统一的规范。尤其在对台面的分类、石核与石片的类型划分，石片背脊的力学分析、刮削器和砍砸器的区分、砾石石器的分类，器体大小的界定上。

裴文中先生所倡导的实验考古学在经历近半个世纪的沉寂后，在80年代中、后期又形成了一个高潮。以北京大学和中国科学院古脊椎动物与古人类研究所为基地，以在读研究生为主体，一系列的实验项目有声有色地开展起来了。这些尝试主要集中在打片与制作石器、骨器方面，但也包括了使用与功能实验和骨制品的埋藏学实验。但由于缺乏系统的理论指导和宏观规划，实验的结果未能很好地总结和应用。关于微痕分析，在80年代中、后期，中国科学院古脊椎动物与古人类研究所与北京大学进行过有益的尝试，证明该方法对中国的一些材料仍然适用、有助。但这一卓有成效的方法未能在我国发挥其应有的作用。与此相似的是拼合研究和动物考古学。二者都被尝试和应用，只是缺乏系统、持久，也因而为其在我国未来的发展留下了巨大的空间。

在研究理念上也出现一些可喜的变化，80年代初引进并得以具体应用的"动态类型学"概念便是其重要的代表。在这一概念下，石制品类型不再是绝对、固定、孤立和静止的，而是相对、能动、可以变化和转换的；某一石制品不再是人类石器制作的终极产品或制作者思想锁定的目标产品，而是人类制作工具并用其从事生产和生存活动而产生的一系列产品中的某一环节，"典型标本"与"非典型标本"的界线被打破。这样的理念无疑是对传统的类型学和形态学的挑战，但与80年代开始在美、法等西方国家流行的技术组织（the organization of technology）、操作链（chaînes opératoires）和器物生命史（artifact life history）等观念相吻合。

这一阶段的研究工作是以我国旧石器时代考古队伍中的第二代为主的，第三代发挥了重要的作用。在研究队伍上呈现新、老交替的趋势。但这一趋势在其后期未能朝着理想的方向发展。人才的断层在不断扩大，学科的发展遇到了致命的阻遏。

这一阶段的中国旧石器时代考古学处于明显的变革时期，带有强烈的转型色彩。一方面旧有的传统仍然根深蒂固，材料的发现和报道仍然是成果的主体，分类与描述仍然是一些研究项目的核心，文化传统及其时空的界定仍然是研究的主线。另一方面在研究中出现一些突破和创新，源自西方的一些现代考古学理论、方法和理念也渗透进来，并得以应用。在野外工作中发掘更规范、更科学，信息的采集更系统、更翔实；室内研究则更深入、更客观、更全面，方法手段更多样，理论探讨更活跃。但必须看到这些发展仍然带着很大的局限性，新的分支领域还不很成熟，舶来的理念和方法与中国的材料还未能很好地磨合；在对文化的发展和人类行为的理论阐释方面还显得生硬，带有片面和主观的烙印，缺乏严谨的中间推理和论证。

对未来的思考

历史的车轮驶入了21世纪，中国的社会出现崭新的面貌，为科学研究提供了前所未有的良机。因而，我们必须对学科做必要的加强与调整，使其能有长足的发展。

1. 夯实学科的基础　旧石器时代考古学是一门基础性很强的学科。它汇集和借鉴了古生物学、地质学、历史学和年代学等诸多学科的基本理论和方法。这些理论、方法仍有薄弱之处。其一，对来自不同学科的理论和方法还没能很好地磨合、消化和提纯，进而形成自己的理论和方法论体系；其二，在学术语言和专业词汇方面还存在着混乱和争议，尚未取得统一；其三，学术研究的规范化程度不够，对材料的取舍、表述、定性和研究的程序、方法存在着个人的倾向性和随意性，缺乏统一的标准；其四，在研究方向和手段上狭窄、单调，缺乏专业分工。这些缺欠影响了学术的交流和探讨，制约着学科的健康、深入发展。因此应在学科基础的构筑方面狠下工夫，发展和完善研究的方法论体系，规范行业术语和科研行为。

2. 强化学科与研究的规划　以往我国旧石器时代考古研究兴趣和选题是由材料决定的，并随着材料的改变而变化，缺乏研究立项的主动性、规划性及学科发展方向的战略思考和宏观规划。为改变这种局面，政府和科研单位应加大对该学科的投入、规划和引导，设立专项基金，建立全国性的研究中心和若干区域性的研究实体，根据国际上的热点并结合我国的资源条件设立重点研究课题，对已有的材料做深入的专题研究，并能在课题与人员之间相互协调、相互补充。

3. 拓展研究的深度　中国旧石器考古学经过几代人的努力已积累了大量的资料，使外国学者在探讨更新世人类文化时不能忽略来自中国的信息。近十几年来某些西方学者对北京猿人用火证据、狩猎能力和洞穴使用方式等提出了质疑。这说明我们的研究工作尚不细、不深，对许多问题尚未做出令人满意的阐释。我们不能停留在对材料的积累、分类、描述与介绍的层面上，而应进一步挖掘出这些材料深层的内涵和蕴意。在研究方面第一阶段实现了由器物向遗址的转变，现在研究的视线应由遗址到人，将研究的视线透过遗址中的各种现象而聚焦到古人类的生存行为，包括他们的技术特点、生产过程、生存方式、社会组织和创造这一系列的考古学文化的动态过程。

4. 拓宽研究的领域与空间　旧石器时代考古学是一门综合性的学科。遗址的埋藏环境和过程、伴生的动植物化石、人工碎骨和碎石上的痕迹、工具上的加工物残渍等都包含着古人类的行为信息。另外，人类对生存地域的选择和生存方式，对原料的开发、技巧和程度，人与环境的互动关系等都是目前旧石器时代考古学的热点课题。因此我们应将旧石器时代考古由专注于石器分析而扩展为全信息、全方位的研究，在研究的内容和广度上与世界接轨。

5. 改进、发展和完善研究方法　旧石器时代考古学是一门方法论很强的学科。分类与描述是学术研究和交流的基础，但这种做法本身有待完善之处。一方面我们常常将器物类型绝对化，缺乏对人类行为过程和工艺技术流程的动态思考；另一方面我们的分类和描述往往限于主观定性和片面性，缺乏客观的标准和定量、全面的表述。因此，我们在方法论上必须实现由主观向客观、由定性到定量、由片面向全面的转变，发展和完善包括数学统计分析、计算机数据处理和模式的建立与石器制作与使用的模拟实验、微磨损观察—工具性能分析、拼合研究，等等。当然，这些方法、手段的应用必须与中国的材料特点相结合，并在实践中加以改进、创新。用相同的方法研究相同的问题，这样我们才能与世界的同行进行正常的学术交流和有效地参与世界热点课题的研究。

6. 扩展研究的视野　旧石器时代考古学是一项世界性的学问。目前，西方的学者已将研究的触角伸到了地球上的各个角落，我们不能满足于“中国旧石器时代考古学”的框架和中国境内旧石器文化传统的界定和探究，而应将研究的范围扩展到所有的旧石器时代人类的遗存。我们可以先将周边地区纳入研究的范围，逐步扩大研究的领域，从全球的视野和高度聚焦中国境内的旧石器时代遗存，对现有的资料做出更客观、更全面和更深刻的定位、认识和分析。

7. 加强联络、交流与协作　开放和宽容的环境、畅通的信息交流与专业人员间的良性互动是科学发展的必备条件。应该建立一种良性协作的机制，尤其是大课题运作的方式。使参加人员共享资源、共担责任、共有成果，营造互通、互惠、互动的氛围。此外，建立专业学术组织，加强业务上的联络和协调，定期举办学术研讨活动，建立专业网站，强化信息交流，都应是当务之急。这种形式可以扩展到国家间的层面上。目前我们正在与韩国、日本和俄罗斯等酝酿成立东亚地区旧石器时代考古联合会。

8. 加速人才培养，壮大研究队伍　科学研究以人为本。在20世纪末，中国的旧石器考古队伍随着前辈的退出，出现了断层。为使这门学科得以强劲、持续的发展，必须加速人才的培养。可以在高等院校和科研院所增设博士、硕士点或开设旧石器考古研究生班培养高级人才，这种人才应该是多方面、多层次的。首先要有人数众多的业务人员去发现、发掘、整理，构筑学科坚实的基础；同时这支队伍中必须有专业人员。目前旧石器考古学在研究理论、方向和方法上已有了细致的分化，这是学科成熟的重要标志。我们还应该培养具有宏观视野、敏锐的创新意识和高度责任感与团队精神的人才，能影响和牵引学科的发展方向，并在国际学坛上发挥重要的作用。

对本学科发展的历史进行回顾与总结，是一个充满欣喜与崇敬，同时也偶感焦虑与凝重的过程。20世纪中国旧石器时代考古学赢得过荣耀与成就，也不过偏颇与滞后。那么在21世纪又会是怎样的情景呢？我们目前的研究在整体上还处于转型阶段，水平参差不齐。在理论和方法上主要是在学习、跟踪和模仿，还无暇和无力做出很多的创新。但我们的目光会更远，目标会更大。如果我们能抓住机遇，尽快做出学科规划的战略调整，在理论、方法和手段上大胆引进、锐意创新，充分发挥我们的资源优势，抓紧打造领军人才，壮大学科队伍，那么我们就会在未来20年内赶上和超过西方发达国家的研究水平，力争本世纪中叶在该领域的世界大舞台上挥洒风流，引领一场恢宏的东方之舞。

高星

2002年5月1日

专家笔谈

从周口店的石锥谈到衣服

贾兰坡

1931年，我和卞美年先生到周口店之后，没有几天裴文中先生就拿出一件小石器给我们看，还问我们，“你们看这是什么?”

这是我们第一次看到石器，但我们什么也看不出来，只是一头有尖，一头是扁平的薄片。这是1928年他从步林（B. Bohlin）等人发掘出来的非洞穴所产的碎石块中捡出来的，倒像个石锥呢!

1931年，我们到了周口店之后，没有几天，即发掘龙骨山东北角的鸽子堂洞。洞穴的堆积为角砾岩。角砾岩夹有两层薄灰烬，上、下层的灰烬中都夹有外来的岩石——脉石英。上层为石英1层（Q1），下层为石英2层（Q2)。后来混合为一起，即为鸽子堂北壁。

由这里发现外来石块、烧骨、烧石和动物化石，另外还有一块烧过的木炭，被植物学家鉴定为紫荆。我第一次见到的石锥和首次参加发掘的鸽子堂洞，是我永远不能忘记的，吸引着我走进了旧石器考古的广阔天地。

我一直认为，研究石器的用途，才可能达到人们的要求。什么叫做衣服，就是从那件石锥引起的。前些年，我参加了赴香港讲演团，其中有启功、朱家溍、黄苗子夫妇、王世襄、牟小冬夫妇等先生和女士们。黄苗子夫人是研究古代衣服的，从她所谈的古代衣服，我即想到在周口店首次见到的那件石锥。我就问她：“什么是衣服呢?”她一打愣，说：“我们穿的都是衣服哇!”“那么，衣服的定义呢?”她未做出很好的回答。近年来，我还向来访的朋友请教，但也一直未得到满意的回答。

我一直要向朋友请教对衣服解释的目的，是因为在“北京人”遗址里既然发现石锥，那么是否能把兽皮穿孔，用皮带缝缀成简单的衣服呢!按我给衣服的定义，只要简单地缝缀就能成为衣服。我在香港看到黄苗子夫人所带的女装，感到愈老愈复杂，和现在女装相差甚远。

为庆祝建国10周年，在天安门前兴建中国历史博物馆时塑造的“北京人”背鹿像，是我和杨鹤汀先生为主塑造的，就未给他穿衣服，只是体毛较多，身背一条小鹿，腋下夹着一根棍棒，赤身裸体。同行们对此或许有其他解释，请提出来，以便得到更好的答案。

说实在的，我们虽然发现不少的旧石器地点，但研究方法未超出20世纪30年代水平，特别是旧石器在使用上还得不到统一认识。有的以类型命名，如小尖状器、大尖状器等；有的以用途命名，如刮削器、砍砸器等。比如大三棱尖状器，即可以命名为“手镐”（即不带柄的刨土工具）。至于小尖状器，经过摸索研究，用放大镜观察刃口，模拟试验，最终得到人们的认可。

研究旧石器，光研究石器还不够，也得研究骨器。懂的东西越多，对自己越有利。比如已病故的林一朴先生曾由云南省元谋县蝴蝶梁子采到过一块似有人工打制的骨片，黄慰文先生看到过一件似有人工痕迹的鹿角和许多花岗岩上剥落下来的石片，以及若干“猿”类的牙齿。这个地点，林一朴曾在那里工作过，由于某种原因，报告未能如愿发表。据说，这个地点距今400多万年，很值得详细研究一番。花岗岩遇到忽冷忽热，也并不爆裂石片，而是剥碎渣。

骨器和石器同样重要，不可忽视。有的地点首先是因为发现了骨器才引起人们注意。周口店的碎骨片非常普遍，无论是大型哺乳动物骨骼，还是人骨，几乎没有完整的。如果说是当时人们为了取骨髓为食打碎的，那么许多破碎鹿角，无骨髓可取，为什么也打碎了呢？在“北京人”遗址中发现完整的鹿角太少了，只有一支斑鹿角相当完整，其他都去掉分枝。有的把主干修成棒状物，角尖可作挖掘之用。特别是鹿的头骨多去掉面部，形成瓢儿似的头盖，这种现象，前人已有报道，不容忽视。

我还认为所发现的“北京人”都是仅有瓢儿似的头盖，可能是舀水用具。在陕西省蓝田县公王岭村发现的“蓝田人”也是如此。我们只要多问个为什么，就可能得到答案。

我们并非只认识头盖，而把其他的部分丢掉。在约半立方米的石碴土层中，连豆大的碎骨块都捡了出来。把原标本烤干后，再粘连成整体，接不上碴口的碎骨块，一并带回北京再作进一步修复。说是舀水工具并不过分。

在其他国家，人的头盖骨亦发现不少。如德国发现的尼安德特人头骨（Neanderthal calortel），爪哇人的垂尼尔人（Trinil calotte）以及梭罗人（Solo skulls），绝大部分都是瓢儿似的头盖。因此我认为曾用作盛水工具，更容易被人接受。

我之所以写这篇小文，主要目的是为了使旧石器名称得到统一，都以用途来命名。有的用途知之很难，即以三棱小尖状器为例，早、晚期都可以见到，证明在远古时代必然广泛使用，但直到目前还不了解其真正用途。我记得有位苏联学者，把这些小尖状器曾认为是像啄木鸟那样抠树上的虫子吃，对此我有所怀疑，看来说服人还得花费大功夫。

谈谈细石器一词的涵义

盖　培

细石器这个词是一个变化着的概念，在不同时期有不同的涵义。大体上可以划分三个时期。

在20世纪30年代，细石器这个词具有形容词色彩，泛指小型石器，没有赋予它更多的涵义。德日进和裴文中先生（1932）曾把周口店第1地点和小型石器称作“几乎细石器工业”，裴文中先生（1939）也曾把周口店第15地点的小刮削器称为“细石器”。但是，这种被称作细石器的那些小型石制品并不是40年代所说的细石器。从字面上看，使用的都是细石器这个词，实际上它们所表达的并不是一回事。40年代所说的细石器，在周口店第1和第15地点实际上是不存在的。

40至50年代，细石器这个词在许多文献中被赋予了特定的涵义。德日进和裴文中先生（1944）在其专著中认为，更新世之末发生了世界性的文化一体化，是由于“生物学上和心理学上可能的事”（chose biologiquement et psychologiquenment possible），普遍地出现细石器化。在北非，由卡普西文化产生埃及的塔西安文化；在欧洲，由马格德林文化产生阿及尔－塔登努阿－马格列莫兹文化。Magdalenien文化向太平洋方面传播，通过法国、德国、俄国分布到西伯利亚南部，并在那里产生了“蒙古细石器”或称为“沙漠细石器”。而“蒙古细石器”被看作是横跨欧亚大陆的细石器文化区的“亚洲分支”（Maringer，1950）。

在上述的专著中，归入“沙漠细石器”的石制品有细石叶和细石核，有时还包括小端刮器或小石箭头。德日进和裴文中先生认为“沙漠细石器是一个在时空两方面均为单质的文化单元”，我觉得这种可能性是不能排除的，今后仍须特别关注这个问题。但是，就目前所知的材料来看，德日进和裴文中先生的理论在以下三个方面受到了冲击。

其一　蒙古境内的沙巴拉克遗址是这个理论的一大支柱，当时曾认为该遗址中含有单一的细石器。但是，前苏联和蒙古的联合考察队经发掘证明，该遗址并非只有细石器，同时共生的还有磨光石器和陶片。

其二　这个理论认为伊尔库茨克市郊的上勒拿山遗址（Verkholenskaya Gora）是产生“蒙古细石器”的代表性遗址。然而，通过对比研究，证明上勒拿山遗址与虎头梁遗址有很多相似之处，大多数遗物属于同一类型。因此，判断“沙漠细石器”来自南西伯利亚的论据被动摇了。

其三　这个理论认为细石器只分布于蒙古高原，它的南界位于长城附近。然而，新发现的材料证明，在黄河以南的很多遗址中也含有细石器。

80至90年代，观念和研究方法都发生了变化。器型小不再是关注的重点，小型化问题也不再是讨论的焦点，注意力转移到加工技术和工艺程序方面。此时，细石器一词的涵义很明确，指的是细石叶和细石核。这种倾向在日本表现得尤为明显，在有关日本细石器文化的著作中（《骏台史学》，第47号），在细石器这个名称之下所研究的实际上是细石叶和细石核，而且“细石器文化”一词逐渐地被“细石刃文化”一词所取代。在美国，翻开近些年出版的文献中已看不到细石器这个词汇，含有细石叶和细石核的遗址通常不称为细石器遗址，而是直截了当地定名为细石器组合或细石器传统。

因此，关于细石器一词的涵义，中国和日本的同行之间有相同的思路，彼此之间很容易沟通。来自阿拉斯加和俄国的同行也能理解为什么我们把含有细石叶和细石核的遗址命名为“细石叶类群”。但是，来自西欧的同行往往产生误解。在他们的观念中，把大而长的石片弄小、弄短，截成小段叫作细石器，用这种东西制成的小石器就叫作细石器（Wenke，1980）。他们往往以为我们用词不规范，其实这是同名异物引起的麻烦。

Maringer J. 1950 Contribution to the prehistory of Mongolia. The Sino－Swedish Expedition Publication 34.

Pei Wen－chung 1939 A preliminary study of a new Palaeolithic station known as Locality 15 within the Choukoutien region. Bulettin of the Geological Society of China 19（2）.

Teilhard de Chardin and Pei Wen－chung 1932 The lithic industry of the Sinanthropus deposits in Choukoutien. Bulletin of the Geological Society of China 11（4）.

Teilhard de Chardin et Pei Wen－chung 1944 Le Neolithique de la Chine. Institut de Geo－Biologie，No.10.

Wenke R. J. 1980 Pattens in Prehistory. Oxford University Press.

总结过去，展望未来

李炎贤

中国旧石器时代考古学诞生于20世纪初叶，成长于中叶，发展于末叶。中国旧石器时代考古学最初是外国人包办的。即使如此，水洞沟和萨拉乌苏河遗址的发现及研究，客观上打破了中国没有旧石器时代文化，没有史前人类的谬论。1927年，周口店的发掘是中国学者从事旧石器时代考古工作的开始。1929年新生代研究室成立，它是专门从事周口店的发掘和研究，标志着中国旧石器时代考古学的开始。30至40年代为中外合作的局面。周口店的发掘和研究把中国的历史提早到旧石器时代早期。从1949年开始，中国学者独立自主地发展了这门学科，到"文化大革命"前发现了丁村人、长阳人、柳江人、马坝人、蓝田人和元谋人等人类化石及丁村、匼河、峙峪、观音洞等重要文化遗址。70年代起新人辈出，探讨的领域逐步拓宽、加深，相继发现了许家窑人、巢县人、和县人、金牛山人、郧县人、汤山人等重要人类化石及石龙头、许家窑、下川、小长梁、东谷坨、白岩脚洞、穿洞、阎家岗、板井子、樟脑洞、海城仙人洞、学堂梁子、落笔洞、鸡公山、大洞等重要文化遗址。这七八十年来，在几代学者的努力下，取得了令人瞩目的成绩。从祖国的最北边到南海之滨的三亚，从台湾到世界屋脊的西藏都发现有年代或早或晚、材料或多或少的旧石器时代的文化遗物以及它们的制造者。从时间上来说，早更新世至晚更新世的二百万年间，在广袤的中华大地上生活着我们的远古祖先，他们在这里劳动生产，繁衍生息。

综观七八十年的工作成绩，可以指出如下几点：野外工作做得比较系统的是周口店第1地点的连续发掘；发现旧石器时代地点最多的为山西省。从阎家岗的发掘开始，埋藏学的观察、分析才得到重视，鸡公山的发掘是埋藏学的进一步运用和发展。发掘记录比较详细的地点有河北阳原板井子、东谷坨、半山等遗址。对石制品的类型学分析比较系统、深入的报告是：《中国猿人石器研究》、《观音洞——贵州黔西旧石器时代初期文化遗址》、《丁村旧石器时代遗址群调查发掘简报》、《贵州普定白岩脚洞石制品的分析研究》等。石片的研究较为系统、深入的有王建、王益人（1988）和蔡回阳（1989）的专论等。石制品对比研究比较深远的是：盖培等关于细石器的对比研究。实验研究做得较为系统的是：李莉对打片方法的实验研究，吕遵谔、黄蕴平对动物破碎和敲骨吸髓的研究。石制品拼合研究做得较好的是：谢飞等对泥河湾岑家湾标本的研究。在介绍外国旧石器时代考古的成就和一些技术类型问题方面，成绩较为突出的是：林圣龙、陈淳等。

除了上述几点外，中国旧石器时代考古还在如下几方面取得较为突出的成就：

一、发现了一批人类化石，包括直立人、早期智人和晚期智人不同阶段的标本。古人类学家的研究表明，中国的人类化石具有连续进化的特点。

二、发现一大批石制品，其中有的省发现上百个地点或遗址。研究表明，中国旧石器时代不同时期的文化遗物，在技术类型上具有明显的继承和发展关系。

三、发现一批骨制品。

四、发现古营地遗址和石制品制造场。从80年代起我国学者开始注意用埋藏学观点来考察重要遗址，并注意对遗址类型的分析研究。

五、基本上搞清了北京人的生活环境问题。70年代起，对北京人遗址及其附近进行了多学科的综合研究，结果表明北京人是在比较温暖的环境中生活，其间气候有过波动。

六、初步认识中国旧石器时代文化的共同性和多样性。70年代，贾兰坡等提出我国北方旧石器时代文化存在两个大致平行发展的系统或传统的假说。80年代，张森水提出南北两个主工业并存的假说。这些都是对中国旧石器时代文化多样性的探索，目前对这种共同性和多样性的统一的认识还在逐步加深。

七、初步认识到中国旧石器时代文化的一般性和特殊性。中国旧石器时代文化虽然与欧洲的旧石器时代文化有一定的区别，但也有一定的共同点，即都是在打制石器的一般规律的制约下发展的。

八、培养出几代旧石器时代考古学专家。中国旧石器时代考古学是由裴文中先生和贾兰坡先生奠定基础的。在他们的指导或影响下，一批批旧石器时代考古学者脱颖而出。目前，具有高级职称的旧石器时代考古专家已超过50人。

九、出版了一批研究专著。

虽然中国旧石器时代考古经历了七八十年，但也留下一些空白地区或薄弱环节。例如，迄今为止，我们还没有发现旧石器时代的壁画和其他艺术品，关于旧石器时代的墓葬和建筑遗迹也没有足够的证据。在已发表的专著或专题论文中虽然提出或讨论了各种各样的问题，但亦存在这样或那样的问题，因篇幅有限，不一一罗列，兹举其要：

一、一般说来，大多数遗址的地质、地层工作比较简略，今后要加强这方面的工作。对孢粉和沉积物的分析是复原古气候、古环境的重要手段，但是，多数旧石器时代遗址中还没有做这方面的工作。希望有条件的地方最好请有经验的专家帮助做。

二、不少遗址尚未做年代测定工作，即使有些遗址已经做了工作，但有时存在年代倒置或大幅度横跨的问题，所以还要深入地做或用其他测年方法来校正。

三、旧石器时代遗址中的碎骨有自然破碎的，也有人工打碎的，关于这一点值得认真分析。骨器问题须进一步深入研究。

四、在以往大多数遗址的发掘中，埋藏学的研究虽然在一定程度上受到重视，但不够，以致很多重要现象缺失，造成无法弥补的损失。希望今后发掘时要高度重视对埋藏学的详细记录与分析研究，而且要长抓不懈。

五、对大多数遗址中的石制品的技术类型分析只做了初步研究，还可进一步深入研究。

六、石制品和骨制品的实验研究及微痕观察过去做了一些，但在相当长的时间内停顿了。今后应继续坚持实验工作，不仅要做人工制品的模拟实验，而且要做自然破碎的模拟实验，要系统深入地开展微痕观察研究。

七、石制品的拼合研究刚刚开头，尚需继续深入开展。

八、大多数遗址中石制品的对比研究只做了初步工作，在条件具备时，可同国外同时期的或年代接近的石器工业做对比。

九、在上个世纪的研究工作中，对有争论问题缺乏广泛的讨论，因而问题长期得不到解决。希望在新世纪能够提倡学术民主，开展学术上的自由讨论。

十、当前特别要抓基础研究，要学会区别天然破碎及人工打击的石制品、骨制品。提高鉴别能力，开展模拟实验，增加感性认识，掌握不同时期器物的特点，提高理论水平。

十一、在石灰岩地区考察时，要注意洞穴中可能有壁画。希望今后发掘时要注意对遗迹的保护。

上述诸点，是我对自己多年工作总结所提出的一点建议，因为一个人的知识和精力毕竟有限，即使各方面都懂得一些，但未必是专家，但只要锲而不舍地努力，相信在21世纪将会出现令人欢欣鼓舞的局面，中国旧石器时代考古学将会以崭新的面貌出现在世人面前。

新世纪寄语

卫　奇

为解无知入门来，入得门后更无知。人生自有黄昏日，未到知处已暮时。

辛巳年，高星先生汇编文集出版。己身逢花甲，倏忽倍觉老矣。回首人生旅途，在中国旧石器时代考古围城里几何春秋，忙忙碌碌，急急匆匆，失误诸多。欲问考古生涯何所为，尚有聊以自慰的三件事：创建了泥河湾盆地考古地质学框架；在三峡工程淹没区调查时发现一批旧石器时代考古遗迹；建立了石制品动态分类系统。如果这些能是先生留给后生可持续性研究参考的芥豆之奉献，则欣慰极至。

中国旧石器资源丰富，不仅数量多，分布广，时间跨度大，而且研究历史悠久，成果累累，业绩斐然，在亚洲乃至整个世界占有不可替代的地域优势。

中国旧石器时代考古源于西方人，其研究工作受西方的影响很大。中国旧石器由于自身特点，以及过去多年几乎封闭状态下的发展，虽然发现大量地点和材料，但因为研究工作缺乏系统科学规范的支点，致使我国旧石器时代考古的发展和人才的成长受到了局限性制约。最近十多年来，随着国际学术交流活动日益频繁，中国旧石器时代考古的研究思想和研究方法也出现了一些变化。这些变化尽管还很有限，但产生的影响可能是深远的。

当前科学事业的飞速发展，信息网络全球化，旧石器时代考古材料积累越来越多和研究工作越来越深化，建立新型研究模式和创新研究思维是中国旧石器时代考古学的必然走向。

发展中国旧石器时代考古学，必须造就一批优秀的新型专业人才。当今的专业旧石器时代考古学家应该具有德才兼备的科学素质，既有高尚的道德，又有高超的技艺，并且对事业充满激情和责任心。旧石器时代考古学应该是早期人类生活行为的逻辑推理及演绎，它是一门永远不可实验再现研究对象的探索性学科。因此，旧石器时代考古学家在科学解释中必须老老实实，实事求是。绝对容不得哗众取宠甚至弄虚作假，当然感情色彩或文字游戏也是要不得。Albert Einstein说过，科学殿坛里有三种人，有图谋名利的，有为兴趣的，有追求真理的，他说应该把前两种人赶出科学殿坛。科学家应该捍卫科学的尊严和维护自己的科学人格。不久前日本揭露的旧石器时代考古丑闻，暴露出来的问题在中国也很值得沉思和防范。由于旧石器时代考古学具有较多的自然科学属性，所以旧石器时代考古学家必须具备有关科学基础知识并受过专门训练。不仅能够有效地组织田野调查和发掘，而且有能力客观提供田野工作的科学资料并做出合理判断。另外也必须正视和修正错误，因为科学家的探索失败和犯错误几乎是不可避免的。

中国旧石器时代恰似一个很有个性的大花园。它是一幅五彩缤纷的图画，也是一支节奏玄妙的乐曲。我们如何整体把握它的独特色调？如何始终和谐它的自有旋律？没有规矩不成方圆，中国乃至世界旧石器时代考古必须建立规范的科学运作规则和判断标准。研究规矩，有的需要讲道理，例如，旧石器的分类应当遵循科学划分原则，否则建立在类型分类基础上的旧石器时代考古学很难算得上是一门真正的科学。有的问题需要互相理解沟通，例如裴文中的“中国猿人”，贾兰坡的“北京人”和吴汝康的“北京猿人”。有的暂时尚可保留其意见分歧，例如贾兰坡的“许家窑”和吴汝康的“侯家窑与许家窑”等。但最忌讳的是在同一篇论著里混用这些术语。科学定名有命名优先权，如果有问题可以更正，但需要说明道理，随便变换术语如同给人乱起绰号，容易造成人为的混乱，这是做科学很不严肃的行为。前人留下了许多宝贵遗产，同时也留下这方面的不少缺憾。旧石器时代考古遗址发掘的程序和记录格式、标本的观察内容和测量方法、发掘报告的编写规则等，这些看起来似乎很简单的事情，恰恰成了中国旧石器时代考古学发展面临的实际问题。在标本测量中，例如石片的长，是指石片远端（尾端）距台面打击点还是垂直台面的最大距离，显然存在不同的认识。其实，由于视角和习惯的不同，认识存在差异也是正常现象。问题是应该明确标本的本质属性和非本质属性，标本的本质属性不论主要的还是次要的尽量详细记述。标本无疑是旧石器时代考古研究之本。1986 年，我参观大英博物馆时，给我印象最深刻的是标本的管理，那里每一件标本都有规范的属性档案，实际上就是标本的数据库。将来，我们一旦健全标本属性的数据库，那么对标本观测的分歧就会变得很小，许多基本概念能取得共识。

“沉舟侧畔千帆过，病树前头万木春”。视线转向未来，一派生机正在浮现，相信中国旧石器时代考古事业一定会越来越繁荣、辉煌！

思考与企盼

张森水

自进入中国科学院古脊椎动物研究室工作起，就在裴文中教授指导下，在旧石器考古学领域里逐渐成为一粒铺路石子，自感欣慰。回首往事，40 余年的历程，是曲折的，虽无治学经验可谈，但教训却有若干。愚者所思，或许能为后学提供一些借鉴和思考。

一件遗憾事。在从事旧石器考古工作中，想了想什么事最激动人心？什么事最令我沮丧？说来也巧，两件事竟发生在同一个地方，内蒙古准格尔旗的榆树湾。1958 年 8 月，为配合万家寨水库建设，所里派我去调查淹没区内的旧石器地点，工作近月，收获甚微，心情很急。9 月 29 日在喇嘛湾梁上，与羊倌闲聊，并拿出采自附近地表的石英岩石片给他看，羊倌告诉我：“马牙石此地不多，河对岸榆树湾多得很！”次日过黄河，在榆树湾村边的黄河阶地上采到数以百计的加工精致的打制石器，当时的高兴劲儿就甭提了，现在回忆起来，仿佛仍在昨日。最沮丧的事也发生在这里。1991 年 10 月，我将退休，借开考古学会之机，想再去看看榆树湾地点，顺便采点标本。兴冲冲来到喇嘛湾，眼前景色已变，由于建桥和修公路，榆树湾村和发现尖状器的清水河喇嘛湾地点已荡然无存，心情十分沮丧。

从石制品看这两个地点是很有工作希望的，虽然当时都是地表采集的，次年我还去过，并且从地层中也找到一些石制品，但我认为还未圆满地解决时代问题。此后，因客观因素，没有再去，使河套东部黄河沿岸这套打制精致的石器的年代问题未能解决。近年万家寨水库建成了，几十个在淹没线下的地点沉入高峡平湖中，对我来说，未能抓到底，成为终生的一件憾事。但也有值得称幸的事，当时自己不仅腿勤，而且嘴勤，所以留下有意义的记录。

一件未遂的心愿。工作不久，回家省亲，母亲不知从哪儿听说，搞考古就是挖坟，做缺德事。我虽做了点解释，但也未能说服她。说到急处，我冒出了一句：能挖到一处旧石器时代的墓葬，我这一辈子就心满意足了！从那时起，我就把它当做一个目标。在工作中，特别是在贵州的 20 多年探洞中，企求找到它，至今未能遂愿，估计此生难有“王师北定中原日”了。

一点思考。有 80 年历史的中国旧石器时代考古其主要成果是不断地扩大了旧石器时代文化的时空分布及探索其发展趋势。从发展角度，旧石器时代晚期文化的进步反映在诸多方面，如壁画、艺术品，有刻纹骨器的发现。为对旧石器时代人类行为和抽象思维的研究有较快的发展，应该熟悉和收集有关民族学的资料，运用民族学研究方法来解释考古学中的问题。

一点企盼。近 10 年来，对中国农业起源的研究有了很大的进展，有可靠证据说明，在江西、湖南等省水稻的起源距今一万多年前，北方的旱作农业已有距今八九千年的历史。农业的起源是以定居为前提，除了长期穴居外，房屋的营建应是定居的另一重要标志。目前在欧洲和亚洲不少国家发现旧石器时代晚期的房址，在我国尚未发现旧石器时代的房址。笔者企盼，在不久的将来，通过大家的努力，把这方面的空白填补起来。

21 世纪的中国旧石器时代考古学，必将新人辈出、硕果累累，为世界史前学研究做出更大的贡献。

迎接新世纪的中国旧石器考古

黄慰文

1999 年 10 月在北京举行的第一个完整的北京人头盖骨发现 70 周年暨国际古人类学讨论会上，我曾就 20 世纪中国（包括亚洲）旧石器考古的主要成就和新世纪的发展作了发言。后来，发言的中文稿以“亚洲，仅仅是一个伟大的‘东方幻觉’吗？”为题在山西《文物世界》2000 年第 4 和 5 期连载，英文稿“Greeting Chinese Paleolithic Archaeology in the 21th Century (A Retrospective)”被收录到《人类学学报》第 19 卷增刊。在这个发言里，我对新世纪中国旧石器考古的发展提出了三点思考，与同志们商榷。

第一，研究的指导思想。我主张借鉴中国黄土研究的经验，将中国旧石器考古从区域性研究步入全球性的格局之内，在全球变化的规律中来讨论本学科的问题。为什么需要这种转变呢？因为在人类进化过程中，扩散、迁移、交流是一种普遍现象；而封闭、孤立只是个别的、暂时的。我们分析某一地区的旧石器文化，注意地区特点无可非议，但过分强调、忽略交流与融合则不合实际。况且，在对外界缺乏了解的情况下得出的“地方特色”往往靠不住。我在发言中谈到中国旧石器考古的研究历史，指出它本来就有一个“比较观”（或全球性思考）的良好开端。后来，因为不恰当地强调地区特色，尤其是受“莫氏线”的影响逐步将自己的视野局限以至封闭起来。为此，我和侯亚梅同志在一篇合作文章里提出：“东亚、东南亚旧石器研究要得到发展，就必越过‘莫氏线’设置的障碍，跳出误区”(1997)。

第二，关于人类起源中心的争论。人类单一地区起源说和多地区起源说，关系到我们对旧大陆旧石器文化发展格局的认识，是旧石器研究的一个基本问题。长期以来，学术界的争论基本上限于由单一地区起源说所派生的亚洲说和非洲说。然而，一个多世纪以来人类“摇篮”（起源中心）时“东”（亚洲）时“西”（非洲）来回摆动而未见平息的事实，至少说明单一地区起源说本身存在很大的局限性。近年，地质学家关于距今700万年以来北半球三大季风区（东亚、印度、西非）气候变化相似性的研究表明：亚洲和非洲一样具有适于从猿到人和早期人类进化的环境。这一发现无疑对魏敦瑞倡导的人类多地区起源说有利。鉴于人类起源是一个短期内不大可能有明确答案的极其复杂的学术问题，我主张把争论暂时搁置一边，开放思路，多做工作，尽可能客观地、以平静心态去对待不同地区的新发现。

第三，加强第四纪研究，尤其是对全球环境变化的研究。中国旧石器考古从建立之始就强调与新生代地层和古生物学结合起来。正是这个好的传统使中国旧石器考古得以健康成长。然而，近20年来这种结合在一定程度上受到削弱，出现了“只讲进化，不讲环境”的倾向。显然，这对学科的发展极为有害。

人类的出现和进化是地球演化史上一个划时代事件。人类既是地球上生命自身发展的结果，也是晚新生代几百万年来全球环境变化的产物。因此，离开环境变化无法正确解释人类进化的过程。同样，作为环境变化的接受者和参与者，人类进化，特别是旧石器文化的研究成果也能对全球环境变化研究做出贡献。因为，从一定意义上说，文化活动（如人群的迁移、谋生手段和生活方式的改变，以及发明用火、缝制衣物、营造住所、农业和畜牧业，等等）是人类对变化着的环境的自我调整和适应的表现。因此，考古研究成果也是一种生动具体的“环境指标”。当前，第四纪环境研究与旧石器考古学、古人类学的结合已经成为地质学家、旧石器考古学家和古人类学家的共识。我们有理由相信这种结合必将产生硕果。

周口店下更新统洞穴含人化石堆积中石英器和其他石器的发现

裴文中

一、绪　　论

当安特生（J. G. Andersson）博士十年前把周口店化石地点公诸于科学界时，他就注意到周口店堆积中石英块的来源问题。他被这个事实所打动：石英，它不是周口店地点所固有的，现存在于该地点含化石的堆积中，或许是由于某种古老类型的人类的作用造成的（Smith，1931a，b）。

五年后，在周口店堆积中发现了确切的人类化石遗骸。从而证明安特生的推想是正确的（Black，1926，1927；Zdansky，1927）。从1927年开始，我们就在这个地点发掘，陆续发现许多石英碎片和石英块（其中有几件似为人工制品），只是到了今年（1931）春季才从原生层位中发现确切无疑的人类制作的石器。

在发掘中，我们特别注意从地层中寻找石器，可是到1929年为止，像步达生（David－Son Black）教授所宣布的，我们还没有找到“任何性质的人工制品”或“任何用火的痕迹”（Black，1929b）。在发现中国猿人第一个头盖骨的下洞（Teilhard and Young，1930），我发现一件有“打击”痕迹的石英片，但是由于这件石英片是从堆积物的表面采集的，因而我不能肯定它来自堆积物中，它上边的“打击”痕迹不是技工在采集时碰成的。

1931年野外工作开始时，我在清理浮土过程中发现一层丰富的石英层，7月份，在鸽子堂洞又发现另外一层石英层。这两个石英层的主要成分是细砂和粘土，大量的石英碎片堆积在其中。

在本报告中，为了方便，我将今年春季发现的石英层称为石英一层（Quartz horizon 1），7月份发现的称为石英二层（Quartz horizon 2）。到1931年为止，在周口店地区共发现了11个含化石的地点，时代或许都是早更新世，只是在第1地点发现中国猿人材料。由于这个缘故，第1地点常常被称为中国猿人地点。在那里，中国猿人材料采自七处，分别用A、B、C等字母表示（Black，1929a，1931）。

A处是发现正型标本——中国猿人下臼齿的地方。师丹斯基（Zdansky）早年收集的牙齿和1929年描述的下颌骨碎块，均发现在这里。B处是1928年发现的，位于主堆积之东，高出A处15米的地方。C处是1929年春季发现的。D处和E处是同年秋季发现的。E处是第一个头盖骨所在地。D处是第二个头盖骨所在地。后一个头盖骨是1930年技工在室内修理上一年度D处的化石时发现的（Black，1931）。

F处位于下洞的深处，1930年从那里发现过几枚中国猿人的牙齿和下颌骨等其他材料（图一）。

1931年7月，从石英二层发现一些中国猿人的标本。如果我们将中国猿人的发现地的编号连续下去，石英二层可编为G处，可是G处也可以看成是石英二层仅有的一个亚层。

1929年的发掘工作已由德日进和杨钟健写成了报告（Teilhard and Young，1930）。1930年的工作可以分为两部分，一是继续去年已开始的下洞的工作；二是广泛的探索性工作，以确定主堆积物下面

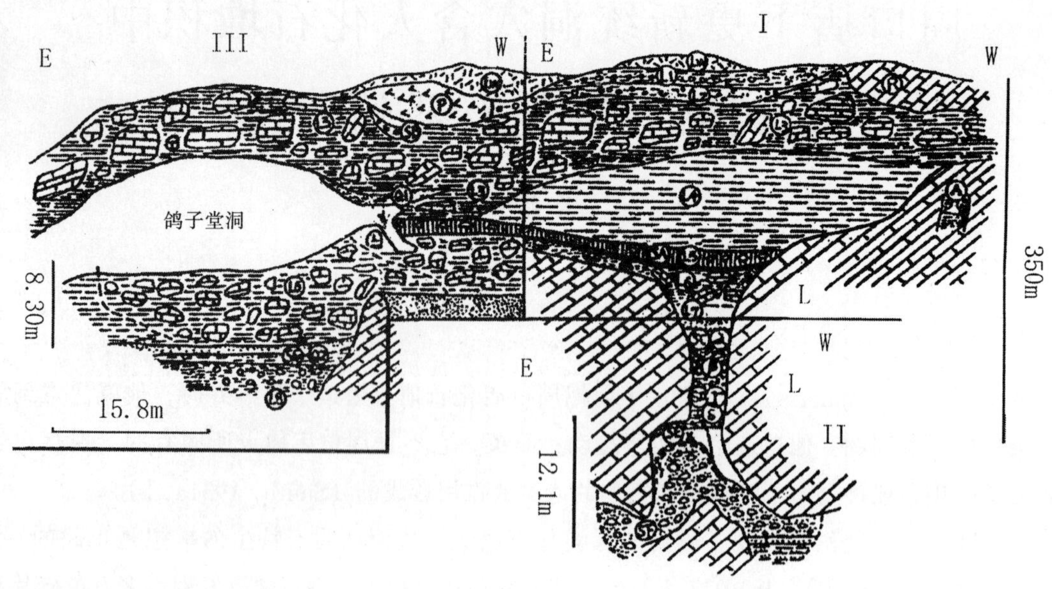

图一　综合剖面图（由西向东）

Ⅰ主堆积（依德日进、杨钟健）　Ⅱ下洞　Ⅲ鸽子堂洞

Lw. 石灰渣　P. 垃圾　R. 石灰岩（洞顶残留部分?）　L. 石灰岩（外壁）　A. 溶解囊 A　L1－L8. 第 1 至第 8 层　SA－SG. 中国猿人化石发现地　α－δ. 下裂隙堆积的分层　Q1 和 Q2. 石英一层和石英二层

石灰岩的界限。这一年在挖掘下洞时，因为洞很深，从下洞中挖掘遇到了困难，因此大部分工人在遗址的顶部发掘，小部分工人则开始在鸽子堂洞发掘，目的在于确定鸽子堂洞和下洞之间的关系。

因为打通鸽子堂洞的胶结坚硬的角砾岩层遇到了困难，所以在 1931 年春季发掘时，我们没有把工作扩大到下洞的层位。在对石英二层经过一番考察之后，发掘工作因雨季而中断。

石英二层是在现鸽子堂洞地面之下往南延伸的。但是，对它的进一步考察还要等待下一季度的野外工作。

二、石英二层的地质情况

鸽子堂洞（Teilhard and Young，1930）有一个朝东北的开口，在开口的中央有一根石灰岩柱子，它是在我们发掘之前经当地采石工人开掘石灰岩之后留下的。洞长 30 米、宽 13 米、高 10 米。北壁为石灰岩岩壁，其他洞壁和洞顶都是胶结坚硬的，含大块石灰岩的角砾岩堆积，很少有细粘土和砂子之类的物质。这层堆积物和角砾岩，相当于德日进、杨钟健所研究的主堆积的第 3 层堆积（Teilhard and Young，1930）。

就其来源说，鸽子堂洞并非原生洞，它是挖掘致空的。洞内的堆积应该和现在的洞壁（除了北壁）一样。角砾岩等填充物是由洞崩塌的大块灰岩逐渐堆积而成的。这样形成的整个堆积物，在其堆积时和在洞顶崩塌之后就不规则地胶结起来。现在的鸽子堂洞来源很晚，可能是第一批工人在开掘石灰岩时，搬掉了那里未胶结的岩屑而形成的。

鸽子堂洞的地面，稍低于 A 处，而高于河庆水面约 30 米。在我们发掘以前，地面上除了有少量的蝙蝠粪和尘土外，没有更多的近代堆积。

地面由与洞顶相似的角砾岩组成，同样的角砾岩向下延续约12米深。它相当于德、杨氏所划分的主堆积的第6层，但较第6层稍厚（Teilhard and Young，1930）。在这层角砾岩之下为石英二层。

在这里，应该注意的一个事实是，在主堆积第6层的角砾岩层之下为第7层砂层，在那里发现过许多哺乳动物的完整头骨和肢骨。可是在鸽子堂洞，类似的砂层已经消失。在鸽子堂洞的西边，地面以下4米处，有一座石灰岩隔墙，从北壁向西南倾斜，在隔墙之西，出现一层像主堆积第7层一样的砂层。隔墙东边的堆积似乎不同于西边，这或许是由于隔墙本身所形成的屏障的直接结果。

在石英二层之下，为另一角砾岩层，内含风化厉害的石灰岩块，但很少有锐利的物质。这层角砾岩层，似乎相当于德、杨氏所划分的主堆积的第8层（Teilhard and Young，1930）。

在鸽子堂洞的北壁有一个通道，通向东北洞，洞中填充有大块灰岩和骨化石。这个洞和石英二层尽管处于相同的层位，但洞中的堆积物看来似乎与石英二层无关，它们被一堵墙隔开。

石英二层的厚度由0.45～1.80米。较薄的部分分布于发掘区的东南部，然而，也不都是这样有规律的，它们的厚度各处变化很大。

石英二层的划分也并不一致，在靠近北墙中部较有代表性，那里有完整的地层，可分为a、b、c、d、e五层。

红粘土层（d）的厚度，向西变厚，西部可达1米以上，在东部则完全消失。

发掘区的西部，由红粘土层（d）构成石英二层上部的主要部分，下部则为带有黑色薄层的暗红色粘土层。粪化石层（b）延伸到红粘土层（d）中而不见于其他各层。石英标本在红粘土层（d）中非常丰富，并且所有透明的石英标本都采自红粘土层的西部。

发掘区的东部，黑土层变得越来越薄，最后消失，而粪化石层（b）则与黄粘土层（a）合并。在该层的东部还采集到少量的石英标本。

发掘区的中部，靠近北墙处，地层完整。但是往南，粪化石层（b）和红粘土层（d）则消失。粪化石都出自黄粘土层（a）。在发掘区的中部，黑粘土层（c）的厚度向南似乎有所增加。

中国猿人化石出自石英二层中部的南端（图二）。

石英二层的发掘区宽3.6米、长10米，平均厚度约1.5米。本文所要描述的2000多件标本是从54立方米的堆积中挖掘出来的。在野外工作中，可以观察到标本丰富的地方，每12立方米的堆积中就有21～35件石英标本。这些标本大多来自d层，其次来自e、c和b层，很少来自a层。

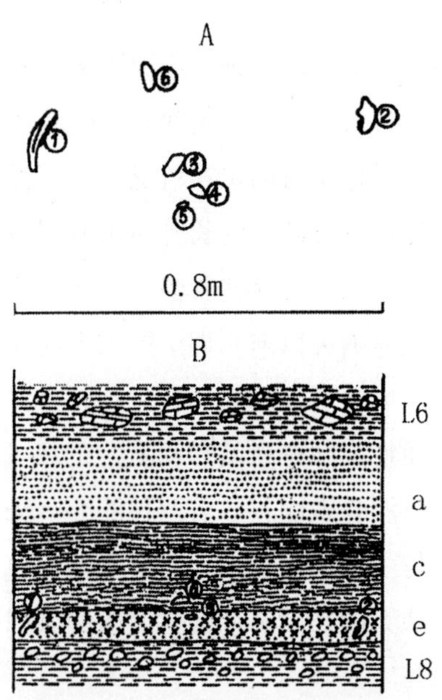

图二　中国猿人化石平面分布图及地层剖面图

A. 1. 左颌骨碎块　2. 右颌骨碎块　3-5. 颅骨碎块　6. 石英标本（Cat. No. Q2：38）　B. G处的剖面　L6. 鸽子堂洞地面，大部分为大块石灰岩（相当于主堆积的第6层）；a黄沙粘土；c黑粘土；e含黑色纹理的深红色粘土；L8. 角砾岩，含风化厉害的石灰岩块

三、从石英二层发现的动物化石

如上所述，石英二层的骨化石都很破碎，大部分不能鉴定到种。除了归于中国猿人属的标本外，在野外被鉴定的、保存较好的标本有完整的鹿的扁角1个，较完整的象的髋骨2个、门齿1枚以及马牙若干，还有一些犀牛的牙皮。在已挖掘的地层中，我们经过细心的检查，只发现一件代表肉食类的标本，即鬣狗的乳齿（DP3)。有趣的是，肉食类化石，特别是鬣狗化石，在主堆积的各层和下洞堆积中特别丰富。

许多小啮齿类化石是从石英二层西边的黑土层中采集的，其中以 *Microtus* cf. *brandti*（Pei 1931a）为最多。粪化石的详细研究，将随后进行。在石英二层中，还发现少量的似乎是鸵鸟蛋皮的化石。

如前所述，在石英二层发现的动物化石中，肉食类是极少的。因此，许多无法鉴定的、代表大型哺乳动物的破碎骨骼的存在，从目前的例子来看，不能归于肉食类动物的作用，如同其他地方的堆积层见到的那样。因此，不是没有理由假定，石英二层中那些大型哺乳动物的破碎骨骼是中国猿人在占据这部分洞穴时，作为废物遗弃下来的。

从石英二层发现的中国猿人标本有：三块小的头骨碎片；一件连有全部牙齿的左下颌骨；一段保存后突和后边两个臼齿的右下颌骨。

关于骨化石的保存情况，上边提到的一个事实或许是有意义的，这就是被保存下来的大型的哺乳动物化石只有破碎的长骨而没有一件是完整无损的。这些长骨，多数具有锐利的边缘，并且没有磨损过。因此推测，这些骨骼在形成后不可能受到长时间的风化作用。它们的形状多数可以解释成在它们的有机体消失以前，即中国猿人居住在这部分洞穴时，是经过猛烈敲击而形成的。

石英二层发现的动物化石，大多数都是破碎的骨头，要鉴定到种显然是不可能的。很明显，小啮齿类动物与师丹斯基和我鉴定的第5地点的这类动物一样的（Zdansky，1928；Pei，1931b）。鹿的零星牙齿和颌骨表明存在着两种鹿——斑鹿和肿骨鹿。尽管这里没有发现斑鹿的角，但是从牙齿等材料来看，与主堆积中其他地方发现的斑鹿是同样性质的。

从大的马牙和牙的复杂的釉质层和皱纹看，这里的马和其他层位发现的马是同类的，或许都属于三门马。

总的来说，石英二层的代表动物与主堆积各层中的代表动物并无两样。因此，石英二层应视为所谓周口店地层的一部分，时代为早更新世。

四、石英二层采集的石英器和其他石器的初步研究

（一） 分类

1. 按原料分类

石英　1931年春、夏两季从石英二层54立方米的堆积中发掘出石英片2000多件，其他原料的石器几十件。这一层留待发掘的体积，估计不少于已发掘部分的几倍。

在这一层里，各种各样的石英几乎都有。大约20件大小不等的石英晶体是和一件长6厘米的水晶（Cat. No. Q_2:25）一起发现的。这件水晶呈烟色，晶面完全。还有几件完全透明和半透明的标本，在其上可以辨认出一个或多个晶面。在这类标本中，只有两件大的标本和一些小的标本见不到任何残留的晶面。这种石英主要是烟色或无色的，没有纯黑色或紫罗兰色的。

不透明的石英的破裂面常常是次壳纹状、锯齿状或不平整的。然而透明的石英的破裂面则常常是壳纹状或光滑的。

在所有的石器标本中，约20%的标本是乳色石英，其中有几件是不透明的和带有油脂光泽的（例如 Cat. Nos. Q_2:209 和 Q_2:807）。大多数的乳色石英是白色的，破裂面具次壳纹，无节理面和晶面。

在所有的石器标本中，约30%由于尚无合适的名称，暂时称为“颗粒状”标本。要确定它们是真正的石英还是石英岩，需要进行显微镜观察。这些标本呈微白色至微灰色，是由几乎与石英岩中相似的微透明或不透明的颗粒构成的。这些标本很少规则破裂，破裂面粗糙不平。

在所有的石器标本中，几乎有一半是颗粒石英，它们有别于前面所描述的乳色的颗粒状的标本。它们中半透明的石块是稀少的，多数是白色的。在其不规则的破裂面上常常染有棕色、红色或橘红色物质。这些标本很少能够观察到次壳纹状的破裂面。

石英以外的岩石　石英二层采集的标本中，除了石灰岩碎块外，还有绿色细砂岩、绿色板岩、页岩以及各种颜色的石英岩。有两件燧石片分别采自洞中，但是随后发觉这两件石片（Cat. Nos. Q_2:29&30）可以正确无误地拼凑在一起。

2. 按形态分类

从石英二层发现的石器标本，按其形态可以分成三类——砾石、石片和石核。

砾石　是指圆的或半圆的，并且表面光滑或粗糙的，有相似石锈的石块。

已经发现约40件大的砾石，直径在10～15厘米之间。大部分砾石的原料为绿色细砂岩，小部分为石英和片岩。除了石英砾石外，其他砾石都具有光滑的被磨蚀的面。在石英砾石中除了两件例外，其余的表面都具有粗糙而不规则的外壳。这两件标本的表面已剥离过石片，其边缘后来又受过磨损。

石片　即从较大石块或石片上剥离下来的碎片。

大多数的石英标本是真正的石片。有些绿色砂岩标本也是石片。石片的大小由几毫米至十五厘米不等。后边所描述的真正的石器都属于这一类。

石核　即厚的、不规则形的、有明显剥落石片痕迹的破碎石块。只有几件石英块可以归于这一类。

（二）　人工的标志

石英不像燧石，它是一种易碎的矿物。燧石是一种硬而韧的均质物质，打片后，容易产生壳纹状破裂。因此，这两种石料经打击后的效果是不完全相同的。生产石英工具的广泛的技术研究，迄今似乎不曾做过。这或许是因为在石器文化中使用这种劣质原料比较少的缘故。因此，本报告仅将那些均质的石英石器加以研究，因为它们具有最清楚的人工痕迹。

1. 表面

如果观察石英标本的表面，人们将看到，根据其亮度可以分成两类。一类是暗的；另一类是光亮的。比起光亮面来，暗面似乎是长期遭受风化作用的结果。因而从某种程度上来说，破裂面上亮度的大小可以用来表示它们的相对年代。破裂面较之未经打击的面亮度更高，通过对周口店河床砾石的观察，我更坚定了这个看法。

2．打击点

在直接法或压制法的作用下，燧石破裂的方式是众所周知的，并且有过广泛的研究。至于石英，用直接法打击，也可以产生介壳状破裂，其上同样可以看到打击点、同心波或破损带。

颗粒石英和石英岩，在作用于一点的打击力的影响下具有相似的破裂方式。一件石片的大小和打击石片所用之力的大小，多多少少成比例。在石片的破裂面上有不规则的凹痕，打击点的周围，破损的地方略呈半圆形。如果给破损带放大，将会看到其中很多微小的，近乎平行的波痕，该波痕外围部分阴暗，中心部分光亮。

块状标本上打击点周围的破损带似乎相似于粒状标本上的。但是从显微镜下观察，块状标本的细微波痕相当不规则，并且明显地不平行。在块状石英的例子中，剥离石片也不是很规则的，它多多少少沿着不固定的节理面剥离。前边的观察是基于几次的实验获得的，而这些实验是采用颗粒状和块状的标本进行的。该标本采自周口店北边石炭纪煤系的石英脉中。

在这里我们可以观察到，石英标本上单一的打击点显然还不能充分证明这个打击点是人工产生的，因为有意识的和无意识的打击都可以产生类似的效果。在所采集的标本中，约有50%只有单一的打击点。

3．刃缘

有自然的和加工的。如果沿着石片破裂一边或石片平面一边做多次打击，如果所成的那些打击疤的大小都相似，那么这些打击疤的产生，很容易被归于人工的原因而不是自然的原因。

从图三中可以看到一件粗粒的石英标本Cat. No. Q_2:383，沿着标本一个面①的一边，除属于可疑性质的痕迹外，显示了五个连续打击的痕迹，在另一个面②上，显示了两个打击痕迹（图三，1～4）。

另一个例子标本Cat. No. Q_2:1202（图三，5～8），这件标本有4个带有红污锈的阴暗光亮的面以及同样数目的明亮的或暗淡的面。在③面上留下三次打击痕迹，在②面上留下一次，在①和⑥面上各留下二次。

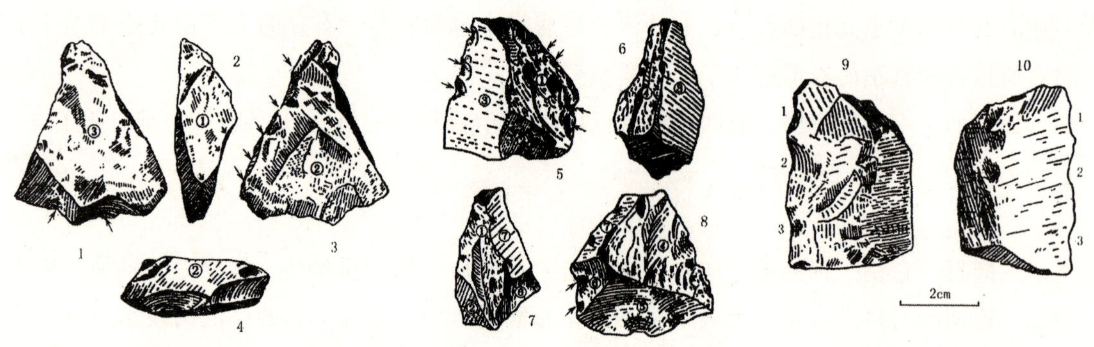

图三　石英石器图

1～4．标本Cat. No. Q2：383（稍缩小，①－③为标本的3个面，箭头表示打击方向）　5～8．标本Cat. No. Q2：1202（稍缩小，5－8为标本的4个面，箭头表示打击方向）　9、10．标本Cat. No. Q2：1238（9、10为不同的面，1－3为锯齿状的刃口）

我认为这些标本都显示了确切的人工标志。在所采集的几千件标本中有几百件具有这种相似的标志。

已经从几十件标本上找到了有意识制作的刃缘，它们不是用直接法打制的，而是经过修理或压削的。以标本 Cat. No. Q_2:1238（图三，9、10）的一个边为例。这件标本的锐刃是由一侧的破裂面形成的，另一侧则被修理过。标志着 1、2、3 的内凹部分是匀称的，并且是由两侧的一些细小的弯曲所组成。在左侧面向内弯曲部分似乎做了打片或压削。在这件标本的锐刃上可以看到至少三处打片或压削石片的痕迹。因此，这件石片刃口上所示的痕迹是人工的而不是自然力产生的。

在很多石英标本上，有一些锐刃可以认为是人工产生的。所谓锐刃，就是由不完全的劈裂面（或分离面）和不平的破裂面共同组成的刃口。沿着锐刃，可以没有打击或打片的痕迹，或者只有一个打击痕迹。自然的或人工的作用都能产生这样的刃口。在富含石英脉的山坡上，所采集的石英标本中，类似的刃口确实可以找到。

（三） 几件精选标本的描述

本节所描述的标本是基于以下原因被挑选的：其一标本上人工痕迹特别清楚，其二形状确实相似于某些已经认识的石器类型。

由于对已发现的全部标本没有作彻底的研究，因此，我们不想对它们进行分类或把它们与中国或世界其他地方的石器类型作详细的对比。很明显，仅仅从石器的地质年代看，它们是古老的，较之任何现今已发现的，伴存有人类遗骸的文化都要古老。在这篇初步报告中，标本的编号将采用简明的目录号。

标本 Cat. No. Q_2:1398（图四，1～3），这件标本是用一块大石英片制作的。右面的大部分沿着一个面有点破碎，并染上了红色。在靠近 n～p 之间和它的下方 2 厘米处为不平的新鲜的破裂面。标本后边整个剩余的面被风化，较暗，并染上浅红色。

这件标本的前端为钝而不对称的尖，而后端则呈半圆形。n～o 边的锐刃较之 n～p 的长，但是没有延伸到标本的后端。n～p 刃口是微凸的，而 n～o 则是微凹的。n～p 刃口是从两面打片而成的，在 p 的后端，虽经打片，但没有达到锐尖的程度。n～o 边的锐刃仅在一侧作了修理，但两个边的锐刃都微曲，不是锯齿状的。

这件标本的尺寸如下：n～p 长 2.1 厘米，n～o 长 3.6 厘米，最大长 5.53 厘米，最大宽 3.54 厘米，最大厚 1.32 厘米。

相似的标本共发现 7 件，它们的最大长由 1.7 厘米（Q_2:579）至 5.58 厘米（Q_2:2059）。其他许多不很完整的或破碎的标本，在总类型上都和标本 1 相似。

标本 Cat. No. Q_2:913（图四，4～5），这件标本略呈菱形，是由一块半透明微粒状石英制作的。标本上可见四个大的面。①面是自然破裂形成的，其他三面（②～④）都是打片形成的，其中④面几乎是平的。

n～o 和 n～m 是两个锐刃，它们由尖端 n 向后退缩。其中一个刃缘是由平面①和打击面②交接形成的，可能不是有意识的产物。锐刃 n～o 是由③面向另一面打片的，从侧面看呈凹形。n～m 锐刃明显地经过打片，其长度较 n～o 小，从侧面看几乎是直的，n～o 和 n～m 刃缘都不是锯齿状的。

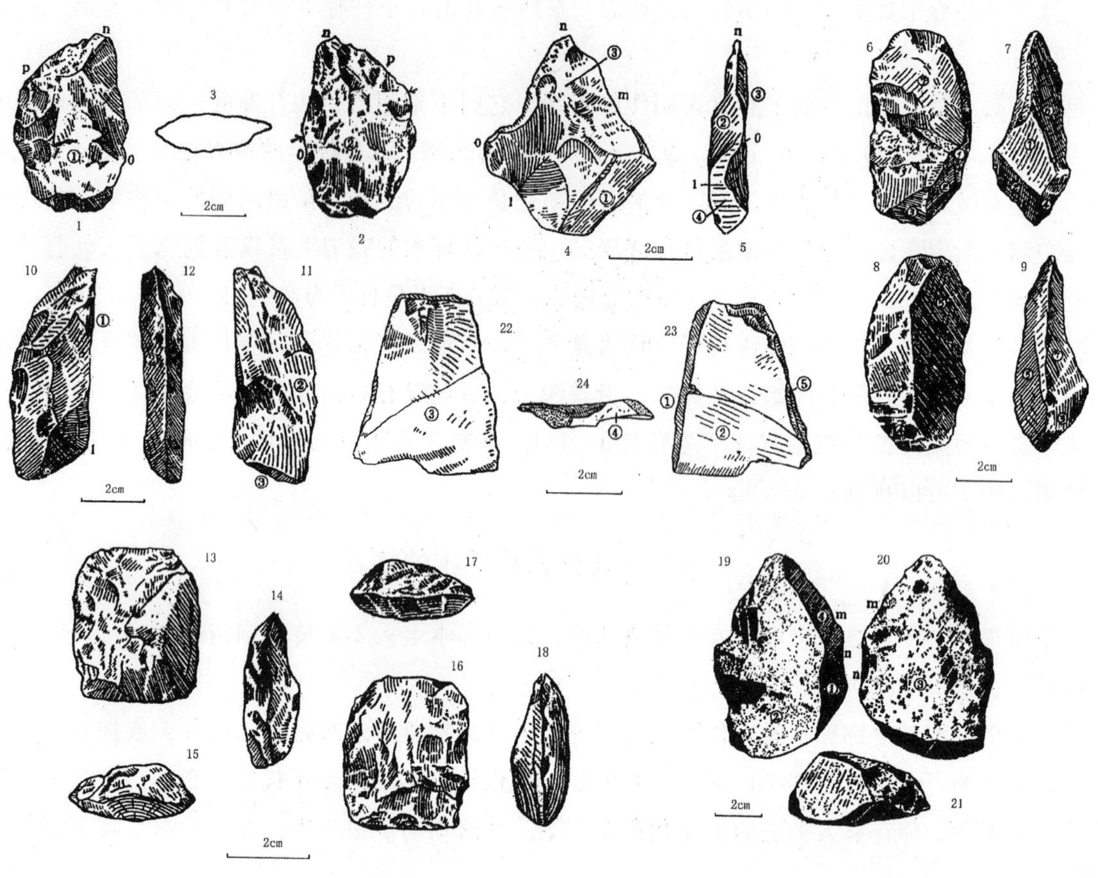

图四　石英石器图

1～3.Cat. No. Q2：1398（1 为右面观；2 为左面观；3 为通过箭头处的断面；Nn－o 和 n－p 为锐刃）　4、5.Cat. No. Q2：913（4 为侧面观；5 为刃缘观；n－o 和 n－m 为锐刃：①－④为诸面）　6～9.Cat. No. Q2：784（6、8 为侧面观；7、9 为刃缘观：①－⑦为诸面）　10～12.Cat. No. Q2：38（10、11、12 为标本的诸面观：1 为经过重击的刃缘：①－③为诸面）　13～18.Cat. No. Q2：1460（13、16 为侧面观；14、15、17、18 为刃缘观）　19～21.Cat. No. Q2：997（19、20 为侧面观；21 为端面观：①－④为诸面：m 和 n 为打击点）　22～24.Cat. No. Q2：29／30（22 和 23 为侧面观；24 为端面观：①－⑤为诸面）

这件标本的尺寸如下：n～m 长 2.2 厘米，最大长 4.75 厘米，最大宽 4.28 厘米，最大厚 0.9 厘米。在现有的标本中，还没有其他标本属于这个类型。

标本 Cat. No. Q_2:784（图四，6～9），这件肾形标本是由半透明的大石英片打制的。标本上的很多面中只有①面是风化面，没有做过打片。

这件标本的凸出部分有一个延长的、弯曲的和经过打片的刃缘。其凹刃部分完全被破裂面所限制，而破裂面从外表看具有新鲜的光泽。③面和④面间的刃缘是由破裂产生的，②面和④面间的刃缘是剥片形成的，⑤面是不规则的破裂面，⑥面上有几处是经过打片的，⑦面被广泛地打片或剥片。

这件标本的尺寸如下：最大长 7.03 厘米，最大宽 3.72 厘米，最大厚 3.0 厘米。类似的标本有 20 多件。

标本 Cat. No. Q_2:38（图四，10～12），这件标本是由半透明的大石英片制成的，发现于上边提到的中国猿人头骨碎片附近。这件标本总共有八个主要的面，其中两个被污染，其余的，除一个外都较光亮。

与①面相对的为一凸起的弯曲的锐刃，它是这件标本仅有的，该锐刃是从②面剥片成的，其中一处有明显的重击痕迹。

这件标本的尺寸如下：最大长 7.62 厘米，最大宽 2.55 厘米，最大厚 1.22 厘米。

在我们采集的标本中，虽然没有一件在大小和比例上可以与它作比较，但是至少有 100 件相似的标本存在，它们均在一侧有锐刃，在相对的另一侧有不规则的面。

标本 Cat. No. Q_2:1460（图四，13～18），在我们采集的标本中，这件标本或许是制作最好的一件，它是用大石英块制成的，形状似长方形，四边直、锐利，加工很好。从刃面看，所有锐刃都具锯齿状或波浪状。

所有的刃缘似乎都是交互打片或修理的，所有的面似乎都有相似的光泽，并没有因风化而产生的石锈或污锈。

这件标本的尺寸如下：最大长 3.7 厘米，最大宽 3.1 厘米，最大厚 1.44 厘米。

在我们采集的标本中，类似的标本约有 30 件，但是它们的形状都不像标本 5 那样长方。

标本 Cat. No. Q_2:997（图四，19～21），这件标本用绿色夹棕色的粗粒石英岩制成，标本上具有明显的人工证据。①面为原砾石面，②、③和④面为剥片面。看来，锐刃是经四次打片形成的，打击方向来自③面，并且在该面 m 和 n 两点作过两次打击。

这件标本的尺寸如下：最大长 8.8 厘米，最大宽 6.1 厘米，最大厚 3.01 厘米。

标本 Cat. No. Q_2:29/30（图四，22～24），这件标本用燧石石片制作，从山洞中采来时已碎成两片，到了研究室，我发觉这两件断片可以拼在一起。用燧石制作的石器在所采集的全部石器中仅此一件。其颜色浅灰，标本上仅有一条狭窄的面是原结核面①，其他诸面都是剥片面。这件标本有一个锐刃，与④面相对，似乎由于使用而受到磨损。在④面上很容易见到打击痕迹，在⑤面上似乎经过加工。

这件标本的尺寸如下：最大长 4.72 厘米，最大宽 3.9 厘米，最大厚 0.6 厘米。

（四） 摘要

从石英二层所采集的标本中，我们选择了许多进行了初步描述，对这些标本我们很少怀疑，它们确实是人类制作的真正工具。然而值得注意的是，从石英二层所采集的大量石英和其他原料的标本中，真正的人工制品所占之比例是很少的。

关于加工石片，周口店居民似乎常常利用石片的刃缘，从它的破裂面向背面进行修理或剥片。用交互法加工、刃缘曲折的只有标本 5 一件。

五、未经发掘的石英一层

早在 1931 年春，石英一层已为我们所知。从那里我们发现了一些石英碎片和破碎的化石。后者包括一个黑色的残角心，两个大型牛的上牙和几片鸵鸟蛋皮。大多数石英碎片没有显示清楚的人工痕迹。

但是有二三件标本可以看到打击痕迹。和石英二层的材料相比较，二者可能有关系。但是为了证实这个看法，还需要更多的材料。

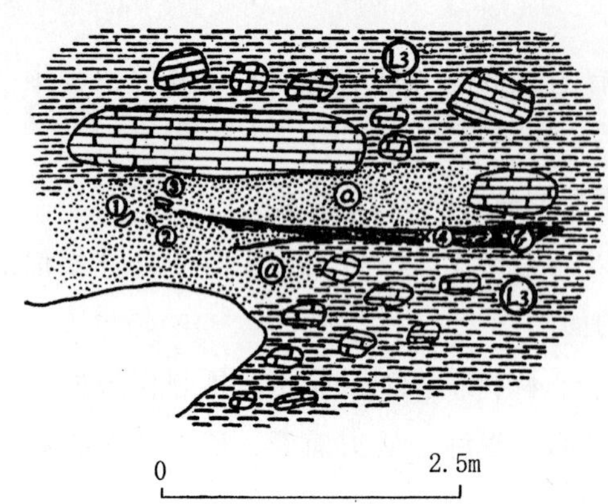

图五　石英一层素描图

L3为主要堆积的第3层：a和b为石英一层；a黄色细粘土，b黑砂和粘土：①大野牛的角心，局部被燃烧过；②野牛的两个上牙；③另一段大野牛的角心；④鸵鸟蛋壳碎片

石英一层的堆积物只有一小部分作了考察，其余未考察部分显然向南、西南和东南方向延伸，至1928年发掘后遗弃的高崖底下通过，后来变成了鸽子堂洞洞顶的一部分。鸽子堂洞洞顶的发掘，现在很难进行，对高崖下堆积物的考察，只有等上覆的堆积物挖走之后才能进行。因此，我们对石英一层的了解还很少（图五）。

鸽子堂洞的剖面如图五所示。

从鸽子堂洞观察到的事实中有两点是重要的：其一是黄色和黑色细粘土插入坚硬的有砾岩中，并且构成一个薄层；其二是存在着丰富的石英和破碎骨骼。

在石英一层东边的黄粘土中，发现一块部分变黑的野牛的角心，它的颜色不可能是由于在沉积物中长时间埋藏所致，它变成焦黑色必定在它堆积前。骨头的变黑，在下洞和A处都有相似的情况。经化学分析，肯定其为用火的证据。对从石英一层发现的黑壤土的样品也作了类似的分析，结果得到确凿的证据，证明黑壤土的色泽是由大量的黑壤土和木炭屑混合形成的。

上述报告所依据的资料将在以后的文章中加以详细叙述。然而，注意到上边的许多事实是重要的，因为它们为中国猿人用火提供了强有力的推定证据。

六、结　　论

从地质观点看，石英二层构成了周口店含化石堆积的主要部分。从石英二层发现的动物遗骸，虽然只有碎片为代表，但是它们和主堆积中的化石肯定是一个时代的。因此，从石英二层发现的石英器和其他原料的石器必定是在早更新世或更新世制作的。

因此，在这个遥远时代的东北亚，以中国猿人为代表的人类，显然既懂得了用火，也掌握了粗糙石制品的制作技术。

参考文献

Black, D., 1926, Tertiary man in Asia: The Choukoutien discovery. Nature, 118 (3977), 733～734.

Black, D., 1927, On a lower molar hominid tooth from the Choukoutien deposit. Pal. Sin., Ser. D, 7 (1), 1～28.

Black, D., 1929a, Preliminary note on additional Sinanthropus material discovered in Choukoutien during 1928. Bull. Geol. Soc. China, 8 (1), 15～32.

Black, D., 1929b, Preliminary notice of the discovery of an adult sinanthropus skull at Choukoutien. Bull. Geol. Soc. China, 8 (3), 207～230.

Black, D., 1931, On an adolescent skull of Sinanthropus pekinensis in comparison with an adult skull of the same species and with other hominid skulls, recent and fossil. Pal. sin., Ser. D, 7 (2), 1～44.

Gradau, A. W., 1927, Summary of the Cenozoic and Psychozoic deposits with special reference to Asia. Bull. Geol. Soc. China, 6 (2-3), 151～264.

Pei, W. C., 1931a, Mammalian remains from Locality 5 at Choukoutien. Pal. Sin. Ser, C, 7 (2), 1～16.

Pei, W. C., 1931b, The age of Choukoutien fossiliferous deposits. Bull. Geol. Soc. China, 10 (Grabau Anniversary Volume).

Smith, G. E., 1931a, the significance of the Peking Man. The Handerson Trust Lectures, No. 11, devliered at the University of Edinburgh, Friday, January 30th, 3～20.

Smith, G. E., 1931b, The discovery of primitive man in China. Antiquity, 21～36.

Teilhard de Chardin, P. and Young, C. C., 1930, Preliminary report on the Choukoutien fossiliferous deposit. Bull. Geol. Soc. China, 8 (3), 173～202.

Wong, W. H., 1927, The search fro early man in China. Bull. Geol. Soc. China, 6 (3～4), 335～336.

Zdansky, O., 1927, Preliminary notice on two teeth of a hominid from a cave in Chihli (China). Bull. Geol. Soc. China, 5 (3～4), 281～284.

Zdansky, O., 1928, Die Säugetiere der Quartärfauna von Choukoutien. Pal. Sin., Ser. C, 5 (4), 1～146.

（原载《中国地质学会志》，1931，11（2）:110～146）

周口店山顶洞之文化

裴文中

一、引　　论①

（一）　发现的历史和发掘的方法

1930年，为了确定中国猿人堆积南边的界线在清除周口店第1地点山顶上的浮土时，我们发现了一个洞口朝北、洞中充满灰色的、稍稍胶结的、含化石的角砾岩洞穴。当时这一遗址被命名为“山顶洞”。这种灰色而松散的沉积物，与红色而坚硬的中国猿人层接触的地方呈假整合，且为一厚的生满石笋的地板所分开。其中所含之骨头看上去也比通常在周口店组（Choukoutien formations）采集的化石的石化程度轻得多。因此，人们认为这是一套堆积非常晚的、颇不令人感兴趣的地层。当时对山顶洞没有作进一步的考察，但是在《中国原人史要》一书中提到和记载了这一遗址。

1933年5月20日，我们开始系统地发掘山顶洞，结果证明化石比我们早期期望的丰富得多，也更为重要。由于第二季度来临，发掘于6月25日暂停，至10月15日重新恢复，一直进行到12月19日，这时天气太冷不再适于野外工作。当时只有一小部分堆积还没有被发掘。1934年春季，在窄而深的最下部——这里被称为山顶洞的“下窨”，重新开始细心的发掘。在清除了灰色松散的沉积物之后，底部到处暴露了周口店时期的红色坚硬的角砾岩。在这样深的地方工作很困难，也由于硬角砾岩中缺乏任何有价值的化石材料，发掘就停止了。今天，除了留作“témoins”的柱子以外，山顶洞被挖空了。由于系统发掘的结果，发现了四个人的头骨、大量其他的人类骨骼和颅骨、大批完整的动物遗骸以及许多考古遗物。这说明在更新世晚期，山顶洞为一种具有旧石器时代晚期类型的人所占有。

山顶洞的发掘是非常细致和系统的，目的在于保留那些只有在野外才能被认识的考古资料的记录。遗憾的是，洞壁和洞顶的残余，以及堆积在洞穴堆积物表面的所有崩坍的石灰岩块在1930年已被清理掉。1933年，我们开始发掘工作之前，已暴露的堆积物被分成许多“方”，每一个方的面积是一平方米。每一位技工负责开掘四个方，每次挖半米深，先从每个方的一角开始挖掘，逐渐地进行直到整个区域挖完，对每一项发现都要标定其位置。在发掘完毕以后，松散的土石被运到另一个地方，再进行筛拣。

另外，绘制两套比例尺为1∶50的图，第一套为堆积的平面图（指示方的平面分布），第二套是堆积的剖面（北—南）图。每隔一米绘制一张平面图（两个平面图之间的1/2米厚的堆积层称之为一个层面）。从一固定之点开始，每隔两米绘制一张剖面图。这样就形成一个几何形的框架，所有发现都能被放回到框架中原来的位置（图一）。

此外，为了得到发掘进展的真实记录，只要可能的话，每天从不同的方向摄取三张照片。在1933

---

① 主要根据裴文中的《关于周口店旧石器时代晚期洞穴的初步报告》(Pei，1934）一文写成，略作修改。

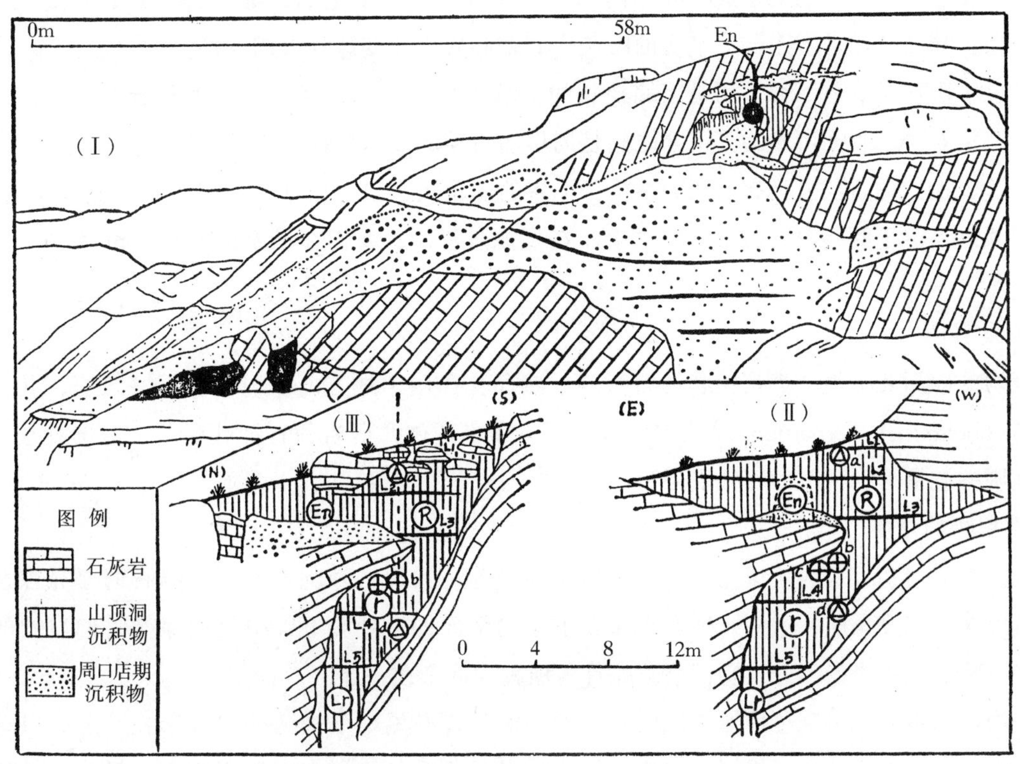

图一 周口店山顶洞示意图

（Ⅰ）周口店第1地点小山之图解剖图，由北面看，以示山顶洞（直线）的位置 （Ⅱ）山顶洞之东西综合剖面图 （Ⅲ）山顶洞之南北综合剖面图

En. 山顶洞洞口 L1－L5. 文化层 R. 上室 a. 骨针 r. 下室 b、c. 人头骨 Lr. 下窨 d. 穿孔的海生介壳

年两个季度的时期内以及1934年早春时期，作了141天的上述各种记录。

非常感谢卞美年和贾兰坡先生在1933和1934年的野外工作中对我的帮助。如果没有他们的帮助，我不可能克服工作过程中所遇到的许多困难。

（二） 洞穴和堆积物的描述

1. 洞的形状

所谓的“山顶洞”并不是像最初所认为的只是石灰岩中的一个裂隙，而应该是一个真正的溶洞，然而，在发掘之前，它完全被埋于山的表土之下，且完全为堆积物所填充。随后的发掘弄清楚，这个洞形成一不规则的南北向的壁龛，其中可分为下列几个部分：洞口、上室（主要部分）、下室、下窨。

洞口，发掘前的洞口在石灰岩中形成一规则的拱道，从顶到底高约4米，洞底宽5米。在挖掉洞口的堆积物之后，石灰岩的拱门变得非常破碎，我们在1930年之秋不得不将其整个拆掉。

上室，比拱道宽，南边（和洞口相对）是陡峭的东西向的石灰岩洞壁，沿着岩石的自然层理倾斜。从洞口到南壁的距离是8米，南壁的东西长14米。

下室，在上室西半部之下形成一陡峭的凹陷，深 8 米。在下室的西部，石灰岩的底整个被石钟乳硬壳所覆盖，稍稍陡峭。在东部，坚实的石灰岩洞壁和底突然变深且形成下窨。

下窨位于山顶洞的最下部。洞呈南北狭长的形状，长约 3 米、宽 1 米。大部分石灰岩洞壁几乎垂直且为一厚层石钟乳硬壳所覆盖。下窨之底是周口店时期的硬而呈红色之角砾岩。

由于这个地方的石灰岩具有层状的结构，上室的洞顶大多已瓦解成小块且与堆积物相混合。然而，一部分洞顶仍保留于西部，突出于下室之上。在发掘过程中，我们在下室的北壁上开了一个人工的洞口。

2. 洞的界限

山顶洞的四周几乎整个都是块状的石灰岩。然而，在两个地方，即洞口和下窨之底，其地面是周口店阶（Choukoutien Formation）（或中国猿人层）顶部的硬角砾岩和石钟乳层。在这两处地方，接触面呈不规则的波浪形，以厚的石钟乳层为标志。

3. 堆积物的性质

在洞穴为垆坶和石灰岩块填充之前，山顶洞整个为一大片石钟乳产品、方解石的厚壳以及长的钟乳石针所填充。在发掘前，这些石钟乳产品在下室的侧面凹进处和下窨中仍然保持它们自然的竖直的姿势。在下室靠近中央的部分，它们已破碎且与堆积物混杂在一起。

洞穴堆积物本身是由灰色垆坶组成的，它们与洞顶逐渐塌坍下来的碎块混杂在一起，以至于雨水把垆坶冲走之后，地层呈现了规则的一堆一堆带棱角的石头的样子。在堆积物中，只发现少量胶结的地层，例如在洞口，正好在周口店时期的地面之上以及靠近北壁的地方。但是这一片片胶结的地层只是局部的，从来没有超过 50 厘米厚。没有哪一处胶结层是延伸于整个洞穴的。更为常见的是，堆积物都不很坚硬，几乎都是松散的。然而灰质结核很多，与岩块和骨头粘在一起。规整地成圆形的结核（直径 4～5 厘米）单个地发现于下室底部附近。在下室的最深的部分，有几片结晶的方解石，与垆坶互层，证明钟乳石的沉积在下室开始填充之后仍然持续了一段时间。在下窨中，垆坶很细且有粘性，只含有少许石灰岩碎块。

总的说来，山顶洞的灰色的、松散的堆积物明显不同于位于其下的“周口阶”红色的、强烈胶结的堆积物。正如后面将提到的，分别发现于这两套地层中的骨化石所显示的石化程度也相应地成明显的对照。

4. 文化层的分布

山顶洞内的文化层分布如下：

α. 洞口和上室

第 1 层（最顶层）　在靠近洞口的地面之上三米处，厚约 30 厘米，在此发现少量人骨，一枚穿孔的牙齿和两件火石石器。

第 2 层　再分成若干薄层，在上室地面之上一米，有少许人骨和 28 枚穿孔的牙齿（狐狸或獾的犬齿），这些东西发现于同一遗址。

第 3 层　在上室的最底部，土色甚黑，厚达 60 厘米。文化遗物很少，但有清楚的人类居住的痕迹：被烧过的钟乳石地面和石灰岩。

b. 下室

第4层　下室地面之上5米。

第5层　正好在下室地面上。

第4、5这两层比较厚，出土了几枚单个的人牙、许多穿孔的牙齿、骨坠，以及一件燧石石片。在它稍上面一点，发现三具完整的人类头骨和一大批其他部分的人骨。这里可能是一葬地，后来为食肉类动物所扰乱，但不是一个住地。在下室之下的下窨中，除了发现聚积在一起的动物骨头和骨架以外，没有发现人类遗骸，也没有发现文化遗物。

5. 洞的形成及其历史

综合所有这些事实，同时考虑到山顶洞与周口店之间的关系，我们可以对山顶洞的历史作如下的恢复：

a. 山顶洞原来是周口店的最上部分，它至少在周口店阶（或中国猿人层）形成之前的地质时期中已被溶空。

b. 山顶洞似乎未曾被周口店阶所填充，可能因为原来它与外界还不相通。类似的中空的壁龛在下裂隙和第1地点主堆积的鸽子堂洞之间仍可见到。

c. 在黄土期前的侵蚀（清水期）改造了周口店山，并沿着山的北坡和东坡暴露了中国猿人时期的角砾岩之后，山顶洞在北边开口（洞口）。

d. 在第一批动物进洞之前，洞内填满了钟乳石，它们是与周口店阶同时沉积的，但是也可能是在清水期时沉积的。随后，钟乳石的沉积实际上停止了。

e. 这一洞穴最初可能起了一个天然陷阱的作用，漫游到此的动物掉入并死于其中，除非发现于下窨中的骨架是由某种食肉类动物带入的。后来，此洞肯定为人和各种食肉类动物（相继为虎、鬣狗、熊）所居住。尽管有若干文化层，但人类在这里生活的时间似乎并不长，因为灰烬层比较薄，没有发现制作工场的痕迹。

f. 洞穴的占居一直继续到上室被完全填充，上室之顶由于风化而逐渐变薄，最后塌坍瓦解。在此期间文化上无明显的变化。

g. 在周口店阶和山顶洞堆积之间我们必须承认有一明显的假整合（两者以一厚的钟乳石和沉积物明显的岩相变化可以互相分开）。虽然中国猿人洞（主堆积）和山顶洞原来都是由于石灰岩的溶解而同时开口的，但是根据它们的填充物，两者属于两个不同的地文系统（见表一）。当山顶洞人从周口店山上走下来时，如同我们现在一样，也是走在中国猿人时期胶结的角砾岩上[①]。

表一　这一段历史的几个时期如下表所示

华北地文期	周口店地文期
板桥期（侵蚀）	山形轻微的改变？黄土覆盖物的剥蚀？
马兰期（沉积） 黄土和晚更新世砂的堆积 清水期（侵蚀）	山顶洞的逐渐填充，最后被埋于表土之下。为人类所占居（旧石器时代晚期） 周口店山的重新形成，以前时期的洞穴堆积物多半被暴露，“洞口”打开
周口店期（沉积） 山西、河南和陕西的较晚的红色垆坶的堆积	包含“主堆积”的大洞的逐渐填充 为中国猿人所居住

① 换句话说，山顶不是叠压在猿人洞主堆积之上，而是插在主堆积之内。

二、石制品工业

（一） 火石、燧石石器和石片

在山顶洞的文化层中石器总的说来非常稀少。只发现5件用燧石和火石作的石制品；两件肯定的火石石器；一件残破的火石石器；一件没有任何第二步加工的燧石石片，以及一块没有人工痕迹的火石。

火石凹刃刮削器　是用一块比较大的漂亮的黑色火石石片制成的。原来的石片是由一石核上打下来的，在破裂面上只留下一个小的半锥体和一个小的打击点（图二，1）。在石片的台面上有若干打击的痕迹，可能代表石片由石核上打下来之前对石核所作的修理或者打得不成功。石片的一侧缘连续地由破裂面作了精细的侧向修整。经过修整的刃缘中间稍凹，因此被定为凹刃刮削器。

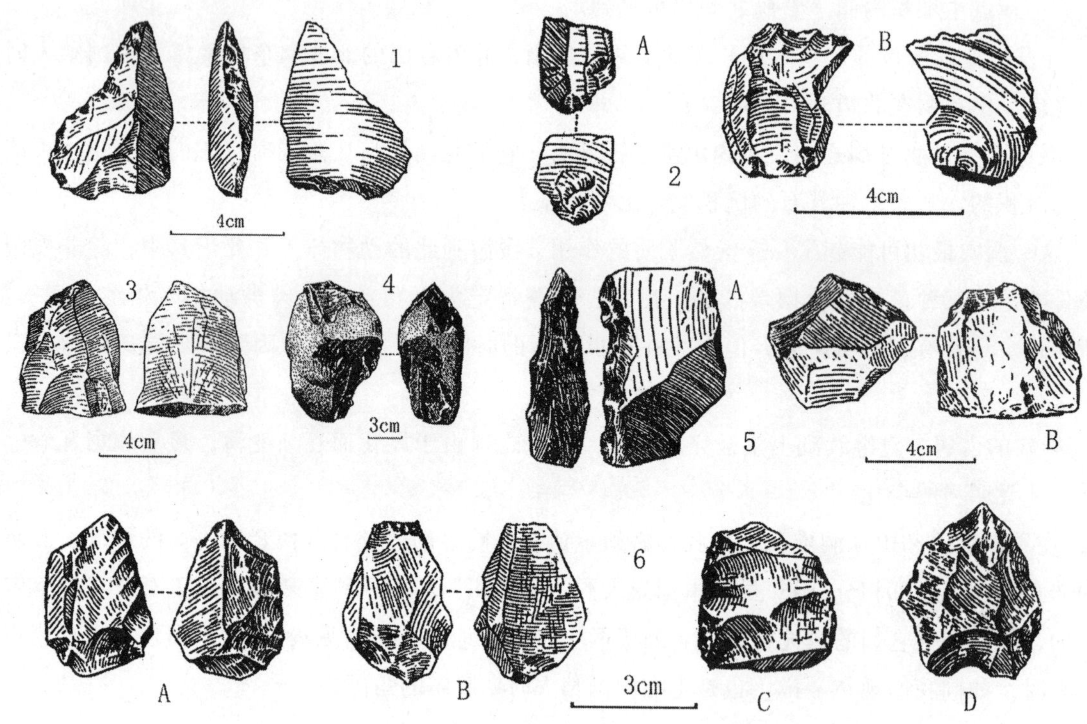

图二　石器及石片

1. 黑色火石制成的凹刃刮削器　2：A. 一件残破的火石石器或石片；B. 火石端刃刮削器　3. 燧石石片
4. 砾石石器　5：A. 石英刮削器；B. 石英石核或砍砸器　6：A. 石英石器；B. 石英制成的“两极石片”；
C. 石英刮削器（?）（两极打法?）；D. 石英尖状器

火石端刃刮削器　是由一件高质量的火石石片制成（图二，2）。在其一个面上有一小的半锥体和一比较大的疤痕指示了打击的位置。沿着石片的一个边缘有不甚规则的第二步加工。修整总是由破裂面向背面进行（图二，2B 右图）。鸟喙状的尖部（图二，2B 左图的顶右角）是由劈裂形成，而不是像我在报告中所解释的那样由一次打击所形成。因此，它肯定不是一件雕刻器，而是一件端刃刮削器。

残破的火石石器　这件石制品是一件目前还不能确定的某一件石器的破片（图二，2A）。半锥体很小，有若干疤痕。基部能观察到规整的侧向修整的痕迹。

燧石石片　这是一件没有任何修整痕迹的燧石石片（图二，3），它是用灰色燧石做的。在石片的一个面上有一小的半锥体，而在另一个面上有许多石片疤代表了破裂面的遗迹。这件标本上没有第二步加工的痕迹。

（二）　砾石石器

由山顶洞中采集了相当数量大小不等、岩石种类各异的砾石，但是只有三件大的标本具有清楚的人工打击的痕迹。

第一件标本是一块大的椭圆形的绿细砂岩砾石，边缘上显示了反复重击的痕迹（图二，4）。砾石的上端似乎是交互打击的，而下端则仅仅从单一的方向加工。由于石头的非均质性，对下部的打击常常不能产生大的石片。

这件标本可以被看作是一件没有完成的石器。但是，就像现在这样也完全可能被用作一种重型砍砸器。尽管如此，它看上去与中国猿人堆积中发现的若干石制品惊人地相似。然而，加工面外观新鲜以及标本上所附的特别的填质表明，这件标本似乎不可能来自周口店时期的地层。

另一件标本是用多少有点风化的粗岩制成的，只在一侧边缘上交互打击。原来的砾石稍呈圆形，但相当大的部分已经缺失。这件器物可能已被用作砍砸器，用加工过的曲折的边缘作为砍砸器的刃缘。

（三）　石英石片和石器

正像中国猿人时期一样，脉石英仍然常常被山顶洞的居民用作制作石器的原料[①]。在整个堆积中，我们总共发现了 17 件具有清楚的人工痕迹的石英制品。其中只有几件值得在此记述。

石英石核（图二，5B），这是一件多面体的粗脉石英。由于原料质量欠佳，人工痕迹几乎无法辨认，似乎已在不同的面上进行过打击并形成一曲折的刃缘。这样一件标本可以被看作是一件石核，但也可能用其曲折的刃缘作为砍砸器使用。

石英刮削器（图二，5A），是山顶洞发现的最好的石英石器。它是用一块扁平而呈四方形的石英石片做的。仅仅沿着一个边缘作了侧向的修整而且修整仅限于同一个面。修整过的刃缘不规整。这肯定是一件进行刮削的工具。像这样的一件石器，如果发现在中国猿人堆积之中，不可能与周口店早更新世人类使用的同一类型的石器相区别。

两极石器和石片，最出乎意外的是，所谓的两极打法仍然为山顶洞人所使用。至少有一件具有这样的加工过程证据的石英标本发现于山顶洞的原生层位中。另外三件标本不太肯定。

标本之一（图二，6 B），是一件薄而长的乳白色石英石片。顶端和底端均有剥落碎屑的痕迹。在两

① 然而，完全可能这里记述的石英石器是山顶洞人从中国猿人堆积中采来的或者是被自然力从中国猿人堆积中带入山顶洞的，某些化石包括人的遗骸就是如此。

侧可见到破裂面汇合在一起的痕迹，相应于两个相对地打击的区域。在别的面上没有其他加工的痕迹。正如我们实验所知，这样一种形状只能将这块石头置于石砧之上进行砸击才能产生。

另一件脉石英标本（图二，6C），相对的两侧缘已被修整且磨损厉害。这样一件标本可能是在石砧上砸击（两极打法）而成，或者是沿着两个相对的边缘分别修整而成。

两极石器在山顶洞中的存在可以有两种解释：其一，山顶洞人拣起了附近中国猿人堆积中大量存在的两极石片并再次使用它们；其二，事实上，由于脉石英的非均质性，最合适的加工方法是两极打法，因此这种技术自然而然地在各个时期和在不同的人种中得到发展。

其他石英制品中，有一件脉石英标本（图二，6A），相对的两侧缘均经过侧向修整。遗憾的是这件器物已残缺，它可能代表一件破碎的工具，也许有点像一件尖状器或一件两刃刮削器。另一件多面体的脉石英石片（图二，6D），所有边缘似乎已为重击所修整过。它与周口店第1地点发现的同一类型的器物完全一样。

三、骨器和骨片

（一） 骨器

在山顶洞堆积中，确定无疑的骨制工具十分稀少。最清楚、最有趣的是一件骨针（图三，1），这件骨针在我的初步报告（Pei，1934）中已作了报道和描述。标本发现于第一文化层中。它正好在针眼处断裂，针身略弯，长82毫米，针眼之上的直径为3.1毫米，针身最粗的地方直径是3.3毫米。其形状大体上保留了骨头的天然的形状，经过磨制而稍有改变。针身圆而光滑，针尖圆润而尖锐。由其保存的部分判断，针眼不是钻制的而是以一尖的工具刮挖而成。

骨针在中国新石器时代之前，除山顶洞外迄今尚无发现。安特生记述过由奉天沙锅屯洞穴中发现

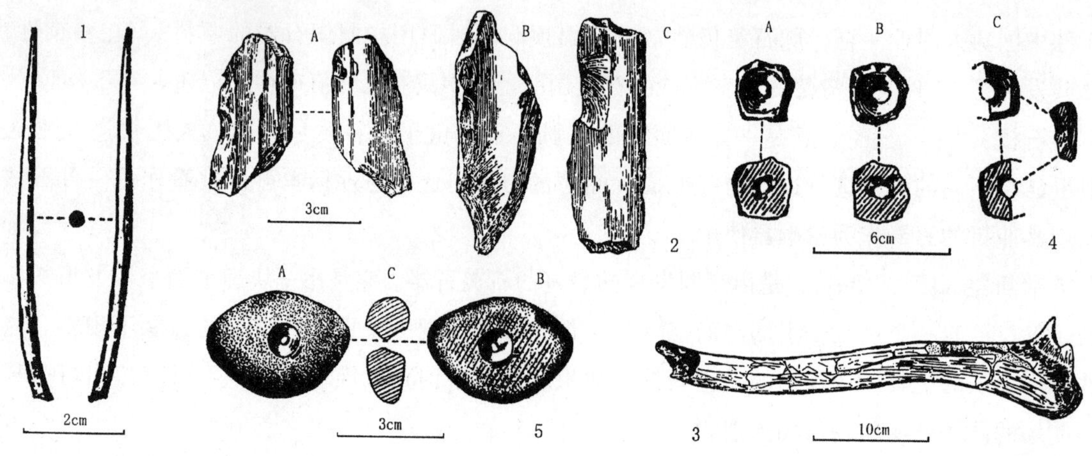

图三　骨器、骨片、石珠

1. 骨针　2. 骨片 A 一件骨片的两面观；B、C 具有人工打击痕迹的骨片　3. 磨光的鹿角　4. 石珠 A、B 放大两倍，主要显示研磨面和孔周围的轻轻敲击的痕迹；C 半件石珠　5. 穿孔的小砾石 A 原来的水磨面；B 由于研磨而变平的面；C 孔中央的剖面

的若干骨针，与山顶洞的非常相似（Andersson，1923b）。安特生也报道过由河南仰韶村发现的相似的骨制品。但是，由插图判断，河南的骨针制作更精细，成形更好，显示了更进步的技术，因为其针眼是用一非常锐利的石锥制成的（Andersson，1923c）。然而，我们知道，仰韶时期的人民也使用比较粗糙的骨针（Young and Pei，1933）。

在欧洲，骨针的出现不早于奥瑞纳时期（Breuil，1937）。奥瑞纳的骨针通常粗而厚，针眼不平整。到梭鲁特和马格德林时期，骨针已很普遍。通常成形良好，针眼钻制而成。

（二） 可能加工过的骨片

除了大量完整的骨化石之外，在山顶洞中还采集到相当数量的骨片。正如步日耶教授已指出的和我本人研究所证明的那样：骨化石上轮廓显明而平整的破裂（面）或锥形的球状突起指示，这骨头是在它还保留大部分有机质的新鲜的情况下破碎的。如果一块骨头只是部分风化和石化，那么，由于它的非均质的结构，破裂将会是不平整的，而且绝不会产生锥形的球状突起。强烈石化的骨化石，其破裂面具有完好的锥形的球状突起，完全和其他均质的岩石一样①。

根据上述原则，这里我将只关心那些似乎是在新鲜时破碎的骨头。正如我在别处提到的，在山顶洞中有大量的骨头具有清楚的为啮齿类或食肉类所啃咬的痕迹。啮齿类咬过的痕迹是容易与人工的痕迹相区别的。留下来的惟一的问题是食肉类咬过的痕迹。我试图根据下列特征把食肉类造成的痕迹与人所产生的痕迹区别开来：1. 端部由于咀嚼而变平；2. 发生于相对位置的上“球形突起”暗示，它们代表了上、下相对的尖牙（或是犬齿，或者裂齿）的痕迹；3. 在外面、内面或者两个面有齿痕（宽而浅的条痕或圆的凹坑，它们似乎是一顶端圆钝的牙齿的阴面）。

通过上述的分析，只剩下数量有限的一些骨片可能是人工起源的。它们都是没有确定形状的小骨片。偶而可以观察到正像在火石上生成的一样的打击痕迹（图三，2）。打击痕迹也常常位于已破碎的一侧边缘上，这排除了是动物所造成的可能性，因为动物咬一小片破碎的骨头似乎是不大合理的。

四、磨光的器物

在修理山顶洞的化石时，发现了两件人工磨光的器物：一件是赤鹿鹿角的基部；另一件为一大型斑鹿的下颌骨。

（一） 磨光的鹿角

这件赤鹿鹿角的基部已大为变样（图三，3）。把它与一完整的成年鹿角的同一部分相比较，我们可以说：1. 第二分枝在磨光前已被截去；2. 角干、角盘和第一分枝已经由于表面被刮磨而变小。第一分枝已变平。至于第二分枝显然已被截去而使角干变长，但是因为截断的痕迹已为磨光所毁，我们不可能确定截断时用的是什么工具。原物上角干的弯曲是鹿角的自然的形状，但是由于刮磨而使弯度稍

① 乘此机会我想对步日耶教授表示衷心的感谢，当我在法国时，在他的指导下，除了许多别的重要问题之外我研究了目前讨论的问题。步日耶教授已把他对这一问题的看法集中地表述在他对周口店中国猿人地点骨器工业研究的引论中（Breuil，1939）。

为增大。

鹿角表面磨得很光而发亮，这究竟是由于打磨以及随后的摩擦还是由于磨损所致，无法肯定。

在磨光面上可以观察到相当数量横向的波浪形的起伏。这些波形的起伏可以解释为是用锐利的工具竖刮的结果[①]。它们不像是由于一根横向紧绕角干的带子的磨损活动而引起的。

在这件标本上，也到处可以观察到细而直的、常常平行的条纹，沿眉枝（如果眉枝上有的话）或第一分枝（当它们存在于这一分枝或角盘上时）纵向分布。它们肯定代表了用某些锐利工具所产生的刮磨痕迹。在眉枝上可以看到若干互相平行的、更粗的条纹，很可能也是工具留下的痕迹，而与装饰性的标记毫无共同之处。

更为有的是若干粗而浅的线条，有弯的、曲折的或平行的，在角干上留下了清楚的痕迹。这组线条是表示某种装饰的图样吗？步日耶教授和我无法确定。期望有人将会设法解释这个图样。

这样一件人工制品自然而然地使人想起拙劣地被定名的“指挥棒”（“bâton de commendement”），这是为大家所熟知的旧石器时代晚期的东西。但是山顶洞的标本没有穿孔。一般说来，马格德林时期的标本有一个或者甚至几个巨孔，并且装饰优美。奥瑞纳时期的“bâton”通常较小，没有孔或者有穿得不好的孔，并且只有简单的（若有的话）装饰。

（二） 磨光的斑鹿下颌骨

山顶洞发现的另一件磨光的骨头是一件特别大的斑鹿（*Pseudaxis hortulorum*）下颌骨。根据齿槽的测量，齿列长 10.9 厘米，而在山顶洞采集的 *Pseudaxis hortulorum* 的下颌骨中，最大的下颌骨其齿列长度只有 10.4 厘米[②]。下颌骨的高度也大得多。看来这件标本是由于异常之大而被故意选出来的。下颌骨在第一前臼齿的前面大约 6.5 厘米处破断，冠状突和髁已被砍去而牙齿已被敲掉。看来所有这一切似乎都是故意的，而且是在磨光之前，磨光或多或少清楚地扩大到所有破裂之处。

虽然只有很少的（若有的话）骨头被磨去，但磨光痕迹是十分清楚的。可以辨认出少许细而深的、没有一定方向的刮痕。它们可能代表磨光之前用锐利的工具进行刮削所留下的痕迹。颌骨的有些部分也有少许小啮齿类动物所留下的啃咬的印痕。

就我所知，无论在中国还是在欧洲旧石器时代的洞穴中都还从来没有报道过有这样一种类型的人工制品。

另一件鹿的下颌骨和另一片鹿角似乎也被磨光过，但是它们破损厉害且已部分风化，因此关于它们没有什么好说的。

---

① 如果我们用小刀横向地刮磨一长片木头或者就刮磨一枝铅笔，会使刀子弹跳起来并因此而产生横向的波浪形的起伏。

② 由山顶洞发现的 P. hortulorum 的下齿列的平均长度约为 9.8 厘米。

五、装饰品

（一） 石珠

在山顶洞文化中所观察到的最进步的技术表现在7件石珠上，它们是在研究室中修理第102号人头骨时从附着于头骨的土中发现的。用白色钙质岩石做成[①]。所有这些石珠都很小且深深地染上了红色的赤铁矿。

这7件石珠差不多同样大小，但形状各异。就我们判断而言，它们都是用同样的工具，即磨和钻制作的。石珠一面平光，无疑是研磨而成（图三，4）。另一面根据至少两件标本来看似乎首先研磨，然后用一比较钝的石锥钻之（由三件标本计算，大约35°的角）。石珠之孔可能是最后打穿的，因为用放大镜观察在磨平的一面可看到细小的贝壳状的破裂。石珠的边缘不整齐，常常是多面体。某些标本上的一些痕迹暗示，个别形状不符合要求的石珠，其边缘偶尔被用轻轻敲击的方法修整过。

因为所有石珠紧挨着头骨发现，无疑它们被用作头饰，原来串在一根用某种东西做的带子上。

中国新石器时代晚期（Andersson，1923b）和早期，发现过用大理石和珍珠母做的珠子。但是那些珠子两面经研磨和钻孔，而且钻孔工具应是十分锐利的。迄今尚未发现时代更早的珠子。

在国外，就我手头上所能收集到的不完全的文献而言，Peyrony曾报道法国Bourdeilles的梭鲁特文化中有象牙的珠子（Peyrony，1932）。Bonch－Osmolovsky和Gromov把由苏联欧洲部分顿河流域的Borshevo Ⅰ发现的一枚珠子归入奥瑞纳晚期，他们只是提供了该珠子的一个图，但是没有描述（珍珠母做的?）（Bonch－Osmolovsky和Gromov，1936）。从他们的图来看，可以注意到该珠子与山顶洞的标本有某些相似之处。在西伯利亚，比较丰富的algamatolite珠子发现在Afontova的马格德林时期的遗址中（Bonch－Osmolovsky和Gromov）。但是西伯利亚的珠子边缘更圆，孔较小，表明制作技术要进步得多。

（二） 穿孔的小砾石

这样的标本只有一件（图三，5），采自山顶洞下部的第4层。这是一块非常好看的、扁平而圆润的砾石，质料是某种火成岩，长3.96厘米、宽2.83厘米、厚1.18厘米。砾石之中央，有一用钝的石锥钻成的大孔（一面上孔的最大直径是0.84厘米，而另一面是0.88厘米）。但是钻孔似乎钻得不好，因为我们沿着孔的表面可以看到不规则的“台阶”。砾石的一个面上有细的条痕存在，指示此面似乎已由于研磨而部分变平，而其余的部分保留了天然的水磨的形状，没有任何改变。

在法国，梭鲁特时期以前几乎没有发现清楚地穿孔的砾石。然而，Bouysonnie描述了由Font Robert遗址发现的一块白色的石英砾石，有一不完整的孔，这个遗址被认为是奥瑞纳晚期或向梭鲁特期过渡的时期。

---

① 杨杰（Yang Chieh）博士考察了一石珠的断面，按照他的意见，其质料是一种具有粒状（不是纤维状）结构的钙化的岩石，不像是变质的石灰岩。它可能是钙质结核、有机物质或白色石灰岩。

在梭鲁特时期，常发现成形良好的小砾石，例如在Badegoule，Combe－Capelle，JeanBlanc等地。但是，除了Henri Martin报道的在夏朗德的L' Abri du Roc发现的一件标本例外，其余都没有穿孔。

在马格德林时期，孔穿得很好的砾石肯定是常见的。例如，de St. Perier从La Grotte de Lespugue发现一块乳白色的石英砾石，有一完好的孔。Peyrony报道从la Madeleine发现了具有小孔的石灰岩砾石。

在西伯利亚，Bonch－Osmolovsky和Gromov没有提到这类东西的存在。

在华北，安特生在可能属于仰韶期的瓦官寨遗址中发现一块天然的绿色砾石，有一个小孔。在华南、广西中石器时代的洞穴中曾经发现许多用大而圆、两面穿孔的砾石做的重石（weight－stones）。

与欧洲同时期的相似标本比较，山顶洞的穿孔砾石在一个面的磨平方面显示了更进步的技术；但是另一方面砾石的穿孔（大而浅，制作欠佳）表明还缺乏熟练的技巧。

（三） 穿孔的牙齿

穿孔的牙齿是山顶洞发现的数量最多、最具有特征的装饰品。全部标本如下。

完整的（或大体完整的）……116件
残破的……9件
染色依然可见者（图四，1、2）……25件
染色不见或未染色者……100件
大型鹿的上犬齿……13件
獐的下乳犬齿（图四，3F）……1件
小型鹿（可能斑鹿）的下门齿（图四，3B、C、E）……3件
鹿类牙齿的总数（13枚完整，4枚残破）……17件
普通狐狸的上犬齿……7件
普通狐狸的下犬齿（以及4件残破者）……22件
Corsac狐的上犬齿……3件
Corsac狐的下犬齿……5件
野猫的下犬齿……1件
獾的上犬齿（以及1件残破者）……15件
獾的下犬齿……45件
黄鼬的下犬齿（图四，3D）……2件
小食肉类（獾或狐狸）的犬齿（残破）……2件
虎的下门齿（图四，3A）……1件
食肉类牙齿的总数（103件完整，5件残破）……108件

穿孔的牙齿常成群地发现于一小片地方的范围之内。例如，28枚小型食肉类的穿孔的牙齿是在第2层的不超过一平方米的一个区域中采到的。其余的大多数标本主要发现于第4层。在这样的情况下，它们显然代表一种颈饰或某种别的类似的饰物的遗存。一枚鹿的穿孔的犬齿与102号头骨附近的石珠在一起，显然属于同一件头饰。

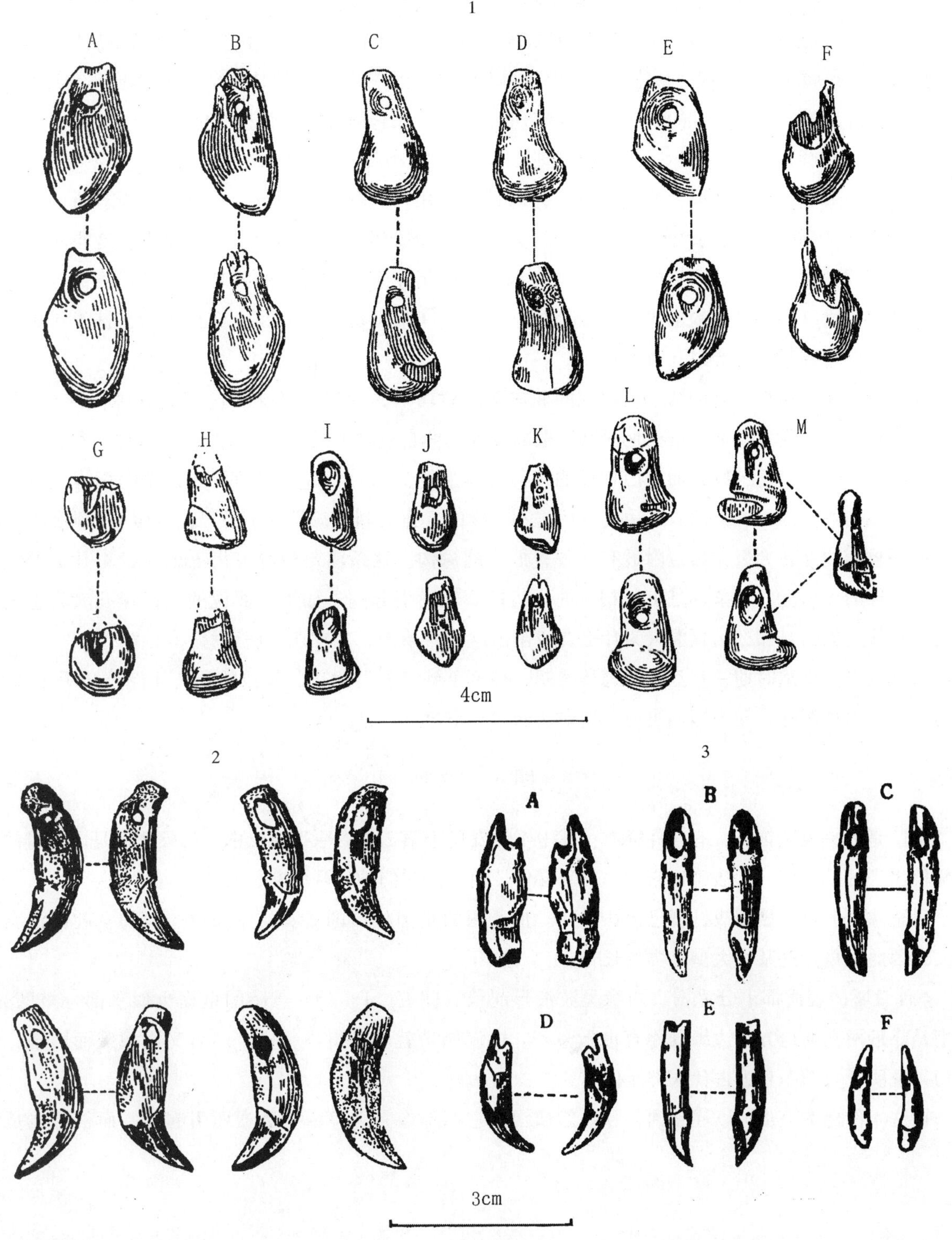

图四　穿孔的动物牙齿

1.3 件鹿的穿孔的上犬齿（图上打点的地方表示用赤铁矿染色的部分，如图 F、K、L）　2.*Meles leucurus* Hodgson 的 4 枚犬齿，其上仍部分保留红色（打点的区域）　3.A *Felis tigris* L. 的穿孔的门齿；B、C 和 E 斑鹿的穿孔门齿；D *Mustela* 的穿孔犬齿；F 獐的穿孔的乳犬齿

在研究了我掌握的所有材料之后，我对山顶洞人如何穿孔形成了一种看法。在未经穿戴而磨损的标本上，不管是鹿的还是獾的，没有一个圆孔是钻成的。所有孔在新做成时是不整齐的，好像是从齿根两侧刮挖而成。正如孔周围留下的痕迹所表明的，山顶洞人似乎是用一尖的工具刮挖齿根两侧而产生孔。在牙齿上纵向地进行刮挖，结果是形成两个相对的卵圆形的凹坑，在它们的接触点上产生一个小孔。

未经穿戴和磨损的牙齿显示了锐利的雕刻工具留下的条痕，甚至在孔的里面也仍然是不整齐的。

在穿戴而磨损的最初阶段，显然是由于穿系带的作用，其孔变成圆形，孔周围光滑。进一步磨损时，孔周围的部分被磨光，而牙齿部分也变得光滑。在磨损相当厉害的标本上，孔再次变得不规整而且增大。孔周围常可见到若干环形的沟，这些沟无疑也是穿系条带磨损的痕迹。在磨损更为严重的情况下，整个表面（如果是一鹿的犬齿）或齿根（如果是一狐狸的犬齿）完全变得光滑，甚至于因摩擦而发亮，说明这些物品已经过长久使用。

有一些标本，齿根两侧的两个被刮挖的面非常平坦均匀，我们可以推测它们是磨制成的。用现代狗的犬齿作实验，我发觉通过横向地研磨齿根的两侧能够自然地形成一孔①。然而，这样一种方法在大多数情况下会产生横的细纹，而在山顶洞的任何标本上均无这种情况。如前所述山顶洞标本上磨损的条纹都是纵向的。因此山顶洞人所用的方法是不一样的。孔的制成只是用了平刃工具而不是尖的工具。

有一枚鹿的穿孔犬齿在齿冠附近有一条直而窄的深沟。这条沟与獾的犬齿上的沟没有什么共同之处，因为獾的犬齿上的这条沟是由于相对的牙齿的磨耗而引起的。如果上面说的鹿的穿孔犬齿上的沟真是有意作成的话，那么山顶洞人为什么要切割出这样一条沟，现在还无法解释。

在欧洲自奥瑞纳时期一直到马格德林时期，甚至于到新石器时代，相似的穿孔牙齿是众所周知的。但是迄今除山顶洞外，在中国的史前时期中还从未见报道②。

（四） 骨坠

骨坠是另一类装饰品，有4件标本：其中1件发现于第2层的原生层位中，另外3件是由挖过的土中筛捡出来的，因此，无法确定它们的准确层位。但是由它们的外观判断，可能产自第4层。

骨坠系由何种骨骼制成，现已无法确定。但所用的是圆柱形的骨头，中间有一大的空腔而没有海绵质，因此很可能是某种大型鸟类的长骨。

4件骨坠的表面都十分光滑，边缘呈波浪形起伏（图五，1～4）。骨坠的里面也似乎部分被磨光，特别是靠近两端的地方。边缘既不直也不整齐。也许原来就切割得不整齐，尔后又因佩戴而磨损。这一切都说明，它们一直为古代人类所使用。

在这4件标本上也可以注意到各种短的横沟，它们不像是纯粹由于磨损而引起的，而很可能是为

① 实验也证明，纵向磨制的假说是不可能的（按：原文是 out of question，可能有误），因为这不仅会使得两个面扩大成一个区域，而且甚至于也偶尔会毁坏整个标本。

② Nelson在他新近发表的“蒙古考古学”一文中提到蒙古发现的（新石器时代?）用牙齿做的坠饰，Abstract of 2nd. Session，Intern. Cong. Anthropology & Ethnology，Copenhagen，1938。

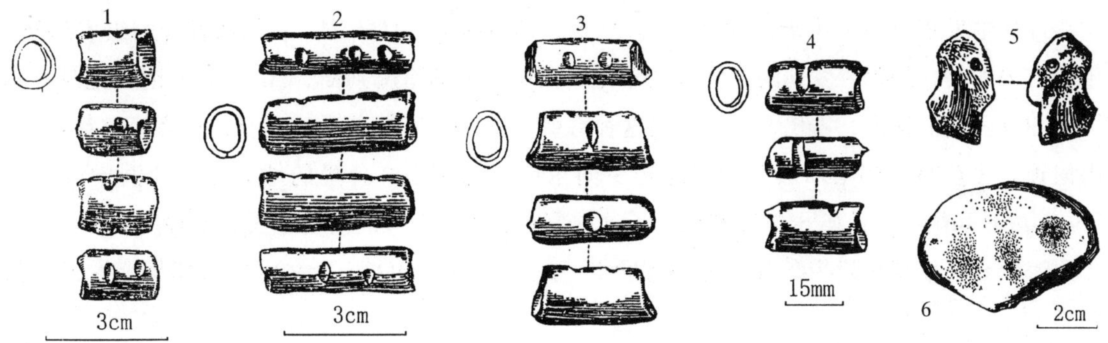

图五　骨坠、穿孔的鱼骨和染色（?）的小砾石

1～4. 四件骨坠（1、3 比例尺同）　5. *Ctenopharyngodon idellus* 的穿孔的眼上骨，打点的部分可见红色

6. 一块具有红色痕迹（打点的部分）的、已风化的石灰岩

了某种还不了解的目的而被人工刻出来的①。

安特生在辽宁（奉天省）砂锅屯的新石器时代后期洞穴中也发现了类似的骨坠；但是按照安特生的意见，它们更为细长，而且端部显然经过切割。

这种类型的骨管或骨坠在法国旧石器时代洞穴中不是一无所知的，虽然通常具有横向切割的痕迹或细的条痕。例如 Peyrony 曾经报道从 Castanet 的奥瑞纳早期地层中和从 La Ferrassie 的奥瑞纳期地层中的发现。Piette 提供了在 Gourdan 的奥瑞纳晚期地层中发现的一件标本的插图，这件标本表面光滑。

属于梭鲁特时期的有 Henri Martin 从 I'Abri duRoc 发现的一件小的骨坠，其上具有细的、横向的、分布均匀的刻痕。

可以归入马格德林时期的有从 Laugerie Basse（Bourlon），La Grotte Espelugues（Piette）以及其他许多地点发现的光滑的或有条痕的骨坠。

（五）　穿孔的介壳

在山顶洞西部的下部层位（第 4 层），采集到 3 件穿孔的海蚶壳。它们属于 *Arca* 的一个种，现在广泛分布于中国沿海一带。

每件标本在铰合部附近有一大孔。有一件标本，为了某种特别的目的孔被作成近似方形。其他两件标本具有圆孔。所有 3 件标本的边缘光滑而只保留了原来的一点锯齿形边缘，好像已被磨过。我的印象是，孔本身并不是挖或钻成的，而是在磨石上磨穿的。我用一现生的海蚶壳将其铰合部对着石研

---

① 这些沟看上去不像是一种装饰，似乎显示了某种明确的意图。

在标本 A 上（图 5，A）有两条大体沿着同一平面延伸的短沟；反面有第三条沟，但比较深；第四条沟不完整且比较微弱，位于同一平面的边缘。不算那条微弱而不完整的沟，标本 A 显示了三条清楚的沟。

标本 B（图 5，B）有两组横沟，其中两条延伸于一个平面上，而另外三条延伸于另一平面上，总共五条。

标本 C（图 5，C）有三条横沟或凹痕，组成一组，呈三角形；另外还有单独的一条沟，也就是说总共四条。

标本 D（图 5，D）只有一条刻得较深的横沟，几乎扩大到这一区域的一半，而在图左侧的一端可见一微弱的沟。

确定这些刻痕的意义是十分有趣的。

磨得到完全一样的孔。

这3件标本发现时与穿孔牙齿相距不远。它们可能都是同一件头饰、颈饰或臂饰的组成部分。

十分有趣的是在周口店发现的这些海生介壳。根据目前的情况判断，*Arca* 的最近产地是在山顶洞东南大约200公里的地方。古代人为了得到这种海蚶，一定是间接地通过交易，或者直接到海岸采集。无论由何种方法获得，都暗示当时的交通至少向东南扩大到200公里的地方。山顶洞中巨厚河蚌壳（*Lamprotula*）和鲕状赤铁矿[①] 的存在证实了这种假定：山顶洞人的活动范围已经很广了。

中国海生介壳发现在某些新石器时代遗址中（Andersson，1923c）。在历史时期早期它们仍然被用作装饰品。

欧洲自旧石器时代晚期以来这种东西常有发现。事实上，各大陆的原始民族现在还在采集介壳，用于装饰。

注意：一件稍稍风化的淡水介壳的中央有一圆孔。此孔不像是在发掘时或在修理过程中意外造成的，因为孔的里面具有明显的风化和被玷污的痕迹，而新近破裂的地方则是新鲜的、白色的。如果我们假定它是人工作成的，那么这件介壳也一定已被用来作为一种坠饰。

（六）　鱼的脊椎骨和穿孔的鱼骨

在山顶洞西部的第4层中发现了一种很大的Teleostei（*Cyprinus carpio*?）鱼的三个胸椎和一种中等大小的鱼（Teleostei）的六个尾椎[②]。它们都没有任何人工加工的痕迹，但是很可能它们是颈饰的一部分，用一条线通过其神经孔把它们串起来。

山顶洞也发现了一件鱼骨，是一条个体很大的鱼（Ctenopharyngodon idellus）的眼上骨[③]，边缘处穿了一个小孔（图五，5）。孔的里面现已部分风化，但还有一部分保留了原来的面（光滑而圆润）。我的印象是，这个孔是钻成的，但是如果真是这样的话，钻制的工具一定是特别锐利和精致的。在鱼骨的某些部分可看到红色的痕迹，暗示这件东西用赤铁矿染过。

除了染色和穿孔之外，这件标本未作其他加工，其天生如此漂亮，无需再作加工就可作为装饰品来佩戴。

就我所知，除山顶洞外，在世界上其他任何一个旧石器时代遗址中都没有发现过用鱼的眼上骨作装饰品的例子。总的说来，鱼的脊椎骨常发现于欧洲旧石器时代的洞穴中。

六、文化上用的杂物或有疑问的材料

除了上述确定的器物以外，我们在山顶洞中还采集了一些未经加工的原料，非本地所产，它们显然是为了制作器物而被人类带入洞中的。

---

① Lamprotula可能来自河北平原，今天在那里似乎还有，而鲕状赤铁矿来自张家口地区。

② 感谢T. L. Tchang博士为我鉴定了这些鱼骨。

③ 其大小可与一条体长65厘米、头骨长12.5厘米的鱼相比。

（一） 介壳类的壳

一种大的淡水介壳（属于巨大河蚌）的大、小破片常发现于山顶洞中，但是遗憾的是保存太破碎无法作属的鉴定。只有一件标本有一圆孔，这孔是怎么造成的还有疑问，既没有其他人工加工的痕迹，也没有肯定的人工加工的痕迹。这种介壳一定是原始人从相当远的地方带入山顶洞中的。

（二） 赤铁矿

在山顶洞内的整个堆积中常常发现鲕状赤铁矿碎块，最大的一块长约 20 厘米，发现于上室的下部。

在这些标本中有两块有明显的人工使用的痕迹。其中比较大的一块发现时破成单独的两半，正好可以对在一起。在每一块碎块的断裂面上有坚硬的凝结物，证明这块赤铁矿的断开发生在堆积物胶结之前。另外，两块相连接的面上有许多条痕，主要是纵向的，且互相平行，无疑代表了人类留下的刮削的痕迹，目的是想得到粉屑以作染色之用。

在另一块具有细鲕状结构的赤铁矿碎块上，一角有一光滑而圆润的表面，肯定是由于摩擦而成。这块东西也许被用来像铅笔那样在石头上划，要不就是因研磨而磨耗，目的是获得粉末用于染色。

周口店地区不产赤铁矿，因此山顶洞发现的标本一定是人们有意带到这里来的。上面说过，山顶洞发现的有些穿孔的牙齿和石珠原先用赤铁矿着过色。

仔细地考察附着于人类头骨，特别是 101 号、102 号和 103 号头骨上的砂质粘土，证明含有许多赤铁矿的细粒，这一事实说明了这里是一葬地的假设。

（三） 外来的未经加工的砾石和石头

在山顶洞的堆积中到处发现大小不等的未经加工的砾石。它们很可能是从沿着山麓流过的河流中拾来带入洞中的，为了制造工具或者为了某种别的文化上的用途。

一块黑色小砾石的两面有若干细微的条痕——但可能是在研究室中偶然生成的。另一块小砾石数量不多，但很清楚的擦痕，其意义暂时还无法确定。

另有若干砂岩砾石，具有平坦的表面或者只有一道印痕，可能是人工产生的。

（四） 染色（?）的小砾石

一件卵圆形的石灰岩砾石，通体强烈风化，似有用赤铁矿染色的痕迹（图五，6）。如果真是这样的话，这件标本将有助于我们确定山顶洞文化的时代，因为这样的着色砾石被认为是欧洲阿齐利文化或中石器时代的典型特征。

遗憾的是，颜色很浅，而各片之间的界线又很模糊，因此不能排除这块石头是天然氧化和偶然染上赤铁矿粉末的可能性。石灰岩本身既已严重的风化，因此在其表面仍然保留人工染色的痕迹似乎不大可能。

七、关于山顶洞文化的总的看法和理论上的讨论

（一） 山顶洞文化及其特征

周口店山顶洞文化具有下列特征：

石制品工业　石制品工业不发达或者至少在遗址中没有得到很好的体现。

原料：燧石、砂岩和石英，都非洞穴本身所产，但可在附近找到。

石器的类型：工具：刮削器，砍砸器等；装饰品：穿孔的砾石，一面磨平并有大孔的石珠等。

技术：锐的或钝的石锤可能被用于燧石的打片。石英可能被放在石砧上砸击，除非山顶洞发现的“两极石片”是从中国猿人地层中带来的。砂岩砾石的边缘加工出一钝的刃缘。

对火石的修整不规整。

从两面用一钝的石锥进行钻制。若是砾石，钻孔比较粗糙，因为在边缘上还可看到“台阶”。而钻制石珠的石锥似乎比较精细一点，但也比较钝。

由穿孔砾石的平整的表面和石珠来判断，磨制的方法显然有了高度的发展。

骨、角和介壳工业虽然主要用于装饰品的制作，但十分典型。

原料：鸟骨，鱼骨和鱼的脊椎，赤鹿角，食肉类和鹿的犬齿。

器物：一根骨针，一件磨光鹿角，骨坠，穿孔牙齿和介壳。

技术：用作装饰品的骨头或别的物质在很大程度上保留了它们的天然的形状，这一事实可以被认为是这一文化的一个“原始的”特征。但是另一方面，对这些东西的制作加工是用某些似乎是非常专门的技术进行的：

磨光：可以在上面描述的鹿角和斑鹿的颌骨上见到。磨光是在一已被刮挖的面上再进行的，而且显然是将这器物在某种兽皮上摩擦所致。就骨管而言，磨光也可能由于长久使用的结果。

刮挖：骨针和装饰用的牙齿的穿孔以及磨光鹿角的初步弄薄似乎是由刮挖而成的。为了制孔，显然先使用了锐利的石器工具，从选作孔位的两侧刮挖。要是鹿角，在相当大部分的角干面上，可以在磨光痕迹的下面观察到刮挖的痕迹。

摩擦：我相信介壳铰合部的穿孔和边缘被弄得光滑是使用了磨挖的方法，即把该器物对着某种硬石磨擦而成。

染色：由山顶洞发现许多以赤铁矿染色的器物：穿孔的牙齿，鱼骨等。

（二） 山顶洞人生活状况的推测

根据所发现的各种文化遗物，我们可以推测山顶洞的居住者是一种具有较复杂活动能力的人类：

他们知道如何缝纫并喜爱用装饰品来打扮自己；

他们很可能从事狩猎、捕鱼生活，并肯定会做熟食；

他们知道如何通过某种方法进行交易，从远处得到装饰自己所需要的河蚌壳、海生介壳和赤铁矿；

而且也许他们还埋藏其家庭成员中的死者。

（三） 山顶洞是否为一葬地

由于在山顶洞发掘期间对所发现的各种考古遗物和人类遗骸作了详细的记录，我们能够试图解释这一遗址的总的意义。有何种证据可以说明山顶洞是一住地或一葬地呢?

为了说明这个问题，堆积物必须被区分为三个主要带，即东部的最上带，西部的上带以及主要在西部的更深的带，包括下窨。

只有东部最上带，可能在两个不同的时期为人类所居住。限于这一区域的、至少两层含有工具的清楚的灰烬层的存在支持了这一看法。从文化层较薄来看，居住时期不长。

较深的西带和下窨一定已主要作为野兽的避难所（或陷阱)。食肉类（虎、鬣狗、熊、狼……）和斑鹿的完整骨架全都发现于此。事实上，像下室一样只发现少量的考古遗物，例如一件燧石石片和几件骨坠；但是猜想它们可能由于各种力量（包括掘土的动物）的作用已经过了移位。

所有人骨集中地发现于西部上带。因而我倾向于认为这里原来是一葬地，后来部分遭到扰乱。这种可能性是从下列事实推论出来的：1）有丰富的赤铁矿，这是众所周知的在旧石器时代撒在死者身体上的一种物质；2）与人类遗骸一起共生的器物的装饰性质，例如头骨附近的石珠，以及臂骨附近发现的穿孔牙齿；3）人骨仍然部分地处于自然关联的状态。

由下列事实可得出与这种假说相反的看法：人骨，假定属于同一个个体，在某些情况下不仅“水平地”，而且也“垂直地”散布于一广泛的区域；而且它们的石化程度可能不同。但是我们必须记住，从洞穴堆积物开始填充一直到发掘时，像獾这样的在地下打洞的动物一直是很活跃的。它们的活动完全可能造成人类骨骼的紊乱①。就石化程度的差异而论，谁都知道在同一堆积物内不远的距离是很可能发生这样的变异的。

这一洞穴可能已被用作葬地。我的这一看法，与魏敦瑞博士的理论（Weidenreich，1939）有点矛盾，他倾向于认为山顶洞的所有居民已遭到暴死。魏敦瑞博士的假说很可能是根据这样一个事实（这一点在发现时，我向已故的步达生博士提出过)：除了后来在堆积物中被压碎的以外，头骨显然是在仍包含大部分有机质时，显示了局部受打击的痕迹。但是，另一方面，我们一定不要忘记，人类遗骸是在一个石灰岩块常常从洞顶掉下来的洞穴中。在这种情况下，在埋葬之后不久头骨被掉下来的石块击中的可能性似乎不是很小的。

（四） 山顶洞文化的时代及其与其他文化的比较

1. 与其他文化的比较

总的说来，根据山顶洞文化显示的一些特征，显然可以把它归入旧石器时代晚期，它有打制的石器（无陶器）以及许多装饰品。如上所述，这些装饰品在大多数情况下可以在欧洲奥瑞纳文化和奥瑞纳之后的旧石器时期中找到它们的对应物。

但是，当更详细地与欧洲同时期的文化作比较时，山顶洞文化一方面表现出比较原始的特征，另

---

① 特别支持这一解释的是在山顶洞西部的顶部与102号头骨一起发现的两根股骨。在我看来，端部首先被食肉类动物啃咬过，而后又因水的作用而变得光滑。

一方面又表现出比较进步的特征，是一种奇妙的混合。原始性在于骨针以刮挖方法穿眼，火石刮削器修整得不规整，粗糙的砾石石器，当与欧洲奥瑞纳文化的产品相比时显得原始。进步性在于磨光石珠和穿孔牙齿技术上似乎又比在法国采集的马格德林时期器物要进步。

事实上，光是根据文化，不大可能在上述中国和西方文化之间找到直接的相同之处，因为山顶洞的人工制品很可能代表了一种具有自己特征的独立发展的文化。

到旧石器时代之末，一个重要的北方的或“古北的”文化区似乎从欧洲延伸到东亚，大约在北纬45°以北（主要是西伯利亚）。但是，同时也很可能存在着另一个人类和文化的潮流（系统），沿着太平洋海岸，从马来亚延伸到满洲里——在新石器时代之初显然仍为印度支那的北山文化和广西的洞穴工业所代表。根据其地理位置和某些特别的特征（粗糙的石器、穿孔的砾石……），我们倾向于把山顶洞文化归入这一独立发展的“太平洋”文化区——然而像使用赤铁矿染色的习惯可看作是“北方的”影响。

2. 时代

就山顶洞文化的时代而论，现在有三点是完全可以确定并必须加以注意的：1）从古生物方面来看，由鬣狗（*Hyana*）、猎豹（*Cynilurus*）、香猫（*Paradoxurus*）和鸵鸟（*Struthio*）等的存在判断，山顶洞的堆积仍然属于更新世；2）从考古学来说，山顶洞文化肯定比发现于河套[①] 的中更新世的旧石器遗址（有穿孔和磨光的装饰品）更进步，因而时代可能更晚；3）另一方面，根据同样的考古学的观点，山顶洞的石器在技术上肯定不如在满洲里更新世最末期的黑土中发现的文化进步，因而时代可能较早。最近报道，在哈尔滨附近更新世最末期的黑土中发现了具有阿齐利亲缘关系的细石叶文化，与披毛犀共生（Teilhard，1935）。

综合这三方面的证据可以得出这样的结论：山顶洞文化的正确时代是更新世之末，因此，应被视作西方马格德林晚期文化在东方的对应物[②]。

参考文献

Absolon，K.，1936，a vast prehistoric “Pompelii” revised，part Ⅱ. *The Illustrated London News*，188（5058）.

Andersson，J. G.，1923a，Essays on the Cenozoic of North China. *Mem. Geol. Surv. China*，*Ser*. A，(3).

Andersson，J. G.，1923b，The cave-deposit at Sha Kuo T’un in Fengtien. *Pal. Sin.*，*Ser*. D，1（1）.

Andersson，J. G.，1923c，An early Chinese culture. *Bull. geol. Surv. China*.（5），Part. 1.

Andersson，J. G.，1934，Children of the Yellow Earth. English Edition，London.

Black，D. et al.，1933，Fossil man in China. *Mem. Geol. Surv. China*，*Ser*. A，(11).

Bonch-Osmolovsky，G. and Gromov，V.，1936，The Palaeolithic in the Union of Soviet Socialist Republics. Report of the 16th Session，U. S. A.，1933，International Geological Congress. 2，1291～1311.

---

① 主要是与具有像奥瑞纳文化特征的水洞沟地点有明显的差别；与萨拉乌苏遗址（砾石和鹿角文化）的差别不是那么大。

② 然而，应该特别提到，哈尔滨的黑土中的 文化属于典型的亚洲旧石器时代晚期的北方的或“古北的”文化系统。由于山顶洞遗址属于上面所说的亚洲旧石器时代晚期的“太平洋的”文化系统的区域，因此，山顶洞中缺乏细石叶的技术可能只应表示文化的差异。在这种情况下，山顶洞文化可被视作哈尔滨文化在南边的等同物，两者的时代均为更新世最末期。这一问题只能通过进一步的考察才能得到解决。

Boule, M., Breuil, H., Licent, E. et Teilhard de Chardin, P., 1928, Le Paléolithque de la China. *Arch. Inst. Pal. Hum.*, (4).

Breuil, H., 1937, Les Subdivisions du Paléolithique supérier et leur Signification. Cong. Interns. d' Anthro. Prehist., Compte Rendu de la XIV Session, Geneve, 1912, 2nd, Edition 1937 Paris.

Breuil, H., 1939, Bone and antler industry of the Choukoutien *Sinanthropus site*. *Pal. Sin.*, *New Ser.* D, (6).

Callenfels, P. V. van Stein., 1936, The Melanesoid civilisations of Eastern Asia. *Bull. Raf. Mus. Singapore*, *Ser.* B, (1).

Martin, H., 1929, La frise Sculptée et l' atelier du Roc. *Arch. Inst. Pal. Humaine*, (5).

Pei, W. C., 1934, A preliminary report on the Late-Palaeolithic cave of Choukoutien. *Bull. Geol. Soc. China*, 13 (3).

Pei, W. C., 1937, Palaeolithic industries in China. "Early Man", Philadelphia, 221~232.

Pei, W. C., 1939a, On the Upper Cave industry. *Peking Nat. Hist. Bull.*, 13 (3).

Pei, W. C., 1939b, An attempted correlation of Quaternary geology, palaeontology and prehistory in Europe and China. *Geochronological Table* No. 1. Institute of Archaeology, University of London, 1-17.

Peyrony, D., 1932, Les Gisements Préhistoriques de Bourdeilles (Dordogne). *Arch. Inst. Pal. Hum.*, (10).

Teilhard de Chardin, P., 1934, Les Récents Progrés de la prehistoire en China. L' Anthroplogie 45 (5-6).

Teilhard de Chardin, P. and Young, C. C., 1930, Preliminary observation on the Pre-Lossic and Post-Pontian formations in western Shansi and northern Shensi. *Mem. Geol. Surv. China*, *Ser.* A, (8).

Teilhard de Chardin, P. and Young, C. C., 1935, The Cenozoic sequence in the Yangtze Valley. *Bull. Geol. Soc. China*, 14, 161-178.

Weidenreich, F., 1939a, The duration of life of fossil man in China and the pathological lesions found in his skeletion. *the Chinese Medical Journal*, 55.

Weidenreich, F., 1939b, On the earliest representatives of modern mankind recovered on the soil of East Asia. *Peking Nat. Hist. Bull.*, 13, Part 3.

Young, C. C., and Pei, W. C., 1934, On a collection of Yangshao cultural remains from Mienchihhsien, Honan. *Bull. Geol. Soc. China*, 13 (2).

（原载《中国古生物志》新丁种，1939，9:1~58）

对中国猿人石器的新看法

贾兰坡

周口店中国猿人化石产地，经过12年大规模的发掘，发现的石器非常丰富。现在积存的石器，如果连同打制的石片和石核都计算在一起可达10余万件。这个数字还未包括在发掘现场经过挑选后扔掉了的打击不清楚的石块和在开始发掘时期由于不认识而遗弃了的材料在内。

在中国猿人化石产地将近40米厚的堆积中，除了最下部的成层的红色泥土和中部的一层松沙很少有石器发现外，在所有的角砾岩层中多多少少都有石器的发现，特别是在灰层里及其附近发现最多，尤其是下部的灰层中发现的材料更为丰富。

这项石器过去虽经裴文中教授和德日进教授先后作了初步研究，并发表了简报（裴文中，1932；德日进等，1932；德日进等，1933），但详细的研究一直到今天尚未完成。

最近我们研究丁村文化时，把丁村石器和中国猿人的石器作了一次对比，使我对中国猿人的石器的性质更有了进一步的认识。

从中国猿人的石器的整体来看，它是具有一定的进步性质，因此将这一文化置于人类使用石器的最初阶段是不恰当的。至于有人将中国猿人的石器放在原始石器（旧石器时代之前——作者）的范畴中，认为只是用“碎的石子以其所成的偶然形状为工具，作为一般的使用”，那更是没有事实根据的（尼科尔斯基，1952）。

中国猿人的石器的进步性质由下列几点可以说明。

一、打石片的方法

中国猿人的石器原料以脉石英为最多，根据我们不完全的统计，脉石英在全部材料中约占78%，砂岩较少只占18%，燧石和水晶及其他材料则更少，仅占4%。

假如我们单由脉石英的原料来看中国猿人打击石片的方法确是困难的。在我们集存的大批材料中，很少见到有很好的脉石英的石片，在绝大部分的脉石英的石片中一般都没有清楚的打击点和半锥体，甚至保留有台面的石片都不多。这种现象我们不能完全归罪于中国猿人的技术差，因为脉石英的硬度虽大，但性质很脆而且破裂时极不规则，所以就难能产生好的石片。

我们假如避开脉石英，而以燧石和砂岩打成的石片来观察，则完全可以说中国猿人打制石器是有一定的方法的。因为除了若干的石器由于第二步加工而破坏了台面外，一般的石片上都保留有台面、打击点和半锥体。由若干的石片上可以看出，中国猿人不仅知道了利用自然形成的台面，也知道了打击台面，而且还有少数的石片是利用台面具有棱角的部分打击下来的，虽然我们还不能确切地说中国猿人已经有意识的修理台面，但他已知利用具有棱角的台面打下较适用的石片来，就是一种比较进步的性质（图一，1）。

中国猿人打击出来的石片有的很大，有的很小，大者可超过1000克，小者只有3克。石片角一般

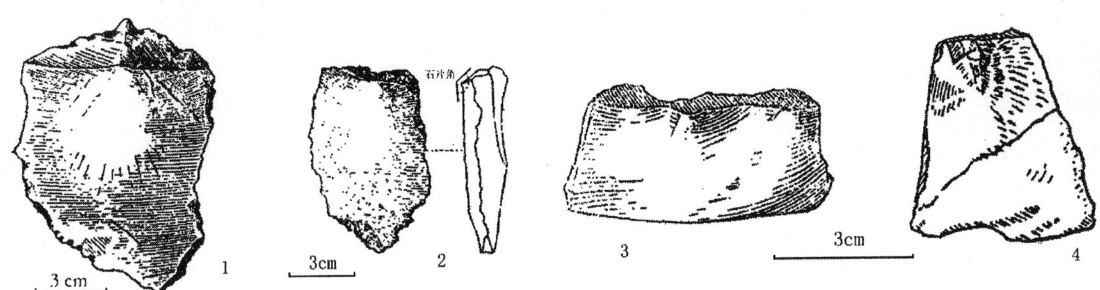

图一　中国猿人石器

1. 利用台面具有棱角部分打击下来的砂岩石片　2. 具有大石片角的砂岩石片　3. 用摔击方法产生的石片　4. 用石锤直接由石核上打击下来的燧石石片

都很巨大。我们测量了一部分的石片角，最小者为96°，最大者为132°，平均118°，其中以110°～125°之间者最多，约占60%以上（图一，2）。有的石片具有小的台面，集中的打击点和清楚的锥体；但也有的是台面较大，打击点不集中和锥体散漫的石片发现。此外还有很多两面的两端都有剥落碎屑痕迹的长方形的小石片。

由上述石片的性质观察，我们不仅知道中国猿人掌握了打击石片的技术，并且可以看出他们打击石片至少运用下述的三种方法：

摔击方法——凡台面和石片角都比较巨大，锥体散漫和打击点又不集中的短石片（图一，3）是用带有锐缘的石核或片状石核在石砧上摔击而产生的。根据我们试验的结果证明，用这种方法产生石片很容易，因之可以认为是最原始的方法之一；同时也证明了，石核的边缘夹角愈小则摔下来的石片角愈大。由同样的石核也可以用石锤直接打下大角度的石片，但它有比较清楚的打击点和集中的锥体，与用上述方法产生的石片仍然是有区别的。

直接打击法——由中国猿人化石产地发现的石片，有若干是用石锤直接由石核的台面的边缘上打击下来的。用此种方法打击下来的石片，一般是台面和石片角都比较小，打击点清楚，锥体集中而且石片是较长的（图一，4）。

我们不但发现了若干此种性质的石片，我们也发现了产生此种石片的石核。石核的台面无论是由自然形成或由人工打击而成，但石片都是沿着台面的边缘打落下来的。由于有时再利用石片的剥落面当作台面而又向另一方向打击石片，因此将石核常构成矩形。

用这种方法虽然比用摔击方法复杂一些，但可以产生比较好的石片。这种方法，无可否认的是代表打片技术的一种进步性质。

砸击方法——我们由大批的石英片中，可以选出很多长方形的石片，这类石片的两面及两端，都有同样剥落碎屑的痕迹。这样痕迹并非加工修理而成，乃是将石核放在石砧上，然后用石锤在顶端垂直砸击而产生的。用这一方法打击石片最容易，也应视为原始的方法之一。

二、石器的类型

有人认为中国猿人的石器是没有一定的类型的，这种说法，都是与事实不相符合的。

正确的说，中国猿人的石器是有一定的类型的。我们不能由于某一类型的石器较少或同一类型的石器彼此的形状还不完全相同，就否认了它的类型的区分。因为用以石击石的方法打击出来的石器，根本就不能在形状上求得完全相同。

关于石器类型上的区别，除了根据它的大小与器形之外，还要依据第二步的加工方法来区分。如此才能正确地判断出它的用途，根据它的用途才能进一步了解当时的生产情况和社会状态。

中国猿人制作石器的技术尽管还不够高明，但它的第一步工作（打击石片）和第二步工作（修整石器）有了一定的方法则是肯定的事实。根据它的打击方法与作用，我们可以分为下列几个类型：

锤状器——这一类型的石器很普遍，只是捡取自然形状的砂岩砾石作为砸击之用。它是中国猿人使用的最简单的一种工具。由于砸击的结果，在砾石的表面上往往凿出许多深浅不同的坑疤，具有坑疤的砾石有时过大，显然不是用作石锤，而是当作石砧的。

这一类型的石器多不加工，有的只是将砾石的局部边缘略加修整。同时还发现了若干长圆形砾石的一端具有剥落碎片的痕迹，这乃是由于利用石锤由石核上直接打击石片时而产生者。

砍伐器——这一类型石器的主要原料为砂岩。石器的加工也比较简单，只是将砾石的边缘打击成刃就来使用。有的是向砾石的一面打击，有的则是向砾石的两面打击，打击的方法虽有所不同，但用途是一样的。

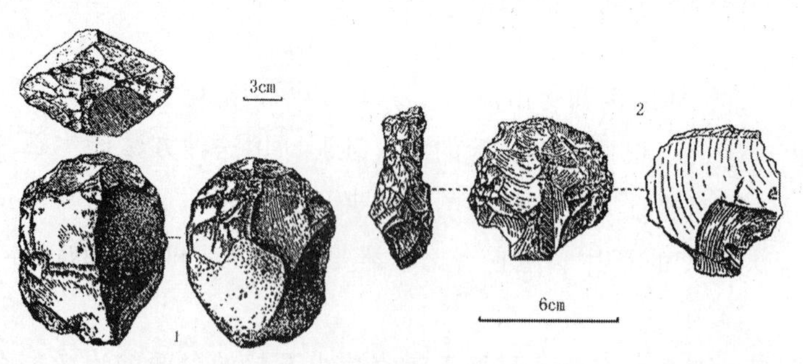

图二　石核砍伐器及平圆状器

1. 由石英岩的周围边缘向器身两面交互打击的石核砍伐器　2. 由厚燧石石片的周围边缘向器身一面加工的平圆状器

我们曾发现过一件用石英岩打击的砍伐器，重 1735 克，加工比较精细，呈椭圆形，用交互的方法打击成 80°～95°的刃。根据我们试验的结果，这样角度的刃作为砍伐之用是很适宜的。刃太薄或太厚都不大适用（图二，1）。这一石器，由打击方法与器型来看是和欧洲旧石器时代初期常见的手斧颇为类似。

根据这一类型石器边缘的痕迹可以看出它的第二步加工的方法有两种：凡是打击点集中（窄缺口者）是用石锤打击而成；凡是打击点不集中（宽缺口者）是在石砧上摔击而成的。

平圆状器（又名盘状器）——这一类型的石器有厚薄和大小的不同，依据我们手头保存的材料，其中最大者重 810 克，最小者 44 克，大型者多为砂岩制成，小者多为燧石制成（图二，2）。

这一类型的石器有的是将扁圆形砾石的周围边缘打击成刃；有的是用较小的圆形砾石由中间剖开将边缘打击成刃；也有的是将厚石片的周围边缘打击成刃。虽然由于原料不同，第二步加工有粗细之分，但它的加工却保持着一致性，即都是沿着边缘向一面加工（由中间剖开的砾石和厚石片都向背面加工）而成为适于砍伐或刮削的器物。

关于这一类石器的用途，大者适于砍伐，小者适于刮削，这不仅由器物的体积上可以看出，而且由使用痕迹也可以说明这一点。根据我们初步试验的结果证明，凡是用于砍伐所产生的屑痕一般都比较大，尾端多呈弧形；而用于刮削所产生的屑痕则比较短，尾端多在中途折断。

尖状器——是中国猿人制作的比较精制的石器之一。原料有石英和燧石。所用的石片虽然不够规律，有薄有厚而且一部分还不保存台面，但是最值得注意是它的第二步加工的一致化。虽然打成的石器也有钝尖、锐尖、直尖和斜尖之别，但是都用相同的第二步加工修制而成的。

在我们这次选出的10余件这一类型的器物中，以燧石者比较精致，以石英者比较粗糙，但它们的第二步加工都十分清楚，都是由石片的中腰的两侧边缘开始向一端加工使成一尖，并且这种加工多在石片的背面，其劈裂面则无加工痕迹（图三）。

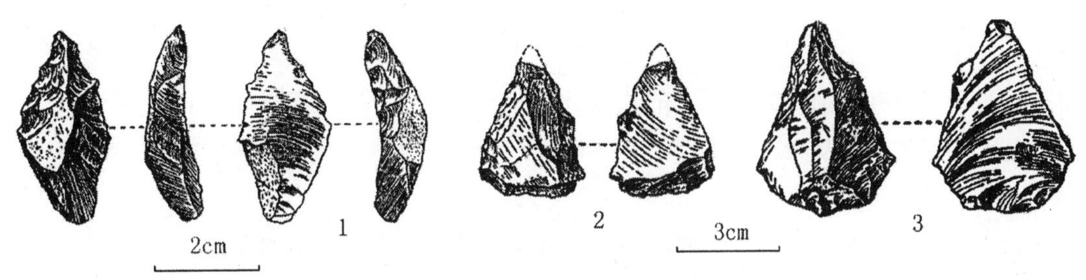

图三　尖状器

1、2、3. 均为由厚燧石石片的两侧边缘向器身一面加工的尖状器

器型最大者重40克，小者只有5克。像这样的石器有的学者认为可以作为割剥兽皮之用，这一推论的可能性是很大的。

上述的尖状器和欧洲莫斯特文化期的尖状器相比，在第二步加工的性质上虽有一定程度的相似，但这不等于说由这一相似就得将中国猿人的文化时代提到旧石器时代中期的范畴中。通过这一认识我们完全有理由认为这样的第二步加工的方法在中国猿人时代就已经开始了。

刮削器——是中国猿人使用的最普通的一种石器。原料有石英、砂岩和燧石。绝大部分的刮削器只是将石片的边缘加以第二步修整使之成为直刃、凸刃或凹刃（图四，1）的适于刮削用的工具。其中也有一小部分的石器是在器身的两面加工使成为一种石核刮削器。

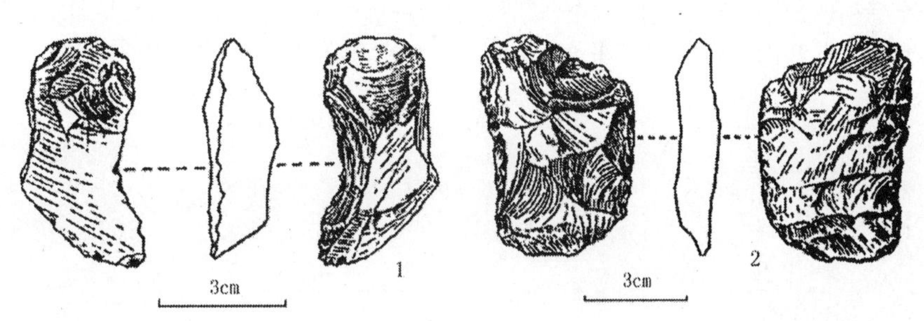

图四　刮削器

1. 凹刃刮削器　2. 矩形刮削器

在我们所发现的大批石片中，在边缘上虽没有第二步加工，但有由于刮削所产生的痕迹，显然中国猿人也用石片的自然边缘作为刮削之用。因此不可否认的，有若干刮削器是由将自然边缘使用圆钝后而再加工修理出来的。

由器身两面加工作成的刮削器发现无多。其中有三件矩形刮削器的第二步加工最为精致，而三件中尤以一件用燧石制成者最为突出。

此件刮削器，重40克，由于有台面的保存，证明是用薄石片制成的。周围边缘几乎都有加工痕迹，由痕迹浅而长证明，它极有可能是用木棍或骨棒修整出来的（图四，2）。

三、小　结

过去我们认为中国猿人的石器是没有定形的，只是捡拾石块打成碎片利用其锋利的薄刃。这一看法是与事实不符的（裴文中，1954；郭沫若等，1955；贾兰坡 1950）。

中国猿人的石器不但有一定的打片方法和修整方法，而且它还有一定的类型。这是不容争辩的事实。

中国猿人的石器虽有粗细之分，但它的代表性是很强的。中国猿人的石器由于类型很多，因此它的运用不但是很广泛的，而且在工具上已有一定的分工——刮削器不能用于砍伐，尖状器也不能用于锤砸。

中国猿人石器的丰富和多样性，证明中国猿人对付自然已经有了一定的办法。

但这不等于说中国猿人时代已超出了旧石器时代初期的范畴了，但它不是旧石器时代初期开始，而意味着在这之前还应有一段原始的阶段存在。

参考文献

尼科尔斯基（庞龙译），1952，原始社会史，第22页图表。作者书屋出版。

郭沫若等，1955，中国人类化石的发现与研究。北京：科学出版社，55～58。

贾兰坡，1950，中国猿人。北京：龙门联合书局。

裴文中，1932，周口店洞穴堆积中国猿人层内石英器及其它种石器之发见（英文）。中国地质学会志，11:109～146。

德日进、裴文中，1932，北京猿人之石器文化（英文）。中国地质学会志，11:315～364。

德日进、裴文中，1933，廿二年及廿三年间周口店之新发现（英文）。中国地质学会志，13:369～394。

（原载《考古通讯》1956，6（1）:1～8）

丁村旧石器

裴文中　贾兰坡

一、概　　况

由丁村附近各遗址中发现的石器连同打制的石片和石核计算在内，在本文中所研究者，一共有2005件，其中包括：90地点244件，93地点1件，94地点7件，95地点25件，96地点90件，97地点318件，98地点529件，99地点219件，100地点171件，102地点176件，由史村砾石层中采集2件，涧滩沟、胡仙沟、夜猫沟及苍头村砾石层中采集40件，由沙女沟中地表上捡拾22件，1953年及1954年春，由丁村附近过去已经翻掘的沙砾堆中捡拾161件。

关于石器的原料，我们作了统计，在全部标本中，除一部分由于不甚重要而未被列入外，共统计了1566件，其中包括具有修整痕迹的各种类型的石器、打制很清楚的各种石片和石核以及具有使用痕迹的石片等。

统计的结果以角页岩占最多，其他材料则很少，其百分比如下：角页岩94.7%，燧石2.5%，石灰岩1.9%，玄武岩0.7%，石英岩0.2%，绿色页岩0.1%，砂岩0.1%，石英0.4%，闪长岩0.2%。

角页岩① 在显微镜下观察，可分为两种：一种为变质砂页岩，一种为变质页岩，原有成分都含有大量粘土质矿物。前者含长石及石英成分较多，经过热力变质，粘土质矿物与铁质成分组合成为黑云母，而长石及石英质重结晶而变为清晰的颗粒，但原有不规则或是棱角状的外形并没有改变。后者含碳质成分较多，因而碳质集中成斑点状。在全部的材料中，前者最多，占全部原料的86.3%，后者仅占8.4%。

其他如燧石、玄武岩、石英岩、石英、绿色页岩和砂岩等都是作为打制石片之用的，基本上和角页岩的利用相同。而石灰岩和闪长岩是作为石锤之用的，因为闪长岩质粗，石灰岩质软都不适宜制造石片石器。

原料以砾石为主。砾石的来源不远，因为砾石的表面上多保存着钝圆的棱角。根据我们调查所知，此种角页岩的原产地就在丁村以东7公里比现在汾河高约300米的低山上。由这低山区域向西分布着几条大沟，如丁村以东（偏北）的沙女沟、柴庄东南的涧滩沟里都有大量的这种角页岩的砾石存在。

所有的石器都是在交错砂层里发现的，发现石器的地层我们称之为“文化层”。有的地点虽然不具交错砂层构造，而只有砾石存在，但也发现了石器和同时期的动物化石，如94地点就是一个例子。

94地点中含石器和动物化石的砾石层约有1米厚，其下虽还有几层呈红色的土和砾石，但在其下的砾石层中，并未发现任何文化遗物和化石，因此可以证明这含有文化遗物的砾石层，和其他地点的交错砂层含有砾石在内的文化层的时代是相同的。不仅由所含的石器保持着一致性可以说明，即由层

① 角页岩性质为东北地质学院喻德渊先生和中国科学院地质研究所李璞先生鉴定。特志于此，以伸谢意。

位的比高上也可以证明这一点，因为所有的文化层都是在比现在汾河水面高约 10 米以上的层位里。

石器在砂砾层中虽有上下的不同，甚至它们的间距有时超过 4 米，但由发掘的 9 个地点所发现的石器和石片观察，无论是由石器类型上或打击石片的方法上看都保持着一致性，并找不出明显的区别，因之我们认为都是属于同一个时期的产物。

丁村旧石器时代文化的分布区域，就我们当时所找到的边界来说，北由史村起南到苍头村止，南北约长 15 公里，沿着汾河的东西两岸都在它的范围之内①。

在史村车站以西附近的砾石层中，曾有人工打击的石片发现。襄汾县人民委员会在史村车站附近掘井时也曾掘出来这种的石片，甚至在史村一带的田野的地表上偶尔也可以见到。

在史村车站之南约 1.5 公里南寨村的铁路旁，在高达 25 米的断崖底部的一层砾石层里，发现有人工打制的石器和石片（95 地点）。这层含石器的砾石层，约有 1 米厚，下为含平卷螺的绿色泥灰岩，其上为成层的细砂。

在毛村附近的汾河岸上发现了两个地点，一在毛村之北（96 地点）②，一在毛村的西南（94 地点）。在前一地点中，石器发现在有交错构造的砂层及砾石层中，它的下面虽还有成层的红色土并夹有几层薄砾石层，但无石器发现；在后一地点中，地层无交错砂层构造，石器仅发现于砾石层中，但其下部亦为成层的红色土并夹有几层砾石，和前一地点的文化层之下的地层是相同的，也没有任何发现。

由丁村到曲里村之间，石器地点特别丰富，都发现在砾石层和交错砂层中。最重要的地点有 5 处（97、98、99、100 及 102 地点），都集中在约 1 公里的范围以内。

柴庄以南的地区，除在车站之南约 0.5 公里的一个巨厚的砂层中发现有人工打制的石片外（93 地点），并在柴庄之南约 5 公里的汾河西岸的胡仙沟、夜猫沟及苍头村附近的砾石层中也发现有少数人工打制的石片。

由史村到柴庄一段，旧石器时代的地点均分布于汾河东岸，而由柴庄往南则分布于汾河西岸。

在丁村之西约 5 公里沙女沟中的地表上，也捡到有人工打制的石片、石核和石器。此项材料虽不是由地层中获得，但对其性质观察，和丁村一带各地点发掘出来的材料十分相近，除在沙女沟中捡到一件似“手斧石器”为发掘的各地点所少见外，其他无论是原料和打制的方法都保持着一致。

根据我们此次在丁村附近一带调查和发掘结果得知，此种文化遗物，不但性质相同，而且也同产于大约等高的、同时代的砾石层中（均比铁路稍低）。由此可以证明上述的文化遗物虽分布很广，但都是属于同一文化期。

石器和石片的表面多包有一层碳酸钙质外壳，这样的外壳在砾石上也可以看到。外壳的厚薄不同，最厚者达 1.5 毫米。

这层外壳在显微镜下观察很纯净，和由文化层以下的地层中发现的蚌壳表面所包的钙质外壳不同，蚌壳上所包者有时虽然很厚，但远不如石器表面所包者结晶纯净。

虽然由砾石和石器的表面包有纯净的钙质外壳，可以证明它们曾为河水侵没过，但当时的部分河

---

① 1956 年 4 月间文化部与山西省文化局合组的文物普查试验工作队，在曲活县滏水旁的里村西沟的入口处又发现旧石器时代文化遗址 1 处，据初步了解，石器的性质和丁村文化虽有类似之处，但还有多少不同。参阅：顾铁夫：1956。山西曲活里村西沟发现旧石器，文物参考资料，(8):21～22。

② 1956 年 7 月间又在 96 地点东南约 100 米的沟谷东侧峭壁的砾石层中也发现有厚壳蚌的化石和人工打击的石片。

滩也可能涸干，使砾石暴露出来。

由丁村附近发现的石器，不但和砾石的岩性相同，而且石器的大小和砾石的体积也是相近似的。同时我们所发现的若干石器的棱角都十分尖锐，证明它们并没有经过较长时期的流水冲磨过，也就是若干石器并没有经过较长距离的水力的搬运，当时的人类制作石器是在当地制作的。不过也有若干的石器具有冲磨的痕迹，证明同时也有经过水力搬运的石器存在，但搬运的路途不远，因为冲磨过的石器或石片仍然保持着它的棱角。

就全部的材料来看，以打击的石片和石核最多，真正具有第二步加工的石器则很少，只占总数的6.6%。这可能说明了当时人利用当地砾石分布较多的地方作为制作石器的场所，并非居住之地。由石器表面上所包的钙质外壳证明，说明石器曾被水所侵没过。丁村附近，石器的地点如此密集，足以证明在丁村一带沿着汾河两岸南北相当广阔的区域里是当时人类经常出没的地方，如制作工具，饮水，狩猎（河边也是一般兽类出没的地方）。

我们对这批材料的研究，除了根据材料本身的打击方法来论述它的器型外，同时也根据了器型作出它们使用方法的推测。

为了使读者对丁村石器的研究容易了解，将文中所谈到的一些名词作了如下的扼要解释。在研究中不仅是作了某些测量，同时也作了一些指数来帮助说明它的性质，兹将名词以及测量的方法都介绍如下：

经人工剥落石片剩下来的石块称为“石核”，用石核打击而成的石器称为“石核石器”。

由石核上打下来的石片称为“石片”，用石片再加工制成的石器称为“石片石器”。

为了适用某种用途将石核或石片加以修整，称为“第二步加工”或“修整工作”。

要由石核上打下石片来，需要在一个平面上打击，这个平面无论是天然形成或由人工打击而成，均称为“台面”或“打击面”。

由石核上打击石片的着力点称为“打击点”。

石片由石核上剥落下来的一面称为“劈裂面”，和它相反的一面称为“背面”。相反的，在石核上剥落石片的一面称为“石片疤”。在劈裂面上距台面很近的地方有一个指向打击点的半锥形的突起，称为“半锥体”。在半锥体的下侧部分多具有大小形式不同的一个凹面称为“疤痕”。

石片背面的左侧边缘称为“背面左缘”，背面的右侧边缘称为“背面右缘”。与台面相对的一端，无论什么形状，均称为“远端”或“尖端”。

由打击点至远端之间的最大直线距离称为“石片长径”，左右缘之间的最大直线距离称为“石片幅径”。

台面和劈裂面的相交的角度，称为“石片角”，测量方法是测量打击点附近，为了求得真正的角度应当离开半锥体，如有“锥疤”，可由锥疤的中间处测量。

二、石器的类型

由丁村附近各地点中发现的文化遗物以石器为代表，在所有的石器中又以石片石器为主。石核石器在数量上比较少。

（一） 石核石器

1. 砍砸器

有18件可以归于这一类型。它们的制作方法，都是用交互打击方法而制成的。所用的原料都是角页岩，根据它们的加工与边缘的使用情况，可分为单边砍砸器和多边砍砸器两种类型。

单边砍砸器 这一类型的石器共有10件。采自95地点者1件（编号P.0240）；采自98地点者4件（编号P.0756、P.0978、P.1205及P.1210）；采自99地点者2件（编号P.1427及P.1344）；其余3件是在90及98地点附近由过去农民已掘出来的砂砾堆中捡拾的（编号P.0170、P.1803及P.1985）。

这种石器的主要特征，都是用交互打击方法打击石核的一侧或一端的边缘，使它成为一种厚刃的器物。其中还有保存与不保存天然石面的区别。

由于交互打击的方法使刃缘呈锯齿状，并因石器的石片疤特别深凹，可以证明是用石质的锤物打击而成的。石器的刃缘多半是凸出的，只有P.1985号标本较为平直。与厚刃相对的一缘，无论是否保存有天然石面，但一般都是钝厚的，便于用手把握。

P.0240号（图六，16），刃部多有向两面剥落的碎屑痕迹，这种痕迹多短而宽，可能证明曾经多次的使用。与刃部相对的一边，似曾稍加修理。

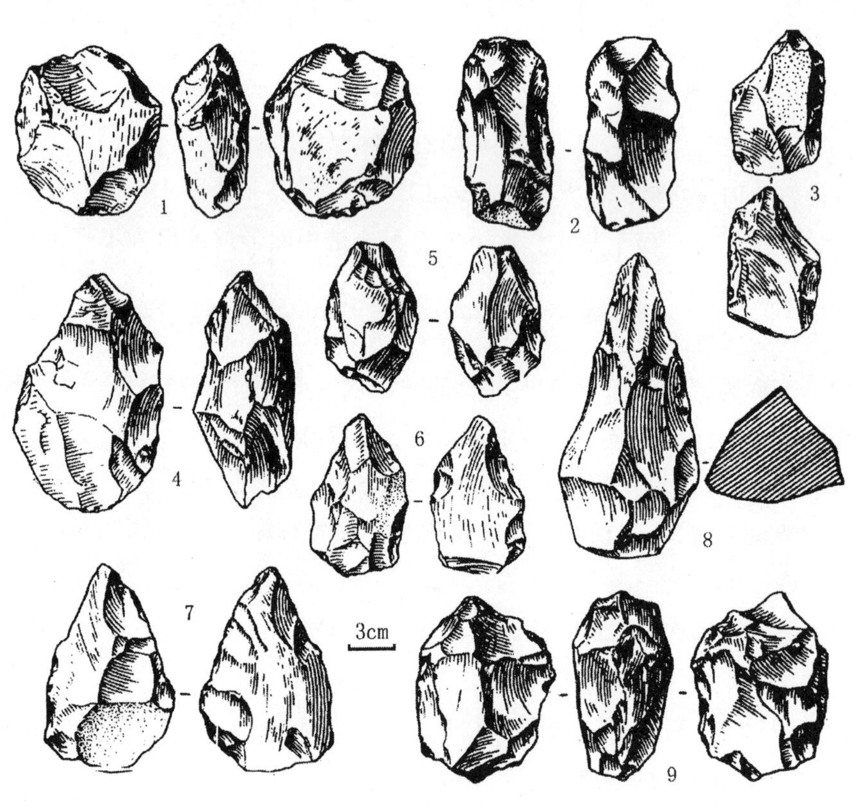

图一 丁村石器

1、2、4、5、6、7. 多边砍砸器（P.0663、P.1987、P.1201、P.0420、P.0639、P.1666） 3. 刮削器（P.0814） 8. 三棱尖状器（P.0684） 9. 砍砸器（P.1210）

P.1210号（图一，9）、P.1344及P.1985号石器的主要第二步加工集中于一边。与刃相当的一边极为钝厚并曾稍加修理。刃缘具有多层的微小的石片疤和剥落碎屑痕迹，可以说明这个石器曾经多次使用。

P.1205号（图四，2）呈三角形，器身虽比上述的石器较薄，但打击的方法和上述的石器是相似的，故也归并于这一类型中。各部分的棱角特别锐利，显然未受过冲磨。用放大镜观察刃缘，有少数剥落碎屑的痕迹，说明它并未经过长期的使用。（重241克）

这一类型的石器，一边有刃，相对的边钝厚，可能是用手把握，作为砍砸用的工具。

这一类型的石器在中国猿人产地发现很多，不过在中国猿人化石产地所发现者以一面打制者较多，用交互方法打制者较少。如前所述，丁村发现的石器则绝大部分是用交互的方法打制的，彼此仍有一定的区别。

这一类石器是一种石器时代常见的工具。例如：在我国广西山洞里新石器时代遗址也大量存在，不能作为鉴定时代和文化性质的根据。

多边砍砸器　共发现11件。1件采自96地点（编号P.0318）；4件采自97地点（编号P.0420、P.0639、P.0661及P.0663）；3件采自98地点（编号P.0772、P.1197及P.1201）；1件采自102地点（编号P.1666）；其余2件是在丁村附近由农民已挖出的砂砾堆中捡来的（编号P.1844及P.1987）。

这一类型石器，主要特征是打击石块或厚石片的几个边缘，使它们成为可以用多边砍砸的工具。打击出来的刃一般超过全部边缘的70%，也有全部边缘都打击成刃的。石器的刃是用交互打击的方法打击而成的；并由于石片疤的深凹，也可以证明是用石质的锤物打击而成的。这一类型的石器，虽有圆、椭圆或略成尖形的轮廓，但根据它的打击方法和使用均可归于同一类型中。

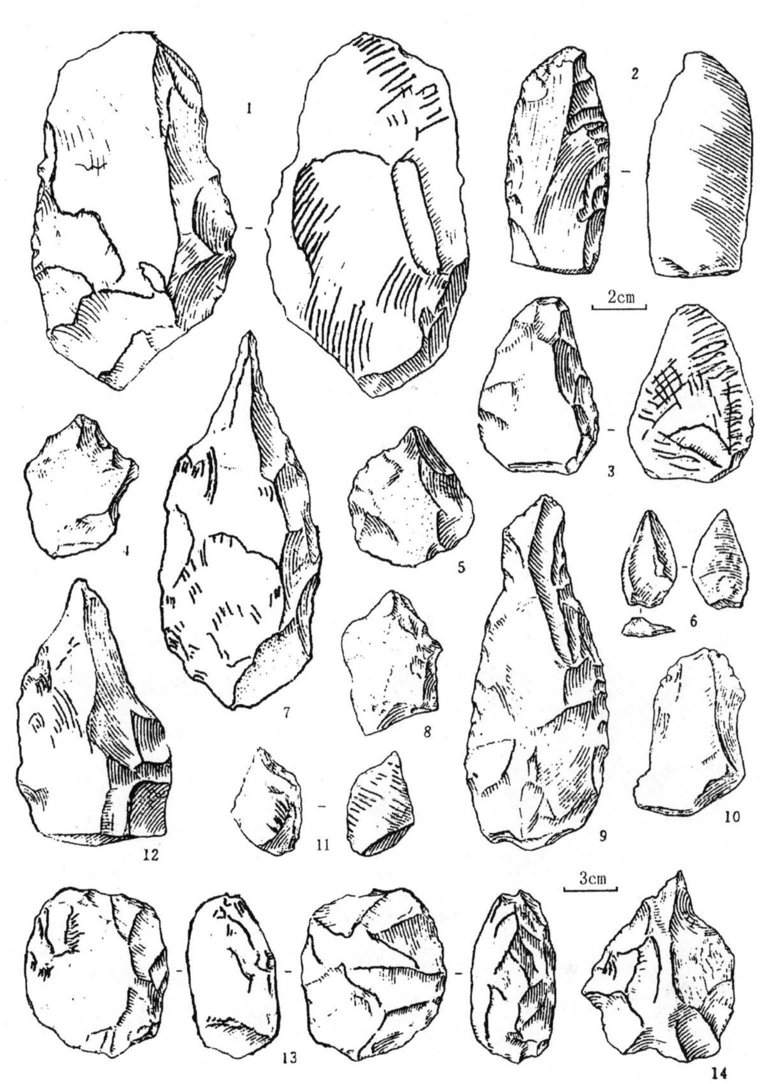

图二　丁村石制品

1. 多边形器（P.0139）　2、3、11. 小型尖状器（P.0538、P.0875、P.0642）　4、5、8、14. 圆形多边形器（P.0537、P.0113、P.0874、P.0330）　6. 石片（P.1684）　7、12. 三棱尖状器（P.1042、P.1977）　9. 鹤嘴形尖状器（P.1978）　10. 刮削器（P.1504）　13. 多边砍砸器（P.0318）（2、3、6、11. 比例尺同，1、7、9、12. 比例尺同，4、5、8、10、13、14. 比例尺同）

P.1844号（图四，4），呈椭圆形，除一端为碎裂的平面外，其余边缘均有打制痕迹。刃缘占全部边缘的83%，刃缘有很多剥落碎屑的痕迹，说明这个石器曾经多次的使用。

P.0318、P.0661、P.0663及P.0772等号石器都近于圆形。P.0663号（图一，1）的大部分边缘

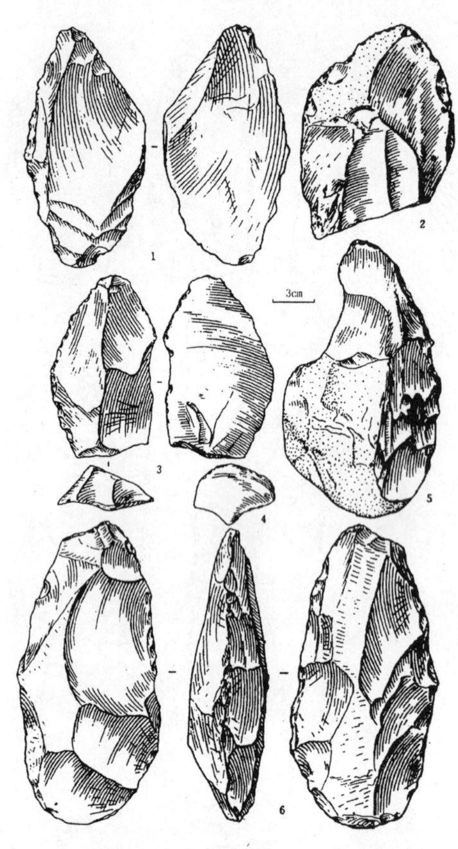

图三　丁村石制品

1. 多边形器（P.1041）　2. 具有砍伐痕迹的石片（P.0001）　3. 石片（P.2005）　4. 刮削器（P.1014）　5. 单边形器（P.1979）　6. 似“手斧”石器（P.1889）

都有交互打击的痕迹。刃缘有剥落碎屑的痕迹，可以作为曾经使用过的证明。P.0318（图二，13）、P.0661 号（图五，2）较小，但周围均有交互打制的痕迹。

P.1201 号（图一，4），一端稍尖，一端呈钝圆形，器身很厚。由于刃缘分布着连续不断的剥落碎屑痕迹，证明曾经多次的使用。P.0420（图一，5）及 P.1666（图一，7）号石器，一端尖锐，轮廓为不等边三角形，两侧缘用交互打制方法，打成弯曲的刃，延展甚长，一直达到于尖端。底端虽未修制成刃，但有打击痕迹，作为手握部分。这两件器物虽与上述的标本在打击方法上相似，但因石器的一面保存有砾石面，而另外一面又保存有劈裂面，显然这是利用厚石片制成的石核类型的石器。

P.1987（图一，2）、P.0639（图一，6）及 P.1197 等号石器，均呈椭圆形。器虽然较小，但它们的打制方法都是用交互方法打制而成的。除 P.1987 的一端保存有一小部分天然的砾石面外，其余 2 件的周围边缘都打制成刃状。P.1987 号石器在天然砾石面的棱角上也加了适当的修理工作，使锐棱变为钝圆的边缘以便于手握。

2. 似“手斧”石器

由丁村东约 5 公里的沙女沟的地面上，捡得 1 件用角页岩制成的一种两面器，从外形上看它很像在西欧各地所发现的旧石器时代初期手斧一类的石器（图三，6）。这个标本呈长圆形（重 1115 克，编号 P.1889），一端较尖，一端较圆；器身一面平，一面凸出，两面均有剥落的石片疤痕，刃缘很钝，并具有许多剥落碎屑的痕迹，可能说明它曾经使用。器身的边棱和表面，有磨蚀的痕迹。

这样的石器在我国是第一次发现。它虽是地面上采集的，但从石料及打制的技术上看，很可能它与丁村各地点的石器为一个时期的产物。

3. 球状器

在丁村附近的各地点中的地层里，经常发现一种“球状器”（图五，6；图六，11）。这一类型的石器，显然不是打击石片所剩下来的石核，而是有意识地打成了这种球状器物。其理由有二：

（1）有许多用厚而平的砾石作成的，制造的方法是沿着砾石两面的周围边缘对击，使它成为一种圆形器物。打击点虽然很清楚，但是被利用的台面和劈裂面之间的角度很大，一般都超过 110°，最大者可达到 130°，具有这样大角度的石核，不可能产生适用的石片，只能打下碎屑，但却连续打了多次。

（2）这一类型石器的原料以石灰岩最多，闪长岩次之，其他如石英、绿色砂岩和石英岩则更少，石灰岩质软，闪长岩质粗，不适宜作为打制石片的用途。

关于这类器物的用途，可能有两种：

一是作为狩猎用的投掷的武器；二是当作石锤作为敲砸之用。

不过由器物表面各方面打击所产生的痕迹可以看出，为了使器物打成为球形，曾经花费了很大的功夫，如果作为敲砸器使用，不需要如此细致的加工。同时，如果作为敲砸之用，在它们的表面上也必然会产生凹坑状疤痕，但所有的标本，表面上的凹坑状的疤痕都不清楚。因此，我们也就认为投掷武器（或狩猎用器）的可能性最大。

这一类型石器的最大体重可达到1500克以上，最小者在200克左右，一般的在500～1300克之间。

（二） 石片石器

由丁村各地点发现的石器，大部分是石片石器。根据打击的方法和形状又分为单边和多边形器、三棱大尖形器、尖状器和刮削器等类型。

1. 单边和多边形器

这一类型的石器，我们一共发现了32件，都是用角页岩为原料打击而成的。它们的主要特征是用石片将一边或多边打成薄刃。打成薄刃的方法，绝大部分都是由一面打的，和前边所述的砍砸器由石核向两面交互打刃的方法完全不同。

单边形器　单边形器的主要加工是在石片的一边，与之相对的一边则多保持有钝厚的形状或天然砾石面，可以作为砍砸之用。

属于这一类型的石器共有8件。1件采自90地点（编号P.0215）；1件采自98地点（编号P.1132）；3件采自99地点（编号P.1246、P.1327及P.1435）；2件是由丁村附近已掘的砾石堆里捡拾的（编号P.1979及P.1997）；1件是由沙女沟中的地面上捡拾的（编号P.1891）。

加工较细的石器以P.1979号标本为代表。这件石器为这类中最大的，是由一扁长的砾石，由中间劈开，再由侧缘向背面加工打制而成。底部和背面都保存有大部的天然砾石面（图三，5）。

这一石器有重叠的石片疤四层之多，可能是曾经多次加工的结果。当刃缘使钝的时候，又重新打出新刃，反复使用和反复加工就成了这样的现象。

它的底端，保存着天然砾石面，一边修理成凸出的薄刃，使用痕迹极为显明。

这一类型的石器之中，还有圆形或椭圆形的，也都是在一侧边缘加工，成为一凸出的薄

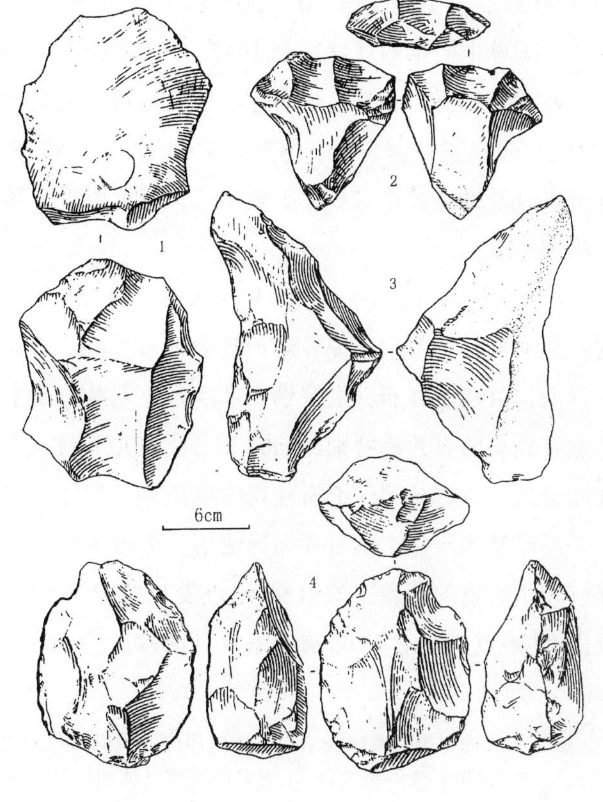

图四　丁村石制品

1. 石核（P.1894） 2. 单边砍砸器（P.1205） 3. 多边形器（P.1980） 4. 多边砍砸器（P.1844）

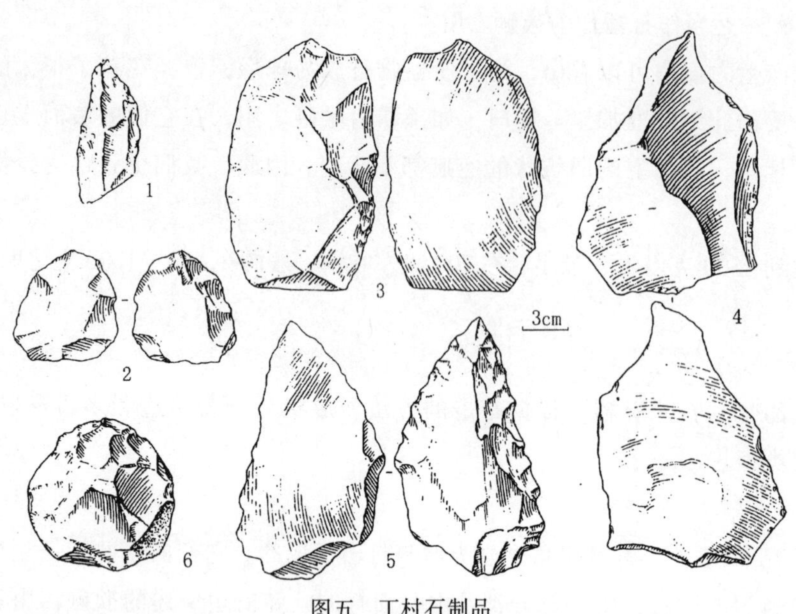

图五　丁村石制品

1. 三棱尖状器（P.0037） 2. 多边砍砸器(P.0661) 3. 多边形器（P.1983） 4. 具有砍伐痕迹的石片（P.0010） 5. 鹤嘴形尖状器（P.0227） 6. 石球（P.0532）

刃；另一边都较钝厚，可能是为了便于手握而这样修制的。这类石器上的石片疤都很深凹，说明第二步加工是用石锤直接打击而成的。

多边形器　共有 24 件，都是用角页岩的石片打击而成的。这一类石器的特点，是在多边上打击成为可用的薄刃。按形状，可再分为椭圆形、圆形和三角形几类。

椭圆形或近于椭圆形的石器共 10 件。计采自 90 地点 1 件（编号 P.0139）；采自 93 地点者 1 件（编号 P.0228）；采自 95 地点者 1 件（编号 P.0256）；采自 96 地点者 1 件（编号 P.0363）；采自 98 地点者 1 件（编号 P.1041）；其余 5 件是由丁村附近在已掘的砂砾堆中捡拾的（编号 P.1947、P.1981、P.1982、P.1983 及 P.1992）。

椭圆形的器物，大部分的边缘打成比较锋利的刃，这种刃可达石器全部边缘的 70% 以上。其中有 5 件的打击痕迹在劈裂面上仍然保存着台面，打击点和半锥体，有的保留了疤痕。其他石器虽然台面或打击点以及锥疤被第二步加工破坏了，但也可看出第二步加工，是向石片的背面打击的。石片角很大，平均约 125°。

P.1983（图五，3）、P.0139（图二，1）、P.1982（图七）及 P.1041（图三，1）等号石器，都是这一类的典型标本。其中有若干较大的石片疤，凹痕较浅平而没有集中的打击点，特别是缺乏半锥体的阴面，可能是在石砧上摔砸而产生的，与用木棒打击而成的痕迹也很相似。但它们周围刃缘上，有时也有较小的石片疤特别深凹，又可能是用石锤直接修整出来的。全部石器的边棱都很锋利，显然未被冲磨过。大部分刃缘都有使用的痕迹。

不经第二步加工的石片即行使用，边缘多遗留有碎屑的疤痕[①]。我们在丁村各遗址中发现了很多这样有使用痕迹的石器，如由 90 地点发现的 P.0001（图三，2）和 P.0010（图五，4）号巨大的石片以及由 97 地点发现之 P.0594 号石片（图六，1）都是具有清楚的使用痕迹。

---

① 用大的坚硬石片砍伐木棍是很适用的，我们曾作过这样的试验：用角页岩打成一件重 530 克的石片，刃角约为 50°。用它砍一根直径 45 毫米粗的苹果树枝。第一次试验，由于砍时所用的倾斜度不够，当砍至断口很深的时候，就感觉有些夹刃，结果用 5 分钟的时间才砍断。第二次是用同一石片砍直径 40 毫米粗同样的木棍，采取 45°斜角斜砍，只用了 3 分钟就断了。经过两次试验后的石片，石器的全部刃缘稍微钝圆，即掉下了许多碎小屑片，石器所遗留的碎屑痕迹，用放大镜才能观察，其中最大的一个碎屑疤痕有 12 毫米长，11 毫米宽。此外还有短而宽的疤痕 10 个，一般只有 2.5 毫米长，7 毫米宽。这样的石片如果连续使用，仍然可以砍伐木棒。

三角形的多边形器可用P.1980号石器为代表（图四，3）。这件石器重720克，仍保留着大部分天然的砾石面。最长的一边，由劈裂面向背面打击的第二步加工痕迹甚为显著，制成了一个凹入的薄刃，薄刃上有使用的痕迹，其他的两个比较短的边缘，第二步加工痕迹较少，亦少有使用痕迹。

典型的圆形多边形器共有9件。1件采自90地点（编号P.0113）；3件采自96地点（编号P.0286、P.0330及P.0343）；1件采自97地点（编号P.0537）；2件采自98地点（编号P.0754及P.0874）；1件采自99地点（编号P.1364）；1件是从丁村附近已掘的砂砾堆中捡拾的。

这一类型石器，都是用厚石片在周围的边缘，用第二步加工打击而成，主要加工都在石片的背面。这一类石器和上述的椭圆形的多边形器的区别，主要是这一类的石器都是用很厚的石片制成的。

P.1364号（图六，14）（重714克），是一个厚石片制成的，背面还保存着天然的砾石面。第二步加工都在边缘上，多半由劈裂面向原砾石面打击。

此外的石器（图二，4、5、8、14；图六，15），器形较小，周围有剥落碎屑的痕迹，是使用的结果。

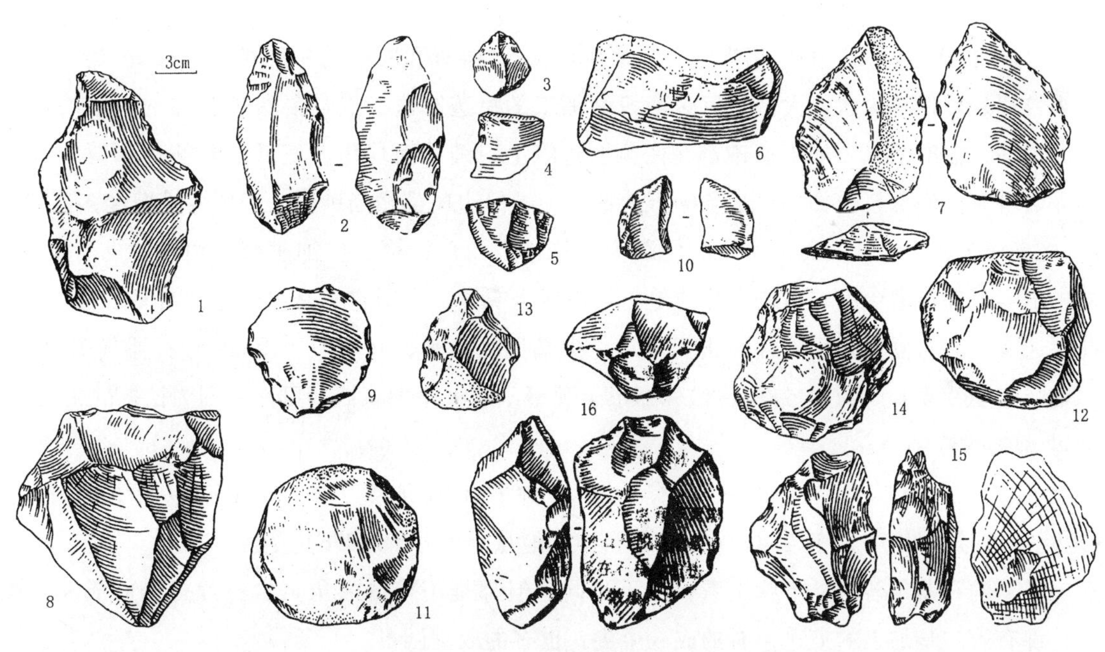

图六　丁村石制品

1. 具有砍伐痕迹的石片（P.0594）　2. 鹤嘴形尖状器（P.0539）　3、9. 刮削器（P.0140、P.0041）　4、6、7. 石片（P.1011、P.0038、P.1328）　5、8、12. 石核（P.0956、P.1999、P.0683）　10、13. 小尖状器（P.1046、P.1777）　11. 石球（P.1870）　14、15. 圆形多边形器（P.1364、P.1991）　16. 单边砍砸器（P.0240）

2. 厚尖状器

厚尖状器共有11件，原料都是角页岩。2件采自90地点（编号P.0037及P.0227）；1件采自96地点（编号P.0684）；3件采自97地点（编号P.0539、P.0541及P.0644）；2件采自98地点（编号P.0873及P.0142）；3件是从丁村附近已掘的砂砾堆中捡拾的。

这一类型的石器是用厚石片做成的。主要的加工都在两侧边缘和尖端，打击的方向，是由劈裂面向背面打击，没有交互打击的。

这类型的石器还可再分为两种：一种原石片比较厚，断面呈三棱形，尖端细锐；一种原石片极薄，尖端平扁，如鹤嘴状。前者我们称之为三棱尖状器，后者称为鹤嘴形尖状器。

三棱尖状器共有5件。

P.1042号（图二，7），为这一类型中之最大的（重达1154克），用三棱厚石片打击而成。左右两边都用垂直台面的方向，进行第二步加工，尖端锐利对称，亦为三棱形。石器的一面为棱脊，对面为一平面。两边的打击痕迹都很凹深，是用石锤直接打击而成的，但也有部分痕迹，则比较浅短，可能是用摔砸的方法打成的。

P.0684号（图一，8）是用长石核打击而成的（重833克）。在三个边缘上都有交互打击而成的粗大的石片疤。这种石片疤一般都很大而深凹，是用石锤直接打击出来的。

P.0037（图五，1）、P.0873及P.1977（图二，12）号石器，都是用厚石片打击而成的，与P.0684号相比，在形状上颇为相似。

鹤嘴形尖状器共有6件。

P.1978号石器（图二，9），相当巨大（重940克），器身和底部的轮廓都与三棱尖状器十分相似，只是尖端较扁，好像鹤嘴状。大部分劈裂面没有加工的痕迹，这一点与三棱尖状器的一般的性质也是相同的。这件石器的第二步加工痕迹都在两侧的边缘上，细致而均匀。底部的两侧边和背缘都打击成钝圆形，尖端有向底部打击的一个长条的石片疤，尖端的边棱都相当钝圆，说明尖端曾经多次使用。

P.0227号石器（图五，5），器身的轮廓为不等边三角形，第二步加工都是由劈面向背面打击的。在石器中部，还保存着台面，打击点很清楚，半锥体也明显，说明它原是一个巨大而厚的石片。

此外还有3件石器也是用石片打击而成的，尖端比较扁平，其中以P.0539号石器（图六，2）为最小（重只有180克）。由它打制的方法和器形上观察，这种厚尖状器，可能是用为挖掘的工具。

3. 小型尖状器

小型尖状器在丁村各地点中很少，共有5件。2件采自97地点（编号P.0538及P.0642）；2件采自98地点（编号P.0875及P.1046）；1件采自102地点（编号P.1776）。

这一类型的石器，若只从形状上看，各不相同，但都是用较薄的角页岩石片打击而成的，在两个长边上，都有第二步加工的痕迹，有的成一个尖，也有的成扁圆形。

尖状器一：可用P.0538号石器为代表（图二，2）。这件石器是用一个薄长的石片打击成的（重48克），第二步加工由劈裂面方向在两长边上打击的，尖端修理成为一个稍偏的锐尖。

这一石器除台面之外，周围都有第二步加工痕迹，特别是加工后的边缘相当平齐，证明当时的加工技术是很高的。

这种石器的用途从边缘上的加工痕迹看来，可能是割刮兽皮使用的。

尖状器二：可用P.0642号为代表（图二，11），器形很小（重11克），石片的台面大而平坦，无修理痕迹，打击点和半锥体都很清楚。在两侧由劈面向背面第二步打击成为一个偏头的尖。疤痕多深凹，打击点集中，可能是用小石锤敲打的结果。尖端又特别锋利，它可能是用尖的刻割的工具。此外P.1046号石器（图六，10），由形状上看和前一石器（P.0642）相同，但它的使用痕迹，比第二步加工痕迹较多。

尖状器三：可用 P.0875 号（图二，3）石器为代表（重 50 克）。打击点和半锥体都相当清楚。器形是三角形，和尖端相对的底缘较短，加工简单；两侧边长，上边有第二步加工的痕迹，打成了一个圆钝。

尖状器四：可用 P.1777 号（图六，13）石器为代表（重 26 克）。器形比较宽，也是由两侧加工，成为一个钝尖。

4. 刮削器

在丁村各地点中，刮削器是一种极为普遍的石器，发现得很多。这一类的石器绝大部分都没有第二步加工，只在边缘上有剥落的碎屑痕迹，说明当时的人类，直接使用打下的石片，不经过第二步的修整工作。这类石器的原料大部分是角页岩，也有少数的燧石。

具有第二步加工的刮削器只有十数件，其中加工比较复杂者可由 98 地点发现的 P.0814 号石器为代表（图一，3）。这件石器（重 114 克）的一面还保留有一部分砾石的天然面，是用一个较薄的石片打击而成的。第二步加工的痕迹在石片的周围边缘上都可看出，而且反正两面都有。可以作刮削用的修制成的薄刃，在这同一石器上有直的和凹入的。薄刃上都有剥落的微小碎屑痕迹，说明这件器物曾经多次使用。

P.1504 号石器（图二，10），发现于 100 地点（重 28 克），是用角页岩的三角形石片打击而成的，石片的两边都有使用的痕迹。因为尖端的两边上都没有第二步加工的痕迹，说明这件石器不是有意识地制成尖状器，所以按它使用的痕迹分为刮削器。

P.0140 号石器，发现于 90 地点（图六，3），是用角页岩的小石片加工而成的一个两面的刮削器（重只有 13 克）。外形是不规则的四边形，在两个相对的边上，有修理和使用的痕迹。

又由 90 地点发现的 P.0041 号石器（图六，9），是一个圆形的刮削器，在周边上，有不同方向使用的痕迹。

由 90 地点发现的 P.1014 号石器（图三，4），是由一个角页岩的半月形的石片制成的刮削器，凸出的大边上及一个凹入的小边上，都有作刮削用的使用痕迹①。

三、石片和石核的研究

（一）　石片的打制方法

由丁村各地点中发现的石核石器很少，主要的是石片石器，石片石器之中有第二步加工的占少数，大部只有使用痕迹。我们为了推测石片的打制方法及区别加工和使用痕迹，曾作了一些试验。我们研

---

① 我们曾作过一些用角页岩石器刮削各种木材的试验。用一个自己打击的角页岩的小石片，在一件比较光滑的木棍上刮 2000 下，结果在石片的刃上只是稍微圆钝，用放大镜可以看出它的剥落的微小的痕迹。此种痕迹和第二步加工所产生的痕迹不同；加工的痕迹，无论大小，一般说来它的末端边缘都是浅圆的。刮削的结果，也有小的碎屑（即非常小的石片）脱落，在石器上遗留的痕迹则比较短，末端边缘常在中途折断。用石器砍伐木棍而产生的痕迹一般都比刮削的痕迹为深而大，且可生成多层鱼鳞状的痕迹。我们对于石器上的痕迹，就是根据我们这些试验而加以辨别的。

究的结果，可以简述如下：

丁村各地点的石片，大部分是宽大于长的，少数长大于宽。

另外丁村的石片中，石片角一般都是很大的，我们测量了 708 件石片，其中最小者为 80°，最大者为 148°，以 111°－130°之间者最多，占 58%～73%。这就是说，台面大部是倾斜的，和劈裂面成大于 90°的角。

石片上的打击点，一般都比较大，不是集中在一个小点上。半锥体一般也都大，且常有距离相当远的双生的半锥体；围绕半锥体的部分劈裂面，特别高凸者也很多。

我们为了打击同丁村一样的石片，我们采了许多同样角页岩的原料，用了许多打片的方法。打制成和丁村相同的石片，是这样的打法：

在地上放一大块角页岩的原料，用另外一块也相当大的角页岩，双手举起，用力向地上的石块上摔砸，连续地摔砸，可以由地上的石料打下很大的石片；厚、宽大于长，石片角大于 110°，打击点大而不集中于一小点，半锥体大而常双生。

我们多次的试验，这样的打片法，很容易打出像丁村一样的石片。典型的丁村石片（图六，6）。

另外，我们也用了碰砧法，就是用一块石料作石砧放在地上，另在双手中拿着另一块石料，连续在石砧上碰击，主要是利用石料重量的下坠力量，再加双手向下的力量，这样可以从手中拿着的石料上碰下大石片来；这样碰下来的石片和丁村的石片也大致相同，台面斜偏，石片角大于 110°，半锥体常双生。这后边的方法，在欧洲也有许多人应用打制火石的石片，结果同西欧克拉克当文化期的石片相似。

另外，我们也用这样的方法，在打成的石片上，进行第二步加工，修整石器。所得的结果，和丁村的石器上的第二步加工所遗留的痕迹很相像，如许多图中所示的许多石器（图六，1、7 等都是）。

这样的第二步加工的痕迹，一般都是宽而短凹入，没有中间集中凹入的点（即半锥体的负印）。有时脱落下来的小石片，常在中途折断，石器上所留的痕迹亦骤断，成台阶状，上述的图中可以看得清楚。

由上述的试验和比较，我们认为：丁村的大部分的石片，是用摔碰砧法制作的。

除了上述的方法以外，丁村的石片中，也有一定的数量是用石锤直接打制而成的。方法很简单普通，就是选择一个适当的石核，用另外一个石锤在石核上打击（如何选择石核，如何修理及如何选择打击点等，见下（二）对于石核的观察）。这样打下的石片，多半长大于宽，石片角约在 90°左右，打击点集中，半锥体较小（图二，6；图六，4）。

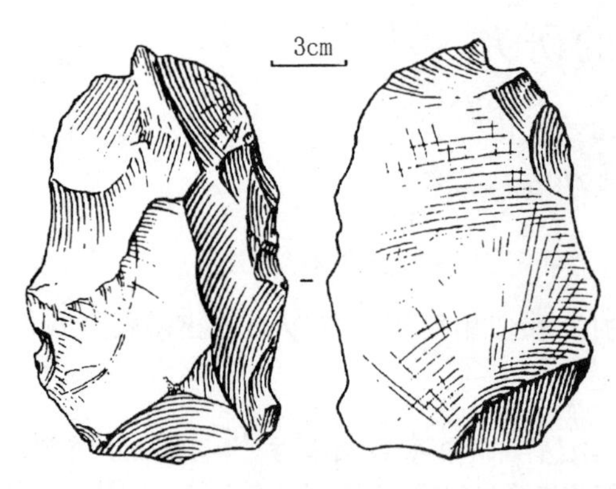

图七　多边形器（P.1982）

（二）　对于石核的观察和试验

由丁村各地点所发现的石核，数量相当的多，约占全部标本的 10%。石核之中，有很大的，且由于角页岩非常坚硬而脆，我们试验的结果，如果用手所能拿的石锤或木棒来打击，很不容易打下石片来。只有把这样大的石核，放在地上，再用双手搬起另一块大的石块，连续在上面摔砸，才能打下巨大的石片来，如我们由丁村地点所发现的石片那样。

比较小的石核，也可以在石砧上碰击打下石片来。碰击下来的石片，如前所述，多半是打击点不集中，且常有双生的半锥体。

除了上述的大石核以外，还有较小的石核，有立方体形的，也有多面形的（图四，1），也有锥体形的（图六，5、8）。在这些较小的石核上，有不同方向的石片脱落的痕迹，由痕迹上看，脱落的石片，有的呈三角形，长大于宽，很可能是用石锤直接在石核上打击，而打掉了这类石片。在同一石核上，有的脱落石片的痕迹中，打击点不集中，分散成相当长的一条曲线，也可能是在石砧上碰击而打掉的石片。

无论碰击或直接用石锤打击，台面和劈裂面所夹的角度，必须在90°以下，或60°左右，如上述标本的大部分角度，打片才能成功，否则在90°左右或以上，如标本P.0683（图六，12），则有许多反复打击的痕迹，而很少有脱落的大而长的石片的痕迹。

至于很小的锥形石核，如标本P.1011，台面是平的（即锥底），台面与劈裂面所夹的角度在90°以下。锥面上有许多小石片脱落的痕迹，石片长而打击点集中，可能是用石锤直接打下来的。这样打下的石片，如标本P.1011（图六，4）、标本P.1684（图二，6）。

四、结　　论

（一）　丁村文化的特点

由丁村附近各地点发现的石器，虽然不是同一的地点，也不是同一的地层，但由共生的哺乳动物化石的研究，都属于同一时代，所以我们合并在一起研究。

由丁村各地点所发现的石器，总起来看，都具有共同特性，代表了一种文化和一定的地质时代，在中国和其他国家都没有发现过，所以我们特别称之为“丁村文化”，在旧石器时代文化的发展的过程中，代表的时代阶段叫作“丁村文化期”。

丁村文化的特点如下：

1. 一般的石片都很大，台面与劈裂面所成的石片角多大于110°，打击点不集中，半锥体很大，且常双生。这一类石片，可能是用上述的摔砸法和碰砧法打制的。当然，如前所述，也有一定的小而长的石片，是用石锤在石核上直接打的。

2. 石器之中，有第二步加工的不多，而是多半有使用的痕迹。从第二步加工的痕迹来看，第二步加工多半是在石片的边缘上，在石砧上碰击而成的，很少的石器有直接用石锤打击的第二步加工。

3. 石器之中，有砍砸器、刮削器、尖状器、盘状器等。其中尖状器中，以三棱尖状器为最特殊，称之为“丁村尖器”。它是丁村文化中之代表石器。刮削器之中，个别石器，有长石片两长边上都有第二步加工痕迹，如标本P.2005（图三，3），是在旧石器文化中进步的形式，在一般的旧石器文化晚期是常见的石器。

（二） 丁村文化期的年代问题

由地质地层的观察，出产丁村旧石器的砂砾层，是在汾河两岸，河水曾经流过的地方，相当于更新世晚期的“黄土”（风成黄土时期的黄土）的堆积物。由一般哺乳动物化石的研究，也证明它们都是华北黄土时期的古生物，与内蒙古伊克昭盟萨拉乌苏河的动物群（黄土时期的河湖相）相近。人类化石也是属于真人属，与萨拉乌苏河发现的人类的牙齿极为相近。虽然丁村文化中的各种石器都很粗大，与萨拉乌苏河河套文化以及相当的宁夏附近的水洞沟的石器文化，颇不相同，但不能认为时代不同，应是不同的“相”，主要是因使用的原料不同，而使制造石器的技术不同，产品亦不同。

许多种石器，如砍砸器、尖状器等与周口店中国猿人文化中的石器很多是类似的，但它们都是一般原始石器的常见的器物，不能作为鉴定时代的根据。

周口店第15地点的石器是比较进步的，其中有砍割用的大石片，与刃部相对的部分，有把握而进行的加工修理的痕迹，另外还有很规则的三角形石片，许多可以划分为类型。若单从这些方面看，周口店第15地点的石器，似乎还要比丁村文化者进步。但我们若只就丁村某一些石器片面地观察，它也是旧石器晚期很进步的石器，我们也不能认为丁村文化期就是旧石器时代晚期的后期。

在丁村附近沙女沟曾发现了一件似手斧形的石器，虽然有些近似欧洲西部及北非等地所发现的手斧。但像地面捡的，且只有一件，我们也不能因之而将丁村文化即与欧洲的阿舍利文化相比。

在欧洲西部也有一种克拉克当文化，多半是石片石器。石片上的台面倾斜，与劈裂面多成120°，半锥体常双生。我们丁村的石片，有与克拉克当石片相似的，可能打击石片的方法也类似。但若再考虑到占最大多数的其他的石器，我们也不可把丁村文化片面地认为与克拉克当文化相同。

（三） 结束语

由上面丁村文化的特性和其年代的讨论，我们可以总结如下：即山西襄汾县丁村附近所发现的石器，代表一种特殊的文化，时代是黄土时期，即更新世晚期。就时代而论，比周口店中国猿人的文化及第15地点的文化都较晚，而大致相当于内蒙萨拉乌苏河的河套文化，但为不同的“相”，即有不同的技术和石器类型及特性。

在欧洲，旧石器时代的文化虽分别很多，但也没有可以和丁村文化比较者。因之，我们认为丁村文化是我国新发现的一个新的旧石器时代晚期的文化。无论在中国和在欧洲，从前都没有发现过类似的文化。它是在中国黄河中下游、汾河沿岸生活的一种人类所特有的文化。

将来在中国旧石器的更广泛的研究，很可能使对丁村文化的认识了解得更多一些，俟将来再行补充。

（原载《山西襄汾县丁村旧石器时代遗址发掘报告》，科学出版社，1958年）

青藏高原旧石器的发现

邱中郎

1956年7月至8月间，中国科学院地质研究所赵宗溥先生等在青藏高原普查地质时，在西藏黑河、青海长江发源地托托河沿和霍霍西里以及黄河发源地以西、柴达木盆地以南的噶尔穆（阿尔顿曲克）等地发现了数十件打击石器。石器大多分布在河谷两岸阶地的非原生层位的地表上。据赵宗溥先生称：在采集时曾注意到磨光石器、陶片和其他新石器时代遗物，但没有发现。

石器地点都是在海拔很高的高原上。除了噶尔穆稍低，仅有3500米外，其他三处都是在4300米以上（图一）。

一、黑河地点

该地点在距黑河西约2公里的山谷的河岸上。共采到石器2件。其中的一件似有人工痕迹；另一件是长方形的石髓石核，长度为15毫米，按其打击方法，应属于细石器文化（图二，1）。

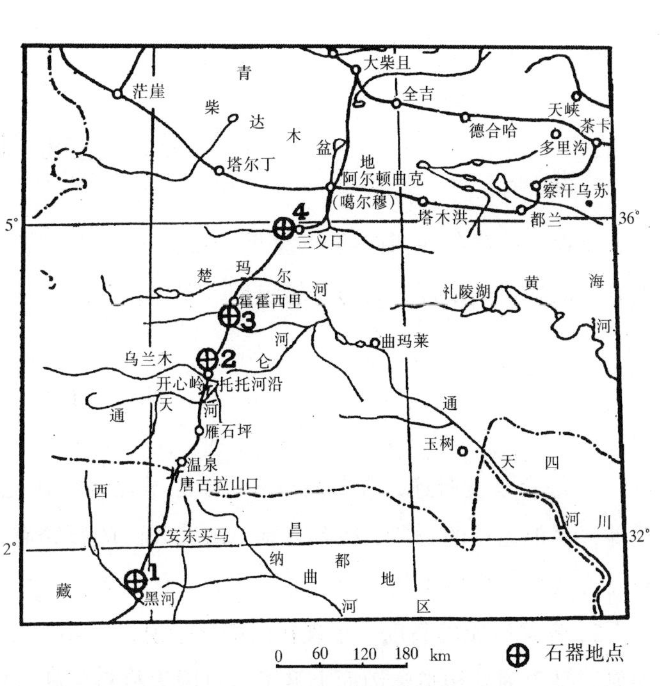

图一 青藏高原旧石器地点分布图

二、托托河沿地点

该地点在托托河沿（乌兰木仑）之北约10公里红色砂岩的河岸上。共采到标本3件。其中一件因包有石灰质外壳，原形难以辨别和第二件为废品外，第三件是由黄色石髓制成的半圆形刮削器。它的体积很小，最大长度为25毫米，由单面修琢而成（图二，2）。

三、霍霍西里地点

该地点在距霍霍西里南约20公里之曲水河的河岸上。共采到有打制痕迹的石器5件，多半是用河光石制成的。兹分述如下：

砾石工具　砾石工具共4件，仅在砾石之一端向一面加工，其余部分不加修整（图二，3、4）。另一件可能是石核，除去一大部分保留自然面外，其余部分都具有打片的痕迹（图二，5）。

石片工具　这件石器的一面保留有自然磨蚀面，但四周都有向一面打制的修整痕迹，边缘呈弯曲

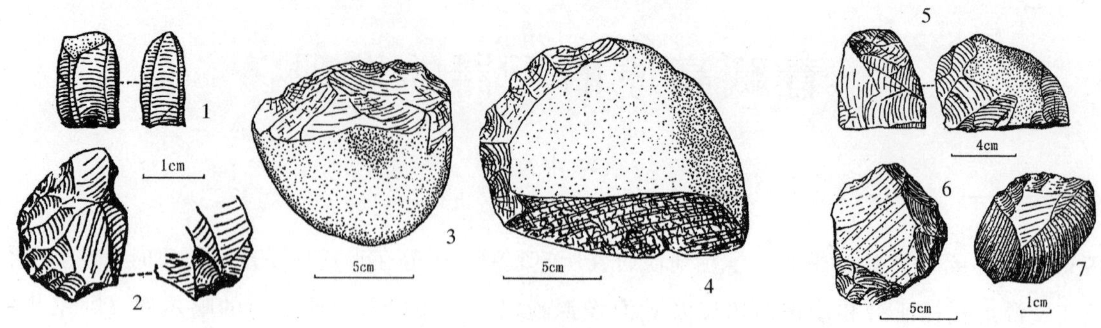

图二　青藏高原石器

1. 黑河的石髓石核　2. 托托河沿的半圆形刮削器　3、4. 霍霍西里砾石工具　5. 霍霍西里石核工具　6. 霍霍西里石片工具　7. 三叉口的石英岩石器

形（图二，6）。

四、三叉口地点

该地点距噶尔穆西南约98公里，石器发现在矽质灰岩的平台上，仅有石英岩石器1件。石器的一端有一面加工的痕迹，刃边呈锯齿形（图二，7）。

五、小　　结

1. 综合以上所述，青藏高原的石器除了黑河、托托河沿是属于细石器文化，时代可能为新石器时代外，其他地点的石器，按其打制方法和表面的石锈看，可能为旧石器时代的产物。但因为材料欠缺，石器不典型，所以不能肯定它的时代和文化性质。

2. 青藏高原的高度，按现在的情况来说，是不宜于原始人类生活的，但是在旧石器时代地理环境如何，是否因新构造运动而上升了，也因为材料欠缺不能得出结论。

3. 总之，青藏高原打击石器的发现，还是有史以来第一次发现，因此意义特别重大，同时也为进一步研究青藏高原石器时代文化的分布，提供了宝贵的线索。

山西垣曲新发现的旧石器材料

邱中郎

本文所记述的石器材料是1957年古脊椎动物研究所山西太原工作站王择义在寻找山西垣曲旧第三纪哺乳动物化石的时候发现的。

石器大多采自地表，除了为数极少几块发现在地层中，都不是产在原生层位，因此给判断石器的时代带来了一些困难。

据初步观察，具有或似有人工打制的石核、石片和石器共有200余件。本文所介绍的共176件。全部石器都分布在垣曲境内40个地点上，其中主要地点计13处。

制造石器的岩石大部分为岩脉石英、石英岩、石英砂岩及各种火成岩，此外也有少量燧石。制造石器的原物以砾石为主，部分岩脉石英可能是采自原生地层中的。

比较重要的石器地点是朱家庄的南海峪沟和担山石。它们原来都是洞穴堆积，在前一个地点的堆积里发现了一件石英制成的石器和与之共存的烧骨及哺乳动物化石，化石的主要种类有鬣狗（*Hyaena*）、鹿类（*Cervidae*）、箭猪（*Hystrix*）等。

为了叙述上的方便，我们暂将各地点发现的石器，按照类别，不分地点，加以描述。进一步的结论，如关于各地点的年代及文化性质等，都有待于对各已知地点进行复查、发掘和寻找更多的新材料后才能确定。

一、石器描述

在垣曲各地点中发现的石器，以砾石石器为主，很多石片虽未加以修整，但由其打击点及破裂面观察，它们无疑是人工打制成的。

1. 砾石石器　这类比较典型的器物共6件，它们的特征是在砾石的一端由一面向另一面或者两面交互打制而成。

标本P.2231（图一，1），是由石英砾石打制而成，石器的一小部分保存了砾石的天然面。它的边缘大部分采用交互打击而成曲折的刃缘。石器发现在垣曲朱家庄南海峪沟的一个洞穴堆积里。和这个石器共存的还有烧骨和第四纪哺乳动物化石。

标本P.2232（图一，2），相当巨大（重2190克），发现在垣曲南河村。是在地面发现的，地层情况不明。石器的两个相邻的边（手握部分）保存了原来砾石的天然面。在相对的两边，由一面打制成一薄刃，上有重叠的打击痕迹。刃部圆滑平整，成一弧形。标本P.2233（图一，3），器身较小（重365克）。发现在同善镇绛道沟，也发现在地表上，地层情况不明。

标本P.2234（图一，4），器身厚重，由长形砾石制成。砾石的一端，有一面打成一个扇形的薄刃。破裂面与打击面成50°的交角。器身部分粘有胶结甚硬的黄土结核，似原生在黄土之中。从其打击的形式看，与前面所说的石器颇为相似。石器发现在垣曲同善镇桥上。

标本 P.2235（图一，5），为一扁方形的砂岩砾石制成，器身扁薄，是从一平面向一方打击而成。石器表面亦粘有坚硬的黄土结核硬壳。发现在同善镇诸冯山附近。

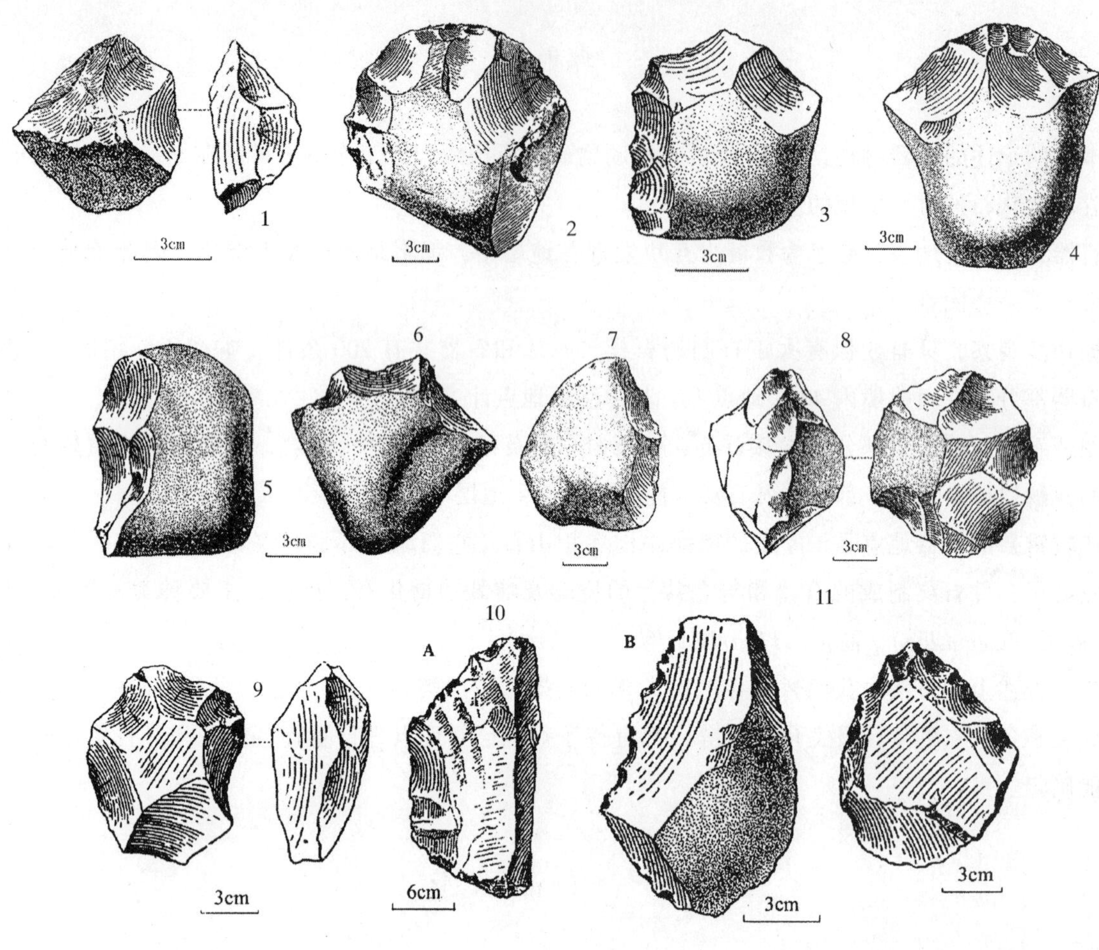

图一　山西垣曲石器

1. 石英石器 P.2231　2. 巨大的砾石器 P.2232　3. 砾石石器 P.2233　4. 长砾石石器 P.2234　5. 扁平砾石器 P.2235　6. 砾石石器 P.2236　7. 砾石石器 P.2237　8. 多边砍砸器 P.2238　9. 多边砍砸器 P.2239　10.A. 石英石片 P.2240　B. 火成岩石片 P.2242　11. 尖状器 P.2244

标本 P.2236 和 P.2237（图一，6、7），分别发现在埝埆圪塔和许家庙，两者的打制方法都是由砾石的一个平面向一方打成薄刃，与刃相对的边保存着原来砾石的天然面。P.2236 的刃，有两个凸出的尖，上附有黄土结核。P.2237 的刃，成一直线，上附有红色粘土。

2. 多边砍砸器　具有这类代表性的石器共 2 件。它们的共同特征是从厚石片（或砾石）的整个边缘交互打击成曲折的薄刃。形成中间厚、边缘薄的盘形石器，全部边缘都可作为砍砸之用。

标本 P.2238（图一，8），其全部边缘都经过交互打击成椭圆形。打下石片的疤痕有深有浅互相渗杂，证明是多次打制而成的。这件石器很像一个石核，但石片所遗留的疤痕都很小，说明打下的石片不能使用，因此它可能不是石核。这件石器发现在同善镇河西坡附近，详细地层不明。

标本 P.2239（图一，9），全部边缘都经过打击，成中间厚边缘薄的盘形石器。发现在垣曲车涧，一面附着有黄土。

3. 石片石器

在全部石器中，具有第二步修整工作的石片实不多见。现按其打制方式和形状分为刮削器、尖状器和使用的石片三类。

刮削器　共4件。标本P.2240（图一，10A），在一端加了第二步加工制成的。刮削刃与石器成斜交角。P.2241是由石英砾石上打下的一个石片，刮削刃上有打击和使用痕迹。P.2240发现于垣曲无根村。P.2241发现在东南坡附近。

标本P.2242（图一，10B），薄的边缘上具有碎屑剥落的痕迹，说明这个石片的薄边曾经作为刮削或割砍使用过。这个石片发现于垣曲管沟，上面附有黄土结核。P.2243是一块石英岩石片，边缘上也有碎屑剥落的痕迹，发现在垣曲马道岭。

尖状器　以标本P.2244（图一，11），为代表。它是由一个火成岩石片制成的。两个相邻的两边经过第二步加工，制成了一个钝的尖。这个尖状器发现于垣曲小赵村东北坡，上面附着一薄层黄土壳。

使用的石片　一共发现有两个不规则形的石片（P.2245和P.2246），石片的边缘上有一些使用的痕迹。说明当时的人类将打下的石片不加修整即行使用。它们分别发现在同善镇桥上和同善镇诸冯山。

二、小　结

1. 由大部分石器上粘结的土状硬壳和黄土结核来看，垣曲各地点的石器多是原生在黄土层的，按黄土的年代来说，石器应归于旧石器时代。

2. 从制作石器的技术而论，垣曲的旧石器大部分是砾石制成的，它们的文化性质，仍然是属于在亚洲分布很广的砾石文化。至于石片的打击方法，看来是用石质的锤直接在石核上打击而成的，台面没有事先修理，因之，所得的石片也没有一定的形状。这样的石器性质，看来好像很原始，但因缺乏一定的类型，很难同其他文化进行比较。但看来，似乎和它时代相当的丁村文化和“河套文化”都有不同的性质。

3. 曾从朱家庄一个洞穴堆积里发现了石英石器、烧骨和共生的哺乳动物化石。从共生的化石来看，其地质年代可能是更新世中期，因之，这个洞穴的继续发掘和人类化石的发现，将在科学上有重大的意义。

4. 山西垣曲境内旧石器地点分布很广，石器也很丰富，在这一地区，进一步搜寻和进行广泛的调查，没有疑问地将会对中国北方旧石器文化的研究有很大的贡献。

（原载《古脊椎动物学报》1958，2（4）:281～288，图版见原文）

水洞沟旧石器时代遗址的新材料

贾兰坡　盖培　李炎贤

水洞沟遗址最初是法国人德日进等于1923年发现和发掘的。由这个遗址采集到的动物化石有犀牛、鬣狗、羚羊、黄羊、野牛、马和鸵鸟；文化材料中有烧骨和石器；石器材料的数量达300公斤，文化时代被定为莫斯特期或奥瑞纳早期（Teilhard de Chardin, *et al*., 1924）。全部石器材料最后由法国人步日耶作了研究，得出与德日进等大致相同的结论，认为水洞沟的石器文化处于很发达的莫斯特期与刚产生的奥瑞纳期之间（Boule, *et cl*., 1928）。

1957年，内蒙古自治区的汪宇平同志在调查内蒙古境内的文物时，曾顺便到水洞沟遗址进行观察，采集到石器材料约50件，发表了一篇简报，对石器作了扼要的描述，并同萨拉乌苏河遗址的石器作了比较（汪宇平，1962）。

本文报道的材料是中苏古生物工作者胡寿永、计宏祥、盖培、科列班诺娃、特洛菲莫夫等于1960年在水洞沟遗址发掘所得的，共约2000件。

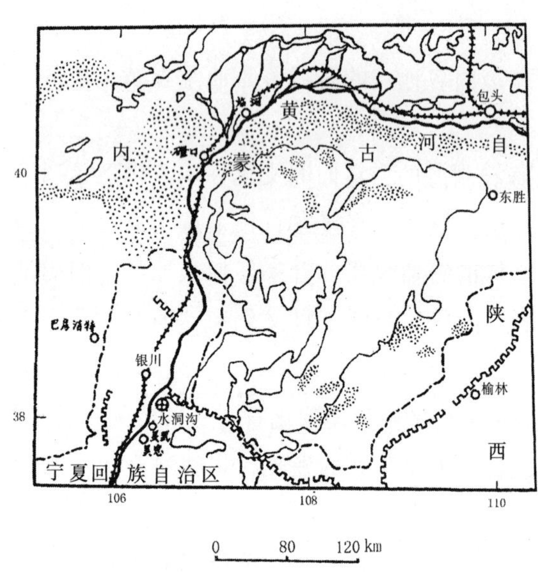

图一　水洞沟遗址位置图

水洞沟遗址在银川市东南30多公里，西距黄河约18公里，属宁夏回族自治区灵武县，在县城东北30公里，靠近长城（图一）。遗址西北约30米的地方曾有一个不大的庙宇，现在仅存断壁残垣；西南约200米有一户人家。离长城数十米，大致与长城平行，有一条小河，名叫边沟，由东向西流，平常水量很小，但两岸已被切割成高十多米的峭壁。文化遗物埋藏于北岸的峭壁内，在地表以下约9米。在工作过程中，沿此峭壁挖了长宽各6米、深11米的一个探槽，由此探槽内发现了石器和哺乳动物化石（破碎的肢骨和零星的牙齿）。

发掘的地点根据计宏祥和盖培的记录加以整理，由上到下，基本上可以分为如下几层：

8. 灰黄色及灰白色粉砂；
7. 灰白色泥灰岩状细粉砂；
6. 含小介壳的灰黄微绿粉砂；
5. 黄、绿色粉砂，细砂，中夹灰黑色草炭；
4. 灰色粉砂；

3. 砾石层①；

2. 灰黄（微红）色粉砂土层，本文所使用的材料即发现于此层，我们称这一层为水洞沟第一文化层；

1. 粉砂土。

在这个地点的东侧，有蓬蒂期红土出露，其上有砾石层，发掘区的堆积显然新于红土之上的砾石层。

这次发现的石器系由各种颜色的石英岩、矽质灰岩、矽质泥灰岩、石灰岩和霏细斑岩等制成。全部材料中以石片为最多，真正加工过的石器较少。石片大部分长大于宽，背面多具有一或二个棱嵴，台面多有修理痕迹。典型的和有代表性的石器可归纳为以下几个类型。

尖状器——此次发现的尖状器颇为突出，有的不但器形周正，而且加工也很精致。器形都不大，长5.4～6.5厘米，宽2.2～4.0厘米，厚0.8～1.2厘米，重约在10克～30克之间。器身虽有厚有薄，尖部有利有钝，但加工方法却保持着一致性，都是由石片的两侧缘自劈裂面向背面加工，把石片的尾端（与台面相对的一端）修制成尖的。

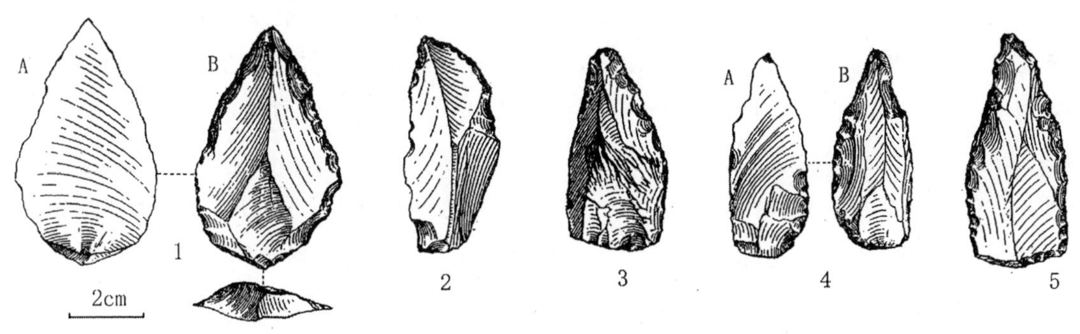

图二　水洞沟尖状器

1. 标本P.2692 A自劈裂面视；B自背面视　2. 标本P.2694 自背面视　3. 标本P.2696 自背面视　4. 标本P.2693 A自劈裂面视；B自背面视　5. 标本P.2695 自背面视

其中以一件用紫色石英岩作成的尖状器P.2692标本（图二，1）最为典型。不但器形周正、加工精致，而且它的左右对称的程度，不仅目前在我国旧石器时代的其他遗址中尚未见过，甚至以往在此同一遗址中以及过去许多人都认为与此遗址的时代大致相当的萨拉乌苏河遗址中也都没有发现过。这件石器完全可以和欧洲的典型莫斯特尖状器相比，不但加工的方法相同，而且器形也一致。

这件石器是用锤击法打出的石片修制而成的；石片的台面还清楚保存，其上有由两侧打击而残留的石片疤，使台面中间形成一棱嵴，而打击点恰恰位于棱嵴上。这可以证明台面曾经过修理。它的加工是由台面的两侧起，沿着石片的两边把尾端修理成尖。两边的刃缘虽然稍呈锯齿状，但就整体看来达到如此整齐的程度，显然是采用了特殊的加工方式——以一只手的拇指按住劈裂面，用屈回的食指垫在石片的边缘上，再用另一只手持着小型锤状物，沿着石片的边缘反复轻轻敲击。这件尖状器背面

① 1963年中国科学院古脊椎动物与古人类研究所裴文中教授等又在这一地点进行了发掘工作，由这一砾石层中发现了磨光石斧和石磨盘，证明这一遗址并不止一个文化层。

中央有一条纵嵴，在靠近台面部分有一个由右下角向左上方剥落的石片疤，这大概是为了便于用手捏住使用而特意把台面部分修薄的。

与上述的P.2692号标本相比，其余的尖状器加工欠精致，但有一定的特点。

标本P.2694（图二，2），原料为矽质灰岩，也是由石片的劈裂面向背面修制，一侧边缘呈弧形，另一侧边缘较直，整个轮廓呈刀状。由加工的痕迹看来，它之所以形成刀状并非偶然现象，不仅在过去的研究报告中已提到了这一类型的石器，即由这件石器本身也可得到证明：在未进行加工以前，曾由石片背面的右上角剥落掉一块较大的石片，由于这块石片的剥落已使它成为刀形，然后再加以细致的修制即成了较为整齐的弧形刃口。

标本P.2696（图二，3），原料为紫色矽质泥灰岩，尖端呈钝圆状。加工的痕迹偏重于右边，但左边靠近尖端的一段加工痕迹也很明显。石片背面原有的纵嵴被右下角和底端的石片疤破坏，由台面垂直打击而遗留的石片疤最为清楚。很显然，打击的目的是把靠近台面的地方修薄，以便于手指捏着使用。这件标本与P.2694相比，有些相像，同样是一边呈弧形突出，另一边直；弧形边满布第二步加工痕迹，而直边则只在靠近尖端部分加工。

标本P.2693（图二，4），原料为深灰色石英岩，虽然在形状上与其他尖状器有所差异，但仔细观察它的加工，可以看出它与P.2694号和P.2696号两件有所近似，同样是略呈弧形的边缘加工多，而略直的边缘加工少。直边的加工也是集中在靠近尖端的部分；为了把背面靠近台面部分修薄也进行了同样的加工。

此外，还值得一提的是标本P.2695（图二，5），原料为矽质灰岩，在加工上和上述的尖状器没有什么明显区别，但石器的底端经过第二步加工，致使原石片的台面遭到破坏。底端现存的加工痕迹，显然不能用修理台面来解释。这一部位的加工和两侧边缘相同，也是由劈裂面向背面打击，使它具有弧形而陡直的刃口。这件尖状器在我们看来可能有两种用途：尖端部分作为尖状器使用，底端作为圆头刮削器使用。

我们相信这一文化的主人制造上述尖状器时对所用的石片曾经进行过比较严格的选择。他们选择了底宽尾窄、长而薄、背面具有一纵嵴的石片进行了第二步加工。尽管许多尖状器的形状彼此不尽相同，但加工的方法基本上却是一致的。

另外，标本P.2739和P.2740在形状和体积上（皆重5克）彼此较为相似，其尖端虽然残缺，但由加工方法判断原为尖状器无疑。它们的加工方法也是自台面起沿着两侧边缘由劈裂面向背面加工，把石片尾端修制成尖，但是和上述的几件尖状器相比形状则有所不同：这两件石器厚而窄，背部隆凸，左右两侧陡直，器形呈柱状。像这样的尖状器在周口店中国猿人遗址中也曾发现过。

刮削器——在这个遗址中发现很多。有很大一部分石片在边缘上有使用痕迹，可能曾用于刮削；此外，加工过的刮削器也发现不少。这一类石器是多式多样的，有的是把宽而厚的石片的一侧边缘修制成直刃，而把一端修制成弧形刃（P.2743）；有的是把石片一侧边缘修制成凹刃，而把尾端修制成薄薄的圆尖，似乎又可以作为尖状器使用（P.2745）；有的则是把石片两侧边缘修制成平行直刃，制成双刃刮削器。

特别值得提出的是半圆形刮削器和圆头刮削器。半圆形刮削器可由标本P.2700（图三，1）为代表，其原料为紫色石英岩，加工的方法是由厚石片劈裂面向背面打制，把一侧边缘修制成弧形刃口，使器形呈半圆形；和刃口相对的边缘，为了便于手执仍保持着原来的钝厚形状。这类石器并非个别的，过去德日进等即由这一遗址发现过，不仅器形近似，而且加工方法也颇一致。水洞沟的这种刮削器与欧洲旧石器时代中期（莫斯特文化期）的“新月状刮削器”相比，尽管原料有所不同，加工方法和器形却有一定程度的近似。

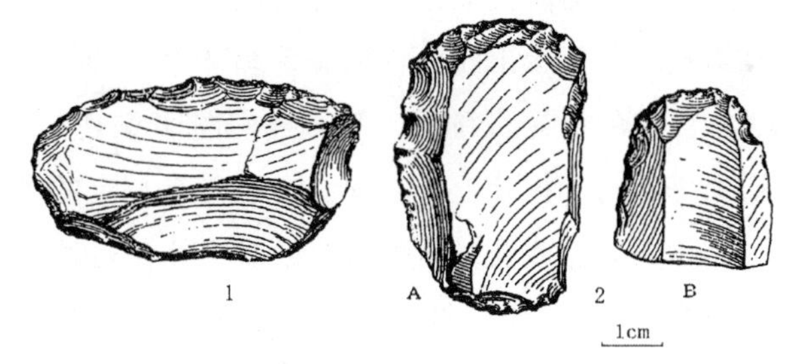

图三 水洞沟刮削器

1. 标本 P.2700 自背面视 2. A 标本 P.2697 自背面视 B P.2698 自背面视

圆头刮削器在这个遗址里相当普遍。有的器身长，有的器身短，有的器身较厚，背面具纵嵴，断面呈三角形，如标本 P.2748、P.2746；器身薄的断面呈梯形，有标本 P.2747、P.2744、P.2697、P.2698。无论厚或薄，长或短，加工却是一致的，都是由石片的劈裂面向背面加工，把尾端修理成弧形刃口（图三，2）。根据器形和加工的方法来看，器身薄的圆头刮削器与欧洲旧石器时代后期的船底形刮削器相接近。大致上用同样方法加工的器身较薄的“圆头刮削器”在中国猿人遗址中也有少数发现。在我们看来，圆头刮削器和半圆形刮削器在用途上可能没有很大差别。半圆形刮削器的加工痕迹只是位于厚石片的宽边缘上，而圆头刮削器则多位于长石片的一端。

由两面打击的适于砍斫用的工具——此次由这一遗址发现的这一类型石器虽然不多，但它们在整个的文化性质上具有一定的意义。步日耶认为这里不存在欧洲的典型两面器，此项材料有可能是两面剥落石片的石核。这种可能性看来虽然还不能排除，但是就器形和石片疤来观察，事实并非完全如此；这一类型石器尽管器形都不大，但仍极有可能是一种砍斫用的工具，也就是通常所称的“两面加工的砍斫器”。这类石器不仅在器形上彼此非常接近，而且有的刃口具有因使用而剥落碎屑的痕迹。我们同时也观察了我们研究所保存的一小部分从前发掘出来的材料，其中也有同样类型的器物。

这一类型的石器最小的有标本 P.2749，长 6.0、宽 5.4、厚 3.1 厘米（重 72 克），最大的有标本 P.2702，长 7.9、宽 6.7、厚 3.1 厘米（重 169 克）。它们主要是由石块的两面打击而成的，但多是先由一面打击，然后再打击另一面，致使一面较平，一面隆凸。其中只有一件（P.2751）是用矽质灰岩石片主要由劈裂面向背面把周围边缘打击成薄刃，以这件石器的使用痕迹最为清楚。

这一类石器和欧洲的典型两面器相比，虽然有所区别，但打制的方法则有一定的相似。由两面加工的砍斫器，在我国旧石器时代初期的遗址中多多少少都可以见到，但其存在的比例则有所不同。例如，周口店中国猿人遗址以及第 15 地点以向单面打击者为多，而匼河和丁村则以向两面打击者为多。特别是以水洞沟的这一类型的石器和丁村的两面加工的“多边砍斫器”相比，两者更比较接近。周口店第 13 地点的小型砍斫器在加工方法上和水洞沟者也有所类似，但在该地点只发现一件这样的石器，因此还难以作出更多的对比。

从上面的描述中可见，这次从水洞沟发现的睡器，在类型上既有旧石器时代中期的文化性质，同时也具有后期的特征。根据目前的材料，把这个遗址的文化时代固定为旧石器时代中期显然还会遇到某些困难，看来把它放在旧石器时代后期可能性更大一些，因为后期的性质更为明显。水洞沟的石器文化在我国旧石器时代文化中所处的地位和上下限问题以及与我国已发现的其他文化遗址在性质上进行详细对比，并揭示出前后承袭关系和产生差异的原因，无疑是十分重要的。在这篇简报中，我们不可能进行广泛的讨论和判断，但给我们的印象是，水洞沟的石器与我国现有的其他遗址的石器相比，在性质上好像与丁村者较为接近，它们似有一定的承袭关系，不过其间还有很大的缺环。这个缺环很重要，必须找到。此外，同距离较近的国外各遗址，例如同西伯利亚和中亚地区的遗址进行对比，也是不容忽视的，关于这一点早已有人指出（梁思永，1932；Teilhard de Chardin，1926），而且也有人作过某些探讨，但是这个问题显然还没有解决。

参考文献

梁思永，1932：远东考古学上的若干问题。考古学专刊甲种第5号，科学出版社，1959，50～52。

汪宇平，1962：水洞沟村的旧石器文化遗址。考古，1962（11），588～589。

M. Boule, H. Breuil, E. Licent et P. Teilhard, 1928: Le paléolithique de la China. *Archives de L' institute de Paléontologie Humaine*, mémoire 4:121.

P. Teilhard de Chardin and E. Licent, 1924: On the Discovery of a Palaeolithic Industry in Northern China. *Bull. Geol. Soc. China*, 3 (1):45～50.

P. Teilhard de Chardin, 1926: Fossil Man in China and Mongolia. *Natural History*, 26 (3):238～245.

（原载《古脊椎动物与古人类》，1964，8（1）:75－83）

山西峙峪旧石器时代遗址发掘报告

贾兰坡　盖培　尤玉柱

一、遗址的地貌和地层

朔县峙峪村（东经 112°17′，北纬 39°25′），坐落在桑干河的发源地——黑驼山的东麓，离朔县城西北 15 公里。这里是一片波浪起伏的山前剥蚀丘陵，西、北、南三面被连绵的峻岭所环抱；东面是一望无际的桑干河平原。峙峪旧石器时代遗址，位于小泉沟与峙峪河相汇合的河口处的一个小丘的地层中。这个小丘由于河流的冲刷和新发育冲沟的切割，形成孤立的岛状，与邻近的许多小丘，构成峙峪河的第二阶地的一部分；阶面高出河床 25～30 米。这个小丘的面积约 1 000 平方米，由胶结较差的砂砾、砂、粉砂组成，为典型的河流堆积相，底部有二迭纪煤系地层出露（图一）。

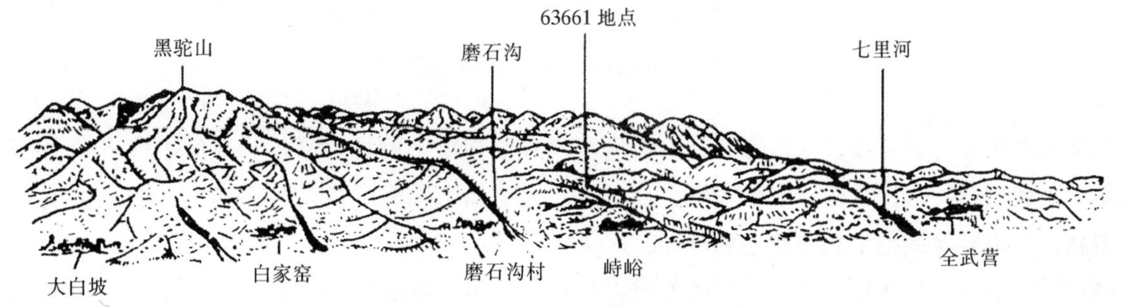

图一　峙峪村附近地貌（由朔县城外西望）

遗址的地层层次分明，由上到下依次为：

上更新统（Q_3）

4. 粉砂层——灰黄色，由细小的石英及长石颗粒组成，含少量云母，中夹 2～3 条 5 厘米厚的含砾粗砂条带，疏松，厚 18 米；

3. 砂层——灰色或灰白色，为细—粗砂的交替层，含少量长石、岩屑，局部夹有小砾石透镜体，胶结不坚硬，厚 8.9 米；

2. 文化层——灰色、黑灰色、褐色亚砂土及灰烬，灰烬厚 0～2.5 厘米，含大量石器及动物化石；其中少量砾石有烧过的痕迹，厚 0.9～1.5 米；

1. 砂砾层——灰色、棕褐色，砾石成分以石灰岩、砂岩居多，石英岩、页岩次之，砾石多具棱角，砾径 2～5 厘米，最顶部过渡为细砂，具交错层理，胶结较好，厚 0.5～1 米。

~~~~~~~角度不整合~~~~~~~

二迭系（P）

砂岩、页岩及煤层

类似峙峪遗址的更新世晚期堆积物，在小泉沟、峙峪河、七里河、磨石沟等许多地方都可以见到。
~~~~~~~

从成因上说，大多是河流冲积物；有些地方在冲积物的顶部还覆盖着一层数米厚的淡黄色黄土，无层理，多孔隙，含有鸵鸟蛋片化石。

遗址西壁更新世晚期砂砾层之下，尚有更新世中期的红色土出露（图二）。

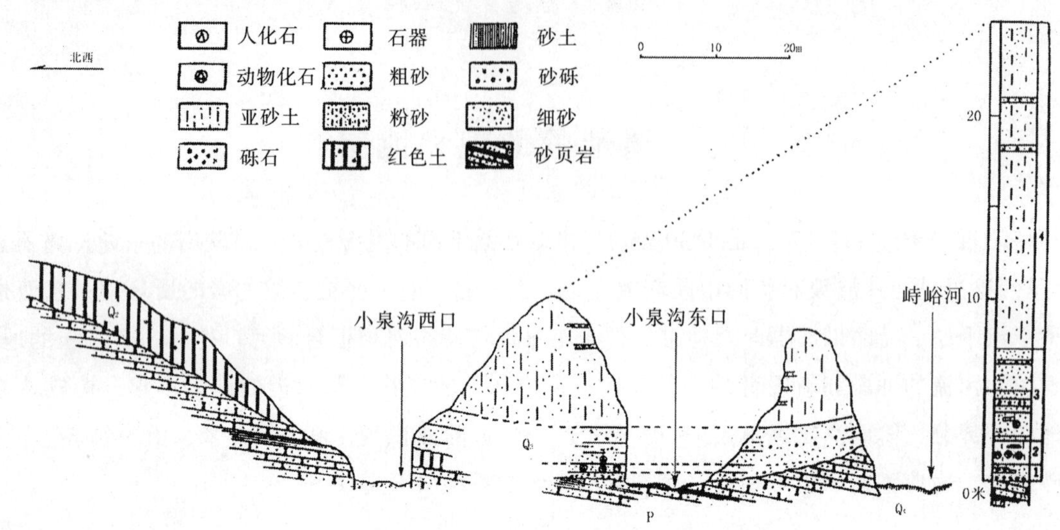

图二 山西朔县峙峪遗址剖面图

全新世地层，构成峙峪河及其他沟谷的超河漫滩阶地和第一阶地。第一阶地高出河床 4.5～8 米，组成物质是疏松的、灰白色的砂砾层及黑色腐植土，含有新石器时代的陶片。根据地貌、组成物质和文化遗物，可以容易地把全新统和上更新统区别开来。

峙峪遗址的剖面与萨拉乌苏河遗址的剖面在时代上相当，但地层的垂直分布比萨拉乌苏河遗址集中得多，文化材料也比较丰富。峙峪遗址的剖面也可与甘肃庆阳西峰巨家塬龙骨沟的剖面（丁梦麟等，1965）和陕西蓝田涝池河第二阶地（贾兰坡等，1966a）对比。

二、文化遗物

经过整理的文化材料共 818 件①。我们对这些材料作了初步观察，本文对观察结果作如下的报道。

制作石器的原料有脉石英、各种颜色的石英岩、硅质灰岩、各种颜色的石髓和黑色火成岩等。在一些石片上，还保留着砾石面，制作石器用的材料主要是砾石。

（一） 石核和石片

1. 两极石核和石片

这类石核的两端有剥落碎屑的痕迹，周围各面都有剥落小石片的疤痕（图三，1），这种石核是打制所谓两极石片的产物。用脉石英打制石片时常使用这种方法，原因是脉石英坚硬、性脆、断口粗糙，

① 峙峪遗址的文化材料，一部分（多为典型标本）现存于我所，其余的尚保存于山西。

用这种方法可剥落长方形石片（Pei，1936）。据实验，采用3块砾石，1为石锤，1为石砧，把要打制的1块石英砾石放在石砧上，用石锤垂直砸击，结果被砸下来的石片两头都有剥落碎屑的痕迹，称为两极石片。在周口店北京人遗址、蓝田地区某些旧石器地点（贾兰坡等，1966b）和山顶洞遗址（Pei，1939）都发现过用这种两极打法打击的石核和石片。

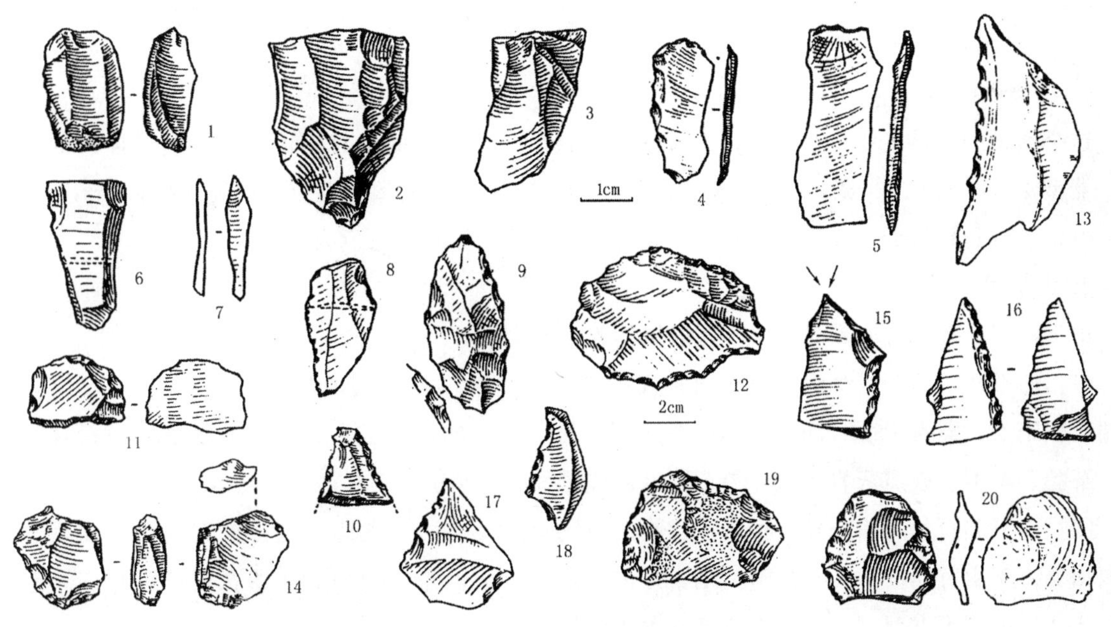

图三　山西峙峪文化遗物

1. 两极石核　2. 火山岩多面石核　3. 燧石多面石核　4～8. 小石片　9. 菱形尖状器　10. 凿形尖状器　11. 短身圆头刮削器　12. 圆盘状刮削器　13. 凹刃刮削器　14. 扇形石核石器　15. 屋脊形雕刻器　16、17. 斜边雕刻器　18. 凿形雕刻器　19、20. 圆盘状刮削器

2. 多面石核

在峙峪遗址，这类石核多用火成岩、硅质灰岩的小砾石作为原料，首先打出一个平面（即台面），然后沿着台面多次剥落石片。剥落的石片的疤痕都较浅，其中窄而浅的疤痕与细石器文化中的石核上所见到的很相似，台面和劈裂面的夹角多在90°左右；石核不甚规则；打击泡阴痕扩散，打击点有时不清楚或看不见，可能是用木锤或骨锤进行打击的（Bordes，1947）。从石核上遗留下来的石片疤看，石核被充分利用过，甚至用石片的剥落面作为台面，再次打制石片（图三，2、3）。这种多面石核在我国旧石器时代很不多见。

3. 石片，可分为两类：石片和小长石片。

石片：有明显的打击点、打击泡、打击疤，可能是用石锤打击的结果。

有的石片有修理台面的疤痕，即石片的一端有与石片劈裂面相垂直的小的疤痕，这是在石核上已打出的平面上再次加以修制的结果；出现棱角，再沿棱角剥落石片。这类石片较长、较薄，台面和劈裂面的夹角一般约90°。

小长石片：打击点有的不清楚，台面非常小，打击泡小而圆凸（图三，4、5）。其中的一些小石片断面呈梯形或三角形（图三，6～8），在细石器文化中是普遍存在的，在小南海洞穴遗址中也发现过

（安志敏，1965）。看来，这种小石片是用间接方法打制成的。间接打制的方法是利用一根带硬尖的棒状物对准台面边缘，以石锤敲击棒的钝端，以剥落非薄的小长石片。在峙峪遗址，这种方法多用于石髓，有时也用于致密火成岩。间接打法是相当进步的，就目前掌握的资料证明，出现于旧石器时代晚期。

（二） 石器

1. 小型砍砸器

这个遗址的石器主要是小型的，大型的石器很少。砍砸用的工具也很罕见。这里描述的一件砍砸器，器型不大（长6.2、宽4.2、厚3.1厘米），甚厚，横断面大致呈菱形，周围边缘有向器身两面打击的疤痕，一端是较锐的刃缘，另一端是厚钝的握持部分，原料为黑色火成岩。

2. 尖状器

这类石器在此遗址中数量较多，可以概括为4个类型：

（1）沿石片的两侧边缘由劈裂面向背面加工，把石片的尾端（即与台面相对的一头）修理成尖。上端比较细长；器身下部（即台面的一头）比较肥大；有的只打击了靠尖端的部分。材料有紫色石英岩、石髓、石英、硅质灰岩。这一类石器也发现于水洞沟和萨拉乌苏河遗址（Boule，*et al*.，1928）。

（2）石料和石片与前一种差不多，但加工方法有所不同，一侧边缘是由劈裂面向背面打击，而另一侧相反，是由背面向劈裂面打击，把石片的尾端打成尖。这一类型尖状器在周口店北京人遗址、萨拉乌苏河遗址等都发现过，被称为“错向尖状器”。

（3）菱形尖状器，这类尖状器是用厚石片制成的，一面的两侧边缘都经加工，另一面只一侧边缘有加工痕迹，横断面呈菱形（图三，9）。在萨拉乌苏河也曾发现过这样的石器。

（4）凿形尖状器，端部呈扁平的鸭嘴状，比上述两个类型的尖端部分扁得多，这是有意制成的，非在使用时偶然折断，因为有修理的痕迹（图三，10）。

3. 刮削器

这一类型的石器在峙峪遗址中数量很多，概括起来可分为4类：

（1）双边刮削器，把薄而长的石片的两端截断，然后再由劈裂面向背面沿两侧进行修理（有少数是由背面向劈裂面修理）。修理的痕迹有的长而浅，似用木棒或骨棒敲击而成的。这一类型石器曾发现于内蒙古的细石器文化中。

（2）单边刃刮削器，是把薄石片的一侧边缘修理成凹刃（图三，13）、凸刃和直刃。有的凹刃刮削器是把宽石片的尾端修理成凹刃；在凸刃的刮削器中，有比较大的，敲击出来的刃缘比较均匀，呈锯齿状，当锯子使用是有可能的。

（3）圆头刮削器，这类石器大部分器身较短，似是特意截断的（图三，11）。大多数是从劈裂面向背面修理，特点是加工都在一端。这一类型的石器多见于旧石器时代晚期和细石器文化中，也曾发现于水洞沟遗址（贾兰坡等，1964），但是与水洞沟的相比，峙峪的这一类型的石器尺寸较小。其中用不规则石片制成的吻状刮削器与欧洲奥瑞纳文化期的（例如塔尔特洞）很相似。

（4）圆盘状刮削器，数量不多，原料为石髓和硅质灰岩。这种刮削器加工很精细，先由小石片的劈裂面向背面连续打击，向圆心方向剥落一层小石片，然后沿圆周再次进行细致的修理。修理过的刃缘长度占圆周的3/4（图三，19、20），有的甚至全部边缘都加工（图三，12）。这种小型的圆盘状刮削器与内蒙古的细石器文化中的圆刮削器很相似，在欧洲见于塔登努阿文化期或新石器时代。

4. 雕刻器

在欧洲旧石器时代晚期，雕刻器是一种常见的、数量较多的石器。欧洲的雕刻器多由两侧边缘平行的窄而长的石片制成；在峙峪遗址，由于受到不规则的石片的限制，雕刻器的外观常有变化；但是，在石器的使用部分的加工上和使用部分的形态上则彼此很接近（Bordes，1947；Breuil，1937）。峙峪的雕刻器可分为如下3个类型：

（1）屋脊形雕刻器，与法国多尔多涅旧石器时代晚期的所谓笛嘴形雕刻器在制作上基本相似，都是在石片一端的左右各截去一块小石片，制成一个窄而平的刃（图三，15）。

（2）斜边雕刻器，数量稍多，一侧边缘截掉一个小石片，另一侧边缘经过仔细修理，形成一锐尖（图三，16、17）。过去研究萨拉乌苏河的石器时，曾描述过类似的雕刻器，被认为这种雕刻器几乎是典型的奥瑞纳文化期的“角雕刻器”（Boule，*et al*.，1928）。

（3）凿状雕刻器，即一侧边缘截掉一个小石片，另一侧边缘也经过仔细修理，但顶端不是一个锐尖，而是制成一个凿状的刃口（图三，18）。

5. 扇形石核石器

目前只发现了1件，其形状很特殊，不能认为是偶然打击的结果，当为特意制成这种形状的。这件石器的一侧边缘陡直，有剥落小石片的痕迹，疤痕浅而窄长，从这点看它很像石核，但是在峙峪遗址里尚未发现从这种石核上剥落的薄而窄的小石片；与这个陡直边缘相邻的一边呈圆弧形，经过连续修理，疤痕短浅，从这点来看这种石器又很像刮削器（图三，14）。

这种石器的形态奇特，存在的时间较短，分布的范围只限亚洲和美洲，特别重要的是发现地点之间已经可以连成分布路线，确实可以作为亚—美两大洲文化联系的可能证据（Teilhard de Chardin，1939）。现在已经确知这种石器不仅向东北方向分布，而且也向河南许昌（晓平，1966）和西藏方向分布（戴尔俭，1972），只不过向西南方向的分布路线上还有一段空白而已。

过去这一类型的石器多数发现于地表或者地层层位不清楚，到目前为止只有峙峪发现的这种石器地层层位确实、可靠，与披毛犀和河套大角鹿共存，而且制造形态方面最为原始，器型较小，加工较粗糙，剥落小石片的浅而长的疤痕数目较少，属于这一类型石器的原始类型。因此，峙峪的这种石器是目前已知的时代最老的记录。这一类型的石器很可能最初产生于我国的北部地区，然后逐渐向别的方向分布。

6. 斧形小石刀

遗址中有1件经过精致加工，小巧美观，外形似斧的石器（图四，3）。原料为半透明的水晶。沿着石片的一侧边缘，从劈裂面向背面修理成弧形刃口，而相对的一边经过修理使之成一个凸出的柄状部分。柄状部分本身两侧有错向修理的痕迹，顶端也经过加工，器形十分周正。至于用途，在我们看来是加柄的石刀，凸出部分用于加柄或镶嵌。以前，在我国旧石器时代遗址中未曾发现过这一类型的石器。在北非的阿替林文化期，虽然也发现有带根（柄状部分）的圆头刮削器，但器形大得多，有6.5厘米长（Alimen，1957），峙峪的斧形小石刀的刃口呈新月形，比阿替林期者不仅器形小巧，刃缘也开阔得多。

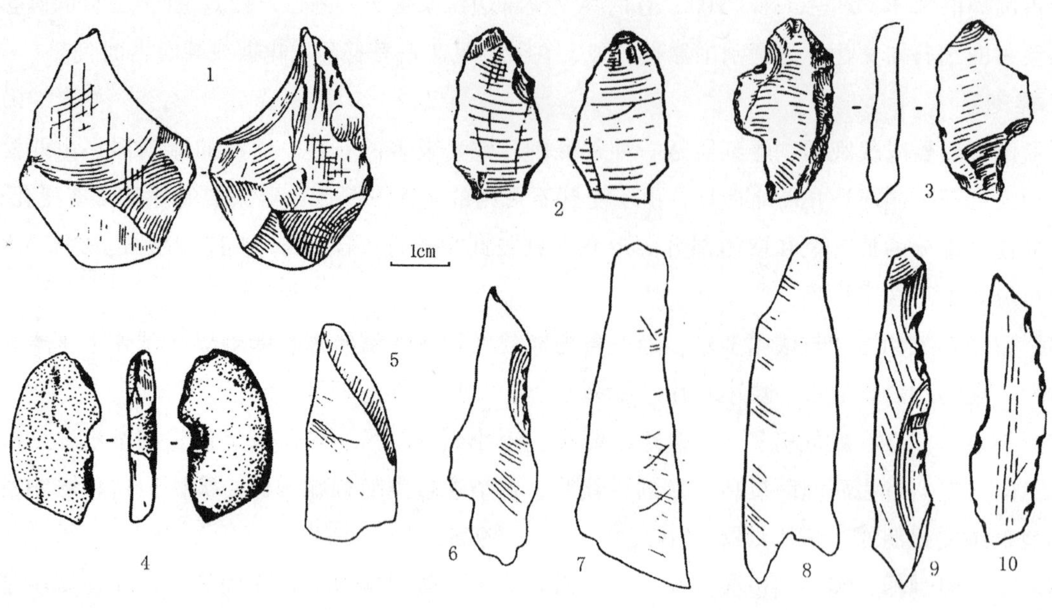

图四　山西峙峪文化遗物

1. 骨制尖状器　2. 石镞　3. 斧形小石刀　4. 钻孔的装饰品　5～8. 有刻划条痕的骨片　9、10. 有打制痕迹的骨片

7. 石镞

这是一件很特殊的标本（图四，2），原料为燧石，用非常薄的长石片制成，一端具有很锋利的尖；一侧边缘经过很精细的加工；另一侧则保持石片原来的锋利的边缘，只是靠近尖端的部分稍经修理，以使尖端更为周正。与尖端相对的一端（底端）左右两侧均经修理使之变窄，状似短短的镞程。

把这件石器鉴定为矛头或一般的尖状器，都比较勉强，在大小、加工意图方面难以解释，也找不到相应的对比材料。如果把它鉴定为石镞，在我们看来倒比较恰当。这件石器，不仅在类型上类似内蒙古细石器文化中的石镞（Maringer，1950），而且从大小、厚薄和加工部位等方面来观察确与石镞接近。在我国旧石器时代晚期遗址中，据步日耶描述和鉴定，在水洞沟和萨拉乌苏河遗址发现的遗物中也有石镞。在北非，石镞出现得比较早，阿替林文化期就出现了（Alimen，1957）（Clark，1969）。在华北，石镞看来也可能是在较早的时候出现的，这与狩猎草原动物的需要有关系。

骨器

在这个遗址里发现碎骨片很多，值得提及的是在这个遗址的文化遗物中，发现 1 件骨制的尖状器。这件骨器不大，长 3.9、宽 2.75 厘米，器形规则，是用动物的长骨片制成的（图四，1）。一面较平，有经过打击剥落小骨片的痕迹；另一面加工痕迹较多，背部隆起，钝端经过修理；一侧边缘稍斜，像制作雕刻器那样斜着截掉一块小骨片，形成凹缘，另一侧经轻微打击，疤痕较多，以致在这一端形成一个锐尖。这件骨器在打制方式上有些类似这个遗址的雕刻器，但与雕刻器用途不同，看来是作为尖状器的。在旧石器时代晚期曾发现过骨制的各种工具，如骨矛头、骨针、骨锥等，但还未见到过这样的骨制尖状器。

这个遗址里有些碎骨片有清楚的打制痕迹（图四，9、10），我们认为这类骨片是作为某种工具使用的。

此外，在许多骨片上有刻划的条痕（图四，5～8），意图不明。这样的条痕曾见于苏联顿河右岸沃罗涅什附近旧石器时代晚期的科斯秋基Ⅰ遗址的碎骨片上。

装饰品

这件标本发现时已残缺，保留的部分约为原物的一半（图四，4）。原料为石墨，由一面钻孔。光滑的一面和边缘都经磨制，磨擦痕迹很清楚；另一面粗糙，由于石墨片理发育，推测是自然剥落了一层。周口店山顶洞曾发现过一件扁平的、两面钻孔的小砾石装饰品。这两件标本在用途上应该是相同的。

三、讨论和结语

1. 峙峪遗址的时代

峙峪遗址的时代，如果仅仅从石器的某些性质来看，可能怀疑它比较晚，甚至可能认为它属于全新世。但从古生物学和地层学的角度分析，它的时代显然不会越出更新世的上限。

如前边所谈到的，萨拉乌苏河的主要古脊椎动物，如河套大角鹿、披毛犀等绝种动物也发现于峙峪遗址。河套大角鹿可以说是华北更新世晚期的具有划分时代意义的典型动物之一。它最早见于更新世晚期早一阶段的丁村遗址，到了晚期后一阶段，越来越向北分布，在我国山西、河北、内蒙古和东北等地都有它的化石发现；但迄今未见到全新世的可靠化石记录。

披毛犀类在华北从更新世早期（维拉方期 Villafranchian）一直延续到更新世晚期的末尾。在东北的顾乡屯和扎赉诺尔两地曾发现披毛犀、猛犸象与细石器共生，德日进和裴文中曾认为其时代为更新世与全新世之间的过渡期（裴文中等，1958），裴文中等在解放后曾前往该地进行详细调查，发现“披毛犀和猛犸象，和细石器共存的原因，可能是地层被混乱的缘故”，并且推测：只残留在中国东北部的北部生存，这个时候，更新世已经结束，进入全新世的时候（裴文中，1955）。

据目前已知的材料，披毛犀在我国，特别是在华北地区，并未延续到全新世。

从另一方面来说，峙峪遗址的时代显然晚于丁村遗址，因为在丁村动物群中绝灭种占58.3%，在峙峪只占40%；不仅如此，如前边列举的丁村的某些古老的动物，在峙峪和萨拉乌苏河等遗址里也都未见到。

根据上文对哺乳动物群的分析，峙峪遗址的地质时代应属于更新世晚期，大致与萨拉乌苏河遗址相当。

还应该提到的是，在我国已知的旧石器时代晚期的各遗址当中，峙峪遗址也在许多方面与萨拉乌苏河遗址最为接近。两地的动物群的主要成分相同，它们所反映的自然环境也比较相似，主要是草原环境；两个遗址的文化材料中都有细石器遗物，重要的石器类型也是相似的，如尖状器、雕刻器、小刮削器等。峙峪的动物化石中初步统计至少有20匹野马，88头野驴，堪称为“猎马人”；在萨拉乌苏河的动物化石中发现有300多个羚羊角，至少代表150多头普氏小羚羊，可称为“猎羊人”。这两个遗址的人类，看来都以猎取草原动物为重要的生产活动。

2. 华北旧石器时代晚期文化的特征和峙峪遗址的意义

峙峪遗址是华北旧石器时代晚期文化中的一个环节，因此只有把它放在华北旧石器时代文化发展系列中来观察，才可以充分理解它的意义。

如果从1922年发现萨拉乌苏河遗址算起，时间已经过去整整50年，这期间在华北地区积累了不少旧石器时代的文化材料。根据这些材料可以判断，华北旧石器时代文化的发展至少有两个系统，其中之一是“匼河—丁村系”，或称为“大石片砍砸器—三棱大尖状器传统”，它的基本特征是利用宽大石片制造各类型的大砍砸器，富有代表性的石器是三棱大尖状器，在石器的成分中有时含有小石器，但数量有限，类型也很少。属于这个文化系统的石器地点有匼河（贾兰坡等，1962）、豫西三门峡地区（黄慰文，1964）、大同鹅毛口（待研究）。华北旧石器时代文化的另一个系统是“周口店第1地点（北京人遗址）—峙峪系”，或称为“船头状刮削器—雕刻器传统”，它的基本特征是利用不规则小石片制造细石器，在石器成分中细石器的比例大、类型多、加工痕迹细小。周口店第1地点—峙峪系包括以下一些地点：周口店第1地点、周口店第15地点（Teilhard, *et al*., 1931）、朔县后圪塔峰（贾兰坡等，1961）、萨拉乌苏河、峙峪、小南海等遗址。周口店第1地点—峙峪系在更新世中期到更新世晚期这段时间是一个丰富多彩的文化系统，在华北分布很广，它是华北新石器时代的细石器文化的先驱。峙峪遗址的意义恰恰就在于它是北京人文化与细石器文化的联系环节之一。

对于周口店第1地点的北京人文化，可以从不同的角度来概括它的性质。然而，与世界上其他地区的同时期的文化相比较，北京人文化的最明显的特点是石器组成成分中有大量的细小石器。过去的研究者把这种细小石器称为“几乎细石器工业”（Teilhar, *et al*., 1932）、“细小工业”（Teilhard, 1941），这种细石器也被认为类似“细石器的中石器”（Breuil, 1935）。周口店第15地点在时代上可能与北京人遗址的上层相当。第15地点的细小石器，被鉴定为“细石器”（Pei, 1939）。对于更新世中期和晚期的细小石器，我们曾设想予以新的名称，可是原研究者早已使用了“细石器”一词，似乎可以不必改动。但是，为了避免混淆，本文把第1地点—峙峪系的细小石器称为细石器，即广义的细石器，把新石器时代的细石器称为发达的细石器，即通常所谓的细石器文化。在第1地点—峙峪系中的某些遗址内虽然或多或少地也可以发现大的砾石石器或大石片石器，但从旧石器时代早期文化和晚期文化的继承关系来看，从旧石器时代文化与新石器时代文化的继承关系来看，细石器的制造和使用无疑地是一个不容忽视的特点。

细石器的体积小，这不仅仅是石器的一个表面现象，这个现象反映着石器制造技术和使用方法的特殊性，反映着生产劳动上的特殊要求。

在第1地点—峙峪系中，细石器是一个稳定的成分，随着时间的推移，细石器所占的比例愈来愈大，大石器所占的比例愈来愈小，例如在北京人遗址和第15地点还有很多的大石器，而在萨拉乌苏河、峙峪、小南海等遗址中则不见大石器；细石器的类型也愈来愈增加；细石器的制作技术也愈来愈完善。

1958年在山西朔县后屹塔峰石器地点的砂质灰黄土堆积之下的砂砾层中也发现一些细石器；这个砂砾层的时代晚于周口店第15地点，有可能早于峙峪遗址，约与华北地区的黄土底砾石层相当（贾兰坡等，1961）。

在萨拉乌苏河遗址的材料中，步日耶描述过一些细石器，如所谓的小雕刻器、小刮削器等，步日耶和裴文中都认为这里“有真正的细石器”或“纯粹的细石器”（裴文中，1955）。这里的细石器与峙峪的细石器在加工方法和类型上很相似，两地都有相似的圆头刮削器、小尖状器和小雕刻器等。

至于峙峪遗址，如上所述，在文化遗物中细石器和小石片占主要成分，构成这个遗址的石器文化的主要特征。在河南安阳小南海洞穴遗址中，有“类似细石器的遗存”，安志敏曾指出窄而长的石片“和新石器时代的细石器文化中的小石片非常接近”（安志敏，1965）。小南海的小圆头刮削器，与在萨拉乌苏河、峙峪遗址中发现的小圆头刮削器很相似。

因此，综观第 1 地点—峙峪系的发展，可见细石器的使用和制造、细石器的存在和发展是华北旧石器时代文化的显著特征之一，这个特征在更新世晚期变得尤为鲜明，在这个时期形成了细石器处于主导地位的石器文化。

就世界范围来说，某种类似的现象见于北非。在马格利布（Maghreb）①，是在阿替林文化期以后紧接着出现了含有细石器的卡普西文化和伯鲁—摩路西文化（Alimen，1957）。

然而，华北和西欧旧石器时代晚期文化之间则有很明显的差别。总的来说，这种差别是由细石器的存在和发展而显示出来的。欧洲旧石器时代晚期文化的显著特征是出现了所谓的长石片技术，石片的长度超过宽度一倍以上，两边平行，石片背面有棱嵴。在这种长石片的基础上形成了欧洲旧石器时代晚期的文化系列。与欧洲不同，华北旧石器时代晚期文化的显著特征是利用小石片制造细石器。峙峪遗址的文化遗物很清楚地显示了这种情况。

尖状器在峙峪遗址中是较多的一种石器，但是没有见到格拉维特类型的尖状器。

在欧洲，从奥瑞纳文化期到阿兹尔文化期都发现数量和类型较多的雕刻器；但在峙峪遗址中雕刻器类型不多，虽然在每件雕刻器上也可以看到制作雕刻器所特有的打击痕迹，但是在类型上寻找与欧洲的雕刻器的一致性却又相当困难。

圆头刮削器是旧石器时代晚期普遍存在的一种石器，无论是在欧洲，抑或在亚洲，都常常见到。在峙峪遗址中，我们在上文已经谈到，圆头刮削器是用小石片制成的，圆弧形的刃缘经过细致的加工，但未见到欧洲奥瑞纳文化期和马格德林文化期那样的用长石片制成的长条的典型的顶端刮削器。

但是，这并不等于说峙峪遗址的文化与欧洲旧石器时代晚期文化毫无共同之处。峙峪的石器与欧洲旧石器时代晚期的石器相比，除了存在着上述的区别之外，同时也存在着某些相似之处。彼此之间有些石器在类型上是相似的，例如，奥瑞纳文化期的短身刮削器、吻状刮削器以及笛嘴状雕刻器等等在峙峪遗址中是存在的，也可以看到舍特尔派龙式的陡直加工方法。至于小圆头刮削器则与欧洲中石器时代的所谓指甲状刮削器很相似②。

3. 关于我国细石器文化的来源

在我国，细石器文化通常被认为属于中石器时代或新石器时代，主要分布于东北、华北、内蒙古、新疆（Teilhard，*et al.*，1932）和西藏（戴尔俭，1972）等地。细石器文化的石器主要成分是扇形石核石器、铅笔状石核、窄长的小石片、小圆头刮削器、石钻、石镞等等。这一类型的细石器文化向东北

---

① 马格利布为中世纪操阿拉伯语的地理学者使用的名词，指埃及以西的北非而言，按目前的范围包括突尼斯、阿尔及利亚和摩洛哥。

② 本文一再提到欧洲的旧石器时代文化期的名称，这指的是石器类型或者制造技术上的相似性，并非指文化期的一致。

分布到北美的阿拉斯加（Nelson，1937），向东分布到日本的北海道和本州（Ikawa，1968）。有许多研究者一再指出北美和日本的细石器文化来源于亚洲。

关于细石器文化的来源一直是引起人们注意的课题。欧洲的细石器文化为来源于北非；德日进、马林杰（J. Maringer）等人认为我国华北地区的细石器文化起源于西伯利亚叶尼塞河上游一带，首先进入蒙古人民共和国的沙巴拉克或我国东北，然后向南分布（Teilhard，*et al*.，1944；Maringer，1950）。

这一论断看来并不是有充足根据的。在叶尼塞河上游一带的遗址中，下文化层的动物群的组成成分有猛犸、驯鹿、马鹿、狍子、塞加羚羊、盘羊、野牛、蒙古野马、野驴、虎、狼獾、狐、熊等，属于冰期末期的动物群，据叶菲明柯研究，认为其文化时代为旧石器时代结束期。值得提及的是，在阿方托瓦山Ⅱ下文化层发现的人化石具有明显的蒙古人种特征。在上文化层中，猛犸和狐减少，有时甚至出现驯养的动物和陶片。可是，在石器方面不论地层层位如何以及地层时代的早晚，石器的类型和性质却是相同的：含有大量的粗大的石器，如砍砸器和大刮削器；细石器类型的小石片和小圆头刮削器很少；而小圆头刮削器又常常是用小砾石制成的。因此，这个地区的文化尚不足以看作是华北细石器文化的发展基础。

纳尔逊认为蒙古人民共和国的沙巴拉克石器地点属于中石器时代（Nelson，1926）；德日进等也把它看作是中石器时代，据说在该地点发现了单一的细石器，因而产生了华北细石器文化来源于“沙巴拉克文化”的推测。但是，事实上纳尔逊的判断是错误的，沙巴拉克地点的时代应为新石器时代。据赛尔奥德扎布报道，在沙巴拉克（又名巴彦扎格）确有两个文化层，但下文化层并不能定为中石器时代，在下文化层中除了发现石髓和玛瑙制成的石器、棱柱形石核以外，也还发现有磨光石器和陶片，有些陶片为红色，涂有紫色或黑色彩饰（赛尔奥德扎布，1961）。因此，所谓的中石器时代的“沙巴拉克文化”是不存在的。

在哈尔滨顾乡屯发现过细石器类型的石器，德永重康和远藤隆次等认为属于旧石器时代，后来经裴文中复查，认为该地地层被混乱（裴文中，1955），还难以作为定论。

因此，很久以来就期待依靠新的发现来解决我国北部地区的细石器文化的来源问题。这个问题的解决取决于在亚洲地区的更新世晚期的石器文化中找到发达的细石器萌芽和组成细石器文化的石器原始类型。这次我们恰好在确属于更新世晚期的峙峪遗址的文化材料中发现了解决细石器文化来源问题的某些线索。例如，上述的峙峪遗址的扇形石核状石器就是亚美发达的细石器中所特有的一个类型；细石器文化中，小圆头刮削器经过仔细加工，与劈裂面多成55°进行修整，修整痕迹浅而平，峙峪遗址的这一类型的石器也具有发达的细石器技术的风格；峙峪的一些小石片也显示了发达的细石器技术的迹象，台面很小，长而薄，以玛瑙、玉髓为原料，具有发达的细石器文化的色彩。

有理由认为，属于第1地点——峙峪系的华北旧石器时代晚期文化是产生华北发达的细石器文化的基础，大体上依扇形石核的发现地区和分布路线向其他地区分布。可以设想从峙峪文化到新石器时代的细石器文化之间还隔着一段空白，这段空白将被比峙峪更晚的、更接近细石器的文化所补足。我们之所以这样判断，是因为在更新世晚期的旧石器时代文化遗物中至今还没有发现石髓的柱状石核和铅笔状石核；窄而长的小石片、石镞、扇形石核石器还发现得很少。

参考文献

安志敏:《河南安阳小南海旧石器时代洞穴堆积的试掘》,《考古学报》1965 年第 1 期:1~28。

戴尔俭:《西藏聂拉木县境内发现的石器》,《考古》1972 年第 1 期:43~44。

丁梦麟、高福清、安芷生等:《甘肃庆阳更新世哺乳动物化石》,《古脊椎动物与古人类》1965 年第 9 卷第 1 期:89~108。

黄慰文:《豫西三门峡地区的旧石器》,《古脊椎动物与古人类》1964 年第 8 卷第 2 期:162~177。

贾兰坡等:《山西旧石器》,科学出版社,1961 年:1~48。

贾兰坡等:《匼河》,科学出版社,1962 年:1~40。

贾兰坡、盖培、李炎贤:《水洞沟旧石器时代遗址的新材料》,《古脊椎动物与古人类》1964 年第 8 卷第 1 期:75~83。

贾兰坡、张玉萍、黄万波等:《陕西蓝田新生界》,见《陕西蓝田新生界现场会议论文集》,科学出版社,1966a 年:1~31。

贾兰坡、盖培、黄慰文:《陕西蓝田地区的旧石器》,见《陕西蓝田新生界现场会议论文集》,1966b 年:151~156。

裴文中:《中国旧石器时代的文化》,科学通报,1955,(1):30~45。

裴文中等:《山西襄汾县丁村旧石器时代遗址发掘报告》,科学出版社,1958 年:1~111。

赛尔奥德扎布:《蒙古人民共和国的考古遗存简述》,《考古》1961 年第 3 期:169~171。

晓 平:《河南许昌灵井地区发现细石器材料》,《古脊椎动物与古人类》1966 年第 10 卷第 1 期:86。

Alimen, H., 1957: The Prehistory of Africa. London.

Bordes, F., 1947: Etude comparative des differentes technique et taille du silex et des roches dures L' anthropoloqie, T. 51.

Bouchud, J., 1966: Les Rhinoceros. Faunes et Flores Prehistoriques, Chapter Ⅲ.

Breuil, H., 1935: L'etat actuel de nos connaissance sur les industries paleolique de Choukoutien L'antbropologie, T. 45, p. 744.

Breuil, H., 1937: Les subdivisions du paleolithique superieur et leur signification. Congres international d'anthropologie et d'archeologie prehistorique. Comptes rendus de la ⅩⅣe session.

Clark, G., 1969: World Prehistory. p. 65.

Ikawa-Smith, F., 1968: Some Aspects of Palaeolithic Cultures in Japan. La Prehistoire, problemes ettendances.

Maringer, J., 1950: Contribution to the Prehistory of Mongolia. Reports from the Scientific Expedition of the North-Western Provinces of China. Bubl. 34. Stochholm.

Nelson, N. C., 1926: Prehistoric Archaeology of the Gobi Desert. Amer. Mus Novitates, No. 222, pp. 10-15.

Nelson, N. C., 1937: Notes on Cultural Relations between Asia and America. American Antiquity, Vol. 2.

Pei, W. C., 1936: Le Role des phenomenes naturels dans l'eclatement et le faconnement des roches dures utilisees par l'homme prehistorique. Paris, Revue de geographie physique et de geologie dynamique.

Pei, W. C., 1939: A Preliminary Study on a New Palaeolithic Station Known as Locality 15 within the Choukoutien Region. Bull. Geol. Soc. China, Peking, Vol. 9, pp. 151-158.

Pei, W. C., 1939: The Upper Cave Industry of Choukoutien. Palaeont. Sin., New Ser. D, No. 9.

Teilhard de Chardin, P. & Young, C. C., 1932: On Some Neolithic Possible Palaeolithic in Mongolia Sinkiang and West China. *Bull. Geol. Soc. China*, Vol, ⅩⅡ.

Teilhard de Chardin. P. & Pei. W. C., 1932: The Lithie Industry of the the Sinanthropus Deposits in Choukoutien. *Bull. Geol. Soc. China*, Vol. Ⅺ, No. 4. pp. 315-364.

Teilhard de Chardin. P., 1939: On the Presumable Existence of a World Wide Sub-arctic Sheet of Human Culture at Dawn of

the Neolithic. *Bull. Geol. Soc. China*, Vol. XIX (3).
Teilhard de Chardin, P., 1941: Early Man in China. Peking.
Teilhard de Chardin, P. et Pei. W. C. 1944: Le Neolithique de la China. Peking.

（原载《考古学报》，1972，(1):39～58)

蓝田旧石器的新材料和蓝田猿人文化

戴尔俭　许春华

1966年3至6月，中国科学院古脊椎动物与古人类研究所再次组织发掘队，由戴尔俭、许春华、乔琪、赵聚发等组成，山西工作站王向前、武文杰参加，在陕西蓝田公王岭1965年发掘区之东的公王岭西坡进行了发掘。这次发掘是在南北长62米、东西宽17米的较大范围内，分方打格、逐层进行的。在发掘中获得了与蓝田猿人同时代的许多哺乳动物化石和一些旧石器。与此同时，在公王岭附近又作了一些调查，从红色土层中或地面上也发现了不少旧石器。本文拟就新发现的石器材料作一介绍和探讨。哺乳动物化石另有专文介绍。

一、地层情况和石器分布

发掘的地层，是在曾经发现过猿人化石的粉砂质土层，以及其上一系列与之同时代（Q_2^1）的亚粘土层和粉砂质土层交替组成的红色土状堆积物。在此并未见到时代较晚（Q_2^2）的红色土。所得的石器数量不多，且很分散，但在多数土层中均有发现，少则一件，多则二三件，这种少而分散的分布状况，以及地层中除发现被流水短距离搬运而来的炭末外，并未发现真正的灰烬层或原生的用火遗迹，也未发现居住遗迹和其他遗物，而动物化石又多集中在零星的大块结核之中，因此至少可以认为，这里既不是石器制作工场，也不是人类居住遗址。现将地层剖面自上而下介绍如下（图一）：

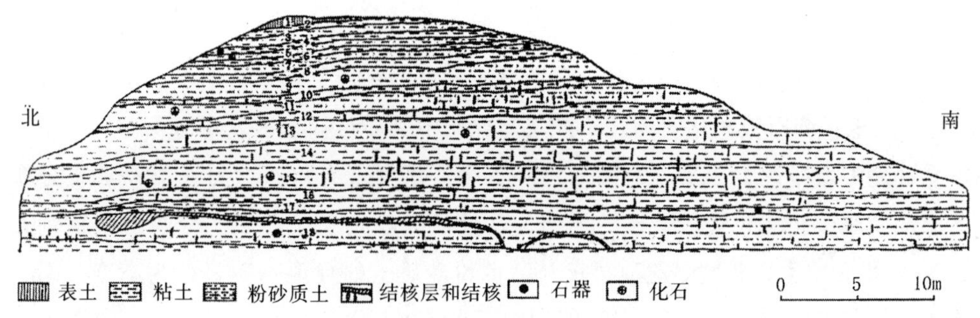

图一　蓝田公王岭1966年发掘地层剖面图（由西向东望）

1. 淡黄色粉砂质土：表面有腐烂的植物根，厚度不一。

2. 浅棕红色亚粘土：致密，具棱柱状结构，表面有褐黑色薄膜（锰、铁质），有时可见到小石英颗粒。厚0.3～0.5米。

3. 褐黄色粉砂质土：孔隙多，棱柱状结构不发育。厚0.5～0.6米。

4. 淡棕红色亚粘土：孔隙少，致密，具棱柱状结构，表面有褐黑色薄膜。含石器。厚0.4米。

5. 褐黄色粉砂质土：与第3层相同。含石器。厚0.4～0.5米。

6. 淡棕红色亚粘土：与第4层相同。厚0.4米。

7. 褐黄色粉砂质土：与第3层相同。含石器。厚0.3～0.6米。

8. 淡棕红色亚粘土：与第4层相同。厚0.3～0.6米。

9. 褐黄色粉砂质土：与第3层相同。含石器。厚0.9～1.6米。

10. 棕红色、紫红色亚粘土：致密，具棱柱结构，表面有褐黑色薄膜。含有近于垂直方向延伸的树枝状的钙质结核，有的延伸到第11层。南边结核较多，北边少。厚0.2～0.5米。

11. 褐黄色粉砂质土：孔隙多，具褐黑色薄膜。含有树枝状的钙质结核，南边较多，北边未见。含石器。厚0.6～1.2米。

12. 紫红色、褐黄色的亚粘土：孔隙多，具网状结构和褐黑色薄膜。钙质结核较少。厚0.2～0.6米。

13. 微红黄色的粉砂质土：多孔隙，干燥后成棱柱状剥落。钙质结核大多成柱状，有的长达0.5米。含有石器。在此层的底部发现有零星的碎骨片。厚1.4～2.0米。

14. 紫红、棕红色的亚粘土：致密坚硬，有褐黑色薄膜。钙质结核成柱状或透镜状分布，少数延伸到第15层。发现有少量的碎骨片。厚0.5～1.3米。

15. 棕黄色粉砂质土：孔隙少，较致密，具有棱柱状结构，表面有褐黑色薄膜。钙质结核较第14层少，成透镜状垂直或倾斜或水平延伸，长度达0.1～1.2米。发现有石器和一个牛牙。厚1.7～2.1米。

在此层底部的局部地方，发现有粉末状的黑色物质与棕黄色粘土成薄层波状起伏互层。除一处较多外，其余二三处只有很少的分布，其分布范围大者约55×35×25厘米，小者约10×10×5厘米。经化验，黑色物质全为炭，有少数较大的炭粒肉眼尚可辨认。这种炭可能是原始人类使用火时，树干或树枝等未充分燃烧，后被流水搬运至适当距离而形成的。

16. 紫红、棕红色的亚粘土：含钙质结核较少。厚0.4～0.9米。

17. 棕黄色、褐黄色的粉砂质土：含有少量的拳头大小的钙质结构。含石器。厚0.2～0.7米。

18. 黄色粉砂质土：蓝田猿人化石即产于此层。此层中钙质结核较多，可分两类：一类是波状起伏的层状结核，局部地方增厚达1.2米，最薄处只0.2米，未发现有化石；另一类是零星分布的块状结核，分布在此层的南端、北端和层状结核的下部，垂直径一般大于横径。在南端的结核垂直径最大达0.7～1.0米，最大的横径达0.7米，这种结核与黄色粉砂质土的界限不明显，为渐变关系，可能说明这种结核是粉砂质土堆积后生成的。在北端的结核周围为含水分多的红色粘土，与粉砂质土的界限明显，可能说明这种结核是搬运而来的。在个别零星分布的周围无红色粘土的大块结核中——这种结核与黄色粉砂质土界限明显可能是后生的，发现有化石，化石集中，排列无规则，但都成最稳定状态保存。

在层状结核层下部的粉砂质土中，含有钙质形成的乳白色的“假菌丝”结构。

在此层中下部的粉砂质土中，有的地区啮齿类和兔形类的化石很多，但完整的头骨很少见。厚1.6～2.5米。

19. 紫红色粘土层（至此不再下挖）。

二、石器概述

（一） 公王岭猿人地点发掘的旧石器

发掘所得的石器共13件，其中石核7件，石片4件，直刃刮削器1件，有使用痕迹的石片1件。原料多为石英岩，占11件，其他只见脉石英和石英细砂岩，各1件。

石核 体积一般都比较大，形状多不规则，除1件为石英细砂岩外，其他都是石英岩。按形制可分为五式：

Ⅰ式 2件。在较平的砾石面上，沿边缘大致作弧线状连续打片，石片疤尾部交汇于一处，形成半锥形。标本P.3846石料是石英细砂岩，只有两个石片疤，一个显示出曾打落过完好的石片，台面角（指打击点周围未经破坏而可进行正常测量者，下同）为66°；另一个则显示出石片曾局部沿岩石节理面破裂（图二，1）。标本P.3847有较清楚的石片疤三个，台面角为63°，70°，75°（图二，2）。

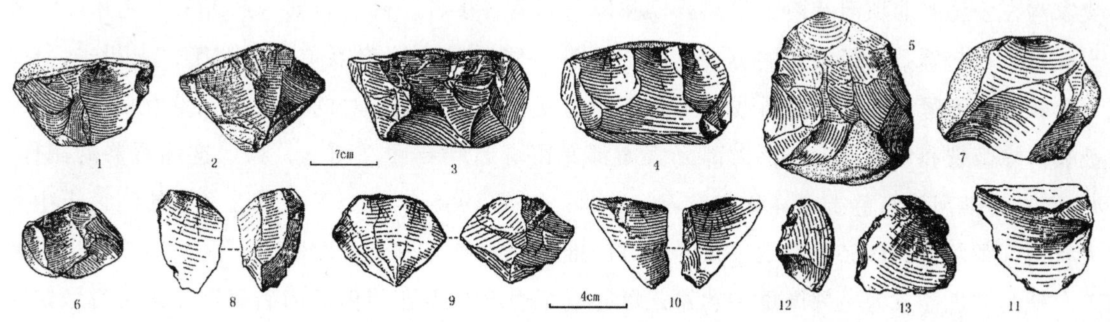

图二 公王岭石器

1、2.Ⅰ式石核P.3846、P.3847 3、4.Ⅱ式石核P.3848、P.3849 5.Ⅲ式石核P.3878 6.Ⅳ式石核P.3850 7.Ⅴ式石核P.3851 8～11.石片P.3852、P.3853、P.3854、P.3871 12.直刃刮削器P.3855 13.有使用痕迹的石片P.3856（1～3，5～7，11比例尺同，余皆同）

Ⅱ式 2件。在较平的砾石面上，沿边缘大致作直线状连续打片。标本P.3848体积大，长达21.5厘米，有一长一短两个打片的边缘。在长边下，石片疤带有层次，打片有较成功的（打下较适用的石片），也有不太成功的。在折向一侧的短边下，成功地打落过一个石片，石片疤呈三角形。台面角为69°，80°，90°（图二，3）。标本P.3849较小，沿一边打片，剥落石片也不止一层，台面角为87°，99°（图二，4）。这件石核与1965年在这一地点发掘所得的一件石核，形状很相像（戴尔俭，1966）。

Ⅲ式 1件。标本P.3878（图二，5），沿扁平砾石的大部分周边打片，台面角为80°，83°，84°；有的地方剥落石片不止一层。局部表面固结着红黄色的钙质外皮。

Ⅳ式 1件。标本P.3850（图二，6），在扁长砾石的一端打片。利用正面和侧面两个垂直相交的砾石面作台面打片，侧面打片未成功；台面角为74°，78°，83°。

Ⅴ式 1件。标本P.3851（图二，7）。劈开一多面体砾石，以劈裂面和砾石面为台面相向打片，台面角87°。

石片 形状多不规则，原料都是石英岩，系利用砾石面作台面打制的。标本P.3852打得较好，略呈三角形，较薄，石片角为91°；背面正中有一个狭长的小石片疤，正好位于与石片纵长方向一致的纵脊上，因此可能是为了打制较好的石片而在打片前有意修整石核所致。另有两件标本P.3853、P.3854，背面都有石片疤，可见这两件石片在打落前都已从外表面上剥落过另外的石片。其中一件石片角为113°。标本P.3871，较大，石片角为115°，台面和背面都是人工破裂的，背面一侧保留着砾石面（图二，8～11）。

直刃刮削器　1件。标本P.3855，是用小而厚的脉石英石片，将一长边修制成适于刮削的宽刃。与刃部相对的，是保留着砾石面的石片厚钝部分（图二，12）。

有使用痕迹的石片　1件。标本P.3856，在较锋利的石片尾端留有蚕食状的使用痕迹，这应是用于刮削的结果（图二，13）。

（二）　公王岭附近红色土中采集的旧石器

公王岭周围几公里的范围内，有几个地点，在与公王岭猿人地点同一时代（Q_2^1）的红色土中，也发现了零星的旧石器。

樊家沟在公王岭北坝河北面，采到石核和砾石石器各1件。砾石石器（P.3857）是用一块扁长的石英岩砾石，在与砾石长径斜交的方向上劈开，沿一侧边缘连续施以单方向加工，先粗击，后细修，制成一个较直的刃缘。在劈裂砾石或加工粗击的过程中，与刃缘相对的另一侧因受力而顺岩石节理面发生破裂。除破裂和修制部分外，大部分表面都保留着原砾石面（图三，1）。这件石器的制作方式，与1963年在涝池河沟红色土中（戴尔俭等，1964）以及1965年在公王岭附近平梁的红色土中发现的厚重尖状器（戴尔俭，1966）都是一致的，可以推测，如在与刃缘相对的另一侧，继续施以先粗后细的加工，就同样也能成为一件厚重尖状器，可能就是由于产生了节理面的破裂因而未再继续加工。这件标本对了解当时制作大型石器特别是厚重尖状器的方法和程序大有助益。它与丁村的单边形器在加工制作的方式方法上也比较接近。石核（P.3858）是用一块圆形而略扁的石英岩砾石，以平坦的一面作台面，沿大部分边缘垂直打制石片；着力点多形成小白点或小凹坑，石片疤颇清晰，台面角为77°，90°，93°（图三，2）。这件石核与公王岭Ⅰ式石核极相似。

稠水河沟在公王岭北坝河北面，采到1件可能是石球的标本（P.3859），原料是脉石英，质地很差，重490克，表面除一小半保留着砾石面外，其余部分布满了多方向打击的小石片疤，多呈碎裂状或中途崩折坼裂，可见剥落的石片多不适用。打击台面与石片疤之间的角度一般都比较大，因而整体略呈球形（图三，3）。它与山西匼河和丁村发现的石球比较接近。在欧亚非旧石器时代初期遗址中，常有石球一类的器物发现，被称为spheroid和subspheroid。

胡家村西沟在公王岭西边、北坝河北面，采到2件石器，局部表面都有红黄色的钙质外皮或外壳固结着，颜色与红色土中的钙质结核和石器上的钙质外皮一致，推测可能都出自红色土中。一件（P.3860）为半圆形的小型单边砍砸器，原为较扁的石英岩碎块，加工限于单面，先在厚的一边将局部表面略加修整，然后把薄的一边修制成一个相当整齐的弧形刃，全形比较规整（图三，4）。另一件（P.3866）为刮削器，用上端尖缩、下端宽扁的脉石英厚石片（可能是砸击出来的）制成。在下端施以一击，形成短直的刃；上端的旁侧，也在与石片破裂面平行的方向上，斜向略施一击，颇像平面雕刻器的打法，形成锐利的小刃口（图三，5）。

在公王岭东北万金沟西岸，与公王岭猿人化石层同一层位之下的红色条带中，获得了1件质地较好的石英岩的似盘状石核（P.3861）。它原是一个人工打落的巨厚石片，利用该石片的原台面和破裂面作为石核台面，沿大部分边缘打片，有三个台面角都只有66°（图三，6）。这样小的台面角，在公王岭石核中只见到这一个。由于台面角小，形成较锐的边缘和尖棱，而且有二三处剥落小碎片，像是修制痕迹，域此，它还可能是一件适于砍砸之用的大型盘状多边砍砸器。

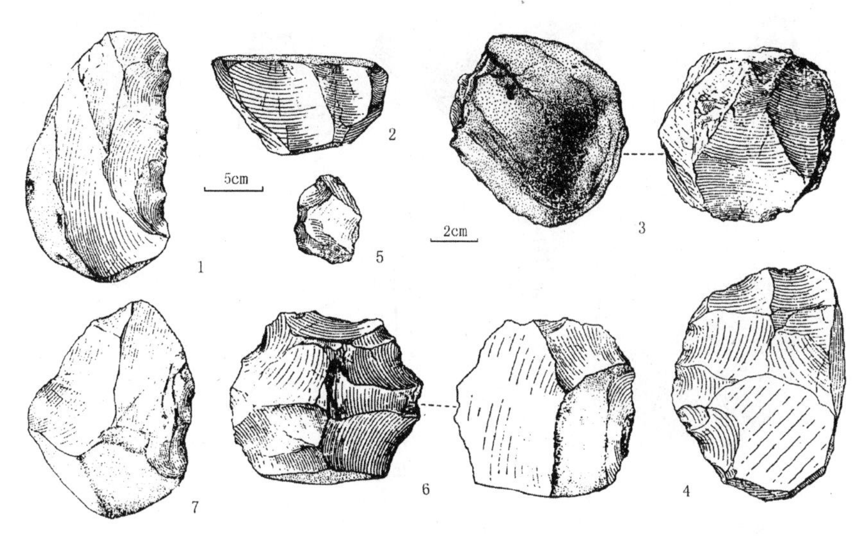

图三　公王岭附近红色土中采集的石器

1. 砾石石器P.3857　2. 石核P.3858　3. 石球P.3859　4. 小型单边砍砸器P.3860　5. 刮削器P.3866　6、7. 石核P.3861、P.3865（3~5比例尺同，余皆同）

在公王岭北坝河北岸的铁万沟，采到1件石英岩石核（P.3865），局部表面固结着红黄色的钙质外皮，颜色与红色土中的钙质结核和石器上的钙质外皮一致，推测可能也来自红色土。全形近似厚大的三棱尖状器，但未见细修的加工痕迹，故仍看作是一件石核。以原砾石作台面，在一边先后打落过两个末端折断的不太成功的石片，石片疤互相重叠，在另一边则打落过一个完整的大石片（图三，7）。

（三）　其他地点地表采集的旧石器

公王岭附近一些地点地面上采集的石器材料，由石器本身的特点和某些标本表面沾染的或隐或显的红色土颜色，估计比较多的一部分可能与公王岭蓝田猿人石器同时代（Q_2^1），其余的较晚，个别的甚至可能很晚，但在实际区分上毕竟还没有足够的根据。现合在一起按类加以记述，计有石核8件，石片6件，刮削器10件，砍砸器6件，有使用痕迹的石片和石块5件。

石核　小石核6件，都是经过锤击法打制的，其中四件原为石英岩、脉石英和燧石的砾石，利用砾石面作台面打片。另二件选用了块状脉石英，打击方向变换较多。大石核2件，都是在石英岩砾石上以锤击法打片。一件（P.3872）是沿深灰色石英岩砾石的一边，大致作直线状连续打片，故与公王岭Ⅱ式石核相似，石片疤层次较多，局部表面固结着灰黄色的钙质外皮。另一件（P.3879）作多面体，在一个砾石面和与之相对的另一个打制台面上打片。

石片　原料只见脉石英和石英岩两种，四件是锤击法打的，另有二件可能是用砸击法打的，如标本P.3880上端略尖，无台面，由打击点向下体积逐渐扩大，至中部最厚，下端宽扁，这样的石片在砸击法产生的石片中，是比较常见的（图四，1）。1964年在蓝田涝池河沟的晚更新世地层中，也发现过用砸击法打制的石片，在蓝田地区中更新世地层中，则尚未见过。

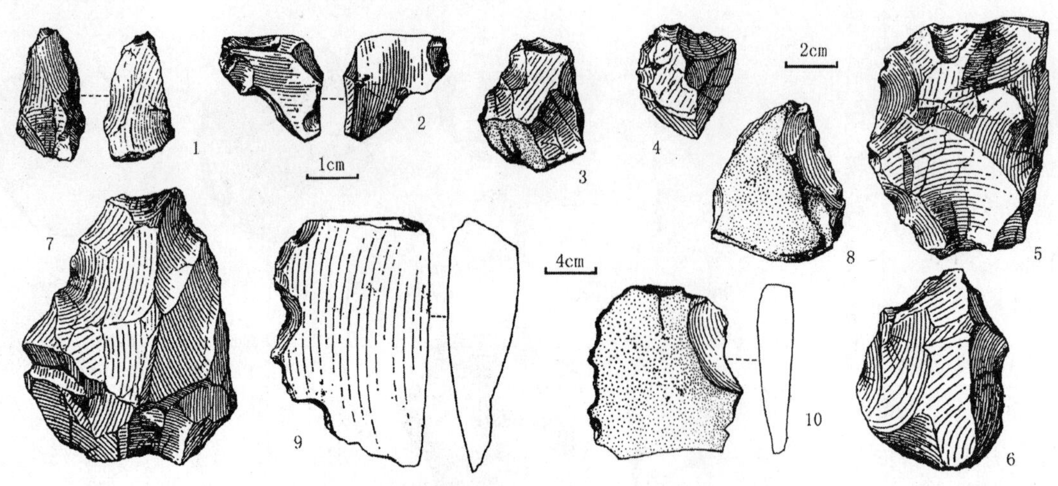

图四　其他地点地表采集的旧石器

1. 石片（P.3880，万金沟）　2. 凹刃刮削器（P.3869，公王岭东北公路旁）　3. 复刃刮削器（P.3868，北沟南坡北草圪塔）　4. 凸刃刮削器（P.3870，李沟附近）　5、6. 小型砍砸器（P.3867，公王岭发掘区旁；P.3874，公王岭东南）　7、8. 中型砍砸器（P.3875，平梁附近坡地；P.3864，石匠村西南沟）　9、10. 大型砍砸器（P.3876，马司沟山坡；P.3877，李沟与方家村之间砾石层上坡地）（2 原大，8～10 比例尺同，余皆同）

刮削器　多由石片加工而成，但也有用碎石块修制的。其中有一件原料为黑色燧石，其他都是脉石英或石英岩。依刃部的不同，可分凹刃、直刃、复刃、凸刃四种。

凹刃 1 件。标本 P.3869，以细小的黑色燧石石片，在一侧边缘和台面的背侧边缘，由破裂面向背面轻敲细琢而成。原石片台面上有狭长的疤痕，在打击点处消灭，可能是修整台面的结果（图四，2）。

直刃 6 件。用石片或石块制成。其中一件（P.3881）是在一个厚而平的小石块的边缘上加工，形成锐而直的短刃，加工痕迹浅平。

复刃 2 件。其中一件（P.3868）以较厚的脉石英石片在相邻两边加工，形成一个端刃和一个边刃，修制技术较好（图四，3）。

凸刃 1 件。标本 P.3870，以较厚的脉石英碎块加工而成，加工痕迹浅平而远（图四，4）。

砍砸器根据器物的形状，可分为小、中、大三种类型。

小型 2 件。标本 P.3867 由略呈长方形的较大的脉石英石片制成，仅在一个长边上施以一击，形成一个平直的短刃。这件石器是在公王岭发掘区旁虚土中捡获的，很可能出自 Q_2^1 地层之中。标本 P.3874 以石英岩为原料，单刃，单面打制，背面保留着砾石面（图四，5、6）。

中型 2 件，全形都像等腰三角形。标本 P.3875 以脉石英石块为原料，在一侧及底边单方向打制成刃。标本 P.3864 以石英岩扁平砾石为原料，在等腰的两侧加工，一侧有四处陡直的加工痕迹，另一侧则为一个倾斜的刃缘（图四，7、8）。

大型 2 件。都用锤击法，石英岩大石片制成，一件（P.3876）单刃，刃缘薄而曲折；另一件（P.3877）双刃，刃缘也比较薄而曲折（图四，9、10）。

有使用痕迹的石片和石块 5 件。其中一件（P.3873）为一较大的石英岩石片，一侧边缘略呈弧形外凸，较锐，带有明显的使用痕迹；另一侧边缘经垂直加工后变钝，似便于手握。其他四件较小，都在一个直边上有使用痕迹。这些使用痕迹，都应是用于刮削的结果。

三、从出土的旧石器看蓝田猿人文化的性质问题

公王岭及其附近红色土中新发现的旧石器，与蓝田猿人出于同一时代的地层之中，而在同一地区同一时代的地层之中，从未发现蓝田猿人以外的第二种人（贾兰坡等，1966；吴新智等，1966），因此，这些石器的主人应当就是蓝田猿人。蓝田猿人大致与最早的爪哇粗健猿人相近，其时代应早于周口店第1和第13地点，为中更新世早期（吴汝康，1966；周明镇，1965）。爪哇猿人制作的旧石器迄今尚无发现，因此蓝田猿人的石器应为亚洲地区与猿人化石伴出的最早的石器，这些石器所代表的文化，是目前世界上中更新世地层中所见到的最早的石器文化之一。

这些石器所用的原料，主要是石英岩、脉石英、石英砂岩等砾石，用锤击法进行第一步加工（打制石片）和第二步加工（修制石器）。石核一般体积较大，多利用自然平面作台面，已知的台面角最小66°，最大为99°，以74°～87°者居多，由此推知石片角应以93°～106°者居多。石片疤一般都很少，原料利用率相当低，缺乏控制劣质原料的能力。石片多不规则，有的背面具有可能是预先粗修而留下的石片疤，台面上则从未见到任何预先修整的痕迹。有的石片未经第二步加工就直接使用。已发现的具有第二步加工痕迹的石器工具还很少，以单面加工为主，修制技术比较简单粗糙，缺乏较规整的器形。有的标本上表现出类型特征不够明显和在此意义上的一物多用的性状，如在个别石核或砍砸器、石核或石球、砍砸器或刮削器上所见到的那样，这在一定程度上也许是受劣质原料的影响所致，更主要的却是反映了文化发展上的某种原始性；但从整体上看，则已清楚地显示出类型上的一定分化和彼此不能随意代替的性质。在打制石片和修制石器上，还出现了具有某种程序和方法的迹象；整个打制技术在较好的原料上似能得到较好的发挥。

由于材料有限，为利于探讨，宜将历年由蓝田公王岭、陈家窝、涝池河沟及其他地点属于Q_2^1红色土的石器材料，一并加以考虑。公王岭和陈家窝两个猿人产地的时代，可能同属于中更新世早期（周明镇等，1965），这两个地点的旧石器，都与猿人化石出于同一套地层之中，时代无疑相同；同时，这两个地点附近各处来自同一套红色土的旧石器，也应属于同一时代。涝池河沟所得的一件大尖状器，出自以钙质结核厚板层或密集层为特征的红色土之中，因此也属于这一时代，它与公王岭附近平梁地点Q_2^1红色土中所得的大尖状器，在类型上也是一致的。

我们已知公王岭和陈家窝两个地点的猿人化石，都属于蓝田猿人（吴汝康，1966），他们与上述石器有着密不可分的关系，而且在蓝田地区同一时代的地层之中，从未发现蓝田猿人以外的第二种人，因此，蓝田猿人就是上述石器的制作者和使用者。

上述同一时代红色土中所得的石器，在性质上是统一的，而且在我国旧石器时代初期的文化中，又有其本身的一定特点，因此，按照考古学上的惯例，我们现在可以正式称之为蓝田猿人文化。

除石器外，在公王岭还发现有炭，如前所述，这种炭很可能是蓝田猿人用火时所造成的某种结果，如果确是这样的话，则蓝田猿人文化中还应包含用火这一重要的文化因素。

蓝田猿人文化中石核和石片的主要特点，大体上就如这次新发现的材料上所反映的那样。目前已

知的石器有：单面或基本上是单面加工的大尖状器，大型盘状多边砍砸器（?），中小型交互打击的多边砍砸器，小型单边砍砸器，带尖刮削器，核状刮削器，片状刮削器，有使用痕迹的石片，以及石球等。

蓝田猿人文化同样具有我国以至东南亚的旧石器文化的特色，即石片石器占有很大的比重和石器以单面打制为主。

蓝田猿人文化具有较多的原始性，主要表现在：经第二步加工的石器数量较少，而且相当粗糙，修制技术较差，器形较不规整，石器类型还不多，有的标本上表现出石器类型特征不够明显和原始的多功能即一物多用的性状。但另一方面也已呈现了一定的进步性，主要表现在：石器工具已有相当程度的分化，在打制石片和修制石器上，已显示了具有某种程序和方法的迹象。这种原始性和进步性体现了文化发展过程中对立统一的辩证关系，因此不能片面地或过分地强调某一方面而忽视另一方面。

蓝田猿人文化和北京猿人文化有不少近似之处，如所用原料以石英岩、脉石英为主，石器具有较多的原始性，石片以及石片石器占有重要的地位，石器以单面打制为主，等等。但蓝田猿人石器材料中，尽管也用了较多的脉石英原料，却除了有一件小刮削器所用的石片有可能是砸击所成以外，并未发现像北京猿人石器材料中成为显著特征的大量砸击法石片（过去常被称为“两极石片”）；而蓝田猿人的厚重尖状器，又是北京猿人石器中所未见的。这就表明，旧石器时代初期的石器文化，虽然具有较大的共性，但发展到一定地步，也必然会出现某种时间性的甚至地区性的差别；人的发展一般总比文化的发展要缓慢，蓝田猿人与北京猿人之间既已存在着某种差别，文化上的差别自然就更不足为奇了。另一方面，蓝田猿人文化与同属于旧石器时代初期而稍晚的山西匼河文化，以及属于旧石器时代中期的山西丁村文化，则可能有着较为密切的传承关系：如匼河文化中同样包含有核状刮削器、大尖状器、石球等，而无砸击法石片；丁村文化中也同样包含有厚重尖状器、单边砍砸器、小型交互打击多边砍砸器、石球等，而无砸击法石片（裴文中等，1958；贾兰坡等，1962）。

由蓝田猿人的石器材料在地层纵剖面上分布的连贯性来看，可以令人相信：蓝田猿人在同大自然的斗争中获得了生存和发展；如果把蓝田猿人文化与匼河文化、丁村文化联系起来看，似乎就更能支持这个看法。

参考文献

戴尔俭，1966，陕西蓝田公王岭及其附近的旧石器。古脊椎动物与古人类，10（1），30～34。

戴尔俭、计宏祥，1964，陕西蓝田发现之旧石器。古脊椎动物与古人类，8（2），152～156。

贾兰坡等，1966，陕西蓝田新生界。见：陕西蓝田新生界现场会议论文集。北京：科学出版社，26～31。

贾兰坡等，1962，匼河——山西西南部旧石器时代初期文化遗址。北京：科学出版社。

裴文中等，1958，山西襄汾县丁村旧石器时代遗址发掘报告。北京：科学出版社。

吴汝康，1966，陕西蓝田发现的猿人头骨化石。古脊椎动物与古人类，10（1），1～22。

吴新智等，1966，陕西蓝田公王岭猿人地点1965年发掘报告。古脊椎动物与古人类，10（1），23～29。

周明镇，1965，蓝田猿人动物群的性质和时代。科学通报，（6），482～487。

周明镇、李传夔，1965，陕西蓝田陈家窝中更新世哺乳类化石补记。古脊椎动物与古人类，9（4），377～394。

（原载《考古学报》，1973年第二期）

湖北大冶石龙头旧石器时代遗址发掘报告

李炎贤　袁振新　董兴仁　李天元

一、地理位置及地质地貌概况

石龙头遗址位于东经115°、北纬30°附近。西北距武汉市约100公里、距黄石市约20公里，西距大冶县约30公里，东北距长江约4公里。

长江自武汉到九江，大体由西北向东南方向曲折流注。大江两岸丘陵起伏，湖泊星罗棋布。大冶湖为一东西向断陷盆地，长约30公里，宽约8公里。长江与大冶湖之间为一东西向狭长低山，主要由晚古生代及中生代石灰岩及煤系地层组成。西段名黄荆山，东段名章山，石龙头就是章山东南端的一个小山嘴，呈半岛状伸入大冶湖湖汊之中。

本区石灰岩总厚度在千米以上。出露面积相当广泛。由于灰岩常常与砂页岩互层或灰岩本身含白云质、硅质、泥质较多，岩溶地貌不很发达。惟在黄荆山向斜轴部一带，由厚层三迭纪灰岩组成，质地较纯，产状平缓，岩溶相当发达，形成大型竖井、溶洞、伏流等。黄荆山周围有许多伏流出口形成大泉和飞瀑，甚为壮观，如黄石市飞云洞飞瀑。

在章山、黄荆山一带，石灰岩溶洞比较发育，自山顶到湖面附近广泛分布，并有分带现象。最高者相对高程在百米左右，其次为60～80米、10～40米，湖面附近为一系列涌泉。洞穴以沿节理面及沿层面发育的中小型者为多数，堆积以红色、黄色砂质土，灰岩角砾，钟乳石等为主，在一些洞穴堆积中含更新世中晚期的大熊猫－剑齿象动物群化石。

二、遗址洞穴地质

石龙头（又名十龙头）南临大冶湖，北接章山，是一个高出湖面约50米的小山嘴，由二迭纪中厚层灰岩、泥灰岩、硅质层等构成。遗址洞穴发育在石龙头南坡的厚层石灰岩中。该地层倾向北东24°，倾角23°，有三组节理：第一组走向北东9°，倾向南东，倾角66°；第二组走向东西，倾向正南，倾角55°；第三组走向北西50°，倾向北东，倾角57°。洞穴主体受第一组节理控制，成一近南北向的裂隙状，在三组节理交会处，扩大成洞室。洞穴南北长约11米，宽4米到1米以下，南宽北窄。洞底向南倾斜，倾角近30°。洞顶及上部洞壁在清理时已无存留，原洞口可能是向南的。洞穴最低处底壁高出大冶湖枯水期湖面约10米。

洞中堆积物自上而下可分三层（图一）：

第三层：浅棕色粘土、砂质粘土夹灰岩碎屑。灰岩碎屑风化较浅，粘土质地较粗。本层未见石器及动物化石。厚0.5～1.5米以上，顶部保存不全。

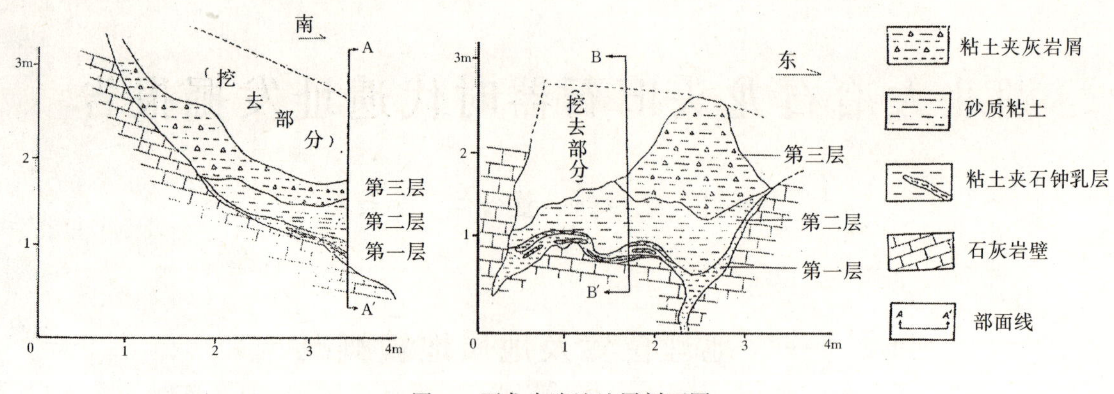

图一　石龙头遗址地层剖面图

第二层：黄色、棕色砂质粘土，含有大量灰岩碎屑及燧石、石英岩碎片。灰岩碎屑风化较深。本层黄色、棕色互相夹杂的特征似乎可以和洞外阶地上的网纹状红土对比，只是洞内堆积物粘土化程度较浅，淋滴作用不如洞外强烈。本层含石器及动物化石。石器分布密集，没有流水搬运过的迹象，是当时人类在洞中制作遗留下来的。厚0.3～1米。

第一层：底部堆积。棕红色粘土、含砂粘土夹钟乳石层。粘土质地粘重。钟乳石层褐色到灰黄色，多孔状或炉渣状，一般只有几厘米厚，成夹层状，局部滴水多处，形成近一米厚的石笋状堆积，由于含硅质和锰质氧化物，硬度较大，局部硅质沉积成玛瑙状同心结核。本层也含动物化石及零星石器。厚0.31米。

上述堆积物中，第一层主要是溶蚀残余物及地下水化学沉积物，第二层是主要的文化层，物质来源除人工作用外，主要是坡积物，第三层物质来源也是坡积物。第一层与第二层之间是逐渐过渡的。当时地下水位逐渐下降，洞穴位置相对升高，成为适合古人类活动的场所。两层堆积所含石器与动物化石性质相同。第二层和第三层之间，从堆积物剖面上看，接触界线成波状起伏，两者颜色不同，所含岩屑风化程度略有差异，第二层所含石器及哺乳动物化石在第三层中均未发现。另外，第二层中有几件石制品，不同面上的石片疤风化程度有很大差别，说明这些石制品在埋藏时半截埋在土里、半截暴露在外，经过较长时间才被第三层覆盖住。

除石制品和动物牙齿及骨骼化石外，在堆积中还发现一些鬣狗粪化石，多数分布在第一层中上部的钟乳石层里，说明在某些时候鬣狗也曾占据过该洞。这在北京周口店第1地点也有类似的情况。

石龙头遗址周围，大冶湖滨、长江沿岸一带广泛分布着一些低丘、台地，上面覆盖着厚度不等的红土、网纹状红土等，构成阶地地貌，它们与石龙头遗址堆积如何对比是一个很有意义和兴趣的问题。石龙头遗址由于有哺乳动物化石和旧石器文化材料，将对确定这些阶地的时代，研究长江中下游地貌发育史提供有利的资料。

三、哺乳动物化石

大冶石龙头发现的是典型的大熊猫—剑齿象动物群的成员。代表这一动物群的种类，如豪猪、大熊猫、剑齿象、中国犀等，在大冶石龙头的化石名单中占主要地位。

在考虑大冶石龙头动物化石所代表的时代时，不能不注意到下列两点事实：首先是没有第三纪的残留种类，如剑齿虎、爪兽、乳齿象等，也没有早更新世特色的种类，如大熊猫小种、先东方剑齿象、昭通剑齿象等。其次是没有发现古人或新人类型的人类化石。大冶石龙头的动物化石，除斑鹿未见于盐井沟外，其他都可以在盐井沟找到相同或相近的种类；另一方面，大冶石龙头的动物化石基本上都可与长阳发现者对比。但是我们不能忽视，盐井沟还发现有爪兽，而长阳则是以人化石著名，贾兰坡（1957）通过“对长阳人材料的观察，认为它近于现代人的性质较多，远没有中国猿人那么原始”。现在一般习惯地把盐井沟的动物群当作南方中更新世的代表，而长阳人及伴生的哺乳动物化石则被认为是属于晚更新世。和盐井沟、长阳比较，大冶石龙头似乎介于两者之间。从没有发现古老种类，大冶石龙头似乎比盐井沟略晚，但其动物化石的性质则仍是“狭义的（或典型的）大熊猫—剑齿象动物群”，其地质时代仍属中更新世。

四、文化遗物

由大冶章山石龙头发现的石制品，经过挑选，排除了小断片、废片及加工痕迹不清楚的材料，共得88件。原料大部分为石英岩，部分为燧石，少数为石英、砂岩，极少数为角砾岩。所用的燧石来源于附近二迭纪灰岩中所含的结核，风化厉害，易破碎，故用此种燧石制成的石制品并不见得有多好。除燧石外，其他原料均为砾石，其中有磨圆度较好者，也有不太好者。大部分石制品外面包有一层或部分保留钙质胶结物，这种情况在动物化石上亦可看到。所有石制品的棱角，除砂岩者风化厉害外，都是新鲜的，看不到冲磨搬运的迹象。有少数几件标本由石片疤观察显然一部分较旧，另一部分较新鲜，后者可以肯定不是发掘过程中搞破的。

石核　共34件。大部分石核是在砾石或结核的一端或一面，向一个方向打片的结果。所产生的石片疤一般不太大，半锥体阴面较深，台面角大部分小于90°（图二，1、2）。有些标本在同一平面向一个方向多处打片，有时甚至沿同一面的大部分边缘连续打片，在这种情况下产生的石片疤往往是较小的，很可能是由于岩石较硬，不易打下合适的石片所致。这样的石核在周口店北京人遗址里是很常见的。除了少数石核是在打制台面上打片的外，大部分石核的台面均为天然的岩面。在打制台面上看不到修理的痕迹。我们遇到有几件标本，台面有疤，可以认为它们不是修理台面的结果，在很多情况下这些疤是打片时破碎的，或者是改变打片方向而产生的。单向打片的石核形状是不规则的，很难归纳为几种类型。石片疤大部分是不规则的，长大于宽或宽大于长者均有，尾端或平或歪。但有少数石片疤是较小较长的，并不很规则，还不能据此就断定它们是石叶的疤，因为这种石片疤和石叶疤还有很大的距离。

我们有几件石核不是单向打片的，有时是两端均有打片痕迹，有时是相邻两面有打片痕迹，有时则是在好几个边进行打片，这样它们的打片方向就变得不一致了，有些是互相垂直，有些是斜交。非单向打片的石核的石片疤一般也不太大，形状也不规则。就整个石核而言，形状很不规则。

总起来说，大冶石龙头的石核形状是不规则的，石片疤形状也是不规则的。石核的台面没有修理的痕迹。没有柱状石核。有些石核的石片疤较小，可能是受岩石性质所影响；当岩石太硬或过于破碎时，产生理想的石片是不容易的。

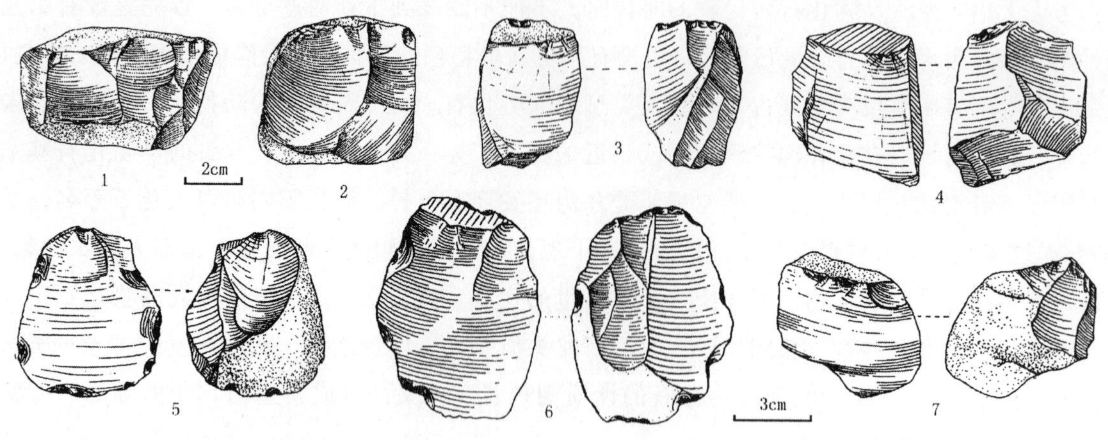

图二　湖北大冶石龙头石制品

1、2. 石核 P.3822、P.3821　3～7. 石片 P.3829、P.3827、P.3826、P.3830、P.3828

石片　我们只观察了 27 件保留台面的石片。至于未保留台面的断片，在这一段未加讨论。有几件石片已经加工修理为石器，在这里只就打片技术方面予以叙述。

全部石片的形状都是不规则的，长大于宽和宽大于长者均有，数量相差亦不甚远。石片长度以 4～7 厘米者为最多，3 厘米者和 9 厘米以上者仅是个别的标本。宽度亦是以 4～7 厘米者为最多，超过或不及这个数字者仅是少数。石片的厚度适中，较薄者和较厚者虽有，但为数不多。石片角由 90°～125°，以 100°～125°者为最多。台面绝大部分是天然面，人工打制的只有几件。打制台面是光滑的，没有修理的痕迹，也看不到两块石片疤形成的棱脊。台面一般比石片的横径小。除个别标本的台面较厚或较薄外，一般厚度较为适中。台面靠近背面的地方有时可以看到一些小疤，但不是修理台面的结果。台面的背缘常常可以看到一些小缺口，说明在这些石片剥落之前曾经在石核的同一平面上进行打片。石片的背面有一部分标本多少保留石皮，但大部分标本可以看到石片疤。石片的破裂面有时可以看到锥疤。一部分标本打击点集中，半锥体显著；一部分标本打击点不集中，半锥体不显著。有个别标本还可以看到双生的锥体（图二，3～7）。

根据石核和石片总的性质，可以断定，大冶石龙头的石片大部分是用锤击法打下来的。锤击法是打制石片最常见的基本方法之一，在我国已发现的旧石器时代文化遗址中，除了北京人大量采用砸击法产生石片和丁村遗址的石片比较多地采用了碰砧法外，大部分遗址广泛地采用锤击法打制石片。从没有采用间接打片法，没有修理台面，石核和石片的形状不规则等特点看来，可以认为大冶石龙头的古代居民，在制造石头工具时，第一步工作，即打片工作，并没有用较进步的技术，或者说他们打片的技术比较原始或没有表现出比较进步的倾向。

约有三分之二的石片，边缘或多或少有加工或使用的痕迹，但大多数只限于石片的某一边缘的一部分，即使是可以肯定的打击痕迹亦多为彼此孤立互不相连的几块疤。

砍砸器　这类石器共发现 17 件，以石片制成者 4 件，以砾石或石核制成者 13 件。实际上有一部分较大的石核，边缘上有使用痕迹，似乎也曾作为砍砸之用。这类石器一般地说较为粗大厚重：最小的长或宽都在8厘米以上，最大的长或宽可达14～15厘米；厚度在3.5厘米以上，最厚的可达6～7厘米。加工修整有几种情况：1）在厚石片的一侧边交互打击成弯曲的刃，与此相对的一侧边则未加工；2）在厚石片的一端向一面打击成一凸刃，与此相对的一端未加工；3）在厚石片的一侧边（往往是较长的一边）向一面打击成一弧形的刃，而相对的一边或一端（往往是较短或较窄的部分）亦加以打击，但加工方向和刃部者正好相反；4）与3）相似，但手握部分是错向加工而成的；5）沿扁平砾石的大部分边缘向一面加工；6）在砾石的一边向一面打击成一凸刃，而在其相邻的一边交互打击；7）在砾石的一边交互打击成一弯曲的刃；8）四周边缘都加以修整，或向一面，或交互打击。依加工修整的结果可分为单边砍砸器和多边砍砸器两组。

单边砍砸器　共8件。以石片或砾石制成，加工集中于一边或一端，手握部分不加工或略加修整，刃缘或直或凸，但都不平整。单向加工者6件，如标本P.3833，由一厚石片制成，台面已失，背面保留约一半砾石面，左侧边由破裂面向背面加工成一凸刃，但在远端有由背面向破裂面打击的石片疤，右侧边有向两面垂直剥落碎片的痕迹。标本P.3831虽不太大，但较厚，沿一长边向一面加工，刃角较大，接近90°，和刃缘相对的一端有向相反方向打击的痕迹。标本P.3832在一砾石的长边向破裂面加工，修整痕迹深凹和浅平者均有，但均短而宽，和刃缘相对的一端有向砾石面和向破裂面错向加工的痕迹。交互加工者2件。修整痕迹往往是一部分或一面较大，而另一部分或另一面则较小。其一用厚石片制成（P.3834），台面及右侧边一部分保留砾石面。右侧边缘较厚，未加工。左侧边缘交互打击成弯曲的刃。石片的远端破掉，台面腹缘有打击痕迹；另一件（P.3835）由砾石制成，根据对剥落的石片疤观察，这件标本可能曾作为石核用来打制石片，但后来又经第二步加工，留下较小的修整痕迹。两面均保留砾石面，和刃缘相对的一端有一块小疤，系向着刃缘方向打击剥落的（图三，1～5）。

多边砍砸器　以砾石或石核制成，共9件。加工在相邻两边或三边，有时则是周边，和刃缘相对的一端或保留砾石面或加以修整。刃缘一般是凸的或弧形的，但多具缺口，并不平整，特别是交互加工者。单向加工者2件。其一标本P.3836，在一扁平砾石的两长边和较宽的一端加工，左侧留下大块石片疤，边缘有使用痕迹，右侧亦有大块石片疤，边缘不太平整，此两侧边的刃角均较小，较宽的一端加工痕迹和两侧边者相连，但刃角较大。另一件标本P.3837沿砾石的左侧边到前端右侧均经加工，修整痕迹较为浅平，刃角偏大，右侧边残缺一块，殆为加工时破损。非单向加工者7件。其一（P.3838）由磨圆度不甚好的砾石制成，刃缘呈半圆形，一侧单向加工，另一侧交互加工，前端亦是交互加工，石片疤有大有小，刃缘不平整，两面均保留大块砾石面，但在一面可以看到砸击的坑疤，手握部分钝厚，未加修理。标本P.3839为周边均有加工的多边砍砸器，轮廓呈椭圆形，一面微凸，另一面中间隆起，有一弯曲的棱脊，且保留部分砾石面，左侧边曾打下大块石片，加工主要是向隆起的一面打击，刃角较小。右侧边系交互打击成的，较为钝厚，似乎是修理手握部分的措施（图三，6～9）。

砍砸器是我国旧石器时代文化遗存中常见的一类工具，像周口店北京人遗址、周口店第15地点、山西匼河、丁村遗址都曾大量发现，唯较晚的遗址如宁夏水洞沟、河南安阳小南海等处发现较少。和周口店第15地点及山西丁村遗址发现的砍砸器（包括丁村的单边形器和多边形器）比较起来，大冶石龙头显得要粗糙些，原始一些；匼河的砍砸器似乎还没有修理把手的措施，而石龙头砍砸器很清楚地在与刃缘相对的一边是加以适当处理的，虽然有时打得并不太好。北京人似乎已有修理砍砸器把手的萌芽（Teilhard de Chardin & Pei，1932），周口店第15地点则进一步发展了修理把手的技术（Pei，

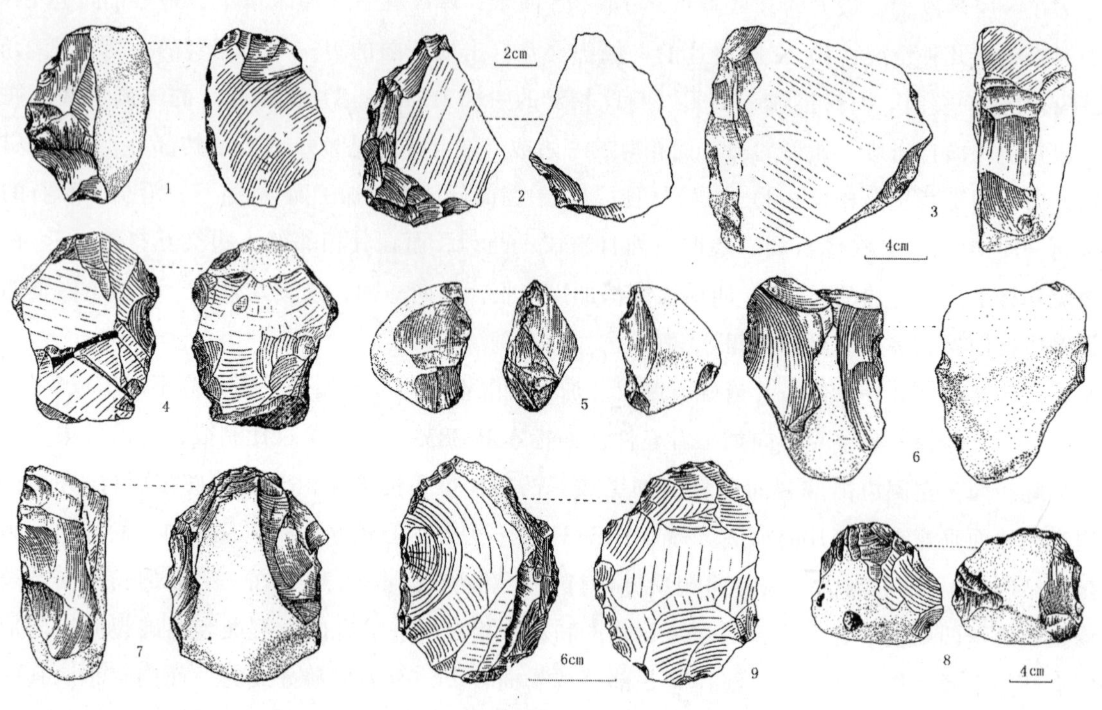

图三 石龙头砍砸器

1～5. 单边砍砸器 P.3833、P.3831、P.3832、P.3834、P.3835 6～9. 多边砍砸器 P.3836、P.3837、P.3838、P.3839（除2、8、9外，其余比例尺同）

1939）。

刮削器 这类石器共发现10件，除一件可能为石核制成者外，均以石片制成。形体较小、较薄，长5～9厘米，宽5～7.4厘米，厚1.5～3.1厘米。修整痕迹较细小。刃角较小，刃缘较锋利。第二步加工多在石片的一边（往往是较长的一边或较宽的部位）或数边，大多数是向较凸的一面（向背面）打击，只有个别标本是向破裂面打击的。刮削器的形状不规则，缺乏一致性。依加工情形可分为三组。

直刃刮削器 1件（P.3840）。石片左侧边及远端较厚，保留砾石面。右侧边由背面向破裂面打击成直刃，修整痕迹浅平而短。台面右侧亦向破裂面略加打击，远端右侧则向背面略加打击。远端中部和左侧边接近远端的部位，在破裂面均可以看到垂直剥落碎片的痕迹（图四，1）。

凸刃刮削器 5件。其一（P.3841）原来可能是一件较小的石核，在左侧边和近端都有打击痕迹，打击方向近于垂直，可能是打片时留下的结果。一面和左侧边及近端保留大部分砾石面。第二步加工集中在较宽的远端，主要是由砾石面向破裂面斜击，但在刃缘的两侧可以看到向砾石面垂直打击的痕迹。刃端由三块较大的石片疤构成，在刃缘又经进一步修理，留下较细小的痕迹，中间部分则较为深凹，这样整个刃缘就成为中间凹陷的凸刃（图四，2）。标本P.3842由黑色燧石制成，两面均有石片疤，边缘部分保留石皮。加工限于一边，修整痕迹一部分较粗大，大部分较细小，但均较浅短，主要由较平的一面向较凸的一面打击，但在刃缘亦可看到向较平的一面剥落的小疤，唯其角度近于垂直，且甚浅（图四，4）。

多刃刮削器　4件。其一（P.3843）背面保留砾石面，加工集中于破裂面，主要在石片的右侧边和远端，左侧边加工不多，修整痕迹深浅不一，刃缘极不平整（图四，2）。

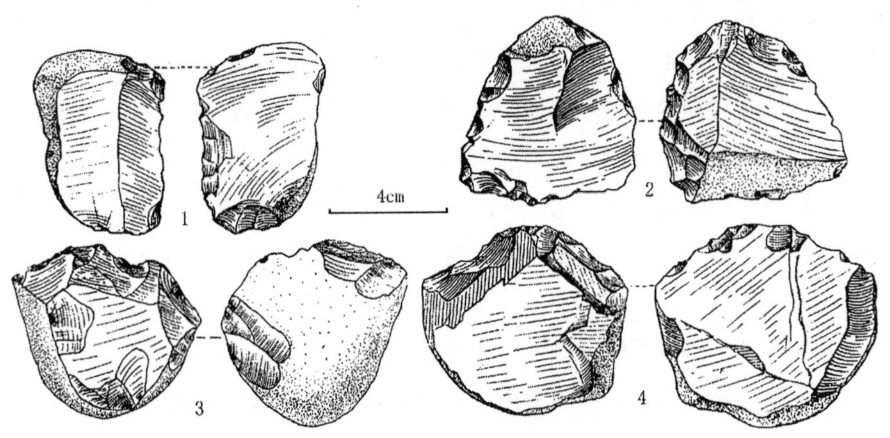

图四　石龙头刮削器
1、2．刮削器 P.3840、P.3843　3、4．凸刃刮削器 P.3841、P.3842

刮削器也是我国旧石器时代文化遗存中常见的一类石器。由大冶石龙头发现的刮削器并没有显示出任何特殊的性质：从修整技术看，大冶的刮削器是较为粗糙的；从类型上看，这里没有表现出进步的特征。和丁村发现的刮削器相比，大冶石龙头者显然不及丁村的平整精致；与晚于丁村的水洞沟遗址相比，大冶石龙头者更是望尘莫及。周口店第15地点的刮削器，也比大冶石龙头者精致。北京人的石器中，刮削器无疑是最多的一类，其中也不能找出制作较为精致的标本，但就一般而论，大冶石龙头的刮削器不易与北京人者区别，无论从技术上讲，或从器形上讲，都是这样。

综上所述，我们可以把大冶石龙头的石制品概括为下列特点：

1）打片以锤击法为主，有时也用砸击法；

2）石核和石片的形状不规则，没有柱状石核，没有三角形石片和长石片或石叶；

3）第二步加工用的是直接打击法，没有采用压制法或用其他较软的材料进行修整；

4）石器类型不多，以砍砸器为主。砍砸器用砾石或石核做成的比用石片做成的多。没有发现尖状器，也没有发现手斧或类似手斧的工具。

就我们现在掌握的材料看来，大冶石龙头的石制品，如果严格地按类型来划分的话，种类并不是很多的；另一方面在归类时遇到确实困难，即它们的差别性大，而重复出现的一致性较小，这或许是由于受了加工修整方法的影响。尖状器没有见到，可能因为所接触到的标本还不够多。根据我们对中国旧石器时代文化的了解，在一般文化遗址里，尖状器还是常见的类型之一，虽然它的数量很少。我们分了砍砸器和刮削器两大类，在一定程度上这两类的界限也不是截然分开的，例如大的刮削器和小的砍砸器就不太好划分。在这种情况下，我们依照厚薄和刃口来划分，似乎较为适宜。砍砸器和刮削器又具体分了几组，应当指出，这种归纳只是为了叙述方便，实际上每一组里的石器几乎都可以说各不相同，如果数量比现在多的话，也可以各自分为一型或一式。这种多样性在北京人遗址里表现的特别明显。

与我国已发现的一些旧石器时代文化遗存比较，可以看出大冶石龙头的石制品在我国旧石器文化中的地位。

从打片技术上看，大冶石龙头使用最多的是锤击法，这种方法在我国旧石器文化遗址中是普遍存在的。石龙头虽然没有找到典型的两极石片，但根据石器表面的坑疤可以推断，砸击法是被采用了的。

从现有资料看，砸击法似乎是北京人最先使用的，也可以说是北京人发明的。这一打片方法在北京人生活时期得到广泛运用，北京人以后，其运用范围逐步缩小。周口店第 15 地点曾发现过不很清楚的两极石片，水洞沟和萨拉乌苏遗址似乎也有采用砸击法的证据，小南海和峙峪的一些石片或石核是用砸击法制成的，甚至山顶洞也发现过两极石片。从这些两极石片或石核以及类似的石制品的存在，可以清楚地看到，中国旧石器时代文化在漫长的发展过程中彼此间的联系。这些石制品有一共同特征，即原料大部分是脉石英或较小的坚硬的砾石。这或许说明，利用这类原料做石制品，砸击法是最合适的打击方法。

大冶石龙头的石器中，砍砸器数量超过刮削器；砍砸器以石片做成者较少，单向加工者不及非单向加工者多。北京人的石器中刮削器数量最多，式样也最丰富；砍砸器数量多于尖状器，且以单向加工者为主。周口店第 15 地点的石器中，大型者减少，小型者增加。丁村虽然发现不少大型石器，但“刮削器是一种极为普遍的石器，发现得很多”。更晚的一些遗址，如水洞沟、峙峪、小南海，几乎一致地都以中、小型的石器为主。若从石器类型及制作方法的比例看，上述地点都与大冶石龙头有区别。和大冶石龙头最接近的，要算豫西三门峡市附近水沟和会兴沟两个地点，它们均以大型石器为主，但是大冶缺乏三门峡的尖状器和石球。匼河也是大型石器多于中小型石器，以单向加工为主，石片石器占多数。尽管如此，大冶石龙头的石器，无论是类型或制作技术，都是我国旧石器时代文化中普遍存在的，其基本性质是相同的。

我国旧石器时代文化遗址中，北京人的石工业是一个复杂而尚未解决的课题，我们认为：

北京人的石制品既原始又多样，在打片技术、修整技术和类型上都表现出这一特点。

大冶石龙头的石制品同样也表现出既原始又多样的特点，较为进步的技术，如修理把手的措施，北京人遗址已开始有所发现，而大冶石龙头则似较清楚。另一方面，我们熟知的北京人的一些尖状器和刮削器，制作也是较为精致的。

大冶石龙头的石制品与周口店第 15 地点发现者比较，可以看到它们之间的共同性，如打片以锤击法为主，有修理把手的措施，石器类型相似，等等。但周口店第 15 地点有三角形石片，不少类型比较固定的石器，修整技术也较好。这些都是大冶石龙头所没有的。

很明显，丁村的石制品要比石龙头的进步，例如丁村已有比较规则的石片，石器的类型较为固定，修整技术更进一步提高，有进步类型的石器。

这样看来，大冶石龙头的石制品就其技术水平或文化发展阶段而论，与北京人相当或稍晚，但仍属旧石器时代初期。这一结论同时得到地层、古生物方面的支持。

我国旧石器时代初期的遗址过去多发现于北方，但材料较多而又同时发现有人类化石或哺乳动物化石者还是不多。至于南方各省过去只在贵州黔西观音洞发现有大量石制品和哺乳动物化石，据初步观察，观音洞的堆积物的时代属于中更新世，其石制品则属于旧石器时代初期。观音洞如何与石龙头对比，还有待于观音洞材料的研究结果。无论如何，大冶石龙头的发现，使我们对南方旧石器时代初期的文化增加了新的知识，为了解和研究远古人类的生产和生活状况提供了重要的资料。这些资料对研究第四纪地质和地层，对研究哺乳动物的发展变化都是有益的。

十多年前，湖北长阳发现过著名的长阳人化石，人们对更新世晚期湖北古代人类的情况开始有了了解。大冶的发现把人们的视线移到更为古老的时期。为寻找更多的古代人类化石和他们的文化遗物，从而阐明原始人类的历史发展过程，是很有必要而且也是很有希望实现的[①]。与湖北毗邻的地区，如江西、湖南，过去虽有一些线索，但还需进一步调查和发掘。更多的发现还有待我们的努力。

参考文献

安志敏，1965：河南安阳小南海旧石器时代洞穴堆积的试掘。考古学报，1，1～27。

黄慰文，1964：豫西三门峡地区的旧石器。古脊椎动物与古人类，8（2），162～177。

贾兰坡，1957：长阳人化石及共生的哺乳动物群。古脊椎动物学报，1（3），247～258。

贾兰坡、王择义、邱中郎，1961：山西旧石器。中国科学院古脊椎动物与古人类研究所甲种专刊第四号。北京：科学出版社，1961，1～48。

贾兰坡、盖培、尤玉柱，1972：山西峙峪旧石器时代遗址发掘报告。考古学报，1，39～58。

裴文中，1965：柳城巨猿洞的发掘和广西其他山洞的探查。中国科学院古脊椎动物与古人类研究所甲种专刊第七号。科学出版社，1～54。

裴文中主编，1958：山西襄汾县丁村旧石器时代遗址发掘报告。中国科学院古脊椎动物与古人类研究所甲种专刊第二号。科学出版社，1～111。

Boule，M. ete 1928：Le Paléolithique de la Chine. *Arch. Inst. Pal. Hu. Mém*. 4.

Colbert，E. H. and Hooijer，D. A. 1953：Pleistocene mammals from the fissures of Szechwan，China. *Bull. Amer. Mus. Nat. Hist*. 102（1），1～134.

Kurtén，B. 1956：The status and affinities of *Hyaena sinensis* Owen and *Hyaena ultima* Matsumoto. *Amer. Mus. Nov*. 1764，1～48.

Pei，W. C. 1934：On the Carnivora from Locality 1 of Choukoutien. *Pal. Sin. C*，8（1）.

Pei，W. C. 1939：A preliminary study on a new Palaeolithic station known as Locality 15 within the Choukoutien Region. *Bull. Geol Soc. China* 19，147～187.

Teilhard de Chardin and Pei，W. C. 1932：The lithic industry of the Sinanthropus deposits in Choukoutien. *Bull. Geol. Soc. China*，11（4），315～358.

（原载《古脊椎动物与古人类》，1974，12（2）:139～157）

① 最近在湖北襄阳附近发现一些打制石器，这是很值得重视的。

阳高许家窑旧石器时代文化遗址

贾兰坡　卫奇

一、遗址附近的地质概况

1974年，我们在山西省雁北地区进行旧石器时代考古调查时，在阳高县古城公社许家窑村东南1公里的梨益沟西岸的断崖上，发现了这个分布面积相当大而内含遗物又很丰富的古文化遗址。遗址的海拔高程980米，地理坐标为东经113°59′，北纬40°06′，处于大同盆地的东部（图一）。

大同盆地呈一长条形，东西长约100公里，南北宽约30公里，桑干河自西向东纵贯盆地的南部，梨益沟是它的一个小支流。

许家窑文化遗址地层的层位清楚，文化遗物和动物化石发现于离地表8米左右深的灰褐色粘土中或黄绿色粘土中的砂结核层里。地层水平岩相变化相当大，剖面所示的地层比较简单（图二），在遗址南约10米与此剖面图相平行的剖面就比较复杂些，而再往南40米的剖面则更加复杂。

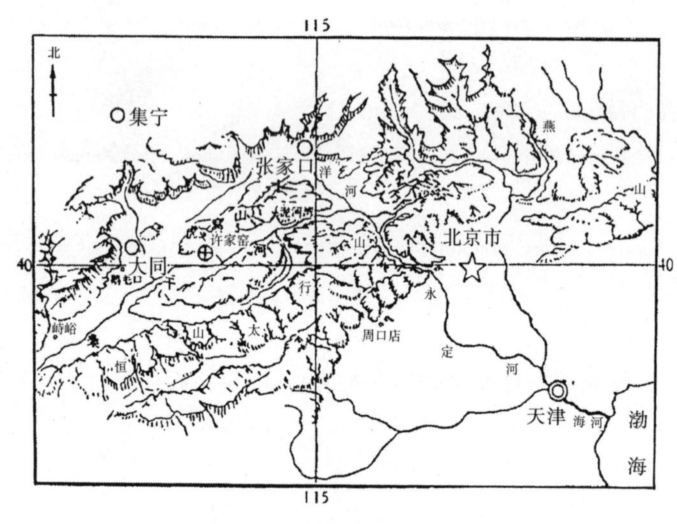

图一　许家窑遗址位置图

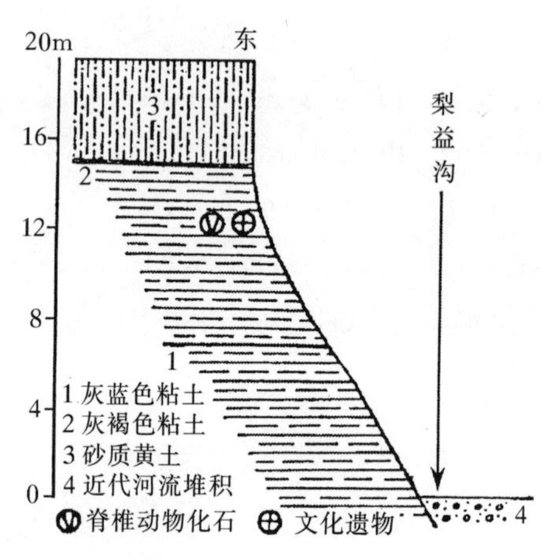

图二　许家窑遗址剖面图

遗址的地层，从上到下综合叙述如下。

全新统：

8. 褐色砂质土或近代河流相沉积。褐色砂质土层中含陶片，与下伏地层逐渐过渡，厚0.3～0.5米（剖面图中未表示）。

7. 砂质黄土或黄褐土，质地粗，有时表现为砂层，具水平层理，厚度约3～5米。

~~~~~~~侵蚀不整合~~~~~~~

上更新统：
~~~~~~~

6. 黄褐色粉砂土（微红色），水平层理不太显著，垂直节理发育，偶含小砾石，和砂砾层水平过渡或夹砂砾透镜体，最大厚度约5米，含披毛犀牙齿残片、中华鼢鼠和鸵鸟蛋壳化石。

5. 淡红色粉砂质土，含少量砾石，厚度1～3米。

～～～～～～～侵蚀不整合～～～～～～～

4. 黄绿色粉砂质粘土层，厚约4米，顶部有一层0.1米厚的胶结砂质盖板。

3. 褐红色粘土层（古土壤层），厚0.3米。

2. 黄绿色粘土层，含砂砾，上部有砂质结核，水平岩相变化显著，向北表现为灰褐色粘土层。文化遗物和主要动物化石发现于此层，因之我们把它称为“许家窑文化层”。厚约6米。

1. 灰蓝、灰绿、灰褐色亚粘土层，水平层理明显，局部有薄层灰白色粘土或灰黄色粉砂夹于其中。出露可见厚度4～8米。

二、遗址的动物化石和当时自然环境的探讨

许家窑文化遗址的动物化石相当丰富，从原生层中采到的有如下种类：

软体动物[①]：

塔形钻头螺 *Opeas pyrgula*（Schmceker & Boettger）

同形慢行蜗牛 *Bradybaena* similaris（Ferussae）

间齿螺 *Metodontia hausaiensis*（Crosse）

凸圆盘螺 *Pyramidula potanina*（Moellendorff）

脊椎动物：

鸵鸟，未定种 *Struthio* sp.

鼠兔，未定种 *Ochotona* sp.

中华鼢鼠 *Myospalax fontanieri* Milne－Edwards

似步氏田鼠 *Microtus brandtioides* Yong

披毛犀 *Coelodonta antiquitatis* Blumenbach

野马 *Equus przewalskii* Poliakov

鹅喉羚 *Gazella subgutturosa* G－üldenstaedt

盘羊属，未定种 *Ovis* sp.

从目前已获得的动物化石来看，软体动物都是现生种。鸵鸟在我国境内现在虽已绝迹，但它在新石器时代还生存。能鉴定到种的五种哺乳动物，只有似布氏田鼠和披毛犀是绝灭种，其余是现生种。

似布氏田鼠与我国现在的布氏田鼠有区别，这个种过去只是在周口店地区的第9地点、北京人遗址、第3地点和山顶洞遗址发现过。披毛犀在我国早更新世就已出现，到晚更新世分布范围有所扩大，在黄河上游（周明镇，1959）以至广大的东北地区都有确切记录；虽然有人认为披毛犀与猛犸象一起在我国东北的北部一直生存到全新世（郭沫若等，1955），但迄今尚未得到化石方面的证据。

---

① 由中国科学院动物研究所高家祥、陈德牛同志鉴定。

根据所得到的动物化石分析，含文化遗物的所谓“泥河湾层”，绝不可能属于早更新世，它的地质时代无疑地属于晚更新世；从动物的组合来看，根据目前现有材料的估计，它的下限可能达到丁村文化（裴文中等，1958）的后半期，上限可和峙峪文化期相接。

遗址中的软体动物，大体上都属于现生于我国北方的种类，它们喜栖于比较温湿的丘陵地带的树林里或灌木丛中。鸵鸟是荒漠和草原动物；披毛犀和野马是典型的草原性动物；中华鼢鼠现在广泛栖于我国北部的农田、草原、山坡和河谷中；鼠兔多生活在草原和山地砾石地带；羚羊是典型的荒漠和半荒漠的种类；似布氏田鼠虽然没有关于它的生态记载，但根据与它相近的现生于我国东北和内蒙古的布氏田鼠来推测，大概也是适应于干旱草原环境生活的。

从这个遗址中所发现的哺乳动物，除喜冷的披毛犀外，大多数种类生活在我国北方或高原地带。例如，中华鼢鼠虽然现在分布的范围往南可达到湖北，但也栖于海拔3800～3900米的青海高山草甸中；鼠兔在西藏北部可以分布到4000米的高度；羚羊也可以在2000米以上的高山区生活；野马现在分布在阿尔泰山以南、天山以北的我国准噶尔盆地及玛纳斯河流域，沿着乌伦古河向东伸展到北塔山附近以及蒙古人民共和国的科布多盆地中。

根据上述的化石，我们大致上可以作出这样推测：当许家窑文化的主人生存时期，这一带的气候属于大陆性气候，年平均气温可能比现在较低；这里，当时仍有大面积的湖水存在，由于受湖水的影响可能形成特殊的小气候——夏季比较温湿，春秋两季凉爽，冬季寒冷。

三、文化遗物

（一） 石器

这个遗址的面积相当大，所含的文化遗物也相当丰富，我们只做了短时间的试掘，就发现各种类型的石器、石核、石片和具有人工打击痕迹或使用痕迹而不成形的石块，共589件。

这批材料，除14件球形石和石核外，加工的石器绝大多数都是很小的。制作石器的原料，初步鉴定有如下几种（表一）。

表 一

原 料	数 量（件）	原料的百分比	原 料	数 量（件）	原料的百分比
脉石英	190	32.26	火山岩	117	19.86
石英岩	33	5.60	硅质岩	2	0.34
火 石	178	30.22	玛 瑙	47	7.98
变质灰岩	22	3.74			

在我们采到的589件标本中，有200件是打制石器时产生的碎块或打制不成功的废品；有389件打制痕迹清楚，其中包括石核、石片和加工过的各种石器（表二）。选用的标本占野外采集总数的66.05%——这样大的比例在过去所发现的旧石器时代遗址中是不多见的。

表　二

类　别	数　量	百分比	分　　类	分类数量	分类百分比
石　　核	46	11.83	原始棱柱状石核	23	50.00
			盘状石核	23	50.00
石　　片	147	37.79	利用自然平面打击的石片	6	4.08
			打制台面的石片	100	68.03
			利用台面凸棱打击石片	24	167.33
			垂直砸击的“两极石片”	13	8.84
			“修理台面”的石片	4	2.72
刮削器	150	38.56	直刃刮削器	45	30.00
			凹刃刮削器	26	17.33
			两侧刃刮削器	13	8.67
			凸刃刮削器	35	23.33
			龟背状刮削器	13	8.67
			复刃刮削器	13	8.67
			短身圆头刮削器	5	3.35
尖状器	18	4.11	齿状尖状器	5	27.77
			椭圆形尖状器	3	16.66
			鼻形尖状器	3	16.66
			两面交互加工（错向加工）尖状器	4	22.22
			喙形尖状器	3	16.66
圆头刮削器/尖状器	1	0.26			
雕刻器	10	3.08	斜边雕刻器	7	71.42
			屋脊形雕刻器	3	28.57
石钻	2	0.52			
球形石	14	3.60			
小型砍斫器	1	0.26			
总计	389	100.00			

石核

所发现的石核有大有小；最大的石核重 537 克，最小的只有 9 克重，大致可分为两个类型：

1. 原始棱柱状石核

这类石核多从打制的台面周围的边缘上打击石片，只有少数利用了自然台面。台面有的修理过，有的未经修理。外貌呈棱柱状（图三，1～3）。

我们认为这类石核是后来细石器中常见的棱柱状或锥形（即铅笔头形）石核的母型。在打制石片的技术上，后者对前者有继承性。如果石核的两端都具台面，多次由两端打制石片，即形成棱柱状石核；若一端有台面，多次由一端打制石片则形成锥形石核。

在东西伯利亚锡霍特阿林山（老爷岭）东坡塔杜西河左岸离河口约 30 公里的乌斯提诺夫卡村附近也发现有类似的石核，被称为“上勒瓦卢瓦石核”（Powers, 1973），其时代被认为可以和用碳同位素测定年龄的日本“先土器”遗址相比，大约是距今一二万年前的旧石器时代末或中石器时代初的产物。

2. 盘状石核

这类石核大小不一，大多数在 10～240 克之间。它是从砾石或石块的周围边缘向两面交互打击，使之成为具有弯曲边缘的圆盘状；两面的中心部分很厚，有的厚度达到最大长度的 60% 以上，最厚的可与最大的长度相等。石核两面的石片疤相当大，一面的石片疤常常是从另一面的两个石片疤之间的凸棱上打击（图三，4~6）。

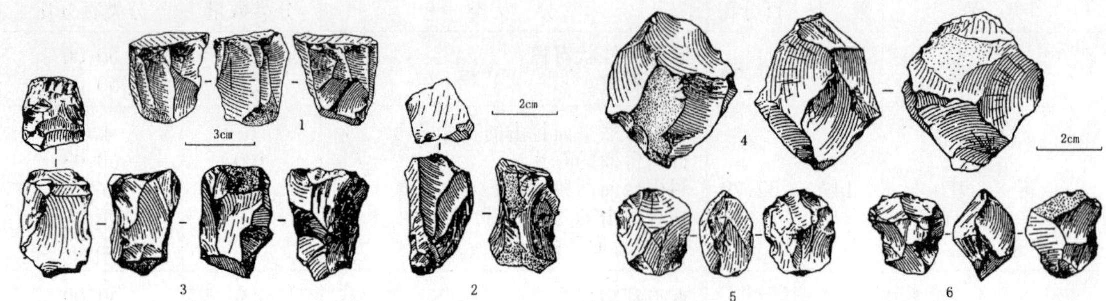

图三　许家窑石核

1～3. 原始棱柱状石核（2、3 比例尺同）　4～6. 盘状石核

这类石核在周口店北京人遗址中发现过，但不及许家窑遗址的规整和典型。1974 年，我们在宁夏灵武县水洞沟长城内外地表上新石器时代含细石器的遗址中见到的这类石核相当多，无论是形状、大小和打击方法与许家窑的都十分一致。

石片

许家窑文化遗址的石片一般都比较小，最小的只有 1 克重，绝大部分在 30 克以下，我们采到的最大的一件石片也只有 120 克。大多数石片都有使用痕迹。

从这个遗址所采到的石片，一般较宽而厚，从一些石核和石片上所保存的台面来看，虽然经过修理，但见到的石片并不甚规整，可以肯定都是用直接打击法生产出来的。因此，我们认为许家窑文化的主人尚未掌握间接打制石片的技术。

根据现有的材料，我们把石片划分为五种类型：

1. 利用自然平面打击石片

这类石片发现不多，有的是利用砾石面打击，有的是利用岩石的节理面打击。

2. 打制台面的石片

这类石片的石片角大多数在 100°以上。台面一般都比较小，最小的一件标本，台面面积只有劈裂面的 2.2%。宽大于长的石片比较多。长石片一般都比较厚，有一件长石片背面有纵脊，横断面呈三角形，厚度相当于长度的 1/5（图四，A1～3）。

3. 利用台面凸棱打击石片

这类石片可能是从盘状石核上打击下来的，特点是石片的台面上都具有棱脊，打击点恰位于棱脊上。周口店北京人遗址发现过此类石片（图四，A4、5）。

4. 垂直砸击的“两极石片”

这类石片的石料多为脉石英，周口店北京人遗址、第 15 点和山顶洞遗址里都普遍存在，在我国的细石器遗址中也能见到。例如水洞沟地表面上的新石器时代含细石器的遗址里，就见到有用这种方法打击的“两极石核”和“两极石片”。

5. “修理台面”的石片

这类石片发现不多，外形似上述第 3 类型，但与台面横轴相交的石片疤比较多（图四，A6～9）。

刮削器

刮削器是这个遗址的普遍工具，根据加工可以划分为七个类型：

1. 直刃刮削器

这类刮削器数量最多，它的特点是把石片或石块的一侧边缘打制成平直的刃口。最大的一件重 112 克，最小的只有 3 克。刃缘有薄有陡，还有把厚台面修制成刃口的。此类刮削器在周口店北京人遗址（Teilhard de Chardin, et al., 1932）、第 15 地点（Pei, 1939）、山西朔县峙峪遗址（贾兰坡等，1972）和其他旧石器时代晚期遗址以及许多细石器遗址中都普遍存在（图四，B1、2）。

2. 凹刃刮削器

这类石器在这个遗址里也比较多，刃缘有厚有薄，凹入的刃口，大的长达 36 毫米，小的只有 7 毫米。小的刃口多凹入很深，形成半月形（图四，B5～8）。凹刃刮削器在北京人遗址和周口店第 15 地点都发现过，不过短而深的刃口甚罕见；但在我国的细石器遗址中却曾多次见到。在欧洲发现的这种短而深的凹刃刮削器被称为"辐刀"（Oakley, 1963），在南非发现的被称为"凹槽刮削器"（Coles, 1969）。

3. 两侧刃刮削器

器身较小，最大的一件重 12 克，长、宽、厚为 31、30、11 毫米；最小的一件重 2 克，长、宽、厚为 18、18、5.5 毫米。制作的方法是把石片左右两侧边缘加工成大致平行的刃口，有的是两侧边缘向背面加工，有的是一侧边缘向背面而另一侧边缘又向劈裂面加工（图四，B3、4）。此外，还有一侧刃口平直，而另一侧刃口凹入，可称为"直刃/凹刃刮削器"。这类刮削器在峙峪遗址中有较多的发现，

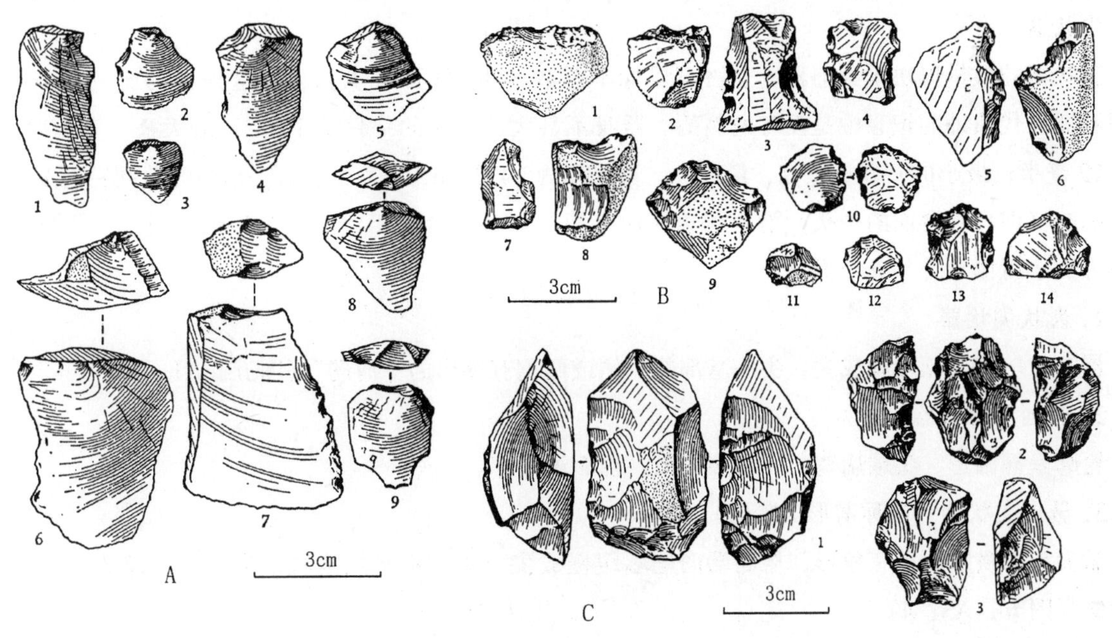

图四　许家窑石制品

A. 石片　1～3. 打制台面的石片　4、5. 利用台面凸棱打击的石片　6～9. "修理台面"的石片 B. 刮削石器　1、2. 直刃刮削器　3、4. 两侧刃刮削器　5～8. 凹刃刮削器　9. 凸刃刮削器　10～14. 短身圆头刮削器（指甲状刮削器）C. 龟背状刮削器

大小、式样都很接近。

4. 凸刃刮削器

器身大小不一，多用石片加工而成，都宽大于长。特点是把石片的边缘向背面加工成弧形刃口（图四，B9）。个别的和“船底形刮削器”（Rounded carenate scraper）很相似。此种石器在我国的许多旧石器时代遗址并不罕见，如北京人遗址、周口店第15地点、水洞沟和萨拉乌苏遗址（Boule，1928）、峙峪遗址均有发现。

5. 龟背状刮削器（或高背刮削器）

这类石器的特点是，用厚石片沿周围边缘从劈裂面向背面加工，使轮廓形成龟背状。背部很高，长厚指数为28～54（图四，C）。

6. 复刃刮削器（或多边刮削器）

这类石器形状不一，特点是具有三个以上的刃口，刃口有凸、有凹、有直，多数是从劈裂面向背面加工，但个别的也有部分向劈裂面加工的。这种石器在我国比较普遍，最早见于北京人遗址。

7. 短身圆头刮削器

这种石器只发现5件。器形细小，最大的一件重6克，最小的一件仅1克。一般是从劈裂面向背面加工，把大部的边缘加工成圆形刃口（图四，B10～14）。

这种刮削器与峙峪遗址的同类石器十分相像，在萨拉乌苏遗址也能见到。它的加工方法、形状和大小，与细石器组合中常见的被称为“拇指盖刮削器”很相近，只是这个遗址的加工较为粗糙。因此，我们认为许家窑的这类标本是拇指盖刮削器的母型。

尖状器

尖状器的数量仅次于刮削器，它占石器标本总数（389件）的4.11%。这样大的比例在我国已知的旧石器时代遗址的记录中是没有先例的。器身不甚大，最大的一件重13克，最大长、宽、厚为51、29、19毫米；最小的一件重1克，最大长、宽、厚为14.3、6.7、7.3毫米。它们的共同特征是，从石片的底端（即具有台面的一头）沿两侧边缘向上把尾端（与台面相对的一头）加工成尖。根据器形和加工方法还可以划分为五个类型：

1. 齿状尖状器

器身比较宽，顶端骤成尖，尖头基部的一侧或两侧有突出的“肩膀”（图五，A1、2）。

2. 椭圆形尖状器

轮廓呈椭圆形，尖端扁宽，底端多加工，台面被破坏。

3. 鼻形尖状器（或称凿形尖状器）

靠尖头的横断面呈三角形，从底端向尾端缓慢成尖，尖端扁平成凿状，尖头有的笔直，有的向一侧歪斜（图五，A3、4）。

4. 两面交互加工（错向加工）尖状器

制作方法是，把厚石片从两侧边缘分别向背面和劈裂面交互打制，使石片尾端呈一扁尖，器身两面沿长轴均突出成脊，横断面呈棱形（图五，A7）。

5. 喙形尖状器

尖端锐利，并多向一侧歪斜，横断面呈三角形。加工方法，有的是从劈裂面向背面打击，有的是

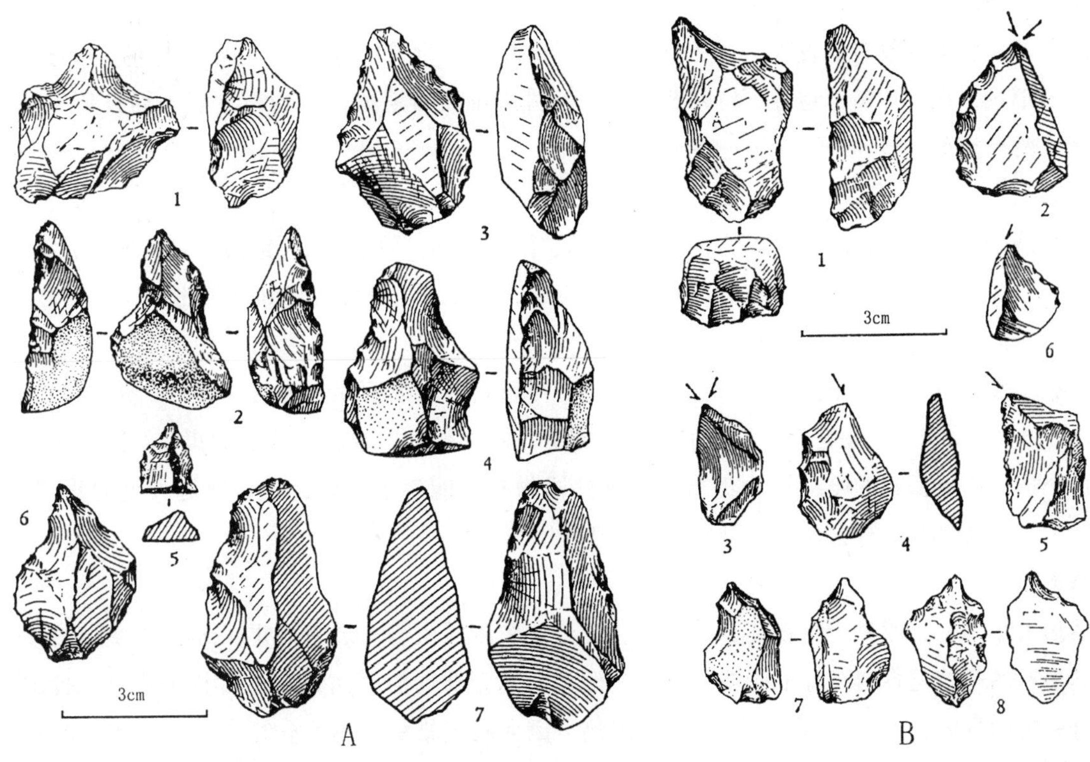

图五　许家窑石制品

A. 尖状石器　1、2. 齿状尖状器　3、4. 鼻形尖状器　5、6. 喙形尖状器　7. 两面错向加工尖状器　B.1. 圆头刮削器/尖状器　2、3. 屋脊形雕刻器　4～6. 斜边雕刻器　7、8. 小石钻

从背面向劈裂面打击（图五，A5、6）。

尖状器在我国分布很广泛，出现的时间也较早，从旧石器时代早期起即有发现。它的类型与北京人遗址和周口店第15地点出土的特别接近。

圆头刮削器/尖状器

只发现1件（图五，B1）。是一端从劈裂面向背面加工成圆头刮削器，而在另一端则加工成细长的喙形尖状器。两端的作用有所不同。这种类型的石器过去在我国尚无记录。

雕刻器

器型小，最大的一件重7克，最大长、宽、厚为30、23.5、9毫米；最小的一件重只有1克，最大长、宽、厚为19、16、6毫米。这类石器在所获得的全部材料中占3.6%，是我国雕刻器所占比例最大的一个遗址。根据加工的不同，可以划分为两个类型：

1. 屋脊形雕刻器

发现较少。它的特点是把石片尾端的两侧，左右倾斜各截去一块小石片，使它成为一个窄而平的刃口（图五，B2、3）。

2. 斜边雕刻器

发现较多。特点是把石片尾端的一侧边缘修理成凹或凸的边，把另一侧倾斜截去一块小石片，使尖端出现锐利刃口（图五，B4～6）。

雕刻器在我国有较多的发现，远在旧石器时代早期之末的周口店第15地点即见到有用这种方法制造石器的记录，在萨拉乌苏遗址、峙峪遗址和华北许多细石器遗址中都曾发现过，而且所见到的几乎都包括这两种类型。

小石钻

只见到2件（图五，B7、8）。它的特点是把石片的一端的两侧交互（错向）打击成尖，尖头细锐，器身宽大。此种石器在华北许多细石器遗址多有所见，在北京人遗址也见到过与此相似的器物。

小型单面砍斫器

只有1件，或可称大型刮削器。它是用短而宽的矽质灰岩厚石片制成的，重100克，最大长、宽、厚为72、52、24毫米。是把石片尾端的一侧从劈裂面向背面加工成较为锋利的刃口。除石球外，是目前从这个遗址中所采到的唯一的大型器物。这件器物有可能用于砍斫，也可能是大型的直刃刮削器。台面宽大，外棱有多次打击痕迹，显然是为了便于手握。

球形石

器形大小不一，原料为脉石英、火山岩、石英岩和矽质灰岩。最大的重1284克，最小的只有112克。其中有的可能是打制石片未成功的石核，但是大部分器物的表面都有许多打击痕迹，打击痕迹不仅没有一定的方向，也不见一个打片成功的痕迹，因此我们推测它另有作用。此种球形石在我国发现甚多，从旧石器时代早期的匼河遗址就有发现（贾兰坡等，1962），到旧石器时代中期（例如丁村遗址）逐渐增多，现在这个遗址又有发现，这不能不引起我们的注意。

关于球形石的作用，有可能作为石锤使用，尽管尚未见像北京人遗址那样的、由于砸击“两极石片”凿刻出来的坑疤。在旧石器时代比较靠后的阶段里，特别是那些不太大的球形石，有没有可能是狩猎用的“飞石索”（bolas）（达尔文，1957；林惠祥，1937）？我们认为不能排除这种可能性。

（二）　骨器

只发现一些有加工痕迹的骨片，看来是制作的骨器。由于发现的材料还不多，对其作用还不能作出明确的解释。

四、结　　论

许家窑文化遗址的发现，在学术上具有一定意义，现将我们的认识分两方面加以叙述。

（一）　许家窑遗址在地层学上的意义

许家窑文化遗址，发现在灰绿色和灰褐色的粘土层中。过去地质界多把这类地层，尤其是将桑干河流域的这样的地层统称为“泥河湾层”。

“泥河湾层”，是1924年由巴尔博（G. B. Barbour）首先提出来的（Barbour，1924）。它发现在阳原县泥河湾村对面桑干河南岸台地的下部。在此层的侵蚀面之上还重叠着一层，巴尔博称它为“土洞层”。后来他又把“土洞层”和下部的“泥河湾层”合并为一，不再单独提“土洞层”了。

1925年，巴尔博根据无脊椎动物化石把“泥河湾层”形成的时代定为早更新世（Barbour，1925）；后来德日进等人根据从泥河湾附近发现的大量脊椎动物化石和沉积物的特征，把“泥河湾层”放在上新统的最上部（Young，1950），认为与欧洲的维拉方期地层相当。

1948年，国际地质会议建议把维拉方期归到早更新世。1954年，我国地质界采纳了这一建议，把“泥河湾层”也放到了早更新世，从此“泥河湾层”就成了我国华北地区这一时期的标准地层。有人对“泥河湾层”曾提出不同看法，指出“泥河湾层”的上部包括了中更新统的地层（王乃梁等，1958；杨景春，1961、1965），但这一论断并未引起人们的注意，国内外的地质界仍然把它当作下更新统地层的“样板”来对比。也有人把它划分为上部和下部两组，分别置于下更新统的上部和下部（泥河湾新生代地质小组，1974），或者把下组放在上新统（刘宪亭等，1974；泥河湾新生代地质小组，1974）。

许家窑文化遗址的发现，证明“泥河湾层”上部还包括了晚更新世的沉积物。

从钻孔资料来看，“泥河湾层”的岩性变化很大，一般来说，地层是盆地的边缘薄、中心厚，由灰蓝色、黄绿色、灰白色、黄褐色等色粘土或粉砂粘土、粉砂土和砂砾互层组成。600多米厚的“泥河湾层”，在建造上并不见上部粗下部细的规律性，而是岩性在盆地边缘粗，在当时的湖盆的深水中心比较细。

岩石的颜色主要取决于沉积环境。第四纪的灰绿色沉积物不仅在早更新世可以形成，在全新世也有所见。因此，许家窑文化发现在晚更新世的“泥河湾层”上部的灰绿色粘土层中是不足为奇的。在泥河湾村附近的“泥河湾层”中，近来又发现了在华北晚更新世常见的原始牛（*Bos primigenius*）化石，给我们对它的时代的划分增加了有力证据。在怀来盆地和大同盆地中，还可以看到湖相粘土和周口店期红色土逐渐过渡的地层现象，大同盆地许家堡东山以东的湖滨相砂层中发现过肿骨鹿（*Megaloceros pachyosteus*）角化石（杨景春，1961），灰绿色湖相粘土与此层相交错，上面还叠盖着白色的钙质沉积。从上述情况来看，所谓“泥河湾层”绝非全部都是早更新世的地层，它的上部还包括着中更新世和晚更新世的地层是完全可以肯定的。它的底部还有存在上新世地层的可能。存在的问题是，关于“泥河湾层”中的第四系下限以及下、中、上更新统的分界线在哪里，目前还不清楚，尚待今后进一步的勘查和研究

（二） 许家窑石器在文化传统上的意义

目前以华北地区所发现的旧石器材料来看，基本上可以分为两大传统：一个是以大石片砍斫器—三棱大尖状器传统（或称匼河—丁村系）；另一个是以船底形刮削器—雕刻器传统（或称周口店第1地点［北京人遗址］—峙峪系）（贾兰坡等，1972）。

许家窑文化在细石器技术传统上是北京人文化和峙峪文化之间的重要环节，也可以说是过渡的桥梁。因此，我们把这一性质的文化称为“许家窑文化”，把文化的时代称为“许家窑文化期”。

许家窑文化有很多北京人文化的成分，又有很多峙峪文化的成分。如果把原始棱柱状石核、短身圆头刮削器和圆头刮削器/尖状器等除外，其余的制品从器形和技术上很难和北京人的石器组合区别开来；同样，如果把峙峪文化中的一些进步类型——楔形小石核（扇面形石核或石核刮削器）、斧形小石刀、石镞等除外，其余的制品和许家窑的石器相比也不易看出区别来。

过去，曾把后圪塔峰文化置于峙峪文化的下面（贾兰坡等，1972），鉴于许家窑文化遗物的丰富和

典型，它完全可以代替后圪塔峰文化的位置，时代上大致相当于欧洲发达的莫斯特文化期至奥瑞纳文化期之初的阶段，也就是玉木冰期早期阶段，估计它的“绝对”年龄约在距今60 000～30 000年前。

细石器在世界上分布颇为广泛，比较典型的材料，在旧石器时代晚期即已出现，并且因袭相传到很晚，在我国东北部可能延续到辽代，从而证明它绝非所谓“中石器时代”独有的产物。

世界上的细石器，有它们的共同特征，例如器形都很小，又多是用小石片制成的镶嵌工具，而且还有许多相同的类型——如雕刻器、圆头小刮削器（拇指盖刮削器）、石镞、石钻，等等。但是，细石器在不同的地区也有不同的传统，例如在非洲、欧洲、西亚、印度半岛，可能还有澳大利亚等地的细石器为几何形——三角形、斜长方形、不等四边形（或梯形）、半月形，等等。这一类型的石器，由于出现的时间和地区各不相同而存在着大同小异，然而仍然可以归于同一传统。因为这个文化传统的古老地点多围绕着地中海地带分布，它很可能起源于地中海地区。

另一个传统是东亚、北亚和北美的细石器（Nelson，1937）。它除了与上述传统共同类型的器物之外，有它的独特的典型标本——楔形石核、棱柱状石核、锥形石核和横断面呈梯形或三角形的薄而长的石叶。这类的小石叶是作为镶嵌用的刀片，为了使刀片衔接平齐，两头常常被截断。甘肃永昌鸳鸯池的新石器时代墓葬群中发现了用小石叶镶嵌在骨上的刀和匕首（甘肃省博物馆文物工作队等，1974）。

关于东亚、北亚和北美的细石器的来源问题，长久以来就有种种的说法。德日进和马林杰等人认为，我国“华北地区的细石器文化起源于西伯利亚叶尼塞河上游一带，首先进入蒙古人民共和国的沙巴拉克或我国东北，然后向南分布”（Teilhard de Chardin，et al.，1944；Maringer，1950）。奥克拉德尼科夫认为，细石器的起源”正如纳尔逊早在二十年代就推测过的那样，可能就是从这里，即从亚洲腹地蒙古开始的”（Окладников，1972）。我们不同意这些说法，这点在峙峪报告（贾兰坡等，1972）中已提到。现在，不但在峙峪遗址中找到了可以称作细石器原始类型的材料，而且发现了根据地层和石器判断比峙峪文化较为古老的许家窑文化遗址。这个遗址发现的石器，不仅很细小，而且从类型上也应归到东亚、北亚和北美的细石器传统范畴之内。因此，我们认为，在我国华北地带发现的这个传统的细石器可能是最早的。根据我们目前查阅到的文献，在这个广大地区的任何遗址里，尚未发现过如此古老而与这个地区的细石器又如此类似的材料。

参考文献

达尔文：《一个自然科学家在贝格尔舰上的环球旅行记》（汉译本）114、115、147、191～193页。科学出版社，1957年。

甘肃省博物馆文化工作队、武威地区文化普查队：《永昌鸳鸯池新石器时代墓地的发掘》，《考古》，1974年5期，229～308页。

郭沫若等：《中国人类化石的发现与研究》86页，科学出版社，1955年。

贾兰坡、王择义、王建：《匼河》，科学出版社，1962年。

贾兰坡、盖培、尤玉柱：《山西峙峪旧石器时代遗址发掘报告》，《考古学报》，1972年1期，39～58页。

贾兰坡、尤玉柱：《山西怀仁鹅毛口石器制造场遗址》，《考古学报》，1973年2期，13～26页。

林惠祥：《文化人类学》160页，商务印书馆，1937年。

刘宪亭、王念中：《多刺鱼（*Pungitius*）在泥河湾层的发现及其意义》，《古脊椎动物与古人类》，1974年12卷2期，89～98页。

泥河湾新生代地质小组：《泥河湾盆地晚新生代几个地层剖面观察》，《古脊椎动物与古人类》，1974年12卷2期，99～108页。

裴文中等：《山西襄汾县丁村旧石器时代遗址发掘报告》23～66页，科学出版社，1958年。

王乃梁、欧阳青：《大同盆地东部第四纪沉积与新构造运动表现的初步观察》，《中国第四纪研究》，1958年1卷1期，174～176页。

杨景春：《大同盆地东部地貌与第四纪地质》，《北京大学学报·自然科学》，1961年1期，87～100页。

杨景春：《怀来盆地的形成、发展、古河道演变与新构造运动的关系》，《中国第四纪研究》，1965年4卷2期，93～104页。

周明镇：《阿坝藏族自治州第四纪哺乳动物化石》，《中国第四纪研究》，1959年2卷1期，8～13页。

Barbour, G. B., "Preliminary Observation in Kalgan Area", *Bull. Geol. Soc. China*, Vol. Ⅲ (1924), pp. 167～168.

Barbour, G. B., The Deposits of the San Kan Ho Valley. *Bull. Geol. Soc. China*, Vol. Ⅳ (1925), p. 54.

Barbour, G. B., and Others, "Geological Study of the Deposits of the Sankanho Bisin", *Bull. Geol. Soc. China*, Vol. Ⅴ (1927), pp. 263～278.

Boule, M. and Others, "Le Paléolithique de la Chine (Paléontologie)", *Archives de l' Institut de Paléontologie Humaine*, Mém. 4, Paris, 1928.

Coles, J. H. and Higgs, E. S., The Archaeology of Early Man. London, 1969.

Maringer, J., "Contribution to the Prehistory of Mongolia", *Reports from the Scientific Expedition of the North - Western Provinces of China*. Publ. 34, Stockholm, 1950.

Nelson, N. C., "Notes on Cultural Relation Between Asia and America". *American antiquity*, Vol. 2. 1937.

Oakley, K. P., *Man - the Tool - Maker*. London, 1963.

Pei, W. C., "Preliminary Study on a new Palaeolithic Station Known as Locality 15 within the Choukoutien Region", *Bull. Geol. Soc. China*, Vol. ⅩⅨ (1939), pp. 148～188.

Powers, W. R., "Palaeolithic Man in Northeast Aisa", *Arctic Anthropology*, Vol. Ⅹ (1973), N9. 2.

Teilhard de Chardin, P., "On the Presumable Existence of a World - Wide Sub - Arctic Sheet of Human Culture at the Dawn of the Neolithic", *Bull. Geol. Soc. China*, Vol. ⅩⅨ (1939/40), pp. 333～339.

Teilhard de Chardin, P. and Pei, W. C., "The Lithic Industry of the Sinanthropus Deposits in Choukoutien", *Bull. Geol. Soc. China*, Vol. Ⅺ (1932).

Teilhard de Chardin, P. et Pei, W. C., *Le Neolithique de la Chine*, 1944, Peking.

Teilhard de Chardin, P. et Piveteau, J., "Les Mammifères fossiles de Nihowan (Chine)", *Ann. de Pelèont.*, Vol. ⅩⅨ (1930).

Young, C. C., "The Pleistocene Boundary in China", *Report*. ⅩⅧ. *Intern. Geol. Congr.*, 1948 London, 1950, pp. 115～125.

Окладников, А. П., 1972: Новое в археологии Дальнего Востока. Проблемы Далвнего Востока, № 3, стр. 97～117.

（原载《考古学报》1976，(2):96～114）

富林文化

张森水

1960年4月四川省雅安地区工业局地质队在汉源县境内进行地质矿产普查过程中，在富林镇发现了旧石器时代文化遗址。为进一步了解这个遗址的文化性质和年代，组织了这次发掘。中国科学院古脊椎动物与古人类研究所邱中郎、李炎贤、文本亨、张森水和四川省博物馆魏达仪、刘磐石等同志参加了发掘工作。

这次发掘，挖了两个探方，总面积约30平方米。探方Ⅰ形状不规则，长轴东西向，探方Ⅱ略呈长方形，长轴南北向。两发掘坑相距3.5米，其间堆积留作隔梁，没有发掘。

通过这次发掘，获得了5000多件石器、木炭、灰烬和烧骨等用火遗迹①、少量的哺乳动物化石、树叶印痕多种和三种斧足类化石，从而使我们对富林镇旧石器遗址的年代和文化性质有了较深的认识，它是我国重要的旧石器遗址之一，是华南第一个旧石器时代晚期的文化遗址。新发现的资料，对第四纪地层划分、气候变化的研究也有一定的意义。

一、遗址附近地貌、地层和古生物

富林镇位于成都市西南300余公里，地处康藏高原的东缘，东经102°42′、北纬29°20′附近，海拔790米，此间四面高山环抱，两河汇合，形成了狭长的小盆地，最宽处可达2000米（图一）。

富林镇附近，冲沟发育，峡谷深沟，中生代红色岩系出露甚广。在遗址东北约1公里的高坡上（高出遗址50米以上）出露薄层泥灰岩，可见厚度约50米，但出露面积不大，在其中也未找到化石，依岩性对比，可能属于下更新统。在海拔870米以上堆积着似红色土，最厚可达30米，其中夹一条或两条烟红色的古土壤，在似红色土层内含小结核，但不成层。在其中未发现化石，依地貌位置和岩性对比，其时代要晚于早更新世。在山坡和阶地面上，常覆盖着灰色沙黄土，最厚达3米，属于晚近的堆积物。

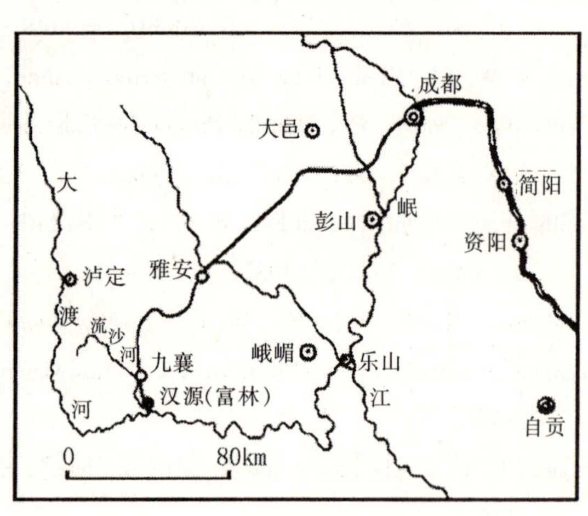

图一　汉源地理位置图

在河的两岸，除有较宽的河漫滩外，尚可见到三级阶地，T1高出河面约10米，分布较广，富林镇及附近

① 灰烬做含碳量分析，黑灰含碳量为64%，考虑到在800℃高温下各种有机质的挥发，数据稍偏高，烧骨含碳量为4.5%。

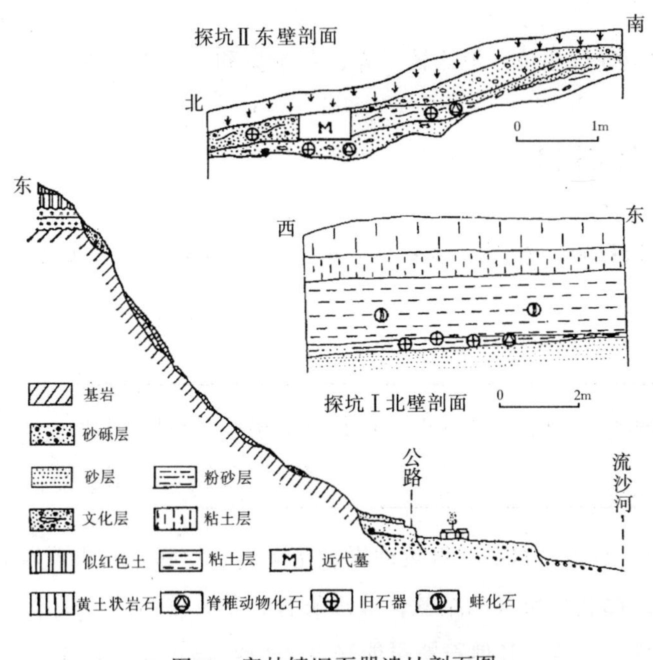

图二　富林镇旧石器遗址剖面图

居民点多建于其上，也是主要农业区，时代为全新世。T2 高出河面 20～25 米，分布区较狭窄，旧石器时代文化遗址埋于其上部地层，时代应属晚更新世。在比 T2 约高 5 米处，发现一些河卵石和碎石，难以确定是否是阶地的堆积物。T3 高出大渡河水面约 120 米，在鹞子崖村西北侵蚀严重，仅留残迹，在村西南砾石层厚约 20 米，砾径较大，一般为 10～20 厘米，最大者可达 60 厘米。T3 可与雅安砾石层作比较，时代可能属中更新世。

富林镇旧石器时代晚期文化遗址，上下地层清楚，虽稍有倾斜，但大体接近水平，阶地上的沉积物由下而上有规律地由粗变细，反映出河湖相沉积的特征，遗址以上各层属湖相沉积。遗址地层由上而下如次（图二）：

1. 耕土层：厚 50～80 厘米；

2. 紫色粘土层：层理清楚，偶尔夹有厚 0.1 厘米杏黄色粘土薄层，未见化石，厚 40～70 厘米；

3. 粘土——粉砂层：厚约 1.5 米，质细而粘，浅紫、紫红、蓝灰、米黄和棕黄色成薄层相介堆积，水平层理清楚，内含斧足类化石，其底部（与文化层接触处）发现少量的石器材料；

4. 杂色粉砂文化层：最厚达 37 厘米，沉积物主要是灰色粉砂，中夹小砾石、粘土凸镜体，偶见小的姜状结核，其中富集旧石器、用火遗迹和各种动、植物化石；

5. 锈色粉砂层：沉积物胶结坚实，干燥后呈块状，微有层理，在层面上偶见旧石器材料，已挖部分厚约 50 厘米，总厚度约 3 米。往下为细砂层、砂砾夹砾石凸镜体及砾石层（砾径多在 2～3 厘米），可见厚度约为 5 米。

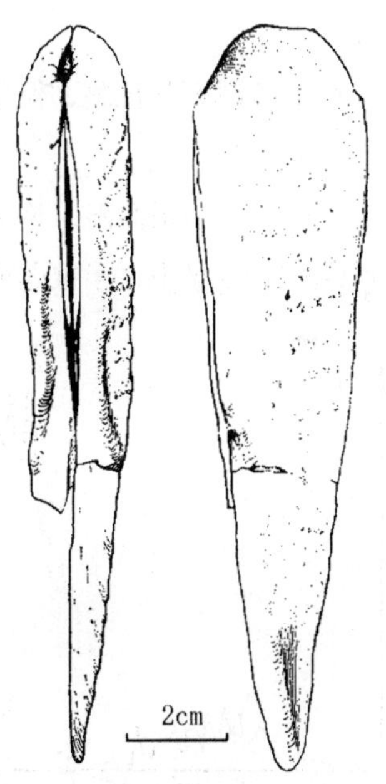

图三　剑状矛蚌

在文化层中，含动物化石很少，除过去已记述过的不能鉴定种属的小鹿前臼齿和可能属于小熊和柯氏熊两枚臼齿外，这次新发现的鸟类骨骼 1 件，一些难以鉴定的哺乳动物的碎骨和三种偶蹄类动物的牙齿。所有化石石化程度均较深。新发现的三种偶蹄类动物是：野猪（*Sus* sp.），鹿（*Cervus* sp.），麂（*Muntiacus* sp.）。斧足类化石三种：剑状矛蚌（*Lanceolaria gladiolus Heude*）（图三），三角帆蚌（*Hyriopsis* sp.），假色蚌（*Pseudobaphia* sp.）①。植物化石可鉴定者两种：板栗（*Castanea mollissima*），

① 标本由地质矿产研究所李云通同志鉴定。

香叶树（*Lindera co. communis*）[①]。

植物化石表明，晚更新世富林镇附近的气候与现代相仿，但比较干燥，冬季温和，夏季炎热。

二、石器材料

这次发掘的主要收获是，发现了大量的旧石器材料，整理过的标本达4856件，实际数字还要多一些[②]（表一）。

表一　各类石器材料统计表

名称	石核	锤击石片	砸击石片	使用石片	石锤（甲）	石锤（乙）	刮削器	尖状器	端刮器	雕刻器	砍砸器	次品	总计
数量	135	1672	54	117	3	4	82	17	12	7	1	2482	4586

石器原料主要是燧石，约占98%，其他石料：石英、水晶、石英砂岩、花岗岩、片麻岩、角页岩、安山岩和硅质岩等，共占2%。燧石质差者居多，都是小块板状结核，节理发育，估计采自距遗址2～3公里的桃坪后山，那里奥陶纪灰岩中含类似的燧石结核，其他石料可能采自T2或T3的砾石层中。

（一）　石核

石核形制不甚规整，但仍能看出相对的一致性。单台面石核是其主要类型，双台面和多台面石核构成次要成分。

石核台面多稍倾斜，最大台面角为105°，最小者仅59°，平均为79°（图四，1）。由石核工作面上看到的打击点集中，半锥体阴痕深凹，放射线清晰等人工痕迹推测，是用锤击法打片的。

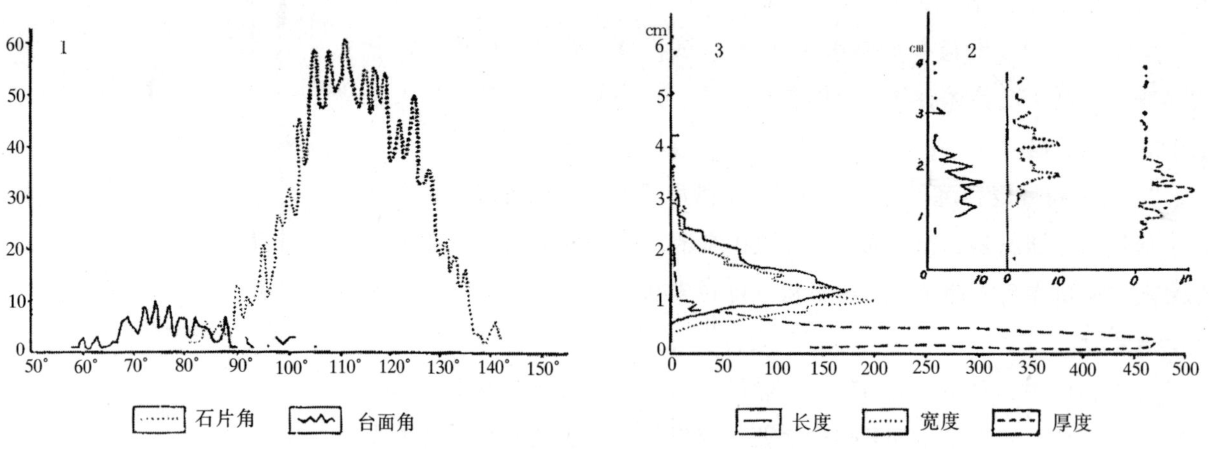

图四　石制品的测量

1. 石片角和台面角　2. 石核长、宽、厚曲线　3. 石片长、宽、厚曲线

---

① 树叶印痕由中国科学院北京植物研究所古植物室新生代组鉴定。

② 在发掘过程中，清理掉部分次品未统计在内，留四川省博物馆等单位作展品的标本也未计算进去，估计总数超过5000件。

1. 单台面石核　共109件，每件石核只沿着一个方向打片。石核上的工作面或为一个平的面，或为一弧形面，但不管哪一类，总保留一部分原来的面，可能是执握或固定石核的部位。

单台面石核体积小，短而宽，但也存在个别大的石核。石核平均长① 为1.73厘米，宽度② 为2.56厘米，厚度③ 为1.78厘米（图四，2），长宽指数为147④，宽厚指数⑤ 为69.6。石核宽厚指数高，表明石核利用率低（图四，3）。此类石核可分四型：

Ⅰ型　共70件。其特点是工作面宽而平，台面缘成一直线，如P.3978（图五，1、4）是最大的一件石核（8.4×20.9×21.1厘米），自然台面；P.3979是打击台面，工作面上遗有似石叶疤；P.3980（图五，4）是高度被利用的石核，厚仅0.8厘米，它的台面和石核体均有修理痕迹，工作面中间留有一个似石叶疤，其上打击点集中，半锥体阴痕深凹，放射线清晰，表明是用锤击法打的。其他似石叶疤上人工痕迹亦如此。由其上石片疤排列情况分析，采用了先打两侧而后再打中间的打片程序。

Ⅱ型　共17件。工作面呈半圆形，台面缘成一弧线，底面加工成半圆形的锐脊，台面多不作修理，但亦有修理的，如P.3981台面上有纵脊，把台面分成几乎相等的两半。

Ⅲ型　共19件。呈方斗形，台面大，底面小，几个面有打片的痕迹，呈多棱角状。P.3984是最小的标本，台面与底面均为节理面。

Ⅳ型　仅3件。如P.3985的台面是先打出一个相当倾斜的面，而后在其上加以修理，台面上仍留有小石片疤，台面角为70°，在工作面上遗有规整而浅平的石片疤。

2. 双台面石核　每件标本有两个台面，沿两个不同方向进行打片，就中以打击方向相对者居多，如P.3987（图五，2）两台面均向后倾斜，台面角分别为60°和70°，工作面上石片疤浅平；另有少数标本，如P.3986是较大的标本，打击方向成90°相交，且均是自然台面；又如P.3988台面有修理痕迹，右侧保留两个似石叶疤。另一端为自然台面，工作面上石片疤不规整。从这件标本上似能看出修理与否的差异。属此类标本共9件。

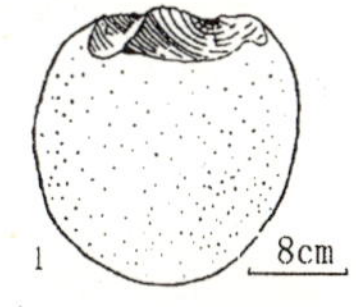

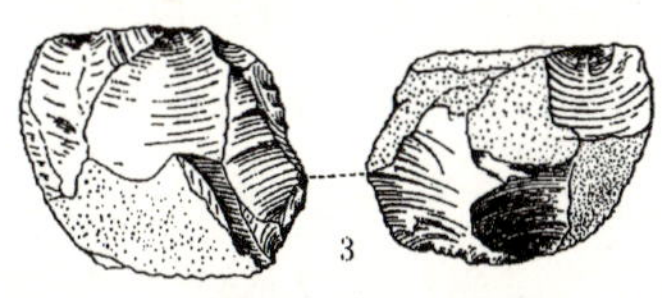

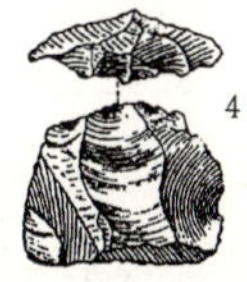

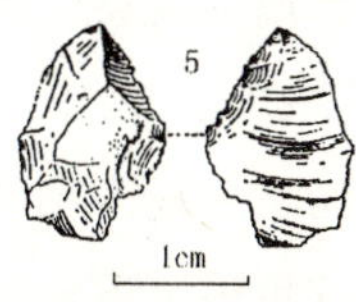

图五　富林石制品

1、4. 单台面Ⅰ型石核　2. 双台面石核　3. 多台面石核　5. 锥状一端砸击石片(除1外，其余比例尺同5)

3. 多台面石核　共17件。绝大多数是被废弃的多面体石核，台面角超过90°，石片疤呈鳞片状，但有少数标本尚可连续打片，如P.3990（图五，3）系由四个方向进行打片，石核呈棱形；又如

① 长度——石核台面至底面垂直最大距离。

② 宽度——垂直于石核长轴的最大横径。

③ 厚度——台面缘向后垂直伸延至最远点。

④ 长宽指数：$\frac{宽}{长}\times100$。

⑤ 宽厚指数：$\frac{厚}{宽}\times100$。

P.3989是由三个方向进行打片，在其上遗下一些似石叶疤。

对石核的观察，有几点值得注意：

1. 从石核上打击痕迹看，锤击法起主导作用。凡遗有规整石片疤的石核，都是质料较好的燧石，部分石核是预先加以修理的。这表明，当时人选材和用材能力较高，珍惜好的石料；对预先修理石核的意义有相当的了解。

2. 石核形制不够规整，利用率不高，主要原因是原料质劣所造成，而与技术关系不大。

3. 石核上有似石叶疤的标本清楚反映出，是石锤直接打的，为区别间接打制的石叶，故加“似”字。

（二） 石片

石片包括锤击石片、砸击石片和使用石片；同时附述甲、乙两类石锤。

锤击石片[①]　凡有台面和半锥体的标本均属之，基本特点是：小、短、宽而薄，平均长度1.49厘米，宽1.3厘米，厚0.35厘米，长宽指数87.9，宽厚指数为27.7。在石片中有1.8%长3厘米以上的较大石片的料多为喷出岩，形制不规整，但也有个别标本形制较好，如P.4019是砂岩梯形石片；P.4018是长石片，台面打制，石片角为127°。个别长石片存在也见于北京猿人等遗址，因之，不能认为它的存在而归于长石片传统。这些较大石片，无论从质或量上都反映出它是锤击石片的次要成分。

［附］甲型石锤　为较大的砾石，其一端近垂直剥落一些不规则的石片疤，如P.4027，其形态与北京猿人的石锤相似。因其体积较大，只能用于打较大的石片和修理较大的刮削器。

锤击小石片大体可分为梯形、长三角形、三角形和不定形，后者受原料影响颇为明显。长三角形石片最规整，代表打片水平，梯形石片数量相当多，好像是周口店第15地点同类石片的小型化，还有165件似石叶，将另作研究。

台面的观察　台面小，形制不规整者居多。自然台面占24.5%，打击台面占50.7%，有台面脊者占15.35%。此外，前后两打击点紧挨着，台面被劈碎，仅留锐脊者占7.99%，从台面侧角劈裂者占1.11%。台面多稍倾斜，石片角偏大，最小者为81°，最大者142°，平均为113.4°。

这里谈一下台面脊，大体有三类：1）层崩，占2.54%，用薄层燧石打片，受打击力的震动，沿节理面崩落，在台面上形成一级台阶状；2）打损，占3.96%，在打落该石片前，台面已遭打击，留下细疤，接着石片被打下，在台面上则表现出一部分平整，另一部分呈多细疤状；3）台面上有一条或数条纵脊，后者常常在台面缘中部相交，这样的标本占8.85%（图六，1～5）。不难看出，前两类是打片过程中台面的破损，只有后者才可能是修理台面的痕迹。

破裂面观察　打击点多集中，半锥体小而凸，有双锥标本104件，多锥标本13件，放射线清楚，疤痕和同心波不多见。

背面的观察　无自然面者占76.1%，少部保留者占19.1%，大部保留者占2.98%，全部是自然面

---

① 锤击石片实际上包括可做石器毛胚的石片、碎片和修理过程产生的碎屑，若依石器平均长度计算，可作毛胚者约占10%弱。尽管计算不太精确，但在石器工场上丢弃大量的废品，不仅见于古代，在近代后进民族也较常见，例如，在北昆士兰，据说一个当地人想获得一把新的石刀时，他或许要打掉300块石片，最后得一合用的石叶器。因之，富林遗址存在大量有助于说明遗址的性质。石片锤击石片测量法与石核同。

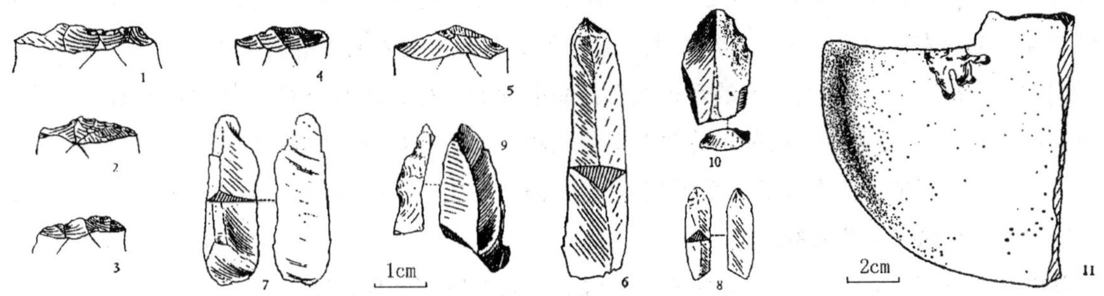

图六　富林石制品

1～5. 修理过的台面　6、7. 试验砸击成的似石叶　8. 无台面似石叶　9、10. 有雕刻器打法的标本　11. 有坑疤的砾石（除 11 外，其余比例尺同）

者占 1.25%。在台面后缘常能见到集中而清楚的打击点，保留一个以上的深凹的半锥体阴痕。多数石片背面的石片疤不太规则，少数比较平远。背面由多块石片疤组成者占 50.09%，棱脊呈 Y 形者占 8.3%，断面呈梯形者占 13.98%，长三角形石片多属这一类，背面石片疤平远，断面呈三角形者占 27.36%。

石片正反两面诸人工特点与石核工作面上的诸人工特点相吻合，更进一步表明是用锤击法进行打片的。

关于似石叶问题　似石叶存在于石片之中，为了分类，确定以下三条标准：1）长宽指数小于 50；2）两侧几乎是平行的；3）宽度小于 1 厘米。依此共选出 165 件，占 10%弱。似石叶均较薄，厚都在 3 毫米以下。

似石叶与一般石片稍不同。燧石质好，自然台面占 17.57%，打击台面占 59.39%，有台面脊者占 4.24%，有前后两者稍减中间一类略增的趋向。背面石片疤多平远，断面呈三角形者增多，不定形者减少。台面前后缘遗留的打击痕迹与石核上的似石叶疤上的人工痕迹一致，说明是石锤直接打成的。另外，似石叶与似石叶疤的大小相仿（图六，6、7）。

另一类似石叶是没有台面的，上端是一个尖，尖端四周放射线清晰，如 P.4017（图六，8），据初步实验表明，是用砸击法产生的，这类石片占似石叶的 18.7%。

似石叶在形态上与细石器传统中的石叶相似，但做法不一样，似石叶是用锤击法和砸击法产生的。由其形制规整看，当时人生产似石叶时，是有所考虑的，像是为某种需要而生产的。由于没有发现用似石叶制作的石器，也未找到似石叶使用石片，因之，对其生产的目的，目前尚难作圆满的解释。据实验，砸击成的似石叶，其石核剥片后，外形上有点像细石器传统中的楔形石核，在富林旧石器时代晚期的标本中未曾找到，但在《山西峙峪旧石器时代遗址的发掘报告》中曾发表过一件，称之为“扇形石核石器”或“扇形石核”。

砸击石片　除两件原料为水晶者外，其余均为燧石。多呈长方形，平均长 1.9 厘米，宽 1.26 厘米，厚为 0.55 厘米；其中两端有砸痕者 16 件，一端有砸痕者 20 件，尖端有砸痕者 18 件。一端与两端砸击石片与北京猿人做的砸击石片相仿，不作细述；尖端受砸的石片，向几个方向作放射状剥落石片，往往在主破裂面上，可以看到部分半锥体，如 P.4043（图五，5）。

砸击石片是北京猿人文化的特征之一，在华北一直延续到旧石器时代晚期；在华南，无论旧石器时代早期或晚期均未见报道，这是首次发现，是我国旧石器文化继承性的新证据。

［附］乙型石锤　在三件安山岩的砾石上有浅而散漫的坑疤，还有一块石英砂岩砾石上有较深的条状坑疤（图六，11）。将其与北京猿人的砸击工具比较，前者是石锤，后者是石砧。

使用石片　对锤击石片进行了微观观察（放大 10～18 倍），觉察到宏观难以看到的一些现象。为了作比较，相应地做了一些实验。

在双筒放大镜下放大 10 倍以上观察石片边缘，大致有以下几种情况。

（1）边缘平直锋利，常呈半透明状，有些有斜向芒针状痕迹，少数标本边缘上有一或几个不连续的三角形缺口。这样的石片占 83.4%。据实验，这类石片属于未使用过的石片。

（2）边缘变得钝厚，有些标本的边缘呈梳齿状曲线，共 180 件，占 10.1%。如此痕迹与薄石片割猪皮、刮皮下脂肪和肌肉（刮 20 分钟以上）所产生的痕迹相像。因其痕迹浅显，是否因化学或物理作用能造成类似现象尚不清楚，因之，这些石片也就难以最后确定它是使用石片。

（3）石片边缘上有微细的连续的石片疤，肉眼可见，在放大镜下，细石片疤宽而浅平，多呈指甲状，近缘处往往有月形凹迹，但无打击点和半锥体阴痕。它与用石片刮木头或骨骼上的肌腱所产生的痕迹相像，但时间至少需半个小时以上。这一类似可定为使用石片。被选为使用石片者，边缘上细石片疤需达 5 毫米以上。使用石片均较大，平均长为 1.68 厘米，宽 1.46 厘米，厚 0.46 厘米，比锤击石片平均尺寸约大 1/4。依其使用痕迹的部位和形态，分类（表二）。

使用石片分类表明，与石器分类和加工方式基本一致，以向背面加工为主，类型上凹刃比例较大，直刃有向凹刃渐变的倾向，可能与刮有弧度的物体有关。总之，使用石片在功能上起着与石器同等的作用。

表二　使用石片分类表

面	单　　面							两　　面				总　计
名　称	正面	反面	直边	凹边	凸边	尖端	端边	凹	凸	错向	多边	
数　量	12	93	32	36	11	17	9	2	1	5	4	117
百分比	10.25	79.49	27.35	30.76	9.4	14.53	7.69	1.71	0.85	4.27	3.41	

（4）有些标本，边缘有一个 2 毫米以上的小石片疤，将其放大观察，其内尚有若干细疤，像刮小物体的使用痕 。据初步实验表明，石锤打击石片边缘，边的震动作用也能产生相仿的现象。因之，这些标本上的细疤归属也颇难肯定。

（三）　石器

石器均较小，但与同出的石核、石片相比，则是较大的（表三）。

表三　三类石器平均尺寸、长宽指数、宽厚指数表　（单位：毫米）

刮　削　器					尖　状　器					端　刮　器				
长	宽	厚	长宽指数	宽厚指数	长	宽	厚	长宽指数	宽厚指数	长	宽	厚	长宽指数	宽厚指数
27.3	19.55	9.73	71.2	50.1	22.47	16.47	8.82	73.3	53.4	24.1	17.9	9.1	74	50.7

从表三可以看出，主要石器类型的长宽指数和宽厚指数相当接近，表明当时人对做石器的毛胚作了较严格的选择。毛胚为石核或石块者占56%，石片者占42%，少数标本毛胚性质难定。

刮削器　数量最多，其中单刃刮削器64件（直刃14件、凸刃19件、凹刃15件和厚刃16件）和两刃刮削器18件。

单直刃刮削器以石核做成者为主，将一长边加工成平直的刃，平均刃角为68.9°，刃缘多不平齐，小石片疤深凹，修理工作以背向为主，多单面加工，如P.4045，就中也有3件是交互打击的，如P.4046刃缘呈锯齿状。这类石器使用痕迹清楚①。

单凸刃刮削器　用石核做的比石片稍多，基本上是向背面加工成的，将一长边加工成弧形刃，刃缘呈多缺口状，平均刃角72.4°。它们大小差别较大，最大者长达7.6厘米，最小者长仅1.2厘米。

单凹刃刮削器　用石核和石片做的各半。都是向背面打击成的，平均刃角为60.5°，是刮削器刃角最小的一类。依刃口形态可分两式：Ⅰ式如P.4051被修理出来的刃口匀称地内凹；Ⅱ式如P.4052刃口做细的修理后，在刃中部重击一下，生成大缺口状凹刃。

厚刃刮削器　以石核做的居多，均系近垂直打击而成，刃角相当陡，平均为80.1°。标本经修理后，刃缘上小石片疤层叠，但较平远。由于刃陡，使背部明显隆起，呈半龟盖状。

两刃刮削器　共18件，两长边成刃者5件，一长边和一端成刃者13件。修理工作以单面加工为主，向背面和破裂面加工比例相仿，其中有错向加工者3件。P.4059是两长边成刃者，石锤直接打击而成，刃缘呈多缺口状，刃口薄锐，刃角58°和76°（平均刃角为68°），使用痕迹清楚；P.4057系另一类两刃刮削器，用厚石片做成，向背面加工，左侧为凹刃，修理粗糙，刃角48°；下端为凸刃，修理细致，小石片疤浅平，刃缘匀称，刃角为73°，凸刃及其相邻的侧刃使用痕迹清楚。

端刮器　刃口在毛胚的一端，以石核和石片作毛胚，两者数量相当，其中可再分三型：

Ⅰ型　圆端刮器，水晶者1件，燧石者5件。近垂直修琢，刃口钝，有些刃角接近90°，平均为77.5°。此类标本修理工作较细，刃缘匀称。侧边多不作修理，个别例外，如P.4062两侧均作加工，且有使用痕迹。

Ⅱ型　平端刮器，5件。加工粗糙，多向背面打琢，刃口平直，刃缘呈多缺口状，平均刃角为75.2°，两侧无加工，偶见使用痕迹，如P.4063。

Ⅲ型　两端刮器，仅1件。P.4065的上端是圆弧形刃，先修琢的小石片疤浅平，而后再加修整，近缘外处，小石片疤短宽，打击点明显，刃缘呈梳齿状，刃角为78°。这样再修整或许是适应增加摩擦力的需要；下端刃平直，打击方向与前者相反，近垂直加工，刃角为88°，修理方式与上端刃类似，两端刃上有使用痕迹。

这件标本更有意义在于，它是两度加工的标本。前一度加工的表面呈棕灰色，尚能看出原是一厚

---

① 关于石器上的使用痕迹：原先常把石器近缘处的细石片疤看作使用痕迹，如前提及，打击时，在产生小石片疤的同时，也能因力的震动作用而产生细疤，因之，原想法的准确性就存在一些问题，为此，作了一些石器使用的实验和观察。起刮削作用的工具，较长时间使用后，边缘圆钝，近缘棱脊有平蚀现象，因之，可由这些现象有无来判断石器是否被使用过，另外，两小石片疤交界上有无细疤是判断使用痕迹的重要条件，因为，两小石片疤相交点上，打击震动力微弱，多无力产生细疤，而使用时，此处是凸出部，首先与被加工物体发生摩擦，而易磨钝，进而产生细疤。

石片，由上端残留的一块石片疤看，也曾修理过，小石片疤浅平，后一次加工见于两刃，呈深灰色。第二步加工石器见于北京猿人遗址的上部地层。P.4065 的发现暗示此前还有人在这一带劳动过。这件标本左侧有冻裂的痕迹，表面颜色与刃口者同，但盆盖在修理时稍遭破坏，因之冻裂作用稍早于后一次修理或同时。

尖状器　制作较好，类型稳定，以石核做成者为主，多作单面反向修理，错向加工者 4 件。尖刃锐利，平均尖角为 74.1°，可分四型。

Ⅰ型尖状器共 6 件。修理两长边，做成比较对称的尖刃，全部错向加工者均属之，如 P.4039、P.4038 是唯一向破裂面打击的尖状器。

Ⅱ型尖状器共 7 件。都是向背面打琢，一长边均作修理，另一边只修尖端相邻部，而后对尖刃作细致的修琢，制成短尖刃，如 P.4036，其尖刃和侧刃均有使用痕迹。

Ⅲ型尖状器 3 件。向背面加工，两侧略加修理，在尖端处加重敲击，使成短而呈三棱形的尖刃，类似后期短尖锥，如 P.4041。

Ⅳ型尖状器仅 1 件。P.4042 是一件制作精美的小三棱尖状器，系厚石片做成，其两侧均作修理，垂直向背面修琢，远缘小石片疤平远，近缘者短折，修至前部，两侧作重击加工，形成肩状内凹，尖刃凸出，断面呈三棱形。这样的尖状器在同时代的遗址中未曾发现过，其形态颇像丁村大三棱尖状器。

砍砸器　仅 1 件。P.4035 系片麻岩砾石制成，砾石面大部保存，背面和左侧有两个大的石片疤，而后作粗糙的加工，生成一个勉强可作砍砸用的刃口。

雕刻器　共 7 件。全是石片做的，有雕刻器和雕刻器打法两种，如 P.4067（图六，9）先将左侧垂直加工成刃，而后由顶端向右斜向打击，使顶端生成凿子状刃口；P.4066（图六，10）系由背面侧后向台面打击，使台面左侧成雕刻器刃状，这样打法在北京猿人遗址、周口店等 15 地点和辽宁喀左县鸽子洞的旧石器中均曾见到过。

三、结论与讨论

（一）　关于遗址性质

在这个遗址薄薄的文化层中，找到大量的石料、石核、石片、碎屑和次品；石器比率低，仅占 2.6%，说明它不是居住地，而是季节性的做石器的场所；在文化层中发现用火痕迹和大量树叶印痕。

（二）　富林镇旧石器时代晚期文化的特征与命名

从石器上看，它有我国旧石器时代石器的共性，如以向背面为主的加工技术等。它也有个性，其重要特征为一个小字：小石核、小石片和小石器占绝对优势；打片以锤击法为主导，偶尔也用砸击法，存在 10%似石叶；石器组合以刮削器和尖状器为主体，有一定数量的短端刮器，少量的雕刻器，砍砸器实质上不起作用；石器是用石锤直接打击做成，刃缘曲折，常呈多缺口状；Ⅳ型尖状器和用石核或石块做毛胚超过半数未见于同时代重要遗址。依上述特点，故命名为富林文化。富林文化的时代，依地貌、古生物和旧石器综合研究，归于旧石器时代晚期似无疑问。考虑到尺寸较小，出现Ⅲ型尖状器和似石叶等较新成分，或许可归于旧石器时代晚期的后一阶段，可能与华北的大沟湾文化、小南海文化在时代上大体相当。

（三） 富林文化的地位

根据我国现有的、重要的旧石器时代晚期的资料来看，粗略地可以分成两个技术传统：小石器传统和长石片综合传统。

小石器传统的主要特点有：打片以锤击法为主，间用砸击法；小石核、小石片和小石器是其重要文化内涵，采用短而宽的石片或石核做石器的毛胚，其长宽指数大体相当①。长宽比例小，修理石器系用石锤直接打琢，刃缘呈多缺口状。刮削器和尖状器是工具组合的主体，但有一定数量端刮器，雕刻器量少，类型简单，砍砸器在功能上作用基本消失。

长石片综合传统：以水洞沟文化为代表，打片以锤击法为主，辅以砸击法和碰砧法，可能采用间接打法。常见石核类型有长方形的、半锥形和柱形的，后者工作面上遗有石叶疤，大小石片并存，有较多的长石片和少量的石叶，约占40%石器是用长石片做成的。修理石器以锤击法为主，辅以指垫法，还可能使用压制技术。石器较大，大小并存，工具组合主要是刮削器、尖状器和长、短端刮器，少量的砍砸器和雕刻器。这里附带提一下我国细石器传统起源问题。目前讨论这个问题困难是较大的。由于缺乏地层资料，细石器传统的发展序列是模糊的。这里提到的细石器传统不是指历史上用过的“细石器”一词，如把周口店第15地点石器叫做“细石器”，而是从现实出发，指主要分布在我国北纬35°以北，密集于沙漠、草原区。打片以间接打法为主，常见的石核有柱形、锥形和楔形，有大量的石叶。无论石核或石片，长宽比例较大，长宽指数常常在40以下，石叶比石核长宽指数的差更大，用大量石叶做各种工具。制石器常用间接压制法，石器类型有“刀片”、“箭头”、尖状器、长或短石锥和长、短端刮器等。由上所述，无论从石器类型上或加工技术上看，细石器传统与长石片传统关系密切，可能存在渊源关系，而与小石器传统关系相当疏远，在技术上和类型上则表现出显著的差异。说明细石器传统的起源与水洞沟文化有着密切的关系。从世界其他地区旧石器时代晚期技术传统看，如西欧，由奥瑞纳经马格特林而发展到阿齐利期；东欧则由奥瑞纳——梭鲁特经马格特林进至阿齐利期，这个发展过程明显特点之一是长石片细化成石叶—细石器，还有一些地区也有类似现象。这是一个大的发展趋势，在我国前者如何发展到后者，目前仍是不清楚的，有待今后工作来解决。

（四） 建立“富林组”

T2河湖相沉积分布较广，早已引起地质学家的注意，早在30年代已有记述，并把它与“大相岭西坡之岩屑堆积”相比，时代与雅安砾石层相当（Q_2）。T2上部地层沉积物与云南元谋的龙街粉砂层十分相像，后者时代为晚更新世；在文化层中发现过绝灭动物柯氏熊或小熊，表明地层时代的上限越不出更新世晚期，堆积中发现的大量的旧石器材料反映出明显的晚期性质。因之，我们建议，把T2这组地层命名为“富林组”，代表更新世晚期的后一阶段（Q_3）。

---

① 峙峪和小南海依发表的图和图版测量，峙峪发表的石器材料少，所测数字可能距实际有一段距离。大沟湾材料依1928年《中国旧石器》一书中的图测量，个别位置有变动。

参考文献

郑德坤，1946：四川古代文化史。华西大学博物馆专刊第一号。

李春昱，1947：雅安期与江北期砾石层之生成。地质论评，12（1～2），117～126。

顾知微，1947：四川巴县歌乐山之洞穴层与地文。地质论评，12（1～2），251～256。

周明镇，1955：安徽五河县戚嘴第四纪淡水斧足类化石。古生物学报，3（1），73～82。

安志敏，1957：细石器文化。考古通讯，（2），36～48。

裴文中等，1957：资阳人。科学出版社。

谭锡畴等，1957：四川西康地质志。地质出版社，27～29。

郭沫若等，1955：中国人类化石发现与研究。科学出版社，78～79。

杨　玲，1961：四川汉源富林镇旧石器时代文化遗址。古脊椎动物与古人类，（4），353～359。

汪宇平，1961：内蒙古伊盟南部旧石器时代文化的新收获。考古，（10），552～554。

林振涛等，1963：白洋淀的蚌类。动物学报，15（2），243～251。

戴尔俭等，1964：陕西蓝田发现之旧石器。古脊椎动物与古人类，8（2），152～161。

安志敏，1965：河南安阳小南海旧石器洞穴堆积的试掘。考古学报，（1），1～28。

贾兰坡等，1972：山西峙峪旧石器时代遗址发掘报告。考古学报，（1），39～58。

戴尔俭等，1973：蓝田旧石器的新材料和蓝田猿人文化。考古学报，（2），1～12。

邱中郎等，1973：周口店新发现的北京猿人及文化遗物。古脊椎动物与古人类，11（2），109～131。

鸽子洞发掘队，1975：辽宁鸽子洞旧石器遗址发掘报告。古脊椎动物与古人类，13（2），122～136。

K. P. 奥克莱（周明镇译），1965：石器时代文化。科学出版社。

Boule, M. etc, 1928: Le paléolithique de la Chine. *Arch. L' inst. Paleont. Hum.* 4, 122～130.

Edgar, J. H., 1933～1934: Prehistoric remains in Hsikang on eastern Tibet. *Journal of the west China border research society*, 6, 56～61.

Bowles, G. T., 1934: *Bull. Geol. Soc. China*, 13. 119～141.

Teilhard de Chardin, P., etc, 1935: The cenozoic sequence in the Yangtze valley. *Bull. Geol. Soc. China*, 14, 161～178.

Graham, G. C., 1935: Implements of prehistoric man in the west China union university museum of archaeology. *Journal of the west China border research society*, 7, 47～56.

Pei W. C., 1939: A preliminary study on a new palaeolithic station known as Locality 15 within the Choukoutien region. *Bull. Geol. Soc. China*, 19, 147～187.

Pei W. C., 1940: The upper cave industry of Choukoutien. *Pal. Sin.* D, 9.

Bien M. N., 1940: Geology of the Yuanmou basin Yunnan. *Bull. Geol. Soc. China*, 20, 23～31.

Hellmut de Terra, 1941: Pleistocene formations and stone age man in China. 36～37.

Oakley, K. P., 1964: Frameworks for dating fossil man.

Coles, J. M. and Higgs, E. S., 1969: The archaeology of early man.

Семенов, С.А.1957: Первобытная техника.

Ефимеко, П.И.1953: Первобытное общество.287.

Борвсковский, П, И.1953: Палеолит Украины.293～299.

（原载《古脊椎动物与古人类》1977，15（1）:17～27,）

虎头梁旧石器时代晚期遗址的发现

盖培　　卫奇

一、遗址的地理位置、地层和动物化石

我们发掘的遗址分布于桑干河中游左岸，行政区划属于河北省张家口地区阳原县，距著名的泥河湾村十来公里，距北京市直线距离约80公里（图一）。在桑干河左岸，以虎头梁村为中心，在不到10公里的范围内共发现9个遗址（图二），最近的两个遗址之间相距约500米。

遗址的编号和具体位置如下：

65039地点——位于虎头梁村西南500米的于家沟内；

65040地点——距虎头梁村南约400米①；

72117地点——位于虎头梁村东南约300米的杏沟谷坡上；

73101地点——距虎头梁村北1250米，位于六马坊村的八十亩地沟内；

73102地点——距虎头梁村西南约2公里，位于西水地村的大西湾内；

73103地点——距虎头梁村西约3公里，位于七马坊村的东关沟内；

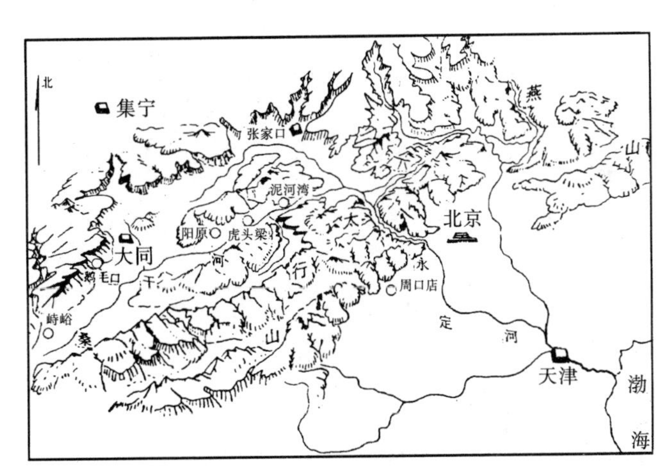

图一　虎头梁遗址位置示意图

73104地点——在73103地点南500米处；

73105地点——在73103和73104地点之间；

73107地点——虎头梁村西约10公里，在八马坊村的南沟内。

遗址所在区域为一东西长、南北窄的盆地，即阳原盆地，它是太行山至大青山之间的许多山间构造盆地之一。盆地北依熊耳山，南临恒山余脉，西与大同盆地接壤，东以石匣峡谷为界。东西长达70多公里，南北宽约10公里，桑干河从西向东蜿蜒流贯整个盆地，经石匣峡谷与洋河汇合注入官厅水库（图三）。

盆地北缘的熊耳山峰峦重叠，群山起伏，一般高程拔海1800～2000米，由震旦纪灰岩、石英岩和前震旦纪的片麻岩组成。盆地南缘的恒山余脉平均高程拔海1400～1600米，由侏罗纪火山岩和震旦纪灰岩、石英岩组成，山峰兀起，绝壁成嶂。盆地底部一般高程拔海1000米左右，除了在盆地边缘的山

---

① 以上两个地点是已故的王择义先生发现的，1965年他和王向前、武文杰在这两个地点作过小规模发掘。

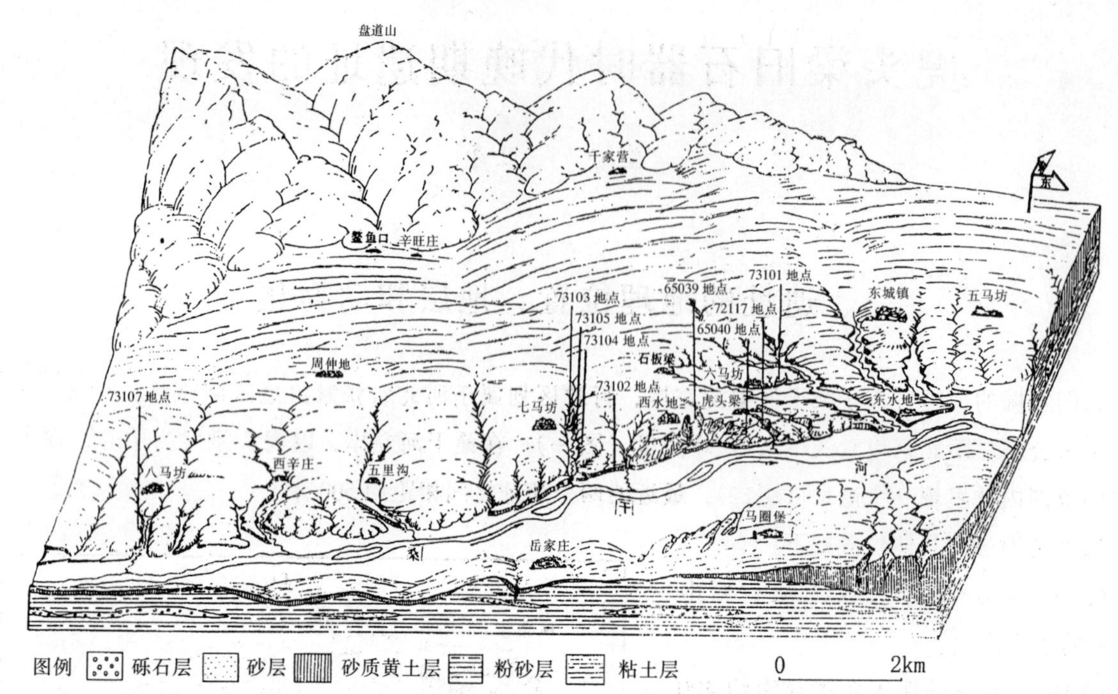

图二 遗址的分布和地貌

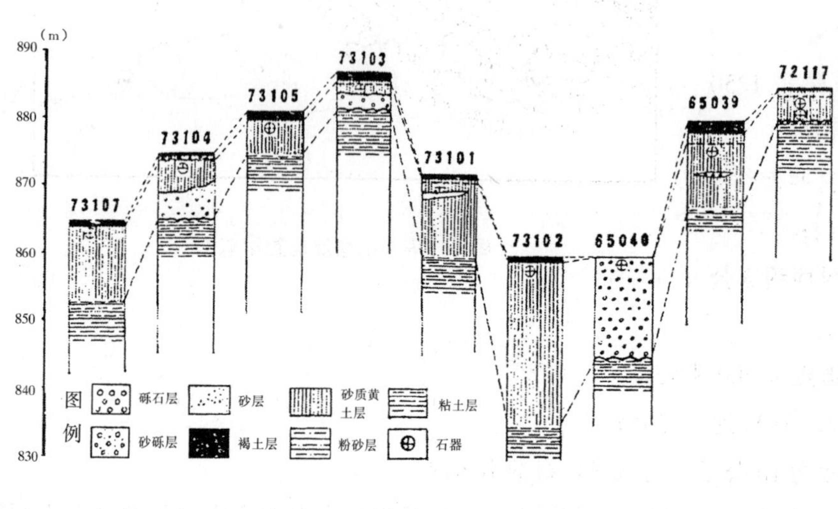

图三 遗址的地层柱状剖面

麓地带零星分布第三纪的地层以外，整个盆地几乎全被泥河湾层和砂质黄土层所占据。盆地当中沟壑纵横，残丘断崖到处皆是。

泥河湾层是一套巨厚的河湖相沉积物，根据水文地质钻孔资料，它在虎头梁村一带的厚度达 600 米尚不见底，其时代通常被定为早更新世。

泥河湾层经过长期剥蚀，在剥蚀面上披盖着一层黄土或砂质黄土，在一般情况下黄土分布在较高的地貌部位上，而低处则为砂质黄土。这层砂质黄土的岩性和厚度在各处差异很大，一般呈灰黄色，微微发红，粉砂质，有时含少量砂砾，层理不甚明显，垂直节理较为发育，厚度一般在 10 米以下。

本文的各遗址，除 65040 地点外，均埋藏在砂质黄土中。

在这层砂质黄土的上面，普遍覆盖着一层褐色土，呈灰褐色，砂质，厚度通常在 2 米以下，其中常常含有新石器时代的磨光石斧和陶片等遗物。这层褐色土的地质时代为全新世，据中国科学院考古研究所对这层褐色土中的兽骨所作的^{14}C 测定，它的绝对年代为距今 5795±150 年。

在虎头梁村一带，桑干河河岸有四级阶地（图四）。

第一级阶地是堆积阶地，高出河面5～8米，由砂质黄土层和砾石层互层组成，大部分分布在桑干河的支沟沟口附近，有时也延伸到支沟的深处。

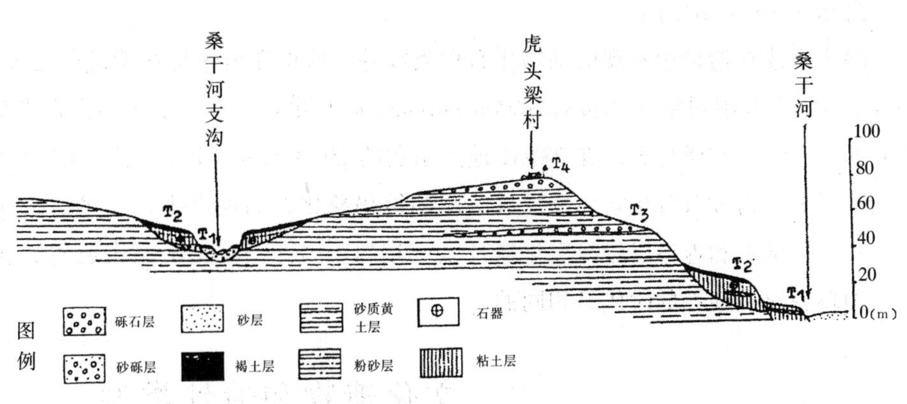

图四　遗址一带地貌和地质综合剖面

第二级阶地是基座阶地，局部地段表现为堆积阶地，高出河面20～30米，由砂质黄土夹砂砾透镜体组成，基座为泥河湾层的灰色钙质粘土层。这级阶地呈斑块状或垄岗状断断续续地分布在桑干河的两岸和支沟内。在支沟里，阶地的相对高度溯源逐渐降低。

本文所研究的各遗址的文化遗物都发现在第二级阶地的砂质黄土层中（只有65040地点埋藏在第二级阶地的砾石层中），这层砂质黄土大体上可以分为上下两部分：上部分呈黄褐色，胶结紧密，含砾石；下部分呈棕黄色，具大量的棕色斑点，有时含少量的砾石和钙质结核，胶结坚硬，垂直节理发育。在下部的这层砂质黄土层中含本文所要报道的文化遗物。

第三级阶地为一侵蚀阶地，高出河面50～60米，基岩是泥河湾层。

第四级阶地即虎头梁村所在地，高出河面77～82米，由泥河湾层组成。

在遗址中，与文化遗物一同发现的动物化石数量较多，但大多数均相当破碎，有的被火烧过，有的被钙质结核所包裹，均已石化，与新石器时代的半化石或兽骨有显著差别。可以鉴定的化石缕述如下：

蛙（*Rana* sp.）

鸵鸟蛋皮（*Strathiolithus*）

似布氏田鼠（*Microtus brandtioides*）

蒙古黄鼠（*Citellus citellus mongolicus*）

中华鼢鼠（*Myospalax fontanieri*）

变种仓鼠（*Cricetulus varians*）

狼（*Canis lupus*）

野马（*Equus przewalskii*）

野驴（*Equus hemionus*）

鹿（*Cervys* sp.）

牛（*Bos* sp.）

普氏羚羊（*Procapra picticaudata przewalskii*）

鹅喉羚（*Gazella subgutturosa*）

转角羚羊（? *Spiroceros* sp.）

野猪（*Sus scrofa*）

除了上述在遗址中发现的动物化石种类以外，值得提出的是在遗址附近发现的披毛犀（*Coelodonta antiquitatis*）和纳玛象（*Palaeoloxodon namadicus*）化石。在73101地点西北约500米处，弦们发现披毛犀的一个第三掌骨化石；在73101地点东北约2000米处发现披毛犀的乳齿五枚；在73102地点西侧发现纳玛象牙齿和肢骨化石。发现披毛犀和纳玛象化石的地点也位于第二级阶地内埋藏的砂质黄土之中，其地貌部位和地层层位与文化遗址是一致的。因此，本文所要报道的文化遗址的时代无疑与披毛犀和纳玛象化石地点的时代是相同的。

二、文化遗物和遗址类型

在虎头梁遗址中，制造石器用的原料主要是石英岩，少数石器用燧石和流纹岩制成。所用的石英岩具有鲜艳的色彩，质地硬而脆，这种岩石在泥河湾村对岸的南山上有所出露。用河卵石制成的石器为数甚少，在全部标本中只有20余件。

石器表面常常附着较厚的钙质外皮。有些石器，特别是用玉髓制成的石器，在人工打制后遗留的棱角上生成较厚的石锈。个别石片在破裂面上形成由于温差剧烈变化而产生的碗状坑。

在虎头梁遗址中，石器的类型很多，本文的任务只是对发现的材料进行简要的报道，所以不可能对所有的类型进行全面的描述。在这里，我们重点予以分类概括其特征的只是在虎头梁遗址中富有代表性的石核和石器，至于次要的类型只作简略的描述或不予描述。

在虎头梁村附近的九个遗址中出土的材料在时代上和性质上是一致的，在这里可以放在一起叙述。

（一） 石锤和石砧

石锤，共5件。原系长条形砾石，两端或一端有在使用中崩落石屑而遗留的阶梯状疤痕。石砧，共7件。原材料为扁平石块，周围边缘有时经过加工，在石砧的表面可见很多坑疤，坑疤深浅不一，呈星状密集在一起，坑疤之间夹杂着短而深的条痕。

（二） 石核

1. 盘状石核或龟背状石核，共16件。圆形或略呈椭圆形，主要是在一面从周围向中心剥离石片，所以一面平坦，另一面隆起。

2. 两极石核，共10件。呈长方形，两端有崩落石屑的疤痕或砸击痕迹，在两面或四面可见剥离石叶的阴痕；总的特征与典型的两极石核的特征一致（图五，1）。

3. 楔状石核，共236件。总的特征是呈楔状，好像两个楔状体结合在一起：上端（台面所在的一端)宽，下端(与上端相对的一端）窄；前端（石叶阴痕所在的一端)宽，后端(与前端相对的一端）窄。

根据台面，这里的楔状石核基本上可以分为两个主要类型：

Ⅰ型　台面平，台面略呈三角形（图六，1；图七，Ⅰ型）。

Ⅱ型　台面倾斜，台面向石核的隆起的一面倾斜（图六，2；图七，Ⅱ型）。

4. 柱状石核，共 17 件。体积较大，呈柱状体，从两面或从四面剥离石片。

（三） 石片

1. 由上述的楔状石核上剥离的石叶，约 300 件。窄而薄，两侧边缘平齐，剖面呈三角形或梯形，台面小，半锥体清楚。

2. 石片，有大有小，形状变化大，约 4 万件。个别的长方形石片和三角形石片沿一边有使用或加工痕迹。有的石片曾用雕刻器打法或横截法截掉石片的锋利边缘（图五，2）；有的石片很薄，曾被截短，但在断口处看不见打击点，可能是用手直接掰断的。

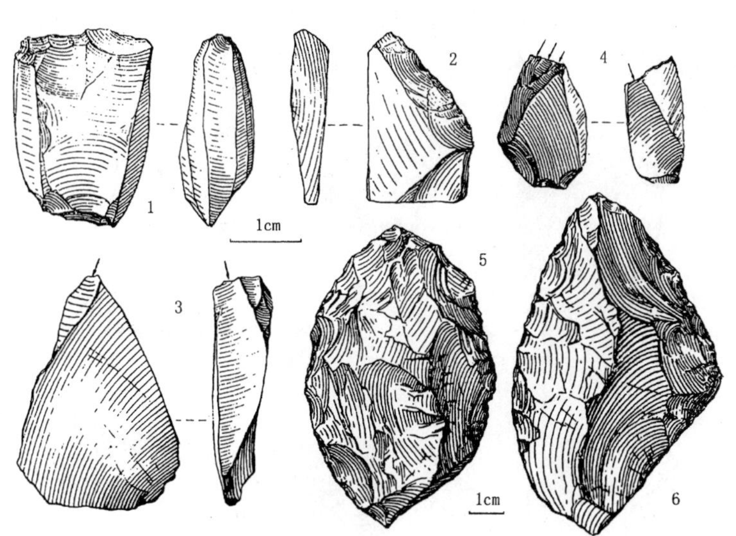

图五 虎头梁石制品

1. 两极石核 2. 石片用横截法打断 3、4. 中间刃雕刻器 5、6. 尖状器，底端打成斜边（1～4 比例尺同，5～6 同）

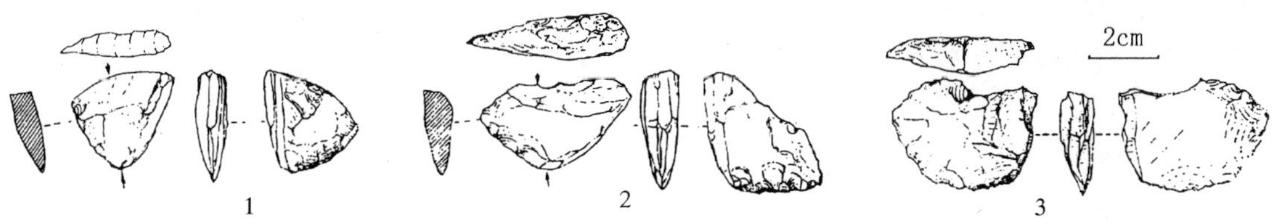

图六 虎头梁楔状石核

1. Ⅰ型 2. Ⅱ型 3. Ⅰ型和Ⅱ型的中间类型

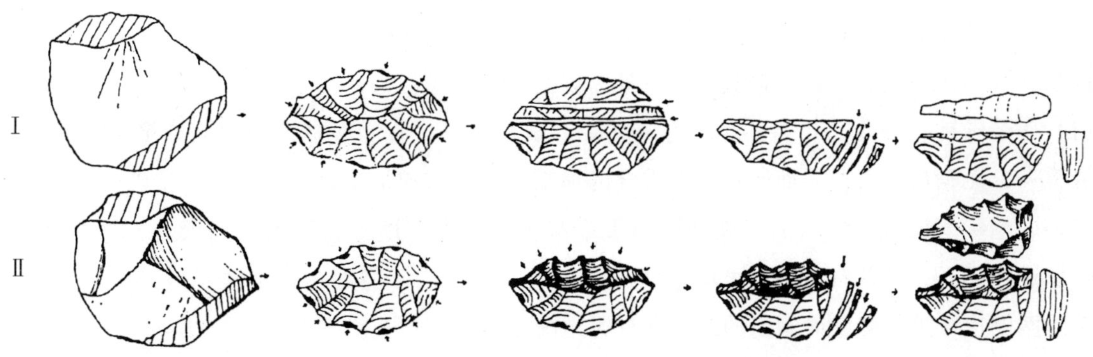

图七 虎头梁楔状石核类型Ⅰ（河套技术）和类型Ⅱ（虎头梁技术）的工艺程序复原图

（四） 石器

1. 砍砸器可以分为两个类型：

（1）大型砍砸器，共 12 件。用石英岩制成，向一面或者向两面加工，刃缘钝厚，打击疤痕较短（图八，9）。

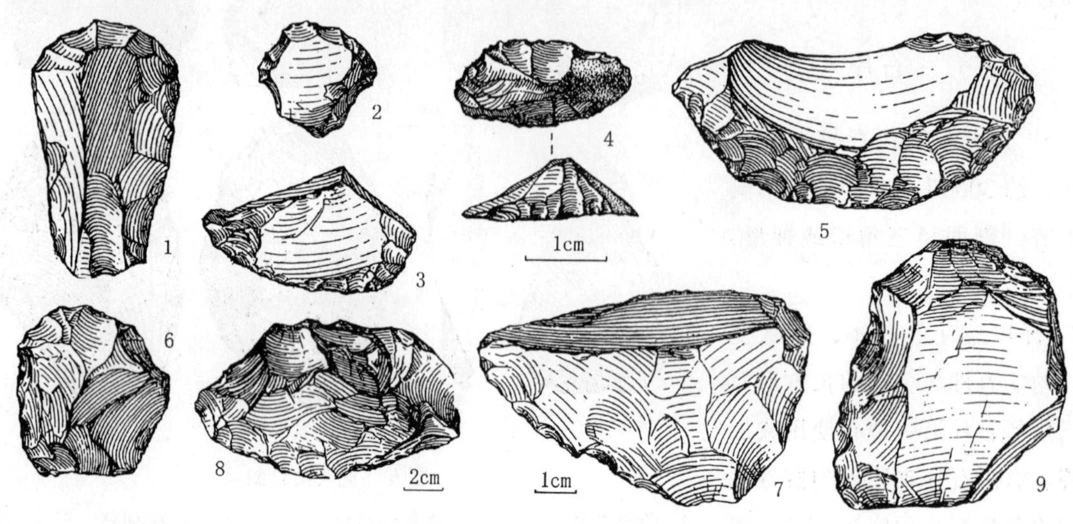

图八 虎头梁石制品

1. 长型圆头刮削器 2. 短型圆头刮削器 3、5、7. 半月形刮削器 4. 刮削器，背面中央隆起 8. 小型砍砸器 9. 大型砍哑器（1、3、5、7 比例尺同，2、4、6 同，8、9 同）

（2）小型砍砸器，共 21 件。用石英岩制成，沿周长 3/4 向两面加工，刃缘弯曲呈锯齿状，打制疤痕重叠（图八，8）。

2. 尖状器是虎头梁遗址中具有代表性的石器，不仅数量多（共 42 件），而且加工细致。这一类石器总的特征是沿两侧边缘向一面或者向两面加工，尖端较锐利。这里的尖状器类型较多，而且有大有小，它们的用途可能有所不同，有的可能是直接握持使用的，有的可能是投射器头。

尖状器的底端的形态和加工方法，对于判断其用途可能有一定意义，为了把形态分类和功用分类组合起来，我们按照底端的特征把尖状器概括为以下几个类型：

（1）底端圆钝（图九，3、5、7），底端被加工成圆弧形，有的底端因修整而变薄；尖端锐利；两侧边缘整齐，无锯齿；石器表面经常可见重叠的加工痕迹，在粗加工以后又进行过精细的修整。

（2）底端尖（图九，6、10），就是说两头都有尖。最大宽度靠近石器的中腰处，通常两面加工，断面略呈椭圆形；一端左右对称，可能是使用端；另一端左右不甚对称，可能是底端，即安装端。使用端是沿两侧边缘进行修整而制出的，底端有时用雕刻器打法打成。

（3）底端凹入（图九，9），外形呈三角形，底边匀称地向内凹入，底端的打制疤痕连续而密集；两侧边缘经过细致加工；尖端锐利，两侧对称；一面隆起，布满打制疤痕，另一面也经过加工，但打击角度不同，较平坦。

在 72117 地点发现的一件石器比较特殊，其底端略凹，但顶端圆钝，可能尚处于加工过程中。

特别值得提及的是在 73101 地点发现的这一类型的石器在一面可见磨过的痕迹。这样的石器共三件，原料为石英岩，在显微镜下观察，磨过的表面很粗糙，可见深浅不一的纵横条痕。这种有磨痕的

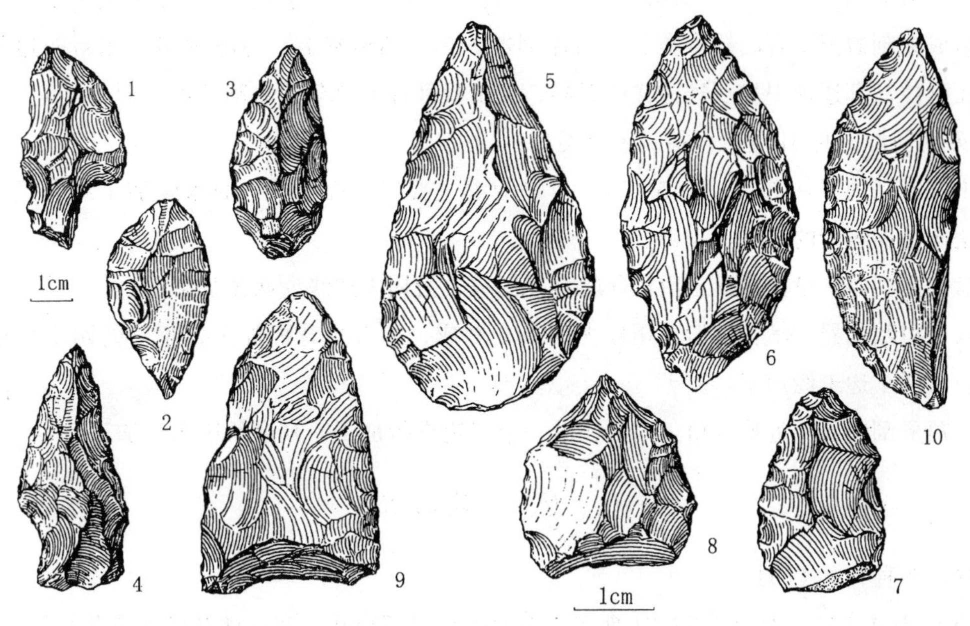

图九　虎头梁尖状器

1、4. 单肩头尖状器　2. 尖状器，底端采用横截打法　3、5、7. 尖状器，底端圆钝　6、10. 尖状器，底端尖　8. 尖状器，底端平　9. 尖状器，底端凹入（除 8 外，其余比例尺同）

尖状器在很多方面不同于磨光石器。

（4）底端一侧凹入（图九，1、4），一般称为单肩尖状器，底端一侧被修制出凹槽，可见阶梯状的修整疤痕；器身断面略呈三角形；加工疤痕浅而长，互相重叠；有的只向一面加工，有的向两面加工，有些类似桑的亚尖状器。

个别的标本底端两侧均被修制出凹槽，通常称为双肩尖状器。

（5）底端保留自然岩面或被有意截断而制成一斜边（图五，5、6；图九，2），底端两侧不对称：一边较长，另一边较短；器身通常只向一面加工。

（6）底端平（图九，8），这一类尖状器的尖端有时向一侧歪斜，一般称为鸟喙状尖状器。

3. 圆头刮削器，包括两个类型：

（1）长型的 107 件。大小不一，用较厚的长方形石片制成，均由石片的劈裂面向背面加工，刃缘呈弧形，加工细致；两侧边缘也经过加工；石器底端（与刃缘相对的一端）的两侧边缘因加工而变窄。有的标本刃缘加工陡直，与石片劈裂面几乎垂直（图八，1）。

（2）短型的，呈圆形或半圆形 114 件。用较短的石片制成，沿石片的大部分边缘由劈裂面向背面加工，刃缘呈弧形；器型不大，甚至很小（图八，2、6）。

有的标本类似船底形刮削器，石器的一面很平，另一面隆起（图八，4）。

4. 雕刻器，可以分为两个类型：

（1）侧刃雕刻器 16 件。用小石片制成，一侧边缘经过加工，相对的另一侧边缘用雕刻器打法打掉一个或若干个小石片。在桑干河上游的峙峪遗址发现过这一类型的石器。

（2）中间刃雕刻器21件。原材料为石片，在石片一端左右两侧各打掉一个或若干个小石片，在相对的两侧形成雕刻器面。有的标本类似多面雕刻器。在个别标本上，与雕刻器刃相对的边缘也经过加工，过去在萨拉乌苏遗址中发现过这样的石器，被步日耶称为雕刻器兼刮削器（图五，3、4）。

5. 边刃刮削器，共31件。包括若干个类型：

（1）半月形刮削器（图八，3、5、7），打制疤痕主要在一面，另一面未经加工或稍经加工，但刃缘的修整是向两面进行的。

（2）盘状刮削器，呈椭圆形，用较薄的石片制成，沿周围边缘向两面加工。

（3）双边刃刮削器，呈长方形，用较大的石片制成，向石片背面加工，相对的两个长边被加工成刃缘，较短的两个边未经加工。

（4）三角形刮削器，近似直角三角形，沿一个长边进行加工，其余两边未经加工。

（五） 装饰品

装饰器，四种，共13件。

1. 穿孔贝壳共3件，发现于73101地点。有两件在喙部磨孔，有一件在喙部钻孔。

2. 鸵鸟蛋皮制成的扁珠共8件。孔径有的很大，达2毫米；厚度各有不同，最薄的只有0.5毫米，可能是由于风化而变薄的；最厚的为2.1毫米，属于安氏鸵鸟蛋皮的变异范围之内。有的扁珠内孔和外缘都很光滑，可能是长期佩戴的结果。

3. 用鸟的管状骨制成的扁珠1件，发现于73102地点。骨管的一端被仔细磨过，另一端磨得不够仔细。

4. 钻孔石珠1件，发现于73103地点。用板状小石块制成，一面平滑，可能被磨过；另一面较粗糙；周围边缘不甚圆，甚至呈多角形，可见轻微打制痕迹；内孔很圆，可见环形条痕，可能是用尖状器或石钻由两面对钻而成的。

（六） 赤铁矿和红色泥岩

在73103地点和73101地点发现数块赤铁矿，最大的一块长35毫米。在72117地点发现许多块红色泥岩，质地软，呈片状。由于在旧石器时代晚期遗址中发现过赤铁矿和染色的文化遗物，所以我们推测虎头梁遗址中的赤铁矿和红色泥岩可能也曾用于染色。

其次，我们简单地叙述一下遗址类型。

文化遗物的埋藏情况或遗址的平面布局可以73101地点为例予以说明。这个地点未经破坏或扰乱，可以比较清楚地反映遗址的平面布局（图一〇）。

在73101地点，我们发现3个炉灶坑。Ⅱ5～6炉灶坑呈长椭圆形，长170厘米，宽80厘米，厚5～16厘米，其中含大量木炭粒、烧骨和烧过的鸵鸟蛋皮以及少量的石器，土质呈黄褐色至黄黑色，与周围的砂质黄土界限分明。在这个炉灶坑的边缘上发现4块较大的砾石，砾石周围有很多破碎的动物肢骨、下颌骨和少量石器。这个炉灶坑与Ⅱ7～8炉灶坑相连，连接处很窄。在Ⅵ7～8炉灶坑内，也发现木炭粒、烧骨和烧过的鸵鸟蛋皮，在这个炉灶坑的边缘上发现穿孔贝壳和赤铁矿。在三个炉灶坑之间散布着大量的石片和石屑，时而密集，时而稀疏，也发现处于不同剥片阶段的石核和加工细致的石器。

遗址的这种平面布局可以说明这里曾是居址兼石器加工场所，也在某种程度上反映了遗址主人的生活情景。遗址中有炉灶坑，其中含有木炭粒、烧骨和烧过的鸵鸟蛋皮，炉灶坑周围有很多被砸碎的动物肢骨，这些现象说明这里曾是居址。遗址中的动物化石都是属于草原动物的，牙齿的磨耗程度一般较深，多属老年个体，而石器的组成成分中有较多的投射器头，因此可以判断遗址主人从事狩猎活动。遗址中发现的动物化石主要是下颌骨、零星的牙齿和破碎的肢骨，没有发现完整的头骨、脊椎骨和肋骨，一般在以动物为食物的情况下才会在遗址中出现这种现象。

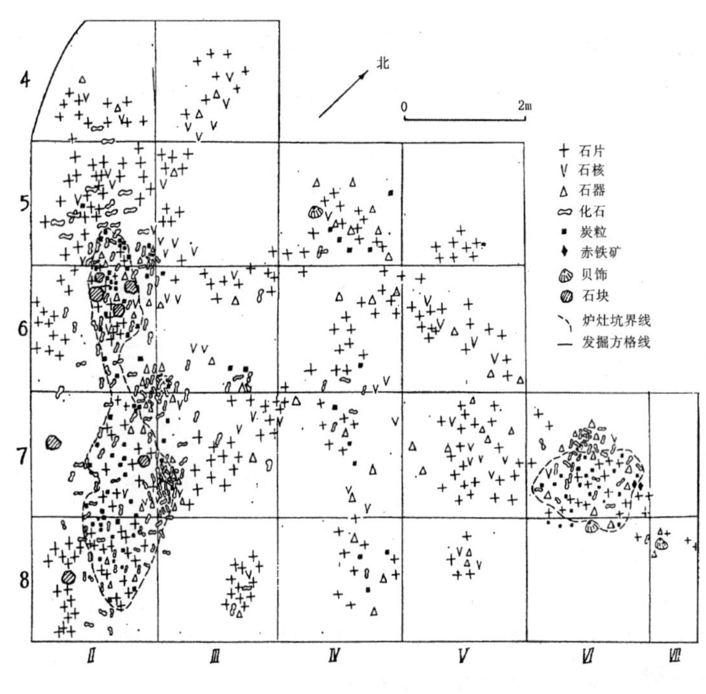

图一〇　73101 地点平面图

由于在遗址中有大量碎石屑，这些石屑是在修整石器时剥落的，所以可以判断在遗址中加工过石器。由于在遗址中很少发现粗大的石片和石皮，石锤和石砧之类的器物也很少，所以可以认为石器的粗加工是在原料产地进行的。

由于遗址的文化层不厚，炉灶坑不大，其中的填充物不多，所以我们认为 73101 地点可能是一个居住时间不甚长久的居址。

在 65040 地点，只发现十多件石器，而且都是完整的制成品，没有发现打制石器时产生的碎片，所以这个地点很可能只是狩猎动物时的瞭望点。65039 地点临近水泉，所含的石器主要是尖状器和刮削器，也发现一些残破的羊角和动物肢骨的末端，我们估计这个地点可能是动物解肢所。我们所发现的 72117 地点含有大量的石核、石器、半成品和石屑，我们认为这个地点主要是石器加工场所。

三、结　　论

1. 根据虎头梁遗址所在的阶地位置，根据华北地区历来采用的古生物地层学标准，虎头梁遗址的地质时代应为更新世晚期之末。

2. 虎头梁遗址的文化时代应为旧石器时代晚期的较晚阶段。

3. 在文化时代上，虎头梁遗址与山顶洞遗址略同或稍晚，但是在文化内容上两者却有很大差别。在山顶洞遗址中，石器的数量很少，加工粗糙，裴文中认为山顶洞文化已由使用石器发展到广泛应用骨角器；在虎头梁遗址中，石制品加工技术发达，石核和石器数量多，加工细致，类型稳定。因此，虎头梁文化和山顶洞文化看来应分别属于两种不同性质的文化。

4. 从石器类型和加工技术来看，虎头梁文化与峙峪文化应有文化发展上的渊源关系，两者同属于华北小石器传统。由于时代上虎头梁文化晚于峙峪文化，所以虎头梁文化的发现进一步延长了华北小石器传统的上限，因此从华北小石器传统的石器地点的系列来说，我们把周口店第 1 地点—峙峪系改称为周口店第 1 地点—虎头梁系。

5. 楔状石核和尖状器（底端圆钝、底端平、底端凹入、底端尖锐的各种尖状器）是虎头梁遗址中的代表性器物。从目前所知材料来看，楔状石核技术最初是在华北产生的。

6. 根据国内外已经发现的材料来看，在更新世晚期以楔状石核和尖状器为主要特征的文化分布甚广，由东亚（包括日本列岛）、中央亚、东北亚经过白令海峡陆桥至西北美，形成一个马蹄形的文化带，我们把它称为北太平洋地区马蹄形文化带。在这个区域内，可以看到地方性的文化差异，但是这里的文化上的共同性是主要的。我们认为虎头梁文化是这个马蹄形文化带在华北的代表。再进一步说，如果把华北看作是这个马蹄形文化带的文化发展的起点，在我们看来是比较有道理的。

参考文献

刘东生、张宗祐，1962：中国的黄土，地质学报，42 卷，1 期：1～14。

刘东生等，1964：黄河中游黄土，科学出版社。

贾兰坡、盖培、尤玉柱，1972：山西峙峪旧石器时代遗址发掘报告，《考古学报》，1972，1 期：39～58。

裴文中，1954：中国石器时代文化，中国青年出版社。

杨钟健、孙艾玲，1960：中国鸵鸟蛋化石的发现和其在地层上的意义，古脊椎动物与古人类，2 卷 2 期：115～119。

Borbour，G.B.，1924：Preliminary Observations in the Kalgan Area. *Bull. Geol. Soc. China*，Vol. 3，No. 2.

——————，1925：The Diposits of Sangkanho Valley. *Bull. Geol. Soc. China*. Vol. 4，No. 1.

——————，Licent，E.，Teilhard de Chardin，1927：Geological Study of the Diposits of the Sang kanho Basin. *Bull. Geol. Soc. China*，Vol. 5，No. 3～4.

（原载《古脊椎动物与古人类》，1977，15（4）：287～300）

中国细石器的特征和它的传统、起源与分布

贾兰坡

远古人类使用的打制石器，一般地说，在发展过程中是从大变小的；特别是从旧石器时代晚期起，在世界范围内广泛地出现了被称为“细石器”的细小石器。细石器在亚洲、非洲、欧洲、北美洲和澳大利亚的许多地方都发现过。

在欧洲发现的以“阿齐尔－塔德努瓦文化期”为代表，石器的特征主要是器型为几何形——斜方形、不等边三角形和新月形等。当时的考古学家相信，这一文化盛行于旧石器时代结束和新石器时代开始阶段，从而把这一文化时代称为“中石器时代”。

经过后来的发现证明，细石器的分布并非仅限于欧洲，在非洲以及亚洲西部、印度，直至澳大利亚都有发现；而且也并非只限于所谓之“中石器时代”，实际上远在旧石器时代晚期即已出现，在南非（阿扎尼亚）奥伦治河中游史密斯菲尔德文化第6期的细石器文化组合中含有玻璃珠，时代被认为距今或为200多年前。

亚洲的细石器是本世纪20年代首先在蒙古发现的，相继在我国的北部又有多次发现。当时我国是一个半封建半殖民地国家，无论是帝国主义分子组成的团体还是个人都掠取了我国的大量标本，其中有很大一部分是细石器材料。

世界上的细石器，有它们的共同特点，石器多很小，主要是用细小的石叶加工成的，目的又多是为了镶嵌，即把细石器镶嵌在骨、角或木柄上作为生产工具和武器。在巴勒斯坦的“中石器时代”发现有镶细石器的角和骨制的直把镰刀柄；在丹麦的“中石器时代”发现有镶新月形刀片的曲镰柄；在瑞典的“中石器时代”发现有由细石器组成的倒刺和尖头的鱼叉，此外还有箭杆的前半段，并表示用树胶固定细石器的尖头和倒刺的位置；现在澳大利亚当地人还用细石器镶嵌锯刀。在我国，除多次发现了为镶嵌细石器的骨刀把和匕首的骨把外，1973年在甘肃省永昌县鸳鸯池的新石器时代的古墓群中还发现了仍然镶嵌着的细石叶的骨刀和骨匕首（甘肃省博物馆文物工作队等，1974）。这一发现之所以重要，是因为它证实了在我国和相邻地区发现的细石器文化组合中细小石叶的确凿用途。

细石器是随着复合工具的发展而发展起来的，没有时代更早的复合工具的发明，也就不可能有为镶嵌使用的细石器出现，两者有很密切的继承关系。细石器虽然也是复合工具，但和最初的复合工具有着十分明显的不同。最初的复合工具只是把石器捆绑在木柄上；而把骨或角的柄刻出沟槽，把若干的刀片连接镶嵌到沟槽里，则是细石器文化的特点。

几何形的细石器，根据现有的材料来看，以围绕地中海地区的发现物为最早，很可能起源于地中海地带，因此可以把它称为“地中海细石器传统”。这一传统技术，向北传播到北欧；向南传播到南非；向东传播，于距今10 000年前后到达印度北部，于5 000～3 000年前到达了澳大利亚。

世界上的细石器，虽然有着一定的共同性，甚至有些石器类型在所有的细石器组合中也基本上存在。例如拇指盖状小刮削器、船底形刮削器、尖状器和雕刻器等，不仅在几何形细石器传统（即地中海传统）中见到，在我国和相邻地区也经常发现。但由于空间和时间的不同，我国以及相邻地区的细

石器和几何形传统也保持着一定的区别。下面首先谈一谈中国细石器的特征。

一、中国细石器的特征

中国以及东亚、北亚和北美的细石器，总的来说属于同一传统。在这一传统的组合中，除了有与几何形细石器类似的尖状器、雕刻器、刮削器、箭头等外，以长薄的石叶最为突出，可以说是这一传统的重要组成部分。它和几何形器物有相同的用途，都是镶嵌用的刀片。

关于旧石器时代的初期和中期的长石片曾有人解释为应具两侧平行到半平行的边缘，它的长度至少大于宽度的两倍，横断面不是平凸的、三角形的、半三角形的，就是长方形的，常常是不等四边形的，在背面或多或少地具有纵脊；在石叶的背面应有两个或更多的先前剥落的石叶疤痕和同方向的同心波纹（Bordes et al.，1969）。

从我国及其相邻地区的细石器文化组合中发现有相当大的比例的石片，绝大部分是用锤状物直接从台面上击落的，台面常常不修理，宽大于长的石片随处可见；有时也能见到两极石片和石核。在细石器文化遗址中可以说几乎普遍都有各式各样刮削器、尖状器、石砧、雕刻器等存在，显然是用直接方法从石核打落的石片加工成的。

至于细石器文化组合中的细石叶，用上边的定义来解释是不够的，首先应当说明的是，多是用间接方法剥落；虽然断面呈平凸或三角形，背面有一个以上的纵脊，但宽和长之比，有的接近 1/10，厚和长之比有的接近 1/20，有的细小到不足一克重。

所见的石叶中，有许多截断了一头或两头，使石叶变短。截断一头或两头，并非偶然，因为用间接法从石核剥落的石叶两头向内弓曲；截断的目的是为了作为刀片使用，把它连接镶嵌在骨把上使彼此接口平齐，减少间隙。有的刀片有使用痕迹；有的一侧边缘有轻敲细击的痕迹，反而使刃口变钝，失去锋利。看来，这种加工后变钝的边缘并非使用的刃口，而是为了把这一缘镶嵌到骨柄的沟槽之内使其稳固。

生产上述石叶的石核是值得研究的，因为从石核上可以了解到生产石叶的技术和程序。在我国的许多细石器文化遗址中，常见到的石核有盘状石核、多面体石核、两极石核、棱柱状石核、锥形石核（铅笔头形石核）、楔形石核和扇形石核（船形石核）等。前三种石核，在我国的旧石器时代遗址，特别是周口店北京人遗址、许家窑遗址和峙峪遗址所常见；最重要的是后四种，几乎为我国及其相邻地区的细石器组合中所专有，而在几何形细石器组合中则很少见到。为此有必要对这些石核作比较详细的介绍。

（一） 棱柱状石核和锥形石核

1975 年，我们参观了黑龙江省齐齐哈尔市玉器厂，有位老工人在解放前是制作烟袋嘴的，他特意为我们表演了这种手工艺的过程。这次表演使我对细石器的研究得到了很大的启发。

他先把一块玛瑙用小铁锤打击成长条形，然后用大铁钳沿周围边缘咬啃，把长条的玛瑙制成圆柱状的荒坯，最后才琢磨成烟袋嘴；打击荒坯时，曾由玛瑙石块上剥落下碎块和碎片达 150 片之多。这使我相信拥有细石器技术的人们，在从棱柱状石核上剥落石叶之前，也必然先打制成荒坯（尽管他们使用的是不同性质的工具)，然后再沿着被修理过的台面的周围边棱用间接法剥落石叶。

我这样说并非猜测，是可以找到证据的。在袁复礼教授于1932年从宁夏回族自治区北部银根所采的细石器中，就有截去两头并沿着周身从不同的方向打成的柱状的黄色火石的荒坯；特别是它的一侧有用交互方法打击的边棱和烟袋嘴的荒坯相比也基本相同。

把石核的荒坯的两头都打击成台面，从两头剥落石叶，最后则成为棱柱状石核；如果从一头剥落石叶，最后则形成锥形石核。我们在银根的材料中，还见到横断面呈桃形、上大下小的石核，它的一侧满布剥落石叶的疤痕，另一侧保留有交互敲击出来的垂直锐棱。这样的石核，过去也常常被称为“石核刮器”，其实可称为“半锥形石核”，因为从细石器文化遗址中还发现许多横断面呈三角形的石叶，背面具有交互打击痕迹纵脊，显然是从半锥形石核上剥落下来的垂直锐棱部分。

无论是棱柱状石核还是锥形石核，台面一般都被修理过。修理的目的，据我观察的结果，并非单纯的为了使台面平整，而更主要是使台面出现细碎的鳞片状疤痕，用间接法打制石叶则不致使中间物体（即棍棒状物）的尖头滑动，易于掌握。总之，棱柱状石核和锥形石核虽然在地区性上有一定的意义，而在技术上二者并没有什么区别。据我个人观察，除了上粗下细的荒坯，从粗端剥落石叶，必然形成锥形石核；即使是两端等大的石核荒坯，如果只从一端剥落石叶，最后也会形成锥形石核，因为剥落的石叶的尾端不仅都向内弯，一般也多较厚。

（二） 楔形石核和扇形石核

关于这两种石核，过去在名称使用上常常混为一谈，有时名为戈壁石核或楔形石核，有时也称为扇形石核。为了说明方便起见，在此作了调整，用楔形石核和扇形石核来说明它们的性质。

这两种石核从本世纪20年代起即引起人们注意，因为它们的代表性很强。后来有人把这样的石核作为东北亚和北美细石器文化联系的证据（Teilharcl de Chardin，1939～1940）。关于它们的打制方法，也有人进行过种种推测，认为是把一个从两面加工的椭圆形的石核，从一侧边截去一片，使它出现台面，然后再从一头沿着台面剥落石片（Smith，1974）。由于没有剥落过石叶的弧形边缘上仍保存着从两面加工痕迹，因而又被看成既是石核又是刮削器，也常常被称为“石核刮削器”（戴尔俭，1972）。

最近我对上述石核进行了比较观察，发现华北地区的细石器文化组合中，常见有从两面加工的舌形器物（从痕迹的长而浅来看，是经过用木棒或骨棒精致地修理）；并发现有很多这类石核是从舌形器物改制而成的，因为有许多楔形石核恰为舌形器物的1/2，而扇形石核恰为舌形器物的1/4。

这也就是说，如果把舌形器物从一面的中部截成两半，再把断面（A缘）修理成台面，然后从和台面相邻的一侧边缘挨次用间接法剥落石叶，即成“半楔形石核”；从两侧边缘挨次剥落石叶，即成楔形石核。

扇形石核，据我个人见解，在技术上也并没有什么特殊的意义。我认为如果把已截断的舌形器物的一半，垂直地再从中间剖开，即把舌形器物四分，把新的断口（B缘）修理成台面，然后从和台面正角相交的一侧（A缘）剥落石叶，即形成扇形石核。

至于舌形器物，是否为了打击这类石核而特意加工的，还是利用使残了的舌形器物？我个人的意见趋向于后者，因为舌形器物的加工都比较精致，尺寸厚薄虽然不尽相同，但周围边缘都具有锋利或比较锋利的刃口，可作为刮刀使用。

二、细石器文化在我国的分布

细石器文化在我国分布得相当广泛，据我所知（包括已公布的和未公布的），在河北、北京、辽宁、吉林、黑龙江、山西、陕西、河南、宁夏、甘肃、新疆、青海、西藏、云南 14 个省、市、自治区，或多或少都有细石器文化发现；最近在广东西樵山也有出露。

它们分布的情况，就现有材料来说，在华北平原的最南界为河南许昌灵井（地理坐标东经 113.58°，北纬 34.1°）（周国兴，1974）；往北达到黑龙江省的八大关（东经 119.30°，北纬 50°），在黑龙江省最靠东部的地方是乌苏里江西岸绕河县附近（东经 134.0°，北纬 46.45°）；往西达到新疆喀什市（东经 76.0°，北纬 39.25°）；在西藏达到喜马拉雅山下的聂拉木县亚里村（东经约 28.55°，北纬 28.12°）；在云南达到元谋县上那蚌村（东经 101.58°，北纬 25.38°）。

从细石器的地理分布，可以看出当时人们生活的大致轮廓。它们绝大多数都分布在沙漠草原或高山地带，平原地区则很少发现，这说明细石器文化时代的人们最初是过着以狩猎为主，以采集为辅的经济生活。当旧石器时代结束转变到新石器时代，经济出现了巨大革命——从狩猎发展出畜牧业，从采集转变到农业。在中国北部的新石器时代，特别是在稍后的阶段里，广泛出现了细石器和农业工具——石锄、石斧等——混合文化，是亦农亦猎（还有驯养家畜）的标志。

根据现有的资料还可以作出这样的推测：在旧石器时代晚期，正当末次冰期达到高峰的时候，冰雪侵占了北部广大地区（特别是山区），寒冷的气候迫使某些野兽南迁，在当时的条件下，有些猎人为了追寻野兽也会向南移动。到了距今大约 1 万年前后，冰期结束，气候逐渐变为温暖，高纬度的冰雪融解，不仅使广大地区从冰雪中裸露出来，融化的冰水也会形成许多河流和湖泊，草木丛生，野兽和鱼增多，为渔猎提供了条件，当然有的猎人也必然向北迁移。例如在我国的内蒙古自治区北部的辽阔大草原上，今天的居民虽然不多，而零散的细石器却发现不少。在蒙古也是如此，例如在南戈壁省，平均每 8 公里才有 1 人；但从考古学上证实在新石器时代，居民的密度却比现在为大，在南戈壁省达尔鄂博苏木的巴彦扎格（即沙巴拉克），当新石器时代的时候，那里的情况和今天相比已有很大的差别，因为从那里曾发现过大批细石器、陶片、动物遗骨和炉灶残迹，还有保留良好的石器制造场。

目前，发现细石器最多的省份，据有关博物馆考古工作者统计是黑龙江省和内蒙古自治区，两地均发现有 60 处左右遗址（距离较近而性质相同的地点都作为一处看待，如果按点计算，仅黑龙江省嫩江流域就有上百个点）；其次是吉林（约有 40 处）、宁夏、甘肃、新疆、河北、山西、陕西……等省、自治区。

在我国所发现的海拔最高的细石器地点有两处，一处是西藏地方黑河附近（邱中郎，1958）（东经 92.0°，北纬 31.27°）；另一处即西藏聂拉木县亚里村，两处海拔均为 4300 米。在这样高的地点有细石器发现，除了把它们看作是当时猎人的临时宿营地之外，还应从地质角度考虑全新世地壳上升的幅度。

关于我国的细石器技术是在何时结束和失传的问题，过去很少有人讨论。在黑龙江省呼伦贝尔盟陈巴尔虎旗完工附近的汉墓中即发现有用细石器技术制造的圆盘状刮削器和石镞等（内蒙古自治区文物工作队，1965）；据说，在达赉湖（呼伦池）北岸木图纳亚河东岸的东汉时期的鲜卑墓中也曾发现过用同样技术制作的石镞。1975 年我们在辽宁省昭乌达盟克什克腾旗好鲁库种羊场区域内发现有两处具有细石器成分的地点，一处是墓葬，一处是居住遗址，两处都有辽代（公元 916～1125 年）陶片共存——这是目前在我国所见到的最晚的具有细石器成分的地点。

三、东亚、北亚和北美的细石器的起源与分布

虽然有的作者根据扇形石核作过亚传统的划分，但还未见有谁否定东亚、北亚和北美的细石器属于同一传统。可是对于这一传统的细石器起源的说法则是各式各样的。德日进和马林杰等人认为我国北部的细石器文化起源于西伯利亚叶尼塞河上游一带，首先进入蒙古的沙巴拉克或我国的东北部，然后向南分布（Teilhard de Chardin edtal.，1944；Maringer，1950）；莫兰认为可能是由一种欧洲人（奥瑞纳文化期）导出西伯利亚的细石器工业；莫查诺夫认为可能是中国的中部；奥克拉德尼克夫根据在蒙古莫力特山口发现的发展程序，发表了认为是土著起源的证据；史密斯同意后一说法，认为奥克拉德尼克夫的主张是合适的，特别是把旧石器时代晚期全华北、蒙古和南西伯利亚看作是社会文化独立发展的辽阔地的话（Smith，1974）。

当我们研究山西省朔县峙峪文化（据碳 14 测定距今为 28 135±1330 年）的时候，曾经说过："这个问题的解决取决于在亚洲地区的更新世晚期的石器文化中找到发达的细石器技术的萌芽和组成细石器文化的石器的原始类型"（贾兰坡等，1972）。在同一论文中，根据华北各地的发现，把华北的旧石器时代文化分为两大系统，一个是"匼河—丁村系"（或称"大石片砍斫器—三棱大尖状器传统"），属于这个传统的文化有陕西蓝田县公王岭蓝田人文化（戴尔俭，1966）、山西芮城匼河文化（贾兰坡等，1972）、山西襄汾县丁村文化（裴文中等，1958），最后发展到山西怀仁县鹅毛口文化（贾兰坡等，1973）；另一个是"周口店第 1 地点（北京人遗址）—峙峪系"（简称"第 1 地点—峙峪系"，或称"船底形刮削器—雕刻器传统"），属于这一传统的文化有周口店北京人文化（Teilnard de Chardin *et al*.，1932）、山西阳高县许家窑文化（贾兰坡等，1976）、山西朔县峙峪文化、河南安阳小南海文化（安志敏，1965），最后发展成为"中石器时代"以及再晚的细石器文化。由于这个传统的古老地点都集中在华北地带，因此使我们相信它起源于华北地区。

我们之所以把这一传统的细石器追溯到北京人文化，是因为在石器的组合中不仅有大量的细小的石器存在，而且有许多类型——如两极石核的石片、各种小型尖状器、各式各样的刮削器（包括船底形刮削器）和雕刻器等，在许家窑文化、峙峪文化和以后的细石器文化组合中也都存在。在"匼河—丁村系"中，虽然也有小型器物发现，但无论是在比例上和在类型的一致性上都不能和"第 1 地点—峙峪系"的相比。

虽然可以把这一传统的细石器的起源追溯到北京人时期，但和"中石器时代"及其以后的细石器文化最接近的是峙峪文化。在峙峪文化的组合中不仅见到有在细石器文化中普遍存在的石镞、拇指盖状刮削器（圆盘状小刮削器）等，还有肩形石核。峙峪的扇形石核，虽然没有"中石器时代"及其以后的细石器文化中的典型，但已初具规模；而且，1975 年我们在辽宁省昭乌达盟林西锅撑山新石器时代的细石器文化遗址中也见到过同样的石核。此外，在峙峪文化遗址中还见到代表细石器文化特征的长石叶，有的两侧呈平行或半平行，有的呈梭形，断面有的平凸呈梯形，有的呈三角形；长和宽之比约为 3∶1，长和厚之比约为 10∶1。像这样的石叶在新石器时代细石器文化组合中也普遍存在。峙峪遗

址的石叶，从台面的细小、打击泡（即半锥体）圆而凸来看，可以认为是用间接法剥落的——到目前为止，这是在我国所见到的最早的用间接法剥落的石叶。

根据最近的调查结果来看，细石器向北分布的途径可能是从我国的宁夏、内蒙古经过蒙古和我国的东北部分布到西伯利亚的，最后通过白令海峡分布到北美。在宁夏、内蒙古和黑龙江省的北部地区都发现了不少的细石器文化地点。不过绝大部分的材料都暴露于地表，有的地点仅有细石器文化发现，有的和陶片、磨光石器混合在一起。在我国的东北部既有地层又有化石根据，可以看作旧石器时代晚期后一阶段的遗址有辽宁省陵源县西八间房（辽宁省博物馆，1973）；黑龙江省扎赉诺尔遗址的时代也较早，用^{14}C测定地层内的树木距今为11 460±230年。

在东西伯利亚，虽然报道了一些据说是属于旧石器时代晚期的材料，但提供的证据不足，因为有的是根据器型、技术的粗细、石锈的厚薄和有无陶器等现象来估计，或者是和日本已用^{14}C测定出年龄的材料对比的。经过^{14}C测定并具有细石器成分的有阿尔丹河右岸的维克尼—图伊特斯卡亚地点，距今为18 800±180年，但知道的材料太少，只有1件扇形石核和刀形刮削器；还有印迪吉尔卡盆地的比里勒克地点（位置在北纬70°，这是世界上最靠北的一个地点），经^{14}C测定距今为11 830±110年或12 240±160年（Powers，1973）。总之，从贝加尔湖往东直到白令海峡，到现在为止还未发现超过距今18 000年的材料，蒙古也没有；因此细石器文化既不可能来自于欧洲，也不可能起源于贝加尔湖地区和蒙古。根据我们的研究与此种说法恰恰相反，而是起源于华北。关于此种文化分布到美洲的时间，我同意这样的看法：大致在距今10 000年前这个传统的细石器已渡过白令海峡陆桥达到阿拉斯加的西北部；至少说占据亚北及美洲的西北部的费尔班克斯—海莱湖地区大致是距今10 000年，并且随着威斯康星冰川的退缩到达加拿大的不列颠哥伦比亚大约是在距今9 000年（Smith，1974）。

日本的细石器文化无疑是从亚洲大陆传播过去的，传播的途径可能有两条主要通路，一条是通过鞑靼海峡到达库页岛，然后向南分布；一条是从堪察加半岛经千岛群岛向南分布。因为细石器在我国从华北向东北部的分布面，愈往北也愈广、愈靠东。到目前为止，在河北发现的材料只限于东经118°以西，在辽宁只限于东经123°以西，在吉林是在126°以西，在黑龙江北纬46°以南分布到126°以西，在北纬48°则分布到了东经133.15°。当然，朝鲜半岛可能也是一条途径。

从华北向西分布的途径是，经过河西走廊分布到新疆，在天山北路和南路都有细石器文化遗存发现，往西达到喀什市。其实往西分布得还很远，在苏联的阿什哈德附近的沙地里，在乌斯秋尔特高原上，在乌兹博依和其他地区采集许多与青铜时代陶器共存的细石器，而在所有的细石器遗址上，都发现有棱柱状石核和圆锥形石核，并且在绝大多数的哈萨克斯坦遗址中，根本没有几何形工具（佛尔莫佐夫，1960）。

可能是在向西分布的过程中，大概是沿着黄河上游也向南传播，因为在青藏高原的黑河留下了属于这一传统的细石器材料，往南一直分布到喜马拉雅山下的聂拉木县。向南传播的过程中又向东传播到云南，最后还可能分布到广东。

参考文献

辽宁省博物馆，1973，凌源西八间房旧石器时代文化地点。古脊椎动物与古人类，11（2）：223～226。

内蒙古自治区文物工作队，1965，内蒙古陈巴尔虎旗完工古墓清理简报。考古，(6)。

甘肃省博物馆文物工作队，武威地区文物普查队，1974，永昌鸳鸯池新石器时代墓地的发掘。考古，(5)。

安志敏，1965，河南安阳小南海旧石器时代洞穴堆积的试掘。考古学报，(1)。

邱中郎，1958，青藏高原旧石器的发现。古脊椎动物学报，2 (2~3)。

佛尔莫佐夫，1960，苏联亚洲部分的细石器遗迹。考古，(4)。

周国兴，1974，河南许昌灵井的石器时代遗存。考古，(2)。

贾兰坡、王择义、王建，1972，匼河。中国科学院古脊椎动物与古人类研究所甲种专刊第5号。

贾兰坡、盖培、尤玉柱，1972，山西峙峪旧石器时代遗址发掘报告。考古学报，(2)。

贾兰坡、尤玉柱，1973，山西怀仁鹅毛口石器制造场遗址。考古学报，(2)。

贾兰坡、卫奇，1976，山西阳高县许家窑旧石器时代文化遗址。考古学报，(2)。

裴文中等，1958，山西襄汾县丁村旧石器时代遗址发掘报告。中国科学院古脊椎动物与古人类研究所甲种专刊第2号。

戴尔俭，1966，陕西蓝田公王岭及其附近的旧石器。古脊椎动物与古人类，10 (1)。

戴尔俭，1972，西藏聂拉木县发现的石器。考古，(1)。

Bordes, F. and Crabtree, D. 1969. The Corbiac blade teehnique and other experiments. Tebiwa, 12 (2): 2.

Maringer, J. 1950. Contribution to the Prehistory of Mongolia. Reports from the Scientific Expeditions of the North—Western Provinces of China. Bubl. 34, Stockholm.

Powers, W. R. 1973. Palaeolithic Man in Northeast Asia. *Arctic Anthropology*, 10 (2): 1~106.

Smith, Jason W. 1974. The Northeast Asian—Northwest Microblade Tradition. *Journal of Field Archaeology*, 1 (3~4).

Teilhard de Chardin, P. and Pei, W. C. 1932. The Lithic Inbustry of the *Sinanthropus* Deposits in Choukoutien. *Bull. Geol. Soc. China*, Vol. XI.

Teilhard de Chardin, P. and Pei, W. C. 1932. The Lithic Industry of the *Sinanthropus* Deposits in Choukoutien. *Bull. Geol. Soc. China*, Vol. XI.

Teilhard de Chardin, P. 1939~1940. On the Presumable Existence of a World—Wide Sub Arctic Sheet of Human Culture at the Dawn of the Neolithic. *Bull Geol. Soc. China*, 19:333~339.

Teilhard de Chardin, P. et Pei, W. C. 1944. *Le Néolithique de la Chine*. Peking.

（原载《古脊椎动物与古人类》1979，16 (2)：137~143）

云南元谋盆地发现的旧石器

文本亨

一、元谋人产地出土的旧石器

从猿人牙齿化石产地发掘出来的旧石器，比较好的是三件刮削器，均发现于含猿人化石的褐色粘土层之中，但两者并非分布在同一水平面上，也就是说，石器和猿人牙齿化石之间有着一定的上下垂直距离，低者0.5米，高者在1米左右，若以水平距离言之，则最远者约20米，最近者为5米左右(参阅元谋猿人化石产地1973年发掘报告)。

这三件刮削器，原料都是石英岩，颜色均呈米黄色。其中一件P.4085（图一，1）似由石核打制而成，一面保留着较光平的岩面，它的一侧边缘上有垂直剥落小石片的痕迹，第二步加工主要在较宽的边缘上，由较平的一面向凸起的一面修整出略凸的刃部，所剥落的碎片，其疤痕较为短小，刃角为70～75°左右。另一件是P.4086（图一，3），形体较小，较薄，呈长方形，长、宽、厚为42×32×16毫米，一面较平，一面折凸成脊状，在一侧边缘上，由折凸一面向较平一面细击出微凹的刃部。第三件标本P.4087（图一，2），轮廓近似方形，一面较平，一面折凸，横断面呈梯形，凸的一面保留着小块砾石的自然面。三边均有修整的痕迹，左侧边主要向较平一面打击，刃缘较直，右侧边为凸刃，两面加工而成，前端的边缘则由较平一面向凸起一面打制出稍为凹陷的刃部，碎片的疤痕都比较短宽。

二、元谋人遗址地表采集的旧石器

除了上面记述的三件标本之外，在这个猿人化石地点北坡的地表上，还采集到三件石制品，它们是在发掘前清理表面堆积时发现的，计有：石核1件，石片1件和尖状器1件。这三件石器均稍高于元谋人牙齿化石的出土处，但水平距离不到1米。P.4089是一件蜡黄色石英岩的石核，略呈梭形，长、宽、厚为90×60×52毫米，左下角和背面仍为原来的砾石面。打击台面基本上是砾石的节理面，在弧形的边缘上连续垂直向下打击石片，然而在剥离的石片中，除一片较大者外，几乎都是细小的，并且多于中途折断的，这可能是原料本身多节理面结构的缘故而造成。在这打片边缘的左方，有一段是由交互打击而成的弯曲刃部。打击点的集中，石片疤的凹下，台面角又大多在90°左右，这种种特征表明，由石核上打落的石片，所采用的是直接的“锤击法”。P.4090（图一，4）是一件石片，原料为紫红色变质砂岩，宽稍大于长，大小为69×72×35毫米，上面保留着狭长的砾石台面，宽在20毫米左右。破裂面与台面之间的边缘平直，石片角105°左右，石片的背面曾由三个方向剥落过石片，因而形成了“人”字的棱脊的折凸。打击点散漫，半锥体平缓。石片各边没有任何的修理或使用痕迹。P.4088（图一，5）是一件尖状器，由石英岩石片制成，器身细长，呈三角形，其上的台面是砾石的自然面，半锥体、打击点的特征表明是用石锤直接打落的。修饰两侧长边并于远端成尖，左边单向加工，

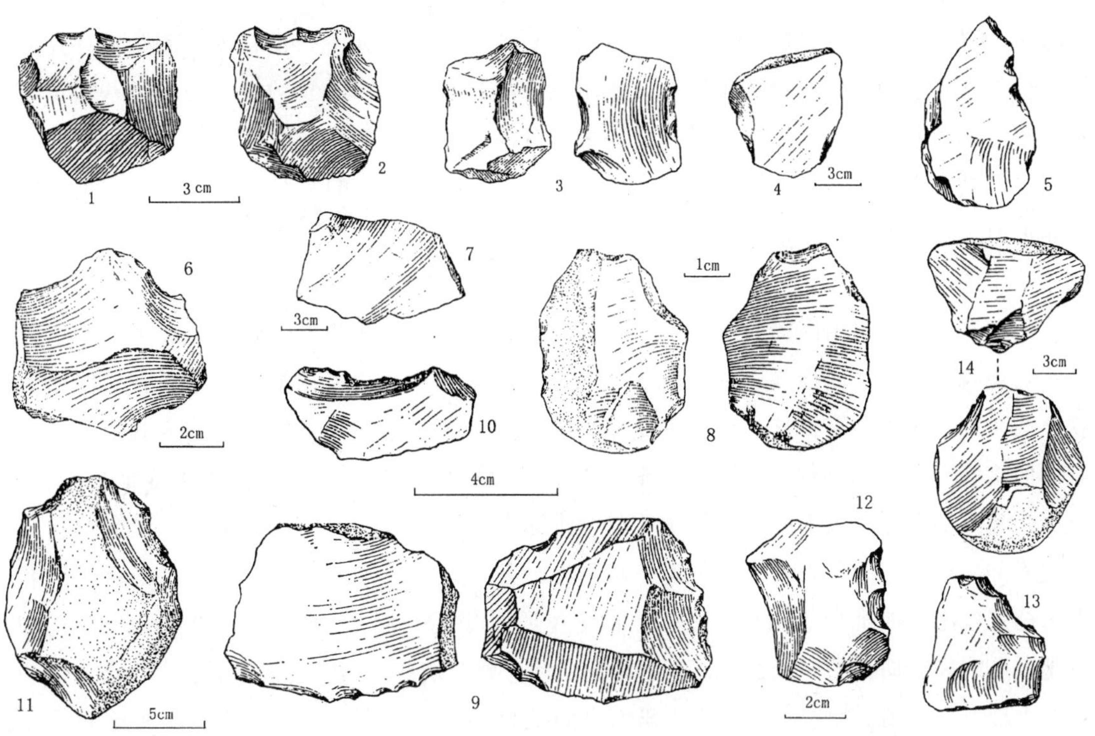

图一　元谋盆地的石制品

1～3. 刮削器（出自元谋人产地）　4. 石片（拾自元谋人产地）　5. 尖状器（拾自元谋人产地）　6. 凸刃刮削器（拾自四家村地点）　7. 石片（拾自四家村地点）　8. 复刃刮削器　9. 复刃砍砸器　10. 凹刃刮削器（8～10 出自四家村地点地层中）（9、10 比例尺同）　11. 复刃砍砸器（拾自老邪唐地点）　12. 直刃刮削器　13. 复刃刮削器　14 石核（12～14 拾自元谋火车站地点）（13、14 比例尺同）（除 4 外，1、2、3、5 比例尺同）

右边由正反两面施以细击，留下浅小的碎屑疤痕。边刃的夹角左侧的较之右侧的要大些，标本的背面，偏左有一棱脊纵贯整个器身。

上述的这三件标本，虽然并非直接从元谋人牙齿化石的地层中挖掘所得，但是正如上面所提到的，它们两者之间的距离甚为接近，而且从这几件标本表面上所附着的土质颜色以及只经过轻度的磨蚀作用等看来，我们可以认为，它们不像是从远处搬运来的，而是在附近的红褐色粘土层里，后经雨水冲刷暴露在地面上的，因此，这三件石器很可能也是当时元谋人制造和使用的石质工具。

三、四家村等地点采集的打击石器

我们这次在盆地西边的龙川江右岸南北大约 20 公里的范围内进行了一些调查和试掘工作，结果获得不少的打击石器材料，发现这些石器的地点有：（1）四家村，位于元谋县城（马街）西北约 13 公里，高出现龙川江水面约 30 米的第三阶地前缘。石器出现在四家村南面约 100 米的一条冲沟里。这条冲沟由东而西朝向龙川江，当地社员称之为丛林箐。箐者沟也，可能是说这里原来林木丛生，自然景观一片翠绿，而如今这样的大沟是树木砍伐之后被雨水冲刷才逐渐形成的。冲沟的周围地表上散布着许多砾石和砾石的碎块，有些是人工打击成的，其中成器者有 30 余件，制作较好。后来，我们在这冲沟的南坡上，进行小面积的试掘，取得一些石器、石片和许多有人工打击特征的碎片。在这个地点获得的所有标本，不管是从地层里挖出来的还是由地表上捡拾来的，从总的性质观察，基本上都是一致的。这就可以说散布在冲沟周围地表上的这许多石制品，原来可能也产自紫色砂质粘土层和上伏砖红色风化壳之间的砾石层中，后经侵蚀作用才暴露出来散布在地面上的。（2）下棋柳，在前一地点之南约 300 米的月牙山西坡，这里的地表上多有人工打击的砾石碎块，有一件制作粗糙的砍砸器是在这里的冲沟中采集的。（3）新村，位于四家村东南约 200 米，这里采集的两件石器，有一件的第二步加工的痕迹比较清楚。在这里出露的断面上，可以看到它的堆积层次和各层的岩性，大体与四家村丛林箐者相似。石器就是出现在断面脚下的地表上。（4）元谋火车站（大能雨村）附近，在县城西北约 7 公里的铁路线东侧，采集品有石核、石片和石器多件。（5）老鸦塘，在县城东南约 3 公里，这里有一条大槽谷，向南直下龙川江，石器出现在这条槽谷的东南坡地表上，其中有一件砍砸器加工得比较清楚。

这五个地点的石器，较多的是四家村，有一些标本还是从地层中挖掘出来的，其余的几个地点均系采自地表的，但是它们分布密集，距离又都不远，尤其是头三个地点，简直连在一起，惟老鸦塘地点所在的位置较之前四个地点稍高一些，但从这里所采集的石制品，无论在原料上或从制作技术上，尚难看出彼此之间有明显的区别，所以，为简便之计，就把这些材料综合起来，按类型叙述。

这几个地点的石器，原料都是石英岩砾石和石英砾石，而又以前者为主。这两种砾石，在就地附近的沉积物砾石层中即可找到，砾石表面一般都比较光滑。石器上的人工痕迹均较清晰，棱角也较鲜明，而且又都没有清楚的石锈。

这几个地点的石器材料计有：

石核 6 件。大小不等，最大者长达 110 毫米，最小者约 50 毫米，一般在 60～90 毫米之间。所有这类标本，外表都保留着部分砾石的自然面，形状似双锥体的两件，均出自四家村地点，其中一件从地层中挖出来的，原料都是乳白色石英砾石。这两件标本的共同特征是在弧形边缘上进行相反方向的打片，形成曲折的刃部，刃角 85°左右，可作为砍砸的工具，但在标本上面看不到有使用的痕迹。这类石核在我国的旧石器时代文化遗址中多有发现。略呈长方形的三件，拾自老鸦塘地点，体积均较大。它们有相同之处，就是先在砾石较平一面或节理面的周边或大部分边缘上连续垂直向下打片，然后再利用石片疤作台面进行单方向或相反方向的打片。P.4091（图一，14），略呈圆形，拾自元谋火车站地点，台面弧形拱突，人工打制，其上还有几个浅而细的条状石片疤，似是修理台面的工作。石核上的石片疤都不很大，形状多数不规则，个别是长大于宽的。打击点一般都比较集中，也看到有位于台面棱脊上的打击点。台面角接近 90°，以 70°～85°者居多。所有这些特征表明，从石核上打落石片时，采用石锤直接打击的方法。

石片 18 件。四家村地点发现的最多，占其总数的 83%。此外，老鸦塘地点有两件，元谋火车站地点的一件。尺寸较大者极少数，最大的长达 78 毫米（P.4092，图一，7），一般为 40～50 毫米，最小的一件厚只有 9 毫米。台面以砾石自然面为主，也有几件是人工打制的，修理台面的石片没有发现，但有一件标本台面不光平，有浅的疤痕。台面一般都比较小，其中以 P.4093 标本为最小，宽度仅有 4 毫米。长大于宽和长宽接近的石片稍占多数，而且背面保留砾石自然面的较少。石片上的打击点清楚，半锥体一般都比较小而显突，但也有较平缓的，个别标本甚至是凹下去的，还可看到双锥体的现象。

石片角最小的87°，一般在100°～115°之间，最大的120°。这些石片中除个别标本在较薄边缘上稍加几下粗击者外，大部分都是没有进一步加工或使用的痕迹。

刮削器数量最多，占石器总数的54%。在四家村发现的就有31件，其中的13件是从地层里挖掘出来的，余者分别拾自新村和元谋火车站两地点。除一件由石块修制者外，其他都是由形状各异、大小不一的石片加工成的。个体都比较小，长24～72毫米，宽22～74毫米，厚10～39毫米。第二步加工限于锤击法一种，并以单方向由破裂面向背面打击者为主，采用错向和交互方法修理的为个别的标本。刃缘较陡直者只是极少数。如以刃部情况观察，大概可把它们分成：

单刃刮削器计有17件。加工边缘有直、凸、凹之分。P.4093是一件在石块较薄一边由平的一面向突凸一面打击，加工粗糙，疤凹陷，刃缘厚钝。P.4103（图一，12）呈长方形，扁薄石英片制成，加工主要在右侧长边，由破裂面向背面修饰出较锋利的直刃。P.4105（图一，6）的原料为黑色石英岩，它是这类采集品中较好的一件标本，修整左侧突凸边缘，碎屑疤浅小平正，刃缘薄而整齐。P.4106的背面保存着大片砾石自然面，刃部在左侧折凸边缘上，单向重击而成，疤较宽而凹陷。P.4099和P.4100的两件标本，加工在台面相对的一边，刃圆凸，疤细小均匀，颇似小型的端刃刮削器。P.4098是半月形的凹刃刮削器，长、宽、厚为48×24×15毫米。在薄凹边上单向轻敲细打，刃缘较锋利。这件标本有点类似于陕西蓝田涝池河地点所采集的P.3021号标本（图一，10）。

复刃刮削器21件，大部分标本除台面以外的各边均有加工痕迹，较好的有4件。P.4104（图一，13），拾自元谋火车站地点，个体较大，长、宽接近，约68毫米，厚25毫米。左边和底边保留砾石的自然面，右侧曲折边缘稍薄，错向打击出不甚平齐的刃缘，另外两直边也各施以轻微的修理，疤小近于垂直。P.4102是厚石片加工成的，出自新村地点。人工打制台面，厚达34毫米，它为这类器物的最厚者。破裂面平坦，而背面隆凸，一边保留部分砾石的自然面。大部分边缘都加工成刃部，单方向打击，碎疤虽稍宽而凹陷，但整个刃缘却比较规则。第三件P.4096（图一，9）从四家村地点挖掘所得，由薄梯形石片制成，窄小的砾石台面，锥体平缓，破裂面平坦，背面中部比之四周略高，但较平，右侧保留小块砾石的自然面，其余部分不是石片疤就是节理面。主要在左侧直边和稍凸的底边进行加工，前者向背面打击，后者错向修理，疤小而平，它是这次所得石器中比较规则的标本。最后一件是P.4101（图一，8），由双锥体石片制成，也是挖自四家村地点的。略呈椭圆形，台面和左侧保留砾石的自然面。破裂面较平，背面中间成“脊”，是右侧曾剥离石片所致。主要把两侧边修理成较薄的刃部，左边错向打击，右边向背面粗击出曲折的刃缘。

尖状器两件都是从四家村地点挖掘的。P.4107是用一小三角形石英石块打制成的，沿着两侧边缘，由平的一面向凸的一面打击成一尖，尖端可能在加工时震断而变钝了。另一件（P.4108）是轮廓多边形的小砾石石片，破裂面平坦，背面稍凸，并保留砾石的自然面，周边由平的一面向背面打击成刃，除较长一边的刃缘呈锯齿状之外，各边的刃部都比较整齐，其中两侧边在远端相交成尖，按一般的加工方法观察，它应属尖状器一类。

盘状器仅有1件（P.4109）。拾自元谋火车站地点，这件标本是地质力学研究所采集并转送给我们的。系用厚石块打制成的，最大径为90毫米左右。除一边保留小块砾石的自然面之外，其余各边均有交互重击的加工痕迹，其刃缘曲折，正反两面石片疤重叠。

砍砸器共有5件。均以扁平的砾石或砾石的断块重击加工而成的，其中单刃砍砸器3件。P.4112

拾自四家村地点，略呈方形，长、宽、厚为 99×95×44 毫米。在扁平砾石的相连两边单方向加工，先重击后细修出半圆状的平整刃部，石片疤重叠。刃角 75°～85°之间。这标本除刃部之外的部分为原来砾石的自然面，光滑扁薄，执握十分适宜，因此，这是一件很好的砍砸工具。形体相似的同类标本，在下棋柳月牙山地点也有一件（P.4113），唯后者的加工限于一端，相反方向打制，刃缘曲折，疤痕也较深凹。

复刃砍砸器 2 件。其中一件为 P.4110，与 P.4112 标本同出一处，略呈三角形，长、宽、厚为 115×104×67 毫米，可见其个体是比较大的。一面隆凸，保留大片砾石的自然面，除一边外，其余各边均进行单向加工，先粗击剥离大片石片，把刃部变薄，然后再次细修。刃缘比较锋利，刃角 75°～80°之间。另一件是 P.4111，拾自老鸦塘地点，略为椭圆形，器身较薄，大小为 120×96×42 毫米。破裂面平坦，另一面凸起，保留较大的砾石自然面。加工在两侧长的弧形边上，单向打击。刃缘较薄，刃角 72°左右（图一，11）。

四、小　　结

上面所述的材料包括两部分——“元谋人”的石器和四家村等其他地点的石器，前者数量虽然不多，但出自与元谋人同一时代的地层之中，因此，这几件标本的主人应是元谋人。元谋人是我国西南地区金沙江畔发现的早期人类，其时代比之北京人和蓝田人都要早，经采用古地磁方法测定它为距今大约 170 万年，属更新世的早期。这样看来，元谋人的石制工具是我国发现与猿人化石伴生的最早石器，在亚洲地区目前为止尚未看到时代可与之相比较的材料。

元谋人的石器从原料到加工方法与蓝田人的石器确有相像的地方，但是由于目前所获得的材料十分有限，因此，对于元谋人文化性质的认识及其与我国各地已发现的旧石器时代早期文化之间的比较，就现有的条件尚未成熟。诚然，元谋人石器是我国目前所发现的时代上最早的石器则是可以肯定的。

至于四家村等地点的石器材料，由于大多数的标本都是从地表上捡拾来的，它们的原生层位虽然通过在四家村丛林箐地点的试掘大致推测可能来自附近第四纪沉积物的砾石层中，即使四家村的试掘地点也是缺乏任何的哺乳动物化石根据，因而对讨论这部分石器的时代问题，存在着一定的困难。不过在这几个地点发现的石制品多以石片制成，又以单面加工为主，而这是我国旧石器时代石器共同特征，从而使我们有理由认为它们不是新石器时代的产物。如果我们从这些标本的打制技术来看，它们与云南宜良发现的旧石器基本相似，即主要也是采取锤击的方法打击石片和修理成石器，再者，在紧接着埋藏这些石器的上部地层的地表上就发现新石器时代的文化遗物。综合考察这种种因素，我们认为在进一步开展工作、发现更多材料之前，把四家村等地点，暂且定在旧石器时代的晚期或更晚是合适的。

元谋发现的石器，不管其时代是早的或是晚的，它们都是稀疏地分布在地层中或散落在地表上的，这种现象就可能说明出现石器的各个地点，包括元谋人化石产地在内，都不是居住遗址，它们或是坡积而成，如元谋人遗址，或是当时打制石器的场地，四家村等地点即是，因为在这些地方的地表上，散落着大量的、有人工打击痕迹的碎块和废片，因而所获得的材料非常零星，典型标本则更稀少，所以都不可能表现它们的文化性质。今后有待于我们在这个地区工作时，着重寻找古人类的居住遗址。

参考文献

戴尔俭、计宏祥，1964，陕西蓝田发现之旧石器，古脊椎动物与古人类，8（2），152～156。

戴尔俭，1966，陕西蓝田公王岭及其附近的旧石器，古脊椎动物与古人类，10（1），30～34。

戴尔俭、许春华，蓝田旧石器的新材料和蓝田猿人文化，考古学报，1973（2），1～12。

盖培、尤玉柱，1976，陕西蓝田地区旧石器的若干特征，古脊椎动物与古人类，14（3），198～203。

贾兰坡，1960，中国猿人的石器和华北其他各地旧石器时代早一阶段的石器关系，古脊椎动物与古人类，2（1），45～50。

贾兰坡、盖培、黄慰文，1966，陕西蓝田地区的旧石器，陕西蓝田新生界现场会议论文集，151～154，科学出版社。

李炎贤、黄慰文，1962，云南宜良旧石器调查简报，古脊椎动物与古人类，6（2），181～189。

裴文中、周明镇，1961，云南宜良发现之旧石器，古脊椎动物与古人类，5（2），139～142。

张兴永，1973，云南第四纪哺乳动物化石新地点，古脊椎动物与古人类，11（2），219～221。

（选自中国科学院古脊椎动物与古人类研究所编《古人类论文集》，北京：科学出版社，1978：126～133）

泥河湾组旧石器的发现

尤玉柱　汤英俊　李毅

一　前　言

早期人类化石和文化遗物，是研究从猿到人的转变过程、原始社会的产生和发展、旧石器时代文化分期、第四纪下限等问题的十分珍贵的材料。为此，古人类学、旧石器时代考古学和第四纪地质学工作者历来都予以很大的关注。

在我国，更新世早期的文化遗物的寻找曾作过一些努力，但发现得不多，截至目前为止仅有如下三处：1960年在山西省芮城县西侯度发现了属于早更新世三门组的若干人工打击的石器和具有砍砸痕迹的鹿角等，并有大批的哺乳动物化石共生；1973年在云南省元谋县大那乌东北“元谋人”地点发掘时，于早更新世元谋组顶部出土了三件人工打制的石器；另一处即是本文将要记述的小长梁遗址。小长梁遗址的内涵、遗物的数量远比前两处为丰富，它对了解我国华北地区旧石器时代早期的文化性质、探讨华北地区小石器系统的起源问题，无疑是重要的。

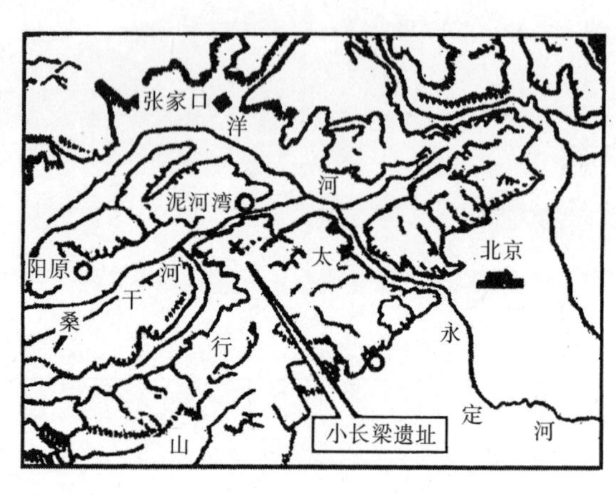

图一　小长梁旧石器时代早期遗址位置图

小长梁遗址，位于桑干河右岸，行政区划属河北省阳原县大田洼乡官亭村。遗址在官亭村西北500米，地理坐标：东经114°39′；北纬40°13′。中国科学院古脊椎动物与古人类研究所野外地点编号：78005（图一）。

为了研究泥河湾一带的第四纪分层及第四纪下限问题，笔者于1973年秋对蔚县盆地和阳原盆地进行调查，并发现这一遗址。同时，在遗址的周围还发现同一层位的另一处含石器的地点和一些哺乳动物化石地点。小长梁遗址的全部文化遗物均埋藏于下泥河湾组顶部的中粒砂层中（本层有时相变为含砾粗砂），并有哺乳动物化石与之共生。

二、历史的回顾

泥河湾地区的第四纪地层研究，已有较长的历史。半个世纪以前，德日进等人曾在泥河湾村附近收集并发现了大批哺乳动物化石（Teilhard et al.，1930），还有一些曾经引起剧烈争论的“人类的文化遗物”。其中有一件石块发现于下沙沟。这一石块步日耶认为是经过人工打击的“粗糙的手斧”，并在1935年法国人类学杂志登载的文章中加以记述。包括德日进在内的一些人不同意步氏的观点（盖培等，

1974)，更多的人对其表示怀疑。因为在当时许多专家普遍主张人类起源于中更新世；中更新世的石器是最早的石器。随着本学科材料的积累，不断有新的发现以及年代测定技术的应用，人们逐渐改变了原有的看法。尽管关于人类起源的时空问题还有分歧，但是，对于更新世早期地层中存在着早期人类化石及其文化遗物的观点和事实，从60年代起已被绝大多数人所承认。

多年来，盖培、卫奇二同志在山西东北部、河北西北部桑干河流域进行了广泛的旧石器时代遗址的调查。1972年，除了发现旧石器时代晚期的重要遗址——虎头梁遗址（盖培等，1977）外，他们又在泥河湾村西北700米的上沙嘴找到一件具有清楚的人工打击痕迹的石核（盖培等，1974）。该石核埋藏于粗砂层中，伴生的哺乳动物化石有一件相当完整的纳玛象头骨（卫奇，1976）。这一发现已有专题报道，并引起了各有关方面的重视。不少旧石器时代考古和第四纪地质工作者前往该地点进行观察，石器本身均无异议，而所产生的争论是地层的时代问题。之后，卫奇同志又多次调查和发掘，在该地点的不远处发现了三件石叶和若干具有打击痕迹但不成器的石块。伴生的化石有真马、披毛犀、鼠兔和大量软体动物化石（卫奇，1978）。这一地点的时代问题仍有争议，归纳起来有三种意见。

1. 多数人认为材料均产自第Ⅱ级阶地中，其地层的物质成分来自泥河湾组，外观上两者相似，但为不整合接触，因此该石核和化石的时代应为晚更新世。

2. 有人认为材料产自所谓的泥河湾组中，故泥河湾组的含义不应理解为早更新世的沉积物，而可能包括晚更新世的沉积物。因为从文化上说一个显著的特征是旧石器时代晚期出现大量的用石叶制作的石器，并作为复合工具使用。小石叶在旧石器时代早期出现的可能性不大；中期也只偶尔见到。

3. 少数人仍坚持该石核产自早更新世泥河湾组中。其根据是该套地层历来都被认为属泥河湾组，发现石器的层位一直可以追索到下沙沟一带，而下沙沟则有大量化石，证明为早更新世。况且，我国早更新世地层中已发现的石器为数无几，可以说我们对当时整个文化的性质还缺乏基本的认识，不能因此排除有石叶出现的可能性。

这些讨论，对帮助我们进一步认识泥河湾组的含义、岩性特征、地层顺序以及泥河湾地区的文化性质是很有益的。但是目前还难以获得对上沙嘴石器的时代问题的一致见解，尚需今后进一步工作。

此次小长梁遗址的发现，肯定了早更新世时期泥河湾一带曾经生活过早期人类，而这些远古的祖先又给我们留下了相当丰富的文化遗物。这样，大约半个世纪留下的悬案得到了确切的回答。

三、遗址的地层剖面及附近的地质概况

泥河湾组广泛分布于桑干河中、下游，包括山西大同盆地、河北阳原盆地和蔚县盆地等，为一套巨厚的河湖相沉积物，据钻探资料，最厚处超过600米。泥河湾组的典型剖面在阳原盆地东南部的下沙沟、郝家台、红崖；蔚县盆地东北部的东窑子头附近。岩性特征：下泥河湾组由杂色砂砾层与灰绿色粘土层组成，可与三门组下部（即“绿三门”）对比；上泥河湾以褐黄色砂层为主，夹灰白色含钙砂质粘土，与三门组上部（即“黄三门”）相当（黄万波等，1974）。泥河湾组为国内、外地质界公认的华北地区的早更新世标准地层；泥河湾动物群可与维拉方动物群相对比。泥河湾组中已经发现的哺乳动物化石达31属38种。具有代表性的化石如：桑氏鬣狗（*Hyaena licenti*）、长鼻三趾马（*Proboscidipparion*）、三门马（*Equus sanmeniensis*）、板齿犀（*Elasmotherium*）、古中国野牛（*Bison palaeosinensis*）等。

遗址附近出露的地层包括前第三纪基岩（变质岩、火山岩系）、早更新世泥河湾组、晚更新世黄土、第Ⅰ阶地砾石层和砂质粘土等。它们之间的接触关系均为角度不整合，覆于泥河湾组之上的黄土，构成了宽广的台面，从凤凰山麓至郝家台，自东向西作缓倾斜状，海拔高程980米逐渐减至960米左右，郝家台处高出桑干河150米。前第三纪基岩从凤凰山并沿桑干河右岸出露，西止油房正断层。油房正断层走向NE40°，向东北延伸与大黑沟断层相连；断层切过泥河湾组，东南盘上升；西北盘下降。在遗址西南被黄土掩盖。泥河湾组不整合于基岩之上，西北倾，角度8°～10°。

遗址的地层剖面如下：

上更新统

16. 黄土，浅棕黄色，含零星钙质结核。 ………………………………………………… 8～15米

～～～～～～不　整　合～～～～～～

泥河湾组　　共厚72米

15. 褐黄色砂层。 ………………………………………………………………………… 3.5米

14. 灰白色含钙砂质粘土，局部相变为泥灰岩。 ………………………………………… 1.2米

13. 褐黄色砂层，含砂姜。 ………………………………………………………………… 13米

12. 灰白色含钙砂质粘土。 ………………………………………………………………… 3米

11. 褐黄色砂层，夹钙质结核带，中部的结核带含有三趾马（*Hipparion* sp)、鹿等化石。

……………………………………………………………………………………………… 32米

10. 锈黄色砂层。 ………………………………………………………………………… 1.5米

9. 灰白色砂层。 …………………………………………………………………………… 3.5米

8. 黄绿色粘土。 …………………………………………………………………………… 2米

7. 具锈黄色条带中粒砂层，含石器及哺乳动物化石。 ………………………………… 0.5～0.8米

6. 灰绿色粘土。 …………………………………………………………………………… 1.5米

5. 黄色砂层。 ……………………………………………………………………………… 1米

4. 浅砖红色砂层。 ………………………………………………………………………… 6.1米

3. 黄色、浅紫色砂层。 …………………………………………………………………… 2米

2. 灰紫色砾石层，砾石以火山岩为主，磨圆度中等。 ………………………………… 0.5米

～～～～～～不　整　合～～～～～～

前第三纪基岩

1. 变质岩及火山岩

石器产自具锈黄色条带的中粒砂层中。该层向西逐渐过渡为含砾粗砂层。此层与郝家台北侧桑干河畔的剖面相对比，其位置在过去泥河湾新生代地层小组划分的上、下泥河湾组分界线之下。故遗址层位在下泥河湾组的顶部。

与石器共生的哺乳动物化石经鉴定计有9属10种：鬣狗（*Hyaena* sp.）、古菱齿象（*Paleoloxodon* sp.）、三趾马（*Hipparion* sp.）、三门马（*Equus sanmaniensis*）、羚羊（*Gazella* sp.）、鹿（*Cervus* spp.）、腔齿犀（*Coelodonta* sp.）以及不能详订的牛、啮齿类等。哺乳动物化石保存十分破碎，主要是

由于含石器、化石的砂层之下为不透水的粘土层，故湿度较大，长期以来致使化石十分腐朽；其次是该砂层为一湖滨相，故化石遭受较大损坏。在我国，截至目前为止，所有旧石器时代遗址中，出现三趾马与真马共生的仅有小长梁遗址和山西芮城西侯度遗址。这一事实本身证明了小长梁遗址的时代属早更新世。

初步观察表明：小长梁遗址中的三趾马不是长鼻三趾马属的成员，而是 *Hipparion* 属的。过去认为 *Hipparion* 属只延续至上新世末，到了更新世便被长鼻三趾马（*Proboscidipparion*）属所代替。此次 *Hipparion* 在泥河湾组中的发现说明该属可以生活到更新世初期。同样的材料在蔚县盆地的东窑子头、大南沟等处已有较多的发现。

官亭村以北约 1 公里的后石山，是另一个哺乳动物化石地点（编号：78004），除了发掘出桑氏鬣狗（*Hyaena licenti*）、羚羊（*Gazella* sp.）、犀、鹿等化石外，还有一件人工打制的石核。78004 地点与遗址均属同一层，两地点相距不过 500 米。

中国科学院地质研究所程国良等，曾于 1974 年在小长梁遗址西北 2 公里的小渡口（郝家台北侧陡壁）进行了古地磁的采样和测量工作。1978 年发表了郝家台剖面的测量成果，根据该地点的地层极性柱状图与 A. 考克斯的古地磁年表对比，得出：郝家台剖面上，泥河湾组顶部的年代为 152 万年前；底部出露地表的部分年代为距今 300 万年前（程国良等，1978）。尽管剖面上缺乏其他年代测定数据，但是这一古地磁年代值与地层、古生物的推断大致相吻合。前已提到，小长梁遗址上面的官亭台面，原与郝家台所在的台面同属一个原始湖积平面。由于湖积平面形成之后长期遭受强烈的侵蚀而被冲沟切割，但地层仍连续一致。小长梁遗址所在层位相当于郝家台剖面泥河湾组上、下部分界线之下，因此，古地磁测量提供的数值可以间接推知遗址层位的年代应是 152～300 万年之间。

四、文化遗物

小长梁遗址经过两次小规模发掘，初步探知文化层大致分布范围：东西长约 100 米；南北宽约 10 米。

所获的文化遗物有石核 25 件，石片 47 件，石器 12 件，废品与碎块 720 件，打击骨片 6 件。

全部石器材料共 804 件，使用的石料统计如下：燧石 790 件，石英岩 2 件，脉石英 10 件，火山岩 2 件。其中以燧石作为原料的所占比例约 98%，所有经第二步加工的石器都是燧石。从上述数字中我们可以看出小长梁遗址中，废品率竟高达 90% 以上。这样高的比例可能受如下因素的影响：燧石材料坚硬而脆，且又裂隙发育，造成碎块较多；其次是在遗址里还有许多未经使用的石块，这些石块是当时生活在这里的早期人类从凤凰山上搬运来的，而这里——当时的湖滨沙地，便成制作石器的临时场所，因而废弃的石料和打制不成功的石片就相对地集中。但是另一个重要原因很可能是当时人类制作石器的工艺水平的原始性。

（一） 石核

遗址中的石核，可分为两类：大石核，其大小在 10～15 厘米之间，共 19 件；小石核，不超过 5 厘米，6 件。从大石核上剥落石片时有的是利用原来的层面（较平的面），有的先修出一个平面作为台面再进行打片的。从石核留下的石片疤看，多短而宽，打击点和放射纹清晰。由于裂隙发育，常见截断现象。小石核利用率较高，周围都有剥离石片的疤痕，而且石片疤较为窄长、浅平，比较薄的石片就是从小石核上打下来的（图二，1）。

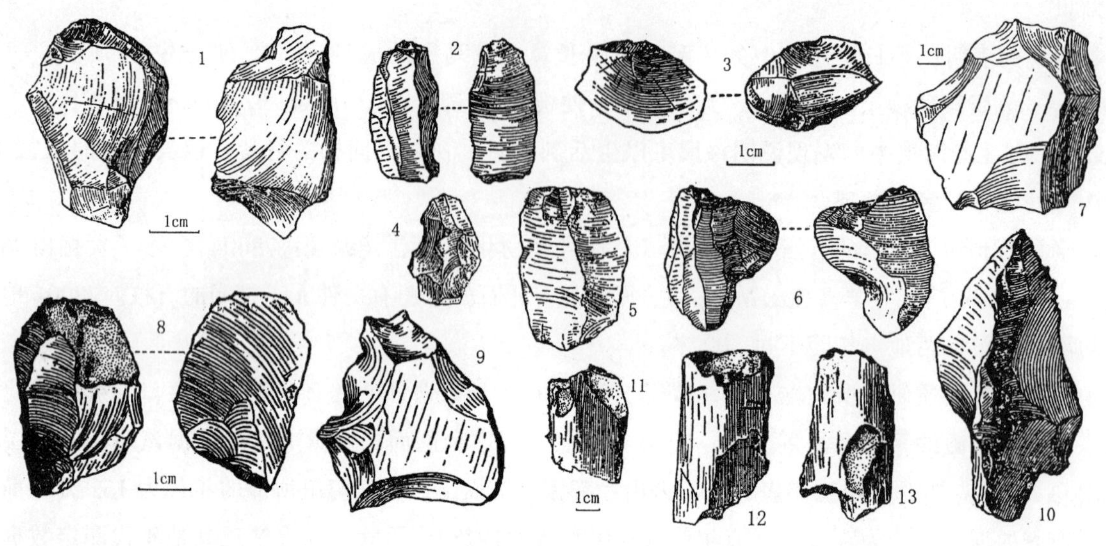

图二　小长梁石制品

1. 小石核　2、3、6. 使用石片　4. 小石片　5. 两极石片　7. 小型砍砸器　8. 复刃刮削器　9、10. 单刃刮削器　11. 打击骨片　12. 刻划骨片　13. 被砍砸骨片（2～6 比例尺同，8～10 同，11～13 同）

（二）　石片

多数石片短、宽、厚，体积较小，不规则，很少利用（图二，4）。少数石片较薄，刃缘锋锐，有的未经修制即行使用，薄刃上可见使用痕迹，计有 3 件（图二，2、3、6）。有两件两极石片（图二，5），原料一件燧石，一件脉石英。这类石片是由砸击法生产出来的，故石片的两端留有对应的打击点。用砸击法生产石片通常是用脉石英为原料的。这种方法被认为是我国旧石器时代常用的、具有“地方色彩”的方法。过去认为此法源于北京人。小长梁遗址存在两极石片，说明砸击法的历史要长远得多，在早更新世时期，早期人类就已经采用过。

（三）　石器

小长梁遗址中经第二步加工而适合于使用的石器只有 12 件，器型和形制都较简单。小型砍砸器 1 件，长×宽×厚为 7.6×6.5×3.4 厘米，只在右侧具有一个折状的刃口，另一侧略加修制便于握持。其刃口是从较平的一面向背面打击两次，相反方向打击一次而成的（图二，7）。单刃刮削器 10 件，外形长方或三角形。只有一侧有加工痕迹，都由劈裂面向背面轻敲而成，加工不精细。刃缘并不锐利，有直刃、凹刃之分。复刃刮削器 1 件，两侧都有由劈裂面向背面加工的细小痕迹。这件刮削器的外形，与旧石器时代晚期常见的长身圆头刮削器十分相像，但前端却无加工迹象。或许可以认为它是后来圆头刮削器的雏型（图二，8～10）。

我们选出以供观察的石核、石片、石器共84件。打击清楚的和有加工痕迹的石器都比较小，这与过去认为的旧石器时代早期的石器似乎普遍个大是有矛盾的。致使一些人觉得如此小型的石器出现在早更新世地层中几乎不大可能。我们的解释是：（1）采用的原料是一个重要的原因。因为在泥河湾一带所能攫取的燧石块裂隙多，不易制成较大的石片。（2）与当时人类的生活有关系。以采集为主要经济活动的人类，使用的石器可能器型较大；而狩猎者则反之。另外，到目前为止，我们对更新世早期的文化性质还缺乏了解，而小长梁遗址还有待进一步发掘。但是，地层、古生物和古地磁测量的资料只能说明文化层的时代为更新世早期。

最近几年来，华北地区陆续发现了一些重要的遗址，使得我们能对华北地区旧石器时代文化的性质作进一步的划分。贾兰坡等提出在文化上，华北至少存在着两个系统：则大石片砍砸器—大三棱尖状器传统，和船头状刮削器—雕刻器传统（贾兰坡等，1972）。后者便是所谓的小石器系统。它的基本特征是：利用不规则的小石片加工制作成细小石器，加工痕迹细小、清晰，石器类型多种多样。属于这个系统的有：周口店北京人遗址、许家窑（贾兰坡等，1976）、后圪塔峰、峙峪、萨拉乌苏、小南海和虎头梁等。小石器系统不仅在制作石器、使用方法与另一系统不同，从本质上看是生产劳动上有较大的区别。小长梁遗址没有小石器系统各地点常见的尖状器、雕刻器、盘状器和圆头刮削器等，但从石器的总的性状看应归属这一系统，由于它时代的古老，器型少、形制简单是理所当然的。从采用石料、打制方法可以看到小长梁遗址与小石器系统之间的内在联系。

遗址里有6件具有人工打击痕迹和砍砸痕迹的骨片。其中的4件为骨片的一端留有打击的疤痕。一件曾经被砍砸过；一件骨片面上留下两条较深的刻划痕迹。砍砸痕迹的现象同样在西侯度存在，但在西侯度砍砸过的不是肢骨，而是鹿角。半个世纪以前，步日耶曾经指出，在泥河湾的一些标本上留有人工打击的迹象，有的额骨被修制，有的鹿角被制成匕首。看来步氏的说法是可信的。人工痕迹的骨片更多地发现在小石器系统的遗址中是有道理的，由于这一系统的经济活动以狩猎为主，兼营其他，他们比起依靠以采集为主要经济活动的生活，更多地与哺乳动物打交道，这就有利于他们在长期的生活实践中利用动物肢骨，并在后来最终发明骨器（图二，11～13）。

五、结　论

1. 小长梁遗址的时代属早更新世，从层位对比看可能老于西侯度和元谋人文化层，因此它是目前我国境内发现的最早的旧石器时代遗址。从古地磁资料推测，其年代可能超过距今200万年。

2. 小长梁遗址所在层位属泥河湾组下部。关于泥河湾组的下界问题一直是有争论的，如虎头梁剖面上含鱼的层位和郝家台剖面上剥蚀面以下灰绿色粘土为主的一套沉积，有些人主张划归上新统（刘宪亭等，1974）。小长梁遗址的发现给主张划为更新统的意见提供了新的证据。

3. 小长梁遗址的发现，再一次证实了华北地区，包括泥河湾一带，在早更新世时期已经有了早期人类生活，并留下丰富的文化遗物，因而扩大了华北地区寻找人类化石及文化遗物的时间和空间范围。

4. 文化遗物的深入研究，将进一步加深我们对于旧石器时代早期文化性质的了解，并为旧石器时代文化分期提供新的资料。小长梁遗址的文化性质，应属华北小石器系统。因而小长梁遗址的发现有助于探索小石器系统的起源问题。

参考文献

程国良、林金录、李素玲等，1978："泥河湾层"的古地磁学初步研究，地质科学，3期，246～252。

盖培、卫奇，1974：泥河湾更新世初期石器的发现，古脊椎动物与古人类，12卷1期，70～72。

盖培、卫奇，1988：虎头梁旧石器时代晚期遗址的发现，古脊椎动物与古人类，15卷4期,:287～300。

黄万波、汤英俊，1974：泥河湾盆地晚新生代几个地层剖面观察，古脊椎动物与古人类，12卷2期。

贾兰坡、盖培、尤玉柱，1972：山西峙峪旧石器时代遗址发掘报告，考古学报，1期,:39～58。

贾兰坡、卫奇，1976：阳高许家窑旧石器时代文化遗址，考古学报，2期，97～114。

刘宪亭、王念忠，1974：多刺鱼在泥河湾层的发现及其意义，古脊椎动物与古人类，12卷2期，89～96。

卫奇，1976：在泥河湾层中发现纳玛象头骨化石，古脊椎动物与古人类，14卷1期，53～58。

卫奇：泥河湾层中的新发现及其在地层学上的意义，古人类论文集，科学出版社，1978年，136～150页。

Teilhard de Chardin，P.et Piveteau. J.，1930：Les Mammifères Fossils de Nihowan（Chine). *Annales de Paleontologie*，t. XIX.

附 讨 论

裴文中

关于"泥河湾组旧石器的发现"一文写得还是很好，但前边两段，一引用了东非的发现，二又引用卫奇、盖培等的发现，两者都是有疑问的问题，作为本文发现早期石器的证据，我认为似乎不恰当，作者自己也承认有问题，故可以省掉。

小长梁的石器问题，在于这里的地层是否属于真正的泥河湾系，有人看到过说：这里的地层颜色较黄，是否是黄土时期的黄土与泥河湾系的地层混合堆积在一起的。所以问题是要将这个地层土质作详细地分析，看其中有没有黄土的成分，再看看所发现的古生物有没有黄土时期的遗物。

至于所发现的石器，确有明显的第一步加工痕迹，说明它是人工打制的，还有的有第二步加工者，这又说明它们曾被古人类使用过。再者它们的体形都比较小，我们若用它们和周口店第1地点的大量石器作比较，周口店第一地点最下层的石器，有许多个个体说明是最早使用过的石器。其后，在每一地层中都有了变化，直到最上层已经成了将近晚期的式样。周口店石器进步这样快，泥河湾的石器早已开始使用，进步也应当很快，已经达到了黄土时期的式样，当中把周口店时期飞跃过去了。这也不能令人信服。

在描述石器之后，又引用了贾兰坡华北文化分为两类的假说。本来贾氏之说，矛盾很多，这又说明了作者们对于泥河湾小长梁的石器有怀疑！

总之，这个发现是重要的，如果能证明它确是泥河湾期的产物，这将对于旧石器考古学和古人类学有一定的革新作用。

贾兰坡

谁是开始制造工具的人？这是长久以来人们都很关心的问题。为了作出科学的答案，世界上有许多科学家正在不辞辛劳地爬高山，走峡谷，钻山洞寻找证据。目前，在这方面作出了优异成绩的首先得算是非洲，其次是亚洲。在非洲，不但发现了距今大约175万年前的“东非人”和“能人”的遗骸和工具，而且，于1972年在埃塞俄比亚阿法尔地区还发现了距今260万年前的石器。其实，发现距今100万年以前的人的遗骨或工具现今已有多处，并非什么新鲜的事物了。

至于说在我国境内100万年以前有没有人类居住过，我的回答是肯定的，在山西芮城县西侯度村和云南元谋县上那蚌村的发现就是充足的证据。

当我看到尤玉柱、汤英俊和李毅三位同志所写的这篇论文的时候，感到十分欣慰。他们为了解决第四纪地层问题，不仅注意了地层中的一切发现物，并且对发现物作出科学鉴定和适当评价，为后继有人而感到高兴。

我虽然没有到过小长梁遗址，但他们发现的石器我是看到过的，无疑是人工制品，而且打片方法和加工的技术都具有一定水平，我敢打保票决不是最初的人所能制出来的。使我感到惊奇的是，这些石器和古老的真正的三趾马属发现于相同的层位中，似乎存在着矛盾；但在我看来也并非完全不可能的事。一是，三趾马的绝灭时代可能比过去所知的要晚；二是，人类所创造的工具的历史比目前所知的还要早。谁也不是算命先生，能精确地算出人类的历史到底有多久！实践是检验真理的标准，还有待于找到确实是最早的人工制品，才能作出合理的判断。

既然在如此古老的小长梁遗址发现了相当进步的石器，就应当继续进行大量的调查和深入的研究，在时代上找出更多的使人深信不疑的证据。如果这批石器的时代确实属于早更新世，就得重新估价我们的历史，因为这批石器不是最初的人所能制造出来，在我们这块国土上还会有更古老的人类和文化存在。

吴子荣　袁宝印

在泥河湾组里发现旧石器，不仅对泥河湾地层的研究是一个突破，对了解我国古人类演化，旧石器时代文化的分期都有十分重要的意义。

文中认为小长梁遗址的层位不应放在上新统而应划归更新统，这是符合实际的。根据所发现的旧石器及哺乳动物化石的性质，并通过郝家台泥河湾层剖面古地磁研究结果对比，作者确定遗址层位为早更新统，在缺乏同位素年龄数据检证的情况下也是可取的。但遗址层位是否为泥河湾组的底部，尚有进一步研究的必要。遗址以北，有一条断裂发育深切达144米的冲沟。冲沟南壁下部为基岩陡坎，高62米。基岩陡坎之上是泥河湾层及遗址层位。而冲沟的北壁却完全由厚144米的泥河湾层组成。遗址层位以上的泥河湾层在冲沟两侧完全相同，可以清楚地对比。因而冲沟北壁相当于遗址层位之下的泥河湾层至少尚有70米厚。很可能遗址层位并非泥河湾层真正的底部，而是相当于中部的层位。

桑干河盆地近年来发现了许多有价值的旧石器及哺乳动物化石地点。使泥河湾层的研究大大推进了一步。特别是许家窑遗址，前人工作和我们的调查都证实该遗址层位处于泥河湾层的顶部。该遗址的时代可放在中更新世末或晚更新世初。可以推测以前所谓的泥河湾层有相当一部分属于中更新统。作为北方早更新统标准地层的泥河湾组的重新研究、划分已成为十分迫切的任务。小长梁遗址的发现必将推动这一工作的开展，具有特殊的重要性。

泥河湾组以往均视为河湖相沉积，近年来不少人在其中找到“冰川”作用的遗迹。这次在属于泥河湾沉积的小长梁遗址中发现许多可能是更新世早期的古文化遗迹，这对研究泥河湾层沉积的成因提供了新的内容。

综上所述，小长梁遗址的发现对我国北方第四纪标准地层的研究是非常重要的，其中涉及到第四纪研究的若干基本问题，如下限问题，成因问题以及古人类演化和古文化分期等问题。因此，该遗址及泥河湾层都值得进一步研究。

（原载《中国第四纪研究》1980，5（1）：78～91）

大荔人化石地点第二次发掘简报

张森水　周春茂

一、第5层发现的化石和石器

（一）　哺乳动物化石

从此层发现了一些哺乳动物化石，计2种。

野驴（*Equus hemionus*）材料：三枚右上颊齿（$P^4 \sim M^2$）。

似肿骨大角鹿（*Sinomegaceros cf. pachyosteus*）残右角一件，主干短而扁，横断面呈椭圆形。眉叉已残，由残断面看，紧靠角环，斜向伸出。由角环上缘上行150毫米处，主干变成掌状面，宽67.5毫米，厚为25.5毫米。由其形态看，与周口店第13地点的扁角肿骨鹿（*Euryceros flabellatus*）的角差异较大（Teilhard de Chardin，P. & Pei，W. C.，1941），也不像河套大角鹿（*S. ordosianus*）（Boule等，1928），而与周口店第1地点的肿骨大角鹿（*S. pachyosteus*）的B型角相似（Young，C. C.，1932）。

（二）　石器

共13件，系此层首次发现的遗物，其中包括石片、石核和工具（表一），分述如下：

表一　第5层石器分类测量的统计

项目＼数量＼类别		石核		锤击石片		刮削器		尖状器	次品	类别总计	百分比
		锤击	砸击	整片	断片	端刃	横刃				
原料	石英岩	1	1	4	1		1	1		9	69.2
	燧石			1		1			1	3	23.0
	石英		1							1	7.7
毛坯	石片						1	1		2	
	石核					1				1	
锤击向破裂面						1	1	1			
长　度		90.0	49.5	38.0	37.0	40.0	54.0	62.0	23.0		
宽　度		100.0	22.5	36.4	44.0	32.0	25.0	38.0	12.0		
厚　度		97.0	20.0	12.0	17.0	23.0	13.0	18.0	7.0		
角　度		106.5		105.8		88.0	63.0	67.0			
重　量						30.0	21.0	39.0			
分类统计		1	2	5	1	1	1	1	1	13	99.9

注：长度、宽度和厚度单位为毫米；重量单位为克；角度单位为度，下同。

1．石核

（1）锤击石核　仅1件。即P.5582号，略呈立方体，沿三个方向打片，是多面体石核。其台面均为自然面，有集中的打击点，清晰的放射线，半锥体阴痕不显，在工作面上遗有递形石片疤。依其人工特征，它系用锤击法打片后的石核。其台面角均已超过100°，表明从其上不易再生产可用的石片。

（2）砸击石核　2件。均呈四棱锥形。其一各面均遗有长薄的石片疤，它的一端尖，可见砸痕，另一端则不显；另一件两端可见砸痕，三个面遗有石片疤，另一面为自然面。

2. 石片

6件，其中包括残片1件及整石片5件。石片台面有打击的、自然的、半打击半自然的和修理的。石片角最锐者为83°，最钝者为134°，打击点比较集中，半锥体微凸，其背面有浅平的和细碎的石片疤，台面后缘可见打击点。依其人工特点可以判明，它们是锤击石片。其形态多不规整，但有一件呈长方形（P.5583号），也是最大的一件，台面小而呈梯形，其上有清楚的修理痕迹。它的打击点集中，半锥体微凸，背面石片疤浅平。

3. 工具

（1）刮削器　其一是端刃刮削器（P.5584号），是用燧石小石块做的，遗有水磨痕迹。其刃口在毛坯较宽的一端，系向破裂面加工，被修理成微内凹的平端刃刮削器，刃钝，刃角为88°。另一件（P.5585号）是横刃刮削器，是端刃刮削器的一个变体，刃口在台面的相对的一端，刃口宽度超过长度一倍以上，故名。它也是向破裂面加工而成的，刃口较锐，刃角为63°，刃缘呈波纹形；其顶端由右向左斜向打了一下，遗有一个似雕刻器的刃口。

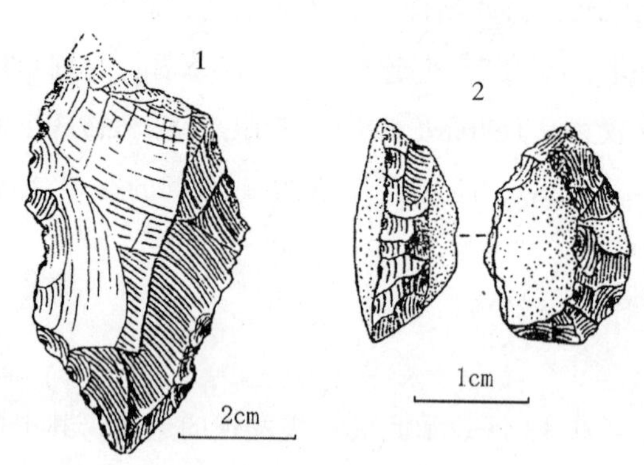

图一　大荔人地点石制品

1. 第5层尖状器　2. 第3层尖状器

（2）尖状器　1件（P.5586号）。系用石片做成，其修理工作粗糙，左侧边有简单的打击痕迹，刃缘呈波纹状，右侧加工痕迹见于中上部，左右侧相交而成尖刃，尖刃稍残。其右下部有明显的砸痕，两面均有，使右侧下缘呈不规则的曲线形（图一，1）。

（三）　小结

1. 此层发现的哺乳动物化石不多，可鉴定者有似肿骨大角鹿和野驴两种。这在地层研究上是有意义的。

2. 打片用两种方法：锤击法和砸击法，在锤击石片中有一件修理过的台面。

3. 在工具中有刮削器和尖状器两类，都是向破裂面加工的。修理工作较粗糙，刃缘曲折。

二、第4层发现的化石和石器

（一）　动物化石

这也是大荔人地点新发现的含石器和化石的层位。化石不多，有斧足类河蚌科（Unionidae）的化石，且多较完整；真骨鱼类鮠科（Bagridae）[①] 的胸鳍一件。在哺乳类化石中，有些无法鉴定的碎骨，还有一件赤鹿的左角（*Cervus canadensis*），主干大部残，眉叉稍残，第二叉基本断残，现长150毫米。此外，还有小哺乳动物股骨一段。

（二） 石器

4件。包括石核、断片各1件，石片2件，原料均为石英岩。

1．石核 呈多边形（P.5587号），系多向打片的结果。从各工作面上石片疤叠压关系看，最先以砾石面作台面，继之将石核转90°，以原工作面作台面再进行打片。由其上有集中的打击点可知它是锤击石核。

2．石片 其一呈梯形，另一呈三角形（P.5588号）。它们均为自然台面，有集中的打击点，小而微凸的半锥体，背面石片疤浅平，应是锤击石片。那件残片也可能归于其中。

（三） 小结

本层出土的赤鹿化石，早于第5层的似肿骨大角鹿化石是很有意思的，此前无这样层位关系的记录；石器很少，可知用锤击法生产石片。

三、第3层发现的化石和石器

这是含大荔人化石的层位，发现材料比较丰富，在化石中有斧足类河蚌科（Unionidae）完整的化石多件、草鱼（*Ctenopharyngodon* sp.）喉齿一件和多种哺乳类化石；发现石器超过以往的一倍。此外，还发现一些炭屑和一块红烧土块。这些均经搬运，是否是用火遗迹，目前无法断定。

（一） 哺乳动物化石

保存不好，有大量的碎骨、一些单个牙齿、残的下颌骨和偶蹄类的角。化石的石化程度相当高，表面呈淡黄或深黄色。有些标本上可见类似烧灼的黄褐色斑点，经化学分析，非烧灼所致，而是氧化铁的污染。哺乳动物化石鉴定结果如下：

鼢鼠（*Myospalax* sp.）门齿2件。

河狸（*Castor* sp.）右上残门齿1件。

古菱齿象（*Palaeoloxodon* sp.）左下第二乳齿1件，长20.3、宽13.8、冠高16.8毫米，还有一些釉质层约为3毫米的臼齿残片。

马（*Equus* sp.）上、下颊齿10余件。从尺寸和形态上看，有些接近三门马（*E. sanmeniensis*），也有一些接近普氏野马（*E. przewalskyi*）。

犀（*Coelodonta* sp.）残上颊齿1件，表面折皱发育，可能接近披毛犀（*C. antiquitatis*）。

牛（Bovidae gen. et sp. indet.）残颊齿几件和1件十分破碎的下颌骨。

---

① 鱼化石系由本所周家健同志鉴定（下同），并致谢。

普氏羚羊（*Gazella przewalskyi*）左下颌骨一段（附 $P_3 \sim M_1$）。羚羊（*Gazella* sp.）右角 1 件，顶端稍残，外侧面亦略有破损。

似肿骨大角鹿（*Sinomegaceros cf. pachyosteus*）残右角 1 件。

大角鹿（*Sinomegaceros* sp.）右下颌骨 1 件。

鹿（*Cervus* sp.）残角 2 件。

（二）　石器

主要是用石英岩和燧石做的，石英和安山岩等原料，均可在同层的砾石中找到。石器的分类及有关的统计资料如下（表二、三）。

表二　第 3 层小石块、石核和石片分类、测量的统计

项目 \ 数量 \ 类别		小石块	石核			石片				类别总计	百分比
			砸击	锤击Ⅰ	锤击Ⅱ	砸击	断片	半边	整边		
原料	石英岩	11	2	4	3	16	31	52	68	187	69.7
	燧石	3	2	7	5	2	7	4	30	60	22.3
	石英	4			1	4	1	1	10	21	7.8
长度		36.4	33.0	28.6	24.6	38.6		32.2	31.2		
宽度		28.0	20.0	32.2	32.1	20.4			23.9		
厚度		18.1	14.5	24.4	23.5	10.2	9.0	10.3	10.7		
角度					81.9			106.1	105.3		
分类统计		18	4	11	9	22	39	57	108	268	99.8

1. 石核

24 件。因打片方法之不同，分属锤击石核和砸击石核两类。

（1）锤击石核　均较小，形制不规整，可再分两型。Ⅰ型单台面石核，利用率低，基本上不改变砾石的原貌；Ⅱ型多台面石核，利用率稍高，呈不规则的多边形，如 P.5589 号。Ⅱ型石核亦多自然台面，打击者较少，未见有清楚的修理台面，台面角多为 55°～101°，打击点集中，半锥体阴痕浅凹，工作面短宽，其上的石片疤多不规则，少数呈梯形或三角形。

（2）砸击石核　呈多棱柱形，两端可见砸痕，上端锐或尖，下端较钝，遗有剥落碎屑痕迹和放射线。在石核几个面上可见长方形的石片疤，如 P.5591 号。

2. 石片

226 件。占该层石器总数的 59%，亦因打片方法之不同，可分为两类。

（1）锤击石片　情况较复杂，有较大而薄的残片，由尾端无破损和背面石片疤性质看，虽然作为锤击石片诸人工特点缺失，仍可归于此类中；半边石片系原料性脆易裂受重击所致，石片沿纵向裂开，仅存原石片的一半；完整石片只指诸人工特点无缺地保存的标本。

完整石片占石片总数的 47.7%。多长大于宽，宽大于长者占 17.6%，长宽指数为 77。自然台面的石片占 59.2%，打击者次之，占 29.6%，修理台面的石片只占 5.5%。石片角为 74°～140°，但多数为 100°～110°。其上打击点清楚，半锥体小而微凸，放射线稀疏；它的背面大部保留自然面者约占 1/3，

其余标本背面有多块不平的石片疤，因之，显得厚，宽厚指数[①]为 44。大多数石片形制不规整，只有少数是呈三角形或梯形的，显得较长薄，如 P.5594 号，可见使用痕迹。

（2）砸击石片　有两种情况：其一形似石叶，没有台面，一端有砸痕，背面有平远的石片疤，类似中国猿人遗址的一端石片，如 P.5592 和 P.5593 号；另一类是一端尖的较大的石片，最大者长达 116 毫米，砸痕以尖端为中心呈放射状，其上有浅平的石片疤。这是与常见者稍异的一种砸击石片。

3. 工具

116 件。分为四类，刮削器、尖状器、石锥和雕刻器。各类工具详细分类可见表三。

表三　第 3 层工具分类、测量的统计

项目＼数量＼类型		刮削器								尖状器		石锥		雕刻器			类别	类别
		单直刃	单凸刃	单凹刃	两刃	多刃	圆端刃	平端刃	横刃	正尖	角尖	长尖	短尖	笛嘴形	平面	角形	总计	百分比
原料	石石英岩	2			1	5							1	1	1	1	12	10.3
	燧石	21	10	17	8	1	3	4	2	17	3	2	3	4		1	96	82.5
	石英	3		1					2	1	1						7	6.0
	安山岩				1												1	0.8
毛坯	锤击石片	6	3	4	4	1			1	2				4	1	1	21	18.1
	断片	13	6	7	5	2	2	3		9	4	2	2	1		1	61	52.5
	小石块	7	1	7	1	3	1	2	1	8							33	28.4
	砸击石核												1				1	0.8
加工方式	向背面	15	3	12	7		2	2	1	10	2	2	3				59	50.8
	向破裂面	7	2	4			1	3	1		1						19	16.3
	错向									5	1						6	5.1
	对向									1							1	0.8
	复向	4	5	2	3	6				3				5	1	2	31	26.7
长度		28.8	28.2	34.1	31.0	32.1	17.0	24.8	16.5	26.9	29.8	20.5	24.3	30.0	24.0	32.5		
宽度		18.7	19.8	22.5	22.6	21.3	15.6	21.0	22.5	20.1	21.2	13.5	26.3	20.3	17.0	21.0		
厚度		10.9	9.4	12.6	10.7	12.5	10.6	11.4	9.0	7.5	9.6	7.5	10.3	11.0	14.0	9.5		
重量		9.2	7.7	13.8	8.7	10.3	3.6	5.6	11.0	6.3	5.2	2.0	8.6	4.0	5.9	5.5		
刃角		66.5	62.1	67.9	63.7	73.0	73.0	71.0	78.0	68.1	68.9	72.5	82.6	81.0	70.0			
尖刃角										56.2	78.0	79.0	99.3	69.6	60.0	65.0		
分类统计		26	10	18	10	6	3	5	2	19	4	2	3	5	1	2	116	
分类百分比		22.4	8.6	15.5	8.6	5.1	2.6	4.3	1.7	16.3	3.4	1.7	2.6	4.3	0.8	1.7		99.6

（1）刮削器　数量多，占工具的 68.9%，是工具组合的主体。本类工具主要是用石片做的，长度多小于 40 毫米。它们均用锤击法修理而成，但使用了多种方式。多数刮削器加工粗糙，刃口不平齐，刃缘呈波纹状，显得“个性”强。其刃口多较锐，刃角超 80°的钝刃刮削器约占 11%。

这类工具可分四组，以单刃组为基础，较大型工具均属之，其中单凹刃者占比例较高，且常见钝刃。P.5599 号、P.5597 号和 P.5598 号前两件为石英岩石片做的大型的单直刃刮削器，后一件则较小；P.5603 号和 P.5600 号前者是较大的单凸刃刮削器，后者是小型的；P.5601 是单凹刃中修理较好者。

① 宽厚指数 $=\frac{\text{厚度}}{\text{宽度}}\times 100$

两刃组和多刃组数量不多，加工亦稍逊色，其中P.5604号是加工较好的。端刃组加工较好，形制规整，如P.5602、P.5606、P.5607号，分别代表不同的三型。

(2) 尖状器　基本上是小型工具，为工具组合中的重要类型，占工具的19.7%，系多用石片制成。本类工具修理较好，类型相对稳定，可再分为正尖尖状器和角尖尖状器两类。

正尖尖状器是尖状器中的主要类型，两侧经修理并相交于毛坯中轴的一端而生成尖刃者均属之。这类工具均为锐尖型，但尖刃有长短之别。其修理工作差异较大，有两侧长边均加修理，呈双凸刃或双斜刃相交成锐尖的；少数标本一侧作细致修理，另一侧只有局部或仅在尖刃部有加工痕迹的，较前者逊色。因其尖刃均较锐，尖刃角相对稳定，基本上小于70°。其侧刃钝锐殊异，但多为60°～70°。在同一件标本上，两侧刃钝锐常是不对称的。

本类工具加工方式多样，以向背面加工为主，超过半数，如P.5608号，还有错向修理的，复向加工者亦有所见，对向加工仅有一例，即P.5610号（图一，2）。它的尖刃短而壮，从侧面观，其两侧为小面，各自作对向加工，但左侧至尖刃近处改向背面加工，从而使尖刃呈三棱形。由于用此方式修理工具，致使侧刃甚钝，使器身背部明显地隆起，显得相当厚。

角尖尖状器4件。均用断片制成，且都是端侧边修理并相交成尖刃的，在左上角和右上角者各有两件。其尖刃短而锐，但尖刃角大，均超过80°。从它的加工痕迹看，侧边修理细致，端边加工则稍差。在本类工具中P.5614号修理工作较好，其余则稍逊一筹。

(3) 石锥　数量不多，多以断片制成，是很小的一类工具。依其形态，可分两类：长尖石锥和短尖石锥。长尖石锥器身稍长，长大于宽，两侧有修理痕迹，至中部重击，使上部明显变窄，再加以细修，制成长而厚的尖刃。短尖石锥器身短宽，宽大于长，在毛坯的一端的两侧作重击加工，使其两侧凹入，中间生成一个短尖刃，状若龟头，如P.5612号。它系向背面加工而成，尖刃角为钝角。

(4) 雕刻器　系一类小工具，占工具的6.8%。依其形态和加工方式可分三类：笛嘴形、平面和角雕刻器，主要是用断片制的，部分这类工具的侧边也曾做过修理，可兼作刮削器用。

笛嘴形雕刻器是这类工具的主体，常见的是在毛坯的一端左右互击，使加工的一端生成一个凿子形的刃口。P.5605号就是其中之一，其一侧边也曾作过打击，从而在侧角上生成凿子形的刃口。角雕刻器刃口亦在侧角上，但其加工程序与前一类相反，即先横向打击，而后由侧顶垂直打击。

四、结束语

1980年大荔人化石地点第二次系统发掘的主要收获可归纳为以下几点：

1. 新发现了两个含化石和文化遗物的层位——第5和第4层。虽然从中发现材料不多，有两方面的意义不可忽视。其一反映了大荔人文化的延续，表明在大荔人以后仍有古人类在此间活动。在我国旷野类型的地点中，在一个地点内发现三个含文化遗物的层位尚无先例，对研究文化发展是有意义的；其二，似肿骨大角鹿的B型角发现于含赤鹿化石的上一层，为探讨肿骨大角鹿生存时间的上限提供了有意义的资料。

2. 在第5、4和3层中曾发现丰富的、完整的河蚌科化石，砂层和砂砾层具水平层理、砂砾磨圆度和分选好，属于水流缓慢或较静的沉积环境。这样的自然环境有利于原始人生存，为当时人提供水源和石器原料，还可向河采食及有依岸狩猎之便。

3. 在这次发掘中，从第3层中找到了一些新的哺乳动物化石，如普氏羚羊残下颌骨、一件未定种的羚羊角和鼢鼠门齿等；另外，为过去已发现的哺乳动物种属增添新资料，如似肿骨大角鹿、河狸和古菱齿象等，但上次发现的猪化石这次则未见到。

4. 第3层哺乳动物化石既有接近周口店期的，如似肿骨大角鹿和似三门马等，也有黄土期常见的，如接近野马和野驴及普氏羚羊等。由此可推测，含大荔人化石的地层时代要晚于中国猿人遗址，大体与周口店第15地点相当或稍晚，属旧石器时代中期的早一阶段。第4和第5层在时代上无疑晚于第3层，但仍属旧石器时代中期，第5层发现似肿骨大角鹿化石应是其证据之一。

5. 含大荔人化石层发现的石器有以下的一些特点：

(1) 做石器的原料简单，仅4种，主要是石英岩和燧石。石片和石核主要是用石英岩为原料，占69.7%，以燧石为原料者只占22.3%；工具则多用燧石制成，占82.5%，而用石英岩制成者只占10.3%。

(2) 打片用锤击法，偶用砸击法。锤击石核体小，形制不规则，多自然台面，利用率不高，其上石片疤细碎不定形者多，规整者少；石片多是小型的，比较厚，以打击台面居多，形态亦多不规整，三角形和梯形石片不多。石核和石片均显得粗糙而又多样。

(3) 工具多用石片制成，占70.6%。大量使用断片是其重要特征之一，但也有相当数量的工具是用块状毛坯做的，占29.2%。总的来说，它是以石片工具为主的工业。

(4) 工具组合以刮削器为主体，占工具总数的68.9%，其次是尖状器占18.8%，雕刻器占6.8%，石锥占4.3%，至今未发现砍砸器和石球。在刮削器中未见盘状器，凹刃刮削器占比例较高，颇具特色。

(5) 工具基本上是小型的，长度在40毫米或重量在20克以下的小工具分别占90.5%或93.1%，中型工具很少，即长度在41～60毫米或重量在21～50克者分别占8.6%或6%，超过者为大型工具，只占0.8%。

(6) 工具的加工方式以向背面加工为主，复向加工① 和向破裂面修理者次之，错向加工偶被使用，对向加工仅一例（有关加工方式的详细情况参阅表三）。

(7) 工具的修理相当粗糙，其形态各不相同，显得“个性”强；其刃口多不平齐，钝锐均有，以锐者居多，大多数工具的刃角为60°～70°；它的刃缘常常是曲折的，呈波纹状或多缺口状。

(8) 在刮削器中单刃工具多于复刃工具（包括两刃工具和端刃组中侧边有修理的工具），前者占67.5%，后者占32.5%；就单刃工具而言，刃口在左侧者多于在右侧的②，前者占59.2%，后者占40.8%。从整体上看，左刃和右刃工具比例差约为10%，能否显示出工具在使用方式上的意义，尚待进一步工作。

(9) 在石器中约有1/3的标本可见不同程度的水磨痕迹。在工具中，有少数标本曾做过第二步加

① 这里指狭义的复向加工，即不包括雕刻器的加工在内。

② 若是石片工具以背面向外，台面向下或刃口薄锐端向上定位；若是用小石块或石核做的工具则依背面向外和刃口薄锐端向上定位。

工，可能生存着比大荔人稍早的古人类在此劳动、生息。

（10）对1980年发现的石器的初步研究，可以看到一些问题尚需深入探索，例如：石核、石片和工具用料的不协调，对水磨标本的认识，对水磨后再加工标本的意义，石器的粗糙、多样和技术上的原始性以及其在中国旧石器文化中的地位等。对于这些问题，我们打算研究完全部大荔人化石地点的石器以后，再加以讨论。

参考文献

裴文中等，1958，山西襄汾县丁村旧石器时代遗址发掘报告。科学出版社。

吴新智、尤玉柱，1979，大荔人遗址的初步观察。古脊椎动物与古人类，17：294～303。

Boule，M. et al.，1828，le paleolithique de la Chine. *L' inst. Pal. Hum*. 4：27～66.

Pei，W. C.，1939，A preliminary study on a new palaeolithic station known as locality 15 within the Choukoutien. *Bull. Geol. Soc. China*，19：207～234.

Teilhard de Chardin，P. & Pei，W. C.，1941. The fossil mammals from locality 13 of Choukoutien. *Pal. Sin*.，New Ser. C，11：80～94.

Young，C. C.，1932. On the artiodactyla from the *Sinanthropus* site at Choukoutien. *Pal. Sin*.，Ser. C，8：38～42.

（原载《人类学学报》1984，3（1）：19～28）

论华北旧石器晚期遗址的分布、埋藏以及地质时代问题

尤玉柱

《人类学学报》第2卷第4期登载安志敏的《中国晚期旧石器的碳－14断代和问题》一文。在该文中，作者选择了若干处遗址进行讨论，并在已发表的^{14}C数据的基础上，结合地层关系和文化性质对年代作重新估计。涉及到的遗址有山顶洞、小南海、许家窑、峙峪、下川、大窑、扎赉诺尔、周家油坊、资阳和其他。在仔细阅读了该文之后，可以看到：作者除了对小南海遗址（安志敏，1965）的年代予以肯定外，几乎认为其他遗址的年代都有疑问。诚然，随着研究手段的不断完善和工作的深化，对于以往的成果进行新的评价是必要的。但是，问题在于如何在一系列新的发现面前去认识客观事物和掌握内在的规律性。安志敏在文章提要中曾提到："必须注意样品（指^{14}C测定的样品——作者注）的采集，和避免引用孤零的^{14}C数据，同时还要结合地层和文化性质的分析，才可能保证断代的准确性。"这种提法是合理的，因为如果在野外工作中没有积累足够丰富的地质资料和对地层的详细观察，难免将地层层位和时代弄颠倒，这种情况古今中外是不乏其例的。同时，对某一遗址缺乏全面分析，或是由于受认识水平的限制，还不能把握住客观事物的发展规律而产生错误的判断。但这些都可以随着资料的积累和研究的深入逐步加以认识。

安志敏在提要中还强调："露天遗址中^{14}C数据的异常现象，往往与各种原因形成的再次堆积有关。"我们认为，这种说法是缺乏根据的。露天遗址中的^{14}C数据或有可能出现异常现象，其原因除了采集样品没有采自原生层位之外，更重要的原因是目前^{14}C法测定的设备和技术还不是十全十美的，当然不能因此否定该法的可靠性。如果某一^{14}C数据与我们研究的地层资料和文化性质是接近的话，尽管只有单一的数据，我们是没有理由否定它的。至于"与各种原因形成的再次堆积有关"的说法更是不能令人同意的。应该承认，旧石器时代考古的野外工作和一般考古工作的方法不完全相同。这是因为前者所研究的对象——史前人类及其活动的遗迹，参与了地质作用的过程，因而必须应用地质学的原理和方法去解决地层问题。一个熟习地质工作的旧石器考古工作者，是不会将次生堆积物与含有文化遗物的原生层混为一谈的。如果用一般历史时期的考古方法对待更新世地层的话，那么产生上述的错误是很难避免的。这是因为后者通常并不要求注重某一遗址所处的地貌部位、沉积相、埋藏条件以及地质作用。为了阐明上述问题，现就下列几个方面进行讨论。

一、华北地区旧石器晚期遗址的分布与埋藏

到目前为止，我国华北地区已经发掘的旧石器晚期遗址和同一时期的含文化遗物的地点数以百计。这些遗址和地点绝大多数均有可靠的地层记录和伴生的古生物资料，其中的一部分还有年龄测试数据。通过对众多的遗址、地点和大量地质资料的分析，我们不难发现：华北地区旧石器时代晚期遗址和文化遗物的分布是有规律性的。除洞穴类型者分布在有古生代灰岩区内并出现于一定的高度外，露天的

遗址和地点几乎都出自河流两侧的第二级阶地或第二级的古湖岸阶地中。其地质时代属于晚更新世的中、晚期。这里所提的华北地区实际上还包括陕西、宁夏以及河南、甘肃的一部分，总面积逾一百万平方公里。上述地区在更新世晚期有着大致相同的古地理和沉积环境。除了贯穿全区的黄河外，有三条重要的地区性河流——渭河、汾河和桑干河。已发现的遗址和地点大多与这三条河流及其支流密切相关。

在这个地区内，更新世晚期的地层广泛出露，沉积相也比较复杂，不同地貌部位有不同的沉积物。但总的说来，是以土状堆积及河—湖相为主。晚更新世早期的沉积物经常构成各级河流的第三级阶地；晚更新世中、晚期的沉积物构成第二级阶地。在通常情况下，第三级阶地上，晚更新世的沉积物往往位于上部，下伏中更新世地层，上、下之间或不整合或假整合。根据脊椎动物化石组合及地层的叠覆关系，其上部地层的时代多属于晚更新世早期。典型地点有山西的襄汾丁村、陕西的蓝田焦家湾等处。沉积物的特点是其中常夹有1～2条比较稳定的，厚约0.5米的暗红色古土壤。在这种地层中发现的文化遗物都属于旧石器时代中期。

地区性河流及其支流的第二级阶地明显地呈现二元结构，即由上部的粉砂土（或新黄土）和下部的砂砾石层组成。上部的粉砂土具有质地疏松、颗粗细而均匀、垂直节理发育、颜色淡黄和无层理诸特点。阶地沿河流呈带状分布，一般阶面高出河水面20～30米不等，强烈上升区可达50米；阶面宽度与河流大小成正比。我国北方河流第二级阶地下部的砂、砂砾层，是一个非常重要和值得注意的化石层位，据不完全统计，采自这一层位的哺乳动物化石已超过五十种，化石地点近千处，化石埋藏较好，并常有软体动物和植物化石伴生。

各地区性河流及其支流发育的第二级阶地略有差异，现简介如下：

1. 桑干河

桑干河的第二级阶地一般高出河水面25～30米，在途经的盆地中，阶面开阔，而在穿越山区地段较窄，并常遭后期发育的沟谷的切割破坏而断续分布。阶地基座可能为前第四纪基岩或更新世湖泊沉积物。阶地下部的砂、砂砾层厚度约5～15米，上部覆盖着5～20米厚度不等的土状堆积物。土状堆积物多属黄土，以风成为主，时夹若干冲积砂砾条带。

2. 汾河

汾河上游的第二级阶地底部有较厚的砾石层，分选与磨圆程度较差，上部覆盖的粉砂土层色淡黄、疏松，厚度通常不超过15米。在下游，上覆的粉砂土逐渐增厚，而底部的砾石层变薄，但分选性良好。粉砂土富含有机质，故颜色为灰褐或灰黄。汾河的第二级阶地高出河水面约15～20米，阶面稍窄，遭受破坏严重，断续出露。

3. 渭河

渭河北岸支流有着发育宽广的第二级阶地，阶面高约40米，并为当地主要的耕作面。阶地底部的砾石层较薄，3～5米，上部的粉砂土逾30米，很少见到细砂、砾石条带。基座为前第四纪岩石或更新世早期的三门组灰绿色粘土、砂层。渭河南岸支流可以灞河、游河为例，高出河水面25～30米的阶地，包括较厚的砾石层和不超过15米厚的粉砂土，阶面较窄。

在上述的河流及其支流的第二级阶地中，其下部的砂砾层在颜色有显著变化和物质组成变化的地段常可采到哺乳类化石或石器。最常见的化石有：小耳鼠（*Microtus*）、仓鼠（*Cricetulus*）、鼢鼠

(*Myospalax*)、狼(*Canis*)、狐(*Vulpus*)、狗獾(*Meles*)、最后鬣狗(*Crocuta ultima*)、虎(*Felis tigris*)、野驴(*Equus hemivnus*)、野马(*Equus przewalskii*)、披毛犀(*Coelodonta antiquitatis*)、河套大角鹿(*Megaloceros ordosianus*)、赤鹿(*Cervus elaphus*)和纳玛象(*Palaoloxodon namadicus*)等。这些化石都是我国北方各地晚更新世常见的属种(尤玉柱等,1981;Pei, W. C., 1940)。从生态上分析,它们分别喜草原、森林、森林—草原的环境,但以属草原者居多;所反映的气候基本上是温、干或偏凉者。需要提及的是,同属第二级阶地的沉积层,在发育形成过程中是有稍早或稍晚的区别,但就地质时代上说,都为晚更新世的中、晚期,时间上在60 000~10 000年前之间。因此,于这一阶地中采到的文化遗物或化石也只能属于旧石器时代而不属于新石器时代。这一结论已被多年来的大量地质、地貌工作和年龄测定数据所证实。

二、关于冲积、洪积和次生堆积

如上所述,我国华北地区旧石器晚期遗址,除洞穴类型外,都产自河流或湖岸的第二级阶地。因此,可以肯定,所谓的露天遗址,基本上都受到流水的作用。这种作用可能就在原地,也可能受到一定距离的搬运。没有受到流水作用影响的遗址是非常罕见的。从埋藏学的角度看,没有任何搬运的遗物或化石,可称之为原地埋藏。事实上,原地埋藏和洞穴类型的遗址或地点,也都受到流水作用的影响。洞内的堆积物来源除洞顶、洞壁崩塌的岩块外,多数物质是在水的作用下,从洞外被携带到洞穴中停积下来的,这也是一种冲积作用。显而易见,安志敏的“经过冲积作用的地层,已失去考古学的断代意义”的提法是不恰当的。

次生堆积和流水作用是完全不同的两回事。自然界中,风化、搬运、堆积是沉积岩的形成过程,这种过程无时不在进行着。海相地层离不开水的作用;陆相地层也以水的作用为最主要,由此可见流水作用在地层形成中是多么重要。次生堆积是指地层形成之后因受自然的或人工的影响而重新堆积起来的。通常所指的次生堆积是近代的,不一定完全和流水作用有关。次生堆积作用过程中,有时可能将较老地层里的化石或文化遗物搬运到新的堆积物中去,但这种化石和遗物在遭到再次搬运后所呈现的冲磨痕迹以及它所附着的原来物质是容易辨别的,何况化石的石化程度和生物的种属也不相同。

次生堆积物和原生地层在野外是容易区别的,它们之间不仅在物质成分、颜色、层理、结构、构造上互不相同,而且原生堆积层和次生堆积层间还有明显的叠覆关系和清晰的接触界面。因此,用“再次堆积”来怀疑许多遗址的地质时代的可靠性是不恰当的。

确定某一文化层(或地层)的时代,也就代表了产于该层的文化遗物或古生物的时代;反过来,确定文化遗物或古生物的时代,也就代表了该文化层或地层的时代。沉积物堆积起来的时间,与是否受到流水作用的影响之间并没有直接的关系。

某一时代的文化遗物或生存于某一时期的古代生物,之所以能够完好地在地层中保存下来,正是由于这些文化遗物或古生物遗体(或遗迹)及时地被沉积物掩盖起来的缘故。这种掩埋因素可以是冲积、冲—洪积、洪积、湖积、风积、冰积甚至火山灰等等。虽然堆积过程和被掩埋的文化遗物或生物生活的时间两者不一定吻合,但是其时差对于地质年代来说是可以忽略不计的。可以想像,古代生物的遗体(或遗迹)和人工制作的骨器物“虽然比木制器物稍微耐久一些,但是也经不得风雨长久的侵蚀”（梁思永，1959）。即使石制品不易损坏，但长期暴露于地表难免受到风化；长期经受搬运，其冲磨痕迹都能从标本上得到判断。

三、若干遗址地质时代的讨论

安志敏在文中对十余处遗址的年代作了重新估计，认为不少遗址存在着年代的“古老”和进步文化之间的矛盾，因此怀疑这些遗址的地层是次生堆积。鉴于篇幅的限制不能一一予以评述，现只选取其中较重要的露天遗址着重从地质的角度加以讨论。

1. 峙峪遗址

峙峪遗址位于晋西北高原和桑干河上游平原的交汇处，1963年发现并发掘（贾兰坡等，1972）。遗址所在的地层剖面如下（图一）：

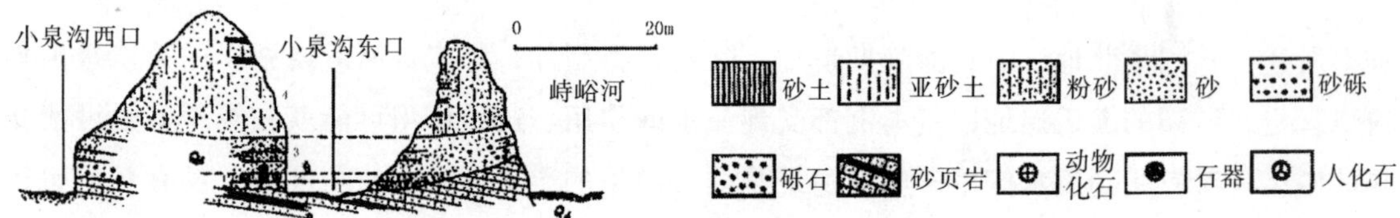

图一　峙峪遗址地质剖面图

层序（自下而上分4层）：1. 砂砾层；　2. 文化层；　3. 砂层；　4. 粉砂土层

4粉砂土：灰黄色，由细小的石英和长石颗粒组成，含少量云母，时夹细砾或粗砂条带，疏松，垂直节理发育。层中含大量鸵鸟蛋片化石。厚18米，阶地后缘处减薄。

3砂层：灰白、灰色，细、粗砂互层，夹细砾条带，胶结不紧密。本层具下粗上细之特点。层中产野马、野驴、披毛犀、虎和鸵鸟蛋片化石。化石表面无钙质包裹现象，呈白色。厚9米。

2文化层：灰色、黑灰色或褐色亚粘土、亚砂土和灰烬层。含丰富的文化遗物及脊椎动物化石。化石表面常有褐色、棕黄色钙质包裹现象。厚1.5米。

1砂砾层：灰色、棕褐色，砾石成分复杂，胶结较好。厚约1米。

整个剖面显示出一个自下而上由粗变细的完整的沉积旋回，具有典型的二元结构特征，当属河流冲积的产物，剖面总厚约30米，地层层次十分清晰，为第二级阶地无疑。

如图一所示，小泉沟东口两侧的堆积物，都同属峙峪河的北岸阶地，地层连续，层次相当，原来连成一体，只是后来小泉沟发育将其切开才一分为二。小泉沟东口两侧，在1963年发掘前只有几步之隔，发掘时两边都有同样的化石，因此地层的时代应是相同的。

峙峪遗址的埋藏有两个重要的特征。首先，在第2层，即文化层中，有紧密排列的两条灰烬，都呈凸镜状，上面一层薄、短；下面的厚、长。出土的文化遗物和化石以下面一层为集中。两条灰烬保存完好，没有再搬运的迹象。其次，在发掘时就已注意到了灰烬分布之外围有一些较大的石头块不很规则地排列着。据推测，它们很有可能是峙峪人用来作为砸击动物骨骼的垫石或作为架木燃火之用，因为石块表面既有砸击痕迹，又有烧过的迹象（尤玉柱、李壮伟，1982）。

沿着峙峪河两侧的第二级阶地还发现有其他的 6 处地点，化石和石制品与遗址文化层的无异，可构成一个遗址群。

综观华北地区旧石器晚期遗址和许多化石地点的剖面和岩石性质，有一种现象值得一提：即当含有脊椎动物化石和文化遗物时，该层堆积物的颜色常为黑褐色，多具桔黄色条带。其原因是由于人类的活动或生物死亡后使周围的堆积物富含有机质的结果。从宏观看，在第二级阶地中、下部，凡含有桔黄色条带的地段和颜色明显变化处，可作为寻找化石和文化遗物的标志。这种标志在峙峪遗址反映得十分清楚。

2. 许家窑遗址

许家窑遗址（74093）的地层层序比较简单，即上面为 4 米厚的粉砂土；下面为灰绿色、黄绿色砂质粘土和粘土层。上、下之间有一局部胶结的薄砂层作分界。人类化石、文化遗物及化石均发现于地表之下 8～12 米深的下部地层中（贾兰坡等，1976）。从区域地层对比看，灰绿色砂质粘土和粘土层应为大同－阳原盆地中，晚更新世早期的湖相沉积物之一部分，许家窑—侯家窑一带处于古湖滨—三角洲。

关于许家窑遗址的时代问题，过去虽有属于中更新世晚期或晚更新世早期的不同看法，从区域地层对比看，应属于晚更新世早期，理由有三：许家窑人属于早期智人阶段已无疑问；动物群中出现较古老的种，应早于峙峪和萨拉乌苏动物群；地层上，桑干河流域的湖相堆积物在时间上出现于马兰黄土之前，通常的理解应不晚于五万年前。

许家窑遗址和峙峪遗址一样，从埋藏学的角度看，基本上都为原地埋藏的类型。该遗址剖面上亦可以观察到呈带状的灰烬，并有一定的分布范围；动物骨骼无明显定向排列，有些骨骼的长轴与层面相垂直，可见基本上没受搬运作用。文化遗物中的大石球、小石片和化石混杂堆积在一起是正常的堆积现象，并非不同时代的遗物混在一起。

3. 下川遗址

下川是中条山东麓的一个山间盆地。下川遗址位于盆地中的河流第二级阶地，阶面高出河水面 30 米以上。第二级阶地下部地层出露不全，上部遭受剥蚀，含有两个文化层（王建等，1978）。

上文化层出土大量细石器、炭屑和哺乳动物化石残片；下文化层含粗大石器。遗址剖面是清晰的，没有次生现象，时代为晚更新世晚期。值得注意的是，山西中南部地区，中条山以东太行山以西的大片地域，属于缓慢隆起的构造单元，山脊并不陡峭，区内河流两岸的阶地都发育在山间盆地中。第二级阶地的上部，普遍覆盖着一层数米厚的淡黄色粉砂土。由于区内前第四纪基岩表面波状起伏，地形破碎，故多遭侵蚀、剥蚀。正如王建等人所绘制的下川富益河圪梁至梁山村剖面图那样，第二级阶地顶部原有的粉砂土被侵蚀、剥蚀掉，这是因为该地正好处在高峻的历山东坡脚下而侵蚀作用加强的原因。部分文化层遭到侵蚀在许多遗址也同样存在，不能因此否定原生层位。下川遗址大量的^{14}C 测定数据都证明和地层的时代是吻合的。

4. 扎赉诺尔地点

扎赉诺尔东南约两公里的东露天矿上部覆盖着第四纪松散层，近年来又有许多文化遗物、哺乳动物和人骨发现，引起人们的兴趣。有关单位进行的多种学科的研究使我们能对该地点有更多的认识。

据石彦莳（1978）报道，该地点剖面可分为六层。人类头骨和有一定石化的脊椎动物遗骸产于第四层底部，第五层顶部所含植物枝干^{14}C测定为11460±230 B.P，因此认为“扎赉诺尔人”及人工制品和伴生的动物化石年代约在一万年左右，地质时代属于全新世早期。安志敏在文中提到：“不能用第五层的^{14}C数据来代表第四层的年代，何况第四层上部的草炭2K 825为4760±200 B.C.，只能证实它的年代相当晚。”首先要指出的是，石彦莳并没有用PV－15测定的数据直接作为“扎赉诺尔人”的年代。其次，从地质的角度看，这里不是居住遗址，而是河—湖相沉积物。剖面的第五层和第六层之间实际上是存在着一个不整合面，其下属更新世；其上属全新世。第五层不过是全新世沉积物的底部层位罢了。据古脊椎动物与古人类研究所^{14}C实验室提供的资料表明，第五层顶部另一个木质标本测定为11660±130 B.P.（PV－171）；第四层上部草炭之下的蚌壳测得的数据为7070±200 B.P.（PV－166）。尽管目前没有采用与“扎赉诺尔人”同一层位的样品测试，但根据上、下已有的年龄测定数据来判断其年龄是合理的。

关于更新世与全新世的界限年龄，国际上尚无统一标准，虽多数人定在10 000年，但世界各地具体情况有所不同。越来越多的证据表明陶器的出现比过去认识的要早。从扎赉诺尔地区的地层和^{14}C年龄数据看，扎赉诺尔人生活于距今一万年前的看法是可信的。

四、结　　语

根据以上几个问题的讨论，可以认为，安志敏怀疑各晚期遗址的年代，其提出的地质论据是不足的。当然对于我国晚期旧石器遗址来说确有很多问题值得进一步探讨。在此，作者认为有必要强调如下几点：

1. 我国华北地区晚更新世地层主要的沉积类型有洞穴堆积、河—湖堆积和土状堆积。文化遗物多埋藏于前两种堆积物中。河－湖堆积的类型更多地产自河流的第二级阶地中，地质时代是晚更新世中、晚期。

2. 文化遗物埋藏于各种沉积物之中，其年代与沉积物的成因类型无关。只要遗物和化石出自原生层位，那么它们的年代应和沉积物形成的年代相一致。属于二次搬运的，或出自次生堆积中的遗物和化石，完全可以根据其冲磨痕迹、围岩的组分和地质现象加以区别。

3. 本文列举的各遗址或地点，地层清晰，沉积物无扰乱现象，不存在再搬运或次生堆积的问题。

4. 近年来，中国科学院古脊椎动物与古人类研究所以及许多地方博物馆在不同时期的更新世地层中，陆续发现属于小石器系统的文化遗物，使我们对旧石器时代文化（尤其是华北地区）的发展有了新的认识，突破了一些以往的陈规。很早以前，人们通常认为周口店第1地点下层石器是最古老的，现已过时。过去认为早期的石器粗大笨重，细小的石器是新石器时代的。随着时间的推移，材料的发现越来越多，证明细小的石器出现也很早，如河北阳原小长梁遗址等。人们的认识是建立在实践的基础上的，新的发现将不断地充实、完善、甚至改正我们今天的认识。

参考文献

王建、王向前、陈哲英，1978。下川文化——山西下川遗址调查报告。考古学报，(3)：259～288。

尤玉柱、徐钦琦，1981。中国北方晚更新世哺乳动物群与深海沉积物的对比。古脊椎动物与古人类，19：77～86。

尤玉柱、李壮伟，1982。关于峙峪遗址若干问题的讨论。考古与文物，(5)：44～48。

石彦莳，1978。扎赉诺尔附近木质标本的^{14}C年代测定及其地质意义。古脊椎动物与古人类，16：144～145。

安志敏，1965。河南安阳小南海旧石器时代洞穴堆积的试掘。考古学报（1)：1～27。

安志敏，1983。中国晚期旧石器的碳～14断代和问题。人类学学报，2：342～351。

贾兰坡、盖培、尤玉柱，1972。山西峙峪旧石器时代遗址发掘报告。考古学报，(1)：39～58。

贾兰坡、卫奇，1976。阳高许家窑旧石器时代文化遗址。考古学报，(2)：97～114。

梁思永考古论文集，1959。考古学专刊甲种第五号，科学出版社。

（原载《人类学学报》3（1)：68～75）

阳原石核的动态类型学研究及其工艺思想分析

盖　培

一、楔状石核的研究现状及问题

目前，在楔状石核的研究中通常采用的是静态类型学的研究方法。这种方法愈来愈清楚地暴露出它的缺陷，甚至可以说它已经使楔状石核的研究陷入不可解脱的困境。

首先，在考古学文献上，目前在楔状石核这个名称之下被描述的标本有时既不呈楔状，也不呈船底状，而是呈长方形（有人称为“砖状”），有时甚至呈三角形（有些类似元宝状），还有很多石核具有这些形状之间的各种可能的过渡性形态。按照静态类型学的原则，显然应该继续分类，然而无法确定分类的界限应该划在何处，也提不出足够的理由论证分类的依据，因为归根结底形态分类法不能解释究竟为什么楔状石核有如此之大的形态变异。当然，最容易的解释方法是把楔状石核的形态变化简单地归因于毛坯的形状。但是，这种看法显然是过分低估了旧石器时代晚期人类的技术能力。没有理由设想已经熟练地掌握了甚为复杂的石叶剥制技术的人类不能改变一下毛坯的形状。

在刊物上还可以看到，与楔状石核有直接关系的许多材料竟被描述为尖状器、雕刻器和刮削器。这种现象说明静态类型学不仅给楔状石核的研究造成许多困难，而且也给石器的研究造成了额外的麻烦，进而由此引伸出来的关于文化性质的各种推论便不可能是正确的。

目前，在考古学文献上常常出现的一个现象是在楔状石核这一名称之下所描述的标本经常具有完全不同的台面。根据模拟实验和旧石器时代考古学家的共同认识，台面的状况和修整方式对于剥制石叶是至关重要的，然而这个层次的性状却完全未被考虑，而被湮没在楔状石核这个非常一般化的名称之中。

最后，考古学家们现在一致认识到亚洲和北美洲在旧石器时代晚期曾有文化上的联系，主要理由是两地均发现楔状石核。但是，这个一般性的论断已经不能满足考古学上的要求。现在出现的情况是从北极圈内到西藏，从鄂毕河流域到加拿大，都发现了楔状石核，没有理由认为这一广袤地区内的各遗址的文化之间都具有同等程度的、在亲缘关系上等距离的关系。实际上，这一大片地区发现的楔状石核远远不像最初设想的那么单一，在大多数情况下标本的形态差异很大，在另外一些情况下粗看起来标本的外形很相似，但貌似神非，在工艺特征上相差甚远。由此便造成了两种结果：一种结果是使深入的研究工作无法进行下去，不得不停留在非常一般化的论断上，就像半个世纪以前纳尔逊那样，就大的范围判断亚洲和美洲在石器时代有过文化上的接触（Nelson，1937）；另外一种结果是研究者得出互不相同的意见。不妨举出国外的一些研究者为例，例如季科夫认为西北美的细石叶工业来源于堪察加半岛（Диков，1967）；史密斯认为来源于西伯利亚或者华北（Smith，1974）；奥克拉德尼科夫则认为起源于蒙古东部地区（Окладников，1972）；莫尔兰倾向于认为与日本北海道有更密切的关系（Morlan，1967）；莫洽诺夫的观点则认为它与久克泰文化有直接关系（Mochanov，1975）。对于同一个问题竟有如此之多的分歧意见决非偶然，产生这个现象的主要原因就在于研究者们的鉴定标准不同，没有建立一种为大家共同遵循的、不被研究者主观判断所左右的文化对比的标准。

二、摆脱困境的途径

目前在楔状石核研究中存在的种种难题是静态类型学的研究方法无论如何也解决不了的。这是因为静态类型学过分强调石核体的外形，有意无意地把一般研究石器的方法不加区别地移植到细石核的研究中来，认为一旦细石核被制成，就不再发生形态上的重大变化，或者首先设立了一个未经证明的假设，认为细石核的大小和形状与它的毛坯的大小和形状不会有多大差别。与这种静态类型学的观点恰恰相反，动态类型学[①] 观点认为产生形态变化是细石核的固有特征，认为从始至终一直处于形态变化之中，所以需要研究预制品的制作和石核体的利用的全部过程，把每件标本都不看作是最终产品，而是作为正处于工作进程中的一个片断的代表来加以观察，从剥离石叶的角度观察石核体的形态变化。从动态类型学的角度来看，细石核不应按形态进行分类。本文使用的“楔状石核”一词并没有分类意义，这个词与动态类型学的观点是不相容的，本文仍使用这个词只是暂时借用一下，因为这个词是人们所熟悉的。实际上，按照形状归入不同的分类单位中去的细石核经常不是独立的考古类型，而是石核体随着石叶的剥离发生衰变而出现的石核形态。因此，石叶石核（或称为细石核）应从工艺学的角度进行分类，给不同的工艺程序命以不同的名称，把属于不同的工艺程序的具体标本纳入不同的工艺分类单位中去，称为某某工艺的石核。举例来说，阳原石核（其实应为“阳原工艺石核”才是确切的叫法）就是按照一套固定的工艺程序（本文所研究的程序是阳原工艺程序）制备和利用的细石核，被划入阳原石核的标本必须符合阳原工艺程序。

因此，工艺程序复原是确定工艺类型的基础。在进行工艺程序复原时，最可靠的根据是接合材料，把从石核上剥落下来的石屑和石叶全部发掘出来，然后依据其上的痕迹按先后次序重新安排到石核上去。然而，这样的接合材料实际上是不可能找到的，对于一件石核来说，从其上可能剥掉了几百个石屑和几十个石叶，这么多的接合材料实际上是完全不可能被保留下来的。

面对着这种不可克服的困难，进行工艺程序复原的最好办法是掌握尽可能多的石核。一二个孤立的石核不可能用来复原整个工艺程序，但是大量的、具有相同性状的细石核所构成的系列则可以反映出来工艺链，而一个个孤立的石核此时则成为工艺链中的连续环节，代表在正常情况下一件石核在工艺进程中可能经历的各种变化。对工艺链中的各个环节进行详细分析和比较之后所得到的结果无疑可以表明这个类型的细石核的全部工艺过程。

工艺程序复原的另一个可取之处是便于拿不同地区的材料进行确切的对比。依据已知的工艺程序，

---

① 动态类型学（dynamic typology）这个词是舍尔德提出的（Schild，1969），它的基本涵义是石器类型的划分应以石器制造过程的工艺学分析为基础。本文试图把这一概念用于细石核的研究中。在细石核的研究中，日本考古学家很重视工艺程序复原，称为“技法复原”或“制作工程复原”，但是他们在这一名称之下所进行的研究只包括石核预制品的制作程序。本文对细石核的研究超出了日本学者的研究范围，既研究预制品的制作程序，又研究细石核在剥制石叶的过程中发生的形态变化，因此不是“技法复原”和“制作工程复原”等词的涵义所能包容的。目前在细石核的研究中没有现成的词用来表达本文的研究范围，所以暂时使用舍尔德提出的词。

可以对个别的石核作出工艺类型鉴定，这样的鉴定工作既容易，又严格，比依据单个的、随意选择的性状能更客观地说明地区间的文化异同。

三、工艺程序复原

本文对阳原石核的工艺程序复原以河北省阳原县虎头梁村附近的旧石器时代晚期遗址中发现的标本为依据，包括石核54件、削片10件和石核预制品15件。

根据标本上的人工痕迹得知，阳原工艺包括以下四道工序：1）石核预制品的制造；2）石核预制品边缘的修整；3）台面的制成和改善；4）石叶的剥制。

现将这四道工序分述如下：

1. 石核预制品的制造

这道工序的最终结果是制成横断面呈D形的石核预制品，即预制品的一个侧面平坦，另一个侧面隆凸。在使用自然石块的情况下，平坦的自然面不作任何修整；在使用厚石片的情况下，对石片的破裂面有时施以平缓的修整，有时不予修整。在上述的任何一种情况下，都对与平坦面相对的一面施以较陡的修整，使这个面隆凸。

复原依据如下：

图二之2所示的标本P.4606，用灰色硅质岩制成，前端有七条石叶阴痕；石核体右侧面（观察者面对石叶阴痕面视，观察者的右侧称为石核体的右侧面，与右侧面相对的侧面称为石核体的左侧面，下同）平坦，原为石片破裂面；左侧面的上部（依石叶阴痕的近端和远端决定石核体的上和下，下同）经过陡修整，下部经过缓修整，石核体的横断面呈D形。石核体长，前端（石叶阴痕所在的一端称为前端，与前端相对的一端称为石核体的后端；由前端至后端的长度称为石核体的长度，下同）的上、下缘收缩，台面角82°，因此可以判断这是一件刚刚开始用于剥制石叶的石核。它的预制品的形状可能如虚线所示。

在虎头梁遗址中，有很多标本呈类似的长椭圆形，也只在一面修整，其上尚无石叶阴痕，看来它们是阳原石核的预制品，如图二之1所示的标本P.4789。

2. 石核预制品边缘的修整

这道工序是在工序1之后进行的，在这道工序中对预制品的边缘进一步加以修整，为工序3创造必要的条件。从这道工序开始，阳原石核分化为两个亚类型。

亚类型1　在石核预制品的上缘，从石核体的一个侧面向另一侧面打出一个缺口（图一）。

图一之4的标本P.4668，用黑灰色硅质岩制成，原为厚石片，左侧面平坦；右侧面向外隆凸；石核体的横断面呈D形；石核体上缘后部保留原来预制品的上缘，在它的前部可见从前向后打出的平面，这个平面就是石核的台面。特别值得注意的是在台面与石核体上缘之间可见一个相当宽的缺口，是从左侧面向右侧面打出的。可以断定这个缺口是在打制台面之前打出的。

复原依据之二：

图一之1所示的标本P.4584，用紫色硅质岩制成；无石叶阴痕；一个侧面为原石片破裂面，另一个侧面经过较陡修整，在上缘可见从一个侧面向另一个侧面打出的深而宽的缺口。

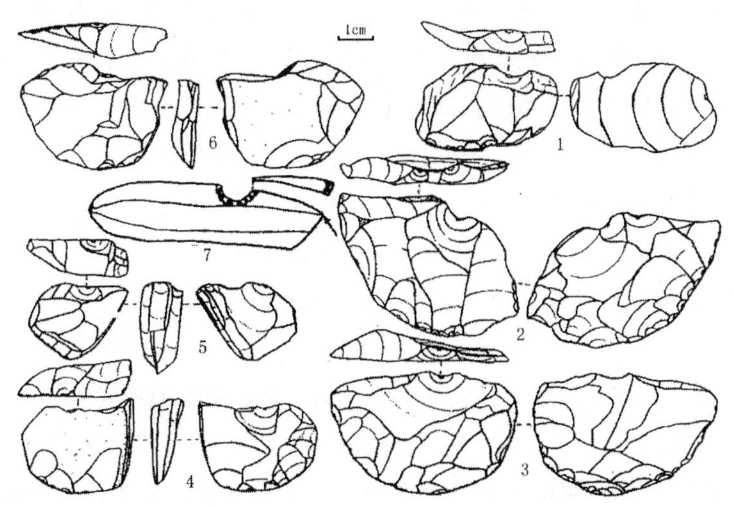

图一 阳原工艺亚类型1的石核和石核预制品

亚类型2 在石核预制品成形之后，对已粗加工的边缘进行精加工，修整出整齐的边缘和比较光洁的向凸侧面倾斜的斜面（图二）。

复原依据如下：

图二之4所示的标本P.4620，用紫色硅质岩制成，右侧面平坦，左侧面沿上缘和下缘均有修整痕迹；上缘可见粗修整之后进行精修整遗留的疤痕。

3. 台面的制成和改善

这道工序是工序2的继续，在工序2中采用两种不同的方式为这道工序做了准备工作，在这道工序中也采用两种方式制备台面。

亚类型1 台面平；从左右方向横向大打，或从前端向后端纵向大打，剥落削片，削片尾端达到工序2制备的缺口处而中途折断，这是为阳原石核亚类型1制备台面的方式。

复原依据如下：

图一之6所示的标本P.4665，用黑灰色硅质岩制成，加工后石核体的横断面呈D形；台面平，从前端向后端打出，但未达到石核体后端，由于接触到横向打出的缺口，削片中途停止前进。

图一之2所示的标本P.4600，用略呈粉红色硅质岩石制成。这件标本与亚类型1有关，它已经通过了工序3，但尚未进入剥制石叶的工序。这件标本的外形略呈长椭圆形，加工后标本的横断面呈D形；在上缘中部可见一个缺口，系由左侧面向右侧面打出；由上缘前端至缺口方向，可见一个平面，这个平面无疑是为制备台面而打出的，如图一之3所示标本P.4601。

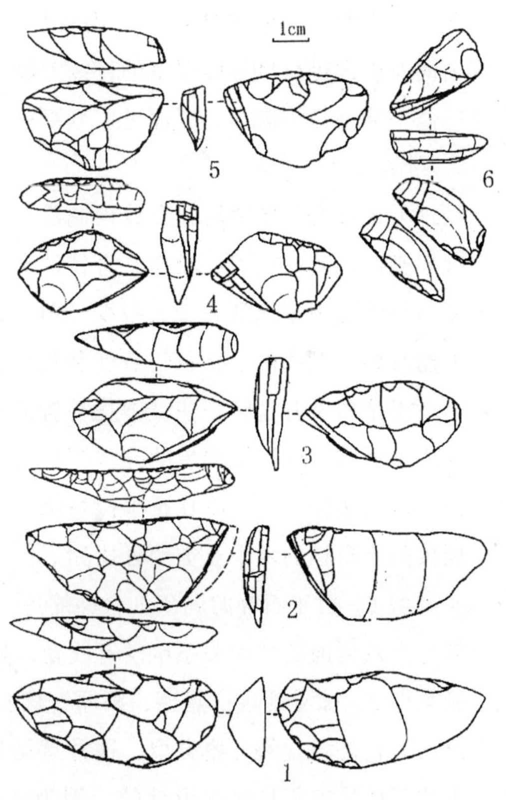

图二 阳原工艺亚类型2的石核和石核预制品

这是一种非常巧妙的工艺思想。令人惊奇的是这种工艺思想的原则在一万多年后的今天仍然被利用。为了便于说明，不妨先举今天的工匠的操作为例。例如，一件珍贵的瓷器被打破，出现裂纹需要设法补救，这时手工工匠经常采用的方法是在裂纹的末端钻出一个小洞，以防止裂纹继续伸延。这种办法也常常用来修理铜器、铁器和窗玻璃。木工也常常在木板上一边先锯出缺口，然后再从木板的一端劈砍，这样砍掉的木片能完全符合木工所预想的木片长度。因为预先锯好的缺口起到限制作用，使木片不能无控制地伸延。从工艺思想上说，这些工艺方法与阳原石核上的遗迹所显示的恰恰是一致的，只不过运用的场合不同。如此杰出的工艺思想竟然出现于那么早的时候，虽然有一系列标本为证，仍然不能不使人震惊，震惊之余不免产生半信半疑的心情。对于消除这种疑虑，欧洲发现的材料可以给人以启示，说明在那个时代掌握这种工艺思想并不是偶然现象。在欧洲旧石器时代晚期也有制造制动缺口的例证，不过在欧洲这种结构关系被用于雕刻器上如图一之7，在亚洲则被用于细石核上，但两者的机制是一致的。这个旁证材料再一次说明，阳原工艺的结构思想是旧石器时代晚期世界性的技术进步浪潮在亚洲的一种表现形式，但在运用程序上显得更为复杂。

亚类型2　台面向石核体的凸侧面倾斜，从前端或者从前侧部小修台面，造成细小的或者浅而平的修整疤痕，如图二之5，P.4762，从而达到改善台面的目的。这种改善面的方式用于阳原石核亚类型2。对于这个类型的石核来说，预制品凸侧面上部的倾斜面在理论上说已经可以作为台面来加以利用；但是为了有效地剥取石叶仍需进一步进行小修整，以改善台面状况。

复原依据如下：

图二之3所示的标本P.4613，用浅紫色硅质岩制成，加工后石核体横断面呈D形；沿上缘可见由右侧面向左侧面进行修整而遗留的连续疤痕；在上缘前端可见一个浅而平的疤痕，由前端向后端打击，使横向修整痕迹遭到破坏，因而可以判断这个纵向的浅平疤痕是为改善台面而打出的。

4.剥制石叶

经过上述各道工序之后，石核预制品从这道工序开始才真正进入利用阶段，从理论上说这个阶段是连续地剥制石叶的过程，操作一直持续到石核无法利用为止。在虎头梁遗址中发现的许多残核都说明阳原石核的利用率达到了最大限度。但是，事实上也有许多客观原因使许多石核不可能被充分利用而被中途废弃，例如由于岩石的节理和裂纹、用力不当使石核破损或者为生活中的某种需要而因故停工等等。正是由于有这样一些被中途弃置的石核，我们才有机会取得这道工序上的石核系列。要全面展示这道工序的进程，最理想的办法当然是把石核系列由始至终全部列举出来。但是，本文的篇幅不允许列举这么多标本，所以在这里拟举例说明石核体在这道工序中的晚期形态。

现按阳原石核的两个亚类型分述如下：

亚类型1　由于石叶的剥落，台面缩短，但石核体上、下缘的相对位置未发生显著变化，预制品上缘后部与有效台面的结构关系也没有改变，如图一之5的标本P.4019所示。

亚类型2　孤立地进行观察，阳原石核亚类型2在工序4的晚期阶段上的形态非常奇怪，有许多研究者误认为它是独立的石核类型。这种意见显然是主观的猜测。这个阶段上的石核体上窄下宽，旧石器时代的石核从来不是这样设计的，因为这样的形态在工艺结构上不合理，在技术上的可行性很差，而且它的台面角只有40°左右，以这样的角度连续剥制石叶非常困难，所以石核的最初设计形态不可能是这样的。把这种形态的石核放入亚类型2的石核的动态系列中去观察，立刻可以理解它是最后的残核，而不是有意设计而成的独立的石核类型。

复原依据如下：

图二之6所示的标本P.4716，用紫色硅质岩制成；它的特征符合阳原石核的性状：（1）前端可见五条石叶阴痕；（2）右侧面平，未经修整，左侧面隆凸，石核体的横断面呈D形；（3）台面向隆凸的

左侧面倾斜。这一切都说明这种水滴状石核与亚类型 2 的其他形状的石核有着共同性。从结构方面来看，亚类型 2 的结构要素既没有增加，也没有减少，因此可以断言它们之间必定有着某种内在的联系。但是，从结构关系来看，与起始阶段的石核相比较，水滴状石核在许多方面都有所不同。例如，下缘缩短，上缘转变成与石叶阴痕面相对的侧缘，差不多转动了 90°；台面角由 90°转变成 40°左右；石叶阴痕面也变长。

根据对石核系列的观察得知，造成石核体形态变化的最根本的机制在于剥制石叶的过程中需要不断地改善台面状况。根据打击锥原理，必须转动石核体。同理，石叶远端内弯又从另一方面要求石核体转动。因此，在这两种机制的共同制约下，石核体各部位的结构关系便产生了一系列变化，不可避免地向水滴状衰变。这整个过程是逐渐地发生的，然而量的逐渐积累最后则导致石核体形态的巨大变化，以致面貌全非。

从工艺思想来看，阳原石核与日本的峠下型石核（鹤丸俊明，1979）相当。关于它们的异同和阳原石核的第三亚类型将在另一篇文章中详细讨论。

参考文献

鹤丸俊明，1979。北海道地方の细石刃文化。骏台史学，47 号，23～50 页。

Mochanov，Y. A.，1975. *Early migrations to America in light of a study of the Dyuktai paleolithic culture in Northeast Asia*. IX ICASE，Chicago.

Morlan，R. E.，1967. The preceramic period of Hokkaido：an outline. *Arctic Anthrop*. 4：164～200.

Nelson，N. C.，1937. Notes on cultural relations between Asia and America. *An. Antiq*.，2：267～272.

Smith，J. W.，1974. The Northeast Asia－Northwest American microblade tradition. *J. Field Archaeol*. 1：347～364.

Schild，R.，1969. Próba ustalenis listy form zwiazanych z procesem przygotowania oblupni i rdzeniowanien w cyklu mazowszanskim. in *III Sympozium paleolityczne*，z. 2，Dyskusja，3～15，Krakow.

Диков，Н. Н.，1967。Открытие палеолита и рпоблема первоначалвного заселения Америки. *ИсТория и кулътура народов Севера Даънело ВосТока*. 75～146。

ОклаДников，А. П.，1972. *Новые археолоГическне оТкрыТия на далънем ВосТоке* Далънезо востока 3：15～48。

（原载《人类学学报》1984，3（3）：244～251）

中国猿人石器研究

裴文中　张森水

一、中国猿人石器的特征

中国猿人石器具有鲜明的特点，其最重要之点如下：

1. 中国猿人石器的原料主要是脉石英，加上水晶、砂岩和燧石构成了基本原料。

2. 中国猿人打片曾用了三种方法：砸击法、锤击法和碰砧法。总体而言，砸击法是主要方法，这是同时代人所采用的打片方法中所未见的，存在大量的砸击石片是中国猿人石器最鲜明的标志，也是迄今世界上旧石器时代早期在一个遗址内出土的砸击石片最多的。

3. 不作第二步加工即行使用的石片，即使用石片比较多，依宏观观察，估计可达10%左右。

4. 中国猿人工具以石片工具为主。用石片做的工具，占经过第二步加工的工具总数的70%强，另有约30%的工具系用砾石、石核和小石块做的。

5. 中国猿人的工具组合以刮削器为主体，从整体看尖状器是重要类型，兼有砍砸器、石锥和雕刻器等构成了类型多样的工具组合。

6. 没有手斧①。

7. 在中国猿人石器中小型和微型工具、轻型和超轻型工具之多，是迄今同时代遗址出土的工具中所罕见的；其平均尺寸之小和平均重量之轻也是很少有的，因之，存在大量小工具构成了中国猿人石器最重要的特点之一。

8. 从单刃工具和多刃工具关系来看，前者是主要的，后者是次要的；从单刃工具的位置来看，左刃多于右刃。

9. 修理工具使用了三种方法：锤击法、砸击法和碰砧法，而以锤击法为其基本方法，用砸击法和碰砧法修理工具，虽然数量上不多，但在国内文献中均极少记录，因之，颇具特色；用砸击法修理工具在国外旧石器考古资料中亦未见记录。

10. 锤击修理工具的方式是多样的，但主要是向背面加工的。

11. 工具的形态，尤其是刮削器的形态缺乏相对稳定性，“个性”较强，常因毛坯形态而异，但工具刃口的形态相近者较多，加上其他因素，例如重量等，构成了比较清楚的类型。

12. 工具的加工制作多比较粗糙，刃缘不甚平齐，呈波纹状者居多，刃缘匀称、小石片疤浅平者和刃缘十分曲折、打击点集中、小石片疤深凹者均属少数。

---

① 我们不赞成把交互打击的砍砸器归于手斧类；也不同意把手斧分成大型的和小型的，由于有后者，而把某些两面加工的尖状器归入手斧类内。我们赞成传统的对手斧的定义，即是一种大型的、一器多用的工具，交互打击而成，两面遗满石片疤（早期者后跟保留自然面），前端有尖、侧刃锋利的工具。

13. 中国猿人石器具有类型上的复杂性。在石器中，大量的标本能够反映其所处的发展阶段的特征，但也存在极少数标本从类型上考虑，似乎与其时代不甚相称，例如：长石片、石叶、厚端刃刮削器、雕刻器、石锥，还有类似峙峪出土的"箭头"和"斧形小石刀"各1件，还曾找到过像楔形石的标本。出现这些情况，其中有一些是类型历史的延长，如雕刻器等，有些常常是孤例或极少标本，用偶然性去解释，可能更合乎实际一些。类型上的复杂性，从旧石器时代工具发展来看，是一种原始性的反映。

14. 中国猿人工具在类型上和功能上存在既可分又不可分的特点。中国猿人的工具在类型上有一定的分化，现在所划分的各类工具的形态界线基本是清楚的，但仍须注意到各类型间存在少量的过渡类型的标本，例如有些石核和砍砸器颇难区分，砍砸器和刮削器之间、个别刮削器和尖状器之间、部分长尖石锥与尖状器之间，以及单直刃、单凸刃和单凹刃也存在两可的标本，但后者毕竟是少数。因之，可以说，类型的可分性是主要的，不可分性只是次要的。

15. 中国猿人石器具有既变又不变的特点，变是主要的，不变是很次要的。有关变的方面将在后面详细讨论，不变部分如石核和石片的长宽指数、工具刃口的钝锐、刃角以及其他测量项目都缺乏相对集中等。出现这样现象是可以理解的，它毕竟属于旧石器时代初期的石器。

综上所述，中国猿人石器有两个最重要的特点，以砸击法为其主要打片方法，存在大量的砸击石片；中国猿人工具主要是用石片做的、向背面加工、以单刃居多的小工具，再加懂得用火，有较长期保存火种的能力，可以主要地反映出其文化面貌。鉴于这些特点有别于国内外同时代的其他文化，因之，我们建议，把它正式命名为"中国猿人文化"（*Sinanthropus* Culture），其所生活的时代，命名为中国猿人文化期（*Sinanthropus* Cultural Stage）。

二、中国猿人文化分期问题

中国猿人在周口店第1地点居住了相当长的时间，依目前各种年代测试的数据，从第11层到顶部年代相差达20～30万年之久（钱方等，1980）。尽管这些年代数据有待进一步订正，但至少显示出时间上的长期性。在这段漫长岁月里，各方面都发生了一些变化，在其周围的自然界、人自身和文化都有不同程度的反映。从哺乳动物化石和孢粉的研究来看，中国猿人在周口店生活的时期，附近的气候稍有变化，由温暖的气候转向稍温暖和湿润一些的气候，至顶部有稍变干变凉爽的趋势（孙孟蓉，1965）。哺乳动物的种属也略有变化。下部地层既发现了肿骨大角鹿化石，又有扁角肿骨大角鹿化石，至顶部却是肿骨大角鹿和赤鹿化石共存，在中、下部地层中常见的剑齿虎化石，至上部也就绝迹了。古老种属的哺乳动物消失，新种属动物的出现，决不是旦夕之事，而是经历了一个相当长的时间（裴文中，1960）。在这个过程中，中国猿人的体质也发生了一些变化。依1966年发现的中国猿人化石（将它和1934年发现的5号头骨碎片Ⅰ号及一块右侧颞骨模型进行并对，断裂缝吻合，原属一个个体，故称5号头骨），可以看出若干进步性质，如枕圆枕较为退缩，颞鳞的蝶骨缘、顶缘呈圆弧状隆起，片状的额人嵴末端有分叉为二的趋势，枕内、枕外隆突距离缩短，眉脊较弱，脑颅骨壁较薄等，被认为是“迄今所知的北京猿人[①] 头骨中带有进步性形态特征最多的个体”（邱中郎等，1973）。

如上一个问题所述，中国猿人在周口店生活时期所制作和使用的石器保持了鲜明的特点，这说明，不管时间如何漫长，从第 11 层到顶层出土的石器都是中国猿人的劳动产品，是中国猿人文化的组成部分，不可能从中划分出不同的文化，因之，它是统一的不可分的整体——中国猿人文化。但是，它不是一成不变的远古文化，随着岁月流逝，劳动经验的积累和传授，不断改进制作技术，制造出新型的工具，因之，她的文化显示出既有统一性，又有发展性。在其发展过程还可看到一定的阶段性，从中可以划分出若干个阶段。

中国猿人文化上的进步，一方面表现为用火能力的增强，特别是保存火种能力的提高，另一方面则清楚地反映在石器的制造中，从中还可看到其进步速度有加快的趋势。依石器的各方面变化，可把中国猿人文化划分成早、中、晚三个时期，现将不同时期的特点扼要地叙述如下：

早期：从第 11 层到第 8～9 层。

石器的原料从数量上看石英居多，但主要工具都是用砂岩等砾石做的，虽然砂岩只占本期石料的 15～20%，但其实际作用要大于石英。本期水晶用量甚微，只占 0.7～1.4%（第 11 层无水晶石器），燧石含量较高，为 1.8～2.6%。

本期打片使用 3 种方法：锤击法、砸击法和碰砧法。从现存的石片数量考虑，锤击法是主要方法，至多可以说锤击法和砸击法并举，两者在数量上相差不多，若从形态上看，则砸击石片要逊锤击石片一筹。碰砧法作为一种常用的打片方法只见于本期。本期所产生的石片多相当粗大，小石片极少，即使是砸击石片亦比其后者略大。锤击石片和碰砧石片的台面，自然者占比例高，接近半数。

用砾石、石核和大石块做的工具比用各种石片做的要稍多一点，块状毛坯做的石器，第 10 层占 56.8%，第 8～9 层占 52.1%，石片工具则少于半数。用砾石、石核、小石块和从砾石上打下来的大石片做的工具是本期文化的重要标志之一。

本期工具类型简单，主要是两类工具——刮削器和砍砸器，尖状器和雕刻器[②] 数量少，从形态上看也相当原始。应该着重指出的是砍砸器在本期的重要地位，它在数量上占这类工具的一半左右，类型也多，修理工作也相当细致。

在早期中国猿人文化中，小石器很少，中型和大型的石器数量较多，依长度计 40 毫米以下的小石器在第 10 层只占 30.8%，大、中型工具则占 69.1%；依重量计，20 克以下的轻型的占 33.3%，其余属中、重型者，占 66.6%。第 8～9 层小型工具 22.1%，中和大型者则占 77.8%；轻型工具占 18.4%，中、重型的则占 81.6%。如果说本期石器有逐渐增大的趋势，那么第 8～9 层是增大到顶的层位。

本期修理工具用了三种方法：锤击法、碰砧法和砸击法。用碰砧法加工的工具虽然很少，但为本期所特有。

相比而言，本期砂岩等砾石（包括用砾石打的大石片）工具制作得比较精致，有些刃口锐利，刃缘匀称，小石片疤浅平；石英做的各类工具加工简单而粗糙，刃缘显得毛糙。尖状器多较大，加工亦

---

① 北京猿人即中国猿人，为保存原作的名称，不作更改，下同。

② 在作分期对比时，第 11 层因发现石器少，只作参考，不作统计。尖状器只见于第 10 层和第 8～9 层，第 11 层无此类工具；雕刻器仅出自第 8～9 层。

简单，多是一侧边修理较好另一侧只有粗略的加工，使成不同形态的尖刃。雕刻仅有 2 件，只发现于第 8～9 层，其余两个层位均未发现。

存在一物或一器多用的现象。也就是说各石器类型间过渡型的标本比较多，表明类型分化尚不够明朗。

中期：鸽子堂石英Ⅱ层（QⅡ）、第 7 层① 和第 6 层。

这一时期是中国猿人文化的过渡时期，承上启下，有些特点介于两者之间，虽然尚保留若干早期特征，但有所发展，其重要的特点如下：

就做石器的原料而言，石英用量大增，水晶用量有所增加，QⅡ占 1.9%，第 6 层占 5.3%，砂岩用量锐减，QⅡ占 1.9%，第 6 层只占 0.9%，燧石用量也有所减少，QⅡ只占 0.8%，第 6 层占 1.3%。

打片用了两种方法②：砸击法和锤击法，现存的砸击石片在数量上超过锤击石片一倍有余，这是中国猿人文化发展中的重大变化，砸击法打片成为主要的方法。砸击石片总的来说比前期变少，各项测量值居于早晚两期之间，形制规整的两端石片比较多；锤击石片形制有所改善，出现了一些长薄的三角形和长方形的石片，打击台面者超过自然台面，后者占 1/3 左右。

本期文化的重要特点是石片工具趋向主导地位，QⅡ用各种石片做的工具占这个单元工具总和的 60.3%，第 6 层则占 64.0%。与此相应，块状毛坯做的工具则退居次要地位，QⅡ则只占 39.7%，第 6 层占 35.7%

石器类型虽然变化不大，但各类工具自身发生了不同程度的变化。刮削器不仅数量上增加了，修理精致的标本也有所增加，出现了一个新的类型——端刃刮削器；尖状器出现了数量相当多的、两侧作细致修理的标本，体积变小，其形制非早期同类工具可比，却与晚期尖状器极为相似；砍砸器在数量上明显减少，QⅡ的砍砸器在类型上和加工水平上仍与早期相仿，而到第 6 层，这类工具的作用则进一步衰落，只占该层工具的 3%，制作亦甚简单而粗糙。

本期工具小型化趋势比较明显，长、宽和厚度的测量平均值比前期小；小型的和轻型的工具有了增加，QⅡ小工具和轻型工具分别占 48.8% 和 50.4%，第 6 层则均占 81.3%；另一明显的特点是大型和重型工具锐减，只占本期工具的 12.1% 和 12.8%③，比前期分别减少 35.4% 和 41.3%。

一物或一器多用的现象没有早期普遍，过渡类型的标本有所减少，类型界线进一步明朗。

晚期：第 4～5 层、第 1～3 层（包括 L.3）④。

晚期是中国猿人文化明显的发展时期，出现了新类型工具，工具进一步小型化，加工技术亦有一定的改善，其特点是鲜明的。

在原料采用方面，虽然石英仍然是主要的，但质量有所提高，质细的乳白色或半透明的石英在标本数量上增加了，从而为打下较大的石英薄片和制造精致的石英器提供了前提。水晶和燧石等质优的石料有明显的增加，水晶占 5.4%，燧石占 3.1%，在遗址顶部 Locus H 区燧石石器特别多，可超过 30%。在石器中（不包括石锤和石砧）砾石和石核做的工具很少，只占 4%。

---

① 第 7 层发现的、现存的石器很少，在讨论分期特点时，只作参考，不作统计。

② 在工具中有 2 件是用碰砧石片做的，表明存在使用碰砧法打片，但已极度衰落。

③ 不指明层位者，均以 QⅡ和第 6 层或第 10 层和第 8～9 层同类工具之和求百分比。

④ 层位不明的标本虽然大多数可能属晚期，但情况复杂，只作参考，不作统计的依据。

本期石片工具有较大的增加，占全部工具的73.9%，相应地块状毛坯做的工具减少了，只占26.1%，因之，可以说本期是以石片工具占优势的时期。

本期打片仍用3种方法：砸击法、锤击法和碰砧法，后者材料不全，处于将消失的状态。砸击法无疑是居绝对优势的打片方法，在现存石片数量上比锤击石片多4倍弱，对这种方法的应用也更为成熟。在砸击石片中，不仅长、宽、厚进一步缩小，而且类似长石片和石叶的标本数量增加，存在数以百计的、长宽比差在一倍以上的标本，长宽比差超过二倍的有25件，形制规整的砸击石片数量上比其前各期要多得多。与此相应，存在较多的、形制规整的砸击石核，如枣核形石核、多棱柱形石核等；在砸击石片中，还可见到将较大的两端石片再砸为薄片的现象，在其破裂面上存在一或二块平远的石片疤。实际上这类两端石片可以称为片状砸击石核。

锤击法是本期重要的打片方法，在使用上也有所改善，其生产的石片，形制规整者增多，有些标本似长石片和石叶，长宽比差超过一倍者有42件，石片台面多打击，有32件标本台面上有一条或多条纵脊，打击点落在台面脊前缘点上，应是修理台面的痕迹，与此对应，至少有一件石核是有清楚的修理台面的痕迹，石核体也曾加工过，都显示出锤击法打片的发展趋势。

本期重要的文化特征之一是存在相当数量的砸击石砧和石锤。如我们前面已指出的，这类标本失散较多，现存数量和形态特征难以窥其全貌，但作为对比参考，仍是有意义的。现存砸击石砧19件，属本期者18件，现存专用的砸击石锤17件，属本期者15件，由此可见其代表性之强。石砧和石锤的大量存在反映了砸击法打片的发展。在石砧上保留许多条状坑疤，进一步证明利用大的砸击石片再砸薄这个生产过程的存在，因之，条状坑疤也是砸击技术改善的一个标志。

本期另一重要标志是工具类型进一步分化，出现了新的类型，各类工具的消涨也相当明显。刮削器数量增加，在质上也有明显的提高，精致的工具数量多，尤其是端刃刮削器。它出现于中期，数量不多，形制比较粗糙，陡刃的标本少，在本期有端刃刮削器122件，约占全部端刃刮削器的91%[①]。其中一些圆端刃刮削器刃陡，端刃匀称，有些与后期同类工具完全可以媲美；尖状器在中期已基本定型，至此时期，数量上猛增，占全部尖状器近90%，类型增加，修理精致者多，进一步小型化；雕刻器最先出现于第8～9层，在早期和中期发展不快，数量少，基本上是笛嘴形雕刻器。至此时，数量多，类型分化，约占总数的90%。本期出现了一个新的工具类型——石锥。与上述各类工具相反，砍砸器则进一步衰落，加工多粗糙而简单，体积略变小，数量也减少了一些，只占本期工具的2.1%。

本期工具明显地小型化，小型和轻型的数量很多，有长40毫米以下的工具1648件，占本期工具的77.9%，有重20克以下的工具1762件，占本期工具的83.2%，与此相反，60毫米以上的大型工具和50克以上重型工具则锐减，分别占本期工具的4.6%和5.5%。

修理工具基本上用锤击法，偶用砸击加工，用砸击修理的工具共48件，占全部用此种方法加工的工具的60%弱，随着使用砸击技术的纯熟和识别原料能力的提高，用燧石石片和石英片砸制工具，有一些其上石片疤浅平，仿如压制而成。锤击加工者亦有所提高，修理精致的标本率较高，特别是长20毫米以下的微型石器的加工，确实是十分不易，修理精致者，如几件两刃刮削器、长尖石锥和尖状器等则更难，从中得悉其加工技术的进步。

---

① 层位不清者不计在内，下同。

本期工具总的说来，各类型间有相对稳定的界线，也就是说，各类工具间过渡类型的标本减少到相当低的限度。这是就总体而言的，但中国猿人遗址局部区域出土的石器则情况稍有不同，如 Locus H 区出土的燧石石器多，过渡型的标本反而显得多一些。从中国猿人石器总的发展趋势之一——小型化过程来看，第 4～5 层是小型化到顶的时期，第 1～3 层无明显小型化的趋势，至顶部，即 Locus H 区出土的工具，在体积方面，不仅没有进一步小型化，反而稍稍有些回升，这是值得重视的一种现象，可能表明，事物发展有一定的限度，过了极限，会向反方向发展。

从以上概述中国猿人文化的阶段性可以看到，它既有贯穿始终的共性，又有一个清楚的发展过程。因此，必须指出，一些外国学者对中国猿人文化的看法是不正确的，具有明显的片面性，如法国和美国旧石器考古学家德日进和莫维士等认为我国旧石器时代早期文化（在当时只有中国猿人文化，别无可靠的旧石器时代早期的石器发现）是“停滞的和落后的”（Movius，1944；Movius，1948）；又如苏联学者尼科尔斯基认为，中国猿人的“主要工具”是“碎的石子，以其所成的偶然形状为工具，作一般使用”。他们的片面性以欧洲旧石器的类型学的概念出发，来分析中国猿人文化，从而看不到其发展性，中国猿人文化的发展性已不是今日才提出来的，而早在 1932 年就有所阐明。由于看不到其发展性，从而夸大了它的原始性，就必然会得出上述错误的结论。至于法国人类学家步尔等人认为在中国猿人遗址中存在两种人，即中国猿人头骨化石代表一种人，而石器和用火者代表另一种人（Boule，1929），前者是被后者猎入洞内的看法，早在 1933 年出版的《中国原人史要》中已作了明确的回答：“我们所能说的一切是，且不管我们做了最仔细的研究，在被发掘出来的几千立方米的堆积物中未找到假定的中国猿人的屠杀者的化石。已汇集到的可靠的材料（特别是中国猿人化石和灰烬在一起）使我们确信中国猿人是人，在洞内升篝火者和石器制造者。如上所述，中国猿人的解剖特征把它鉴定为确定无疑属人科和人。这样结构允许它和这样的工业联系在一起，是‘匠人’，即便假设在当时当地生活着假想的结构更进步的第二种人不仅没有必要，也是多余的”。自 1933 年到现在，中国猿人遗址进行了十多年的发掘，石器、用火遗迹和人化石总是共同出土，人体质的演进也在文化上得到反映，证明上述观点完全是正确的，在中国猿人遗址里根本不存在两种人的问题。目前猿人阶段化石和石器同出的情况多了，无论是奥杜威峡谷的发现、阿尔及利亚的材料，以及捷克的出土物，情况与中国猿人遗址相仿，总是带有一定原始性的猿人化石与手斧或非手斧石片工具共出，从而进一步证明所谓“两种人”的观点纯属臆测，为科学事实和其后的发展所否定。在一些文献中，把中国猿人文化称为“砾石文化”也是不妥当的。如我们上面已讨论过的，在中国猿人文化发展过程中，其早期是块状毛坯做的工具稍多于石片工具，但其中用砾石做的、乃至包括石核做的仍是少数，只占 32%，若总体考虑，其所占比例只有 6.54%，由此表明其所占的比重很少，砾石石器不是其中的重要的文化因素，因之，更不能称为“砾石文化”。

三、中国猿人文化的对比

考虑到中国猿人文化的特殊性和其他方面的原因，只与国内旧石器文化对比，与国外旧石器文化关系的讨论从略，在作国内旧石器文化对比时，在时空上就近及远，重点放在同地区或同时代文化上，并兼论其对后来文化的影响，偏重探索其继承性。

在周口店龙骨山上及其附近地区，除中国猿人遗址外，已发现有旧石器和其他文化遗物的地点有6处：周口店第13地点、第15地点、第4地点、第3地点（只发现用火遗迹）、第22地点（只发现5件石英石器，也是唯一解放后发现的和位于周口河以东的有文化遗物的地点）和山顶洞文化遗址。周口店第3、4和第22地点可看作同一时期，其中可以第4地点为代表。

周口店第13地点自1933年发现以后，当即于第二年进行了发掘，解放后在其东南又发现了人类活动的遗迹，并于1956年、1957年进行了发掘，编号为第13地点A，因和1933年发掘地点紧挨着，实属同一个地点。在这个地点发现了丰富的用火遗迹和少量的石器。除了发现一些有打击痕迹的、大大小小的石英块和砾石外，还有梯形石片、小的石核做的砍砸器、石英小砾石做的粗糙的刮削器和原始型的尖状器，即一侧作了细致的加工，另一侧则在尖刃部加以粗琢。其可分类标本很少，总印象是加工比较粗糙，在中国猿人石器中比较常见，把它归于中国猿人早期文化无疑是合适的，这与地层和哺乳动物化石研究所得出的结论也是不矛盾的。尽管在周口店第13地点没有找到砸击石片和碰砧石片，可能是与发现材料少有关，类似情况也发生在中国猿人遗址的第11层和第7层。由于周口店第13地点出土的石器无论从原料、制法、类型和加工水平都与中国猿人石器一致，因之，我们毫不怀疑它是中国猿人文化的组成部分。

周口店第15地点于1934年和1935年进行了发掘，发现了用火遗迹和丰富的旧石器，至今尚未作过详细的统计，总数可能超过万件，但与中国猿人石器相仿，次品多于可分类标本，次品率之高超过中国猿人石器。

周口店第15地点的石器与中国猿人石器有许多相同点，但也有明显的不同，主要表现在打片方面。周口店第15地点基本上用锤击法，砸击法已极度衰落，砸击石片寥寥无几，与中国猿人使用砸击法的情况形成鲜明的对照。

就使用锤击石片的情况而言，与中国猿人晚期者相像，石片台面小，形态多规整，有三角形、梯形和长方形的；打片形成了一定的程序，存在一些修理台面的石片等。

在工具方面表现出来的情况亦与锤击石片相仿，两者都是以小的石片工具占优势，其长、宽、厚的平均尺寸估计亦与晚期相仿。从类型上看，刮削器为主体，尖状器起着重要作用，存在一定数量的雕刻器，砍砸器数量不多等都是共同的，但也有所不同，起着砍砸器用的、修理把手的大石片是中国猿人文化所没有的，中国猿人晚期文化发展起来的石锥和端刃刮削器在15地点几乎不见。从加工技术上看，与中国猿人者相仿，以向背面加工为主，兼有向破裂面、错向加工、复向修理和交互打击；其修理水平接近中国猿人文化晚期，可能稍精致一些。由以上的对比，大体上可以说，周口店第15地点是中国猿人最亲近的文化，是它的继承和发展，有所取舍，创造了具有一定特色的周口店第15地点文化。

第4地点等3个地点均发现文化遗物，另两个地点材料少而不全，仅此地点既发现人化石、用火遗迹和少量的石器。依人化石研究，第4地点发现的左上第一前臼齿的形态“是北京猿人与山顶洞人之间的中间代表”，其时代要晚于中国猿人。在发现的石器中可见砸击打片的残迹、有几件锤击石片、加工粗糙的刮削器和几件正尖和喙状尖尖状器，后者修理工作较细致、未发现砍砸器，估计与材料发现少有关。这些石器在中国猿人石器中均可找到对比的标本，反映出其与中国猿人文化的联系。依地层古生物，其时代不仅晚于中国猿人，而且估计要晚于第15地点。

在山顶洞里发现石器很少，仍保留有砸击石片、锤击石片和石核、单直刃和单凹刃刮削器、端刃刮削器和粗糙的砾石做的砍砸器，由此可以看出，两者在时间上相距几十万年，但其远祖中国猿人的文化影响仍然是存在的，从而可以看出在周口店地区中国猿人文化影响一直存在到距今一万多年前，有所发展，有所创新，形成了以磨光骨针和大量装饰品为代表的山顶洞文化，但其文化上的继承性仍然是清楚的。总之，在周口店及其附近地区中国猿人文化到山顶洞文化是一脉相承的，不断发展的。

四、结　　语

中国猿人文化在我国旧石器文化中居重要地位，是我国旧石器时代早期以石片做的小工具为主的文化传统中华北的代表，在时空上有着广泛的联系，在我国旧石器文化发展过程中，其影响是相当大的，其在华北比在华南作用更加直接、更加明显，以小的石片工具和两端石片为纽带，把华北旧石器文化的发展环节联接起来，华北不同时期的旧石器文化因其继承和首创的程度不同，与中国猿人文化的亲疏也就不一样。中国猿人文化与华南早期旧石器文化属同一文化传统，既有许多相似点，也有若干明显的差异，构成了同一文化传统中的不同文化类型。与华南旧石器时代中、晚期文化关系，可能存在一些间接的影响。

参考文献

钱方、张景鑫、殷伟德，1980，周口店猿人洞堆积物磁性地层的研究。科学通报，25（4）：192。

邱中郎、顾玉珉、张银运等，1973，周口店新发现的北京猿人化石及文化遗物。古脊椎动物与古人类，11（2）：109～131。

孙孟蓉，1965，周口店中国猿人化石层孢粉组合。中国第四纪研究，4（1）：84～104。

裴文中，1960，中国原始人类的生活环境。古脊椎动物与古人类，2（1）：9～21。

Boule M. 1929，Le *Sinanthropus*. *L'Anthropologie*，39：455～460.

Movies H. 1944，Early man and Pleistocene stratigraphy in Southern and Eastern Asia. Papers of the Peabody Museum of American Archaeology and Ethnology，Harvard University，10（3）：1～125.

Movies H. 1948，The Lower Paleolithic cultures of Southern and Eastern Asia. *Tran*. *Amer*. *Phli*. *Soc*. 38（4）：330～420.

（摘自：裴文中、张森水，《中国猿人石器研究》中国古生物志，总第168册，新丁种第12号。北京：科学出版社，1985，1～277）

旧大陆的手斧与东方远古文化传统

戴尔俭

本世纪前半叶旧石器考古学在中国生根以后，“手斧”这一名称在我国已不太陌生。这类器物主要是在旧石器初期以至中期，风靡于非、欧、亚，历久不衰，余威远及亚洲的某些地区，因此在旧大陆的古人类学和旧石器考古学上具有特殊的意义。然而时至今日，它在国际学术界仍被视为旧石器初期考古学上一个“最大的谜”（Wymer，1982）。对于它的种种评述和推论，直接牵涉到西方与东方远古文化的源流、系统、发展水平及相互关系等重要问题。

早在40年代初，法国学者德日进（Teilhard de Chardin，P.，1943）就曾由于对西方手斧文化与东方旧石器文化的不恰当的对比，而描绘了一幅反差强烈的图景：“与早已‘热气腾腾’的西方相反，在迅速前进的人类世界之中，东亚的早更新世（今已划为中更新世——笔者），由于其处于边缘的地理位置，似乎代表着一个静止而保守的角落。”在那以后，美国学者莫维斯（Movius，1944、1949）进一步提出了一个包括中国在内的东亚文化区，认为属于砍砸器传统文化，以与非洲、西欧、西南亚和南印度的手斧文化区相对立；他也认为中国旧石器时代初期是保守的，文化是落后的。几十年过去了，考古发现与研究已经有了巨大的进步，但在某些欧美学者心目中，这样的印象似乎还是没有多大改变。德日进早已去世，莫维斯基本上仍持原先的看法，他甚至说：“几乎还没有任何实质性的东西加进我们对南亚与东亚石核、石片组合物的基本问题的一般了解中去”（Movius，1978）。特别是像颇有影响的新版《剑桥考古学百科全书》（1980）也仍声称：“纵然亚洲大陆块广阔浩瀚，它的旧石器初期的系统拿非洲和欧洲的标准来衡量，则或许略有逊色。”在苏联，也有一种占上风的说法，认为按照达尔文的学说，人类的原始故乡是在非洲，东亚猿人及其文化的根源也应在非洲，“爪哇猿人和中国猿人的祖先是从西方来到亚洲大陆东部的”，一条路线是从非洲出发经过前亚而分布，据说“旁迹普、缅甸、泰国、越南、中国、印尼的旧石器时代早期砾石文化可能是逐渐自西向东迁移的远古人科各群体的活动遗迹”，另一条也有可能利用的路线则是“从南西伯利亚经过蒙古或从中亚经过现今新疆而到达黄河流域。蓝田、匼河、丁村特别是蒙古文化中的‘西方特点’，是有利于说明这一推测的有力证据”，“这里同时还存在所谓西方形态的文化，即间或所说的‘手斧文化’”，“远东在整个旧石器时代是原始人类居住地域的边缘”（刘克甫等，1978）。

问题的关键也许就在于：怎样才能比较切合实际地看待旧大陆的手斧文化以及手斧在东方非手斧文化中的地位和作用。

手斧最普通的名称就是 hand - ax（取其不安把柄而用似斧），另有 boucher（与最早发现者之一 Boucher de perthes 的名字相联属）、coup - de - poing（取其可手握以击）、biface（取其由两面加工而成），这些名称至今仍多沿用，却都不尽贴切。手斧实际上并非真像或正是一种斧子，而是主要作切割和刮削用的工作。对英国旧石器早期霍克森遗址的至少两件手斧所作的微磨损痕迹观察研究，表明与宰杀动物有关（Keeley，1977）。利基和阿开尔曾作过试验，证明某些手斧能很好地用来作为剥制兽皮的工具（Oakley，1963）。虽然都认为与处理野兽有关，却未必能以此解释所有的用途。有的手斧，特别是大型者，被推测适于以手执握用于挖掘（不过实际上这还不如用长短合适的棍棒更能奏效）；有些最常见而非常小的手斧，真实用途也还难以判明。看来，不妨把手斧看作是一种多效用的工具，体现出原始的多功能即一器多用的性质。

手斧通常是石核工具，但时代较晚的手斧则往往用石片制作。基本器形是梨形，一端略尖，一端略圆，正反两面的大部都施行过剥片，而圆端常保留一部分原来的石料表面，适于手握。两面加工虽是特征之一，却并非为它所专有。例如交互打击而成的砍斫工具，也是两面加工，通常就称为“两面工具”，以与手斧这种两面器相区别。早期手斧一般称为阿布维利，晚期手斧称为阿舍利，不过现在也常把手斧技术和工艺统称为阿舍利传统，而阿布维利则被看作是这一传统中的一种类型学形式。

由已知最早的许多非洲旧石器初期的石制品看，手斧文化或手斧工业是从砍砸器/砍斫工具工业或简称砍砸器（广义）工业那里演变来的。Chopper 通常是指单面加工者，chopping tool 是指两面加工者。砍砸器工业也有人称作砾石工具文化，现在更有人称之为砍砸器·石核工业，这里的砍砸器也是广义的，既有单面加工的，也有两面加工的。

有一个简单的演进顺序，在东非奥杜韦峡谷的奥杜韦文化中表现得很明显：砍砸器·石核—尖形砍砸器·石核—原始两面器—手斧（Wymer，1982）。可见手斧只不过是一种旧石器工艺长期缓慢发展的产物。

手斧文化除了有相当数量的手斧外，通常还包含有砍砸工具，大量的石片（主要是制作手斧过程中产生的石屑，多质脆刃薄，难以利用），多种石片工具，进一步还有似啄掘器的工具，陡削的石核刮削器，以及由手斧本身分化出来的两面加工劈裂器等。

手斧工业分化出来以后，并没有导致砍砸器工业的衰败，无论在非洲还是欧洲，这两种工业都是平行发展的。克拉克（Clark，J. G. D.，1977）在他提出的欧洲旧石器时代五种石器工艺类型中，就把“砍砸器工具和石片”作为第一型，把“两面剥片的手斧”作为第二型，而并列于旧石器时代初期。

奥杜韦遗址第Ⅰ层以及第Ⅱ层下部为奥杜韦文化。到了第Ⅱ层中部则出现了少量手斧，各种工具的比例也有了变化，技术上有了进步，但砍砸器仍占着优势，这被称为“发展的奥杜韦”。“也许阿舍利跟发展的奥杜韦传统从第Ⅱ层中部到第Ⅳ层之末的时期里在奥杜韦地区并存着”（Roe 1980）。第Ⅳ层以后，则只有阿舍利传统还延续了一段时间。区别阿舍利与发展的奥杜韦的一个比较客观的方法，是比较手斧在两面加工石器中的比重，前者超过40%，后者则少于40%。

手斧的出现，奥杜韦遗址的发掘者认为是另一种人的“入侵”，也有人把它与地理环境的某种变迁联系起来（Wachter，1976）。但更有可能是最早的砍砸器工业在长期发展过程中自身分化的结果，也许只是反映有了某些新的活动。两种工业并不是完全不同的。事实上在砍砸器工业中同样也有一些不同种类的石片工具，如刮削器、尖状器之类，石片的来源也有类似手斧工业中的情况，除专门从石核上打制的石片外，在制作砍砸器、砍斫工具的过程中，也会产生不少的石片副产品。当然在石器组合上，各类成分的比例上，以及侧重点等方面，还是有所区别的。不过像砍砸器、砍斫工具也好，原始两面器直至手斧也好，原始的或基本的功能或许都是近似的，效用上都不会是很单纯的，可能由于适应直接需要的差异而稍作变形，便产生了这样那样现在区分的类型。因此不能简单地以有无手斧或是否属于手斧文化作为衡量进步与否的标准。

在奥杜韦峡谷，从约180万年前的最早的砾石工具，直到140～120万年前出现少量手斧，经过了

60～40 万年，如从整个非洲已知最早的埃塞俄比亚奥莫盆地大约 200 万年前的砾石工具算起，到非洲最早手斧的出现，则经过了 60～80 万年光景。但欧洲的手斧，却是在距今 60～50 万年前出现的，比非洲晚出现 60～90 万年。在欧洲，已知最早的石器文化是属于砍砸器工业的，正是到了距今五六十万年前之后，才在北非对岸的西班牙托腊尔巴和昂布罗纳，法国北部的阿布维尔，以及英国托尔奎附近的肯特洞，出现了手斧工业，并在以后与砍砸器工业长期平行发展。西南欧与北非在手斧工业上的某种亲缘关系是比较明显的，不光是由于地理位置的接近，更主要的是决定于手斧文化本身的性质。当然在石器组合的个别成分上也不无一定差别，如非洲从手斧中分化出来的劈裂器较多，而欧洲甚少，却另有一种与此接近的刃缘较直的手斧。在中欧与东欧，手斧工业是稀少的。在苏联欧洲部分的高加索与黑海地区，有一批阿舍利遗址。西南亚的情况要更好一些。在印度次大陆南部，手斧工业也有较多的分布。

手斧文化起源于非洲，并向欧洲、西南亚、南亚等地区扩散，看来都是事实。其向东方印度次大陆传播的中间通途，有人根据伊朗过去发现的一件手斧和另一件实地追索考察所获的手斧，推定是循着一条沿印度洋海岸边缘的南面路线进行的；除上述两件手斧而外，只从地面捡到了一件粗制的要打引号的“砍砸器”、三件石片及一件石叶状长石片，时代均不明（Singer and Wymer，1978）。看来在伊朗确有手斧文化向东扩散的迹象，只是也已接近强弩之末了。

远古的东方的确呈现出一派与西方大不相同的景象。在亚洲，砍砸器工业始终是很突出的，其“范围也从热带一直延伸到温带。在印度次大陆西北中更新世沉积中的索安文化，就是它们当中在中国北部平原的发现以外首先被确认下来的。东南亚呈现出多种多样的石器工业，用各种不同的有时是难于加工的材料制造，但是都遵循着同样的基本格局，著名的有缅甸的安耶思，马来亚的坦彭以及印尼的帕吉坦（Clark，J. G. D.，1977）。”砍砸器文化中的砍砸器，虽然在石器总和中不一定数量上占优势，但有着显著的地位，形成明显的特色。数量上占优势、应用上更广泛多样的，则是各种类型的石片工具，这是东方砍砸器文化的又一显著特点。因此实应称为砍砸器/石片石器工业，并构成一个砍砸器/石片石器文化系统。

中国境内的旧石器分布较广，发现地点与数量较多，面貌上有一定差异的文化也较丰富多样，因此在东方占有举足轻重的地位，具有较广的代表性。这里的旧石器考古，至今已有很大的发展与进步，可是新发现的手斧，却真是微乎其微。似乎没有理由可以说，这些零星的手斧能标志着来自西方的影响，在亚洲砍砸器/石片石器工业的一片汪洋中，这无异是几处随浪泛起的小泡沫。

中国已知最早的手斧是陕西蓝田发现的两件。一件是在公王岭以东约 2 公里从红色土的古土壤层中发现的；另一件是在涝池河附近拾得的，制作方法与前一件很相似，大概也是出自中更新世红色土地层（盖培等，1976）。

至于蓝田平梁发现的一件大尖状器（戴尔俭，1966），形状颇像手斧，因此把它当手斧看待也不无道理（邱中郎，1984），不过实际上它是先由两面剥落石片粗制成坯形，再稍作单面加工而成，一面起突稜，一面则颇平坦，断面略呈厚三角形。这与蓝田涝池河红色土中同时代的一件单面打制大尖状器（戴尔俭等，1964），以及我国旧石器初期的西侯度（贾兰坡、王建，1978）、匼河（贾兰坡等，1962）、水沟（黄慰文，1964），旧石器中期的丁村（裴文中等，1958），还有时代有待进一步确定（安志敏，1983），但属旧石器晚期的可能性较大的大窑和前乃莫板等地点（内蒙古博物馆、内蒙古文物工作队，

1977）所发现的大尖状器，都应是同类器物，在通用的类型学名称中，应属啄掘器（Coles 等，1969）一类，可视为其中的一种颇具特色的型式。啄掘器与手斧的不同之处在于断面厚，而且往往是单面或基本上单面打制的，具有敲啄、挖掘之类的功能，主要用途似在采集方面（而不像手斧那样主要与处理野兽有关）。如果大窑和前乃莫板者确属旧石器时代晚期，则这种大尖状器至少在我国北方旧石器文化中起到了纽带的作用，而且一直到新石器时代还没有退出历史舞台，因为在山西怀仁鹅毛口遗址（贾兰坡、尤玉柱，1973）中也找到了它的踪迹。

山西芮城县匼河地点只发现过三棱大尖器、砍斫器、刮削器、小尖状器、石球以及直接使用的大小石片，而绝无任何手斧文化的迹象。这里的"砍斫器"既指单面的，也包括唯一发现的一件两面刃的，但后者显然不是手斧。当然也不能把貌似而神离的三棱大尖状器看成是手斧。

再晚的便是丁村旧石器地点群中在沙女沟地面采到的一件，原报告称之为："似'手斧'石器"，并把它归入丁村文化，这样就已经属于旧石器中期了。

此外，在陕西乾县一个地点的黄土表层上，曾采到过一件手斧，被认为属于旧石器。在内蒙古的大窑和前乃莫板，也发现过三件小型手斧，与这里发现的大尖状器同属于旧石器时代晚期的可能性较大。

上述可数的几件属于旧石器的手斧，在我国旧石器文化中实在是寥若晨星，因此与其把它们与西方的手斧相提并论，不如看成是两面工具中的一种较特殊的型式，虽然从功能类型学的观点看，似也不必避讳使用手斧的名称。

在山西怀仁鹅毛口、广东南海西樵山及广西东兴马兰嘴、亚菩山、杯较山等新石器遗址中，也曾发现过一些手斧或手斧形两面器。但至少像广西东兴诸贝丘遗址的手斧形两面器，用法与一般手斧迥然不同，是专为敲破蚝蛎壳取食其肉使用的，被称为"蚝蛎啄"（贾兰坡，1960a）。这里适应采集经济生活的一种非常特化的专用工具，似不宜与一般手斧等量齐观。

如果在所有以上这些发现中能确认有时代肯定的旧石器时代晚期手斧和类型明确的新石器时代手斧，那就正好更能说明，中国境内的手斧与西方在旧石器时代晚期之前即已消亡的手斧，是分属于不同的文化系统的。

中国境内旧石器的显著特征恰恰在于：加工以单面为主，工具以石片石器为主。以材料最丰富的北京猿人遗址为例，尽管没有发表过详尽的统计数字，但据一份集体统计的资料，在一千多件石器中，砍砸器占10%，刮削器占70%以上，尖状器占5%（李炎贤，1978），与其他中国境内许多旧石器文化一样，是以石片石器为主的，特别是两极石片和用两极石片加工的石器，数量很大，成为北京猿人文化中最富特色的成分；石器加工也是以单面为主（贾兰坡，1960b）。因此属于典型的砍砸器/石片石器工业，在这一东方远古文化传统中有着特别重要的地位。该文化的主人北京猿人，则是直立人（*Homo erectus*）在亚洲的典型代表之一。他们不仅克服了主要石料的粗劣性质，创造出了相当丰富多彩的石器文化，而且能猎取几十种大动物（贾兰坡，1983），还能利用火和控制火，子子孙孙断断续续进据所在洞穴竟达五十多万年之久（贾兰坡，1984）。具有这般能力的人，怎么能说在他们的西方同类面前还相形见拙？他们的石器工业水平与西方手斧工业相比，显然也决不是略有逊色的。倒是最近十多年来，有的西方学者在科学事实面前已能比较客观地指出："当更新世冰川推进时，地球上可以居住人类的一半以上的地区是在现在的非洲，而欧洲实际上在更新世的大部分时期里很可能是一个微不足道而又寒冷的边缘地区”(Clark, J. D. 1975), 当然对非洲估计过高仍不恰当。“……在冰期时代, 全世界的人科种群中, 可能只有不超过5%的人是住在欧洲的, 根据这个道理看来, 任何关于欧洲曾经是人科进化中心的假说, 很可能都是不正确的”(匹尔比姆, 1972)。

甚至晚如丁村文化, 一般都认为属于旧石器中期, 砍砸器/石片石器工业的性质还是十分明显, 这一文化传统并没有中断。丁村文化也是以石片砍砸器, 则仍以单面为主。即使就两面砍砸器而言, 也是与西方的手斧大相径庭的。关于这一点, 裴文中教授曾作过比较恰当的说明:“看来步日耶教授不同意我们将丁村文化归入砍斫工具群体的, 因为他在来信中指出, 好些我们归类为砍砸器群体的标本, 是属于‘手斧’的, 可认为是晚阿舍利类型。虽然笔者所有的欧洲旧石器知识都是学自步日耶教授的, 可是笔者发现接受他关于丁村‘手斧’的观点是有困难的。笔者和同事们对丁村的有一件器物的命名是完全一致的, 在丁村报告中称之为‘似“手斧”石器’, 可惜这件器物是在离丁村颇远的一个地点的地表发现的。然而在我们看来, 其他的器物都只不过是些一边或两边曾用来打砸什物的砍砸器。一个普通的砍砸器只有一个工作刃缘, 两面交互打击而具有曲折不齐的轮廓线, 像是对某种坚韧物质打击的结果。如果使用时间长了, 它的刃缘就会损伤, 远古人类就会再将原来用于手握的部分修理锐利, 而反过来以损伤了的边缘用于手握, 以行砍砸。这样就把它做成了一件复合形式的砍砸工具。由使用而造成的损伤痕迹可以很好地说明我们的见解。”(Pei WenZhong, 1965)

对于丁村文化中的某些石器成分与西方旧石器中期莫斯特文化的比较, 已有人指出过其间的明显区别(张森水, 1976)。这里需要进一步提出的是, 对处在相似发展阶段上的丁村文化与莫斯特文化在总体上加以比较, 也是颇有意义的。二者在石器技术与类型上是各有千秋的。例如后者打片用锤击法, 前者则既有锤击法, 又有碰砧法, 还有摔砸法; 后者的五个文化类型或变体中, 有三个是具有勒瓦娄技术的, 前者则具有修理台面的技术; 后者有手斧、刮削器、尖状器、有背石刀、锯齿状器等, 前者则有单面或两面、单边或多边的各式石片砍砸器和石核砍砸器、三棱大尖状器、尖状器、刮削器、修背石刀(临汾行署文化局等, 1984)、石球, 以及采自地表但可能属于同一文化的唯一一件手斧, 等等; 后者形状规整者有三角形尖状器及石片、半月形刮削器, 前者则有器形规整而且比较对称的多边砍砸器、三棱大尖状器、尖状器以及浑圆的石球。因此在总体上前者比起后者来, 显然也并非略低一筹。

总之所谓蓝田、匼河、丁村文化的“西方特点”, 或“这里还同时存在所谓西方形态的文化, 即间或所说的‘手斧文化’, 以及种种东方远古人类和文化保守、落后的说法, 都是不符合事实或带有片面性的。中国的情况正好可以表明, 远古东方的旧石器文化不论其中在空间上和时间上会有怎样的差异和不平衡现象, 也不论它与西方之间会有何种程度的交流和影响, 从总的来看, 是明显地具有自己的特点和特色的, 其间相对的稳定, 并不意味着停滞, 它是按照自身的传统与方式向前发展的。

与手斧的创制相对立的, 正是出现了较能人(*Homo habilis*)一类的早期猿人更为进步的晚期猿人, 即直立人。美国古人类学家匹尔比姆(Pilbeam, D. 1984)最近说:“直立人是人科中第一个分布广泛的种。就我们所知, 它最早出现于非洲, 而且还可能在大约160万年前就起源于那里。不管情况是否如此, 反正到100万年前, 这个种已出现在东南亚和东亚, 并在这一地区至少生存到30万年前。在这段大大超过100万年的时期中, 直立人的体质记录表明其形态长期稳定。”我国的古人类学家则曾强调指出更新世时期中国境内人群发展的连续性, 但也并不排除与邻接地区交流遗传物质的可能性

（吴新智等，1978）。

我国目前所知最早的直立人化石是蓝田猿人和元谋猿人，前者距今约80～73万年，后者古地磁法定年为距今约170万年，现在也有人提出应定为距今约60～50万年（刘东生等，1984）。我国的旧石器则可追溯到180万年前的西侯度文化（贾兰坡，1982），而且明显地与蓝田、匼河等旧石器时代初期文化以至丁村旧石器时代中期文化，都有一定的传承关系。西侯度地点虽未发现人化石，但西侯度文化的主人有可能是比蓝田猿人、元谋猿人更原始的直立人或能人一类的人。再者，早年在鄂西发现的四枚人臼齿化石，曾被认为是南方古猿，眼下有人认为更大的可能是代表一类时代较早的直立人（张银运，1984）。因此，中国境内的直立人及其旧石器文化，都有其本身极为久远与深厚的根源。亚洲迤南部分仍然是人类起源极有可能的地区之一。腊玛古猿、西瓦古猿新材料在我国云南地区的发现与深入研究，不论其结果如何（是否在人的系统上），必将有助于较好地探讨与说明人类起源以至亚洲远古文化源流等重要问题。

综上，就世界范围而论，砍砸器工业无疑是最早发展和最有生命力的，它几乎遍及古人类所占领过的所有地区，并最长久地绵延于旧石器时代以至更晚，而手斧文化却未能 远及东南亚和中国，而且即便在非洲和欧洲，也显然在旧石器时代中期即已从历史长河中渐趋湮没。手斧工业和砍砸器工业都有自身长期发展与进步的过程，但砍砸器工业应是旧大陆旧石器文化的主流和根源，亚洲南部与非洲都有可能是源头，从而逐渐形成砍砸器/石片石器工业和砍砸器·石核工业两大文化传统；手斧工业则是支流，如果可以用人的进化比拟，只不过是由砍砸器工业系统分化出来的一个特化的旁枝。手斧决不是衡量相同时期石器文化进步状况的决定因素和可靠标准。

参考文献

内蒙古博物馆、内蒙古文物工作队，1977。呼和浩特市东郊旧石器时代石器制造场发掘报告。文物，(5)：7～15。

匹尔比姆，1972。人类的兴起——人类进化概论。科学出版社，1983，229。

匹尔比姆，1984。人猿超科和人科的由来。科学，(7)：33～42。

安志敏，1983。中国晚期旧石器的碳-14断代和问题。人类学学报，2：342～351。

刘东生、丁梦林，1984。中国早期人类化石层位与黄土—深海沉积古气候旋回的对比。人类学学报，3：93～101。

刘克甫等，1978。古代中国人的民族起源问题。《考古学参考资料》，文物出版社，1983（6），1～15。

邱中郎，1984。陕西乾县的旧石器。人类学学报，3：212～214。

吴新智、张银运，1978。中国古人类综合研究。古人类论文集，科学出版社，28～42。

李炎贤、文本亨，1978。贵州黔西观音洞旧石器时代文化的发现及其意义。古人类论文集，科学出版社，77～93。

张森水，1976。事实胜于雄辩——驳“丁村文化等来自西方”的谬论。古脊椎动物与古人类，14：1～5。

张银运，1984。鄂西“南方古猿”和印尼早更新世若干人类化石。人类学学报，3：85～92。

临汾行署文化局、丁村文化工作站，1984。丁村旧石器时代文化遗址80：01地点发掘报告。史前研究，(2)：57～68。

贾兰坡，1960a。广东地区人类学及考古学研究的未来希望。理论与实践，(3)：37～42。

贾兰坡，1960b。中国猿人的石器和华北其它各地旧石器时代早一阶段的石器关系。古脊椎动物与古人类，2：45～50。

贾兰坡，1982。中国的旧石器时代。科学（7)：1～12。

贾兰坡，1983。北京猿人生活中的几个问题。史前研究，(2)：19～22。

贾兰坡等，1962。匼河——山西西南部旧石器时代初期文化遗址。中国科学院古脊椎动物与古人类研究所甲种专刊第五号，科学出版社。
贾兰坡、尤玉柱，1973。山西怀仁鹅毛口石器制造场遗址。考古学报，(2)：13～26。
贾兰坡、王建，1978。西侯度——山西更新世早期古文化遗址。文物出版社。
贾兰坡、黄慰文，1984。周口店发掘记。天津科学技术出版社，189、210。
盖培、尤玉柱，1976。陕西蓝田地区旧石器的若干特征。古脊椎动物与古人类，14：198～203。
黄慰文，1964。豫西三门峡地区的旧石器。古脊椎动物与古人类，8：162～177。
裴文中等，1958。山西襄汾县丁村旧石器时代遗址发掘报告。中国科学院古脊椎动物研究所甲种专刊第二号，科学出版社。
戴尔俭，1966。陕西蓝田公王岭及其附近的旧石器。古脊椎动物与古人类，10：30～32。
戴尔俭、计宏祥，1964。陕南蓝田发现之旧石器。古脊椎动物与古人类，8：152～161。
Clark, J. D, 1975. Africa in prehistory: peripheral or paramount? *Man*, 10: 175～198.
Clark, J. G. D, 1977. *World prehistory: in new perspective*. Cambridge: Cambridge Univ. Press, 23～31.
Coles J. M, and E. S. Higgs, 1969. *The archaeology of early man*. Faber and Faber, London, 62～63.
Keeley, L. H, 1977. The functions of paleolithic flint tools. *Sci. Am*, 237: 108～126.
Movius, H. L, 1944. Early man and pleistocene stratigraphy in southern and eastern Asia. *Papers of the Peabody Museum of American Archaeology and Ethnology*, 19 (3).
Movius, H. L, 1949. The Lower palaeolithic cultures of southern and eastern Asia. *Trans. Am. Phil Soc*. n. s, 38 (4).
Movius, H. L, 1978. Southern and east Asia: Conclusions, in Early paleolithic in south and east asia Ed. Fumiko Ikawa－Smith. Mouton Publishers, The Hague, 351～355.
Oakley, K. P, 1963. *Man the tool－maker*. 5th ed. The Trustees of the British Museum, London.
Pei WenZhong, 1965. Professor Henri Breuil, pioneer of Chinese palaeolithic archaeology and its progress after him. *Miscelanea en Homenaje al Abate Henri Breuil, tomo* 2. 251～271. Barcelona.
Roe, D, 1980. The handaxe makers, in *The Cambridge encyclopedia of archaeology*. Ed. A. Sherratt. Camberidge Univ. Press, London, 71～78.
Singer, R. and Wymer, J. J, 1978. A hand－ax from northwest Iran: The question of human movement between Africa and Asia in the lower palaeolithic period, in *Views of the past*. Ed. L. G. Freeman. Mouton Publishers, The Hague, 13～27.
Teilhard de Chardin, P, 1943. *Fossil man, discoveries and present problems*. Henri－vetch, paking.
Waechter, J, 1976. Man before history. Elsevier－Phaidon, Lausanne, 79.
Waechter, J, J. 1982. The palaeolithic age. Groom Helm, London, 95～110.

（原载《人类学学报》1985，4（3）：215～222）

东谷坨旧石器初步观察

卫奇

1981 年，东谷坨旧石器地点一发现就立即进行了试掘。在大约一千平方米的范围内布置了大小不等的五个探坑（编号：T1～T5），试掘面积合计约 45 平方米，其中 T1，15 平方米；T2，5 平方米；T3，6 平方米；T4，12 平方米；T5，7 平方米。试掘挖土方共一百多立方米。每个探坑均出土一定数量的文化遗物，但以探坑 T1 发现的材料为最多（图一）。

试掘查明，尽管各探坑的文化层在垂直分布上高度略有差异，但均属同一层位，地层产状总的来说是由东向西逐渐降低。经初步踏勘所知，文化遗物的分布在地层中从这个地点向西和向北断断续续延伸到 1 公里以外，推测其实际范围可能还要大些。

发现的文化遗物主要是石制品，此外还有一些具有人工打击痕迹的兽骨碎片。

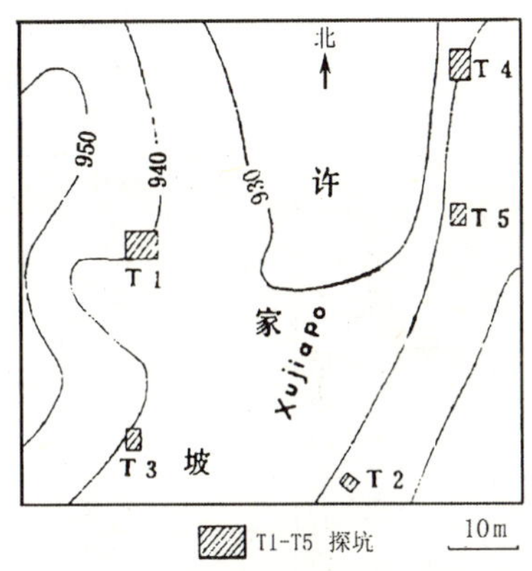

图一　东谷坨旧石器地点试掘探坑分布图

一、石　制　品

在东谷坨旧石器地点试掘所得石制品共计 1443 件，还有一些具有人工打击痕迹的石块。石制品的岩性主要为流纹质火山碎屑岩以及石髓和燧石①，此外还有少量玛瑙和轻度变质的石灰岩等。与石制品同质的石料广泛分布在东谷坨一带古老的地层之中。

东谷坨的石制品包括石核、石片和石器，石器有刮削器、尖状器和砍斫器，其中以刮削器的数量为最多。

旧石器的分类目前尚无统一的规范。因为旧石器的形态多有差异，它的用途和制作技术也只能来自于分析判断，因此对于有些石制品的归类往往是非常耐人琢磨的。东谷坨发现的旧石器材料笔者按照现行通常的处理方法进行了初步整理，并在本文中作了简单记述（表一）。

石核　152 件，约占发现的石制品总数的 10.5%。个体大小不等，形状不定，重量最大的 758 克，最小的 11 克，平均约 108 克。大部分石核或多或少尚保留砾石的自然面。按照台面出现的多寡可以把石核分为单台面石核、双台面石核和多台面石核（图二）。石核当中，单台面石核约占五分之一，双台面石核约占三分之一，多台面石核占将近二分之一。两极石核只在 T1 探坑里发现 2 件。从剥片受力情况来看，两极石核应属于双台面石核中的一种特殊类型。

---

① 燧石、石髓和玛瑙均为伟晶岩型或热液型成因的石英族 α——石英的隐晶质集合体，呈瘤状者为燧石，球状者为石髓，具有同心带状构造常由多色石髓组成的为玛瑙。

表一　各探坑石制品分类一览表* **

分类＼数量＼分布					T1	T2	T3	T4	T5	合计			
石核				单台面石核	26	3	2		1	32			152
				双台面石核	35	4	9	3		51			
				两极石核	2					2			
				多台面石核	50	8	4	4	1	67			
石片	有台面石片			自然台面石片	119	23	6	2	3	153	376		839
				打制台面石片	186	25	1	2	1	215			
				修理台面石片	2				1	3			
				两极石片	3		2			5			
	无台面石片				423	25	9	4	2	463			
石器	砾石石器	砍斫器		单边刃	1		1	2		4	5	29	452
				多边刃	1					1			
		刮削器	单边刃	直刃					2	2	24		
				凸刃	4				1	5			
				凹刃	5		1	1		7			
			双边刃	双直刃	1			2		3			
				双凹刃	1				1	2			
				凸凹刃	4					4			
				多边多形刃	1					1			
	石核石器	刮削器	单边刃	直刃	6					6		38	
				凸刃	1					1			
				凹刃	4					4			
			双边刃	双直刃	3				1	4			
				双凹刃	2		1			3			
				直凹刃	2		1			3			
				凸凹刃	2					2			
				多边多形刃	15					15			
	石片石器	砍斫器		单边刃	4					4		385	
		刮削器	单边刃	直刃	50	8	3			61	329		
				凸刃	59	17	6	1	1	84			
				凹刃	39	6	1	4	1	51			
			双边刃	双直刃	2		2	3		7			
				双凹刃	23		2			25			
				直凹刃	10		2	1		13			
				直凸刃	7		1	1		9			
				凸凹刃	12	1	4	2		19			
				多边多形刃	37	5	7	10	1	60			
		尖状器	锐尖	长身	5	2				7	52		
				宽身	24	4	1	1		30			
			钝尖	长身	1					1			
				宽身	11	1	1	1		14			
总计					1183	132	67	44	17	1443			

* 本文记述的标本，长身或长型者：$\frac{宽}{长}\leqslant\frac{\sqrt{5}-1}{2}$；宽身或宽型者：$\frac{宽}{长}>\frac{\sqrt{5}-1}{2}$。

* 尖状器两修理侧边延线或切线的夹角大体上等于或小于60°者为锐尖；大于60°者为钝尖。

多数石核的台面为砾石的自然面，多台面石核的台面绝大部分是打制的或剥离石片留下的半锥体阴面。石核上的石片疤大多数短而宽，中途折断现象普遍，一般打击点比较集中，台面角通常在70°～90°之间，这些特征显示出从石核上打片采用的是锤击方法。

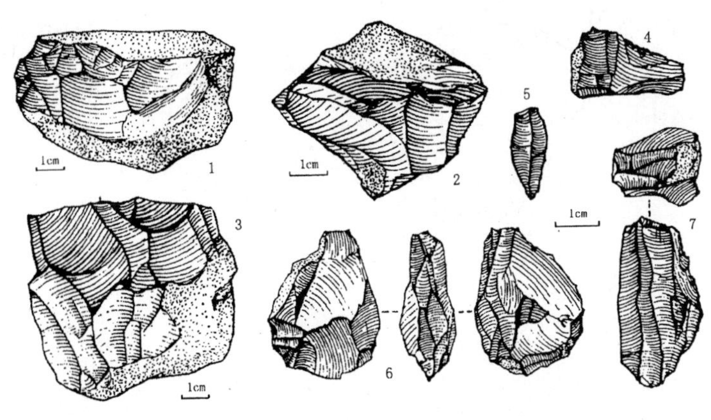

图二　石核

1. 单台面石核P.5642　2. 双台面石核P.5652　3、4、6. 多台面石核P.5647、P.5685、P.5656　5、7. 两极石核P.5655、P.5654

两极石核标本P.5654，如图二之7，质地为石髓，长、宽、厚分别为40.5、20.4、18.8毫米，体上有一面保留砾石自然面，其他各面均为人工破裂面，打石片的石片疤重重叠叠，有两条纵向的石片疤可以明显看出是从两端受力而成的，但石片疤中段具有横向棱脊。笔者用类似的石料做砸击试验，也发现产生的石片疤往往是不平整的，大多数在两端之间有一横向棱脊，有的甚至仍保留其砾石自然面。值得注意的是在这件石核的一端有四条细石叶样的石片疤平行重叠着，其中有两条石片疤的长和宽分别为10和4毫米左右，打击点集中，台面角近于90°，台面上也有石片疤，似为修理台面的痕迹。

标本P.5656，如图二之6，这是一件有意思的石制品，我们暂时把它归类于多台面石核。它呈扁平状，侧面轮廓大致呈三角形，标本的长、宽、厚分别为35、27、12毫米，两侧面布满了石片疤。标本一边侧缘上分布着一些长条石片疤，它们相互重叠，彼此近于平行，尽管剥离小长石片看起来是从两端点部位着力进行的，但其外貌与细石器传统中的楔状石核略有相似之处。

在石核上剥离小长石片的现象，虽然在东谷坨的标本中出现得不算多，但这是早更新世旧石器地点中非常罕见的记录，这种现象常常表现在旧石器时代晚期的材料之中。

石片　839件，约占发现的石制品总数的58.1%。根据台面的保存情况可以把石片分成有台面石片和无台面石片两大类，其中有台面石片进一步可以分为自然台面石片、打制台面石片、修理台面石片、两极石片等。根据形态和大小还可以把石片分成长石片、宽石片，小石片、中石片等（图三）。

东谷坨的石片比较小，平均重量只有8.4克，最大的一件石片长、宽、厚分别为76、64、21毫米，重118克。石片形态较多样，多数石片宽大于长，有的呈块状。相对大一些的石片背面一般保留岩块的自然面，但是在有台面石片中还是以打制台面者居多数。在用均质石料制成的石片上可以观察到清楚的打击点和显著的半锥体，石片角一般为90°～100°。从石片的特征来看，生产石片采用的是直接打击法，尽管石核上出现石叶样的石片疤，但估计当时还不可能具备间接打片的技术。

标本P.5663，如图三之4，是一件形状不规则的流纹岩石片，最大长、宽、厚分别为23.0、18.2、6.2毫米，背面具有剥落石片留下的石片疤，破裂面上半锥体和波浪纹显而易见，打击点也可以观察到。石片台面很小，大约只有6平方毫米，台面上有从背面向破裂面打击留下的三道平行疤痕，这似乎可以解释为修理台面的痕迹。

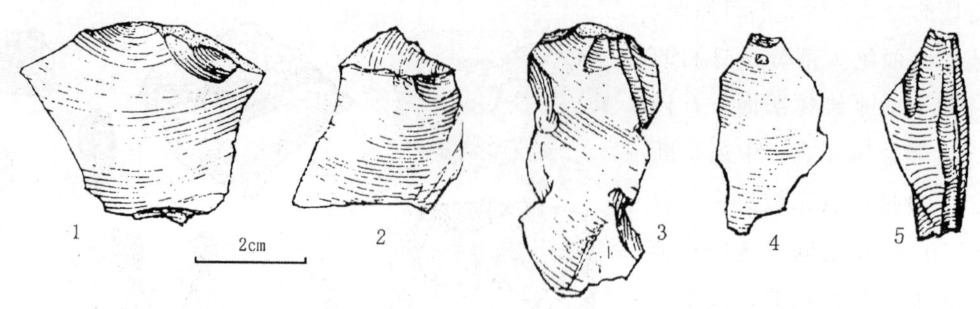

图三 石片

1. 自然台面石片 P.5658 2、3. 打制台面石片 P.5659、P.5660 4. 修理台面石片 P.5663
5. 两极石片 P.5665

修理台面是石器时代先民们生产石片采用的一种技术。这种技术在我国从前一般见于旧石器时代晚期和更后的文化材料中，在丁村和许家窑人地点也发现过修理台面石片。特别令人感兴趣的是 1966 年在北京人地点第 3～4 层发现的 P.3747 石核上曾应用了修理台面技术（邱中郎等，1973），张森水先生认为这是北京人的一种较为进步的打片技术（Wu Rukang *et al*，1985）。由此可见，我国旧石器时代早期已经出现象征技术进步的修理台面技术。因此，东谷坨地点出现修理台面技术也不是不可能的事情。

东谷坨旧石器地点发现的两极石片，特征都比较明显。两极石片中，标本 P.5657 是最大的一件，它的最大长、宽、厚分别为 40.4、38.7、9.0 毫米；标本 P.5665，如图三之 5 是最小的一件，它的最大长、宽、厚分别为 34.7、14.7、12.4 毫米。标本 P.5662、P.5666 和 P.5668 的背面部分保留砾石自然面；标本 P.5665 和 P.5667 的背面具有清楚的砸击剥片的痕迹，反映连续砸片过程，由此可见当时应用砸击技术已经达到了相当娴熟的程度。

砸击法通常看作是北京人文化传统的技术。砸击技术在我国旧石器时代应用时间长，分布范围广，除了北京人地点（Teilhard de Chardin and Pei，1932；邱中郎等，1973）以外，在周口店第 15 地点（Pei，1939）、许家窑（贾兰坡等，1976）、金牛山地点下层（金牛山联合发掘队，1978）、蓝田地区有的旧石器地点（戴尔俭等，1973）、峙峪（贾兰坡等，1972）、山顶洞等旧石器地点乃至一些细石器地点中都可以见到用砸击法制造的石制品（贾兰坡等，1976）。属于更新世早期的旧石器地点西侯度（贾兰坡，1978）和小长梁（尤玉柱等，1980）也曾发现过砸击制品，这意味着砸击技术的出现远远早于北京人文化时期。四川汉源县富林（张森水，1977）、贵州兴义县猫猫洞（曹泽田，1982）和水城县硝灰洞（曹泽田，1978）等旧石器地点也发现了不少用砸击方法产生的石制品，这说明旧石器时代砸击技术在华南也有广泛传播。

石器 452 件，约占发现的石制品总数的 31.3%。

砍斫器 有 9 件，占石器总数的 2% 左右（图四）。其中 4 件系石片加工而成，5 件由砾石直接制成。标本的形状、大小各有差异。标本 P.5669，如图四之 1，长、宽、厚分别为 157、75、53 毫米，重 728 克，为本文记述的石制品中最大的一件标本。它由一块三棱状石髓砾石棱角较锐的一边交互打制而成，加工粗糙，刃口大致呈弧形并由四个凹口组成，每个凹口上均有疤痕。标本 P.5692 和

P.5694，如图四之 2、3，均为用石片加工成的单刃缘砍斫器，前者修理向背面方向加工，它是本文报道材料中唯一用大石片制成的工具；后者修理向破裂面方向加工，刃缘呈弧形凸出，加工比较精细，疤痕浅平，刃口大约 60°～70°。北京人遗址中单边砍斫器很多，而且多数向一面加工打制。丁村遗址的单边砍斫器绝大部分是用交互打击方法制成的（裴文中等，1958）。

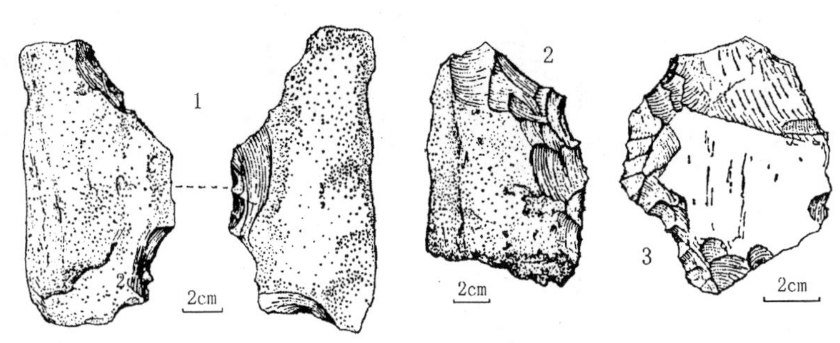

图四　砍斫器

1. 砾石砍斫器 P.5669　2、3. 石片砍斫器 P.5692、P.5694

砍斫器是远古时期人类常用的一种工具，在我国旧石器时代乃至新石器时代广泛出现，但它的数量在石器组合中所占的比例一般都比较小，只有石龙头和西侯度地点的砍斫器相对数量是较多的（李炎贤等，1974；贾兰坡等，1978）。

刮削器　391 件，占石器总数的 86.5%左右。全部刮削器当中约有 84%的标本是用石片加工成的，其余的是用砾石和石核打制的。类型根据加工的边缘可分为单边刃、双边刃和多边刃；根据刃缘形态可分为直刃、凹刃、凸刃、双直刃、双凹刃、直凹刃、直凸刃、凸凹刃、多形刃等；根据加工方式可分为单向加工（其中包括向石片背面和破裂面方向的加工）、异向加工（其中包括交互加工、错向加工等）。

器物小型，标本最大长度大多数在 2～4 厘米范围内，没有发现超过 10 厘米的，在 5 厘米以上的也只有三十来件，平均重量约 16.5 克。加工一般比较精细。用石片制成的刮削器中，向背面方向加工的居多数，约占 60%。

标本 P.5695（图五，1），直刃刮削器，标本最大长 33.1 毫米，刃长约 20 毫米，利用石片在其尾端修理而成，加工痕迹主要表现在石片背面一侧，刃角 65°左右，刃口不甚平整。

标本 P.5698（图五，2）、P.5704，（图五，3）和 P.5699，均为凸刃刮削器。标本 P.5698 最大长 39.6 毫米，刃缘弧长约 60 毫米，系石片在其尾端向背面方向加工制成的。标本 P.5699 最大长 49.5 毫米，刃缘弧长约 50 毫米，是石片在其侧缘向破裂面方向加工制成的。这两件标本刃缘规整，修理疤浅而小。在标本 P.5698 上修理疤多呈长条形，最大的长约 7 毫米、宽约 2 毫米，最小的长约 2 毫米、宽约 1 毫米。这样微细的修理痕迹在我国更新世初期的石制品中是少见的，它多表现在旧石器时代晚期特别是细石器传统的石工业产品中。标本 P.5704 是一块自然长石片在其一端向“背面”方向加工制成的，刃缘呈半圆形，弧长约 50 毫米，类型上很像端刮器。

标本 P.5707 和 P.5709（图五，4），凹刃刮削器，前者系修理台面石片在尾端一侧向背面方向加工而成，弧刃长约 20 毫米；后者可能是一件有使用痕迹的石片，在石片的一侧边有一凹口，刃缘长约 12 毫米，边缘整齐平滑，疤痕平行密集在破裂面的刃缘上。

标本 P.5677，双凹刃刮削器，是一块轮廓大致呈三角形的角砾在其两刃状边稍加修理成的。标本最大长 38.4 毫米。第三边厚 10 毫米左右，边缘也有加工痕迹。标本 P.5740（图五，13），暂时看作为

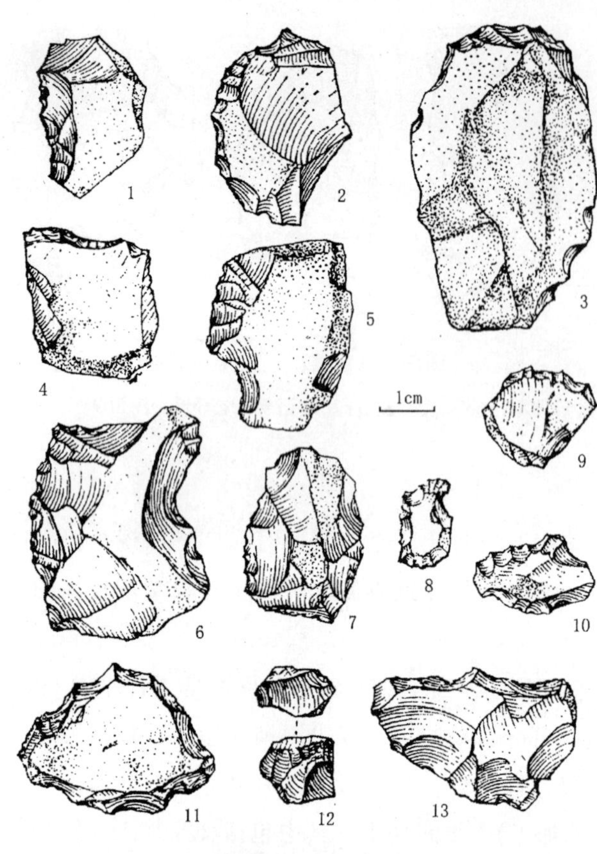

图五　刮削器

1. 直刃刮削器 P.5695　2、3. 凸刃刮削器 P.5698、P.5704　4. 凹刃刮削器 P.5709　5. 直凹刃刮削器 P.5739　6. 凸凹刃刮削器 P.5700　7～12. 多边多形刃刮削器 P.5680、P.5734、P.5735、P.5741、P.5731、P.5657　13. 双凹刃刮削器 P.5740

双凹刃刮削器，标本最大长 42.2 毫米，采用石片向背面单向加工制成，两凹刃大体上在同一边缘上，二者之间有一小尖，这样的标本在东谷坨地点发现十来件，裴文中（1939）在研究周口店第 15 地点的材料时曾注意到了这种类型。这种类型在铜梁地点被称作为角尖尖状器，如标本 P.0030（李宣民等，1981），在法国西南部 Dordogne 河畔 Domme 附近的 Combe－Grenal 洞穴堆积第十三层中被叫做齿状器（Bordes，1972）。

标本 P.5739（图五，5），最大长 40.7 毫米，采用一块角砾在其刃角小的一边单向加工而成，刃缘一半呈凹形，一半呈微微弯曲的直线，虽然把它归类于直凹刃刮削器，但它和标本 P.5740 相比，区别也不是很大的。

标本 P.5700（图五，6），凸凹刃刮削器，最大长 51 毫米，采用一件比较厚的石片在其两侧边向背面方向加工修理成，一侧边凸，一侧边凹，石片尾端也有修理的痕迹。

多边多形刃刮削器是工具中数量最多的一个类型，器物小型，形态多种多样。标本 P.5680（图五，7），块状，最大长 36 毫米，系多台面石核在其主台面周边略加工而成。标本 P.5734（图五，8），最大长 18.5 毫米，石片向背面方向加工成，边缘四周几乎都有加工痕迹，刃缘或凸或凹，刃角或陡或缓，加工相当精细。标本 P.5735（图五，9），最大长 22.6 毫米，石片向背面方向加工而成，这件器物的特点是刃陡，加工边缘刃角一般在 78°～90°范围里。刃角大的石器在东谷坨地点有一定数量，有的器物和观音洞的非常相近，观音洞的石器刃角多数在 75°以上（李炎贤，1983）。标本 P.5737，最大长 24.5 毫米，采用石片制成，加工主要向石片背面方向修整，刃角 65°～85°，石片台面上也有加工的痕迹。标本 P.5741（图五，10），石片向背面方向加工成，标本最大长 25.6 毫米，加工边缘不规整，刃缘有凸有凹，刃角 65°左右。标本 P.5731（图五，11），采用自然石片在其周边加工而成，标本最大长 39.7 毫米，像这样的标本（包括标本 P.5735）在我国过去发现的旧石器地点里曾经出现过，称之为圆盘状刮削器（贾兰坡等，1972）。标本 P.5755，最大长 15.2 毫米，采用小石片在其边缘错向加工而成，其中以向背面方向加工为主，器物小型，加工精细，刃缘有凸、有凹、还有尖。标本 P.5657（图五，12），这也是东谷坨地点中很有意思的一件标本，它呈石核状，最大长 16 毫米，修理边缘的刃角 80°～90°，这样的材料在萨拉乌苏曾经发现过（Boule 等，1928），它们不论是从静态上来看还是从动态上来分析都非常相像，萨拉乌苏的标本被称之为用作刮削器的石核，但我们考虑到标本上的人工疤痕过分微小，把它看为打片的石核倒不如看成是第二步加工的石核石器更容易让人理解，因此，我们把标本 P.5657 归于石核石器的刮削器的类型当中。

尖状器 52 件，约占石器总数的 11.5%。均系石片石器，用中、小石片制成，向背面方向加工者居多数，有的制品加工得相当精致。标本大小不等，器物长 2.1～7.6 毫米、宽 1.5～5.7 毫米；形态多样，有锐尖的、钝尖的，有长身的、宽身的。

锐尖宽身尖状器：标本 P.5742（图六，1），东谷坨地点石器标本精品之一，长 39.2 毫米，宽 25.3 毫米，石片两边向背面加工而成，边缘齐整，修理疤痕排列均匀，尖角约 50°，背部具有纵脊，尖呈三棱状。这样精致的尖状器在旧石器时代早期的北京人遗址中曾经发现过（贾兰坡，1964），但在我国早更新世的旧石器地点中还是首次出现，它和北京人遗址的标本相比，不论是技艺的精湛水平还是造形的优美程度，都有过之而无不及。标本 P.5743（图六，2），也是一件比较精致的器物，长 33.6 毫米，宽 24.6 毫米，加工疤痕一般集中在石片背面，修理边夹角近于 60°，角尖呈三棱形。标本 P.5744（图六，3），长 22.7 毫米，宽 21.0 毫米。标本 P.5745（图六，4），长、宽均约 31 毫米。标本 P.5744 和 P.5745，均为石片向背面方向加工而成，修理边夹角均大致为 60°，二者器身都比较宽，尖头基部两侧皆呈“肩膀”状，这样的材料非常像许家窑人遗址的齿状尖状器（贾兰坡等，1976）。

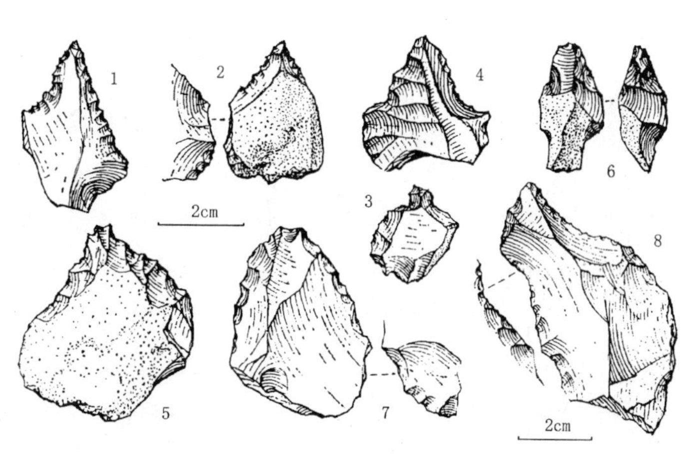

图六　尖状器

1～4. 锐尖宽身尖状器 P.5742～P.5745　5、7. 钝尖宽身尖状器 P.5746、P.5747　6. 锐尖长身尖状器 P.5752　8. 钝尖长身尖状器 P.5748（1～7 比例尺同）

钝尖宽身尖状器：标本 P.5746（图六，5），长 43.8 毫米，宽 41.0 毫米，石片向背面方向修理而成，背面宽平，修理边夹角 81°。标本 P.5753，长 36.4 毫米，宽 31.8 毫米，石片两边缘错向加工制成，夹角约 75°，背面有一通身纵脊。标本 P.5747（图六，7），长 48.4 毫米，宽 34.5 毫米，在石片尾端加工成尖，尖圆钝，尖头轮廓呈抛物线形（$y^2 \approx 2.2x$），修理疤痕主要分布在石片背面，背部有一通身纵脊，器身横截面呈不等边三角形。

锐尖长身尖状器，标本 P.5752（图六，6），长 29.1 毫米，宽 15.1 毫米，采用石片主要向背面方向加工制成，器物的尖可能已经断掉，两修理边夹角约 35°，在石片的背面尖部有一纵脊，纵脊上排满了疤痕。令人憾而不解的是这件器物的底端部分骤然收缩成柄状，只是因为材料仅此一件而且“柄”部修整痕迹不甚显著，暂时我们还不敢说它是有意修理的结果。

钝尖长身尖状器，标本 P.5748（图六，8），长 74.1 毫米，宽 37.2 毫米，尖的两侧边缘呈 S 形，边缘均有交互加工的修理痕迹，尖头修理边夹角约 65°，背面也有一通身纵脊。值得注意的是这件器物加工侧缘似有敲砸的痕迹。

二、骨 制 品

东谷坨地点发掘出大量的动物碎骨化石，其中相当多的骨片具有打击痕迹。旧石器地点中出现带打击痕迹的动物碎骨片屡见不鲜，这无疑不能忽视当时人们可能砸骨取髓的结果，也不排除可能食肉动物的啃骨作用，但是有的骨化石标本具有如同石制品一样的修理痕迹，这就不能不使人们向骨器方面考虑。

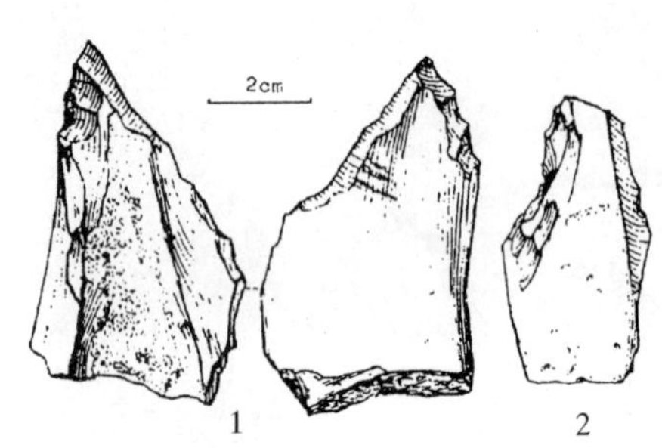

图七　骨器 P.5756、P.5757

标本 P.5756 和 P.5757（图七）均为大动物（可能是马）的肢骨碎片，前者轮廓呈不等边三角形，修理痕迹主要在内角较小的一侧边，加工采用的是交互打击方法；后者轮廓呈多边形，一边修理成凹，向骨片的外面方向加工而成。从这两件标本来看，砸骨取髓大可不必在打碎的骨片上再加工，更无需向骨片外面方向加工，食肉动物啃骨头也用不着修整骨片的边缘，因此我们考虑这样的材料应该是古人有意识加工的骨制品。

三、小　　结

东谷坨旧石器地点发现的文化遗物主要是石制品，其中包括石核、石片、砍斫器、刮削器、尖状器。石片生产手段有锤击法，也有砸击法。石器多为石片石器，第二步加工以向石片背面方向修理为主。石器的基本特征是小型而加工精细，且具有细石器传统旧石器时代晚期石工业的某些风貌。

东谷坨地点的旧石器发现在时代属于早更新世的泥河湾层中（卫奇等，1985）。古老的地层里出现了进步的文化，毫无疑问这是一个很有意义的科学问题，它向从事旧石器时代考古和第四纪地质学研究的人们提出了新的研究课题。

人们的认识常常随着意想不到的发现而发生变化，尽管这种变化有时来得非常缓慢，但变化的大趋势总是不受传统观念束缚的。东谷坨旧石器的发现进一步揭示了中国旧石器时代文化很早就已经有了高度发展。从理论上来讲，中国古文化经过了漫长时间的变革，到北京人时期已经发展到相当进步的水平，由此说明北京人以前不太遥远的文化也不大可能都带有更多的原始性质。现在有的学者断言上新世地层中应有最早人类的文化遗物（贾兰坡等，1982），从东谷坨发现的石工业制品来看，上新世地层里出现早期人类的文化遗物也不是绝对没有可能的。

东谷坨的石器文化是相当复杂的，不论是文化性质还是所在地层及伴生的哺乳动物都需要进一步深入研究。目前，在对东谷坨旧石器文化性质还缺乏足够了解的情况下，本文一些肤浅的看法很可能会被以后的新发现予以修正。鉴于如上原因，笔者认为对于东谷坨发现的旧石器文化暂时不赋予新的名称较为稳妥。

参考文献

曹泽田，1978．贵州水城硝灰洞旧石器文化遗址。古脊椎动物与古人类，16：67～72。

曹泽田，1982．猫猫洞旧石器之研究，古脊椎动物与古人类，20：155～164。

戴尔俭、许春华，1973．蓝田旧石器的新材料和蓝田猿人文化。考古学报，(2)：1～12。

贾兰坡，1964．中国猿人及其文化。中华书局。

贾兰坡、卫奇，1976．阳高许家窑旧石器时代文化遗址。考古学报，(2)：97～114。

贾兰坡、王建，1978．西侯度——山西更新世早期古文化遗址。文物出版社。

贾兰坡、王建，1982．上新世地层中应有最早的人类遗骸及文化遗存。文物，(2)：67～68。

贾兰坡、盖培、尤玉柱，1972．山西峙峪旧石器时代遗址发掘报告。考古学报，(1)：39～58。

金牛山联合发掘队，1978．辽宁营口金牛山旧石器文化的研究。古脊椎动物与古人类，16：126～136。

李宣民、张森水，1981．铜梁旧石器文化之研究。古脊椎动物与古人类，19：359～371。

李炎贤，1983．观音洞文化在中国旧石器时代文化中的地位。史前研究，(2)：12～18。

李炎贤、袁振新、董兴仁、李天元，1974．湖北大冶石龙头旧石器时代遗址发掘报告。古脊椎动物与古人类，12：139～157。

裴文中等，1958．山西襄汾县丁村旧石器时代遗址发掘报告。中国科学院古脊椎动物与古人类研究所甲种专刊第二号。科学出版社。

邱中郎、顾玉珉、张银运、张森水，1973．周口店新发现的北京猿人化石及文化遗物。古脊椎动物与古人类，11：109～124。

卫奇、孟浩、成胜泉，1985．泥河湾层中新发现一处旧石器地点。人类学学报，4：223～232。

尤玉柱、汤英俊、李毅，1980．泥河湾组旧石器的发现。中国第四纪研究，5：1～13。

张森水，1977．富林文化。古脊椎动物与古人类，15：14～27。

Bordes, F., 1972. *A tale of two caves*. Harper & Row, New York.

Boule, M., H. Breuil, E. Licent et P. Teilhard de Chardin, 1928. *Le paleolithique de la Chine*. Archives de L'Institut de Paleontologie Humaine, Paris.

Pei, W. C., 1939. A preliminary study of a new palaeolithic station known as locality 15 within the Choukoutien region. *Bull. Geol. Soc. China*, 19: 147～187.

Teilhard de Chardin, P. and Pei, W. C., 1932. The lithic industry of the Sinanthropus deposits in Choukoutien. *Bull. Geol. Soc. Chin*, 11: 315～364.

Wu Rukang and John W. Olsen (ed.), 1985. *Palaeoanthropology and palaeolithic archaeology in the people's Republic of China*. Academic Press, New York.

（原载《人类学学报》第4卷第4期，第289～300）

观音洞旧石器文化

李炎贤　文本亨

一、观音洞文化的性质

到现在为止，由观音洞发现的石制品已有3000多件。这里主要研究讨论的标本有2323件，还有800多件存放在贵州博物馆的标本。因条件关系，未能一并作统计分析，但据笔者的观察，它们和我们手头的标本具有完全相同的特点。根据现有的标本完全可以使人们对观音洞文化有足够的认识。

在已发表的文献中，人们在旧石器时代考古学文化的命名问题上，存在着各种分歧。有人主要根据时代的差别而命名之，有人主要依据某一技术特点或某种特殊的器物来命名，也有人依据工具的组成情况来命名，有人则依据该文化的发现的地区或地点来命名。这些做法都有一定的理由，但却很不一致。我们建议，命名一个旧石器时代文化至少需要两条：一是要有较多的能够充分说明其特征的典型标本；二是通过分析对比，有足够的特征区别于已发现的文化。

石制品是我们现在所能看到的旧石器时代初期最重要的文化遗物。怎样认识和概括一个地方发现的石制品，是能否正确反映这一地方发现的旧石器时代文化性质的主要问题。观音洞的旧石器文化是比较复杂的，内容是比较丰富的。如果仅仅依据某些标本的特点来看问题，可能会使人感到迷惑。如果按照过去的认识，有些标本甚至可能被怀疑为时代很晚的产物。实际上，观音洞的大多数标本具有鲜明的特征，是和已往发现的旧石器时代文化不同的一种旧石器时代文化。为了叙述方便，我们把上文化层和下文化层发现的石制品放到一起讨论，因它们在性质上是一致的，至于上下层之间的差别，将在后文提到。

（一）　关于打片技术

观音洞共发现石核307件，石片486件，总的情况可以概括如下：

石核最大的可达110～120毫米，最小的才20～30毫米。在较为完整的石核中，50～80毫米左右的约占30%，50毫米以下的约占18%，大于80毫米的约占10%，另外有将近40%的剩块或碎块，其大小多在50毫米以下。石核形状多不规则，仅有17%的标本较为规则，其中以板状的为多，占石核总数的11%，其他形状都只有几件。除了剩块或碎块以外，单台面石核约占28.7%，双台面石核约占47.87%，多台面石核约占23.4%。石核的台面，天然台面约占46%，人工台面约占53%。人工台面中约有85%的标本是有疤或有脊或修理的，其中有疤的占44.55%，修理的占23.76%，有脊的占14.5%。总的说来，石核周边打片的占一半以上56.38%，两边打片的23.95%，一边和三边打片的较少，分别为11.7%和7.97%。其中，单台面石核以在两边打片的为多，其次三边打片、一边及周边打片；双台面石核中周边打片的约占70%，在一边打片的和两边打片的数量次之，三边打片的少；多台面石核中，周边打片的约占86%。石片疤最大的可达80毫米长，形状多不规则，长方形、三角形或梯形的偶而可见。台面角最小的为50°，最大的可大于90°，以70°～85°为最多。

石片，最大的长100、宽164、厚49毫米，小的标本长、宽在10～20毫米间。在486件标本中没有保留台面的断片有234件，保留台面的石片为252件。由保留台面的石片观察，大小在30～50毫米间的最多，约占40%，50～70毫米间的约占26%，小于30毫米的约占17%，大于70毫米的约占15%。长大于宽的石片约占42%，宽大于长的约占31%，长宽接近的约占25%。外形较规则的石片约占17%，以长方形的为多，其中有五件像长石片，梯形的次之，三角形的较少。石片的台面以人工的为主，约占85%，天然台面约占14%。在人工台面的石片中，以有疤的台面为多，几乎占43%。在有台面石片中，有疤台面占37.3%，素台面占21.82%，小台面占7.93%，有脊台面占16.66%，修理台面占1.58%。约有54%的石片半锥体不显著，还有将近4%的石片，打击点附近是凹陷的。半锥体显著的石片约占38%，另外还约有3%的石片具有双生的半锥体。石片角最小的为95°，最大的可达135°，以120°～124°的为最多，在可测量的235件石片中占28.93%；数量较多的标本集中在110°到129°间，占可测量标本的83.82%。

根据以上所述，对观音洞先民的打片方法可作如下推测：他们通常采用附近的比较坚硬岩块，用锤击法打片。第一步是直接在岩面上打片，有时也改变一下石核的位置，在不同的面或同一面的不同位置打片。连续打片产生的石片，具有天然台面，但背面多具石片疤。第二步是利用石核上的石片疤作为台面进行打片。由石核、石片的观察分析可以判断，观音洞的石片，大多是第二步产生的。在第二步打片过程中，有时石锤正好落在两块石片疤相交的地方或石片疤和岩面相交的地方，这样，形成的石片台面具有棱脊。在40%的石片的人工台面的背缘有小疤，这可能是由于观音洞先民起初在石核的边缘连续打片，然后又把石核翻转过来打击，新的打片的方向和原来的打片方向相交而造成的。第三步是修理台面。石片标本中可以确定为修理台面的，为数不多。相反，石核台面上经过修理的，要比石片台面上经过修理的多。这很可能是因为打片时打击点没有落在修理的疤上。石片的形状多不规则，长方形、梯形石片都可能不是按一定程序打片的结果。但是，有些三角形石片背面中部具有较大的三角形，背面两侧也有石片疤，背缘有几个打击点，这说明这些石片是在同一台面连续打片，而且按照一定的程序打片的结果。石核中也可以看到三角形石片产生的情形。

观音洞的石片中有相当部分的石片角较大，其中，有长宽较大的、也有较小的，有较厚的、也有较薄的，半锥体显著的和不显著的都有，双生的半锥体偶而也可见到。据裴文中、贾兰坡观察，摔砸法“可以由地上的石料打下很大的石片；厚、宽大于长，石片角大于110°，打击点大而不集中于一小点，半锥体大而常双生。”碰砧法产生的石片大，“台面斜偏，石片角大于110°，半锥体常双生。”除了“半锥体常双生”一条外，观音洞的石片中有一部分是和前人试验的摔砸法或碰砧法产生的石片具有同样的特征。但是，我们认为，观音洞具有这些特征的石片不一定都是用摔击法或碰砧法产生的，特别是那些台面较小、较薄的标本并不排斥锤击法产生的可能性。那些尺寸较小的标本似乎用锤击法打下的可能性更大。

（二）　关于第二步加工

观音洞经过第二步加工的石器有1530件，最小的长宽10毫米左右，最大的标本的最大径可达160毫米左右，都经过仔细的修整。由于大小不同，加工方向不一致，而且有相当数量是接近于垂直加工的，再加上不同边缘具有相同或不相同的加工方向，形成复杂的组合，因此对观音洞的石器的第二步加工作一总的分析是有必要的。

观音洞的石器大部分是单向加工的，少数是交互加工或错向加工、对向加工的。单向加工以由破裂面向背面加工为主，半数以上的石器是这样加工成的。与此相反的是，由背面向破裂面加工约占总数的20%以上，这一方法在国内其他旧石器时代文化遗址的石器中也可见到，但似乎不如观音洞那么普遍。错向加工的标本约占10%以上，交互加工在观音洞石器中不到10%，对向加工的标本约占2%，数量虽少，却是引人注目。还要指出的是横向加工或雕刻器打法，数量很少，但痕迹清楚。值得注意的是，观音洞的先民有时在一个不太长的边缘上采用三种或两种不同的打击方向。这是一种比较特别的现象。

观音洞石器的刃角从24°到90°左右的都有，大体上说来，75°以上的居多数。大多数标本不仅不同刃缘的刃角不同，而且同一边即使是同一打击方向的刃角也常常不一样。遇上"复向加工"时，刃角的变化更大。石片较薄的边缘经过修整后，刃角以变钝的为多。有相当多标本修整痕迹呈多层重叠，而且越来越小，刃角也随之而增大，表明这是经过连续打击或多次打击的结果。一般说来，石片较厚的边缘刃角较大而少有较小的。根据石器的刃角可以推论，观音洞的古代居民在修整石器时，打击的角度也是变化很大的，但常常采用垂直的角度。一般说来，接近90°的刃角，作为刮、割用是不太合适的。这样陡直的刃角可能是由于边缘较厚，又经过连续多次打击和垂直修整造成的。

观音洞石器的修整痕迹有深凹粗大的，有浅平窄长的，也有小而深凹的，还有小而浅短的。大体上说来，深凹的多，浅平的少，尤其是浅平而窄长的为数甚少。修整痕迹也和刃角一样，变化大，往往在一个边缘上可以看到不止一种痕迹。这表明第二步加工时，不仅角度不固定，而且所用的力量也不均匀。这样，刃缘自然以不平齐的为多。

观音洞石器在加工方向的组合方面颇具特色。两刃、三刃或多刃的器物中，不同的边缘加工方向有相同的有不同的，形成复杂的组合。若加以归并，则可分为同向加工和异向加工（包括各种不同的加工方向组合）两类，前一类约占三分之一，后一类约占三分之二。

刃缘以凸的和直的为大多数，凹的较少。所谓直刃也是相对而言，实际上由于修整痕迹深凹的多，刃缘不平齐，直刃的标本往往也难以和凸刃或凹刃区别开。根据刃缘的形状进行的分类，得出的结果也是复杂的。

就整个器物的轮廓看来，外形比较规则的石器约占三分之一。这一数字似乎和上述的情况相反，但实际上并不矛盾。这些外形比较规则的标本不是由于第二步加工的结果，而是由于石片或石块原来的形状造成的。有好多这样的情况，外形规则的石片经过第二步加工后，边缘变得凹凸不平，破坏了原有的规则性。

（三） 关于石制品组合和分析

一个文化遗址发现的全部或相当一部分文化遗物的组合情形，可以在一定程度上说明该遗址的性质和文化性质。观音洞发现的石制品在数量上和典型特征等方面都是具备了这些条件的。

在研究的2323件标本中，石核包括石核碎块或剩块共307件，占总数的13.21%；石片包括断片共486件，占总数的20.92%；石器1530件，占65.86%。这种情况表明，在观音洞石制品中成品率较高，如果考虑到石片中还有一半以上具有修整痕迹，也可以归到石器里去，则成品率就可超过75%。观音洞石器以中小型的为主。大致说来，30～50毫米的最多，约占40%；50～70毫米的次之，约占27%，小于30毫米的居第三位，约占15%，70～100毫米的，约占13%，大于10毫米的不到2%，这样的比例和工具类型组合是密切相关的。

制作石器的毛坯以石片为主，约占50%，断片或碎片约占33%，如果把这两项合并计算，则可达83%左右；石块或断块约占14%；石核约占1.7%。在各类石器中都有用石片或断片做成的，除了砍砸器用石片做成的只占1/3外，其余各类石器都在50%以上。石块或断块用来加工刮削器、砍砸器和端刮器。石核主要用来加工砍砸器。没有问题，观音洞的石器可以看作是石片石器（包括断片或碎片制成的）为主体的工具组合。利用石块来制作石器，在观音洞石器中，虽然不是主要的，但也有相当的比例，在国内已发表的文献中似乎并不多见。石核石器所占比例如此之低是值得注意的。在1530件石器中，砍砸器86件，占5.6%；单边刮削器302件，占19.73%；相连两边刮削器319件，占20.84%；不相连两边刮削器159件，占10.39%；三边刮削器340件，占22.22%；多边刮削器139件，占9.08%。五大类刮削器共1259件，占石器总数的82.28%；端刮器105件，占6.86%；尖状器63件，占4.11%；石锥6件，占0.39%；雕刻器2件，占0.13%；凹缺刮器5件，占0.32%。这简单的比例数显示出，观音洞的石器是以刮削器为主体，以端刮器、砍砸器、尖状器为辅的工具组合。石锥可以看作是尖状器的变种，数量不多。雕刻器和凹缺刮器数量都很单少，在整个工具组合中，不是重要的因素。

观音洞的石器只在一个边缘加工的较少，约占总数的22%，在两个或两个以上边缘加工的石器居多，约占77%。单刃石器较少，复刃石器较多，是观音洞石器的一个特点。在复刃石器中以三边、四边或多边加工的石器较为突出，数量也相当可观，而且加工边缘多的石器其刃角也相应地增大，观音洞的第二步加工的特点也表现得比较强烈。

观音洞石器的分类是从实际情况出发，选择比较简便而又适宜的办法进行处理的。有些类型是其他地点常见的，有些则为其他地点所罕见，往往被忽略或被合并到其他类型中。例如三边刃刮削器，在观音洞发现不少，但其他地点则不见，没有合适的、现成的名称可以借鉴。但如果以地名或其他名称来命名某一器物，由于观音洞石制品的多样性和复杂性，也会使人感到棘手。也许会有人对我们的分类办法持不同意见，这恐怕是意料中的事。实际上，现在各国旧石器时代考古学家在石制品分类方面，都遇到共同的问题，一是名词术语不够用，二是同行间对同一器物有不同的称呼。如果对这种情况有所了解，就不会在分类和名称上提出过分苛刻的要求了。

（四）　总的性质

上面简略地从各方面分析了观音洞的石制品，有些重要特征已经指出，个别特征也在分类叙述中提到。现在加以归纳如下：

1. 大部分石核不加修理即行打片，少数石核在石片台面上有修理痕迹；

2. 大部分石片是用石锤直接打下的，少部分石片和用碰砧法打下者特征相同。

3. 大部分石核和石片形状不规则，有一定数量的石片呈较规则的梯形或三角形，长石片的数量不多。

4. 双台面石核较多，双台面石核和多台面石核之和两倍于单台面石核；

5. 石核剩块或碎块占相当比例；

6. 在石制品中，石器所占的比例相当高，占65%以上；

7. 很少或几乎没有纯粹的未经加工或使用的石片；

8. 大部分石器用石片加工而成，少数用石块制成，用石核加工成的很少；

9. 大部分石器形状不规则，少数标本较为规则，但这不是由于加工的结果，而是原来石片或石块的形状就比较规则；

10. 石器大小悬殊，最多的为长宽在30～50毫米的，其次为50～70毫米的，再次为小于30毫米的，70～100毫米的，而大于100毫米的标本不到2%；不管石片大小、厚薄、规则与否，也不管是完整的石片还是断片，石块都同样经过仔细加工；

11. 大部分石器用石锤加工，打击方向垂直或近于垂直，修整痕迹深凹，且往往多层重叠，刃缘不平齐，刃角接近直角，刃口多钝厚，少数标本修整痕迹浅平，修整痕迹呈平行的，窄长条状的为数更少；

12. 石器大部分是单向加工的，少数为错向加工、交互加工，对向加工的很少，横向加工的更少；单向加工以由破裂面向背面加工为主；

13. 在两刃、三刃或多刃的器物中，不同边缘加工方向相同的少，不同的多；

14. 单刃石器少，复刃石器多；

15. 石器类型，以刮削器为主，其次为端刮器、砍砸器、尖状器（包括石锥），凹缺刮器和雕刻器数量都很少；

16. 由于毛坯和加工方向的多样性，使石器式样变得非常繁多，故石器的分类具有相对的意义，而有一定数量的标本呈过渡或中间类型状态。

上述诸点，有个别地方在国内或国外同时期的旧石器文化中可能遇到，其中某一点也可能很相近；但从比例数看来，特别是全面地考虑，则为其他文化所未见，而且有几点是其他文化所缺乏的，所以有理由建立观音洞文化一词。

观音洞文化给人最深刻的印象是：

1. 充分利用材料。表现在石核的利用率、石器的成品率以及复刃石器等多方面；

2. 多样性。表现在加工、类型等方面；

3. 不定型。加工角度、加工方向、器形变化幅度大；

4. 刃角陡的多，刃缘不平齐的多。

对大量标本的观察、分析，使人不得不认为观音洞的古代的居民在制造石器时，已经掌握了一定的方法，但不是严格地遵循固定的方法或程序。他们的加工技术显得很不熟练，无法控制原料或毛坯，使之成为更有效的工具。有一些技术因素或类型，若和旧石器时代中期、晚期的打制的石制品相比较，明显地可以看到观音洞的标本要原始得多，没有后来的均匀、整齐、一致和稳定，表现出时间上的很大距离，但是它们之间的继承关系是可以进一步探求的。

二、观音洞文化的年代和分期

根据地层、古生物及文化遗物本身的证据，可以确定观音洞文化的时代为旧石器时代初期，其本身还可以大致分为早、晚两期。

我国南方广大地区在解放后陆续发现过一些旧石器时代文化遗物，其中一些是有地层关系并有动物化石作依据的；有的虽有地层关系，但缺乏动物化石依据；有的则是地表采集的。后者时代的推论似嫌证据不足，即使有地层关系，如果缺乏动物化石证据，所确定的时代也是大致的。有地层、有动物化石伴出的石制品，在确定时代上是有一定理由的，但也有一定的局限性。动物群方面，在一般情况下，中更新世者不易和晚更新世者划分开来，晚更新世者和全新世早期者要严格地分开也有一定困难。但如果有特别的成分，或比较完整的人类化石，或典型的文化遗物，还是可以进一步划分的。在本书第二部分的讨论中，我们已指出，观音洞B组动物群的性质为含第三纪残留种类或古老种类的大熊猫—剑齿象动物群，按照我国南方第四纪哺乳动物发展的序列，其时代为中更新世早一阶段。A组发现的化石也是属于大熊猫—剑齿象动物群的成员。A组的时代比B组为晚，可能仍属中更新世，但系中更新世较晚的一个阶段。

旧石器时代初期这一术语在19世纪是用来表示还不会制造骨、角器的打制石器文化，使之区别于骨、角器和打制石器伴出的旧石器时代晚期文化。到了20世纪初，这一术语则包括阿布维利文化、阿舍利文化以及莫斯特文化。后来，莫斯特文化又划归旧石器时代中期。由于比阿布维利文化还要早的旧石器文化的发现，使旧石器时代初期这一术语包含的内容大为扩大，时间也相当长，早更新世到中更新世末。观音洞提供的古生物证据表明，观音洞文化属于旧石器时代初期，当然不是最早的阶段，而是发展了的阶段。

观音洞B组（下文化层）发现的文化遗物代表早期观音洞文化，A组（上文化层）发现者代表晚期观音洞文化。早晚两期的文化遗物，在总的性质上是一致的，但在具体内容上可以看到一些差别，这反映了一个发展变化的过程。

早晚期所用原料相同，均以硅质灰岩为主，脉岩、硅质岩次之，而燧石、玉髓、细砂岩、泥岩均占少数。不同的是，晚期的燧石和玉髓变得较少，而细砂岩的泥岩增加。

下文化层共发现石制品1444件，其中石核占13.91%，石片占15.58%，而有第二步加工的石器占70.49%。在各层中，石核、石片与石器的比例不同，石核所占比例由10.29%到30%，石片所占比例由5%到20%，石器所占比例由65%到82.35%。上文化层共发现石制品879件，其中石核占12.05%，石片占29.69%，各类石器占58.24%。和下文化层发现的材料作一比较，可以看出：上文化层石片的相对数和绝对数都比下文化层为高，相反地，经第二步加工的石器的相对数比下文化层的总百分比低，也比下文化层中任何一层石器所占的百分比为低。

石核方面，比较显著的变化是，碎块或剩块减少，但单台面、双台面、多台面石核之间的比例基本上没有什么变化。由下文化层到上文化层，50～80毫米的石核减少，50毫米以下的增加，大于80毫米的略增。天然台面减少，人工台面略为增加（由52.67%增至55.26%）。人工台面中，有疤的和有脊的，上文化层比下文化层为多，但修理的则较少；若有疤的和修理的相加，按比例，上下文化层接近。上下文化层发现的石核都是周边打片的居多数，比较显著的区别是上文化层的石核在一边打片的大为减少，而两边打片的增多。这些现象说明下文化层比较起来更为充分利用材料，而上文化层则在打片方面效率较高。

上文化层发现的石片较多，但保留台面的石片所占的比例同下文化层者很接近，在有台面的石片中各种台面所占的比例，上、下文化层发现者相差不大。石片的大小方面略有变化，上文化层大于70毫米的标本增加，而50毫米以下的标本则减少。外形比较规则的石片由12%增加到20%，长石片的数量增加了几件。

石器的加工方面，刃角有由较大向较小发展的趋势，或者说晚期有较多的标本刃角较小（在75°以下)，早晚期的石器都是异向（多向）加工的多，同向（单向）加工的少，但晚期的石器同向（单向）加工所占的比例略为增加。晚期石器中器形较为规则的、刃口较为平齐的、器身较为扁平的标本，都有所增加，甚至质地较差的原料也能打出较为合乎要求的标本。在类型方面，砍砸器显著地减少，绝对数由66件减至20件，相对数由6.48%减至3.9%；尖状器则相对地增多，由3.92%增加到4.49%，绝对数和相对数都比砍砸器高。早晚两期石器的大小都是以30～50毫米的为最多，50～70毫米的次之，小于30毫米的居第三位，70～100毫米的居第四位，大于100毫米的最少；其中30～50毫米，50～70毫米和70～100毫米大小的标本所占比例，早晚两期比较接近，比较明显变化的是晚期石器大于100毫米的标本减少，由2.35%减至0.78%。与此相反，晚期石器小于30毫米的标本，显著增多，由14.44%增至18.55%。此外，加工较少的石片，上文化层比下文化层略为增加。总的看来，下文化层的石器的修整工作显得较为细心，虽然大部分标本是不规则的；而上文化层的石器的修整工作，则显得较为粗放，虽然有一些标本加工得比较精致。

三、与国内发现的旧石器对比

根据前面的叙述，可以看出观音洞文化具有鲜明的特点。虽然从技术上或类型上讲，有一些方面和已发现的旧石器时代石制品相同或相似，但在别的方面则又很不相同。由于国内有些地点发现材料过少，要作较仔细深入的对比，确有困难；有些地点发现的材料虽然较多，但仅仅发表了简报，要深入比较、讨论尚缺乏可资利用的详细研究报告。因此，我们对比的重点是：时代比较接近的（旧石器时代初期的)；关系比较接近的（地理上比较近或在技术、类型上有比较类似之处)；资料较多的。

（一）与北京人文化对比

北京人（中国猿人）的石制品，自裴文中首次识别出来之后，在半个世纪的时间内，中外学者迭加讨论，唯对其总的性质看法甚为分歧。有的学者主张中国猿人文化是最原始的文化，有的学者则认为中国猿人文化具有进步性质。这些不同的看法都有各自的理由，这是从不同角度去认识问题的结果。在数以万计的石制品中，我们遇到的大多数是粗糙的、不规则的标本，但有时也可见到少数较为精致的标本。如果强调这少数标本，对认识北京人石器文化的特征和技术水平会得出过高的估计；如果忽视这少数标本，则又可能走向另一极端。我们认为，北京人石制品具有既原始又多样的特点。如果我们观察全部标本，可以得出一个自然的看法，由下部堆积到顶部堆积发现的石制品，代表着时间先后的不同，反映出一个逐步发展变化和提高的过程。大体说来，上部发现的标本比下部发现的精致或较为精致的要多一些。

观音洞出土的石制品和周口店北京人发现地点出土的石制品制作技术有共同的地方，也有明显不同的地方。

1. 原料方面

观音洞的石制品所用原料以硅质灰岩为主，脉岩次之，硅质岩又次之，再次为燧石、玉髓、细砂岩和泥岩。北京人的石制品所用的原料则以脉石英为主，次为水晶、燧石、砂岩等。①

2. 打片技术

观音洞的石片主要是用锤击法打下的，少部分石片和用碰砧法打下者特征相同，没有采用砸击法打片，因而也没有砸击石核和砸击石片。北京人打片主要用砸击法，也用锤击法和碰砧法。观音洞的石核利用率较高，天然台面的较少，人工台面的较多，打片限于一边的少，而在多边打片的居多；而北京人的锤击石核主要是天然台面，少数是人工台面。观音洞的石片天然台面少，人工台面多，其中有疤台面约占43%，素台面和有脊台面占相当数量，修理台面为数较少。但在石核上修理台面的数量略多。北京人文化中，也有具修理台面的石核和石片，但为数不多。观音洞虽有一定数量外形较为规则的石片，但类似长石片的标本很少。而北京人的砸击石片中，较为规则的占有相当数量的比例，而锤击石片中，类似长石片或石叶的标本，虽然不是很多，但绝对数和相对数都比观音洞的高。由于原料的关系，北京人所用打片的方法比观音洞的多，观音洞的石核利用效率较高，北京人的砸击石核，也是利用较高的。北京人的砸击石核和砸击石片未见于观音洞，这是这两个文化在打片技术方面最显著的区别。

3. 制造石器的毛坯

观音洞的石器主要用石片（绝大部分为锤击石片）加工而成（约占总数的一半），其次为断片或碎片（约占总数的三分之一），再次为石块或断块，而用石核加工而成的不到百分之二。北京人的石器也是主要用石片制成，其中半数以上为砸击石片，其次为断片，再次为小石块，而石核和砾石则较少。比较起来，北京人制造石器的毛坯，有两大特点：一是用砸击石片多，这是观音洞所没有的；二是用小石块较多，这是胜于观音洞的。

4. 修整技术

北京人的石器，主要用锤击法修整，砸击法次要，碰砧法是局部地偶尔采用。观音洞的石器，也是主要用锤击法修整，但有一部分小的标本，可能是放在石砧上敲琢而成的，同时还有一部分标本具对向加工的痕迹，也可能是放在石下进行修整的。这后两种情况，在某种意义上讲，也是“砸击法”修整，不过石锤和被加工的标本接触的部位不同，修整留下的痕迹也不一样。所以严格地讲，像周口店那样的砸击法修整的石器，在观音洞并未发现。观音洞也没有发现用碰砧法修整的石器。

观音洞的石器刃角偏大，多数在75°以上，75°以下的较少，北京人的石器刃角最多的是61°～70°，其次为71°～80°，再次为51°～60°，大于80°的和小于50°的，都较少。比较起来，观音洞的石器刃角大于北京人的，或者说，刃缘陡直的标本较多。

---

① 以下有关北京人石制品的统计数字，依裴文中、张森水的统计，适当加以简化或合并。

观音洞石器的修整痕迹深凹的多，浅平的少，但也有为数甚少的浅平而窄长的，前两种同样见于北京人石器中，后一种在北京人石器中是少见的或不那么清晰。

观音洞石器的加工方向有6种，大部分是单向加工（以向背面加工为主，也有向破裂面加工的），少数是错向加工、交互加工，对向加工以及很少的横向加工或雕刻器打法。北京人的石器的加工方向为：向背面加工的，约占半数；向破裂面加工的，约占1/4；复向加工的，约占11%；错向加工的，约占5%；横向加工的，不到4%；交互加工的，还不到2%。比较起来，下列几点是相同的：单向加工占多数，向背面加工为主，向破裂面加工以及复向加工，占相当的比例。有差别的是：观音洞错向加工和交互加工的，比北京人的多，但北京人的石器横向加工者，要比观音洞的多，对向加工的标本，在北京人石器中是罕见的。

观音洞的石器，单刃的少，两刃和两刃以上的多，两刃和两刃以上的石器，加工有同向的和异向的，不同边缘采用不同的加工方向，又占如此高的比例，是观音洞石器加工技术方面的显著特点之一，这一点在北京人石器中是少数。

5. 石制品的类型和组合

北京人的石制品中，石片占一半以上，有第二步加工的各类石器，约占1/3。与此鲜明对照，观音洞石制品中，成品率较高，有第二步加工的各类石器，约占65%，而石片包括断片，仅占20%。观音洞的石器长或宽在30～50毫米间的最多，大于100毫米的很少。而北京人的石器，长度在20～40毫米的最多；次为40～60毫米间的。小于20毫米的，占3%。比较起来，两地的石器都是以中小型的为主，由于北京人的石器，主要用脉石英制成，所以小的标本所占比例高于观音洞者，而大于60毫米的标本，按比例则比观音洞的少。

观音洞的石器类型，从大类上讲，基本上和北京人的相同，只是没有球形器（北京人遗址发现也不多）。这两个地点发现的刮削器都占相当高的比例；两个地点的端刮器和砍砸器所占的比例都在5～6%左右，不过观音洞的端刮器要比砍砸器多，而北京人的砍砸器略多于端刮器。北京人的尖状器和雕刻器比观音洞发现的多得多。观音洞的凹缺刮器为数不多，在北京人石器中有类似的标本，但加工没有观音洞的那么仔细。北京人的石制品中，还有一定数量的石锤、石砧。观音洞按说也应该有这些东西，但可能由于原料的性质或充分利用原料，目前还没有找到很清楚的石锤、石砧。

观音洞发现的砍砸器，有较为粗糙的，也有一部分标本对把手加以初步修理；观音洞晚期的砍砸器，刃部较早期者为薄，对劣质原料也能打出合乎要求的标本。北京人的砍砸器中也有修理把手的标本，用砾石制成的要比观音洞者多，当然，大多数砍砸器也像观音洞发现的一样粗糙、简单。观音洞的刮削器，两刃和两刃以上的标本占多数，单刃的少数，而北京人的刮削器正好相反。观音洞的端刮器中多数除了一端或两端加工外，在一侧边或两侧边也加以修整，北京人的端刮器多数只在一端加工，也有一侧边或两侧边同时也加以修整的标本，但数量较少。北京人遗址未见两端端刮器。两个地点都有厚尖状器、薄尖状器和错向尖状器以及石锥，但北京人遗址发现的数量多。两个地点发现的厚尖状器是有一定区别的，观音洞发现者较大、较宽，而北京人的则较为瘦长。观音洞的尖状器刃角较陡，刃缘多不规整，尖端夹角较钝，北京人的尖状器中，也有类似的标本，但还有修整得相当精致的标本。

综上所述，可以看出，观音洞的石制品和北京人的石制品在好多方面是相同或近似的，但也有明显的区别。这两个遗址的石制品都比较复杂，具有相当的原始性质，如石器形态不稳定，存在过渡类型，加工比较粗糙等。但同时也具有一定的进步性质，如类似旧石器时代中、晚期的类型。比较起来，观音洞的石制品显得更为繁杂多样，就各类石器而言，比北京人的同类标本显得粗糙一些，或者说，北京人文化中有较多加工精致的标本。北京人文化中，还有两项重要的因素，即用火和骨器，后者虽然还有一定争论，但还是可以进一步研究探讨的。到目前为止，观音洞还没有发现这两方面的可靠证据。

观音洞文化和北京人文化都经历了相当长的时间，根据地层关系或石制品的变化情况均可以划分出不同的发展阶段或时期。观音洞文化的发展变化情况和北京人文化的发展变化情况有相似的地方，但也有不同甚至相反的地方。不能以一个文化在一个地点的发展变化情形当作所有文化发展变化的规律，并以此来衡量或推断另一文化处于这一文化的某一发展阶段。如：北京人文化和观音洞文化中都有用燧石和砂岩做原料的石制品。它们在两个地点的不同层位的数量都有变化，但两个地点的情况正好相反：观音洞的燧石石制品早期多晚期少，而北京人用燧石做的石制品是由少到多；观音洞的砂岩石制品是由少到多，而北京人的砂岩石制品是由多变少。

总之，北京人文化和观音洞文化都是我国旧石器初期有代表性的重要文化。它们之间的异同，反映了我国旧石器时代初期不同地区的文化就存在着多样化发展的趋势。

（二）　与附近地区的一些旧石器时代文化的关系

贵州省已报道的晚更新世文化遗址有：桐梓县岩灰洞、水城县硝灰洞、兴义县猫猫洞。

桐梓县岩灰洞　　发现的石制品有12件，人牙两枚，伴出的哺乳动物化石24种。原作者认为"岩灰洞的动物群究竟属更新世中期还是属更新世晚期，还有待今年深入工作才能肯定"。石制品"增多可以与贵州黔西观音洞的石器相比较，但均非观音洞石器的典型类型，两者在文化上或许存在着某种联系。""可能观音洞石器在时代上比岩灰洞的要早。"根据我们的观察，上述论断是正确的，但可以作一些补充。在描述的5件标本中最少有3件具有观音洞石器的加工特点：P.3883用石块加工而成，刃角近于垂直；P.3886的左侧边前半部刃角陡直；P.3887带尖刃的刮削器是明显的错向加工的石器。由于发现的标本太少，更多的比较是不可能的。

水城县硝灰洞　　发现石制品53件，人牙一枚，伴出的动物化石有剑齿象等5种。地质时代可确定为晚更新世，但文化时代难以细分。石制品的原料主要为玄武岩砾石，少量为燧石。石制品中有石锤2件，石片33件，石器5件。水城发现的标本虽然不多，但很有意义，它的几件石器是错向加工或非单向加工而成，这也是观音洞石器的特点之一。最引人注意的是"锐棱砸击石片"。观音洞的石片中，也有为数不多的标本不具突出的半锥体，相反地该处是凹陷的。这和水城的"锐棱砸击石片"有一点相似，但观音洞这样的标本多少具有台面，背面不具砾石面，而且形状也不那么规则，和水城的标本毕竟还有一定区别。

兴义猫猫洞　　发现石制品1121件，人化石7件，骨、角器10件，伴出的哺乳动物化石有中国犀等9种。据曹泽田的研究，猫猫洞文化层要早于新石器时代，应属旧石器时代。从加工技术相当进步，兼有精致的磨制骨、角器等看来，猫猫洞文化的时代应归于旧石器时代晚期之末，其地质时代是临近更新世的结束时期。猫猫洞的石制品有两点值得注意：一是复向加工的石器，二是向破裂面加工。这两点都见于观音洞的石器中，但所占比例有别。说明猫猫洞文化虽然时代较晚，仍然在一定程度上受观音洞文化的影响。

四川铜梁西廓水库　　发现石制品306件，伴出有东方剑齿象、中国犀、巨貘等化石。文化层顶部的乌木经^{14}C测定，年代为距今21550±310年。铜梁发现的石制品在一些方面和观音洞的石制品很相似，这是值得注意的，但它们之间也有明显的区别。这两个地点的石制品相似处为：1. 石片边缘常见个别打击痕迹，差不多没有完全单面加工的石器；2. 复向加工居首位；3. 大多数石器采用陡向或垂直加工；4. 石器加工粗糙，形态缺乏相对一致性；5. 单刃石器少，复刃石器多；6. 在工具组合中，刮削器居首位，兼有尖状器、砍砸器、端刮器。明显有区别的地方是：1. 铜梁石器大型的多，而观音洞的则是中、小型的居多；2. 铜梁砍砸器多，而观音洞的砍砸器只占6%；3. 观音洞还有凹缺刮器和雕刻器，而铜梁则尚未发现。看来，这两个地点的石制品是有着一定关系的。

四川汉源富林镇　　发现石制品五千多件，哺乳动物化石有柯氏熊等，另外还发现有斧足类化石和树林印痕。其时代属于旧石器时代晚期的后一阶段，看来要比铜梁西廓水库发现者为晚。富林的石制品以器型细小著称，观音洞有一部分标本和富林的发现者相似。在加工技术方面，值得指出的是：1. 富林的刮削器和尖状器中都有错向加工的；2. 在刮削器中有的标本是厚刃的，刃角相当陡，平均为80.1°。这两点都是观音洞石制品的技术因素的组成部分。虽然从总体看来，富林和观音洞两地发现的石制品是有明显区别的，但毕竟还可看到它们之间有一定的相似之处。

观音洞文化之所以重要，不仅是因为地层关系明确，伴出的哺乳动物化石丰富，而且因为发现的石制品材料多，技术和类型复杂多样，并富有特色，对探讨我国旧石器时代文化的地区特征，文化的多样性，旧石器时代中、晚期文化渊源问题，打制石器的技术传统问题，都不同程度地提供了可资利用的实物证据或可供思考的线索。

（原载《观音洞——贵州黔西旧石器时代初期文化遗址》，北京：文物出版社，1986，有删节）

梁山旧石器遗址的初步观察

黄慰文　　祁国琴

一、遗址的发现

1951年7月，已故西北大学地质系教授郁士元首先在梁山发现旧石器①。1980年以来，西安矿业学院地质系阎嘉祺先生陆续在此采到上千件标本并发表多篇报告（阎嘉祺，1980和1981；阎嘉祺、魏京武（1983），引起人们浓厚兴趣。

阎嘉祺采集的石制品几乎都来自散布面积很广的汉水谷坡表面；少数几件发现于第三阶地砾石层，但人工痕迹不清。1982年6月，本文前一作者在位于第三阶地上的梁山龙岗寺砖窑采料场，从工人筛土中发现了30多件人工痕迹清楚的石制品，两件直接出自阶地堆积层。1985年春，陕西的同行也在这里采集到108件石制品（陕西省考古研究所汉水考古队，1985）。同年11月，我们和西安半坡博物馆王秀娥、张学德同志再度到梁山考察，又采到147件石制品，其中81件来自龙岗寺砖窑采料场。特别令人高兴的是，在获得梁山旧石器层位证据的同时，在同一流域上游第三阶地堆积里又发现了几处石器地点和可以说明时代的共生哺乳动物群（汤英俊1987），梁山旧石器研究因而进入了一个新阶段。

二、遗址附近的地理、地质概况

梁山位于汉水上游汉中盆地南缘，东距陕西省汉中市约10公里，属南郑县（106°58′E，33°3′N）。盆地内海拔高程一般为510～530米。梁山是大巴山北端一支脉，主峰兀起于上梁山村附近，海拔1021.4米。向东山势渐低渐缓，最后没入平原。龙岗寺正好位于梁山东延所成的丘陵地带，海拔约540米（图一）。

这一带在地质构造上是一个向斜，轴心在土地岭附近，由三叠系泥灰岩和页岩组成。东翼自梁山主峰到龙岗寺，老岩层依次出露为二叠系灰岩、志留系页岩、奥陶系页岩和泥灰岩、寒武系钙质页岩和泥灰岩、震旦系硅质灰岩和白云质灰岩以及前震旦系花岗岩和结晶杂岩。在梁山附近的汉水南岸可见五级阶地。它们是：

第一阶地：沿汉水南岸连续分布，宽达300～400米，高出河面6～10米，为堆积阶地；

第二阶地：仅见于南寨附近，高出河面15～20米，可能为堆积阶地。堆积物为砂砾层，出露厚度3米。砾石平均粒径为6厘米，分选尚好，磨圆度2～3级。砾石成分主要为石英、石英岩、花岗岩和硅质灰岩；

第三阶地：见于龙岗寺附近，高出河面40～50米，为基座阶地。基座由前震旦系花岗岩和结晶杂

① 西安《群众日报》消息，成都华西大学古物博物馆《华西文物》1951年9月创刊号转载。

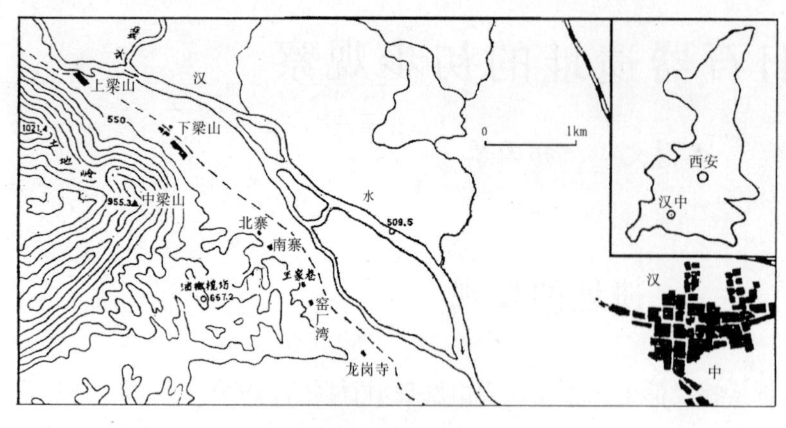

图一　梁山遗址的地理位置

岩组成，其上的阶地堆积物为砂质黏土和砂砾，出露厚度可达10～20米。砾石平均粒径为10～12厘米，磨圆度多为3级，主要成分有石英、石英岩、硅质灰岩、火山岩和花岗岩等；

第四阶地：见于王家巷附近，高出河面60～80米，为基座阶地。基座由花岗岩或硅质灰岩组成，阶地堆积物为砂层，出露厚度约2米。砾石平均粒径5～6厘米，磨圆度多为2级，主要成分有石英、石英岩、硅质灰岩、火山岩、花岗岩等；

第五阶地：见于油橄榄场场部附近，高出河面150～170米，为基座阶地。基座由硅质灰岩组成，阶地堆积物为砂砾层，出露厚度0.3～0.5米。砾石平均粒径3～4厘米，磨圆度以2级为多，成分为石英、火山岩、白云岩、石英岩、硅质灰岩和砾岩。砾石受强烈风化，整个砂砾层为铁、锰质污染，间有紫褐色杂斑。

产旧石器的龙岗寺砖窑采料场剖面位于上述第三阶地之中。剖面呈南北走向，出露长度约140米，厚度8～10米，自上而下依次为（图二）。

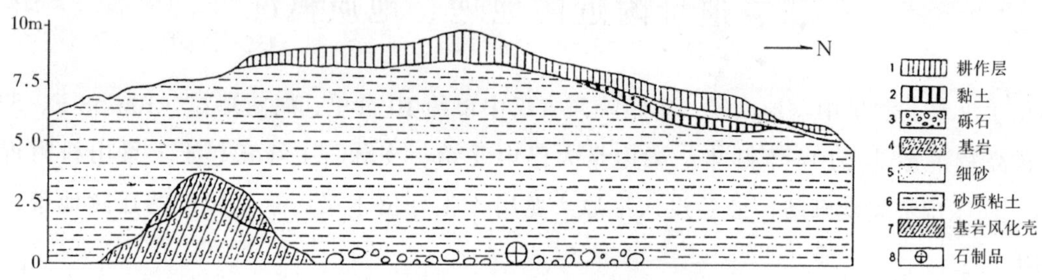

图二　汉中龙岗寺砖窑采料场剖面图

6. 棕红、棕灰色砂质黏土，耕作层，厚0.2～0.5米；

5. 灰褐色细砂，厚0.2米；

4. 黑褐色黏土，含有机质，厚0.2～0.3米。它和其上两层为阶地形成以后产生的堆积，时代大约属全新世；

3. 红褐色砂质黏土，较纯净，具孔隙，但也有铁锰污染的黑褐色杂斑。上部含大量钙质结核，其形状多不规则。直径一般为2～3厘米，也有近10厘米的。向下结核渐少。此层厚2～8米；

2. 砾石，散见于采料场开掘面地表1～2米厚范围内。砾石平均粒径8～12厘米，成分主要有石英、石英岩、硅质灰岩和火山岩等，石制品即产自此层。它和其上的第3层为阶地的二元结构；

1. 灰棕、灰绿色结晶杂岩，主要是花岗岩组成的阶地基座。局部出露，上部为较疏松的风化壳，出露厚度2～3米。

综上所述，可知龙岗寺一带在新生代期间地层发育大体上经历了以下阶段：首先，在花岗岩为主的结晶杂岩基底上沉积了汉水的河流堆积物。这个基底经长期剥蚀而表面起伏不平（第1层）。其上的河流堆积物具有典型的二元结构（第2、3层）。阶地形成后受到侵蚀，表面出现洼坑并沉积了时代较晚（大约为全新世）的湖沼（类似淖尔）堆积（第4、5层）。最后，在阶地表面以及消失后的湖沼堆积表面，由于近代人类活动和生物风化作用形成了耕作层（第6层）。旧石器时代人类的活动发生在阶地堆积物形成时期。

根据汤英俊等的发现，与第三阶地旧石器共生的动物化石，有以下一些华南更新世“大熊猫——剑齿象动物群”中常见的种属：东方剑齿象（*Stegodon orientalis*）、大熊猫（*Ailuropoda melanoleuca*）、中国犀（*Rhinoceros sinensis*）、猪（*Sus sp.*）、赤麂（*Muntiak muntiak*）、鹿（*Cervus sp.*）、和水牛（*Bubalus sp.*）等。结合地貌学观察，暂时可以把这级阶地的时代置于中更新世。

三、石器工业概况

（一）　原料

以石英砾石为主，其次是火山岩和石英岩砾石。它们是构成第三阶地砾石层的主要成分，平均粒径为10～12厘米，不同于其他阶地的砾石，却与石器的一般尺寸相适应。从石制品的出露情况看，当时人们是从河滩选取砾石作原料，在河滩和岸上打制石器。

（二）　打片

在我们采集的石制品中，石核较多，占29.5%，石片只占14.8%。据观察，打片采用了锤击和砸击两种方法，前者为主。在锤击石核中，不少与龟背状石核近似。砸击产生的两极石核和两极石片所占比重不大，其原料均为石英。

（三）　石器

1．两面砍斫器

占我们采集的各类石器的17.8%。刃缘由交互打击产生，如标本P.6213（图三，1）。毛坯多为扁圆砾石，少数为石片。尺寸一般较大，小型的很少。24件标本长54～132毫米，宽40～153毫米，厚29～86毫米。长、宽、厚平均93.38×85.83×53.20毫米。

2．单面砍斫器

在各类石器中占12.4%。单面打制。毛坯有砾石，也有石片，前者较多。17件标本长64～160毫米、宽62～118毫米，厚43～67毫米。长、宽、厚平均数101.50×97.12×57.06毫米。

3．球状器

在各类石器中占7.1%。绝大部分用球度好的石英砾石制成，少数为其他种类岩性的砾石。分正球状器（或石球）和次球状器（或多面体石球）两类，后者占多数。从尺寸而言，梁山的球状器球径多在90毫米左右，有少数要大些，也有个别只有62毫米。

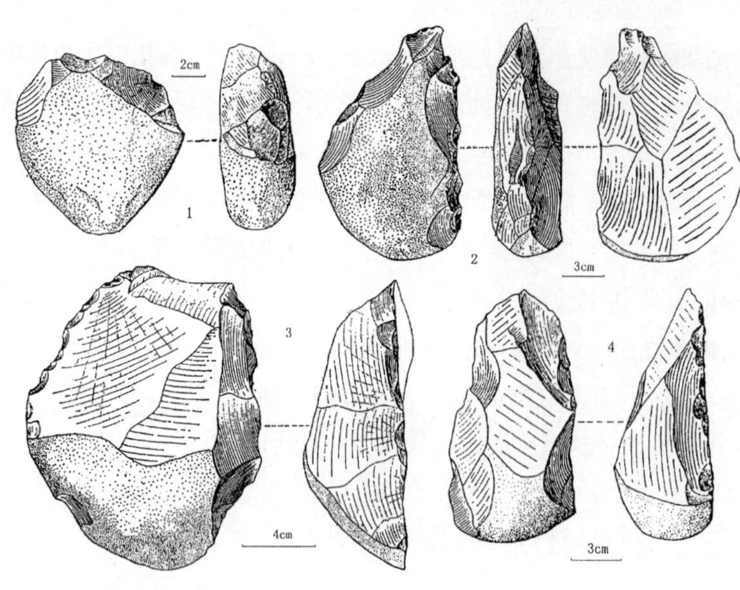

图三 梁山石制品

1. 两面砍斫器 2. 手斧 3. 薄刃斧 4. “啄掘器”

4. 手斧

数量不多，仅占工具总数的1.7%。以砾石或大石片为毛坯，用交互打击法对两侧修整（或一侧交互打击、另一侧单面打击），形成一个带尖的厚重工具。根部常保留砾石面。器身较厚。如标本P.6211（图三，2）。

5. 薄刃斧

用大石片制成的工具，有一个由石片缘构成的薄而宽的刃，修整限于手握部分。如标本P.6263（图三，3）。

6. “啄掘器”

一种重型工具，用椭圆砾石或大石片制成，轮廓和手斧接近，但它是单面打制的。如标本P.6210（图三，4）。它们占工具总数的0.59%。

此外，梁山石器还包括一些用石片加工的刮削器和用椭圆或长条砾石做的石锤。

四、对比和讨论

以梁山采集品为代表的石器工业，广泛分布于长江最大支流——汉水流域。据目前所知，上游除梁山外，还有勉县、城固和洋县的多处地点。在下游，则有湖北襄阳县的山湾（李天元，1983）。梁山石器是一个内容十分丰富的旧石器时代初期工业。两面和单面砍斫器、球状器是工具类群的主要成分。手斧、薄刃斧和“啄掘器”数量不多，但很有特色，是工具类群不可忽视的成分。从尺寸来说，绝大多数球状器、两面和单面砍斫器和全部手斧、薄刃斧和“啄掘器”属“重型工具”。也存在一些“轻型工具”。它们是个别球状器、一些两面砍斫器和全部刮削器。不过，它们仅占很小比重。石器毛坯以砾石为主，也是梁山石器的一个显著特点。

从打制技术、石器类型和尺寸等方面来说，它和分布在秦岭北坡“汾渭地堑”内的蓝田、匼河、三门峡和丁村等地点的工业十分接近。其中，与三门峡的工业关系最密切。可以说，三门峡存在的类型（黄慰文，1964），都可以在梁山看到。梁山石器还与广西的百色石器（曾祥旺，1983）对比，显著的差别是迄今为止百色未见球状器。

在东亚和南亚的旧石器时代初期文化中，梁山石器在打制技术、石器类型以致尺寸上同朝鲜半岛的全谷里文化十分相似。后者被认为是一个在时代和石器类型上都可以和欧洲、非洲阿舍利文化中的手斧文化对比（金元龙等，1981）。同东非奥杜韦峡谷的“奥杜韦文化”和“发达的奥杜韦文化”（Leakey，1971）对比，两地除各类工具比例有所不同，梁山的轻型工具类型单调、数量也少；而奥杜韦的类型丰富、数量较多外，其他方面很难说有本质差别。

本世纪40年代，莫维士提出“两种文化”的理论，把旧石器时代初期世界分成东亚、南亚和印巴次大陆北部的“砍斫器文化圈’和全非洲、南欧、中欧、西欧、中东和印度半岛的“手斧文化圈”(Movius，1944，1948)。实际上，莫维士的图式不能正确反映东亚、南亚旧石器时代初期文化的客观情况。本文前一作者曾经指出：东亚、南亚并非是一个手斧“缺乏”或“罕见”的地区；这里存在一批技术传统和西方手斧文化十分相近的含手斧的旧石器时代初期工业（黄慰文，1987），梁山石器就是一个很好的代表。

参考文献

黄慰文，1964。豫西三门峡地区的旧石器。古脊椎动物与古人类，8：162～177。

黄慰文，1987。中国的手斧。人类学学报，6：61～68。

金元龙、崔茂藏、郑永和，1981。韩国旧石器文化研究。韩国精神文化研究院研究丛刊。

李天元，1983。襄阳山湾发现的几件打制石器。江汉考古，(1)：39～42。

陕西省考古研究所汉水考古队，1985。陕西南郑龙岗寺发现的旧石器。考古与文物，(6)：1～12。

汤英俊、宗冠福、雷遇鲁，1987。汉水上游旧石器的新发现。人类学学报，6：55～60。

阎嘉祺，1980。陕西省汉中地区梁山龙岗首次发现旧石器。考古与文物，(4)：1～5，99。

阎嘉祺，1981。陕西汉中地区梁山旧石器的再调查。考古与文物，(2)：1～5。

阎嘉祺、魏京武，1983。陕西梁山旧石器之研究。史前研究，(1)：51～56。

曾祥旺，1983。广西百色地区新发现的旧石器。史前研究，(2)：81～88。

Leakey, M. D, 1971. Olduvai Gorge. Vol. 3. Cambridge, London.

Movius, H. L, 1944. Early man and Pleistocene stratigraphy in southern and eastern Asia. *Papers of the Peabody Museum of American Archaeology and Ethnology*, 19 (1).

Movius, H. L, 1948 The Lower Palaeolithic cultures of southern and eastern Asia. *Transactions of the American Philosophical Society*, NS, 38 (4).

阎家岗——旧石器时代晚期古营地遗址

黑龙江省文物管理委员会等

一、石制品

阎家岗遗址出土的石制品共9件，除两件因石料原因而痕迹不清外，其余7件均有明显的工人打击痕迹。记述于下：

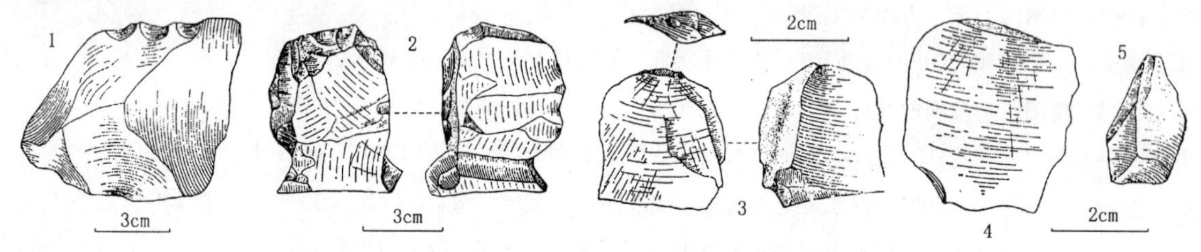

图一　阎家岗遗址出土的石制品

1. 砍砸器（HY82CP1:1）　2. 单刃刮削器（HY84Ts:186）　3. 石片（HY83T8:1）　4. 石片（HY83T2:1）　5. 石片（HY82T8:2）

1. 砍砸器（HY82CP:1）1件（图一，1）。器型较大。长×宽×厚为112×90×81毫米，石料为灰色中粒石英岩。石器加工粗糙，只在一侧边缘有加工痕迹，为清晰的三个连续的从背面向腹面敲击的疤痕，从而形成一个长的刃缘，以作为砸击或砍伐之用。背面基本上保留原砾石面，仅在前端的一边打击两个小石片而形成一个钝尖。当地无石英岩产出，石器很可能是古人自某地的河床中捡到石料，简易加工后携至此地的。

2. 单刃刮削器（HY84T5:86）1件（图一，2）。长×宽×厚为61×43×20毫米，石料为黑色燧石。石器除底端和一侧面留有部分原砾石面外，几乎通身都有剥去石片的疤痕。石器的一面有明显的、较大的疤痕，应是锤击的结果。打击石片是从前端和一侧边进行的。石器的另一面，有三个相互平行的浅长疤痕，可知剥下的石片长而薄。剥石片的工具很可能是鹿角。用鹿角的角环部轻轻锤击黑色燧石及黑曜岩，能够产生理想的石片。石片的长短和厚薄由手握石核的倾角和打击的方向来决定。三个平行的石疤痕在石料的一侧边构成齿状刃缘。严格地说，该标本为一件石核。标本的台面在其前端和侧边。从疤痕分析，剥片的目的不是为了标本的刃缘进行第二步加工。标本的刃缘是在打片时自然形成的。这件有锋刃的石核被当作了单刃刮削器使用。刃缘齿部有被磨损的迹象，应为使用痕迹。

3. 石片　7件。其中以黑色燧石为原料者3件，以玢岩、凝灰岩、花岗岩和长石岩为原料者各1件。

小石片（HY83T2:1），1件（图一，3）。长×宽×厚为38×34×12毫米，原料为黑色燧石。石片以原砾石面为台面打击而成，半锥体和打击点都很清楚，背部主料有剥去小片的疤痕。

小石片（HY83T2:1），1件（图一，4）。长×宽×厚为25×22×8毫米，原料为黑色燧石。石片显然是在石核剥落许多石片后才被打下的，台面特窄，有修理痕迹。

小石片（HY82T8:2），1件（图一，5）。长× 宽×厚为25×15×5毫米，原料为黑色燧石。石片背面保存部分砾石面。该石片原为一长薄石片，从中间折断。

其他四件都是不成型的废片。

综上所述，阎家岗遗址出土的石制品器型较小，具有进一步加工痕迹的石器很少，尤其缺乏典型器物。究其原因，很可能是因为阎家岗一带地处开阔平原，距山遥远，无岩石露头；而遗址附近的松花江和运粮河河面宽阔，水流缓慢，又缺乏砾石堆积。据当地打井资料，含化石层位以下60余米处才见有砾石层。因此，哈尔滨人在这个广阔平原上难以取得制作石器的石料。尽管遗址中发现的石制品不多，有些加工也很简单（如砍砸器），但从小石片和单刃刮削器的打制技术和风格分析，仍然可以看出与山西峙峪文化十分相似，具有较高的技术水平。哈尔滨人在阎家岗一带生活时，自然环境为疏林草原，只在一些略高的陇岗上才有少量木本植物。砍砸器可能被用来砍伐树木或敲击动物骨骼，精细的小石器则可能被用来和兽骨、木棒结合制作复合工具之用。阎家岗古营地仅仅是古代猎人的临时住所，因而遗下的石器也寥寥无几，烧骨和炭屑也相对较少。

目前黑龙江省境内已发现的旧石器地点仅有荒山、顾乡屯、塔河十八站、饶河、漠河、齐齐哈尔、阎家岗等十余处。塔河十八站石器数以千计，具典型的小石器传统，器型多样，加工精细，是该省最丰富的石器地点，但时代尚难确定，有待进一步工作。其他地点出土的石器都不多，总和不及百件。黑龙江省各地点的文化性质及全省旧石器工业的发展和演变，还有待今后的考古发现和深入的综合研究。

二、骨化石上人工打击痕迹的观察

在阎家岗遗址中，可以肯定属于人工打击的碎骨片共计126件，占碎骨总数的14%。这里统计的碎骨片未包括人工敲击和砸击的较大的肢骨。具有人工打击痕迹的碎骨片据其成因主要可分为两类：一，是古代猎人为了敲骨吸髓而砸开管状骨骼后破裂的碎片；二，可能是为了打制某种临时用的工具而破裂的碎骨片，或在骨骼表面上留有明显的人工砍痕的碎骨片。

阎家岗遗址的人工碎骨片基本上属于后面的一种。当古代猎人砸击骨骼表面时，与打击石块制造石器一样，需要有一个台面，即平面，以便于打击。因此打击或砸击点大多数选择管状骨的前端和后端，这是因为动物肢骨的前、后面宽些，而左、右两侧面较窄；安放在地面或石砧上，以前、后面更为牢靠些。人工打击的骨片，打击点形成散漫的疤痕，破裂面为一短而宽的斜面，这和动物啃咬的咬点常常形成垂直的和带有圆状缺口的痕迹相区别。由于砸击的骨片是在受力的一刹那突然断裂，即形成所谓粉碎性骨折，骨骼断裂面不平齐，多留有茬口（如：HY84T4:24、HY84T2:186号标本）。人工砍砸的往往都具有明显的痕迹。这种痕迹表现出中间宽、两端窄，中间较深、两端逐渐变浅的特征。例如：HY84T1:49号标本为一段肋骨，上面至少砍过五次以上，其左边的痕迹很宽，崩裂现象明显，这足以说明该痕迹不是一次砍就的。

阎家岗遗址人工打击骨片值得注意的是，许多骨骼的打击部位十分相似，尤其是大型的管状骨，常常在中间折断；中型的管状骨折断后，后端都带有一小块关节部，相对的一端呈尖状。这种现象使人推想到这些骨片可能是古代猎人为了某种需要而砸击的。特别是在空旷的草原区，石料的不足，林木的缺乏，很可能迫使古人采用骨骼作为工具。在具有人工痕迹的碎骨中，有的尚可辨认原来的解剖部位。其中许多碎骨打击点十分清楚，打击方法多数系由外向内打击，骨片破裂形状不规则，这些可能与敲骨食髓有关。有的骨片在劈裂成槽状的管状骨片两侧边，还带有进一步向内或向外打击二次以上的痕迹。骨片形状尖刃或骨体平整。我们认为这种打击目的可能是为了加工骨器或制作复合工具，因为敲骨食髓只要将管状骨砸开即可，无须进一步在骨片的两侧边打击。有的管状骨和野牛角的断口十分平齐，人工打击或动物啃咬都难以形成这种断口，我们推测它们更可能是古代猎人利用某种工具锯割而成的。还有的骨片带有似刮旋痕迹，值得我们注意。我们初步将这些有人工痕迹的碎骨分为有尖类、有刃类二个部分，现扼要分述如下：

1. 有尖类　可分四式：

Ⅰ式　6件。底端存留有部分关节面，而另一端斜裂成尖，骨体呈槽形，在劈裂面上常有进一步打击的痕迹。

HY82MT1:63号标本，为一野牛左桡骨近端内侧骨片，全长20.5厘米，最宽处4厘米。前端留有由内向外打击的痕迹，两侧及尖端的背面遗有多处疤痕。尖刃部扁薄，并有磨钝现象。两边中、下侧可见由外向内连续打击之痕迹，左下侧有一较大疤痕，呈宽扇面形，裂面呈多层断茬状，打击点十分清楚。骨片背面布有植物根系腐蚀的不规则沟纹。

HY83TA4:25号标本，为一野牛右桡骨近端内侧骨片，长22厘米，最宽处4.5厘米。前端留有由内向外打击的痕迹，两侧上端均有向背面打击的痕迹，右侧一疤痕宽直，左侧二疤痕细小，尖端略斜。左下侧由内向外猛力一击，打击点清楚，多层断茬明显。右下可见两处由外向内打击的痕迹。

HY82MT1:62号标本，为一野牛右桡骨近端内侧骨片。左侧边较平直，右上侧有由外向内打击的较宽疤痕，打击点明显。骨片尖端有磨圆现象，其背面可见三个相连接的骨片疤。标本长20厘米，最宽处5厘米，内外壁满布植物根系腐蚀沟纹。

HY82MT1:40号标本，为一野马右侧第三掌骨近端骨片。长18.3厘米，最宽5.3厘米。下端保存了完整的关节面，左侧边顶端可知曾由内向外打击过两次，中部向内连续打击，留有几个相接的骨片疤。右侧主要由外向内打击，使骨体中上部由槽形变成扁平体。尖端亦有磨圆变钝之现象。

HY83TA4:53号标本，为一野牛左蹠骨近端内侧骨片，长18厘米，最宽4.9厘米。左侧边平直，右侧边从中部向尖端由内向外连续打击，遗有四个相叠压的骨片疤，下边最大的痕迹打击点清楚。左侧顶端向内打击后似经刮削，尖端略呈鹰喙状，其背面有崩落骨屑之痕迹。

HY82MT1:50号标本，为一野牛左掌骨近端内侧骨片。长18.3厘米，最宽4.7厘米。左侧边较平直，上端有一动物咬痕。右侧有四个向内打击的宽疤，边缘凸凹不平。右侧顶端向外轻击两下，与左侧边汇成一尖，尖端似有变钝现象，骨外壁留有动物爪痕。

Ⅱ式　3件。一端存关节面，另一端斜裂成尖，骨体呈管状。

HY82C:296号标本，为马胫骨远端，残长14.5厘米。尖端右侧背面遗有三个连续由劈裂面向背面打击的浅平小疤，在同一部位还有几个由劈裂面向腔面轻打细琢留下的小琢痕，并在劈裂面中部形成一个斜脊。尖端左侧内壁似经过旋刮，留有凹进的平滑痕迹，使尖刃略向左倾斜，作鹰喙状。

HY82ⅡT2:1号标本，为一马胫骨远端，残长15厘米。斜裂成尖的一端断口整齐，似非砍砸或动物啃咬所能形成，推测可能是用石片锯割而成。右侧上部的背面有少许剥落痕迹，尖端已磨圆变钝。断口两侧均有一纵向裂口，应属自然干裂成因。周身满布植物根的腐蚀沟纹。

HY83TA4:55号标本，为一野牛胫骨远端，残长22厘米。左侧上部由内向外打击，留有三个相互叠压的骨片疤，打击点清楚；中部由劈裂面向腔面打击，右侧上部由外向内打击，留有多层断茬裂面。尖端稍有折断。

Ⅲ式　1件。标本HY83TA4:24可能是野马的一段长骨。长11.3厘米。左侧裂面较平直，右侧中部由劈裂面向背面一击，留有宽平疤痕，这一疤痕上、下各有一个由外向内打击的小疤。尖刃已磨钝。

Ⅳ式　均为动物管状骨碎片，不存留关节面，解剖部位无法辨认，可分窄、宽两种类型：

窄型　5件。

HY82MT1:21号标本，长15厘米，最宽3.5厘米。左侧中部向内连续打击，遗有一系列相互叠压的小疤，下侧外壁可见一浅宽疤痕，是由内向外打击的。尖端左侧向内，右侧向外各斜向打击一下，使成一尖。右侧边较平直，下端有由外向内敲击痕迹，底端略平，骨体较厚。

HY82C:11号标本，长12厘米，宽2.6厘米。扁尖，两侧边略下。左侧中部由劈裂面向腔面轻琢，使骨体平整，留有四个小疤痕。尖端内面被磨得平滑而有光泽，可能是使用的结果。底端左侧向外，右侧向内打击，形成似桯的尾端。

HY82C:298号标本，长12厘米，最宽2.9厘米。锐尖，尖端各边棱脊均稍有磨圆，左上侧遗三个稍叠压的由内向外击而成的骨片疤，左下由外向内打击两下，右上侧向外打去一骨片，形成多层断口。底端略平。

HY82MT1:57号标本，长19厘米，最宽4厘米。尖端扁锐，左侧有三个向内打击形成的平远疤痕，疤痕相接处的凸棱已磨圆；右下侧由外向内敲击，形成较大的半圆形缺口，打击点清楚。尖端略向左斜，其附近刃缘带有细小疤痕和缺口，并有磨钝现象。

HY82C:301号标本，长19.3厘米，最宽4.2厘米。顶端向背面斜击，形成一个向左倾斜的尖端，作鹰喙状。尖刃部有由劈裂面向腔面打击一骨片的疤痕，为的是使其更加薄锐。左上向外打击，留有较宽痕迹。左侧中部打出一较深凹缺口，打击点十分清楚，劈裂面为多层状断茬，系由上向内打击。右侧是砸击时形成的裂面，其中部背面尚遗有垫击形成的撞痕。

宽型　2件。

HY82MT1:23号标本，骨片长16.4厘米，最宽6厘米。左上方遗有三个向外打击的连续疤痕。尖端右侧背面布三个叠压的由内向外击成的小疤；右上侧还有向内打了两下的痕迹。下端略圆，其背面可见连续小疤痕。

HY82C:302号标本，长13厘米，最宽5.9厘米。所有痕迹都是由外向内打击的。左侧由中部向尖端连续敲击四下，疤痕重叠；右侧布三个疤痕。尖端扁锐，略有折断。底端略圆，系砸击时形成的裂面。

2. 有刃类　6件。

HY83TA2:9号标本，长4.3厘米，宽2.2厘米，厚0.4厘米。不是沿骨长轴打击。顶端是向一边倾斜的台面，背面靠近台面处有因打击而崩落的长而深的疤痕，劈裂面平滑，左上边有磨痕。远端为薄锐的弧刃。

HY82C:295号标本，长15.8厘米，最宽4.2厘米。右上边缘为一利刃，与顶端的交汇角已磨圆变钝。顶端略平，左侧边较直，左下侧有一宽疤痕；右下侧布有三个连接的小骨片疤，均由外向内打击，使下端平整，适宜握持。

HY82MT1:14号标本，长10厘米，最宽3.6厘米。两侧边薄锐，裂面平坦，右下由外向内打击，打击点十分清楚，其裂面呈多层状。顶端略平，下端较圆，下端外壁可见三个连续的疤痕。

HY82C:247号标本，长16.5厘米。右上边缘为利刃，与顶端交汇角已磨圆变钝。右下侧有一较宽疤痕，打击波纹明显，系由内向外打击。左下侧卷曲。

HY82C:12号标本，长12.4厘米，最宽3厘米。右上侧边缘呈弧形，薄锐。尖部向左倾斜，作鹰喙状，有折断现象。右下侧背面有一宽大疤痕，其上叠有四个小疤，均由内向外打击。左边略直，底端钝厚。

HY82MT1:58号标本，长22.3厘米，最宽3.4厘米。平面略成圭形。右上侧边缘锋利，其劈裂面平滑而宽阔，似经刮磨。顶端略平，左侧边较直，下端较窄，左下由内向外打击，在劈裂面上有二个浅平小疤。右下系由骨腔面向劈裂面轻击，使下部骨面平整，便于握持。

三、古营地遗址结构与埋藏学研究

（一）古营地遗址结构

阎家岗遗址最富有特色的是其独特的结构。1983年，我们在发掘HY83TA3探坑时发现由大量哺乳动物骨骼化石围成的半圆形圈。1984年，我们又在HY84T4探坑中发现另一处由大量哺乳动物骨骼化石围成的大半圆形圈。

我国过去发掘和研究旧石器时代遗址时，学者们主要注重对文化层、文化遗物以及地层垂直剖面的研究，而对遗址的结构和文化遗物在平面上的布局等方面的研究常常忽略。在发掘方法上，亦很少采用大面积的整体揭露，从而遗漏了遗址结构和遗物排布方面的重要资料。在阎家岗遗址的发掘工作中，我们采用了分区、探坑的正规方法，尤其注意平面、剖面相结合，遗物与遗迹相结合，依次逐层下挖，详细记录出土物的分布情况并绘制必要的图。这样就使有价值的文化遗迹得以发现和保存。

阎家岗第二发掘区、第三发掘区相距约60米，地层堆积情况基本一致。含化石层为淡黄色细砂层，砂质匀净，具微倾斜层理，层面北高南低，该砂层厚度约1.2～3米。细砂层之下是棕红色黄土状亚黏土，富含有机质，实为一个古土壤层。用细刷仔细清理上覆的砂层之后，可以清楚地看到古土壤表面呈凹凸状，偶而可见植物根系和虫孔的印痕，因此我们推断古土壤的表面曾经是一个古地面，后因流水作用，在上面覆盖了砂层。

1983年在HY83TA3探坑及其附近发现的半圆形化石圈，即出土于细砂层中，距该层表面之下70厘米，最深处距离现代地表4米。从平面分布看，大量哺乳动物骨骼化石密集而有规律地排列成半圆形圈，酷似一堵矮墙；另外，还有一部分化石堆积在半圆形圈之中（图二）。在化石圈东侧附近，散布着零星的野牛角和野牛牙床，并出土有清楚人工打击痕迹的石片2件，石核1件。半圆形圈的开口朝向南偏西，面对运粮河。弧的残长约5米，宽40～60厘米，弧顶方向为正北。边壁较整齐，从侧面可见四层动物骨骼整齐地叠置在一起，而且内壁比外壁稍为平直，有的部位还具有一定的倾斜角度。半圆圈的东端保存状况较好，其骨骼间的填充物是与砂层下面露出的古地面土质相同的砂质黏土。这些砂质黏土像黏合料一样，将骨骼砌筑在一起，不易错动。全部化石堆积在6×5.5米的小范围之内，共计500余件，归20个种属。经鉴定主要是野牛、野马、河套大角鹿和羚羊等动物的残破头骨、肢骨、脊椎骨、髋骨和肩胛骨，未见到完整骨架或任何一件肋骨。所有动物都是我国东北地区更新世晚期猛犸象—披毛犀动物群的成员，其中包括猛犸象和披毛犀的骨骼化石。兽骨的特点是大型动物占优势，小型动物较少，肉食类与草食类动物共存。其中幼年个体占多数，也有少量的成年和老年人体。动物骨骼中碎骨相当多，很多具有明显的人工打击痕迹，也有一些碎骨带有肉食类或啮齿类动物的啃咬痕迹。所有碎骨均棱角分明，边刃锋利，几乎不见水流冲磨痕迹。在半圆形圈的兽骨中，有野牛的6件肢骨在出土时仍然保持原来关节连接状态。其中的四条胫骨均在中部折断，折断的位置和断口形状颇为一致，下端都接连有完整的跗骨和蹠骨，有的甚至连有趾骨。此外，有四节野马的脊椎骨也连在一起出土。这些现象说明：这些骨骼被埋藏时仍存留皮肉或筋腱，没有经过流水作用和再搬运。有趣的是我们发现一件残长17厘米的野马第三掌骨近端和一件长20厘米的骨片，垂直竖立在砂层之中。马掌骨仍呈管状，断口较平齐，管口处堵塞黄砂；清除黄砂后可见到管内十分清洁，未沾一点砂粒，乳黄色蜂窝状的骨松质仍色泽鲜明、完好无缺。这说明当时流水并未进入管内，也未带进杂质。另外，发现三件野牛角的角尖端和三件牛下齿列分别相伴出土，牛角的断口平齐，而牛下齿列的齿尖均有少许磨损折断现象。据此，我们推测古代猎人可能用野牛的下齿列锯断牛角。除动物骨骼外，还发现有少量动物粪便化石，有的在出土时甚至仍然保持四个一堆的原始状态。

图二　HY83TA3探坑动物骨骼的排布

1984年在HY84T4探坑发现的由大量哺乳动物骨骼化石围成的大半圆形圈，赋存于地表之下约3.7米的淡黄色细砂层中，由300余件哺乳动物骨骼化石集中排列在平面5×5米的范围内，构成内径3.5米、外径约5米的大半圆形圈（图三）。半圆形圈叠覆的宽度0.5～1米，缺口朝东偏北。化石上下叠置，大体可分三层。下层骨骼个体粗大，多为残破的犀牛头骨、肢骨及猛犸象门齿、臼齿等，其中有两个十分完整的幼年个体犀牛头骨顺向摆放在一起。中上层的骨骼略小，多是东北野牛、野马、羚羊和大角鹿等动物的骨骸。兽骨中碎骨很多，尤其上层的骨骼和碎骨片多具有明显的人工砸击痕迹。对兽骨年龄进行鉴定后发现，这一圆圈的化石同样以属于幼年个体的动物骨骼为主，以致有人称其为“动物的幼儿园”。这种幼年动物占绝大多数的现象反映了古代猎人在狩猎时避难就易的选择性；显然，幼年动物最易捕获，其次为老年动物。此外，发现三件野牛的胫骨在中部折断，下端则连接有完整的跗骨、蹠骨，这与第二区HY83TA3探坑出土的情形一致。野牛的前肢以及野马的肱骨也有此种断折现象。据此，我们认为这是古代猎人有意识地截断的牛、马肢骨，其方法和截断部位也是相对稳定的。

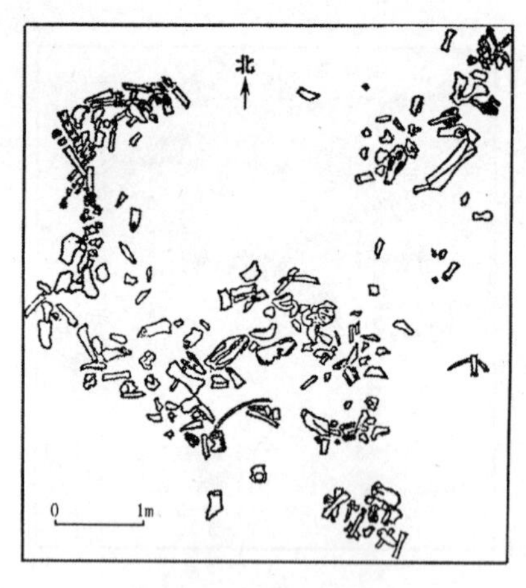

图三　HY84T4 探坑动物骨骼的排布

在化石圈东北方向的附近，发现一件马的残断下牙床，与砂层层面相垂直。该牙床存有三枚臼齿，嚼面向南，其竖立状况与 HY83TA3 探坑中出土的马掌骨类似。对该层剖面的详细观察表明，化石堆积有斜穿砂层的现象，即化石的摆布基本保持同一水平高度，而砂层系由北向南作微倾斜状，层理清楚。化石圈北端处该砂层层面之下 1.40 米，而南端则处层面之下 0.10 米，化石排列与砂层沉积层面斜交而不平行。半圆形圈的北端，有一堆呈原始堆积状态的五个完整的动物粪便化石。化石圈南部，有一件具人工打击痕迹的石片。

在 HY84T4 探坑东北约 11 米的 HY84T2 探坑细砂层中，除发现上百件哺乳动物骨骼化石外，还出土了一些动物粪便化石，有的甚至还完整地保留着 8 个一堆的原始状态。据初步观察，其中有马和肉食动物的粪便化石。

在砂层 1.2 米深处，露出棕红色黄土状亚黏土，该层面应为当时的古地面。揭露后得知，地面凹凸不平，地面上散布有细碎的炭粒和几件骨片。炭粒可能是被后期缓流冲散的灰烬残迹。骨片呈黑灰色，似经烧烤，但火候不高。我们还找到一件泥球，形如鸡蛋，有人认为是岸边缓水摇动软泥而形成的。HY84T2 探坑中出土的兽骨化石密集而零乱，多具人工敲击痕迹。在 HY84T2 探坑东南约 10 米的 HY84T3 探坑亚砂层下部，出土一件加工痕迹清楚的燧石质单刃刮削器。

（二）古营地遗址的埋藏学研究

通过对以上材料的综合分析，我们排除了动物骨骼化石是流水从远处搬运来的可能性。虽然化石埋藏在砂层之中，但砂层质地匀净，颗粒极细，具有非常清楚的微倾斜层理，局部层面上见有薄薄一层骨渣。这表明这里曾经受到过平稳、缓慢的流水作用的影响，从而使细小的骨渣形成悬浮成分，积于砂层层面之上。这种水流作用可能使堆积在这里的兽骨化石受到某些轻微的扰动，但是不可能携带众多骨骼远距离移动。这里出土的碎骨除动物啃咬和人工打击者之外，就连风化时间较长一些的骨骼，也是棱角分明，边刃俱在，无任何经流水搬运而应有的磨圆和碰击痕迹。遗址中很多野牛、野马的肢骨和相关节的骨骼出土时仍连接在一起，动物粪便化石也完好地保持着原始状态，这一切更说明它们未经流水冲动。对于化石呈半圆形圈分布的现象，有人认为可能是岸边水浪使化石原地冲积成的。我们分析相关材料之后认为，岸边水浪冲积成的化石堆积，通常呈与水流方向相平行的条带状，即埋藏学中的所谓线状掩埋。这种化石条带的长轴方向大都一致，骨骼的纵切面角度多与层面相平行。然而，HY83TA3 和 HY84T4 探坑中出土的化石呈半圆形圈，许多部位与水流方向相垂直，其分布形状与简单的一字形条带堆积截然不同。在 HY83TA3 探坑出土的半圆形圈的东段，化石堆积似与水流方向基本平行，但仍有一定的弧度，而且化石有不同的倾斜角度，具有明显的穿层现象。化石隙缝中的填充物又不同于砂层，而与砂层下面的古地面土质相同，这种现象决非水流所能形成，应认为是古代猎人因加固的目的，将地面的砂质黏土填于骨骼隙缝的。有人认为，这些密集地堆积在一起的哺乳动物骨骼化石可能原来就埋在河岸边的土崖上，后因土崖被水流冲塌，化石随土块一同落入水中。我们详细地观察了砂层的延伸方向及其变化，并无这种现象存在。塌落的化石应是杂乱无章的，不可能形成半圆形圈有规律分布，同时纯净的砂层中亦未混杂他层物质。如果化石曾经被埋藏在一定深度的土层中，必然经历了较长的时期，皮肉和筋腱应早已腐蚀。塌落水中之后，肢骨关节必然离析，决不会仍然连在一起。

这些密集而有规律地堆积在一起的化石有可能是肉食类动物的巢穴或食物垃圾堆。据了解，某些肉食类动物（如：鬣狗）有往巢穴拖拉动物残骸的习性。非洲斑鬣狗常在大树下挖洞，把食余的兽骨堆在窝边筑成直径2米左右的圆形圈，通常有两个开口。阎家岗遗址的兽骨中，确有一部分肉食类动物，尤其是鬣狗的啃咬痕迹。但兽类堆积的兽骨排布比较杂乱，宽窄不一，不会像阎家岗遗址出土兽骨排列得那样规则、平整。遗址半圆形化石堆积的规模，直径在5～6米之间，围筑面积比一般鬣狗窝大。出土的化石绝大部分为动物的幼年个体，这种现象可证明这些动物绝非自然死亡。HY84T4探坑的半圆形圈中有两件完整的幼年个体犀牛头骨顺向整齐地排列在一起，头骨上无任何动物的啃咬痕迹，显然是有意识放置的。出土的十余件牛肢骨均在胫骨中部折断，断口颇为一致，不见咬痕，胫骨下端连接跗骨、蹠骨。这些现象除出于人工折断外，其他任何原因都难以解释。美国新墨西哥州大学人类学教授列维斯·宾福德在非洲南部地区曾经对鬣狗的行为进行长达6年的观察研究。据他的记述，非洲鬣狗有捕食幼年犀牛的特殊嗜好，并用这种粗大笨重的骨头修筑鬣狗窝。但是斑鬣狗通常缺乏捕捉野马的能力，也很少袭击野牛，仅是捡取大型食肉兽捕食野马、野牛后的剩骨。然而，在HY83TA3和HY84T4两个探坑，不但出土了相当数量野马的碎骨，还发现有较多的比较完整的野马下颌骨。肉食类动物不可能将那样许多种类和个体的动物衔至同一地点，并摆成半圆形圈，况且在半圆形圈的化石堆积中也发现有鬣狗、狼等肉食动物的残骸。因此阎家岗遗址中的众多野牛、野马的骸骨，应是古代猎人狩猎、食用后的遗骨。当然，这里并不排除人类捡取了动物啃咬过的骨头，或把鬣狗窝重新改造成营地的可能性。

据上所述，我们认为这些呈半圆形圈叠筑的化石，是古代人类为某种目的构筑的建筑遗迹。处于旧石器时代晚期的遗址主人是以狩猎为主要经济活动的，他们把猎获的野兽带回驻地或临时驻地，进行屠宰、分割，并燃起篝火烧烤兽肉。他们食余的兽骨有的被敲碎以取食里面的骨髓，有的被随意扔弃，有的则被用来制作工具。有时，人类也捡食肉食类动物丢弃的动物残体；反之，人类食余扔弃的兽骨也会被肉食类动物啃食。在缺少岩石的地区，古人类为了躲避风雨的侵袭，可能会设法修建简易居所；他们只得用兽骨来构筑狩猎的掩体、挡风的围墙或临时营地的墙基。

（三）讨论与比较

列维斯·宾福德教授在考察了阎家岗遗址和观察一些标本之后认为：阎家岗遗址发现的化石呈半圆形圈分布的现象，无疑与古代猎人的活动有关。这种现象与他在爱斯基摩人和非洲一些原始部落所看到的猎人为了狩猎在动物经常出没的地方修筑的掩体很相像。这种掩体一般呈半圆圈形，长几米至十几米，多位于水边，朝向野兽的必经之路或经常前去饮水的地方。有的掩体用石头构筑，在找不到石头的地方也常用兽骨围筑。兽骨包括人类食余扔弃的垃圾和从附近捡来的被动物啃咬过的碎骨。因此，有些碎骨上既带有人工打击痕迹，也有明显的动物咬痕。

我们认为，宾福德教授观点是正确的。但是，是否为猎人的掩蔽体却值得进一步讨论。我们在综合了全部现象和资料后认为，呈半圆形圈分布的化石条带更可能是古人类构筑的临时营地的基础。因为狩猎掩体一般均是简易的叠垒，能避开动物的视线则可，不必再行构筑成比较规整的半圆，更没有必要修成大半圆形圈的狩猎掩体。另外，这里发现如此大量的，包括诸多种类的动物化石，有些碎骨带有明显的人工打击痕迹，可以认为古人类曾经在这里进行过屠宰、分割猎物的活动。假设仅仅是狩猎的地方，而不是屠宰的场地，发现这样多的兽骨是不可思议的。狩猎者为了构筑某种建筑物，不可能到很远的地方去捡回兽骨。在两个化石圈内的中部，不但发现有成堆的碎骨，还找到少量炭粒，可见某些动物的骨骼在这里被烧烤过。在HY84T4探坑化石圈北十余米的地方，也有炭粒和烧骨的分布，可以证明这里不但有猎人的屠宰场地存在，也有他们烧烤食物的地方。上述屠宰野兽、烧烤食物、制作简单的工具等活动证明了古人类是在这里居住和生活，而非仅仅为了狩猎。

以动物骨骼围筑成临时茅舍基础的现象在苏联旧石器时代遗址中屡有发现。

在苏联第聂斯特尔河流域的莫洛多娃遗址第一地点，曾经发现了一个10×7米的房基遗迹，全部用猛犸象的骨骼围成，室内还有15个小的火堆痕迹。在莫洛多娃第五地点，可划分为十二个文化层，第十二层的两个火堆痕迹和第十一层中的一个椭圆形的猛犸象骨骼的排列被解释成是临时小屋的残存（图四）。这些遗迹与一个属于莫斯特传统的石器工业共存，其同位素年龄距今40300年以上。

苏联旧石器时代晚期著名的马尔他遗址位于贝加尔湖以西的安加拉盆地。遗址发现于1928年，1956～1957年进行了大规模发掘，揭露出六个房屋基址。其中最大的为一个不深的半地穴式棚屋，面积为14×6米，三面有墙，另一面（西南方向）没有封闭而直接开向河流。棚屋内的地面向敞开的一边（即西南）稍微倾斜。背面墙基深0.5米，边墙的前面仅挖进10厘米。棚屋的墙基用猛犸象、披毛犀的骨骼以及驯鹿角和石块围成，十个长达2米的猛犸象牙沿着后墙安置，其屋顶可能用猛犸象皮覆盖而成。支撑屋顶的柱子沿棚屋长轴线排列，在后墙附近有三个火堆痕迹。其他几个房址较小，是具有火堆痕迹而类似帐篷的构筑物，其中包括兽骨和石片围成墙基的构筑物，用石头围筑的直径4.5米的圆形房子和大小为9×3米的半地穴式房屋。马尔他遗址住所群的构筑物虽然形式和采用的材料略有不同，但都被认为是同时代的产物。

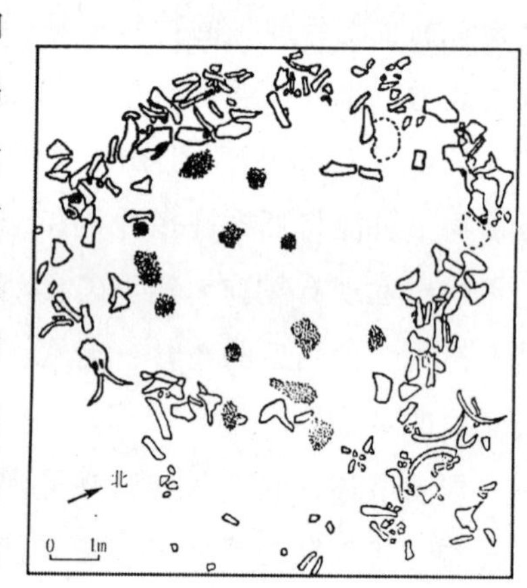

图四　苏联莫洛多娃第五地点第11层猛犸象骨骼的排列

哈尔滨阎家岗出土的化石呈半圆圈形和大半圆形圈分布的现象与苏联莫洛多娃遗址第一地点和第五地点第十一层以及麦津遗址发现的用兽骨围成的房屋基础有较多的相似之处。化石分布都是呈半圆圈形或椭圆形，并带有缺口，兽骨的种类也均以猛犸象、披毛犀、野牛、野马和驯鹿等动物的骨骼为主。所不同的是，阎家岗发现的化石圈直径相对较小，开口较大，室内也未见火堆遗迹，而只是在化石圈的附近发现有炭粒和烧骨。因此，我们认为阎家岗发现的用兽骨筑成的房屋应是临时性的居址，古代猎人在冬季到来之前即离开此地，所以他们不需要在室内更多地烧火，而只是在室外某处点起篝火烧烤食物。

法国兰西河尼斯城发现过另一种临时居住的特拉阿玛达遗址，它是一个旧石器时代早期的古营地，也是至今所知的人类最早的木结构居住茅棚遗址。该茅棚是由阿舍利期的早期猎人在地中海海岸沉积物（即砂丘）上建造的，其时代距今大约 30 万年。从共生的哺乳动物群如纳玛象、草原犀、赤鹿和原始牛判断，当时气候相当温暖。人类粪便化石的分析结果证明，建造茅棚的猎人是在夏初季节到这里来的，居住时间很短，可能只有一个月左右。这个临时性营地由许多不同时期建起的扁长的椭圆形"房屋"组成。"房屋"一般长 10 米，宽 4 米，柱迹的周围围着一圈石头，用以加固墙壁。

阎家岗古营地遗址的情况与特拉阿玛达遗址大致雷同，所不同的是建筑材料和规模。阎家岗遗址椭圆形的"房屋"都比较小，这可能与猎人人数及居住方式有关。

在 HY84T4 以东 11 米处是 HY84T2 探坑，正对着半圆形营地的开口。该探坑共出土哺乳动物骨骼近 200 件，其中多数骨骼都具有人工砍砸过的迹痕，正如上文提到的，至少有 7 头野牛和其他动物。7 件野牛的左肱骨全部有人工砍痕，其中的一件经鉴定属典型由暴力引起的骨折。这表明该处为肢解动物场所，或称屠宰场。

我国旧石器时代遗址中的屠宰场，迄今未见其他报道。从北美有关的民族学资料得知，生活在阿拉斯加的爱斯基摩人的屠宰场经常安置在住所的不远处，一般为 10～15 米远。当男猎人把猎获物携回来时，妇人们就在那里肢解动物、剔肉和分食。在食物充足的情况下，她们将多余的鲜肉晒干以备急需，食物不足时还得砸碎管骨吸髓。另外一种屠宰场是当猎人猎获到宠大动物时，不能及时运往住所，就在当地肢解。例如在西班牙中部马德里东北约 150 公里的托兰尔巴和安布龙两个地点，都是早期猎人的屠宰遗址。属宰场建立在野生动物迁徙的必经之地——山道的隘口附近，那里有肢解纳玛象的遗迹。在阿拉斯加西部地区，曾经发现过早期印第安人屠宰猛犸象场所数十处，同位素年代测定最早为距今 13000 年前。阎家岗遗址中的屠宰场所（HY84T2）应属于前一种类型。

据钻孔资料表明，从阎家岗阶地第四层砂层的分布范围看，当时这里是一个方圆数千米的大砂丘，已发掘的各个地点均位于大砂丘的南缘和西南坡地上。大砂丘的北部是松花江，而南面是运粮河。当时，古代猎人可能在狩猎或猎归的途中，在这里作短期居住，分别宿于若干个简易茅舍里，形成一个临时性营地。他们的棚舍很可能用木棍作支柱，上面铺盖兽皮，并在外面用兽骨加固墙基。由于年代久远，树枝和兽皮已经腐烂而不复存在，仅存留石化了的动物骨骼。阎家岗一带当时有着优越的自然条件和众多的野生动物，古猎人就在附近进行狩猎活动，并把猎获物带回营地并肢解，在室外燃火烧烤食物。有时，他们也捡取猛兽吃剩的动物残体，用兽骨加压围墙或则将兽骨随意扔弃。当人们离去后，有些兽骨又遭到了肉食类或啮齿类动物的啃咬。这些动物在碎骨上留下痕迹，并在化石堆附近留下粪便。东北大平原的季风掀起的风沙，先是不同程度地湮没了这些兽骨和粪便；以后，又经缓慢的水流所携带的细砂进一步加以掩埋。

根据阎家岗遗址发掘的情况和有关民族学资料记载，我们推测这个遗址很可能存在着四个或更多的营地，营地之间的距离大约在 20～40 米；哈尔滨人分宿于几个营地之内，这或许暗示着当时他们已经有了分组的现象，甚至是家族的雏型。

在我国旧石器时代考古中，这种以兽骨为材料的建筑遗迹尚属首次发现，有关问题的说明还需要进一步进行发掘和研究。

（摘自：黑龙江省文物管理委员会、哈尔滨市文化局、中国科学院古脊椎动物与古人类研究所东北考察队《阎家岗——旧石器时代晚期古营地遗址》，北京：文物出版社，1987，1～133）

丁村石制品再观察

刘源

丁村遗址于1953年发现，次年发掘。从汾河两岸南北长约8公里范围内的14地点，获得丰富的脊椎动物化石和两千多件石制品。1955年发表初步报告（贾兰坡，1955），三年后发表正式报告（裴文中等，1958）。

近30年来，国内外不少学者从各个角度谈到这个在中国旧石器考古学占有重要地位的遗址，看法不尽相同（Movius，1956；Chang，1977；Freeman，1977；Aigner，1978，1981；邱中郎等，1978；张森水，1985）。本文作者在前人的基础上，试用测量统计方法，对现存中国科学院古脊椎动物与古人类研究所和山西省考古研究所50年代采集的近两千件石制品进行观察分析，提出对丁村工业特点，如石片形态特征、石器组合和特征、打片和修整技术等问题的一些看法。

一、石制品观察

50年代从丁村9个地点发掘和采集的石制品，经重新清点共计1932件（全部有地点编号，绝大部分还有标本号）。目前，学者们对各地点的时代看法不一。在未定论之前，本文同原报告一样，仍将各地点的标本放在一起观察。

石制品原料绝大多数为砾石，岩性以角页岩较多，粉砂岩占第二位①。用作原料的基岩出露于丁村以东7公里的低山。石制品多包有钙质外壳。其棱角尖锐，说明未受流水长期冲磨。

（一）　石核与石片

石核11件，均为多台面石核。台面多为打制面，无明显修理痕迹；台面角80°左右。石核长、宽、厚② 变异范围分别为28～180、27～58、15～130毫米，平均为82.8、65.5和47.9毫米。石核上保留的自然面少，石片疤多，最多的一件可达12个。石片疤方向不定，多呈三角形和梯形。

石片1037件。长度在51～100毫米的占50%，小于50毫米的占33%。宽大于长的稍多于长大于宽的。石片角在111°～120°的占34.5%，小于110°的占32.2%，大于120°的占28.3%（图一）。打制台面的占70.6%，有脊台面和自然台面分别占14.8%和8.8%，棱状（或线状）台面占3.2%，未见确

① 本文对石器原料的岩性分析的结果与原报告的出入较大，主要原因是从原来看作角页岩的标本中识别出相当多的粉砂岩。这两种岩石都是灰黑色，且质地均匀，肉眼观察容易混淆。不过，角页岩是经过变质作用的硅质岩，粉砂岩是沉积岩，两者硬度差别显著，仔细观察不难区分。另外，角页岩为隐晶质结构，粉砂岩为显晶质，即便凭肉眼亦能识别。为慎重起见，笔者在分析离丁村不远而石器原料和丁村相同的西沟石器时，曾挑选有代表性的标本请北京大学地质系王英华教授作切片观察，证实了笔者的判断。

② 石核上最大距离为长，垂直于长轴的最大距离为宽，垂直于长、宽轴的最大距离为厚。

定无疑的修理台面石片[①]。图一显示石片长宽变化与石片角大小的关系：长大于宽的和宽大于长的石片随石片角变化在数量分布上较接近，即不存在较宽的石片具大石片角的现象。如果抽取不同范围石片角的石片与石片总体数值分析对比（图二），长度在51～100毫米的比例最高。这种情形并不随石片角增大而有大的改变。大于100毫米的石片情形也如此。所以，长度大的石片不一定有大的石片角。那么，石片角大小究竟与什么有关呢？测量结果表明：不同性质台面的比例随石片角变化而变。当石片角由110°增至120°以上时，打制台面石片增加9.9%（由68.6至78.5%），自然台面和有脊台面石片减少（由17.6至5.9%和由18.9%至12.2%）。统计学来说，这种变化算是显著的。

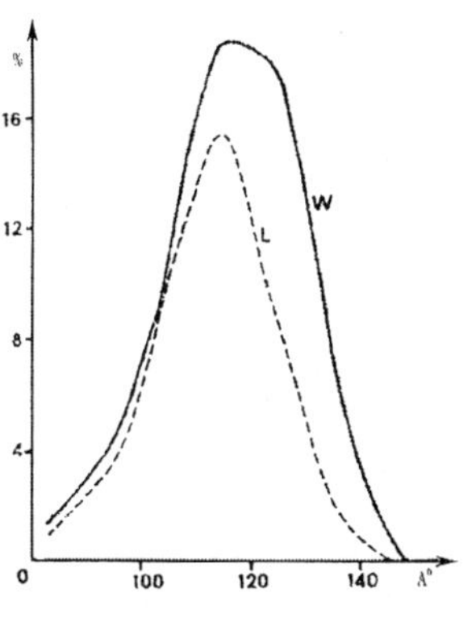

图一　石片角（A）分布图

L. 长>宽　W. 宽>长

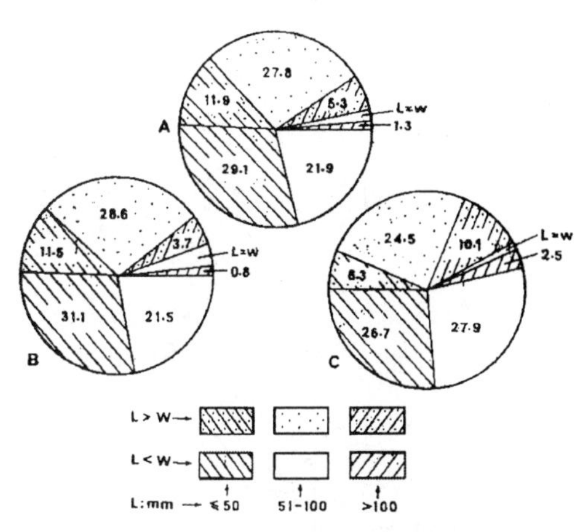

图二　石片长度（L）与石片角（A）百分比变化对比图

A. 总体石片　B. 石片角111°～120°

C. 石片角121°～130°

总的看来，丁村的石片具有如下特征：打击点、打击泡比较清楚，放射线和同心波不明显，双生打击泡不常见；背面常不止一个片疤，自然面保留少；轮廓有梯形、三角形等，长条的占21.7%，不规则的占14.0%。另外，发现两件两极石片（P.1453和P.924）。还有一定数量半边石片。

（二）　石器

石器类型和特征如下所述（表一）。长度在51～100毫米的近半数；小于50毫米的次之，类型有刮削器和尖状器；大于100毫米的最少，主要为大型尖状器和砍斫器（图三）。

尖状器均用石片制成，两刃夹角40°～90°，尖端背腹面夹角30°～60°，平均为63°和43°。以单向加工为主，刃缘多不齐，修整痕迹是深凹的半圆形和梯形。刃角在50°～90°之间。尖状器中有一种被看作特殊类型的“三棱尖状器”，与一种“鹤嘴形尖状器”列为“厚尖状器”（裴文中等，1958）。后来有人将三棱尖状器归入“砍砸器的尖刃组”（张森水，1985），有一件鹤嘴形尖状器被原研究者之一归入刮削器（Pei，1965）。还有人提出应分开描述（Aigner，1981）。从长厚分布图上，可将尖状器划分出几个相对集中的区域，它们各有特点：Ⅰ区的长几乎均大于130毫米，厚超过50毫米，横剖面均呈三角形，手握部分经

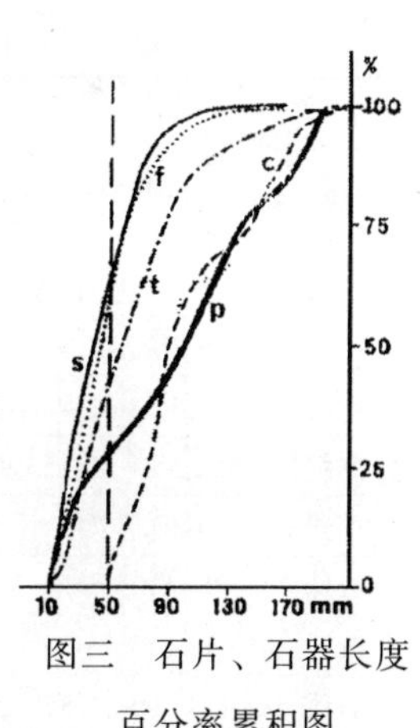

图三　石片、石器长度百分率累积图

f. 石片　t. 石器

s. 刮削器　c. 砍斫器　p. 尖状器

① 原报告图版30显示了三件“修理台面”石片其中标本E的台面上只有一个可以确定是石片剥落前产生的疤痕，旁边的则不清楚。标本F的台面上的疤痕均由破裂面向背面打击，显然系石片剥落后所为。标本G的台面上有一个疤痕是向侧面打击的，其他的方向不清。

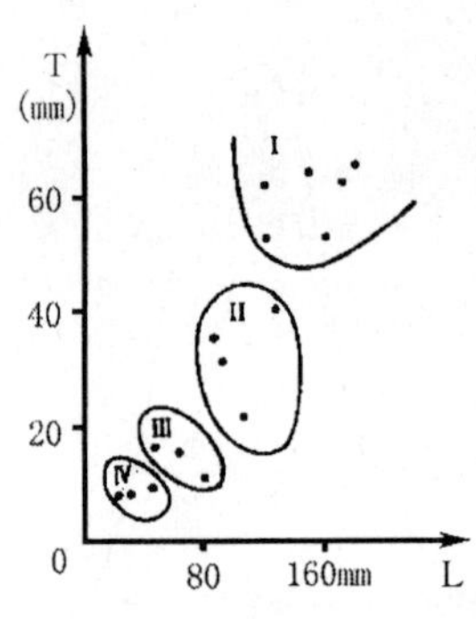

图四　尖状器长（L）、厚（T）散布图

修整，为原报告的三棱尖状器和少数鹤嘴形尖状器占据。Ⅱ区中三棱尖状器只有一件，列入本区的较Ⅰ区的短而薄，尖端较钝。Ⅲ区的刃缘平齐，尖端亦钝，器身很薄。Ⅳ区的长度均小于50毫米，属小型。由上可见丁村的尖状器之间差别较大（图四）。

砍斫器多半用石片制成，曾被分为“单边砍砸器”、“多边砍砸器”、“单边形器”和“多边形器”（裴文中等，1958）。长、宽和厚变化范围分别为60～210、62～115和23～59毫米。重115～1427克。它们中两面加工的占1/3。

刮削器数量超过石器的半数①。其长、宽和厚分别为21～128、13～125和6～50毫米。轮廓不规则的占18%，加工痕迹小，刃口多不齐。多刃刮削器占29%，端刃刮削器占17%。

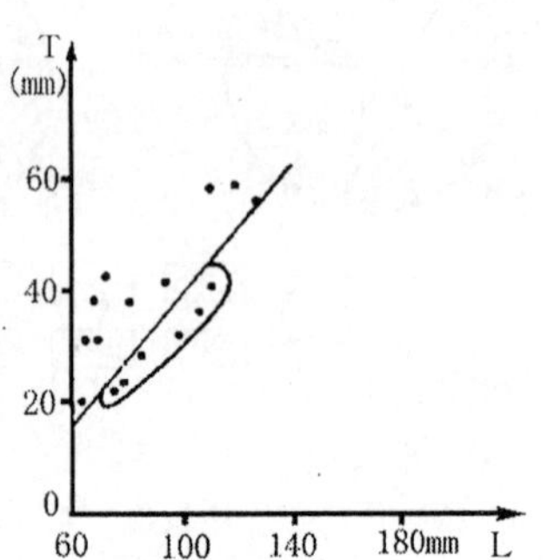

图五　手斧长（L）、厚（T）散布图

手斧在丁村正式报告中归入“多边砍砸器”或别的分类②，但原研究者之一曾提出过“手斧”的分类（贾兰坡，1956，1978）。后来，步日耶（Breuil，H.）等也持这种看法（据Pei 1965；Freeman，1977；黄慰文，1987）。丁村的标本轮廓多呈椭圆形，少数呈三角形和长条形（图五）。长、宽和厚分别为65～190、50～155和20～60毫米。根部多经修整而变得钝厚。加工粗糙，片疤较大、呈半圆形，刃角为55°～90°。重68～1735克。

石球主要用灰岩制成，三轴直径分别为62～105、59～102和54～90毫米之间，重100～1221克，是大型工具之一。

石锤仅见一件，为椭圆形粉砂岩砾石，端部有因使用而产生的破碎痕迹。

表一　丁村各类工具特征对比

项目／数值／分类	件数	百分比%	刃缘									修整痕迹									平均值					毛坯%		
			修整方向%				形态%				刃长/边长	形状%				排布			大小		刃角	长	宽	厚	重量	石片	石核	砾石
			两面	向腹	向背	一面	直	凸	凹	平齐		半圆	梯形	三角	长形	一层	二层	多层	平均长	平均宽								
尖状器	16	10.7	15.6		81.3	3.1	16.1	54.8	29.0	25.0	100	62.5	37.5			31.3	31.3	37.5	14	18	70	105	56	35	—	100		
砍斫器	24	16.1	34.4	3.1	56.3	6.3	25.0	65.6	9.4	6.1	0.93	54.2	45.8			24.0	37.5	37.5	15	19	70	121	87	36	474	87.5	8.3	4.2
刮削器	83.	55.7	14.7	53.9	31.4	9.8	32.7	41.8	25.5	3.6	0.97	85.9	7.0	1.2	2.3	54.9	30.0	1504	5.5	8.3	71	57	49	20	—	95.2	4.8	
手斧	16	10.7	100				10	100	6.3	0.93	62.5	25.0		12.5	31.3	56.3	12.5	27	35	73	97	71	40	369	75.0	25.0		
石球	9	6.0	—	—	—	—	—	—	—	—	—	—	—	—	—	—	—	—	—	—	—	97	91	83	931		100	
石锤	1	0.7	—	—	—	—	—	—	—	—	—	—	—	—	—	—	—	—	—	—	—	105	83	55	—			100
总值	149	100	24.5	29.2	39.6	6.8	25.9	52.9	21.2	6.8	0.97	77.5	19.0	0.7	2.8	44.9	34.0	21.1	11.8	15.0	71	78	59	27	—	85.9	12.8	1.3

单位：长、宽、厚（毫米）；重（克）；刃角（度）

① 原报告在指出刮削器是“极为普遍的一种石器”的同时，又说“具有第二步加工的刮削器只有十数件”。笔者不赞成将未经第二步加工而只有使用痕迹的石片归入刮削器。但是，据笔者观察，具有明确加工的应归入刮削器的标本，常常却被作为“使用石片”来看待。例如，产自54.98地点的P.738、739、852、1006、1070、1073和1235号标本，以及产自54.100地点的P.1459、1516、1612和1617号标本等。

② 例如在正式报告中的P.318、420、639、661、663、1201、1666、1844和1987号标本，未发表的P.1226和1448号标本，正式报告中归入“单边砍砸器”的P.240和归入似“手斧”的1889号标本。

二、比较和讨论

正式报告提到石制品原料绝大多数是角页岩。过去已有人对这点提出疑问（Freeman，1977）。这次我们观察的结果，角页岩仍是主要的，但所占比例降低为56.9%。在用作工具的原料中，角页岩和燧石分别增加10.2%和3.9%，粉砂岩减少18.0%。

正式报告认为“一般的石片都很大”，“大部是宽大于长”，“石片角多大于110°，打击点不集中，半锥体很大，且常双生。这一类石片可能是用上述的摔砸法和碰砧法打制的”，“也有一定的小而长的石片，是用石锤在石核上直接打的”。另外，存在修理台面的石片（裴文中等，1958）。对上述结论，一些作者曾提出异议。例如，有人认为锤击石片比较常见（张森水，1985）；碰砧法、摔砸法和锤击法的鉴别是困难的或不可能的（Aigner，1978）。本文作者观察，石片中宽大于长的确实较多，尺寸也大，多半长51～100毫米。然而，综合各种特征来看，丁村石片和前人实验用碰砧、摔砸方法打制的有较大区别，而更接近于锤击产生的。因此，锤击很可能是丁村一种主要的打片方法。当然也不完全排除使用碰砧、摔砸法的可能。但是，是否如正式报告所说是主要方法，笔者认为还需要用相同的原料做更多的实验。此外，这次认出的两极石片是过去未报道过的，证明砸击法在丁村打片中也偶尔采用。

关于石器组合，本文的观察结果和前人的看法有所不同：刮削器占55.7%，是主要类型；砍斫器占16.1%，居第二位；手斧和尖状器各占10.7%；石球和石锤较少。

从石器和石片的长度对比来看，大型石器比例很高，说明当时人类注意将大石片加工成器、特别是尖状器和砍斫器。一定数量的刮削器的长度小于50毫米，比大型石器上的一些片疤还小，表明它们可能是利用修整大石器打下的石片加工成的。当然也不排除其他可能。

石器加工如前人所说较为粗糙。修整痕迹多呈深凹的半圆形和梯形，刃角在70°左右。刃缘多呈凸形，不平齐，显示锤击加工的特点。尖状器和砍斫器边缘修整痕迹重叠，似经反复加工。

丁村各地点的石制品也有差别。粗看起来，第100、120地点仅见一件小尖状器、未见砍斫器和石球，石片长度多小于50毫米。这些特点与其他地点显然不同。造成这些差别的原因，是时代或经济类型的不同，还仅仅是发掘面积的不同，是颇值深究的。

丁村各地点产石器层位的时代一向存在争议。综合起来有三种意见：1）中更新世晚期（刘东生等，1964；杨景春等，1979；陈铁梅等，1984）；2）晚更新世早期（裴文中等，1958；全国地层委员会，1963；贾兰坡等，1982；Movius，1956）；3）第100地点较晚，为晚更新世早期；其他地点较早，相当于中更新世晚期或稍晚（周明镇，1958）。本文作者曾多次到丁村一带考察，可惜各地点的剖面多不保存。从保存尚好的第100和102地点的地貌和地层分析对比，其时代似应为晚更新世早期。近年在丁村附近新发现了几处包含从中更新世到晚更新世晚期的文化遗存（临汾地区文化局等，1984），这无疑为解决丁村遗址的时代带来希望。

参考文献

刘东生、王克鲁，1964。中国北方第四纪地层的某些问题。第四纪地质问题，65～76。科学出版社。

全国地层委员会，1963。全国地层会议学术报告汇编——中国新生界，22。科学出版社。

杨景春、刘光勋，1979。关于“丁村组”的几个问题。地层学杂志，(3)：194～199。

陈铁梅、原思训、高世君，1984。铀子系法测定骨化石年龄的可靠性研究及华北地区主要旧石器地点的铀子系年代序列。人类学学报。3：259～269。

张森水，1985。我国北方旧石器时代中期文化初探。史前研究，(1) 8～17。

周明镇，1958。软体动物。裴文中主编《山西襄汾县丁村旧石器时代遗址发掘报告》。科学出版社。

邱中郎、李炎贤，1978。二十六年来的中国旧石器时代考古。古人类论文集，43～67。科学出版社。

临汾地区文化局、丁村文化工作站，1984。丁村旧石器时代文化遗址 80:01 地点发掘报告。史前研究，(2)：57～68。

贾兰坡，1955。山西襄汾县丁村人类化石及旧石器发掘简报。科学通报，(1)：46～51。

贾兰坡，1956。在中国发现的手斧。科学通报，(12)：39～41。

贾兰坡，1978。中国大陆上的远古居民，105～111。天津人民出版社。

贾兰坡、卫奇，1982。建议用古人类学和考古学成果建立我国第四系的标准剖面。地质学报，(3)：255～263。

黄慰文，1987。中国的手斧。人类学学报，6：61～68。

裴文中、吴汝康、贾兰坡、周明镇、刘宪亭、王择义，1958。山西襄汾县丁村旧石器时代遗址发掘报告。科学出版社。

Aigner, J. S. 1978. Important archaeological remains from North China. *Early Paleolithic in South and East Asia*, ed. by Ikawa－Smith, F, pp. 163-232. Mouton, the Hague.

Aigner, J. S, 1981. Archaeological Remains in Pleistocene China. pp. 215-217. Verlag C. H. Beck, Munchen.

Chang, Kwang－chih, 1977. The Archaeology of Ancient China, p. 60, Yale University Press, New Haven and London.

Freeman, L. G. Jr, 1977. Paleolithic archaeology and pleoanthropology in China. *Paleoanthropology in the People' s Requblicv of China*, de. by Howells, W. W. and Tsuchitani, P, pp. 79～113. CSCPRC Report No. 4. National Academy of Sciences, Washinton, D. C.

Movius, H. L, 1956. New Palaeolithic sites near Ting－Ts'un in the Fen River, Shansi Province, North China. *Quaternaria*, (3)：13～26.

Pei. W. C. 1965. Professor Henri Breuil, pioneer of Chinese palaeolithic archaeology and its progress after him *Miscelanca en Homenaje al Abate Henri Breuil*, Vol. 2：251～269. Diputacion Provincial de Barcelona, Barcelona.

（原载《人类学学报》1988，7（4)：306～313)

大布苏的细石器

董祝安

1985年6月，笔者在吉林省西部的乾安县所字乡一带调查时，于该乡大布苏泡子东岸的第二级阶地前缘找到了细石器并进行了发掘。这是大布苏一带首次发现有确切层位的细石器地点。

最早在大布苏一带考察的是日本人山西勉等。他们发现了一些化石，但没有提到石器。佟柱臣（1957）首次提到这里发现过的石器。此后姜鹏（1984）、孙建中等（1978）多次到这一带进行第四纪地质和考古调查。吉林省文物工作队（1984）在这里发掘过多处古文化遗址，其中包括细石器地点，但一直没有发现不与陶片共存的细石器的产出层位。

东北及内蒙古的史前考古，解放前中外学者做了不少工作（梁思永，1932；Andersson，1923；Teilhard de Chardin and Licent，1930），发现了一些动物化石和石器，其中包括细石器。

解放后，当地博物馆、文管会等单位发现了许多细石器地点，仅嫩江流域就有上百个（黑龙江省博物馆，1961），少数地点从粉细砂层中找到了细石器。但时代较晚，且大部分尚为地表采集，缺乏地层依据。因此，大布苏细石器地点的发现能为东北地区细石器的深入研究提供新的材料。

一、地质地理概况

大布苏细石器地点位于大布苏泡子东岸第二级阶地前缘，西距所字乡学字井村1公里，地理坐标为123°42′42″E，44°48′3″N（图一）。

大布苏泡子，面积56平方公里，是吉林省西部面积较大的内陆咸水湖，处于松辽平原西南部的嫩江、松花江和西辽河之间的闭流区。湖面高程为海拔122米，其周围地势一般在海拔150米以下。这一带在构造上属松辽平原中心陷落带。这个陷落带自中生代以来，几乎一直处于下沉状态，但从晚更新世开始又出现缓慢抬升。泡子西岸地势较低，而东岸地势较高，并发育有两级阶地。

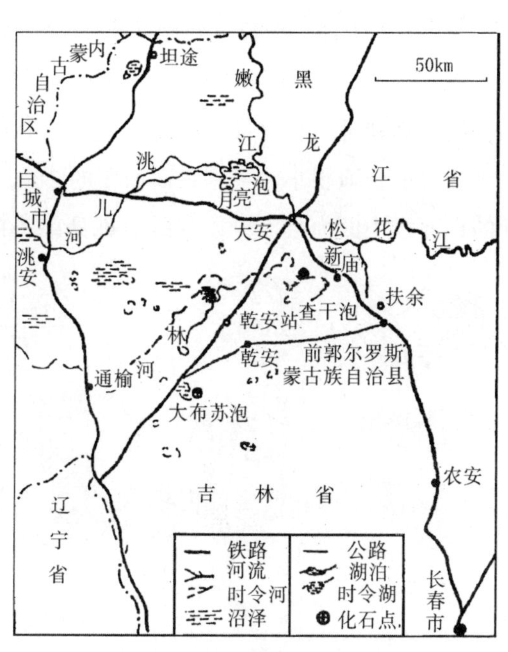

图一 大布苏细石器地点地理位置图

第一级阶地较窄，坡降较大，高出湖面5～8米。其上部为黄土状堆积，下部为细砂。

第二级阶地宽阔、平坦，高出湖面20～30米。阶地上部为黄土状堆积，土质松散，节理发育。因此，在其前缘由于雨水冲刷和流水侵蚀作用变得支离破碎，形成一种当地人称为“狼牙坝”的地貌景观。常见地貌类型有切沟、竖洞及“土落”、“土桌”、“土柱”、“土帽”等。大布苏的细石器就埋于这一阶地上部的古土壤层中（图二）。

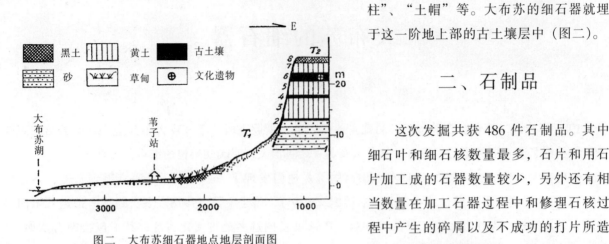

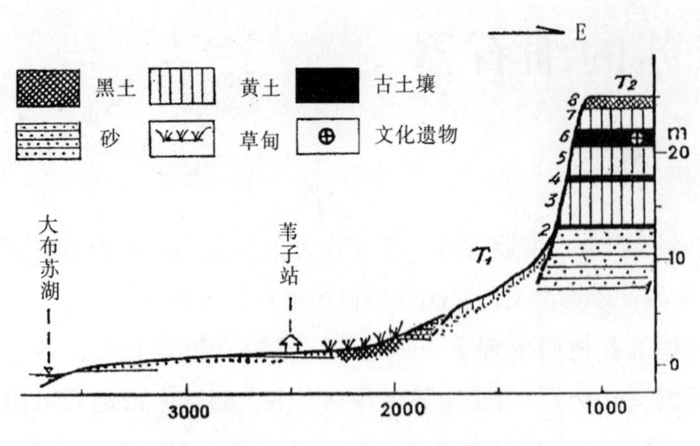

图二　大布苏细石器地点地层剖面图

二、石制品

这次发掘共获486件石制品。其中细石叶和细石核数量最多，石片和用石片加工成的石器数量较少，另外还有相当数量在加工石器过程中和修理石核过程中产生的碎屑以及不成功的打片所造成的废品。石制品原料主要为燧石，其次为石英、蛋白石、黑曜石等。有13%的石制品带有自然面，从所保留的自然面看，素材可能为磨圆不好的砾石和结核。

细石核　4件。根据形态可将其分成两类：

1．半锥形石核　2件。标本P.6365（图三，1）核体为半锥形；标本P.6364（图三，2）核体虽为整锥状，但只在一侧剥片。原料分别为燧石和黑曜石，体高分别为15和18毫米。台面横径分别为12和15毫米。台面角较大，约80°～90°。两件标本都只在一侧有细长、规整的剥片痕迹。完整的片疤长15～18毫米，宽3～4毫米。

2．楔状石核　2件。台面做过细致的修理，特别是标本P.6362（图三，4），台面上布满了小的修理疤，核体均呈三角 形，其长、宽、厚分别为25×20×10，17×17×10毫米，原料分别为蛋白石和燧石。台面角较小，分别为53°和69°；标本P.6363（图三，3）较粗糙，片疤不整齐。

细石叶　121件。窄长，两侧几乎平行，其中台面和远端都保留的9件，其余皆不完整；36件只保留近端，12件只保留远端；大多数两端都没有保留；保留近端的远多于保留远端的，这种情况日本福冈县的门田遗址和长崎县的百花台遗址也有记载（麻生优等，1976）。

细石叶的台面很小，不到腹面面积的2%，多数打击点不明显，半锥体较显著，个别小而圆凸。细石叶的台面以中面为主，少数台面上可见细小的疤，与细石核台面的细致修理相呼应。石片角一般不

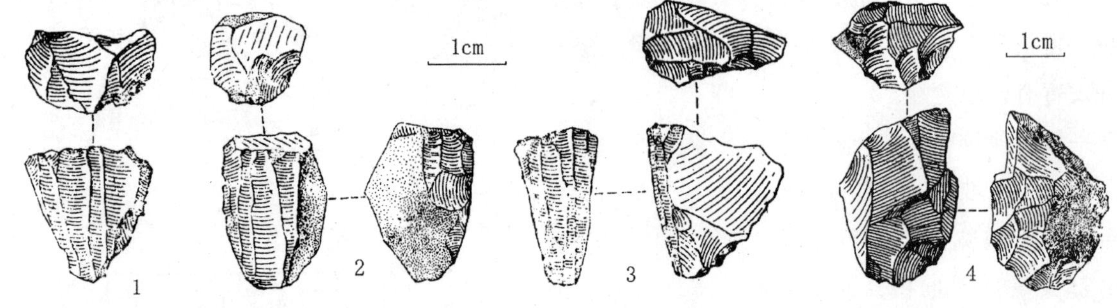

图三　大布苏的细石核

1、2．半锥状石核（P.6365，P:6364）　3、4．楔状石核（P.6363，P.6362）（1～3比例尺同）

大，平均99.8°，背面遗有自然面的5件，其中两件背面全部为自然面，其余3件自然面全保留在右侧，这可能反映在剥制细石叶时，打片是逆时针方向进行的。细石叶背面有平直的脊，以一条或两条为主（分别为50%和35%）。背面片疤剥落的方向，绝大多数与细石叶剥落方向相同，这说明只在细石核的一端打片。

细石叶的长度一般为宽度的3倍左右，有的可到5～7倍，如标本P.6376，虽缺远端，但长宽比仍为7:1。细石叶的平均宽度为4.5毫米，最宽可到10毫米。其平均厚度1.2毫米，小于1.0毫米的占46%，86%的在1.5毫米以下，最薄0.4毫米。关于细石叶的长度，从完整的9件标本来看，多数小于10毫米，但在缺远端的细石叶中，却有长达20毫米的。再依细石核上留下的剥片痕迹的长度推测，完整的细石叶的长度多在15～18毫米之间。有20件宽度明显要大些，约7～8毫米，全部为残片，如标本P.6374、P.6375。

石片　共110件。其中没有台面的断片35件，有台面的75件。它们的台面一般较小。素台面最多（45%），其次为有脊台面和线台面（15%和12%），自然台面（8%）和修理台面（6.7%）等很少。其中有两件修理台面石片非常典型，其一是标本P.6382。石片平均石片角103°，最大140°，最小不到90°。

在石片中，33件缺失远端，其中自然台面者占比例最高，6件全部缺失远端，素台面石片，石片角较大，平均为130°，基本都保留远端，且多收敛为“点状”，其形态较规整，多长大于宽。其大小与加工好的石器大小差不多，可能属于打片较成功的一类，多被选做石器的毛坯，如标本P.6379。

由石片背面观，留有自然面者24件（占22%），两个片疤的最多，一个和三个的较少，四个和四个以上的极少。有5件石片的边缘上有连续分布的半圆形细疤，都见于腹面，可能是使用痕迹。

石片长度一般在20毫米以下。最大一件为37.2×21.8×3.4毫米；最宽的31毫米；最厚的其厚度也不过12毫米。约有一半的石片长大于宽，有的石片，长比宽大一倍以上。

石片的形态除长方形、梯形、三角形外，还有多边形及其他不规则形状。

除了上述锤击石片外，还有一件砸击石片，它的原料为石英、相对两端有向一面剥落片疤的痕迹。

石器　共8件。根据器形、刃缘数和加工方式可分为以下几类：

1. 短身圆头刮削器　2件。长、宽、厚分别为14.2×15.4×4.4毫米；14.6×17.2×4.4毫米。重分别为1.2克；1.4克。毛坯为背面高凸的石片。刃缘平齐、刃角分别为67°和55°。修理疤平远，以背面突起为中心呈汇集状。用压制法加工而成。

2. 单凸刃刮削器　1件。长、宽、厚为26×12×5.5毫米，重1.2克。系用薄的小石片制成，非常精致。在石片的一侧向背面加工成平齐的弧形凸刃，刃角67°，修理疤细小，重叠，可能使用了指垫法。

3. 单直刃刮削器　1件。长、宽、厚为18×12×5.5毫米，重1.0克，刃角56°，刃口不平齐，两面都有加工痕迹，修理疤不规整。加工方法可能是砸击法。

4. 单凹刃刮削器　2件。长、宽、厚分别为15×10×3毫米；20×18×4毫米，重分别为0.6和1.5克。两件都由石片一侧向背面加工成一宽约5毫米的浅凹刃，刃角约85°，其中标本P.6372在凹刃对边的上方有一深凹的小缺，可能是有意的凹缺刮削器的制法。

5. 单凹缺刮削器　1件，较典型。长、宽、厚为24×17×7毫米，重3.2克。毛坯为一完整的背面和台面几乎都为自然面的石片，在其一侧用锤击法加工出一宽约5毫米，深约3毫米的半圆形刃口，刃角65°。

6．双直刃刮削器　1件。长、宽、厚为13×17×4毫米，重1.5克。毛坯为一缺远端的背面带有自然面的石片，在其两侧向背面用锤击法加工成刃，两个刃角均60°左右。

研磨石块　1件。可能为一研磨石器的残段，原料为砂岩，尺寸为65×46×19毫米，重93克。扁平状，一面有相互平行的几条擦痕，另一面除有几个小坑痕外也比较光滑。两个相邻侧边的表面光滑，但另外两边则为粗糙的断口。

废品　共242件。约占全部石制品的一半。大多数非常细小，其长度多在5毫米以下，重不及0.1克，一般较短宽。根据其形态、大小等方面特点可初步区别为碎屑、碎片、碎块等。

综上所述，大布苏细石器工业的一般特点如下：

1．石制品的原料以燧石为主。

2．打片方法以间接法为主，锤击法为辅，偶尔使用砸击法。间接打制技术具有相当的水平，对细石核单面的修理较仔细，只从石核的一端剥片。从细石核背面的自然面保留在右侧推测，剥制细石叶可能是逆时针方向进行的。

3．没有发现磨光石器，但有研磨石块。在石器类型上没有砍斫器、尖状器和雕刻器，也未见东北细石器中常见的加工精致的石镞和“通体精琢的石叶”，但刮削器种类较多（虽绝对数量不多）。细石核和石器数量少，而细石叶和石片则相对很多。

4．石器全由石片制成。石器的加工多在其右侧从腹面向背面加工，只有一件向两面加工。加工方法有锤击法、压制法和砸击法。

5．石制品（包括废品）很小，除研磨石块外，其余石制品最大者没有超过40毫米的，大多在10毫米以下（主要为废品）。石器也很小，一般长、宽都小于20毫米，重量为1～2克。

三、比较讨论

由于材料的局限（如没有发现可供精确断代的动物化石和足够的测定^{14}C年代的材料），要定出精确的时代有一定困难。

大布苏细石器产于群力组（有人叫大布苏组）上部，上覆坦途组，下伏顾乡屯组，为一套黄土状堆积，含有三条古土壤，曾发现过披毛犀等五种动物化石（姜鹏，1984），这次又新增加了一种布氏田鼠。群力组本身没有年代数据，有人根据上覆坦途组和下伏顾乡屯组的若干^{14}C年代数据，推测群力组的绝对年代为36000～7500B.P.（孙建中等，1983），也有人估计为25000～7500 B.P.（黎兴国等，1984），虽然含石器的层位靠群力组的上部，但离顶界还有一段距离。因此，估计其年代为距今10000年左右。

从地貌部位、岩性和动物化石看，大布苏细石器地点的剖面与位于大布苏东北方向70多公里的前郭尔罗斯蒙古族自治县青山头人地点的剖面是可以对比的，即大布苏剖面的第6层可能相当于青山头剖面的第7层（图四）。据报道（李西昆等，1984；尤玉柱等，1984），青山头人发现于自上而下第一条古土壤中，并有6件石制品一起发现。这一层之上发现有前郭人。据^{14}C测定，古土壤的年代为

10940±155B.P.，而其上的黄土层有两个年代数据，分别为 9860±110 和 7870±95B.P.。从地层对比来看，大布苏细石器地点的年代应与青山头人的年代差不多。

大布苏细石器地点出土的石制品以细石叶为代表，真正有第二步加工的石器只有 8 件，仅占全部石制品的 1.6%。但仍可看出，大布苏的石制品属于典型的细石器工业组合中的常见类型。

大布苏的材料与内蒙古萨拉乌苏的① 非常接近，特别是细石叶和细石核，都非常规整、细致，且都很小。

昂昂溪大兴屯地点的一件细石核，显得原始一些，但与大布苏的也有些类似（黄慰文等，1984）。不同的是昂昂溪大兴屯地点没有细石叶，细石核也不典型。

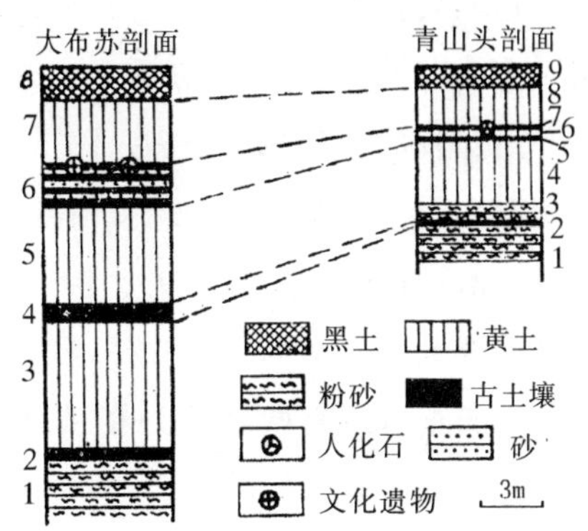

图四　大布苏、青山头柱状剖面对比图

与华北旧石器时代晚期典型的细石器地点下川（王建等，1978）相比，差别较大，表现在石制品类型上，下川要丰富得多。下川的琢背小刀、石核式刮削器、雕刻器、石镞和各式尖状器都不见于大布苏。反过来，在下川的材料中几乎包括大布苏的全部类型。如下川的一些精美的“薄长小石片”很接近大布苏的细石叶；下川的某些短身圆头刮削器也与大布苏的同类器物一致。

大布苏的材料与新乐新石器遗址出土的细石器对比（沈阳市文物管理办公室，1978；中国社会科学院考古研究所实验室，1983），也显得前者单调，贫乏。新乐用石叶做的尖状器和石镞在大布苏没有见到，而大布苏的圆头刮削器，在新乐则未见报道。新乐仅一件细石核，在形态上与大布苏的不同，唯某些细石叶较相像，但新乐的要大一些。

大布苏细石器材料的一个显著特点就是细石叶比例高，细小而精致，两侧缘几乎平行，腹面和背面片疤十分平整，在尺寸上一般长不及 20 毫米，宽 4～5 毫米的最多，平均宽 4.5 毫米，厚约 1 毫米。

除上面提到的下川、萨拉乌苏和新乐外，还有虎头梁（盖培等，1977；盖培，1948）②、海拉尔（安志敏，1978）、镇赉（吉林省博物馆，1961a）、东山头（吉林省博物馆，1961b），齐齐哈尔市以南（黑龙江省博物馆，1961）等地也能见到这类精美的细石叶。灵井（周国兴，1974）也有一类“特小的窄长石片”，宽度与大布苏的差不多。但据笔者观察，其规整程度远不如大布苏的，并且其厚度也要大得多。银更的细石核上也能见到细小的剥片疤，但其石核要比大布苏的长得多③。

许多新石器遗址中有一类很长的石叶，有的甚至长达 130 毫米（中国科学院考古研究所内蒙队，1964），其宽度也较大，与大布苏的细石器显然不属同类。

有迹象表明，华北和东北在工业中的细石叶有两类，小的一类宽 4～5 毫米。这类细石叶在虎头梁有大量发现。在大布苏，其比例相当高。大的一类宽 8～10 毫米，东北新石器遗址中有大量发现，有时被用来做成尖状器等。依目前中国发现的细石器材料和笔者所掌握的情况来看，早期典型的细石器遗

---

① 1980 年，黄慰文和卫奇先生在萨拉乌苏发掘到一批细石器材料，报告即将发表。承蒙黄先生惠允，笔者观察过这批标本。它的^{14}C 年代为距今 5000 多年。

② 虎头梁的细石叶材料尚未发表，承蒙盖先生许可，笔者能有机会看到；从发表的石核材料也能看见，虎头梁应有大量精美的细石叶。

③ 由袁复礼和裴文中先生采集，现一部分存于本所，笔者做了观察、比较。

址中这两类都有（如下川）。往后到了旧石器时代末期或新石器时代初期，小的一类占了优势（如虎头梁、大布苏）。当然，现在看来，这只是笔者的一种推测，需要更多的材料来证实。

可比较的石核材料不多，除下川的个别几件和萨拉乌苏的以外，从大小和形态上看，还有武威皇娘娘台和灵井的个别标本与大布苏的类似，但灵井的比较粗糙。东北和内蒙古地区新石器时代的细石核，一般个体较大，如银更、新乐、密山新开流（黑龙江省文物考古工作队，1979）等地所见，比大布苏的要大。

大布苏发现有两件较为精致的圆头刮削器，同样的器物见于下川、昂昂溪（黑龙江省博物馆，1974）等地。

在昂昂溪还有两件器物类似大布苏的凹缺刮器（梁思永，1932）。

通过以上比较，可以看出：

1. 大布苏细石器地点为一典型的细石器地点，它已发现的石制品类型都可以在其他公认的典型的细石器地点出土物中见到。

2. 大布苏细石器地点石器数量少、类型单调，许多典型细石器地点常见的器物，这里却没有。

3. 这里的细石叶和一些石器与许多地点的同类相比显得更精致一些，尺寸也要小些。

总之，这是一个典型的细石器地点。从石器数量少、类型单调、缺乏一些典型细石器地点常见的石器类型、废品占较高比例及石制品在地层中垂直分布和水平分布都十分有限等情况来看，大布苏细石器地点很可能是一个临时石器加工点。

参考文献

尤玉柱等，1984。吉林前郭发现的人类化石和古生态环境。史前研究，(4):70～74。

中国社会科学院考古研究所实验室，1983。中国考古学的^{14}C年代数据集。文物出版社。

王建等，1978。下川文化——山西下川遗址调查报告。考古学报，(3):259～288。

中国科学院考古研究所内蒙古队，1964。内蒙古巴林左旗富河沟门遗址发掘简报。考古（1):1～5。

安志敏，1978。海拉尔的中石器遗存——兼论细石器的起源与传统。考古学报，(3):289～316。

吉林省文物工作队，1984。吉林乾安县大布苏泡东岸遗址调查简报。考古，(5) 396～404。

吉林省博物馆，1961a。吉林镇赉细石器文化遗存。考古（8):398～403。

吉林省博物馆，1961b。吉林大安东山头细石器文化遗址。考古（8):404～406。

孙建中等，1978。乾安大布苏泡子一带第四纪地质、古生物调查报告。吉林地质（1):14～20。

孙建中等，1983。东北大理冰期的地层。地层学杂志，7:1～11。

李西昆等，1984。吉林青山头人与前郭人的发现及其意义。吉林地质，(3):1～22。

沈阳市文物管理办公室，1978。沈阳新乐遗址试掘报告。考古学报，(4):449～466。

佟柱臣，1957。吉林新石器文化的三种类型。考古学报，(3):31～39。

周国兴，1974。河南许昌灵井的石器时代遗址。考古，(2):91～98。

姜鹏，1984。吉林乾安大布苏晚更新世以来自然环境变迁的探讨。博物馆研究，(2) 112～119。

梁思永，1932。昂昂溪史前遗址。梁思永考古论文集，58～90。科学出版社。

盖培，1984。阳原石核的动态类型学研究及其工艺思想分析。人类学学报，3:224～252。

盖培等，1977。虎头梁旧石器时代晚期遗址的发现。古脊椎动物与古人类，15:287～300。

黄慰文等，1984。黑龙江昂昂溪的旧石器。人类学学报，3:234～243。

黑龙江省文物考古工作队，1979。密山新开流遗址。考古学报，(4):491～518。

黑龙江省博物馆，1961。嫩江沿岸细石器遗址调查。考古（10):534～543。

黑龙江省博物馆，1974。昂昂溪新石器时代遗址的调查。考古，(2):99～108。

黎兴国等，1984。中国猛玛象—披毛犀动物群与顾乡屯组。第一次全国^{14}C学术会议文集，121～127，科学出版社。

麻生优等，1976。日本的旧石器文化，第3卷，遗迹与遗物（下），135、196。雄山阁出版株式会社。

Andersson, J. D. 1923. The cave-deposit at Shakuot'un in Feng-tien. *Paleontologia Sinica*, series D. volume 1, fascicle. 1.

Teilhard de Chardin, P. and E. Licent, 1930. Geological observations in N. Manchuria and Barga (Hailar). *Bull. Geol. Soc. China*, 9:23～35.

（原载《人类学学报》1989，8（1):49～58）

中国北方旧石器工业的区域渐进与文化交流

张森水

一、引　言

我国北方旧石器时代文化研究已有70年历史，在中外学者几代人的努力下，积累了较丰富的资料，使对若干问题的探讨有了可能。本文所指的空间，大体是秦岭以北、大青山以南、贺兰山以东和七老图山以西（E. 105°～117°，N. 34°～41°）的广大地区（以下简称中国北方）；所指的时间是始于陕西省蓝田县公王岭含石器层位的时代，终止于旧石器时代结束，即从约距今一百万年开始到一万年止。

在拟将讨论的问题中，没有包括被认为地质时代属于早更新世的材料。它们或因本身性质存疑，或因断代证据不足。依目前欧亚大陆旧石器时代早期文化遗物的发现，笔者相信，在中国北纬45°以南地区将会找到早更新世人类活动的遗存。

在中国北方较重要的旧石器文化地点[①] 至少有73处（匼河、大荔、丁村和虎头梁等地点群均依一处计算），其中属于旧石器时代早期的18处，中期26处，晚期27，时代待定的2处。在这些地点中，出土物的内涵不甚相同，其中人化石与石制品共出者14处，只有人化石的1处，人化石与哺乳动物化石共存者也有1处，石制品与哺乳动物化石共存者29处，仅发现石制品的28处。

若以一地点出土石制品100件以上者为重要地点，则属于早期者3处，中期8处，晚期14处。陕西蓝田公王岭地点出石制品不多，但因时代较早，因此，也被看作与以上地点具有同等地位的地点。从不同时代不同地点找到的石制品具有文化上的多样性，并且起着不同的作用，述要如下：

二、工业组合[②]

我国旧石器工业有多种式样，早为学者所指出，近年来有了更深入的认识，中国北方旧石器工业也不例外，兹将有代表性的工业或组合按时间序列述要于后。

（一）　旧石器时代早期

北京猿人工业　这里不是单指北京猿人石制品组合的特点，而是作为具有以下特点的石制品组合或组[③] 的代表。除将提到的四道沟组合外，本文研究区内同期的、不同地点如公王岭、甘肃泾川大岭上和匼河60:54地点等出土的石制品均属之，其特点如次：

---

① 地点是指发现文化遗物或人化石的最小空间单元，包括通常所说的遗址或采集点。

② 工业是指时代和性质相近的多个组合的集合体；组合的含义是同一时间阶段的多层文化遗址出土遗物的总体。

③ 组指一个层位出土的石制品的总体。

存在大量、长度小于40毫米的小石制品。打片用三种方法：锤击法、砸击法和碰砧法，前者是重要的方法。锤击石核多宽体，长宽指数超过100。石核在打片前或打片过程中均极少修整，以上两种情况既影响石片的长度，也对石片形态产生不良影响，故使所产生的石片长宽差距不大，长宽指数在80左右，形态多不定型，偶含定型石片。使用石片比较多。

石器毛坯以石片为主，受初级产品的影响，包含相当数量的断片，在一定程度上影响石器的形态。常见的石器分三大类：刮削器、尖刃器、砍砸器，每类均可再分若干亚型，一些地点也曾找到过石锥、雕刻器或石球。在刮削器类中单刃多于两刃和复刃。刃口多较锐，刃角以60°～70°者为常见。修理工作简单、粗糙，修理疤多单层，仅见于毛坯近缘，刃缘往往呈多缺口状或波纹状。

四道沟组合　它以内蒙古自治区呼和浩特市大窑村四道沟中段第4层以下出土的石制品为代表。其特点是：大多数石制品是粗大的，长度在60毫米以上的超过60%。石核不修整，用硬锤交互打击生产石片，故绝大多数是多面体石核。在组合中石核和石片数量少，后者形制不规整，石器比率高达91.8%。石器类型简单，刮削器最多，占79.5%，砍砸器次之，占18.9%，尖刃器极少，仅占1.6%。修理石器主要用交互打击法，占石器的74.5%，为国内所没有。

（二）　旧石器时代中期

中国北方旧石器时代中期，在工业发展上是个承上启下的关键时期。依现有资料，它继承有余，发展甚微，石制品显得古朴，前期的工业或组合的特点基本上被此时人类所继承。但不是绝对的驻足不前，继续向着变小方向发展，与此相应，砍砸器在数量上渐趋减少，不同工业或组合还有其他变化。

1.小石制品工业①，已知的发现区大体上与早期者相当（E. 107°29′～115°55′，N. 35°38′～39°40′）。这一工业由较多的有代表性组合所组成，如周口店第15地点、许家窑人、大荔人和丁村人组合等。这些组合除有上述共同的变化外，还有重要的差异，这就是砸击产品在数量上的减少，显示出砸击技术的中衰。

这一工业特点，已如上述，基本上保留早期的诸特点，大荔人等组合由已发表的资料足以证明，毋须赘述，这里需要着重论述一下丁村人组合为什么归入这个工业中。

这里所指的丁村人组合不包括丁村地点群的全部石制品，仅指含丁村人化石地点（54:100地点）1954年各层出土的石制品的特点，系笔者分地点研究的新成果。至于其余丁村各地点石制品的归属问题，待分地点研究后另行讨论。

丁村人组合的特点：打片基本上用锤击法，宽体石核占大多数，石核也不预制，所产生的石片形态多不规则，宽型石片较多（这是有别于其他组合的特点之一），长宽指数为100，与同时代石片相比要大一些（可能是另一特点），长40毫米以下的石片占51.9%，长60毫米以上者占23.0%。石器32件。主要用石片做成，小型的和中型的各有12件，其余的为大型，其所占的比例大于同时代的组合。石器类型有刮削器、尖刃器、雕刻器、石锥和砍砸器（仅一件），未见三棱大尖刃器（尖刃砍砸器）。修理石器用硬锤加工，且以向背面加工为主，刃口多较锐，刃角在70°以下者占74.2%。丁村人组合上

① 小石制品工业与早期的“北京猿人工业”没有本质的区别，但这里未用早期工业的名称，而另起一名称，仅表示它们属于不同的时代。

述特点基本上具有小石制品工业的一般性质，宽型石片较多，可能与原料有关，用粉砂岩和角页岩为主要原料（刘源，1988）不像石英那样能生产大量的小石片和较多的长型石片。

2. 以中型石制品为主体的组[①]，其代表地点同四道沟组合，其特点亦如其祖型，稍不同者，中型石制品增加，由早期的占34.2%增至占44.3%；另外砍砸器数量减少，由早期占11.8%变为6.4%。附带说明一下，据报道在四道沟地点还发现有旧石器时代晚期的石制品，至今尚无详细报道，据介绍，其一般性质与其前类似，故在旧石器时代晚期中不再叙述。

（三） 旧石器时代晚期

这个时代的中国北方工业更具多样性，大体可分为两个工业，其中还可再分若干个亚工业类型。

1. 以直接打击[②]的小石器为主的工业（下简称小石器工业），这一工业总的说来，继承了先期工业，保留了其主要成分，但也看到一些发展，石制品进一步小型化，砸击产品量稍有回升，雕刻器、石锥等小工具有所增加，石球和砍砸器濒于绝迹，个别的出现了组合内涵多样性，除石制品外还生产出大量的装饰品，骨器及其他艺术品等。

这一工业所包含遗物式样纷繁，存在几个组合，大体可以归纳为三类：直承单一类、远承简单类和组合内涵多样类。

直承单一类：这是最多的一类，地点遍布本文研究区内，其内涵简单，只有石制品，无其他遗物共存（少量的骨制品例外），其石制品显得相当古朴，好像是全面继承了小石制品工业，其有代表性组合如甘肃环县楼房子、内蒙古乌审旗的萨拉乌苏、山西朔县的峙峪和河北迁安爪村等组合。

远承简单类：本类以河南安阳小南海为代表，它的内涵简单，基本上只有石制品，特点如前一类，所不同的是它以砸击法为主要打片方法，存在大量的砸击石片和石核，这些遗物可与北京猿人晚期文化者相比较，颇有越时代继承之感。

组合内涵多样类：它的代表是北京周口店山顶洞文化。这里发现的石制品非常少，人工痕迹清楚的仅25件，每34.4m^3仅出土一件，而且十分古朴，但与此相反，在制作骨器、使用钻孔和磨光技术方面，却达到了很高的水平，从遗址中发现了一枚骨针、一件磨制的鹿角以及用石、骨和蚌壳等做的装饰品141件。

2. 长石片——细石器工业，长石片是指由预制好的石核上打下长度超过宽度一倍以上的、中上部两侧几近平行的、宽度超过10毫米的石片，并用它制成以手握式为主的各式工具；细石器亚工业是指从预制定型（锥状、楔状、柱状和半锥状等）的细石核上用压制技术有序地生产石叶，并选这些初级产品主要用压制技术制成各类工具，既有复合式的，也有简单手握的。

在中国北方旧石器时代晚期，这一工业，尤其是其中的细石器工业情况相当复杂。一般说来长石片工业是细石器工业的祖型。若从工业分类考虑，这一工业可分为长石片组合、单一典型细石器工业亚型和多成分混合细石器工业亚型，其各自内涵和特点略述于后。

第一类长石片组合，以宁夏灵武县水洞沟文化为代表。在这一组合中，有相当数量的长石片、少

---

① 定名理由如前；中型指长度41～60毫米。

② 着重区别细石器工业的间接打击和压制技术，并不意味着此前工业不是直接打击的。

量的石叶，以及生产这些石制品的石核都是预制定型的，有长方形、半锥形、三角形和柱形；在石器中有一部分是用长石片做的，较重要的有长身端刮器、雕刻器和少部分尖刃器和刮削器。

第二类单一典型细石器工业亚型，内涵简单，只有石制品，其中包括各式的细石核（楔状、柱状、锥状和半锥状等）、大量的石叶、用石叶等制的尖刃器、端刮器、雕刻器、琢背小石刃和镞（?）等，与其相伴出的有锤击石核、石片及用石片做的短尖石锥、短身端刮器、刮削器、尖刃器等。这一亚型已发现的地点相当多，如山西沁水下川地点群，山西榆社县岗峪，以及河北阳原县油房地点、滦县东灰山村和迁安爪村上文化层等；山东和江苏交界的马陵山地区亦有多处发现，因断代资料贫乏，是否属于旧石器时代晚期还有待进一步研究。

第三类多成分的混合细石器工业亚型，情况相当复杂，在每个地点的石制品中包含有典型的细石器工业制品，也有大量的非细石器工业的石制品，个别的还包括骨、角等制品，大体可分三类。

甲类　其组成包括细石器、加工精致的刮削器和尖刃器，它们都是用指垫法加工成的，和用比较古朴的石片和石核加工成的石器：刮削器、尖刃器、石锥和砍砸器等。它的已知分布区在黄河沿岸一个较大区域（E. 106°40′～111°25′，N. 36°27′～40°03′）。

乙类　其内涵除大量细石器工业制品外，还有加工精致新月型刮削器、两面加工的双尖尖刃器、尾端有凹槽的和单肩的尖刃器，同出土还有装饰品，其代表地点是河北阳原虎头梁地点群。

丙类　典型的细石器与丁村工业在一起，其代表地点是山西襄汾柴寺丁家沟，从这个地点发现了锥状石核、楔状石核、石叶以及其他细小石器；还有砍砸器、三棱大尖刃器、石球和刮削器等。它们发现于汾河 T2 底部砂砾层中。

三、主工业的区域特点

如上所述，中国北方旧石器时代存在多种工业或组合，有一种工业起主导作用，影响着工业发展，把它叫做主工业，它就是由一套直接打击的、以小石制品为主的跨时代的多个组合构成。其余的分布区有限，作用甚微。细石器工业又当别论，见后文。主工业见于本文研究区的旧石器时代早期到晚期。它的定型期可能在北京猿人文化晚期，似有自身的发展趋势，并具有区域的特点。所谓区域特点是与欧洲、西亚和印度半岛的旧石器时代主工业相比较而言的，后者以下简称西方主工业。

中国北方旧石器时代主工业是向着长宽等比小型化方向发展的。石制品的长度和宽度不断变小，但其长宽指数相对稳定。西方主工业则不然，它是沿着长宽不等比小型化方向发展，其长宽指数变化大，石器和石片尤其如此，石核则显得曲折。

主工业的石核是以不预制的宽体者为主，在打片前无法获悉素材隐患，不仅影响石片长度和形态，会产生较多的断片和残块，用它们制成的石器，必然影响质量，显得较短而不定型。西方主工业情况大不一样，从中、晚阿舍利文化始，愈来愈重视石核的预制，多数石核是长型的，相对来说，所产生的石片不断引长，形态越趋规整，用它为毛坯制成的石器也不断地使形态变得更精美，长宽指数也渐变小。

从修理技术方面看，主工业基本上是用硬锤直接加工，致使石器刃缘不整，西方主工业从阿舍利文化后期至旧石器时代晚期的早期广泛使用软锤加工，对生产精致的石器起良好的作用。此外，还有某些时代性的工艺差别，如在旧石器时代早期，主工业极少用交互打击，中期未用莫斯特技术，晚期则不用压制技术等，与此有一定关系的是石器类型上也有差别，在旧石器时代早期主工业中手斧为罕见工具，中期没有类似莫斯特刮削器和手斧，与莫斯特尖刃器相像的也仅有一或二例，晚期的则未见矛头类和投射类的有尖石器，也不存在细石器工业的某些产品。

四、主工业发展缓慢原因的探讨

中国北方主工业除了以上提到的不断小型化外，还可以看到另外一些变化，如砸击技术的应用，经历了一个马鞍形的发展过程，砍砸器渐趋减少，乃至基本消失，与此相应小工具有不断增加趋势等。虽有这些变化，总感到是量的弱变，加工技术的改进比之于类型更不明显，即使是后者，进步亦不显著，例如峙峪人组合，以往被认为是相当进步的，若将它与北京猿人晚期文化（或更早些）的石制品相比，无论从类型上或加工技术均可找到对比的资料，更不用说小南海组合，被认为“遥承周口店文化”（安志敏，1965）。为什么主工业的发展处于滞缓状态？笔者依目前我国旧石器考古学和相关学科的研究成果，作了以下几点揣测。

（一）　继承性影响创造性

前已提及，主工业的定型可能在北京猿人时代晚期，从那个时候起，食肉动物种属明显地减少，古人类处于以草原为主的环境中，已经定型的主工业大体上能适应在这样环境下从事生产和基本上能满足日常的需要。

从我国人类化石发展的连续性考虑，难以排除我国北方旧石器时代中期的人类是北京猿人的后裔，他们会接受先辈经验，生产出类似的石制品，加之对环境的适应性，代代相传，出现继承、创造的情况。如果不是这样，那末某些方面发生变化，则在石制品的生产上会有所反映，例如大荔人组合石制品原料质优的占比例较高，燧石在组合中占45.8%，在工具中占82.5%。又如小南海组合燧石制品占90%以上，但在石制品生产方面无论质量或生产率都看不出明显的提高。从这个侧面或许也能反映，使用传统的工艺，在相当程度上影响创造才能。

（二）　原料质劣影响技术的发挥

主工业产品质量提高不显，与原料质地不佳有一定的关系。尽管以上提到有个别几个地点优质石料占比例较大，在那里传统因素可能起更大的作用，但就绝大多数而言，石制品的原料，质粗、多节理以及受搬运影响者占有相当高的比例。石制品原料是多种多样的，经初步鉴定约有50种。这些石料基本上是就地取材，因受当地岩石资源的制约，虽有一定的选择性，仍不得不利用相当数量质劣的原料，例如北京猿人组合，脉石英和砂岩石制品占90%以上，周口店第15地点石制品原料与周口店第1地点者相仿；许家窑人组合中亦有大量的脉石英和石英砂岩制品，丁村地点则大量用角页岩和粉砂岩为原料，分别占56.1%和32.7%，质优之燧石仅占7.6%（刘源，1988；笔者依提供的各类百分比，先求出原件数，再算出所占百分比）。在主工业中，常常可以看到个别石器形制精美，都是用质地优良的原料做的，这也说明其与原料的关系。

（三） 缺乏文化交流，有碍工业发展

在讨论主工业特点中已经提到，至少在旧石器时代早、中期，西方主工业某些技术如预制石核技术、修理石器的莫斯特技术以及使用软锤等基本上不见于主工业；在类型方面，缺乏龟背形和长方形石核、三角形和长三角形石片也极少；手斧、莫斯特尖刃器和刮削器也是罕见工具。这表明与西方主工业似不存在交流，还有人认为“华北旧石器时代早期的文化处于完全隔绝的状态”（Aigner，1978）。有关文化交流问题，另行探讨。

五、文化交流与意义

主工业在旧石器时代早、中与西方主工业似没有发生过交流前已提到，但是否可认为在本文研究区内，在旧石器文化发展过程中，不曾与邻近地区有过交流，是需要探讨的一个问题。

在中国北方，大量的装饰品和一些磨制的骨、角制品与主工业一起出现，可以理解为处于相当发展阶段的古人类可以创造出类似的器物，因此，不一定看作是交流的产物。

在主工业分布区内，在旧石器时代晚期，出现了新的工业，长石片——细石器工业，以及在相当广的地区，使用莫斯特技术制造出一批形制精美的尖刃器和刮削器，以及矛头形的和有肩的或带凹槽的石器。对其来源作如下的初步探索。

关于水洞沟组合，在石制品中有用莫斯特技术加工的器物和类似奥瑞纳期的长石片以及用长石片做的石器，早为人指出（Boule et al.，1928），笔者还注意到更古老的“四边形石核”（Паничкина，1959），依这些石制品的性质，笔者曾提出，它“很可能是文化交流的结果”（张森水，1987）。

关于细石器亚工业，目前主要发现于山西和河北两省，已如上述，山东和苏北发现含细石器亚工业产品的地点不少，肯定它是旧石器时代遗物为时尚早。在本文研究区以外尚有黑龙江省昂昂溪的大兴屯，辽宁凌源西八间房石制品或许与此工业有关。其起源众说纷纭，莫衷一是，笔者不拟在此讨论，但注意到以下的事实，目前发现于中国北方的被认为是旧石器时代的细石器工业产品，无论从技术上或类型上都是相当成熟的，但年代差距甚大，下川上文化层（富含细石器工业）^{14}C 年代为 16400～23900 年，丁家沟为 26400±800 年（蚌壳）或大于 4 万年（炭粒），薛关为 13550±150 年，虎头梁为 11000±210 年，大兴屯为 11800±150 年。结合邻近或更远地区细石器工业生产和发展的时间，后三个数据比较合理，前两地点的年代偏老，尤其是丁家沟地点用炭作样品竟大于距今 4 万年，不得不使人想到测量样品存在问题。由于水流的搬运，有可能将古老的炭屑带入其中。由目前年代测试和已发现的中国北方旧石器时代晚期细石器工业的成熟程度，它可以看作是交流产物的可能性之一。因为在它的北邻广泛分布着细石器工业，也有时代相当早的，例如苏联西伯利亚东部阿尔丹遗址的^{14}C 年龄应大于距今 18000 年[①] 如果排除那些因样品或技术原因造成年龄偏老的实例，把已发现的旧石器时代的细石器工业暂定为距今 15000 年后，那么上述推论不无合理之处。当然也不排除它从水洞沟组合中演变

① 在阿尔丹遗址出土的最古老形态相近的石核发现于 Верхне－Троипкая 遗址的地层中，该遗址上覆地层^{14}C 年代为 18300±180 年（лЕ－905），同层出土还有猛犸象、羊、犀牛、野牛、马和麝牛化石（Мочанов，1972）。

成细石器亚工业。若如此，则中间应有缺环。水洞沟旧石器文化层的年代，依^{14}C 分别为 17250±210B.P.（动物骨骼），26230±800B.P.（钙质结核），铀系年代为 38000±200 或 34000±200B.P.。铀系年代从西方主工业发展情况及与其关系看，是偏早的。

河套地区那套精致的石器无疑是使用莫斯特技术做的，是发生文化交流的重要证据，类似石器发现于苏联的斯达罗什尼耶遗址（Формозов，1958）和蒙古人民共和国境内，前者时代定为莫斯特末期，后者被看作是旧石器时代晚期的早期（Декевяикои др. 1985），可能早于河套地区发现的这套精致石器的时代，至今仅有的^{14}C 年代数据为距今 13550±150 年。

在虎头梁遗址群中曾发现有意思的带凹槽和有肩的石器，前者是钝尖尖刃器，一面遗满修理疤，刃缘匀称，前端的尖刃呈小圆头形，由尖端向两侧徐徐展宽，至末端稍内敛，而后将根部制成稍内凹的浅槽结构，它与美洲的克罗维斯投射尖刃器的一类颇相像，后者是锐尖尖刃器，其一侧中下部因重击而变窄，若单肩状，原研究者把它与美洲桑地亚尖刃器进行了对比（盖培、卫奇，1977）。克罗维斯工业的出现一般认为在距今 12000～11000 年前（Coles and Higgs，1969）。虎头梁发现这两类石器可能是与美洲发生文化交流的证迹，至少在今后研究中国和美洲旧石器文化关系中，应当注意双向交流的问题。

在旧石器时代晚期中国北方主工业也发现于中国南方，在四川、贵州、湖北等省均有发现，其年代可靠者均定为旧石器时代晚期，如富林文化，马鞍山上文化层^{14}C 年代为 15100±1500 年。中国北方主工业也见于其东西两侧地区，向东可包括吉林榆树周家油房的组合，向西，青海小柴达木湖的石制品应属之，其时代，原研究认为“将距今 30000a 左右作为石器地点的年代也许是比较恰当的”（黄慰文等，1987），甚至可能抵达藏北高原，有代表性的石制品发现于各听地点，其时代“早到旧石器时代晚期，也可能晚到新石器时代”（钱方等，1988）。

在旧石器时代早、中期，中国北方主工业还没有资料证明已越过秦岭和贺兰山以西地区，但向东已进入了辽宁境内，有代表性的是金牛山组合。与邻近地区的旧石器组合相比，虽有不少学者指出过与周口店北京猿人组合有相似之处，如“石壮里的石器和周口店的石器相同之处很多”（金元龙等，1981），日本所谓前期旧石器文化也有与周口店或丁村文化的石制品对比。中国北方主工业与邻近地区的旧石器工业确实能从类型或技术上找到一些非主要的对比材料，巴基斯坦的梭安文化亦大体如此，但不包括梭安 B 相和晚克拉克当期（依 Paterson and Drummond，1962）的长方形石核和似长石片。从现有资料看，与其把它们看作存在文化交流，还更有可能是因某种偶然因素，如原料或素材相近，或因处于相当的发展时代等，造成文化上的趋同现象，实际上并不存在亲缘关系。

这里值得一提是在欧洲地中海沿岸也发现时代属于中更新世（依有年代测试数据，最早的超过 70 万年，最晚的为距今 179000 年）的小石器工业，在斯沃博特综述的 13 个地点中，只有 Arago 地点有手斧，“为数不多的手斧集中于 E 层”。这些地点石制品组合的主要特点与周口店者酷似，故斯沃博达认为，“进一步研究的急迫任务是与直立人文化遗存和中国的小石器工业进行对比”（Svoboda，1987）。同文还提到在晚更新世早期也存在小石器工业。地中海沿岸的小石器工业在时间上其早期虽与中国北方者相当，但有相当强的区域性，也有时间上的局限性，不像本文所研究的以小石制品为主的工业时间上绵延不断，空间上不断扩大，一直是该区的主工业；再则，两地相距甚远，尽管工业上存在相似性，还难以确认存在过文化交流。究竟如何客观地理解这样的文化现象，还有待深入研究。

通过以上粗浅的分析，中国北方主工业，在旧石器时代早、中期看不到清楚的文化交流，文化交流明显地发生可能是在距今30000年后，使得中国北方和南方文化更具多样性；新技术的应用，提高了生产率，部分地克服了原料质劣的影响，制出了形制精美的石器；细石器工业出现后，逐步改变了旧石器时代晚期后一阶段以至更晚时期的北方的工业格局，在旧石器时代结束后的几千年时间里，成为北纬35°以北地区的主体工业。文化交流加快了传统工业的解体，增进了旧石器文化发展速度，促进生产的发展和文化的繁荣。

由小石器为主的工业和细石器工业发展看，达到它的成熟期后，有一个相对停滞或发展缓慢阶段，通过文化交流，有利于突破传统，创造出新的工业或文化。这一切说明原始文化交流在史前文化发展中具有何等重要意义。

参考文献

刘源，1988。丁村石制品再观察。人类学学报，7:306～313。

安志敏，1965。河南安阳小南海旧石器时代洞穴堆积的试掘。考古学报，(1):1～27。

金元龙、崔茂藏、郑永和。1981。韩国旧石器文化研究。三和印刷株式会社。

张森水，1987。中国旧石器文化。天津科学技术出版社，天津。

钱方、吴锡浩、黄慰文，1988。藏北高原各厅石器初步研究。人类学学报，7:75～82。

盖培、卫奇，1977。虎头梁石器时代晚期遗址的发现。古脊椎动物与古人类，15:287～300。

黄慰文、陈克造、袁宝印，1987。青海小柴达木湖的旧石器。中国—澳大利亚第四纪学术讨论会论文集，168～175。科学出版社，北京。

Aigner, J. 1978. Important archaeological remains from North China. In: *Early Paleolithic in Suoth and East Asia*. Ed. Fumiko Ikawa-Smith, Mouton Publishers, Hague Paris.

Boule, M. et al, 1928. Le Paléolithique de la Chine. *Arch. Inst. Pal. Mem.* 4 Masson, Paris.

Coles, J. M. and E. S. Higgs, 1969. *The Archaeology of Early Man*. The University Press, Faber and Faber, London.

Paterson, T. and H. Drummond, 1962. Soan-The Palaeolithic of Pakistan. *Memoir of the Department of Archaeology*, *Pakistan*, 2. 1～171.

Svobada, J. 1987. Lithic industries of the Arago, Vértesszöllös, and Bilzingsleben Hominids: Comparison and Evolutionary Interpretation. *Curr. Anthrop.* 28. 219～227.

леревянко,. А. П. Д. Дорж, П. С. Васиьевскии, В. Е. ЛеречеВ, В. Т. Петрил, 1985. Археолокическии иследоваиия В Мондоловии. Памятники Левовержвя реки Коодо 1～50。

Мочанов, Ю. А. 1972。Новbleданнble о Беридом пути заселения Америки, Советская зтп оsраФпя, (2):98～101。

Паничикна, М. З. 1959. палеолитические Нуклеусbl. *Археокиеский Coophuk*, 1:7～77。

Формозов, А. А. 1958. Пешернаястоянка и её Место В палеолите. *Материаbl и ИссебоваПя по Археооии* СССР, 71:5～124。

（原载《人类学学报》1990，9（4）:322～333）

石制品微磨痕分析的实验研究与考古应用

侯亚梅

本文由实验和考古两部分组成。第一部分以扫描电子显微镜（简称电镜）为主要手段，依据 Keeley 的实验方法，对实验和“盲测”的燧石制品进行了微磨痕的观察分析，验证了该方法的可行性；表明在石制品的加工方式、加工对象与其可能的残留信息——石制品的使用痕迹，如以光泽、条痕、破损疤为主要特征的微磨痕之间所具有的某种实验模式，初步掌握了微磨痕研究的实验方法，取得了一些结果，并予以检验；利用扫描电镜观察“晶体破损”与否，可能是鉴定石制品使用或未使用的一种行之有效的方法。第二部分从周口店第 1 地点和马鞍山遗址选取了 20 件燧石制品，以微磨痕的实验研究为基础，以扫描电子显微镜为主要手段，通过对比分析，尝试了不同遗址间考古标本的微磨痕分析。结果表明，周口店第 1 地点和马鞍山遗址的石制品的功能都具有多样性；“楔”的功能见于马鞍山遗址，并为周口店第 1 地点“使用石片较多”的说法提供了微磨痕方面的新证据。

一、实验部分

（一） 序言

石制品功能的研究已成为史前考古学研究的一个分支，微磨痕分析是研究石制品功能的比较有效的新手段，其目的正如 Keeley（1980）所指出的“以最大可能复原原始人群的经济活动”。20 年来，一些发达国家的考古学家比较广泛地进行了这项工作。为适应旧石器考古学的发展，在我国开展微磨痕研究显得十分必要，故拟定本课题作为笔者的硕士论文。这项研究分三个部分：实验样品的制备、使用和微磨痕分析，借以掌握微磨痕分析的方法；“盲测”试验，用以验证对微磨痕分析方法掌握的程度；考古标本的微磨痕分析，为今后在我国开展旧石器时代标本的微磨痕分析积累初步的资料和实际工作经验。本课题的主要工作于 1988 年秋～1989 秋进行，取得了一些初步的结果，1990 年夏，随整理、分析工作的结果，完成初稿的写作。

（二） 微磨痕研究简史

石制品功能的研究，在旧石器时代考古学发展的初期，就从形态上宏观地推测（Rau，1869；Leguay，1877）到功能检验的实验（Spurrel，1884；Warren，1914）等方面受到史前考古学家的重视，也曾有人提出通过工具的磨损痕迹来分析确定其用途，如 Nillson（1838～1843）就指出：通过仔细检查工具如何磨损，在一定程度上常常可以得出它们是如何使用的结论”（Olausson 译，1980）．E. C. Curwen（1930）较早开始用低倍显微镜研究石制品上的使用痕迹，1975 年，苏联考古学家 Semenov 发表《史前技术》一书。书中他根据自己 20 余年的研究成果，简要记述了打制石器的实验和使用痕迹的分析，总结了一些加工材料所产生的微磨痕特征。该书的英文译版（Semenov，1964，Tompson 译），引起了西方考古学家的重视，开始采用类似的方法，从事实验的以及考古标本的微磨痕分析，迄今为止，在观察手段上，已从低倍发展到高倍，包括电镜的使用，放大几百倍乃至上千倍，使微磨痕特征的辨别更加微观化，取得了一批前所未知的工具使用的信息，发表了大量论著，其中，以 Keeley 所著的 "Experimental Determination of Stone Tool Uses——A microwear analysis" 为代表，他指出："在实验过程中最重要的发现是——因接触不同材料而形成的微磨痕光泽具有可鉴别的外观特征，并且确实能够互相区别开来。"（Keeley，1980）这一发现被誉为"用高倍观察方法对燧石工具进行微磨痕分析的奠基石"（Newcomer *et al*，1986），标志着微磨痕研究新阶段的到来。笔者依据 Keeley 的实验方法，首先对实验样品进行微磨痕分析，取得了一些认识，扼要记述如下：

（三） 技术手段与实验方法

1. 术语说明

微磨痕：利用显微镜观察到的，由于使用而在石制品的刃口或边缘上发生的细微变化，以磨光、擦痕、破损疤为主要特征。

微磨痕面：微磨痕所覆盖的石制品局部的微表面（简称微面）。

微区：通过显微镜观察到的微磨痕的局部范围。

接触面：使用时，石制品边、刃部（腹面或背面）与加工对象相接触的表面（简称正面），有时腹背两面同为接触面。

非接触面：使用时，石制品边、刃部（腹面或背面）未与加工对象相接触的表面（简称反面）。

横向：与边、刃走向平行的运动方向，如切割、锯等加工方式。

纵向：与边、刃走向垂直的运动方向，如刮、削、楔等加工方式。

光泽：由于受外界作用而发生改变的石制品微面的一种磨损形式，具有反光度（明暗）、密度（致密或稀疏）和分布上的差异。

亮痕：光泽的具体形式之一，表现为大小不一的条状光带。

擦痕：使用时，石制品的边、刃与被加工物发生的摩擦作用而在石制品微面上产生的一系列条痕、微坑等微磨痕形式。

条痕：微磨损面上的擦痕，表现为宽窄、深浅及长短不一的沟、槽。

边、刃破损：石制品在使用过程中产生边、刃部的崩落，表现为不同形式的破损疤、崩裂等。

崩裂：边、刃微面近处的破损现象，表现为横向或纵向的裂层，有时呈台阶式，即叠裂层。

端部：石制品腹背面之间的过渡微区，即边、刃缘部。

斜坡：边、刃近处的倾斜微区，与端部相接。

纹理：石制品表面原有的线状结构。

微坑：微面上凹陷的部分，呈略圆或不规则等形态。

指向：微磨痕所显示出的运动方向，与边或刃缘平行、垂直或倾斜。

2. 实验程序

(1) 石制品的制作、使用和记录

石制品的原料采自山西寿阳①，包括粗细两种黑色燧石。以锤击法打制了300多件石片，从中选出43件，其中16件加工成器。

实验选择的加工对象有木料（干、湿）和新鲜的肉、皮、骨头；加工方式有刮、削、切割、锯、砍劈、楔、锥刺、钻、刻划等9种。加工方式与加工对象的组合共22种。在43件实验样品中，使用石片25件，使用石器15件，未使用的石片2件，刮削器1件。在40件使用样品中，使用的边、刃数量为77个（表一；图一）。

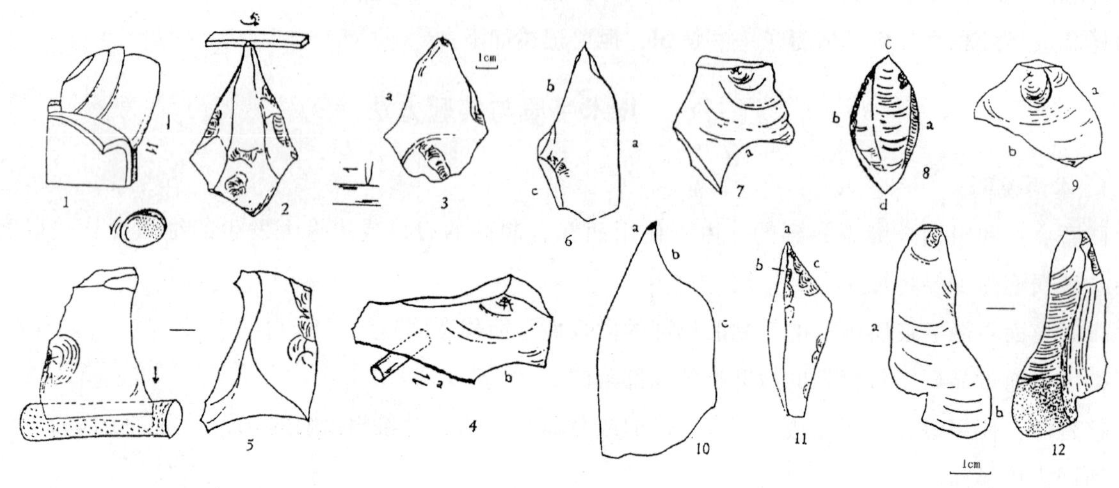

图一　实验样品的使用

1.（E4）切除脂肪　2.（E5），钻肉皮　3.（E6），刮干木　4.（E20），a锯干木（8′）；B刮木头（5′）　5.（E27），楔干木（10′）　6.（E10），切割瘦肉 a：15′b：2；c：2　7.（16′），刮干木（5′）　8.（E34），a割肉皮（5′）；b刮皮下脂肪（5′）；c，D：戳入肉皮（5′）　9.（E35），a、b刮肉皮6′:(5′)　10.（E12），c戳入鱼腹（0. 5′）；剖鱼腹（5′）；c：切鱼肉（8′）　11.（E21），a钻干木（5）；b刮湿木（5′）；c刮干木（5′）；　12.（E28），ab切肉（12′）（图中石制品除E6为1/2外，其余均为原大）（说明：E4为实验编号，14为使用分钟数，其他同此）

观察前的记录项目有：长、宽、厚；边刃角；修整与否；使用边及其形态；加工对象；加工方式（包括运动方向、使用时间、接触面）。

（2）观察对象的清洁与备样

1）用酒精擦去石制品上因执握留下的油脂，然后用温水和洗涤剂清洗，对有沉积物附着的考古标本则适当延长其浸泡时间，直到洗净为止。对经过上述方法处理后仍有沉积物体附着的石制品，将其进一步浸入温热的HCl溶液（10%）和NaOH溶液（20%～30%）中——HCl溶液可以去掉大部分无机盐类，NaOH可以去掉有机物。

2）将石制品置于盛有蒸馏水的超声波容器中进一步清洁，而后，用镊子将石制品从器皿中夹出，置于干净的玻璃板上，放到烘箱内烘干后，用薄金属片将石制品包样、镀膜，使之成为导体，以符合电镜观察的要求。

① 原料由山西省考古研究所陈哲英先生赠送，在此笔者表示衷心的感谢。

表一　实验的加工方式和加工对象

<table>
<tr><th colspan="2"></th><th>削</th><th>刮</th><th>锯</th><th>楔</th><th>砍劈</th><th>钻</th><th>刻划</th><th>锥刺</th><th>割除皮下脂肪</th><th>切割</th></tr>
<tr><td rowspan="2">木
头</td><td>干</td><td>2</td><td>7，8</td><td rowspan="2">3</td><td rowspan="2">1</td><td></td><td>2</td><td></td><td></td><td></td><td></td></tr>
<tr><td>湿</td><td>1</td><td>2，3</td><td>2，3</td><td></td><td>1</td><td></td><td></td><td></td></tr>
<tr><td colspan="2">新鲜肉类</td><td></td><td></td><td></td><td></td><td></td><td></td><td></td><td></td><td></td><td>7，13</td></tr>
<tr><td colspan="2">新鲜皮质</td><td></td><td></td><td></td><td></td><td></td><td>3</td><td>2</td><td>2</td><td>6，8</td><td>7，9</td></tr>
<tr><td colspan="2">新鲜骨头</td><td></td><td>4，7</td><td>3，4</td><td></td><td>1</td><td></td><td></td><td></td><td></td><td></td></tr>
</table>

注：表中数字前者为件数，后者为边、刃数，唯一者表示件数与边、刃数相等。一件石制品的不同边、刃用于两种以上的加工方式时，则分别记数。

（3）显微镜的使用和显微照相

用低倍显微镜（Zeiss，Jena，用至 50X）和高倍显微镜（Wild M7A，用至 330X）对实验样品和考古标本进行电镜（JSM～T200）观察前的预检，并利用电镜拍摄了大量的显微照片，使用的最小倍数为 15 倍，最大倍数为 5000 倍，多数为 200X，350X 和 500X，占总数的 46%。因时间及经费关系，大部分实验样品（以及所有的考古标本）只选择了腹面或背面中的一面予以观察。

1）实验样品使用的微磨痕分析

经电镜下的仔细观察和对大量显微照片的对比分析，获得由不同加工方式与加工对象而产生的各种微磨痕特征。

加工木头，会在石制品的微面产生特殊的木头光泽，亮度较大。其分布除受接触范围的影响外，还因石料质地本身的细腻或粗糙而具有不同的特点。相近条件下，加工湿木比加工干木的光泽亮度大；条痕并不总是十分突出，加工方式的不同决定其程度上的差异；纵向运动方式较横向运动方式能产生更明显的边、刃破损，边、刃缘的形态也会对破损疤的类型发生影响（表二）。

表二　加工木头所产生的微磨痕特征

	光　泽	条　痕	边、刃破损
削	紧接边缘产生，偶见细长纵向亮痕。	少见。	正面破损疤稍大，边缘参差而不圆滑，反面具弧痕，端部微坑深长，具指向性。
刮	亮痕短宽，多见于正面，呈纵向。有散射特点。	较少，细浅，伴亮痕产生，有散射性。具裂层剥离现象。	多见于反面，呈浅月疤或梯形疤，以纵嵴相隔，伴横向裂层，端部菱形坑疤有指向性和“晶体破损”现象。
锯	亮度较强，呈片状均匀分布。作网形。细条亮痕横向互相平行。	以横向条痕为主，纵向条痕短窄，与边刃成 70°。条痕很浅。	连续浅疤，端面纹理稀疏亮度不大，微坑深度。
楔	亮面范围大，纵向粗短条痕较多，并易见于疤位纵嵴上。有特殊的横向光带。	浅宽，与亮痕同向相间出现，在近缘处较易见到。	月疤浅窄，有横裂层或弧裂层。边缘斜坡上有纵向的浅坑，不如砍劈圆滑。
砍劈	近缘有纵向短亮痕，细者多于粗者，以后者亮度集中。	有与亮痕等宽的宽沟产生。	以不规则圆滑的浅月疤为主，微弧裂层延伸较长，可见叠裂层及不规则的破损疤。
钻	光亮只见于尖端表面高处或侧边嵴上，垂直于尖刃轴，侧边嵴上的亮痕相对较宽。	细短而不明显，垂直或近乎平行于尖刃轴，以前者比较多见。	细微，多在侧边嵴上，有弧裂层。端部坑凹较深，远离端部变浅。
刻划	较均匀，具明显的横向亮痕。	轻微。	浅月疤。端部纹理显示出的微坑浅于锯木头者，但纹理较致密。

加工肉类——光泽亮度不显，总体范围较大，使用时间较长则易见一簇一簇的团状光泽；条痕微弱，边、刃破损少见。鱼类的加工可能比较特殊（表三）。

加工新鲜肉皮——具油脂光泽，富晶莹感，整体均匀；易见与亮痕相伴的条痕；端部纹理所在微面上覆盖的微磨痕具有特殊意义（表四）。

加工新鲜骨头——光泽略显混沌，亮度不大，某种加工方式下，易集中于局部微面；条痕随加工方式的变化而有所不同；边、刃破损较易发生，疤型稍显粗陋（表五）。

表三　加工肉类产生的微磨痕特征

	光　泽	条　痕	边、刃破损
割瘦肉	范围较大，总体亮度不显。亮痕细微，有时局部光泽十分集中，具油脂光泽，横向延伸。	浅显、细短，与亮痕同向。偶见“<”形沟，近缘条痕变细。	微小，于近缘处或偏上部位呈半圆形出现，棱角已磨圆。碰到骨头，破损增大，产生三角疤、浅月疤及纵向崩裂。
割脂肪	较瘦肉更不明显，亮痕也较微弱，呈横向延伸。	微弱。	边缘较锐时，会产生相间的窄浅月疤，使用时间较长，端部趋于平整，纹路很细微坑近乎隐没。
戳并割鱼肉	“碎花”形态广布。	平行、垂直或倾斜于边缘，亦为“碎花”状。	端部偶见深坑，有起伏明显的纹理层。尖端有很深的“漏斗形”微坑。

表四　加工新鲜皮质所产生的微磨痕特征

	光　泽	条　痕	边、刃破损
切割	油脂光泽较强，质感晶莹，光泽均匀，表面较粗糙，亮痕指向不显。端部明亮光滑。	细微，以横向为主。少数倾斜或垂直于边刃。	微弱，有规则锯齿及间隔小疤，也有微裂层。端部纹理分明，微坑狭长，两头尖，中间宽。
刮	集中于边刃近处及端部，正面可见散漫亮痕，较散，呈纵向。	与亮痕相伴，于边刃处作放射状。边缘斜坡上有个别微弧条痕，呈横向，相对较长且窄。	疤小。边缘裂层变得光滑，较直。
割除皮下脂肪	范围较大，横向亮痕指向微弱。	细窄，与亮痕同向。个别为纵向条痕。	端部纹理类似于切割脂肪特征，但指向更明显。常有磨钝发亮的凹齿。
锥刺	少而不均。	短浅而直，具指向性，与尖刃轴平行。	弱于钻的方式，仅在尖端有浅的弧凹，比较平缓。
钻	只在边嵴稍显。	有回旋沟槽。	尖端破损坑深于锥刺造成的破损，常为“漏斗形”。破损疤微浅。侧边浅坑具旋转指向。

表五　加工新鲜骨头所产生的微磨痕特征

	光　泽	条　痕	边、刃破损
剔刮	集中于边、刃局部，较暗。低角度使用时，主面边缘较亮。	稀疏，微弱。有时在正面会出现弧形浅槽。	以低角使用，在反面会产生极浅月疤。梯形疤较典型，伴微弱弧裂层。垂直使用时，正面会出现以嵴相隔的宽疤。端部浅坑具指向性。
锯	光泽微弱，范围大，其间布有极小微坑。整体均匀，略显粗糙。	横向条痕显著，长短不一，断续相连。	破损疤极浅，大小不一。月疤上可产生倒U形沟槽。边、刃斜坡纹理细密，微疤横向互为连接。
砍劈	较宽，分布均匀。纵向亮痕较多。	纵向者较浅，不易分辨。横向宽条痕可见于距缘一定范围内。	波纹状浅月疤深浅稍有差别。端部深而狭长的坑疤，具纵向指向。

2）“盲测”分析及其结果

为了验证笔者对微磨痕分析方法掌握的程度，我的导师张森水先生制作了9件燧石制品（编号BT1～9），由他选择加工方式和加工材料，作了简要的原始记录后交由本人分析，要求笔者在未知条件下根据其微磨痕特征做出判断，称之为“盲测（blind test）”。

在盲测分析中，采用了低倍显微镜下的初断和电镜观察的终断，以后者为主，结果如下（说明：对于有使用痕迹的样品，只记述其使用边、刃的情况，未使用的边、刃虽经观察，但记述从略）：

BT1. 原始记录：剔羊腿肉，碰到骨头3分钟。使用部位在左侧边上。

低倍观察：左侧边腹面观，可见细密锯齿，齿宽小于0.5mm，其近台面部分的边缘腹面，有明显的条痕与锯齿边相接。背面有不均匀破损疤。左侧边末端有微疤及纵向条痕，呈嵴状排列，嵴与嵴之间的距离小于0.5mm。

初断：左侧边用于加工新鲜肉类，运动方向与边缘基本平行，其末端做过剔刮运动，如剔骨头，呈90°使用。

电镜观察：腹面观，微面暗淡，具微弱横向指向，磨损程度较轻（0573，200X；0575，750X；0575，1500X），条痕浅窄不显，呈横向或纵向倾斜，最边缘处有细微浅凹（0580，500X；0581；1500X；0582，350X），以边部亮度最强（0576，150C；0577，200X；0578，500X）。

判断：左侧边切割新鲜肉类，以破裂面为接触面。

小结；判断基本正确，但最后仍忽略了碰到骨头的可能，如0573中显示出的均质磨痕面，微坑浅平，以及三角形疤，都是边缘接触骨头可能产生的微磨痕。

BT2（图二，1），原始记录：刮骨头凹面3分钟，接触不均匀，端刃经第二步加工。

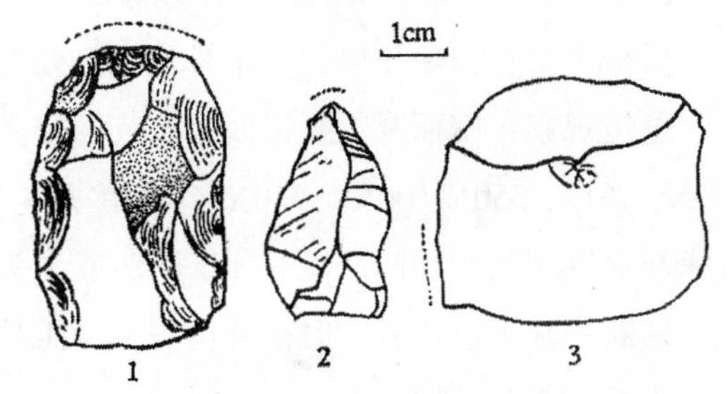

图二　盲测样品

（图中虚线所示为使用部位或微磨痕所在）

1.（BT2）刮骨头凹面　2.（BT3）刻牛骨　3.（BT9）切肉

低倍观察：端刃的修理层次被扰乱，有不规则破损，微面的光亮分布不均。

初断：端刃曾用于刮，不排除砍劈的可能，接触材料待定。

电镜观察：背面观，磨损面分布于局部，有散射的亮痕（0596，100X；0598，15X）缺乏油脂光泽，总体发暗。偶见纵向宽短条痕（0599，150X；0600；150X），破损多发生于边缘层嵴上，具纵向指向（0596，100X；0597，200X；0598，15X；0662，200X）。

判断：以背面为接触面，剔刮骨头。

小结：判断基本正确。

BT3（图二，2），原始记录：以石片尖端刻牛骨。10分钟。

低倍观察；尖部有使用迹象，自然结构受到破坏，产生明显裂层。

电镜观察：腹面观，磨损面光亮不显，层面光亮分布不均，只见于边缘嵴（0583，35X；0586，150X），显出一种不充分的接触。亮痕的指向与纹理趋向比较一致（0588，350X）。几乎不见条痕，破损疤细微（0580，350X）。

判断：以尖端的腹面为接触面抠挖骨头。

小结：加工对象判断正确，而加工方式的判断有误（因笔者未做刻骨头的实验）。

BT4．原始记录：经第二步加工，但未做任何使用。

低倍观察：尖端微部有轻微破损，不排除使用过的可能。

电镜观察：腹面观，未有磨损，表面细微颗粒保存完好（0604，0605，750X；0606，0607，1000X）与未使用者极像。

判断：未经使用。

小结：低倍观察不能完全确认其使用与否的原因是细微的修理疤或打片时机械的作用及其他因素形成的疤与使用产生的微破损疤很难区分，Keeley（1980）也曾注意这一问题。若用电镜观察细小颗粒，似乎更有利于鉴别使用与否。

BT5．原始记录：未加工的石片右侧上部用于削干木 10 分钟，破裂面向里，背面向外。削干木的角度为 20°～30°。

低倍观察：腹面边缘有较多连续月疤，似以低角度与加工对象接触所致。

初断：使用过。

电镜观察：腹面观，微面表现出明显的加工木头光泽，纵向亮痕清楚（0559，100X），条痕明晰（0560，15X；0567，100X；0569，100X）。破损明显，边缘微疤具纵向指向（0568，500X；0570，350X）。

判断：观察边曾用于削木头，以腹面为接触面，＜45°使用。

小结：判断基本正确。

BT6．原始记录：未加工石片边缘凸缘垂直拉割带毛猪皮 10 分钟。

低倍观察：似乎使用过，半月疤相接处有被磨钝的迹象。

电镜观察：腹面观，磨损面分布范围较大且均匀，有晶莹感（0618，75X），亮痕平直延伸（0611，500X，0612，350X；0613，750X），条痕基本与尖部轴线垂直，深度与宽度大于加工肉类产生的条痕。边缘端面纹理疏密相间，并非加工脂肪或木头产生的磨损（0616，750X）。

判断：基本沿边缘方向往复切割，可能是加工新鲜皮质。

小结：判断基本正确。

BT7．原始记录：作第二步加工，但未使用。

低倍观察：无甚使用迹象。

电镜观察：腹面观，自然结构完好，没有磨损亮痕，颗粒起伏自然，无磨圆现象（0620，0621，750X）。

判断：未曾使用。

小结：判断正确。

BT8．原始记录：以修理边刮皮下脂肪，先向背面刮大约 5 分钟，再转过来向破裂面刮 5 分钟。

低倍观察：有使用迹象，腹面可见纵向擦痕，无横向痕迹。

初断：背面朝里，腹面朝外，可能是刮的使用方式。

电镜观察：磨损面覆盖面较大，富有油脂光泽（0544，200X，0557，100X）。刃缘破损不显，微面可见纵向条痕（0558，200X），但偏上有横向条痕。

判断：切割（接触脂肪较多），可能是割皮下脂肪。

小结：加工方式和加工对象的判断均有失误，唯“接触脂肪”准确。失误原因与使用者曾以两个方向刮除皮下脂肪有关，笔者的实验中仅有单向刮的例子。

BT9.（图二，3），原始记录：用未加工的左侧边切割5cm长的猪腿肉5分钟。

低倍观察：边缘有破损疤，可能使用过。

电镜观察：磨光面均匀，但不紧凑（0637，75X）。与加工对象有过充分接触，但排除锯木、骨头的可能，光亮较弱（0634，0628，150X），明显弱于木、骨产生的光泽。条痕较浅，细窄（0624，100X；0625，200X；0626；500X；0627，100X），横向性明显，个别条痕与边缘呈70°倾斜。边缘具微裂层（0637，75X；0639，200X），边缘端部有较深的微坑和纹理（0641，350X）。

判断：割肉。

小结：判断正确

总结：从表六可以看出，使用与否、加工方式和加工对象判断的正确率分别为100%，78%，70%，总的百分比为82%（表六）。

表六　盲测结果统计

编号（BT）	使用与否及使用部位	加工方式	加工对象	总　计
1	1	1	0.5	2.5
2	1	1	0.5	2.5
3	1	0	1	2
4	1	1	1	3
5	1	1	1	3
6	1	1	0.5	1.5
7	1	1	1	3
8	1	0	0.5	1.5
9	1	1	1	3
总计	9	7	7	23
可能性	9	9	10	28

注：判断正确或错误分别以1和0表示，不很确切的判断则以0.5表示。

（四）　总结

本文通过对实验（包括“盲测”）样品的微磨痕分析，基本掌握了Keeley的实验方法，验证了其方法的可行性。不同的是，笔者采用的技术手段是在本领域中尚未普遍应用的电镜，而且，在取得与Keeley实验结果有较多认同的同时，也获得了一些新认识。

1. 用电镜分析石制品的微磨痕有局限性，但也有其优点。它较之光学显微镜，有着更高的放大功能，在可能情况下，能够获得更细致的微磨痕信息，如可以看到宽仅几微米的微坑乃至宽小于1微米的条痕的细部特征，及更细微的颗粒表面。而用光学显微镜放大至400倍时，石制品表面痕迹的显示常常是不太清晰的。

2. 区别使用与未使用，就我们所看到的文献而言，还没有人提到过“晶体破损”，在未使用的样品上看不到晶体破损，而一经使用，（如E6在用HCl和NaOH处理之前）可以看到样品表面晶体的局部破损，位于磨损后的凹槽中，破损方位与使用时受力来源同向，并与凹槽中的颗粒磨损相连。

3. 破损疤的类型与边缘形态有一定关系，如：以刮的方式加工木头时，平直的边刃，在反面易见纵嵴相隔的矩形或弧形浅疤，伴有少量平直、缓弧状或倾斜的横向裂层，紧密相叠。边缘微凸——浅月疤，伴波状裂层；边缘微凹——梯形凹疤，带纵嵴。此外，疤形与加工方式存在一定关系，削木头，有时易在正面产生贝壳状疤。

4. 与光泽和条痕具有共性的是，端部的纹理形态及其上显示出的微坑特征能够表明某些加工方式和材料上的不同特点。如锯木头的端部纹理较稀疏，微坑较深，呈横向延伸。而刮木头的纹理致密。微坑不如前者深，仅在中间略凹，与磨损面的分离不显，两头显得狭长，呈菱形，坑边轮廓只在一面显示得比较清楚，光亮较强，表示出一定的指向。切割肥肉及刮肉皮的端部纹理极细且具平滑感。

5. 加工木头时，刮和削在正面产生的亮痕有所不同，前者散射特征明显短宽；后者细长，无明显散射特点。

6. 以楔或砍劈方式加工木、骨材料时，距边刃一定位置，会产生一定宽度的横向光带。

（五） 讨论

本文所记述的工作仅仅是一个初步的开端，在微磨痕实验阶段的研究方面，国外的微磨痕专家已做了不少的工作，取得了一些有意义的成果，但这门新兴的领域仍有很多未知的问题需要探究。

1. 目前，微磨痕研究中存在的一个困难，是我们现在的实验都是以“单一”方式进行的，以其所产生的微磨痕判断使用方式和加工对象，相对来说，困难少些，但是可以想像，原始人使用石制品不会如我们试验那样“单一”，而一件石制品曾经可能以多于一种的方式使用或加工于不同的材料，笔者分析过的考古标本中便有几件石制品在一个边、刃上至少有两种微磨痕模式，给推断带来困难。如何解决“复合式”微磨痕分析，国际上已开始注意，如，由德国、荷兰、英国、法国、瑞士五国考古学家参与的“多分析者盲测”（multi－analyst blind test，Unrath，et al. 1984/85/86）[①] 的尝试表明，甚至是富有经验的微磨痕研究专家，对“践踏、执握、装柄”这些非常见的微磨痕也很不熟悉，执握微磨痕的分析，有助于了解原始人使用手的习惯。而装柄行为的出现，是史前人类技术进步的重要特征。这方面的实验资料和微磨痕分析（Plisson，1982）还很少，这说明在研究直接接触使用微磨痕的同时，对间接因素造成的微磨痕的分析也是十分必要的。

2. 关于影响微磨痕发生的一些因素

（1）由于微磨痕是一种微观的客体，其发生是由于物质间相互的能动接触，外因作用的细微改变都可能影响其特质的变化。我们的研究是在其中至少一类因素稳定的前提下，去把握微磨痕特征的变化。比如：以相同的石料，相同的加工方式，接触不同的加工对象等。笔者在研究中还注意到，微磨痕的发生一定是由于物质间相互的能动接触，而以石制品作用于被加工物体，其微面的微磨痕特征并不必然出现。有时局部的微磨痕可能随后来的边刃破损消失，而使分析者失去捕捉这一信息的可能。

---

① 首先在德国的 Tübingen 大学完成了 21 件燧石制品的使用实验，然后在妥善状态下依次运往居住在不同国度的四位微磨痕分析专家处，请他们采用相同的技术手段，先后在一星期内完成其微磨痕的鉴定，最后，各自将填写好的选择答卷寄回到 Tübingen 汇总。

(2) 微磨痕研究是为了了解古人类的行为，以及相关的生态环境（经济环境），其本身是一项实验性很强的工作，实验设计也是实现实验价值的关键环节。总体讲，我们应尽可能考虑到原始人类可能接触到的各类加工材料，又比如：实验的微磨痕与考古标本上的微磨痕不会完全相同，这种差别能否通过实验本身得到解决？史前工具使用后的埋藏——"后沉积"对微磨痕有怎样的影响？类似的问题都值得我们考虑。

(3) 除了对微磨痕形态的确认外，对其具体成因的实验性研究已有新的进展：Fullagar (1991) 发现在用石制品加工植物时，二氧化硅是产生光泽的重要因素。他从玻璃磨光的实验中推出光泽形成的四个阶段，并认为，专门的机械力的作用、压力、速度、水分影响着光泽发生的不同阶段。此外，加工材料中二氧化硅的含量与石制品本身的二氧化硅含量对光泽效应的发生有着不同程度的影响。

3. 关于"盲测"及其潜在意义

微磨痕研究史上最早的"盲测"来源于 Keekey 和 Newcomer (1977) 的必然性假设：作为结论判断的三个层次——使用；运动方向/行为；接触材料这三方面的属性总会百分之百地呈现于实验工具之上，并通过显微镜观察到。结果不然，有时某些关键性的微磨痕属性可能缺失，观察不到，又如 Moss (1983a) 以典型的微磨痕迹为依据，对实验使用的 projectile points 进行的统计发现，其中有三分之二看不到微磨痕；在 Ficher, *et al*. (1984) 所做的类似的实验中，这样的比率占三分之一。这说明，样品中看得出磨痕的比率会低于实际使用的比率（使用程度的不同可能是影响这一比率的因素之一，笔者注），那么，应用于考古遗址的分析，如果石制品某一类群的三分之一显示了使用的证据，即可推断这一类群的大部分乃至全部都可归至"使用过"的范畴中去。

我们可以认为："盲测"能够发现实验中的不足，改进工作方法，为进一步研究考古标本提供理论性的指导。

4. 燧石是诸多考古标本的石料种类之一，为适应考古标本的研究，不同石料的微磨痕的研究是十分必要的。对燧石等细质材料的微磨痕已有较广泛的研究 (Keeley, 1977; Vaughan, 1985 等)，其他硬质材料如石英等石料的微磨痕研究尚未普遍开展，虽然石英质硬，反光较强，使其微磨痕的研究具有一定的困难，但已有人 (Sussman, 1985; Knutsson, 1988) 开始这一工作。石英制品是我国旧石器时代遗址中常见的一类标本，因此，对石英制品的微磨痕分析应予以一定的重视。

为在我国开展系统的微磨痕研究，与国外的研究水准看齐，建立微磨痕实验室，拥有必要的仪器、设备，使石制品制作、使用、技术处理、观察分析到照片的摄制、冲印形成一套完整的作业系统，已成为当务之急。

二、考古部分

应用微磨痕分析的方法研究石制品的功能，作为史前考古学的一个新兴领域，已开始发挥其应有的作用。我国的微磨痕研究尚未得到发展，曾经有过方法上的评介（童恩正，1985；张森水，1986），比较系统的实验性研究也还刚刚起步（侯亚梅，1992a）。张森水 (1977) 曾用低倍显微镜观察过富林文化石器的使用痕迹，刘源和盖培[①] 也分别用电镜观察过个别的考古标本。为了通过微磨痕分析来推断考古标本的功能的目的，笔者立足于实验（包括“盲测”），在获得了一些直接经验的基础上，借助已有的间接经验，从周口店第1地点和马鞍山遗址选取了少量的燧石制品，尝试性地进行了微磨痕的研究。

（一） 标本的选择

本文用于微磨痕分析的考古标本共20件。其中13件（编号Z1～13）选自周口店第1地点1～3层和第4层，7件（编号M1～7）选自贵州桐梓马鞍山遗址的第3、4、7层。两处遗址分别属于旧石器时代早期和晚期，包括石片、刮削器和尖刃器三类燧石制品。

标本的选择主要出于两点考虑：

1．周口店第1地点和马鞍山遗址分属洞穴和岩厦遗址，标本的埋藏环境相对稳定，未经扰动，符合微磨痕观察要求。因受电镜的限制，所选标本均较小。另外，也考虑了标本有被使用的可能性。

2．所选标本具有时空意义。周口店第1地点作为我国北方重要的旧石器时代早期文化遗址，已有多方面的综合研究，用新的手段研究其石制品功能，无疑是一次新的探索。马鞍山遗址是我国南方旧石器时代晚期的重要代表（张森水，1988），具有与前者相似的意义。

（二） 考古标本的观察分析和功能推断

经过必要的记录与技术处理，如清洁、镀膜等，将所选标本逐个置于光学显微镜和电镜下观察分析，结果如下：

1．周口店第1地点标本的分析

Z1．锤击石片，左边圆钝，中间磨损较多，背面可见个别破损疤。

电镜观察：腹面观。边缘宽约1.2mm的磨损亮带上，横向亮痕细密，可见一些“碎花”形态（0730，0734，200×；0735，500×）。与实验中仅有的一件加工鱼类的样品产生的微磨痕比较相像。边缘缺口光泽亮度较强，斜坡上可见纵向指向的菱形微坑（0736，150X；0739，200X）。

推断：以切割方式加工鱼类（?），并偶刮硬质材料（可能是骨类）。

Z2．单直刃刮削器（图三，1），左刃为复向修理，局部有因火烧而产生的崩裂。其远端表面光泽显著。

电镜观察：腹面观。磨损面上反射光较散，局部稍亮。刃部微区微磨痕较密，有油脂光泽，条痕较少，与亮痕同向，与刃部平行（0749，0750，150X；0751，15X；0573，350X）。

推断：若以正常的微磨痕特征分析，此标本左侧刃远端部位有类似切割肌肉的微痕。因被火烧过，目前未做这方面的实验分析，暂且存疑。

Z3．端刃刮削器，向背面修理。刃部棱角变得圆钝，其端部具明显的纵向条痕。磨损痕迹均产生于刃口微区，腹面有少量破损疤。

电镜观察：背面观。磨损光亮集中于刃口层嵴（0703，150X；0704，350X），纵向条痕微弱、细密

① 材料尚未发表。

(0705，200X)，有一横向条痕上表现为“碎花”形态（0702，100X)。斜坡纹理零乱，其上存在较大的坑凹，坑边向上的轮廓清楚，表明摩擦力的方向朝下。端部在高倍下显示出“碎花”状表面，半圆形微疤紧挨刃口产生，类似切肉的横向力造成的破损疤（0706，30X；0707，750X)。

推断：刮皮下脂肪（?）兼割鱼类（?）。

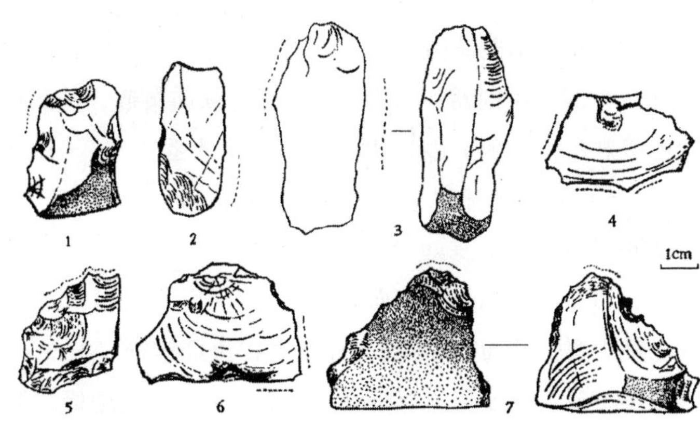

图三　用于微磨痕分析的部分考古标本

（虚线所示为观察到的微磨痕所在）

1.（Z2）单直刃刮削器 2、3、4、6.（Z4，Z13，M2，M6）石片
5.（M4）单凸刃刮削器　7.（M7）尖刃器

Z4．一端石片（图三，2)，右边端部光泽亮度较强，其远端使用迹象明显，总的擦痕具横向指向。

电镜观察：腹面观。微磨面明亮（0657，100X)，条痕平直、细窄，横向延伸，其间可见扁圆平疤（0661，200X)，边缘纹理具横向的指向，有倾斜裂层（0660，200X）类似 Keeley 实验中加工干皮或鹿角的微磨痕。

推断：切割干皮或鹿角。

Z5．两端石片，a 边，有短的纵向条痕，小于 0.5mm，似以腹面为主面，低角度切削；b 边，两面均有零星破疤；c 边，可见弧形或梯形微疤，三边的端面都附有褐黄色沉积，并具特殊光亮。

电镜观察：腹面观。a 边，磨损的反射光分散，只在同心波纹上较显，伴圆形微坑。散射亮痕及纵向条痕出现于刃口微区（0665，150X；0667，350X)。b 边，偶见纵向亮痕，紧密（0662，350X)，伴微弱浅条痕。c 边未做电镜观察。

推断：a 边，割皮下脂肪，并以腹面为正面削木头；b 边，削木头或角质。

Z6．两刃刮削器，错向修理而成。

电镜观察：背面观。a 边没有磨损，缺乏光泽。所见条槽（0690，150X）似为机械力造成，而非使用痕迹，显示出粗糙的自然表面。b 边未做电镜观察。

推断：a 边未曾使用。

Z7．锤击石片，右边中部向破裂面修理，有横向微痕，两头有纵向破疤；左边靠近尖头处，崩疤只见于背面；尖头右侧端腹面亮度较大，视感光滑，呈一丘状，其上布有明显的横向和纵向条痕。

电镜观察：腹面观。右侧边中部，磨损面明亮（0669，150X)，端部纹理间隔明显（0671，500X)，条痕不显。尖端一侧有细微的浅裂层（0673，350X)。近台面一侧边缘产生的微疤和短条痕具纵向指向。

推断：切割新鲜皮类或刮皮下脂肪。

左边，微磨损只在边缘较显，破损轻微，具微裂层。

推断：刮动物皮质。

尖部，以横向散光为主，亮度较强。纵向亮痕仅仅依附于打击条槽（0667，150X)，端面纹理较细，连贯性好（0679，200X）。

推断：切割带脂肪肉皮。

Z8．单凹刃刮削器，右侧上边端部有纵向条痕，与两边缘相接；右侧下边端面亦见纵向浅槽。

电镜观察：右侧上边为背面观，下边为腹面观。无特殊磨损痕迹，表面结构零乱。较深的沟槽（0758，350X）和刃部的三角形疤（0763，100X；0764，200X），应为非使用因素的外力作用所致。

推断：未曾使用。

Z9．单直刃刮削器，复向修理。

电镜观察：背面观。a边光泽亮度在边部较密（0766，150X；0768，200X），刃口微面有弧形短亮痕。微坑不显，亮痕和条痕暗淡，具横向指向。近边缘，微坑变小，并有纵向条痕（0770，150X）。

推断：以背面为主面，低角度刮削兼锯割，加工对象分别为木头和角质。b边的观察表明无使用迹象。

Z10．锤击石片，左边向破裂面修理，腹面有崩落疤。背面疤内有斜向条痕，右边腹面可见个别较宽的半月疤，两边均有横向条痕。

电镜观察：腹面观。右边，反射光较散且亮，近于带状分布，横向细微条痕较多。边缘有少量纵向条痕（0654，150X；0646，500X，0650，15X，0651，50X）及微疤（0645，150X；0650，15X）。左边，亮痕紧密明亮，横向细窄条痕较多（0653，75X；0655，100X；0656，150X）。

推断：右边用于切割并刮较硬的皮类；左边可能是锯木头。

Z11．两刃刮削器，复向修理。

电镜观察：腹面观。未有磨损，纹理自然，凹凸层次清晰（0715，200X）。

推断：未使用。

Z12．单凸刃刮削器，左边向背面修理。

电镜观察：腹面观。左边大部结构凸出，自然面保存完好（0772，500X）。近台面边缘微部有微磨痕出现（0773，75X）。亮度相对比较集中，伴有略圆微坑，横向条痕微弱。右边未做电镜，低倍观察没有使用迹象。

推断：左刃只在局部以锯割方式使用，材料不明。

Z13．线状台面长石片（图三，3），右侧边背面有弧状及梯形崩裂。

电镜观察：腹面观。右侧边亮痕致密，具横向性。纵向细窄条痕偏上逐渐变得浅细，边缘出现断疤（0776，150X；0778，350X；0779，15X）。左侧边的微磨痕与右边类似，纵向作用明显，边缘处条痕宽深（0780，200X），且亮痕较明显（0781，200X）。

推断：右侧边刮、锯骨头，刮时为双向使用；左边以腹面为正面刮角质。

2．马鞍山遗址标本的分析

M1，单凹刃刮削器，系向破裂面修理。仅在左边远端部位见到纵向短条痕及细微的磨损裂层。

电镜观察：背面观。微面宽约0.05mm（0742，500X），暗淡、粗糙。超高倍下可见刃口微区微坑的波纹呈纵向延伸，宽约数微米（0743，2000X）。较大的破损疤上有纵向短条痕，其表面纹路峭谷相间，显示出横向力的作用，亦有横向细微条痕（0741，1000X；0743，2000X）。刃部微区可见半圆形磨损浅凹。

推断：以左侧刃远端部位割肉。

M2．石片（图三，4），端边由两个较宽的凹口连接而成，左侧凹口由端面观靠近腹面有较多的破损微疤及裂层。左边腹面斜坡上布满小的破损疤，背面则几乎不见。

电镜观察：腹面观。端边的边缘嵴有些微破损，大部分表面结构松散，颗粒分明（0747，350X）。明显的使用迹象在端面可能更易见到，由于电镜无法观察到这一标本的端面，只隐约可见其上较强的反光度（0748，100X）。左边由于腹面坡度较大，观察效果不佳而无法确认其微磨痕特征。

推断：左侧边和端边曾经使用，分别以背面和腹面为正面，与加工对象成90°作单向刮的运动，具体加工材料由于微磨痕信息不足而无法予以准确的判断。

M3．单直刃刮削器，右边向破裂面修理，背面宽约3～5mm的较大破损疤内有纵向条嵴，左边也有较大的破损，但未做电镜观察。

电镜观察：背面观。右侧刃口端部磨痕明亮、集中。刃缘微区偶见纵向较长亮痕和较宽的浅裂层。同时有纵向长条痕断续出现（0744，500X）。端面上的沟深宽，有狭长、细密的微坑，表明有过比较集中的垂直力的作用。

推断：砍劈骨头或鹿角。

M4．凸刃刮削器（图三，5），背面较平。在刃缘远端宽不到2cm的范围内有一些微破损，见于破裂面，背面相应部位有数道明显条痕，长约2mm。

电镜观察：背面观。刃部微区磨损不均，裂层较多。亮痕集中于裂层断口下方（0708，150X；0711，350X），纵向亮痕散漫（0709，100X；0710，200X），在距刃缘约0.2mm的范围内，有数条断续相连的横向光带及细微纵向条痕，这是“楔”的使用方式所具有的主要特点之一，在稳定的垂直力的作用下，连续的楔入，使受摩擦力较大的部位留下横向的亮痕，同时伴有细窄条痕。表面呈深色、近乎圆形的磨面，在岩石表面原有结构的基础上形成。刃缘比较锐直的部位破损轻微，明显的是，刃口端部微区的亮度较大。

推断：楔湿木。

M5．两刃刮削器。左侧边和上残断边经错向修理。两者交错的尖端部位有两组近乎互相垂直方向的平行条痕，长度小于2mm，交错成格。由于电镜观察不到已知的条痕部位及其更细微的微磨痕，只能暂时推断尖端部位曾以互为垂直方向使用。端刃微破损明显，背面微区裂层较多。

电镜观察：背面观。端刃背面可见纵向亮痕（0683，75X；0684，150X，0688，150X），条痕不显。由于刃部陡直，微磨损只在背面缘出现（0685，200X），其靠近尖端的微面，呈现出亮度很强的磨损面，有平行或倾斜于刃缘的浅条痕（0686，50X），证明是以尖端为主要使用部位。

推断：可能为端刃背面和尖端部位为正面刻刮湿木。

M6．石片（图三，6），腹面有三个贝壳状浅疤，端部可见裂层结构。端边右侧面可见细密的浅破疤，此端是端边较直的一段。

电镜观察：腹面观。亮痕仅在边缘局部的微疤上出现（0690，1000X），贝壳形微疤上有倾斜于边缘的浅条痕，另有沿边缘断续连成弧状的细窄条痕（0697，200X），纵深达0.11mm。端边，边缘亮度较强，横纵向条痕均较为清楚（0700，100X；0701，350X）。其端部横向磨损明显，光亮较强，纹路很细，有窄长浅疤与之并存（0698，350X）。

推断：右边以腹面为正面，切削骨头或质地十分干硬的木头。端边切划脂肪，但不排除曾以腹面为正面刮皮下脂肪。

M7．尖刃器（图三，7），刃部无甚使用迹象。其短刃一侧的腹面有裂层，背面相应部位有浅的弧形疤，后跟为断面。尖刃端部可能为作楔子使用，但电镜未能观察这一部位。

电镜观察：右侧刃边缘表面为颗粒分明的自然结构，暗淡、不规则，棱角分明的块疤，为原有结构。

推断：尖刃可能以楔的方式使用，材料不明。

（三）　分析结果

考古标本微磨痕分析小结（表七）。

表七　考古标本微磨痕分析小结

地点	周口店第1地点	马鞍山遗址
时　代	旧石器时代早期	旧石器时代晚期
标本总数	13(石片6,石器7)	7(石片2,石器5)
使用标本数	10(石片6,石器4)	7
石片的使用边数	10(复合使用:4)	2(复合使用0)
石器的使用边、刃	4(复合使用:2)	8(复合使用:0)
使用边、刃数	边:10(石片6) 刃:4(石器4)	边:4(石片3,石器1) 刃:6
加工方式	边:刮、削、切割、锯; 刃:刮、切割、锯。	边:刮、削、切割、砍劈; 刃:刮、楔、刻。

地点	周口店第1地点	马鞍山遗址
加工料材	边:木、骨、鱼(?)、皮、脂肪、角; 刃:木、角、肉、鱼(?)。	边:木、骨、角; 刃:木、肉
加工方式与加工材料	割:肉、皮(干,鲜)、皮下脂肪? 锯:木、骨、角; 刮:木、角; 削:木角;	割:肉? 锯:骨、角; 楔:木? 砍劈:骨、角; 刮:木、骨? 刻:木
器类与使用	石片—割肉、鱼、刮骨、角、锯骨; 刮削器—割:肉、干皮、脂肪; 刮:皮下脂肪、木; 削:木、角; 锯:木角。	石片—刮? 刮削器—割:肉、脂肪; 刮:皮下脂肪; 削:木、骨; 楔:木; 砍劈:骨 、角; 尖刃器—刮:木; 刻:木; 楔:?

（四）　总结与讨论

微磨痕分析表明，被观察的考古标本可能存在以下若干性质。

1．用途多样　从表七，我们可以窥视到，无论是石片还是不同的石器类型，其边、刃的用途可能是多种多样的，即便是同一边、刃，也可能具有两种以上的功用，比如，既用于刮削木头，又用于锯割鹿角。

2．复合使用　在周口店第1地点的标本中，6件石片的10个使用边有4个显示出复合使用的微磨痕；在4件使用石器中，有2个复合使用的迹象，而选自马鞍山遗址的标本则不见复合使用的例子。这或许说明第1地点的古人类使用工具时存在一器多用的情况，表明工具在功能上的分化尚不明显，后者似可说明工业在功能上已趋向分化。

3．使用石片　在所观察的选自周口店第1地点的石片上均可见微磨痕，为以往认为该地点使用石片较多（张森水，1989）的说法提供了微磨痕方面的证据。

4. 特殊微磨痕的意义　在石制品的用途上，周口店第1地点被加工材料的种类多于马鞍山遗址的，其中可能存在鱼类（?）的加工2例；马鞍山遗址有较多的楔、刻、砍劈行为以及对骨头的“较多”加工，事实上该遗址出土了较多的骨制品和骨器（张森水，1987），它们之间是否存在某种关系？马鞍山遗址出土的石制品中特殊的“楔”的微磨痕，说明在用料上已经开始采用一种间接的方法，其加工方式是否还暗示具备了制作复合工具的技术，包括带柄工具的出现？马鞍山遗址出土的骨制鱼叉等（张森水，1987），可能证明其存在。

由于电镜具有较强的放大功能，可以获得更多的古人类使用石器的信息，但也存在一些不利因素，使用电镜对观察对象限制较多且花费昂贵，使得一些有价值的标本和可观察标本的某个局部无法观察或观察不到。尽管如此，选择有限的考古标本进行微磨痕研究，仍然可以使我们对古人类工具的使用有一些初步的了解。

微磨痕分析使我们有可能从新的角度去捕捉古人类过去的生活印记，比如，在从北京猿人遗址中选取的13件有使用可能的标本中，微磨痕显示其中的10件曾被使用：石片被用于割肉、鱼，刮骨头、角质，锯骨头等，刮削器用于切割肉类、干皮、脂肪，刮脂肪、木头，削木头、角质，锯木头、角质等，加工鱼类的微磨痕尤为特殊。

因本文选用的标本有限，不能说明更多方面的问题，作为尝试，我们期待以后对更多标本的研究，以便进一步验证对某些加工对象推论的准确性，加深微磨痕属性对过去事实的客观反映，以及对原始人类经济生活的更多了解，并为解决原始人类的行为方式，实现复原史前社会的生活原貌这一微磨痕研究的最终目的服务，我们或许还可望微磨痕研究在解决石制品类型与功能关系上的贡献。

参考文献

张森水，1977。富林文化。古脊椎动物与古人类，15（1）:14～27。

张森水，1986。述评《石器使用的试验鉴定——微磨损分析》一书。人类学学报，5（4）:392～395。

张森水，1987。桐梓县马鞍山旧石器时代遗址。《中国考古学年鉴》，242～243。文物出版社，北京。

张森水，1988。马鞍山旧石器遗址试掘报告。人类学学报，7（1）:64～74。

张森水，1989。中国北方旧石器时代早期文化。《中国远古人类》，吴汝康、吴新智、张森水主编，97～156。科学出版社，北京。

侯亚梅，1992. 石制品微磨痕分析的实验性研究。人类学学报，11（3）:202～213。

童恩正，1985。石器的微痕研究。史前研究，（2）:151～158。

Curwen, E. C. 1930. Prehistoric flint sickles. *Antiquity*. 4:179～186.

Ficher, A., P. V. Hamsen, and P. Rasmussen, 1984. Macro and micro wear traces on lithic projectile points. *Journal of Danish Archaeology*, 3:19～46.

Fullagar, R. L. K, 1991. The role of silica in polish formation. *Journal of Archaeological Science*. 18:1～24.

Keeley, L. H. 1977. The functions of Paleolithic flint tools. *Scientific American* 237（5）:108～126.

Keeley, L. H. 1980. Experimental Determination of Stone Tool Uses—A *microwear analysis*. University. of Chicago Press, Chicago and London.

Keeley, L. H. and M. Newcomer, 1977. Microwear analysis of expermental flint tools: A test case. *Journal of Archaeological*

Science. 4:29～62.

Knutsson, K. 1988. Patterns of tool use－scanning electron microscopy of experimental quartz tools. *Aun* 10. *Societas Archaeologica Upsaliensis*. *Upsala*.

Leguay, L, 1877. Les procedes employes pour la gravure et la sculpute des os avec les silex. *Bulletin de ls Soeite d' Anthrlpologie de Paris*, 2*eme serie*, 12:280～296.

Moss, E. H, 1983a, The Functional Analysis of Flint Implements pincevent and Pont d' Ambon : Two Case Studies from the French Final Palaeolithic. British Archaeological Reports. II. S. 177.

Newcomer, M., R. Grace and R. Unger－hamilton, 1986. Investigating microwcar polishes analysis with blind－test. *Journal of Archaeological Scienc*. 13:203～218.

Olausson, D. 1980. Starting from scratch: The history of edgewear research from 1838 to 1978. Lithic Technology, 9. 48～60.

Plisson, H., 1982. Analysis fonctionnelle de 95 micrograttoirs "tourassiens" Tailler! pour quoi faire: Prehistore et technologie lithique 2, Recent progress in microwear Studies. Studia Praehistorica Belgica 2. D. Cahen, ed. 279～287.

Rau, C., 1869. Drilling in stone without metal. *Annual Report of the Smithonian Institution for* 1868, 392～400.

Semenov, S., 1964. Prehistoric Technology. Trans. by M. Thompson London: Cory, Adams and Mackay.

Spurrel, F., 1884, On some Palaeolithic knaping tools and modes of using them. *Journal of the Royal Anthropological Institute of Great Britain and Ireland*, 13:109～118.

Sussman, C., 1985, Microwear on quartz: fact or fiction? Would Archaeology, 17 (1):101～111。

Unrath, G., L. Owen, A. van Gijn, E. Moss, H. Plisson, and P. Vaughan, 1984/89/86. An evaluation of microwear studies: a muliti－analyst approach. Early Man News, (9/10/11):117～176.

Vaughan, P., 1985. *Use－Wear Analysis of Flaked Stone Tools*. The University of Arisona Press, Tucson.

Warten. S. H., 1914. The experimental investigation of flint fracture and its application to problems of human implements. *Journal of the Royal Anthropological institute of Great Britain and Lrelana*', 44:512～551.

（原载于《人类学学报》1992，11（3）：202～215；1992，11（4）：354～361）

马鞍山遗址出土碎骨表面痕迹的分析

龙凤骧

一、背　　景

马鞍山旧石器时代文化遗址位于桐梓县境内，离县城西南约2公里。遗址于1980年发现，经1981年试掘，肯定了其性质（张森水，1988）；1986年首次作系统发掘，取得良好的结果，进一步明确了它的性质，了解到它是具有特殊意义的旧石器文化遗址（张森水，1987）。为获得更多的科学资料以阐明它的特殊意义，1990年冬，再次组织了系统的发掘。这次发掘发现有用火的痕迹，出土了大量的文化遗物，依初步统计，石制品1000余件、骨制品数件（其中包括目前可以肯定的磨制骨器），以及各种动物化石20多种，包括大量的碎骨。本文研究的材料即是1990年度出土的碎骨化石。

为便于更清晰地了解这些遗物，首先介绍一下有关这些碎骨来源的背景——地层与动物化石。

（一）　地层

这次发掘集中于遗址中部，共发掘23平方米。发掘方法采用自然层与水平层相结合的方法，发掘方为1平方米，每10厘米为一个水平层。每层发现的遗物，在未位移或基本未位移的情况下，均绘有平面图，并记录遗物的三维坐标。

发掘区内，由于后期人类的多次扰乱，上部地层仅局部保存。现以这次发掘的西北壁剖面（图一）为例，对各层作扼要介绍（自上而下）：

1. 表土，灰褐色砂质黏土，含角砾，有现代遗物。堆积向一端尖灭，最大厚度为16厘米；
2. 灰黄色砂土，含近代遗物，为一灰坑（H1）打破。堆积向一端尖灭，最大厚度为48厘米；
3. 棕红色砂质黏土，含小角砾。厚度为20～86厘米；
4. 灰黑色灰岩角砾，残积物。厚度为4～8厘米；
5. 灰褐色灰岩角砾，残积物。堆积有部分缺失，最大厚度为72厘米；
6. 黄棕色角砾层。厚度为7～32厘米；
7. 棕色黏土层，偶含小角砾，角砾有一定的磨圆。厚度为4～8厘米；
8. 灰黄色角砾层，含有少量的黏土。厚度为34～38厘米；
9. 角砾层。角砾多为次磨圆，砾径一般在3至5厘米之间。厚度为8～14厘米；

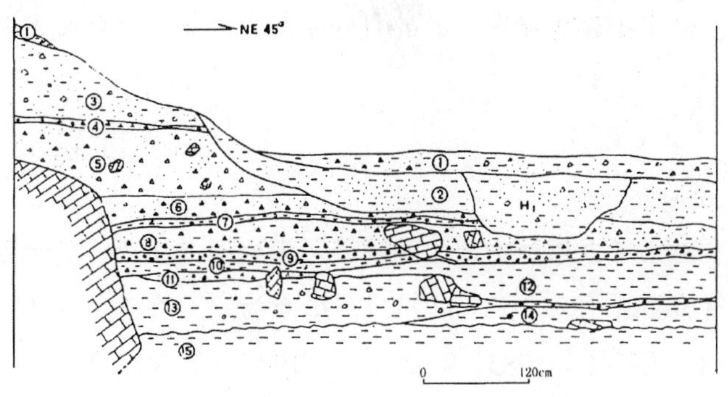

图一　马鞍山遗址1990年度发掘区西北壁剖面

10. 紫红色黏土，偶含小角砾。堆积向一端尖灭，最大厚度为 16 厘米；

11. 灰色角砾。堆积呈透镜体状，最大厚度为 12 厘米；

12. 灰褐色黏土。堆积不稳定，有部分缺失，最大厚度 48 厘米；

13. 大灰岩块角砾夹红黏土。最大岩块直径达 40 厘米。堆积向一端尖灭，最大厚度为 62 厘米；

14. 棕色黏土，偶含大角砾。堆积向一端尖灭，最大厚度为 30 厘米；

～～～～角度不整合～～～～

15. 灰黄色页岩风化壳（未到底）。

除第 4、5 层外，几乎所有的层位皆出土石制品与动物化石，经初步整理统计，以 8 层出土的遗物较为丰富。据堆积状况，在第 8 层与第 9 层之间有一明显的沉积间断，因此，将遗址内的地层堆积大体分作上、下两部分。第 9 层以上为上部；下部包括第 9 层在内的以下各层。以往对地层和石制品的初步研究也持有相同的看法（张森水，1987）。

（二） 动物化石

这次发现的动物化石均极破碎，除了少量的鱼类和爬行类化石外，绝大多数为哺乳类化石，包括牙齿、颌骨和头骨。经初步鉴定，计有 20 个种属：

熊（*Ursus* sp.）

虎（*Panthera* sp.）

狼（*Canis* sp.）

小野猫（*Felis microtus*）

獾（*Meles* sp.）

大熊猫（*Ailuropoda melanoleuca*）

黑鼠（*Ruttus* sp.）

豪猪（*Hystrix* cf. *Subcristata*）

竹鼠（*Rhyzomys* sp.）

复齿鼯鼠（*Trogopterus xanthipes*）

中国犀（*Rhinoceros sinensis*）

巨貘（*Megatapirus augustus*）

鹿（*Cervus* sp.）

麂（*Muntiacus* sp.）

麝（*Moschus* sp.）

水牛（*Bubalus* sp.）

猪（*Sus* sp.）

猕猴（*Macaca* sp.）

东方剑齿象（*Stegodon orientalis*）

四川短尾鼩（*Anourosorex squamipes*）

以上的属种主要是根据牙齿化石来鉴定的。遗址中以鹿类牙齿发现为多，鹿类的颌骨也有少量发现。从出土伴生状况看，碎骨的来源，应属于这些哺乳类的体骨。

二、碎骨特征的观察

对于考古遗址中出土的碎骨，无论国内国外，皆有诸多学者作过研究。在我国，30 年代初就已开始（Breuil，1931；Pei，1932），迄今为止，在这方面已作了不少的工作（例如，金牛山联合发掘队，1978；尤玉柱，1985；陶富海等，1987；张森水等，1990；吕遵谔 1990；张俊山，1991）。在国外，这方面的研究，相对开展较为深入一些，更多地借助于现代骨骼组群的研究和实验，从而进行对比分析，推断碎骨作用者的行为（例如，Binford，1984；Brain，1981）。通过中外学者的辛勤努力，现已基本建立了一套研究碎骨的方法和鉴别标准（如 Pei，1938；Breuil，1939；Shpiman et al. 1984；Behrensmyer，1978；Binford 1981；Bunn，1983；Lyman，1987）。

本文主要是借鉴中外学者研究碎骨的一些方法，对 1990 年度马鞍山遗址发掘出土的碎骨作一尝试性的分析。

本文观察分析的碎骨标本共 1131 件。这些标本均在发掘现场作过位置（三维坐标）记录。分别来自除 4～5 层外、3 层以下的各层。据碎骨的破碎状况和其表面痕迹产生的动力来源，下面分别加以记述。

（一） 破碎状况

1．可鉴定的与不可鉴定的碎骨的比例

所谓可鉴定的碎骨即是指可判断解剖部位的碎骨，诸如属于头骨、肢骨的碎块或脊椎等，而不可鉴定的碎骨指无法判定原属解剖部位的碎骨。在观察的标本中，可鉴定者为 698 件，占 62%；不可鉴定者为 433 件，占 38%。

2．骨骼组份

骨骼组份是依据可鉴定的碎骨来统计的。马鞍山遗址出土的可鉴定的碎骨包括肢骨干、肢骨端、脊椎、肋骨、颌骨、肩胛骨、盆骨等，其中属于肢骨骨干的碎骨最多（表一）。

在这些可鉴定的标本中，具有年龄特征的标本（在这里主要依据骨骺端与骨干端是否愈合），有 296 件，其中非成年者 29 件。

3．断口形态[①]

在观察的标本中，可记录断口的标本有 1073 件，(其余的 58 件主要是前后足的不规则骨)。

在统计碎骨断口时，对带骺端标本的断口与无骺端的标本的断口采用了分别记录的方式，对前者仅记录一端断口，而后者则记录两端断口形态。断口形态各种各样，依初步统计，大多数标本的断口为一端尖，一端平（表二）。

表一　骨骼组份

头骨	14
脊椎骨	10
肋骨	18
肩胛骨/盆骨	18
完整肢骨	0
肢骨端	98
肢骨干	445
前足/后足骨	46

表二　断口形态统计

两端头	159
两端平	104
两端舌状	21
一端尖一端平	220
一端尖一端锯齿状	60
一端平一端舌状	52
一端平一端锯齿状	37
一端舌状一端锯齿状	31
一端平	31
一端舌状	10
一端尖	45
一端锯齿状	41
不规则	202

① Shipman 等人曾对带有关节端的较完整骨骼的断口作过分类，一共分了七类（Shipman，et al. 1981，*pp*. 259～260）；本文观察的标本多不带关节，主要呈片状，故而暂且记录其断口的实际形态。

4．管状骨骼的破碎状况

管状骨骼主要是指肢骨，其破碎状况通常以碎骨标本与产生碎骨标本的原完整肢骨的比例的破碎程度来表示的。具体表现为两个破碎指数：一个是周长指数，即标本横截面上最大弧长与原管状肢骨在该处的周长的比例，另一个是长度指数，即标本长度与原肢骨长度的比例。不管是带骨骺的标本还是仅有骨干的标本，对这些值都加以记录（图二）。

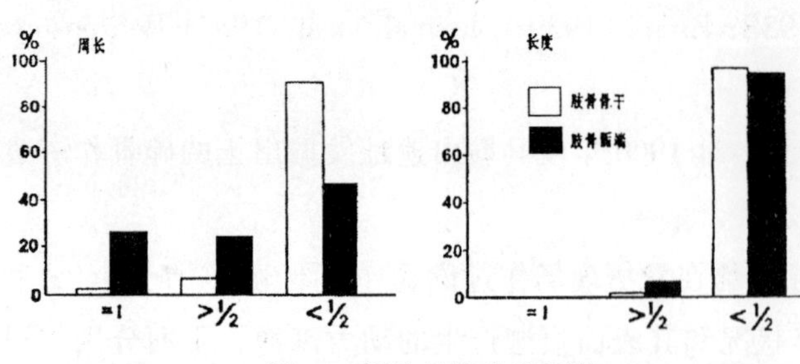

图二　管状骨骼破碎状况

（注：＝1—代表等于原管状骨的周长或长度；＞1/2—代表于原管状骨的周长或长度的一半；＜1/2—代表小于原管状骨的周长或长度的一半）

在观察的标本中，属于管状骨骼碎骨有549件，占48.7%。其中属于骨干的标本451件，带骺端的标本98件。其周长指数和长度指数如图二所述。

对管状骨骼观察，还作了其长、宽、厚的测量记录，它们的厚度多在4～14毫米之间；宽度多在25～50毫米之间；长度多在36～100毫米之间。同时，通过对它们的长、宽、厚的相关分析，显示出宽与厚的密切关系（表三）。

表三　管状碎骨长宽厚各项数值以及相关系数　　N＝549

项　目 Variable	平均数 Mean	标准差 Std Dev	最大值 Minimum	最小值 Maximum
长（LENGTH）	81.50	34.16	11.00	270.00
宽（WIDTH）	36.51	15.54	8.00	124.00
厚（THICKNESS）	10.76	5.63	2.00	50.00
长宽指数（W/L）	49.97	26.66	13.04	196.43
宽厚指数（T/W）	31.19	14.12	6.90	112.82
长厚指数（T/L）	14.65	9.18	2.29	73.02
相关系数 Correlations:	长 LENGTH	宽 WIDTH	厚 THICKNESS	
长（LENGTH）	1.000			
宽（WIDTH）	.4394**	1.0000		
厚（THICKNESS）	.2905**	.4951**	1.000	

注：**相关极显著（P＜0.01）。

（二）　自然营力的作用

自然营力主要是指风化、腐蚀、水流、矿物质污染以及重力等的作用，使碎骨表面发生变化甚至破损。这几方面的作用痕迹在马鞍山遗址出土碎骨中均有发现。

1．风化状况

风化一般是指物理风化，主要是由于光和热等对骨骼表面产生作用，从而使骨骼发生裂纹、骨表质脱落以至于破裂等现象。风化状况是以风化程度来表示的。参照前人的研究分类（如 Behrensmyer，1978①；尤玉柱，1985），结合本遗址的具体情况，将遗址出土碎骨分作三个风化级别，即 0～2 级：

0 级——无风化。骨骼表面光洁，骨表质保留，没有裂纹；

1 级——轻度风化。骨表出现裂纹，或有部分骨表质剥落；

2 级——严重风化。裂纹增大，透过骨内壁，骨表质大部分剥落以至于全部剥落。

在观察的标本中，属于 0 级风化的，占 18%；属于 1 级风化的，占 80%；属于 2 级风化的，占 2%。可见，多数属于 1 级风化。

一般认为，无风化的标本在地表面暴露的时间为 1 年左右，轻度风化的至多不超过 4 年，而严重风化者则在 4 年以上（Behrensmyer，1978，P157）。但这是根据非洲的露天环境来确立的，马鞍山遗址的情况与此有些不同，这里为洞穴，相对干燥些，气温相对低，风雨侵袭和日光直接照射以及温差变化也少些，因此，碎骨实际暴露的时间或许会更长一些，具体的数据有待进一步的实验研究来提供。

2. 腐蚀——化学溶蚀与根系腐蚀

腐蚀，在这里主要是指化学溶蚀和根系腐蚀。化学腐蚀主要是溶蚀作用，即骨骼未埋藏前或埋藏于地层中，由于与之接触的周围土壤中所含化学物质，如各种弱酸对骨骼表面进行侵蚀，从而使骨表质逐渐地被溶掉。化学腐蚀主要是依靠水或水分作为中介来完成的。观察的结果，有这么几种情形：表面坑坑点点状，坑点扩大连成片，骨表质大部分或全部没有。据骨表质保存情况，笔者将化学腐蚀分作三级②，即 0～2 级：

0 级——基本没有腐蚀痕迹，骨表光洁。

1 级——轻度腐蚀。骨表出现点状坑或部分点状坑相连成片的小块溶蚀区，但绝大部分骨表保留。

2 级——严重腐蚀。溶蚀坑或局部溶蚀区基本相连，骨表质绝大部分已不保留直至全部消失。

这次观察的标本中，大部分为轻度腐蚀（52%），严重腐蚀的也占相当的比例（25%）。

根系腐蚀一般是指植物根须附系于骨骼表面而形成痕迹，若骨骼有细微裂纹，有时甚至会深入骨骼致使骨骼发生破裂（Behrensmyer，1978；P154）。腐蚀作用的结果是在骨骼表面形成根系的印迹。根系腐蚀可以发生在骨骼废弃以后的任何阶段。在观察的碎骨标本中，44%以上皆有根系腐蚀的印迹。

3. 水流作用

水流作用主要通过流水动力作用，致使骨骼受到冲刷、磨蚀，乃至被搬运，造成骨骼的部分甚至全部损伤，改变其形态特征。一般表现为水流冲刷的光泽或不同程度的磨圆特征。

在观察的标本中，带明显水流冲磨痕迹的标本仅有 8 件，绝大多数标本没有水流作用的痕迹。

4. 矿物质污染

骨骼在受到矿物质污染时，其表面颜色能改变或局部改变。在马鞍山遗址中，发现有这类标本，多数是锰、铁矿物质污染的，如标本 M:1229，其表面为黑色，但从新的断口可见其里层骨质的本来颜

---

① Behrensmyer 据南肯尼亚 Amboseli 盆地的已知风化史的材料，共分了 6 个风化程度级别即 0～5 级。

② 关于腐蚀级别的轻重程度，大抵与腐蚀物质的溶蚀强度、溶蚀的时间等因素是相关的，更确切的数据，有待于进一步研究。

色，而不是火烧烤形成的（裴文中等，1985；Shipman et al，1984）[①]；铁质污染多呈红色[②]，如标本M∶1400其表面红色斑点密布。

5．重力作用

重力作用指骨骼或其他遗物，受到上覆地层的压力或地层间的挤压、错动，致使骨骼发生破碎。这类例子已有过记录（例如，Pei，1938；张森水等，1990）。这类标本有6件。例如标本M∶1371，骨骼破碎成多块，但碎块及碎屑还大体在原位，裂纹纵横交错，裂缝间填满了沙土。

（三）　动物作用产生的痕迹

这里发现的这类标本，主要由啮齿类动物和食肉类动物的啃咬作用于骨骼而产生的。

1．啮齿类咬痕

这一类标本有21件。据啃咬的齿痕分析，大体有两类：Ⅰ类的齿痕较宽，有12件，可能是诸如豪猪、竹鼠造成的；Ⅱ类则较小，有9件，其齿痕的大小似鼠类的咬痕。两类齿痕多发现在碎骨的端部（包括在骨骺端上）或端部附近，也有发现在碎骨中部的（表四）。齿痕与碎骨长轴方向多为斜交。绝大多数这类齿痕是骨骼破碎后被啃咬而留下的，也发现个别标本是石化后被啃咬的（表五）。

表四　啮齿类啃咬痕的位置*

	端部	近端部侧缘	侧缘中部
Ⅰ类	6	5	0
Ⅱ类	3	5	3

* 有的标本上不止在一个部位有痕迹，这样的分别加以记录统计。对食肉类动物的咬痕处理也如此。

表五　食肉类啃咬痕的位置

	端部	端部侧缘	侧缘中部	侧缘大部
Ⅰ类	2	35	4	4
Ⅱ类	1	14	14	4

标本M∶1055，为Ⅰ类啮齿类动物啃咬的标本。原系一管状骨骼碎块，其骨骺端布满条状齿痕，条痕浅宽，断面呈U形。在另一端的一侧缘，则有一食肉类动物的咬疤。

啮齿类的啃咬痕，有时与人工压制修理石器的痕迹极为相似。如标本M∶1152，其一侧缘为小啮齿类啃咬，咬痕叠加如鳞，如同精心修制一般。

2．食肉类动物造成的痕迹

在观察的标本中，具有食肉类造成的痕迹的标本98件，包括牙齿划痕9件；牙齿压坑痕的10件；啃咬痕的79件。

牙齿划痕主要见于碎骨的表面。划痕一条、两条或更多不等。多条划痕彼此之间基本平行。如标本M∶1233，在近一端的骨表面有两条与长轴斜交的基本平行的牙齿划痕，划痕呈条状，底部浅平，断面呈U型。

牙齿压坑痕也见于碎骨的表面。如标本M∶986，系一管状骨骼碎块，在其近一端的骨表留有一牙

① “烧骨具有各种颜色：黑、蓝、白、灰和绿色等；……”（裴文中等，1985，p21）；Shipman等人（1984，*pp*. 307～325）的研究，还提出了不同温度下骨骼特征，诸如颜色、外形、晶体结构和皱缩程度的变化。

② 张森水先生等在研究大荔材料时，已有过这方面的记述（张森水等，1984，p22）。

齿压坑痕，压坑略呈圆形，其底部略尖。一般说来，压坑痕成对地出现，但这里发现的标本仅有一件是成对的，而多数为单个出现，这或许是骨骼过于破碎的缘故。

啃咬痕主要表现为咬疤。咬疤或出现在碎骨的一侧边缘，或两侧边缘对应地皆出现。据此，可分作两类，前者为Ⅰ类，后者为Ⅱ类。无论哪一类皆基本可在咬疤上发现牙齿最初接触骨骼并由此咬切的牙齿压迹。咬疤数量各异，少则1个，多至4、5个，多疤者，疤之间或连续，或单个不相连。在有咬痕的79件标本中，72件是破碎后被啃咬的。

标本M:1039，为Ⅰ类标本。在其一侧边缘中部留有一咬疤，咬疤是由骨表面向骨腔面方向咬的。在骨表面可见有一小段牙齿划痕，咬疤凹处有一牙齿压迹。疤迹较深，疤面与骨表面的夹角较锐（图三，1）。

标本M:716，为Ⅱ类标本。其两则边缘皆遗有咬疤，咬疤连续，如同修理一般。再如标本M:577，系一指骨碎块。在近骨骺端处有一咬疤，两侧皆有疤迹，为食肉类的牙齿对咬所致。

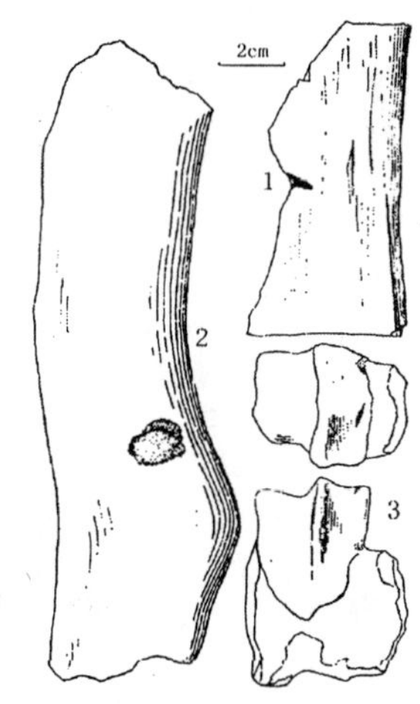

图三　有人工打击痕或动物啃咬痕的碎骨

1 标本 M:1039　2 标本 M:1111　3 标本 M:1425

（四）　人工作用产生的痕迹

这类痕迹包括砍砸痕、切割痕、打击骨片和人工打击痕几类。

1. 砍砸痕

在观察的标本中，14件有砍砸的痕迹。痕迹粗短，外形不规则，痕迹底部浅宽，断面呈U形，或不规则的V形。痕迹位置有在近骨骺端的，也有在骨干上的。例如，标本M:953，为一管状骨骨干，其骨干中部有一不规则的砍砸痕，断面呈V形。标本M:1111为一带骨骺端的管状骨碎块，在近骺端的骨表面上有一粗短凹迹，其断面为U形（图三，2）。

2. 切割痕

具有切割痕迹的标本13件，横断面呈V形。其外形特征在关节面上者与在非关节面上者略有差异。在关节面上者，通常表现为柳叶形，有6件；而非关节面上者，则呈线状，有7件。例如，标本M:1000为一肱骨远端，在其关节面上留有一柳叶状切割痕；标本M:1425的情形与此类似（图三，3)。又如标本M:1502，为一骨骼碎块，在其一端的骨表面有两条平行的切割痕，痕迹呈线状。在普通光学显微镜下观察，痕迹底部有细微的平行条痕。

3. 打击骨片

在观察碎骨的过程中，还发现有14件打击骨片。其中的多数，严格讲来是算不上骨片的，或许是打击骨骼过程中崩落下来的碎片。但至少有5件标本可称得上是真正意义的骨片。在这5件中，有2件具有类似锤击石片的特征，如标本M:1159与M:443，以后者最为明显。标本M:443系从一厚重骨骼上产下的骨片。骨片正面仅一块片疤，背面有两块长宽的片疤。据疤迹可知，打击时是沿长轴方向进行的。此标本长165毫米、宽60毫米、厚17毫米（图四）。另有3件标本类似于石片生产中用砸击法打片所产生的特征。如标本M:743，沿长轴方向进行砸击，一端的骨表部分已被打掉，其上至少遗有4个疤，端缘如砸击石片一样呈刃状。

4. 人工打击疤

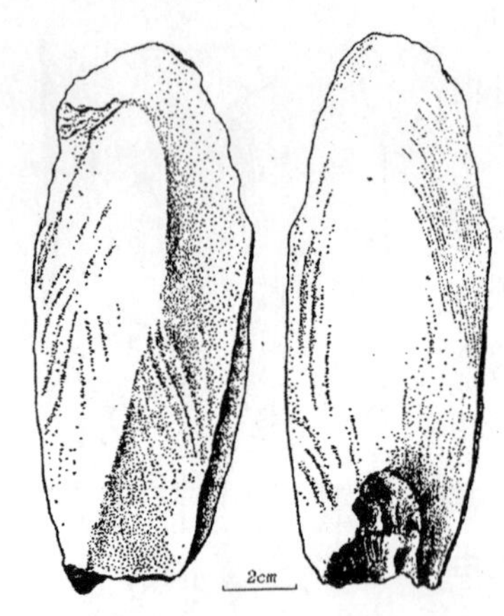

图四 人工打击骨片（标本 M:443）

具有人工打击疤的标本 21 件。打击疤主要见于碎骨的侧缘上，它们的位置大多数在标本的端部，其骨骼常是管状骨骼。

据已有的研究（Gifford，1981；Johson，1985；张俊山，1991），在一般情况下，从打击疤的外形特征，以及疤面和相邻面的夹角，是可以将人工打击疤与食肉类动物的咬疤区别开来的。据同一标本上疤数的多少，分为两类即单疤类和多疤类。单疤类指在碎骨的一侧或一端仅有单个打击疤；多疤类指有两个或两个以上的打击疤的标本。同时记录其位置以及打击的方向（表六）。

单疤类：7 件。其中打击疤在一侧边缘的 5 件，疤在端部的 2 件。除一件标本端部无法判断外，其余均为管状骨骼碎块。

表六 人工打击疤的位置和打击方向

		侧缘中部	端部	近端部侧缘
单疤类	向内	2	1	3
	向外	0	1	0
多疤类	向内	2	4	0
	向外	0	8	0
	内/外	0	1	1

打击疤在侧缘者，其疤皆浅宽，在疤面上可见有阶梯状的断裂，如标本 M:1335，是一件属于大型动物的管状骨碎块，在其一侧边缘中部遗有一宽大且浅的疤，疤面上可见梯状断裂痕迹；标本 M:269 和 M:388 也是如此。这类标本打击方向皆由外向内，据断口判断，大体都是在破碎时完成的。

标本 M:634 的疤迹在一端上，并向另一端方向伸延。疤迹较为宽大，打击方向是沿碎骨长轴向内进行的。另一件标本 M:1229 的疤迹是在骨表面上的一端剥落的。

多疤类：13 件。可分为打击疤在一侧边缘中部者，在近端部侧缘者，及一端者几种情形。

打击疤在一侧边缘中部者，2 件（标本 M:1143 和 M:280）。标本 M:1143，为一管状骨骼碎块，在其一侧边缘中部位置有两个连续的疤，疤迹浅宽。标本 M:280，在其中部有两个叠压的疤，如同石核的阴面一样。在其骨表面上，可见有一清晰的裂纹，一块骨片即将剥落，但仍未脱落下来而连在母体上。在另一侧边缘即打击点的对边，遗有一因打击反作用力所致的凹迹，为向内打击。

多疤在近端部侧缘者，2 件（标本 M:1318 与 M:1496）。标本 M:1496 较为典型，打击方向与石器技术中的交互打击相类似。其疤面较大，向骨表面方向打击产生的疤，长约 51 毫米，宽约 37 毫米，向内方向打击的疤的大小也与此相当。

多疤在端部者，13 件。这一类标本皆从一端向另一端方向由内向外打击，打击后的端缘与骨骼的另一面如管状骨的腔面形成铲形刃。它们的打击疤都是碎骨形成后产生的。这类标本中以标本 M:1538 最为典型，该标本原系一管状骨骼碎块，经一端向另一端沿长轴方向打击修理，修理端呈刃状，两侧边缘也作少许打击，整体状若铲形，暂定名为骨铲，其长 98 毫米，宽 39 毫米（图五）。

三、讨论与结语

1. 碎骨的形成

如上所述，造成骨骼破碎和表面痕迹的动因是多种多样的。一般来说，矿物质污染、化学腐蚀等，仅会在骨骼表面留下其作用的痕迹而不会造成骨骼的破碎；严重风化会最终造成骨骼的破碎、解体。但在这次研究的标本中，这类标本仅占2%，就观察结果，由此破碎的例子少见。重力造成破碎的例子仅有6例。具有动物啃咬痕的标本尽管有一定的数量，但绝大多数是发生在骨骼破碎后。具有人工作用痕迹的标本大约占6%左右，比前几种因素所占比例相对要高。

除了这些具有破碎动因痕迹的标本外，其余的标本（大约占80%）都没有显示它们破碎成因的痕迹，并且十分破碎，它们是怎么产生的呢？对此，Bunn和Binford等人的研究结果，为认识这一现象提供了有助的资料。

Bunn曾在70年代末对非洲的一个猎人营地和一个斑鬣狗窝中的两组现代动物骨骼材料作过对比分析。他的研究发现，在猎人营地中，由于猎人取食骨髓，造成管状骨骼极度破碎。也就是说，管状骨的周长指数和长度指数都小于1/2的标本所占比例很高（Bunn，1983）。马鞍山遗址中管状骨的破碎程度也与此相似。

Binford曾在爱斯基摩人营地收集过人工打击而破碎的骨头，他观察统计了376件碎骨，发现仅有17%左右的标本上有人工打击产生的痕迹（Binford，1981，P164），而绝大部分标本是没有人工痕迹的。

另外，我国学者也作过类似的实验，取得的统计结果也大体近似（张俊山，1991）。

从这些材料对比看，对没有动力原因痕迹的碎骨，倾向于认为大多是人的作用产生的，而且主要是敲骨吸髓的行为。另一方面，在人工作用产生的碎骨中，存在有一定比例的、较为肯定的打击骨器，同时，还有几件确定的磨制骨器伴生。因此，倾向于认为，这批碎骨形成的主要动力原因是人的作用——敲骨吸髓以及骨制品的制作。

在这次观察的标本中，人工作用痕所占的比例（6%）与常规的试验所产生的碎骨比例（17%左右）比较，比例偏低，这可能与遗址内碎骨所受到的腐蚀有关。由于腐蚀的原因，使得相当一部分碎骨表面的原本清晰的痕迹变得模糊不清或者完全失去。再者，目前研究的材料仅是该遗址的部分材料；此外，也可能与统计数量有关①。

2．碎骨表面痕迹所反映的遗址占有者的行为

在人工作用的痕迹中，曾记述了砍砸痕、切割痕、打击骨片和打击疤等。对于前两者所代表的意义，已有学者作出过解释，认为是史前人类屠宰肢解动物行为的具体体现（Binford，1981；Shipman，1981）。这里着重讨论两方面的行为——敲骨吸髓和骨制品的制作。

敲骨吸髓　管状骨破碎程度是敲骨吸髓的显著指标，这一点在前面已作过论述。除了管状骨破碎程度的两个指数所反映的总体趋势外，单疤打击碎骨中，具有宽浅打击疤在一侧边缘的管状碎骨标本，进一步为此提供了例证。

骨制品的制作　在打击疤中，有一类为多疤在一端的打击碎骨，从能观察到的痕迹产生的顺序（指破碎时间与痕迹产生时间的先后）分析，它们是于破碎形成后再打击的，并且，打击有一定的方向，打击后有一定的形状。尤其是标本M:1538与M:1083，其形制几乎一样，打击方向也一致，对这

① 张俊山统计了140件，有人工作用痕迹者占19%；Binford统计了376件，占17%，我们统计了1131件，也可能出现相对低的百分比。另外，目前所得数据皆以现代的实验或民族资料来统计的，在这样的组群中，基本上不存在样本大小改变和部分缺失问题，而在化石组群中，则不可避免地存在，目前尚未有这方面的详细对比研究，有待于进一步探讨。

类标本，倾向于是打击骨器，或者是磨制骨器的毛坯。值得着重一提的是，像标本 M:443 那样的宽大骨片和标本 M:743 那样的砸击骨片，在目前的文献记录中尚属首例；再者，如标本 M:1538 那样形制规则的打击骨器，也是不多见的。

从前文的记述中可知，制作骨制品，采用了锤击法和砸击法，打击的方向以向外打击为主。

3. 遗址埋藏的碎骨证据

碎骨表面的痕迹不仅可以告诉关于它们形成的原因和反映人类的某些行为，而且还存在着遗址埋藏的信息。这种信息的一个重要特征方面便是风化状况。在遗址中，绝大多数的标本都有过不同程度的风化，其中轻度风化的占 80%。根据 Behrensmyer（1978）的研究，轻度风化者，一般埋藏前在地表暴露的时间大约为 1～4 年。根据这里的实际情况，估计暴露时间或许会更长一些。从这一点来看，遗址在堆积过程中，人类活动所留下来的遗物、遗迹并不是立即被埋藏起来的，而是有过一段时间间隔，即各种遗物在地表处于裸露状态。与此同时，人类的活动还受到动物的侵扰，骨骼破碎后被啃咬便是佐证。

参考文献

金牛山联合发掘队，1978。辽宁营口金牛山旧石器文化的研究。古脊椎动物与古人类，16（2）:129～136。

吕遵谔、黄蕴平，1990。大型食肉类动物啃咬骨骼和敲骨吸髓破碎骨片的特征。《纪念北京大学考古专业三十周年论文集（1952～1982)》4～31。文物出版社，北京。

裴文中、张森水，1985。中国猿人石器研究。科学出版社，北京。

陶富海、王向前，1987。丁村遗址打制骨片的观察。史前研究，(1):10～21。

尤玉柱，1985。碎骨的观察及其考古意义。《史前考古埋藏学概论》。99～108。文物出版社，北京。

张俊山 1991。峙峪遗址碎骨的研究。人类学学报，10（4):333～345。

张森水，1987。桐梓县马鞍山旧石器文化遗址。《考古年鉴》。242～243。

张森水，1988。马鞍山旧石器遗址试掘报告。人类学学报，7（1):64～73。

张森水，周春茂，1984。大荔人化石地点第二次发掘简报。人类学学报，3（1):19～29。

张森水、高星、王辉，1990。碎骨与文化遗物的研究。《大连骨龙山》。4～17。北京科学技术出版社，北京。

Behrensmyer, Anna K. 1978 Taphonomy and ecological information from bone weathering. *Paleobiology*, (4):150～162.

Binford, L. R. 1981. *Bones－Ancient Men and Modern Myths*. Academic Press, Noew york.

Binford, L. R. 1984. Butchering, sharing, and the archaelogical record. *Journal of Anthropological Archeology*, 3:235～257.

Brain, C. K. 1981. The Hunter or Hunted? －*An Introduction to African Cave Taphonomy*. The University of Chicago Press, Chicago and London.

Breuil, H. 1931. Le feu et L'industries et osseuse a Choukoutien. *Bull. Geol. Soc. China*, 11:147～154.

Breuil, H. 1939. Bone and antler industry of the Choukoutien Sinanthropus site. *Pal. Sin. New Ser*. D. 6:1～41.

Bunn, H. T. 1983. Comparative analysis of modern bone assemblages from a San hunter－gatherer camp in the Kalahari Desert, Botswana, and from a spotted hyena den near Nairobi, Kenya. In: *Animals and Archeology*. Vol. 1, Hunters and Their Prey. 143～148. Eds. J. Clutten－Brock and C. Grigson, British Archaeological Reports, International series 163. Oxford.

Gifford, D. P, 1981. Taphonomy and paleoecology: a critical review of archaeology's sister disciplines. In: *Advances in Archae-*

ological *Method and Theory*. Vol. 4, 365～438. Eds. M. B. Schiffer. Academic press, New York.

Johnson, e. 1985. Current developments in bone technology. In: *Advances in Archeological Method and Theorv*. Vol. 8. 157～227. Eds. M. B. Schiffer, Academic Press, New York.

Lymann, R. L, 1987 Archaeofaunas and butchery studies: a taphonomic perspective. In: *Advances in Archaeologtcal Method and Theory*. Vol. 10. 249～337. Eds. M. B. Schiffer Academic Press, New York.

Pei, W. C, 1932. Preliminary note of some incised, cut and broken bones found in association with Sinanthropus remains and lithic artifacts from Choukoutien. *Bull. Geol, Soc. China*, 12:105～112.

Pei, W. C, 1938. Le Role des Animaux et des Causes Naturelles dans la Cassure Des OS *Pal. Sin*, *New Ser*. D. 7:1～16.

Shipman, P., G. Foster and M. Schoeninger, 1984. Burnt bones and teeth: an experimental study of color, morphology, crystal structure and shrinkage. *Journal of Archaeological Science*, 11:307～325.

Shipman P., W. Bosler and K. Lee Davis, 1981. Butchering of Giant geladas at an Acheulian Site. *Current Anthropology*, 22:257～268.

Shipman P., 1981. *Life History of a Fossil - An Introduction to Taphonomy and Paleoecology*. Harvard University Press, Cambridge, Massachucets and London, England.

（原载《人类学学报》第11卷第3期，第217～229页）

金牛山旧石器遗址（1978年发掘）出土的文化遗物

张森水

一、研究史略

金牛山古人类和旧石器文化遗址，迄今所知，是东北地区最早的，且有几个时代的文化层的遗址，但对它在考古学上的意义有一个认识的过程。在本世纪40年代之初，仅把它看作是哺乳动物化石地点，直到1974年才认识到它是旧石器时代文化遗址，1976年发现了人类化石，使它以古人类遗址而闻名于世。现将其研究史述要于后。

1974年4月中旬，营口市文化局获悉金牛山发现了化石，即派文物干部杨庆昌前往调查。杨庆昌观看了金牛山采石群众发现的“龙骨”和当地农民保存的化石，并考察了几处含化石的洞穴和裂隙堆积，将初步调查的结果向省、市有关部门作了通报。

同年4月26日，辽宁省博物馆派张镇洪和傅仁义会同营口市负责文物的干部崔德文到金牛山考察。调查的结果，一致认为，金牛山哺乳动物化石点有一定的研究价值，有必要进一步做工作。为此，营口市文化局派崔德文前往沈阳，与辽宁省文化局及博物馆商讨金牛山发掘事宜。5月1日，成立由专业人员组成的联合考古工作组，对已发现的化石地点进行清理和发掘，并在周围地区开展广泛调查。辽宁省博物馆的负责人张堃生考虑到研究力量需要加强，便以辽宁省博物馆的名义邀请中国科学院古脊椎动物与古人类研究所派人参加。于是，该所派张森水前往参加了短期工作。

1974年参加金牛山发掘工作的有张镇洪、傅仁义、崔德文、杨庆昌，辽宁省地质局水文大队孙玉文、营口市文化局周玉峰，营口县文化局邢文盛、胡金彩、肖华山、张满玉，以及张森水等。由于参加发掘工作的成员来自不同单位，为统一起见，给原工作组取名为“金牛山联合发掘队”，由崔德文和傅仁义任正、副队长，张镇洪为业务指导。

金牛山联合发掘队于1974年5月8日进点，10日开始发掘，6月29日结束，历时49天。开始时，发掘工作在原发现的三个化石点（野外编号为D7401∶A、B、C点，下简称A、B、C点）全面展开。B点在A点左侧约20米，估计与A点同属一个地点，仅残留少许堆积，很快清理完毕；为集中力量，C点也只挖几天就暂时停工，因之首次发掘基本上是在A点进行的。

金牛山首次发掘成绩喜人，在A点和C点发现了大量的哺乳动物化石和少量的旧石器时代文化遗物和遗迹，从而改变了对它的认识，即由原先把它看作一个哺乳动物化石地点，转而认识到它是一处旧石器时代文化遗址。

第二次金牛山的发掘，于1975年8月19日到11月16日进行，参加人员有张森水、张镇洪、傅仁义、崔德文，营口县文化馆周宝军和李波等。张镇洪为队长，崔德文为副队长，张森水为业务指导。因这次发掘的目的是寻找更多的文化遗物，根据1974年工作的经验，发掘地点选在C点，同时也做A点的工作。

当年C点的发掘工作，在1974年的基础上（第3层下部）向下发掘。9月6日于第4层中出土了1件石英砸击石核，这是在C点首次发现的旧石器时代早期遗物。与此同时，在C点“洞外”部分的堆积中开了一条探沟，从第1层往下挖，于第2层中发现披毛犀头骨和1件骨锥。接着又在洞内的下部地层中发现少量的石器和用火的证据，以及大量的哺乳动物化石，在第6层找到了完整的赤鹿头骨，给认识下部地层的时代提供了重要的证据。

1976年，为培养营口地区的文物干部，组织了金牛山的第三次发掘。参加这次发掘的主要工作人员有张镇洪、顾尚勇、崔德文、大连自然博物馆吕义芹、王德英和营口市文化局李有昇及来自盘山、大洼、营口和盖县的文物干部30多人。

这次发掘从8月27日开始，到10月31日结束，主要发掘地点在A点，从上往下发掘至第6层，首次从地层中发现了1件人的肱骨化石；此外，还发现石制品和用火遗迹以及丰富的哺乳动物化石。

在1976年金牛山工作中，发现了一个新的化石点，野外编号D7001D地点，其位于C点下方约40米处，系采石时发现的。由于炸山采石，堆积所剩无几。残留的沉积物剖面可分为上、下两部分：上部为褐色砂土，中夹灰岩角砾，厚约2米；下部为夹灰岩角砾的橘黄色亚黏土，厚约1米，从中发现碎骨多件和獾的下颌骨1件，其时代可能相当于A或C点下部地层的时代，即中更新世晚期。

第四次发掘从1978年6月24日到10月20日，历时119天，发掘地仍在A地点进行，参加工作的人员有崔德文（队长）、杨庆昌（副队长）、郭凤彦和黄文霞等。

这次发掘的成果颇硕，发现了更多的石制品，首次发现灰堆遗存。再次在此地点发现灰烬层、多件打击骨器和丰富的哺乳动物化石，为金牛山旧石器遗址又增添了一批重要的科学资料。

在1978年金牛山工作过程中，发现和清理了两个新的化石地点，野外编号为D7401E和F点。E点在山的西南部，该地点在1977年炸山取石中完全被破坏，残存的堆积于1978年6月加以清理，在褐色砂土层中发现兔形目化石，估计其时代属晚更新世。F点在C点以上30米，系一小洞，堆积物为较纯的红色黏土，于1978年8月23日进行了清理，从中发现了一些兔的头骨、肢骨、猪牙和龟鳖类化石，时代可能属中更新世。

由于金牛山陆续有新的发现。在80年代许多地质古生物学家和考古学家前往考察，促进了金牛山研究的不断深化。顾尚勇、孙建中、姜鹏等及黄万波、尤玉柱都提出了他们的见解。

考虑到金牛山旧石器文化遗址研究的历史和80年代后期的情况，我们认为有必要对1978年以前的工作进行一次全面的总结，开展多学科综合研究。本文作者们于80年代曾分别多次对金牛山遗址进行考察，研究了1978年A点发掘所得的全部标本。其综合研究的主要成果，将见于本文以后各部分中。我们仅希望，目前的研究能对金牛山遗址研究起到继往开来的作用。

二、用火遗迹

用火遗迹见于第3～6层。在第3层仅找到少量的烧骨，在第4层，发现灰堆遗存，计两处：一处在发掘坑东侧，呈长圆形，面积约为75×50平方厘米；另一处在发掘坑南侧，亦呈长圆形，面积约为55×45平方厘米。此外，烧骨多集中于本层中部。第5层用火遗迹分布零散，有灰烬和烧骨。第6层发现了灰烬层，约在第5层下2.5米处，长约4.1米，厚约20厘米；在这一层的堆积物中，还发现零散的灰烬、炭屑和烧骨多件。

各层发现的烧骨，均极破碎，无法鉴定其哺乳动物种属和解剖部位。它们具有不同的色泽：黑色、灰色、灰黑色和棕黑色等，还有少数标本产生龟裂纹或扭曲变形。尽管我们所看到的用火证据的标本，无论其色泽或形态，抑或其在地层中埋藏的特征，都与史前遗址中常见的用火遗迹一致，但为进一步肯定其性质，对那些"有色的碎骨"做了化学分析①。定性分析结果表明，变色的碎骨，不是有色金属污染所致，而是燃烧炭化的结果；定量分析的结果是，黑色碎骨的含碳量为11.3%，从而证明它们是金牛山人用火遗迹无疑。

这些用火遗迹是与石制品、骨制品和哺乳动物化石一起发现的，是当时人懂得用火的可靠证据。灰烬层和火堆遗迹的发现，说明金牛山人在洞内升篝火，并有一定的控制火和保存火种的能力，但估计金牛山人与中国猿人一样，仅有引自然火种的能力，尚不掌握造火之技能。由灰烬、炭屑和烧骨等用火证据可以推断，当时的燃料有草、叶、树枝和带油脂的鲜骨等。

在我国，旧石器时代早期人类，可靠的最早用火证据见于周口店第十三地点、第一地点，此外，在金牛山C点、本溪庙后山A点和山西垣曲南海峪洞穴遗址等也已发现。A点发现的用火遗迹是至今所知东北地区旧石器时代人类最早的用火证据，灰堆遗存的发现，为研究东北地区古人类控制火的能力提供了新资料，火堆遗存在东北地区则属首次报道。

三、石制品

石制品21件，均出自第5～6层②。其原料主要是石英，有16件，另外石英岩的3件，灰岩2件。由于这些标本上的打击痕迹简单，加工粗糙，给分类带来相当大的困难，其中不乏既可以分于这一类，又可以分于那一类的标本。按常规分类，可分为石核、石片和工具三类，还有2件标本实在难以分类，归次品类中。对于那些分类上属两可的标本，在具体描述时，将加以必要的说明（表一）。

（一） 石核

石核3件，原料都是石英，均为多面体石核。石核较小，其平均长40、宽45.7、厚37.3毫米，全是宽体石核。其中双台面石核2件，三台面石核1件。每件标本有几个工作面，多短宽，其上遗有微凹的石片疤，也有碎屑疤。石核台面多为自然面，台面前缘上的打击点，集中的多于散漫的，半锥体阴痕浅凹或不显，放射线多清晰可见。由石核上的石片疤看，多数是小而不规则的，少数呈梯形或三角形，最大者为33×34毫米。为进一步说明石核的特点，兹举以下各例。

YP.0026号是石核中形制较规整的标本，系双台面石核，且均以节理面为台面。上台面略呈长方形，台面缘上有一个大而集中的打击点，使台面前缘呈向内凹的弧线。在工作面上，可见较凹的半锥体阴痕和放射线，其上遗有一块较大的石片疤，略呈长方形。在这个工作面的左侧，可见与主工作面长轴呈直角的多个打击痕迹，遗下一些碎屑疤。下台面与上台面相对，但工作面在主工作面的右侧，

① 化学分析是请北京化工学院朱雪贞先生做的。C点这方面工作也是她做的。作者对她的辛勤劳动表示衷心的感谢。

② 因材料少，性质一致，故不再分层研究。

呈梯形，其上可见散漫的打击点和微凹的石片疤，略呈长方形，其长宽分别为14×10毫米和10×8毫米。这个工作面的右上角和上台面左侧角相交处，有明显的砸击痕迹，相交区的棱脊被砸掉，成粗糙的小面。

YP.0001号是三台面石核，其上诸人工特点如前，曾从两个工作面上打下过可用的石片，形制比较规整，呈三角形或梯形，但均较小而薄。

表一　石制品的分类与测量

项目＼数值＼类型		锤击	锤击石片		砸击	刮削器				尖刃器		次品	分类小计	百分比
		石核	残片	整片	石片	单直刃	单凸刃	单凹刃	端刃	正尖	侧尖			
原料	石英	3	1		1	2	1	3	1	1	1	2	16	76.1
	石英岩			3									3	14.3
	灰岩		1										2	9.5
长度（毫米）		40.0		31.3	32.0	86.5	34.0	48.3	28.0	55.0	35.0			
宽度（毫米）		45.7	40.0	41.0	20.0	53.0	27.0	40.7	23.0	38.0	26.0			
厚度（毫米）		37.3	11.0	13.8	13.0	32.0	14.0	24.7	17.0	17.0	16.0			
重量（克）						165.0	14.0	39.3	12.0	35.0	13.0			
角度Ⅰ（度）		84.1		115.8		83.0	66.0	78.7	88.0	77.0	81.0			
角度Ⅱ（度）									70.0	67.0	87.0			
毛坯	块状					2	1	3	1		1		8	88.8
	片状									1			1	11.1
加工方式	向背面					1	1	2	1		1		6	66.6
	向破裂面					1		1					2	22.2
	复向									1			1	11.1

注：角度Ⅰ包括石片角、台面角和侧刃角；角度Ⅱ指端刃角和尖刃角。

（二）　石片

石片7件，其中有锤击石片6件，砸击石片1件。后者略呈长方形（长32、宽20、厚13毫米），系一端石片，上端两面可见因砸击而产生的纵向裂纹和鳞状的剥落碎屑的痕迹。其破裂面平坦，背面遗有几块砸击方向相同的、微凹的石片疤，下端较钝，见不到砸痕。

锤击石片中有2件是残片，其一尚保留半锥体残迹。它们的背面有几块微凹的石片疤，下端未见破损痕迹，故可归锤击石片中。其余的4件标本，作为锤击石片的诸人工特点完好地保存，但只有3件完整无损，另外1件下端断残。全部标本略呈梯形，均为宽型石片，平均长度为31.3、宽度为41.0、厚度为13.8毫米，长宽指数为131。台面大小不一，打击者2件，自然和有台面脊者各1件。石片角最锐者为103°，最钝者为126°，平均为115.8°。石片的打击点散漫或不显，放射线稀疏或没有，半锥体微凸。从背面观，有3件标本不保留自然面，另外1件保留少许自然面，台面后缘看不到修整痕迹，但均可见与破裂面的剥片方向相同的打击痕迹，偏左和居中者各1件，偏右者2件；背面的石片疤微凹，由1块或3块组成。在石片的边缘上，看不到使用痕迹。以下举两例说明其特征。

YP.0002号是最厚的石片，台面小而打击，石片角121°，打击点散漫，半锥体和放射线均不显，背面由三块微凹的石片疤所构成，中部明显地突起。

YP.0003号是最小最薄的石片（17×23×4毫米），台面打击，其上有两条纵脊，但打击点不在脊上，而是偏于其左侧。打击点集中，石片角126°，半锥体较凸，放射线稀疏，背面遗有一块微凹的石片疤，下端稍残。

（三） 工具

工具9件，大小差异相当大，但多数是小型的，可分为刮削器和尖刃器两类。

1. 刮削器　7件。最大者长89、宽62、厚31毫米，重239克；最小的长28、宽23、厚17毫米，重12克。它们加工粗糙，式样各异，可分为四型。

Ⅰ型　单直刃刮削器2件。都是用石块做的。一件是YP.0028号，原料是石英，刃口在左侧①，其修理工作系由石块较平的一面向较凸的一面打击，将左侧长边的大部制成较平直的刃口，打击点集中，修理疤短宽，刃缘呈波纹形，刃口较钝，刃角为78°。这件标本体积大，是工具中最大的，归于砍砸器也无可厚非，因其修理痕迹较细，故归此类中。

另一件是YP.0029号（图一，1），相当粗大，长82、宽44、厚33毫米，重91克，加工甚粗糙，将石块之一斜边加以垂直加工，修成很钝的直刃，刃角为88°，在刃口上遗有阶梯状细疤。如此痕迹亦颇像打片不成功的碎屑疤，但此标本难以归入石核中。

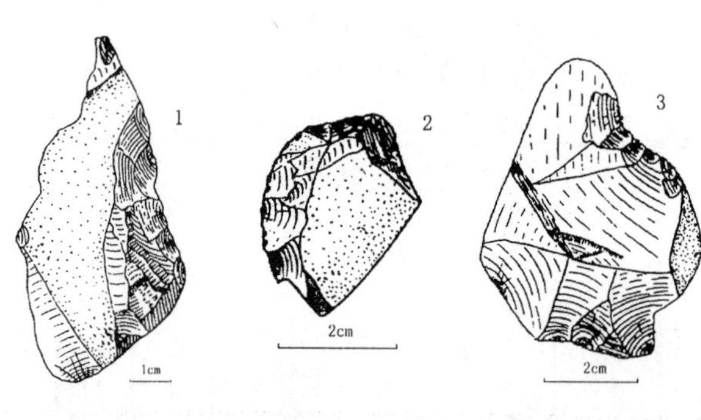

图一　刮削器

1. 单直刃刮削器，　2. 单凸刃刮削器，　3. 单凹刃刮削器

Ⅱ型　单凸刃刮削器1件。即YP.0030（图一，2），标本系用石英残片做成，刃口在右侧，由较平的面向较凸的一面打击，其修理工作相当粗糙，修制成缓弧形凸刃，刃口较锐，刃角为66°，可见使用痕迹，长34、宽27、厚14毫米，重14克。

Ⅲ型　单凹刃刮削器3件。其中的两件是石块做的，另一件是残片做的。本类工具最大者长64毫米，重58克，最小的长33毫米，重27克；其平均长48.3、宽40.7、厚24.7毫米，重39.3克。

单凹刃刮削器的修理工作均相当粗糙，其修理情况大体一致，都是先在一侧长边打成一个凹缺刃，而后沿凹缺向上和向下修整，被修理的边长短不一，但刃口均较钝，最锐的刃角为70°，最钝的接近直角，平均刃角为78.7°。本类标本的修理方式，向破裂面、向背面和向凸面者各1件，YP.0031号即属后者。它是用三棱形石块做成的，刃口在左侧，由较平的面向较凸的一面打击，先在中部修出凹缺刃，接着修理工作由凹缺两端向上和向下延伸，把整个长边均修理成刃。刃口钝，刃角为77°。其顶端有一个雕刻器打法的痕迹，系由右上向左下打击。YP.0007号加工方式与前者相反，凹缺刃见于石块斜边的中部，向上似无修理，而似有使用痕迹，向下曾做过粗糙的加工（图一，3）。

Ⅳ型　端刃刮削器1件。编号YP.0005号，是工具中最小的标本（长28、宽23、厚17毫米，重12克）。它系用小石英块制成。端刃呈缓弧形，刃口远缘的修理疤浅平，近缘的修理疤短宽，刃缘呈多

---

①　以石块较凸面或石片背面向外，薄端或石片尾端向上定位，下同。

缺口状，遗有集中的打击点，刃口较钝，刃角为70°；其侧刃系垂直加工而成，刃口平直而甚钝，刃角为88°，刃缘呈波纹形。

2. 尖刃器　2件。分属正尖型和侧尖型。PY. 0032号属前者，它是用残片制成的，修理工作相当粗糙，加工痕迹仅见于尖刃部，呈剑头状，系向较平的面打击，侧刃角分别为75°和79°，尖刃角为67°。在其右侧边的下部，可见细疤，应是使用痕迹，也有局部修理的痕迹。

YP.0008号属侧尖尖刃器，系石英残片制成。其左侧中上部曾做过加工，近尖刃处，斜向右侧。右侧大部有粗琢的痕迹，侧刃钝，刃角分别为84°和78°。两侧刃相交点偏离中轴，靠左侧相交成短而钝的尖刃，尖刃角为87°，勉强可作锥割之用。

（四）　石制品小结

依上所述，可归纳为五点。

1. 做石器的主要原料是石英。打片用两种方法：锤击法和砸击法，锤击标本多，砸击标本仅1件。石核形制不规整，多自然台面；石片基本上呈梯形，且多是打击台面。

2. 工具基本上是用块状毛坯做成的，石片工具仅1例。工具分两类：刮削器和尖刃器，其中以刮削器占多数，可再分单刃组和端刃组；尖刃器则有正尖和侧尖之别。

3. 工具以中小型者居多。长度超过60毫米的标本有3件，重量超过50克的有2件，分别见于单直刃和单凹刃刮削器类中。

4. 修理工具用锤击法，且是用硬锤加工，刃口上可见集中的打击点。由于修理工作粗糙，致使器形不整，刃缘曲折，使用效果不佳。其加工方式以向背面居多，个别的是向破裂面的或复向的。修制工具多用陡向加工，故刃口多较钝，刃角基本上在70°以上。

5. 以上石器性质表明，它们仿佛是不成功的或偶用型的石制品，因之，不能代表当时人制作石器的水平。由于石制品数量少、质量低，可进一步推测，该发掘区可能不是“金牛山人”久居之所。

四、骨制品

金牛山各次发掘发现的碎骨，多未进行过研究，只有C点1975年发现的碎骨作过初步的观察，探讨过其破碎成因，其中有受地层压力而破碎的，有啮齿类等动物咬碎的及因敲骨吸髓而破碎的。此外，还有少许碎骨，破碎痕迹特殊，用以上种种破碎作用均难以解释（金牛山联合发掘队，1978）。这些特殊的碎骨可归为四类，其中三类的共同特点是在骨骼破碎后有连续打击的痕迹，第四类可能与使用有关。因之，“金牛山下部地层① 出土的碎骨中有一小部分可能被当时人作了一些加工，而拿来当作工具用”（金牛山联合发掘队，1978）。

基于以往工作的启示，我们对1978年出土的碎骨进行了整理。这一年在A点共发现碎骨16163件，出自上部（第3～4层）的6470件，来自下部（第5～6层）的9963件。由于当年的发掘是在胶结坚硬的角砾岩堆积中进行，发掘中挖破的标本较多，上部者占52.9%，下部者占58.8%；还有一些碎

---

① 这里指C点的第4～6层。

骨，部分保存原破损面，又可见后期破损者，此类在上部出土的碎骨中占25.3%，在下部者占25.6%；毫无后期损伤的碎骨是不多的，上部者占21.6%，下部者占15.5%。对局部保留原破损面的碎骨和无后期破损的碎骨的观察，其破碎的原因虽是多种的，但其中确实存在少量的骨制品。以下分别举例说明（表二）。

表二 碎骨破碎情况分类

类别 数值 层位		原来破碎	三边原来破碎，一边发掘破碎	新旧破碎各两个边者	一边原来破碎，三边发掘破碎	发掘破碎	两端均为原来破碎	原来破碎发掘破碎各占一端	两端均为发掘破碎	分层合计和百分比
上部	数量	1220	225	180	190	3100	185	1045	325	6470
	百分比	18.8	3.5	2.8	2.9	47.9	2.8	16.1	5.0	99.8
下部	数量	1200	540	248	375	5400	300	1330	300	9693
	百分比	12.4	5.6	2.5	3.8	55.7	3.1	13.7	3.1	99.9

1. 大量的碎骨多数是由肢骨破碎而成。它们常常是纵向（包括斜向）和横向断裂，多不见关节面，也看不到打击点。碎骨的一端以呈尖状者居多，少量是呈刃状的；另一端往往是较钝的，也有少许是呈双尖型、双“刃”型或尖“刃”型的。其两侧或一侧多较薄锐。这样的碎骨，成因可能是多样的，既有自然的因素，如洞顶坠落灰岩块而将肢骨砸碎或受地层压力而破碎，也可能有人为因素，即与敲骨吸髓有关。据试验，新鲜的、带骨膜或少许肌腱的骨骼，用石块将其砸碎，不仅具有上述形态，而且多不见打击点。

2. 少许碎骨上有一个大的打击点，系由外向里打击。它们多是肢骨，并具有第一类碎骨的形态特点。由其特点似可认为，它们的破碎，是敲骨吸髓而造成的。

3. 骨骼原有裂缝，埋藏在地层中后水和泥沙灌入骨腔。由于冬季气温下降至冰点以下，腔内填充物中的水结冰而体积增大，使骨缝不断扩大，最终导致管状骨破裂。我们曾在A点的碎骨中找到过几件这样的标本。

4. 动物啃咬的碎骨。在A点的碎骨中，这类标本不多，且多是骨碎后被啮齿类动物啃咬成各种形状，偶可与骨器相混。少数长骨也可见啮齿类动物的咬痕，咬痕多见于近关节部，偶尔也见于骨干上。在另外一些碎骨上可见大小不等的、三角形的和宽口弧形的咬痕，个别标本可见两侧对称的状况。这样的痕迹，与裴文中教授研究的周口店第一地点的非人工骨化石（Pei，1938）对比，应是食肉目动物啃咬的。其中三角形的咬痕，与猫科动物所咬者基本一致。咬痕大者为大型食肉动物所为，此类咬痕两侧常有细疤或线痕，应是咬骨时崩剥留下的痕迹或咬时留下的齿划痕；咬痕小者为中、小型食肉动物所为。咬痕呈宽口型有一定弧度的表明其犬齿较钝，比较典型的有两件标本，其中口宽10毫米，并留有一道斜刻的深沟，另一件口宽6毫米，为非猫科动物的咬痕。

有一件标本目前无法确定是什么动物咬的，它是一段长骨残片，咬痕见于一端，可见5条，1条甚浅，另外4条较深，最深处约2毫米，其形态特殊，试以完整者为例记录之。完整的一条总长为37毫米，由后向前，先是线状刻痕，由细浅而渐渐展宽变深，至12毫米处，渐变成槽形，向前两侧展宽，至25毫米处，复渐缩窄，及至顶端仍为窄浅槽形，整个咬槽两端浅，中间深，最深点约1.5毫米，其横断面呈单凸镜体状。如此咬痕，少见记述，故录以备考。

5. 骨制品。它们与前几类不同点为在碎骨之一端或两端、一侧或两侧有连续打击的痕迹，可见多个骨片疤和打击点。其打击方式多样，有向里的、向外的和复向的。因之，这些标本被看作是骨制品，上、下部地层均有出土，以下部地层出土者居多。

（1）下部地层的骨制品

出自下部地层的骨制品至少有33件，占可见原破碎痕迹的标本的0.83%。这部分标本虽在碎骨中所占比例甚微，但其人工痕迹清楚，加工方式和骨片疤形态均具多样性，可分成11型（表三）。

Ⅰ型　一端有多个与长骨纵轴平行的长而凹的疤者，有4件。本型以肢骨残片的一端的断面为台面，向骨外壁打击，留下几个规则的骨片疤，形似长石片疤或石叶疤，YP.0011号是其中之一。它原是一块较宽厚的骨片，其骨外壁遗有多个浅平的骨片疤。完整的骨片疤呈长方形，长40、宽18毫米；另由骨片疤重叠分析，由上端曾不止一次地垂直打剥骨片，被打的一端现已变得厚薄不均，但仍未形成刃形。因之，它们既可能是专用于生产骨片的，也可能是未做成的端刃骨器。

表三　下部地层的骨制品分类和加工方式

类型 / 数值 / 加工方式	Ⅰ型	Ⅱ型	Ⅲ型	Ⅳ型	Ⅴ型	Ⅵ型	Ⅶ型	Ⅷ型	Ⅸ型	Ⅹ型	Ⅺ型	加工方式小计	百分比
向外壁	4	2	3						1			12	36.4
向内壁		2	2	2		2		1		1		10	30.3
单侧复向			2									2	6.1
两侧复向			3		1	1	1				1	7	20.9
错向					2							2	6.1
分类小计	4	4	7	7	2	3	1	2	1	1	1	33	99.8
百分比	12.1	12.1	21.2	21.2	6.1	9.1	3.0	6.1	30	3.0	3.0	99.9	
长度（毫米）	66.7	76.2	82.5	92.6	56.0	65.0	62.0	39.0		74.0	61.0		
宽度（毫米）	33.0	25.3	23.8	29.7	26.5	30.7	20.0	28.0	25.0	31.0	12.0		
厚度（毫米）	9.0	10.3	7.4	7.1	8.0	6.7	15.0	8.5	8.0	6.0	6.0		

Ⅱ型　一端有平而呈阶状疤者，有4件。它们的打击痕迹也见于碎骨的一端，既有向外打的，也有向内打的，各有两件标本。这类骨制品在被打端留下的骨片疤短宽而微凹，呈阶梯状，被打端变成铲刃状，多较薄锐。如YP.0012号，系向骨外壁打击，骨片疤见于自顶端至25毫米一段上，遗有4块骨片疤，其左右相邻的部位也可见打击痕迹，使顶端形成中部略厚两侧薄锐的骨制品；YP.0013号（图二，1）现长97毫米，左侧有新的纵向破损，从而使前端变窄。它系向骨腔壁打击，顶端稍斜，锐若刃口，其上有短宽而层叠的骨片疤。

Ⅲ型　一侧有多疤的碎骨，有7件。其中的5件原是肢骨残片，另外2件是肩胛骨残片。它们的共同点是在骨片的一侧有连续的打击痕迹，可见多个打击点和小骨片疤，制出较锐的刃口，刃缘呈波纹形。这一型有3种打击方式：向内、向外和复向加工。YP.0014号无后期破损，长79、宽19毫米；是向骨外壁加工的，因打击时用力不均，致使刃缘呈多缺口状，YP.0015号是用肩胛骨残片做的，系复向加工而成，先向一面打击，遗有多个扇形的小骨片疤，接着向另一面打击，被修理过的边，呈缓弧形凸刃状，相当锐。YP.0033也属这一型。

Ⅳ型　尖端有多疤者，有7件。它们均以长骨碎片为毛坯，其中3件保留关节面。这些标本再打

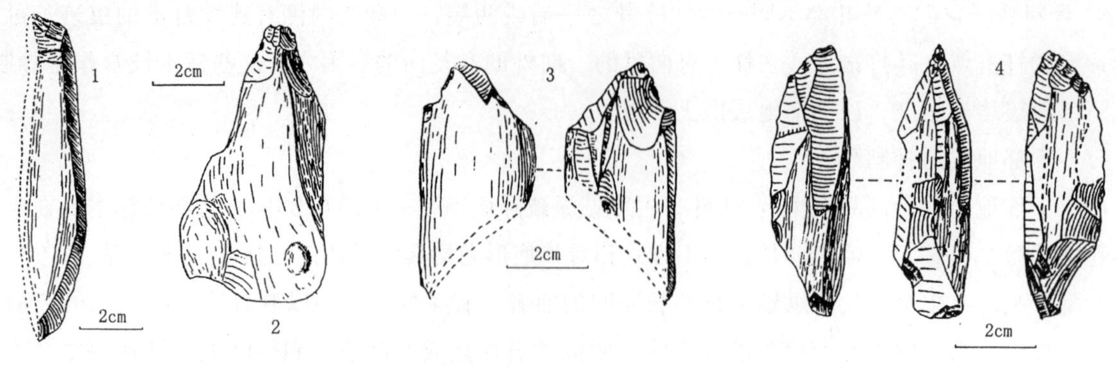

图二　骨制品

1. Ⅱ型骨制品，YP0013　2. Ⅳ型骨制品 YP0016　3. Ⅴ型骨制品 YP0019　4. Ⅹ型骨制品 YP0025

击的痕迹见于一端，用多种方式（向外、向内和复向）加工成尖，其中有钝尖的 4 件，锐尖的 3 件。YP.0016 号（图二，2）系向骨外壁打击，两侧斜向中轴相交而成钝尖；YP.0017 号呈三角形，下端保留关节面，上部做复向加工，修出一个锐利的尖刃，横断面呈三角形。YP.0024 号也归这一型。

Ⅴ型　一端有雕刻器刃者，有 2 件。都是肢骨残片，加工痕迹见于一端，制成一个类似雕刻器的刃。如 YP.0018 号先由顶斜向左外侧打击，留下一个长方形小骨片疤。而后斜向右内侧打击，于是在顶端生成一个凿子形的刃口，仿佛石器中的笛嘴形雕刻器。此外，在它的两侧也可见到加工痕迹，但骨片疤比较粗大，个别的则相当浅而长。PY. 0019 号（图二，3），上端刃口形态与前者相同，左侧由顶向内重击，遗留着阶梯状的小骨片疤，右侧则由顶斜向外、向下打击，留下一块浅平的小骨片疤，顶端形成一个凿子形刃口，侧边则无加工。

Ⅵ型　两侧多疤相交成尖刃者，有 3 件。这些标本下端有不同程度的后期破损，但加工痕迹基本无损。假如说Ⅳ型是骨锥的原型的话，那么本型则类似于石器中的尖刃器。它们两侧作了修理，并相交于一端，使成一尖刃。尖刃分别用向内和复向加工而成，是骨制品中制作的最好的一类，YP.0020 号是其中的佼佼者，它原是较厚的骨片，下端因发掘不慎而稍残，左侧整个长边都有修理痕迹，加工细致，修疤微凹，侧刃锐而呈缓弧形；右侧加工痕迹只见于尖刃部，两侧相交使成薄锐的尖刃。它系向骨腔壁修理而成。

Ⅶ型　类似砸击的标本，有 1 件。即 YP.0021 号，其一端的两面有浅平的骨片疤，远缘浅而宽大，近缘短宽而呈阶梯状。将它与石制品中的砸击标本相比，颇为相像，故可能是砸击的。这件标本的顶端，由正面观，似刃状，侧面观呈扁三棱形。它的左侧下部的骨外壁有多个细疤，可能是使用痕迹。

Ⅷ型　2 件，多边有打击痕迹的骨制品，均为短宽的标本。其中一件两端有多块骨片疤，上端短宽而浅，下端呈阶梯状，左侧亦有多块浅的骨片疤，三个边都有同向打击的痕迹，均向骨内壁加工，其右侧系后期破损，难窥原貌。另一件上端和右侧的骨片疤见于骨外壁，下端则向里打击，左侧无加工。

Ⅸ型　1 件，两侧有加工兼有咬痕的标本。它上端后期断缺，下端保留关节面。其左侧下部的一段（长 36 毫米）系由骨腔壁向外作连续的打击，这部分边缘呈多缺口状，在近关节部有一个食肉类动物的咬痕。其右侧呈缓凹刃，两面可见小骨片疤。此外，在这件标本外壁的中上部骨面隆起部分和下部的右侧有线状刻痕，类似动物爪子搔伤的痕迹。

Ⅹ型　1件。即YP.0025号，两端有多个打击痕迹的骨制品。上端2块，下端3块，使两端均呈缓凸弧形，顶缘薄锐，但未见使用痕迹（图二，4）。

Ⅺ型　1件。是两端尖的标本，上端向骨腔壁打击，使前端变窄成尖；下端向骨外壁打击，其右侧遗有多个细疤，使尖端略变得厚而纯。

(2) 上部地层出土的骨制品

上部地层共出土碎骨6470件，发掘中挖碎的3425件，部分或全部保存石化前破损痕迹的3045件。其中打击痕迹清楚的骨制品仅3件，占后一类碎骨的0.09%，其打击情况记述如下。

第一件是长骨片，YP.0009号，其左侧有3块浅平的骨片疤，系向骨腔壁打击，使这部分边缘变得更加薄锐，另外的几个边也有打击痕迹，既有向内打的，也有几外打的，但构不成可用的刃口；第二件骨片疤见于左侧；第三件的顶端有似砸击痕迹，遗有阶梯状小骨片疤，其右侧两面有小骨片疤，像是交互打击的，刃缘呈S形，“刃口”相当钝。在这件标本外壁隆起部位，可见啮齿类动物咬痕，细若线状，应是鼠类咬的。

在以上记述的总共36件标本中，或在尖端，或在侧边留下多个打击点和骨片疤或小骨片疤，从而使边或头变得更接近工具的刃口。如果与石制品相比，有些（如Ⅰ型）类似石核，多数仿如修理后的工具。具有这样特点的标本，目前尚未找到与非人工造成的可对比者，即便敲骨吸髓而破碎的骨骼也不具备。后者依试验（原料为猪和牛的肢骨），在砸骨中可产生若干碎骨，受砸处常有大的打击坑，周围有崩疤，骨片多尖形，裂面相当薄锐，一般是平整的，其尖端基本上无细疤，极个别的可出现一或两个细痕，侧缘则不见细疤。由此对比，A点发现的有连续打击痕迹的碎骨无疑是当时人有意打击或加工的，因之，在A点存在骨制品是肯定的。在国内这是时代较早的人类生产的骨制品之一，为解决旧石器时代早期人类是否存在打击骨器问题提供了相当重要的资料。

上、下部地层出土的、人工痕迹清楚的骨制品，并不全是骨器，至少第Ⅰ和Ⅷ型不是，其他各类尽管有个别标本情况相当复杂，但至少可以认为被描述的骨制品有70%以上是打击骨器，它们分属有刃类和有尖类，前者可再分单侧刃、双侧刃和端刃，侧刃主要是直刃，个别的为凸刃，凹刃仅一例；有尖类只有单正尖一型，其中有锐尖和钝尖之别。

生产这些骨制品的方法基本上是锤击法，也可能用砸击法。用锤击法修理骨器的方式已知有三种：向骨外壁、向骨内壁和复向加工。由YP.0020号等标本看，其制作技术已达到一定的水平，似可推测，更早的人类已懂得制作骨器，笔者曾提出：“骨质的和角质的工具，作为石器的辅助工具或弥补石制工具之不足，可能发生在旧石器时代的早期”。(张森水，1987)

综上所述，金牛山A点和C点的骨制品和骨器的发现与研究有相当重要的意义，使旧石器时代早期打击骨器存在与否变得更加明朗化。

五、讨　　论

（一）　金牛山A点的文化节略

根据金牛山A点已发现的文化遗物来判断其时代是困难的，若综合地层和古生物的资料，将其时代定为旧石器时代早期偏后的一个阶段或稍晚是可取的，与文化遗物研究也不矛盾。这里附带要说明一点是，综合已有的研究成果，原来认为A点的第3～4层在时代上相当于C点的1～3层（金牛山联合发掘队，1976），这一看法是不妥的，前者始终未发现磨制工具，故时代上要早于后者。从目前的研究可把A点第3～6层看作是一个时间的单元，均归上述暂定的时代。

从已发现的文化遗物看，下部者要较上部者略丰富一些，一件人的残股骨捡自下部地层出土的碎骨中。

已发现的文化遗迹有灰堆遗存、灰烬层和其他用火的证据，如烧骨等，可知当时人有较高的保存火种和控制火的能力。

石制品21件。打击简单，加工粗糙，只能代表其最低水平；骨制品36件。其中多数可称骨器，无论是类型或加工方式均具有多样性，代表骨器制作的较高水平。

A点发现的石制品数量少，特点不明显，且能从我国北方同时代的石器中找到对比的标本，故不宜作新的文化命名。为行文方便，金牛山A点的文化，可简称为A点的文化。

（二） 金牛山A点的文化地位

如上所述，A点发现石器很少，这些石器又只能代表当时制作石器的最低水平，故给全面探讨它与邻近的旧石器文化关系带来诸多困难。就金牛山A点发现的现状而言，只能粗作对比。至于深入研究它在我国北方旧石器文化中的地位，还待将来。

1．与金牛山C点石器的对比　金牛山C点曾发现15件石制品。包括锤击石片2件、砸击石核1件、砸击石片4件、单刃刮削器3件，复刃刮削器1件、端刃刮削器（原称半圆形刮削器）2件、尖刃器和雕刻器各1件。这两个地点，相距约70米，石器的相似点较多。它们都以石英为主要原料，都有两种方法打片，工具类型相仿，均以刮削器为主要类型，兼有尖刃器等。C点有雕刻器，但A点在一件凹刃刮削器上可见雕刻器打法的痕迹，工具以小型者居多，修理工具的方式方法两地点者也基本一致，均用锤击法，且以向背面加工为主。

两地点的石制品也存在一些差别，A点锤击标本多，C点砸击标本多，A点的石制品略大于C点的，A点块状毛胚做的工具多于C点。这些差别，难以说明属不同文化，而更有可能与发现的数量少有关。基于两地点石制品主要方面是相同的，应视为同一文化，都是旧石器时代金牛山古人类创造的文化。

2．与庙后山地点的石器对比　据报道，庙后山遗址出土石制品76件，出自第4～5层的9件，第6层的62件，第7层5件。这些标本包括锤击石核、锤击石片、碰砧石片，另外可能有砸击石片1件，工具中有砍砸器、刮削器和石球，前两类工具数量相仿。庙后山石制品与金牛山者加以对比，就可看见，其主要点是不同的，如A点无碰砧石片、砍砸器和石球；庙后山的石制品多粗大，砍砸器占有重要地位，仅比刮削器少一件，也未发现尖刃器，其修理方式以复向加工为主，与A点以向背面加工为主的修理方式有别。由此看来，两者在文化上有明显的不同，属不同的文化类型。

3．与辽宁其他旧石器地点的石制品对比　这些地点包括喀左鸽子洞、凌源西八间房、锦州沈家台和海城仙人洞。金牛山石制品与上述各地点的标本均可找到或多或少的相似点，但相比之下，与鸽子洞和仙人洞的石制品相近之点多一些：如打片方法，工具组合均以刮削器为主，兼有尖刃器和砍砸器，雕刻器均不典型，以及加工方式方法等都基本上是相同的，故可看作同一文化传统，因后两地点时代比金牛山早期者晚，可能存在承袭的关系。另外两个地点发现材料不多，与沈家台石器是否属同一文化传统，目前无法确定；西八间房的石制品似不属同一文化传统，因为该地点出土的石制品包括一些长石片——石叶技术传统的成分，但也有一些可与金牛山者对比，西八间房地点比金牛山下部地层的时代要晚得多，前者在文化上是否受到后者的影响，由于可对比的材料均不多，两者在时间上间隔也大，故难以准确地判明。

4．与吉林和黑龙江省发现的旧石器相比　这两个省发现的旧石器不多，如吉林的榆树县周家油房和黑龙江哈尔滨的阎家岗以及两省多处零星的采集品。两者所有发现均属旧石器时代晚期，除黑龙江省呼玛县十八站地点的石制品外，其余的都可以找到对比的标本，或许暗示在文化上有一定的关系。

5．与周口店第一地点石器对比　我国北方石器材料最丰富的地点是中国猿人遗址。这两个地点的古人类都用锤击法和砸击法打片，且都是以刮削器为主体，兼有尖刃器和雕刻器等多种类型工具，工具多是小型的，且以向背面加工为主。这表明它们属同一文化传统。若与中国猿人文化早、中、晚三期比较，A点石器与C点一样，更接近其晚期，在晚期文化中可找到更多的对比标本，但均非中国猿人晚期石器中的典型者。两者相距几百公里，文化上如此相像，其一种可能是中国猿人文化向东北地区传播的证据；另一种可能是，处于相近发展阶段的旧石器文化，“在一个较大的区域内有其明显的共同性”（金牛山联合发掘队，1978）。

基于金牛山旧石器遗址石制品发现的现状，与华北诸多旧石器地点的石制品进行对比缺乏实际意义，故从略。由上述它既可以与中国猿人者对比，又可与吉林和黑龙江省的旧石器时代晚期的标本对比，说明它恰在时空上居中国北方旧石器主工业的中间地位，因此，尽管金牛山目前发现的石制品只有37件（A点22件，C点15件），但对研究我国北方以小石制品为主的主工业的传播无疑有一定的意义。从这个意义上说，金牛山的石制品有它不可忽视的地位。

参考文献

金牛山联合发掘队，1976，辽宁营口金牛山发现的第四纪哺乳动物群及其意义。古脊椎动物与古人类，14（2）:120～127。

金牛山联合发掘队，1978，辽宁营口金牛山旧石器文化的研究，古脊椎动物与古人类，16（2）:128～138。

张森水，1987，中国旧石器文化，天津，天津科技出版社，1～336。

Pei W. C. Ler role desanimaux causes naturellew dans la cassure des os. *Pal Sin*. *New Ser* D，7:1～60。

（原载《中国科学院古脊椎动物与古人类研究所集刊》1993，19:1～163）

中国旧石器时代晚期文化的划分

李炎贤

一、绪　　论

中国旧石器时代晚期文化的研究是从20年代在宁夏灵武水洞沟和内蒙萨拉乌苏河的发现开始的。解放前发现的可确定为旧石器时代晚期的地点，除上述两地外，尚有北京周口店山顶洞遗址。另外，在甘肃庆阳、宁夏灵武横山堡、山西西北部和陕西北部也发现一些零星的石制品，也有人把它们归于旧石器时代晚期。

解放后，旧石器时代考古工作发展迅速，旧石器时代晚期的地点发现较多，据不完全统计，约有300多处，其中10多处被赋予文化名称。新发现的地点中较为重要的有：华北地区的河南安阳小南海、山西朔县峙峪、山西沁水下川、河北阳原虎头梁；东北地区的辽宁海城仙人洞；南方地区的四川汉源富林、铜梁张二塘、贵州兴义猫猫洞、普定白岩脚洞、湖北房县樟脑洞等。

发现材料的增加不断丰富了我们的知识，增进了我们对中国旧石器时代文化的分布和内涵的了解，也不断给我们提出思考的问题。这些发现物是属于单一的技术类型系列还是属于几个不同的技术类型系列？它们之间的关系如何？从1983年起，我国学者断断续续进行了探讨（张森水，1983、1987、1988、1990；黄慰文，1989；Gai，1991），对深入认识中国旧石器时代晚期文化的多样性和复杂性是有益的。但不无遗憾的是：有的讨论只限于一个地区或一个省，而未涉及全国；有的讨论虽涉及全国，但却把南方置于非常特殊的地位，而不是和北方的发现同等看待，甚至所用术语都不同，使人难于理解它们是否处于同一等级的分析单位。至于同一等级分析单位而所用术语不同，使问题复杂化，则徒增读者负担，于事无补。

要划分旧石器文化，首先要确定划分的标准。不同的学者有不同的标准。本文作者认为：划分旧石器时代文化应以主要的文化遗物的特点、发展和演变为标准。不同的地区发现的文化遗物不尽相同，完全照搬其他地区适用的标准来划分本地区的文化有时会碰到不可克服的困难。例如，西欧旧石器时代晚期骨、角器和艺术品发现较多，曾被用来对旧石器时代晚期文化作进一步的划分；中国发现含骨、角器的地点少，骨、角器虽有一定数量，用来划分旧石器时代晚期文化还为时过早。至于艺术品更是凤毛麟角，怎能根据它是否存在来作划分？我们希望在每一个地点能够发掘到丰富的各种人工制品，在进行对比和对文化作粗的或细的划分时都能有充分的理由。但工作的结果往往不那么理想，考古发掘获得的资料在大多数情况下是残缺不全的。因此，从实际出发选择经常发现的、大量的、可对比的资料进行分析、归纳，从而确定各个地区、各个地点的发现物的异同及其相互间的关系，就成为多数学者在探讨旧石器时代晚期文化时的着眼点。根据中国现有的发现情况，本文作者认为：素材、技术和类型是划分旧石器时代晚期文化比较重要的因素，标本的大小和类型组合只能作为次一级分类的依据。素材包括打片和制器两方面所利用的材料。素材的大小、形状和特点影响到打片方法和修整方法，也关系到加工出来的产品的形状和类型。技术也包括两方面：打片和修整。类型是素材与技术结合的体现。根据这一想法，本文作者认为：中国旧石器时代晚期文化，从主要的文化遗物的特点考察，可以归纳为四个主要的大致平行发展的系列。

二、文化特征

在近10年的出版物中出现了不少关于概括各地发现的文化遗物的名词术语，除了传统使用的文化和工业外，尚有：文化类型、文化变体、文化组合、文化综合体以及文化传统、工业亚型等等。这些名称有些是同义词，只是各人使用的习惯不同而已：有些则存在一定的区别，但各人的理解也不尽相同。为避免误解，在这里不重复使用这些术语，除非在引文中不得不照抄原文。

（一） 以石叶为主要特征的文化系列

这一文化系列以宁夏灵武水洞沟遗址的发现为代表。这一遗址发现的石制品包括石片及用石片加工成的石器（约占80%）和石叶及用石叶加工成的石器（约占20%）两部分。石片可见到修理台面的痕迹，有形制较规则的三角形石片，另外还有一些两极石片，有修理台面的石核。石片石器的类型有刮削器、端刮器、尖状器和凹缺刮器等，有的标本可同莫斯特的标本相比较。石叶是这一遗址具有特色的标本。石叶制品也是引人注目的器物，主要类型有：刮削器、端刮器和尖状器。由水洞沟遗址还发现有穿孔的鸵鸟蛋皮。在水洞沟附近的一个地点还发现有磨制的骨锥（Boule *et al*.，1928；贾兰坡等，1964；邱中郎等，1978）。

过去认为水洞沟的工业“好像处在很发达的莫斯特文化和正在成长的奥瑞纳文化之间的半路上，或者是这两个文化的混合”（Breuil，1928）。根据1963年发掘的结果可以进一步把它的时代确定为旧石器时代晚期。^{14}C测年结果也支持我们的推论。至于水洞沟石制品的内涵，我们同意Breuil分析的主要部分，对他的一部分分析和结论持保留态度（Li Yanxian，1991）。

水洞沟工业的另一重要成分——石叶及其制品的起源问题尚不清楚。但我们注意到：在丁村54:97地点发现有一件石叶制品（P.0538号标本：裴文中等，1958，图版XXVⅡ及XXVⅢ:A），河北阳原板井子也发现有12件石叶（李炎贤等，1991），旧石器时代早期一些遗址也发现有石叶，这表明水洞沟的石叶及其制品很可能是在吸收中国旧石器时代早、中期文化的技术类型传统的基础上发展起来的。

（二） 以细石叶为主要特征的文化系列

在70年代以前，我国北方发现分布很广的以细石核和细石叶的存在为特色的文化遗存，有些学者据此称之为细石器文化（裴文中，1947），其时代通常被归于新石器时代，或中石器时代，或旧石器时代晚期（裴文中，1947、1955、1965）。后一种说法的主要论据为萨拉乌苏河的材料，原作者并未多加论证，后人附和者亦甚少。因此人们的印象还是保持细石器是中石器或新石器时代的认识。从70年代起，下川（1970、1971、1976～1978）、虎头梁（1972、1973、1974）、薛关（1979、1980）、柴寺（1977、1985）等遗址的先后发现与发掘、研究以及测年工作的成果逐渐改变了人们以往的看法。

这四个主要遗址的^{14}C年代已给出：柴寺为距今26 450±590年或大于40 000年；下川下文化层为距今36 200$\pm^{3500}_{150}$年，上文化层约为距今16 400～23 900年；薛关为距今13 550 ±150年；虎头梁为距今10 690±210年或11 000±500年（吴汝康等，1989；王向前等，1983；中国社会科学院考古研究所实验室，1978、1980；黎兴国等，1987；黄慰文，1989；Gai，1991）。虽然上引四个遗址的^{14}C年代数据不尽相同，还有商讨余地，似乎可以这样推测：大约距今二万多年前，在中国北方已出现了以细石核和细石叶为标志的细石叶工业。它在距今2～1万年期间得到很大发展，其分布区域主要在黄河流域及其以北①，延续到新石器时代细石叶工业仍保持其兴盛的趋势，且分布区域向南扩展，达到长江以南。

这一文化系列的主要特征是出产锥状细石核或楔状细石核和细石叶，伴出的石器则往往是用石片或石叶加工成的，很少用细石叶加工成的。可以确定为旧石器时代晚期的含细石叶工业成分的几个遗址的文化内涵不尽相同，但有下列共同点：1.细石核、细石叶与石片、石叶共存，且有相当数量的石器是以石片或石叶为素材的；2.细石核具有区域性特色，楔状石核在各个遗址都有一定数量，而以虎头梁出产的比例为高；3.石器组合中端刮器的数量引人注目。这四个主要的遗址除了共同点外还各有特色：襄汾柴寺丁家沟遗址发现有锥状石核、楔状石核、细石叶、石核式刮削器、端刃拇指盖刮削器、修背石刀等；另外，同时还发现有砍砸器、三棱大尖状器和石球等石器（王向前等，1986）。这一石制品组合的特点是典型的细石叶技术与类型同丁村文化类型的结合，后者可能是残留成分。故这一遗址的文化遗存似可称为含丁村文化传统的细石叶文化。下川发现的旧石器时代文化可分为上、下两层。上文化层属于细石叶文化系列，据王建等（1978）的报道，细石核以锥形者为大多数，楔形者较少，另外还有一件两极石核。石器小型者多，主要类型有石核式刮削器、端刮器、修背石刀、雕刻器和尖状器等，也有一些较大的石器，其中还有砺石和研磨盘。由下川上文化层发现的石制品有几点是值得注意的：1.细小的石制品为数众多；2.有典型的细石核；3.石核中锥状细石核居多（约占一半），楔状细石核约占11%，柱状者约8%；4.石器中的修背石刀、雕刻器、端刮器大致可以同国外发现的同时期的标本对比，具有特色的为石核式刮削器；5."石簇"为两面加工，与虎头梁发现者相似；6.在工具组合中端刮器占41%，居首位，其次为石核式石器（22%），再次为边刮器（16%）。虎头梁遗址发现的石核有279件，被分为盘状、两极、楔状（236件）和柱状；石器有364件，包括砍砸器、尖状器、端刮器（221件）、雕刻器和边刮器；石叶有300来件，石片40 000多件，另外还有穿孔的装饰品13件（盖培等，1977）。在本文作者看来，虎头梁石制品的特点有三：1.楔状细石核发达，其数量在石核中占84%，而柱状石核仅6%，无锥状石核（原报告未提及）；2.在石器类型中端刮器占有显著地位（60%）；3.在石器中引人注意的是近端一侧加工成凹状的单肩式尖状器和半月形刮削器，大致可以同国外一些同时期的标本对比。山西蒲县薛半遗址发现石核240件，石片4 310件（包括石叶110件），石器225件。石核中除149件形状不规则者外，楔状者19件、半锥状者10件、似锥状者5件、漏斗状者4件，而呈船底形者最多，计53件。石器中端刮器最多（143件，占63%），刮削器次之（46件）、尖状器又次之（29件），雕刻器、修背石刀和似石斧都为数不多（分别为4、2、1件）（王向前等，

① 《人类学学报》1988年第4期载：在四川攀枝花回龙湾发现有细石器和骨角器，伴出有象、犀、巨羊等20多种化石。惟报告尚未发表，年代亦未测定，录以备考。

1983)。在本文作者看来，薛关石制品有下列几点是比较突出的：1. 在细石核中船底形石核占一半以上，而楔状石核和锥状（包括似锥状和半锥状）石核的数量都较少；2. 石器类型中端刮器居首位（63%），其次为边刮器（20%）、尖状器（12%），有雕刻器和修背石刀，但都不多；3. 边刮器中有加工成半月形者，与虎头梁发现者相似，尖状器中也有外形近似虎头梁发现者，唯薛关发现者均单面加工（正向加工），而虎头梁的半月形边刮器为两面加工，尖状器单面加工和两面加工的都有。

根据上面的介绍和分析，似乎可以得出这样的认识：1. 这四个遗址发现的石制品均可归纳到以细石叶为主要特征的文化系列，它们有共同的特征，但又各具特色；2. 柴寺的石制品似乎是衔接丁村文化和下川文化的中间环节，而薛关的石制品则是衔接下川文化和虎头梁文化的中间环节，虽然它还有自身的特点。

（三） 以零台面石片为主要特征的文化系列

这一文化系列以含有零台面石片为主要特征，石器的修整以反向加工为主，石器类型以用零台面石片作素材反向加工而成的刮削器为主。此外，在这一文化系列中还有相当数量的普通石片、少数两极石片。石器类型除刮削器外，兼有端刮器、尖状器和砍砸器。雕刻器和凹缺刮器并不发达。这一文化系列是由贵州兴义猫猫洞的发现和研究认识到的，当时被命名为猫猫洞文化（曹泽田，1982），后来在贵州普定白岩脚洞、穿洞、兴义张口洞，安龙观音洞、兴仁和六枝等地均有所发现（李炎贤等，1986；蔡回阳，1989：蔡回阳等，1986）。根据新的发现，有的学者把它们归纳为猫猫洞文化类型（张森水，1988）。这一文化系列有一些测年数据：白岩脚洞第 3 层为距今 11 740±200 年（半衰期为 5 570 年）或 12 080±200 年（半衰期为 5 730 年），第 5 层为 14 220±200 年（半衰期为 5 570 年）或 14 630±200 年（半衰期为 5 730 年），推测上部堆积（第 3～7 层）约形成于距今 12 000～15 000 年或 16 000 年前左右。猫猫洞为距今 14 600±1 200 年（铀系法）或距今 8 820±130 年（碳十四法）。穿洞上文化带为距今 8 080±100 年（第 3 层）和 8 670±100 年（第 4 层）。若根据现有的测年数据，归于这一文化系列的三个有代表性的地点的时代顺序似乎是：白岩脚洞较早，猫猫洞较晚，穿洞上文化带大致和猫猫洞时代相当或稍晚。结合其他地点的资料，似乎可以推测：这一文化系列大致发展于距今 16 000 多年前到距今 10 000 年前，它可能形成于较早的时期。像其他系列一样，这一文化系列在新石器时代早期依然延续存在。

（四） 以石片为主要特征的文化系列

这一文化系列发现最多，分布最广。其主要特征为：以各种石片为主，工具主要以石片加工而成，没有石叶工艺和细石叶工艺制品，也没有零台面石片及其加工产品。虽然在大量石片中可以找到一些标本按形状和长宽比例可归到石叶或细石叶中，但缺乏相应的石核和细石核，而且它们同前两个文化系列中发现者有一定区别。这一文化系列因为分布的地域广，各地的地质地理条件不尽相同，因而常出现一些差异，有的学者据此而命名了一些新的文化，他们依据差异主要有两方面：一是标本的大小，二是砾石石器含量的多少。在本文作者看来，这两方面的差异是客观存在的事实，但把它们当作划分文化系列的依据则理由不太充分，至多可作为次一级划分考虑。

在这一文化系列中，有一些地点具有测年数据，现罗列几个较为重要者如下：辽宁海城小孤山第 3

层下部为距今 40 000 ± 3 500 年（热释光法）、资阳人 B 地点第 6 层为距今 37 400 ± 3 000 到 39 300 ± 2 500年，内蒙萨拉乌苏河大沟湾地点为距今 35 340 ± 1 900 年（^{14}C 法；若依铀系法则为距今 50 000～37 000年）、云南呈贡龙潭山第 2 地点为距今 30 500 ± 800 年）、山西朔县峙峪地点为距今 28 954 ± 1 500 年、四川铜梁张二塘为距今 21 550 ± 310 年或 25 450 ± 850 年、贵州桐梓马鞍山地点为距今 15 100 ± 1 500 年、湖北房县樟脑洞地点为距今 13 490 ± 150 年、河南安阳小南海地点为距今 11 000 ± 500 至24 100 ± 500 年、北京周口店山顶洞下窨为距今 18340 ± 410 年或大于 32 500 年（热释光法）（以上数据均转引自《中国远古人类》）。尽管这一文化系列的地点发现不少，石制品也发现不少，甚至还发现一定数量的骨、角器，但要对这一庞大的文化系列作进一步的划分，无论在断代问题和技术类型问题上都还存在一定的困难。

三、讨　　论

（一）　中国旧石器时代晚期文化系列间的关系

从 1983 年起在中国学者中开始的关于旧石器时代晚期文化划分的讨论，注意到了各地发现物的异同，但在归纳时缺乏全面的标准，划分的等级和所用名词术语不大一致，因而出现同一地点的材料在不同学者的论文中归属于不同的系列的情况；对各个文化系列间的关系注意不够，或把次要的因素当作主要的因素来看待，也是导致这一现象发生的原因之一。

本文作者认为：中国旧石器时代晚期各文化系列不是彼此孤立的，而是有一定联系的。石片文化系列是中国旧石器时代晚期文化的主体，也是中国旧石器时代早期和中期文化的继承和发展，它在石叶文化系列和细石叶文化系列中仍有重要的作用；而零台面石片文化系列可能是石片文化传统中分化出来的一支，它可能追溯到旧石器时代中期的水城硝灰洞的发现①，延续到新石器时代（李炎贤，1984）。石叶在旧石器时代中期的丁村遗址和许家窑遗址都有所发现，在旧石器时代早期的北京人遗址、黔西观音洞遗址、阳原小长梁遗址也有少数标本可归到石叶一类，虽然还未发现相应的石核，但可以推测：中国旧石器时代晚期的石叶文化系列是旧石器时代早、中期技术类型继承和发展的结果。在这一文化系列中还可以看到一些两极石片，也是这方面的一个证据。联系到石片文化系列中的小南海工业里不少两极石片存在的事实，从另一方面又补充了这两个文化系列间的关系。

细石叶文化系列引人注目的是细石核、细石叶和加工精致的石器，但还有相当数量的石片、石叶以及用石片和石叶加工成的石器却常常被人忽视了。细石叶技术的起源问题是值得探索的。在中国旧石器时代早期的一些地点已发现有一些石核具有类似细石叶的剥片痕迹（李炎贤等，1986；卫奇，1985），这可能暗示细石叶起源于较早的时期，但当时石核上的这类痕迹是偶尔产生的而不是系统产生的，到目前为止起源问题还不清楚，有待进一步工作和深入探讨。近年我国学者对石叶文化系列同细石叶文化系列的关系进行了讨论，对认识问题不无好处。张森水（1990）主张，“一般说来长石片工业

---

① 水城硝灰洞原测定年代为距今 $57\,000 \pm ^{10000}_{8000}$年（铀系法），据沈冠军近年报道，水城硝灰洞堆积的年代比以前的说法为早，可能属于旧石器时代早期。如果这样，则零台面石片就可能有更为古远的历史。

是细石器工业的祖型”，并把它们归并在一起，称为“长石片——细石器工业”。盖培不同意张森水的说法，认为细石叶不仅仅是石叶的细化，石叶和细石叶的剥片技术明显不同，石叶和细石叶在石核修理技术上也很不同，石叶和细石叶间不存在承传关系。他提出另一种假说，认为细石核的祖先可以在华北一些文化组合中观察到（Gai，1991）。本文作者看来，根据长宽比例，石叶和细石叶有一定相似之处，但又有明显的区别，这就是为什么会有人把它们看作是祖裔关系而有人又持另一种看法的原因所在。本文作者主张，从中国旧石器时代晚期发现的情况看来，石叶文化系列和细石叶文化系列是平行发展的而不是先后继承发展的。从测年数据看来，水洞沟遗址的^{14}C 年代为距今 16 760 ± 210 年（动物化石）或 25 450 ± 800 年（结核），而铀系法对同层出土的动物化石测出的年代为距今 38 000 ± 2 000 年和 34 000 ± 2 000 年，对照一下四个归于细石叶文化系列的遗址的^{14}C 年代数据（从距今 10 690 ± 210 年到距今 26 450 ± 590 年或大于 4 万年），可以说双方的年代数据都在一个相当大的变异范围内，很难说哪一个最可信，最接近真实，因而也无法确定这两个文化系列哪一个早，所以要确定哪一个为祖型是不可能的。从另一方面看，石叶和细石叶都有悠久的历史，它们平行发展并非由旧石器时代晚期才开始，而是在较早时期就已经开始了，不过直到旧石器时代晚期才分别发展成为文化系列。

（二）　技术类型的继承和发展问题

中国旧石器时代晚期文化是多样的，从技术类型的角度看来，包含着继承和发展两方面。

中国旧石器时代晚期文化明显地继承了中国旧石器时代早期和中期在技术类型方面的成就和特点，居主导地位的石片文化系列和大量普通石片的普遍存在早已为大多数学者注意到，由此而进一步提出来的石片文化传统之说也为一些学者所推崇。这些事实，众所周知，无庸细赘。兹补充如下几点：

1. 砸击技术　这是北京人石制品中具有特色的技术之一。从前有学者认为这一技术在北京人之后衰落了，现在看来这样的说法应作修改。在我国旧石器时代晚期的石片文化系列中常常可见到两极石片，如峙峪、萨拉乌苏河大沟湾、汉源、小南海、海城小孤山、齐齐哈尔昂昂溪、青海小柴达木、房县樟脑洞遗址等。零台面石片文化系列的白岩脚洞、石叶文化系列的水洞沟、细石叶文化系列的下川、虎头梁遗址都发现有两极石片，可见砸击技术在中国虽然开始得相当早，在小长梁（尤玉柱，1983）、东谷坨（卫奇，1985）和巫山大庙（李炎贤，1991）已有这种技术的实物证据；到了北京人时期这种技术使用极为广泛，而到了旧石器时代中期，有一些地点仍然使用（如许家窑），直到旧石器时代晚期这种技术并未绝迹，个别地点还大量地采用，而发现两极石片的地点比以前不仅多而且分布广。

2. 观音洞（贵州黔西）的石器修整技术具有一定特色（李炎贤，1983；李炎贤等，1986）。在四川、贵州旧石器时代晚期的一些遗址发现的石制品中有一些标本呈现出相当强烈的观音洞技术的特点（李宣民等，1981；吴茂霖等，1983；李炎贤，1988），以至贾兰坡和黄慰文提出观音洞—铜梁传统一说（Jia *et al.*，1985）。

3. 具有莫斯特技术特点的石器过去在中国发现较少，现在已知除水洞沟外，云南呈贡龙潭山第二地点（邱中郎等，1985）和路南（裴文中等，1961）也发现有这类标本，说明在中国旧石器时代晚期南方和北方都还有一些地区继续使用这种技术。对中国旧石器时代晚期莫斯特技术的起源问题，过去有过外来说，根据近年来的发现与研究，我们认为这种加工技术在中国旧石器时代中期的丁村和板井子发现的标本中已明显地可以看出来了（李炎贤等，1991；李炎贤，1992；Li，1991）。

在继承的基础上发展起来的技术类型因素有两点。

1. 零台面石片　在旧石器时代中期（也有人认为是早期）的水城硝灰洞已发现有这种石片（曹泽田，1978），到了旧石器时代晚期这种石片在西南地区得到充分发展，并形成一种文化系列。在中国旧石器时代文化研究领域，这一技术类型因素为越来越多的学者所认识和重视。

2. 石叶　尽管这一类型的标本在旧石器时代中期，乃至偶尔在旧石器时代早期遗址中可以找到，但作为一种固定的系统的技术类型成分是在旧石器时代晚期完善和发展起来的。

中国旧石器时代晚期发展的技术应是细石叶技术。它似乎是在距今 2 万年前左右发展起来的一种打片技术，但已相当成熟，可能这种技术的起源比现在已知的年代还要早。

中国旧石器时代晚期发展起来的石制品类型主要有：锥状细石核（下川、薛关、柴寺）、楔状细石核（下川、薛关、虎头梁、柴寺）、细石叶（广见于细石叶文化系列各地点）、半月形刮削器（虎头梁、薛关）、以零台面石片为素材反向加工的刮削器（白岩脚洞、猫猫洞）、短身端刮器（下川）、长身端刮器（水洞沟、下川）、石核式石器（下川）、修背石刀（下川、薛关）、带肩尖状器（虎头梁）、凹底尖状器（虎头梁）、边缘修整的雕刻器（下川）等。

由上所述，中国旧石器时代晚期的石叶工业继承性是明显的，而这时期的发展和创新表现在技术和类型上也是很突出的。新的技术类型因素主要同石叶文化系列和细石叶文化系列相联系。对旧石器时代晚期新发展的技术类型成分，我们认为是本地区旧石器时代文化发展的结果。从世界范围看来，在旧石器时代晚期大多数地区发现的文化遗物都具有继承性和发展性，同时也具有共同性和地区性共存的特点。因此，在不同国家，甚至相隔很远的地区都可能找到相同的或近似的石制品或其他文化遗物，对此种现象张森水（1990）认为，“可以理解为处于相当发展阶段的古人类可以创造出类似的器物，因此，不一定看作是交流的产物”（p.327～328）。这是有理由的。但是我们并不排斥地区交流的可能性。不过要论证这一命题还要依赖更多的发现和研究，把一系列时间和空间的缺环连接起来，才能说出个头绪来；现有的发现和研究还是比较孤立的、零星的资料的解说，可以用它们来说明一种趋同现象，也可以把它们作为地区交流的例证，两种解释似乎同样有一定理由，但又同样没有充分的理由。

（三）　中国旧石器时代晚期文化多样性和复杂性形成的原因

通过上面简略的介绍和分析可以看出，中国旧石器时代晚期文化是多样的、复杂的。国内学者大多承认这一客观事实，但对其成因则有不同的解释。本文作者认为有两种因素可能在形成旧石器时代晚期文化的多样性和复杂性的过程中起着较为重要的作用：一是地质地理条件，二是技术类型的继承和发展不平衡。

前一因素可以举四个例子来说明。贵州西部和西南部不乏扁平的砾石，为零台面石片的生产和发展提供了条件。四川汉源富林遗址附近出产的燧石多小（大小如拳者居多）且节理发育，不易打下较大的适用的石片来，所以这里发现的石制品多为小的。内蒙古萨拉乌苏河大沟湾遗址附近缺乏较大的石料，所以这里出产的石制品也是以小的为多数。四川铜梁张二塘遗址附近的砾石多为粗大的石英岩砾石，这种原料既粗又硬，不易打下细小的适用的石片，所以这一遗址发现的石片多粗大，加工亦受原料影响，而这一遗址发现的砾石石器较多，都同这一因素有关。不同的地质地理条件为人们提供了不同的生存条件，影响和在某种程序上决定着人们的生产和生活方式。原料对石制品的技术和类型的选择、表现和发展起着颇为重要的作用，而原料只不过是地质地理条件之一。

技术类型的继承和发展问题对中国旧石器时代晚期文化的多样性和复杂性的形成也有着不可忽视的作用。一般说来，继承多了，发展就少；反之，发展多了，继承就少。我们把中国旧石器时代晚期文化归纳为四个文化系列，主要是依据素材、技术和类型的差别而得出的。石叶技术和细石叶技术的分布区同时也是石片技术的分布区。在不同地区有不同技术平行发展，可能说明当时已有技术类型发展不平衡的现象。在同一小的地区或同一遗址，可能有加工过程中不可避免要出现不同阶段的产物，而这些则有时被孤立起来，当作不同技术同时并用的结果。

同一现象，在不同作者看来，可能会有不同的解释，要很好地说清楚这个时期石制品的多样性和复杂性的成因，并不是很简单容易的事情，还要多做工作。本文里提到的两个因素，只不过是根据现有材料和研究成果提出来的一种看法，将来更多的发现和进一步的深入研究也许证明实际的原因比现在的推论要复杂得多，或者是相反，情况比现在的推论要简单得多，只是我们把问题看得过于复杂了。不管怎样，本文作者都表示欢迎。

参考文献

卫奇，1985. 东谷坨旧石器初步观察. 人类学学报，4（4）：289～300。

王建等，1978. 下川文化. 考古学报，(3) 259～288。

王向前等，1983. 山西蒲县薛关细石器. 人类学学报. 2（2）：162～171。

尤玉柱，1983. 河北小长梁旧石器遗址新材料及其时代问题. 史前研究.（1）：46～50。

中国社会科学院考古研究所实验室，1978. 放射性碳素测定年代报告之（五）. 考古，（4）：280～287。

中国社会科学院考古研究所实验室，1980. 放射性碳素测定年代报告之（七）. 考古，（4）：372～377。

李宜民、张森水，1981. 铜梁旧石器文化之研究. 古脊椎动物与古人类，19（4）：359～371。

李炎贤，1983. 观音洞文化在中国旧石器时代文化中的地位. 史前研究，（2）：12～18。

李炎贤，1984. 关于石片台面的分类. 人类学学报，3（3）：253～258。

李炎贤，1988. 观音洞文化及其技术传统.《纪念马坝人化石发现三十周年文集》，102～109. 文物出版社，北京。

李炎贤，1991. 巫山猿人遗址的石制品.《巫山猿人遗址》，20～23. 海洋出版社，北京。

李炎贤，1992. 关于丁村石制品的技术和类型. 1992 年大连古脊椎动物学会年会上的报告。

李炎贤、蔡回阳，1986a. 贵州白岩脚洞石器的第二步加工. 江汉考古，（2）：56～64。

李炎贤、蔡回阳，1986b. 白岩脚洞石器类型的研究. 人类学学报，5（4）：317～324。

李炎贤、文本亨，1986. 观音洞. 文物出版社，北京。

李炎贤等，1991. 河北阳原板井子石制品的初步研究. 中国科学院古脊椎动物与古人类研究所参加第十三届国际第四纪大会论文选，74～95. 北京科学技术出版社，北京。

王向前、李占扬，1986. 襄汾县柴寺村细石器地点. 中国考古学年鉴（1986），92. 文物出版社，北京。

张森水，1983. 我国南方旧石器时代晚期文化的若干问题. 人类学学报，2（3）：218～230。

张森水，1987. 中国旧石器文化. 天津科学技术出版社，天津。

张森水，1988. 贵州旧石器时代晚期文化的若干问题.《纪念马坝人化石发现三十周年文集》，119～126. 文物出版社，北京。

张森水，1990．中国北方旧石器工业的区域渐进与文化交流．人类学学报，9（4）：322～334。

吴茂霖等，1993．贵州省旧石器新发现．人类学学报，2（4）：320～330。

吴茂霖等，1989．中国远古人类．科学出版社，北京。

邱中郎、李炎贤，1978．二十六年来的中国旧石器时代考古．《古人类论文集》，43～66．科学出版社，北京。

邱中郎等，1985．昆明呈贡龙潭山第2地点的人化石和旧石器．人类学学报，4（3）：233～241。

贾兰坡等，1964．水洞沟旧石器时代遗址的新材料．古脊椎动物与古人类，8（1）：75～83。

贾兰坡等，1974．山西峙峪旧石器时代遗址发掘报告．考古学报，（1）：39～58。

盖培、卫奇，1977．虎头梁旧石器时代晚期遗址的发现．古脊椎动物与古人类，15（4）：287～300。

黄慰文，1989．中国旧石器时代晚期文化．《中国远古人类》，220～244．科学出版社．北京。

曹泽田，1978．贵州水城硝灰洞旧石器文化遗址．古脊椎动物与古人类，16（1）：68～72。

曹泽田，1982．猫猫洞旧石器之研究．古脊椎动物与古人类，20（2）：155～164。

蔡回阳，1989．贵州普定白岩脚洞石片的初步研究．人类学学报，8（4）：335～342。

蔡回阳、王新金，1986．贵州旧石器地点简录．贵州省博物馆馆刊，1976年第1期。

裴文中，1947．中国细石器文化概说．燕京学报，33：1～6。

裴文中，1955．中国旧石器时代的文化，科学通报，（1）：30～45。

裴文中，1965．中国的旧石器时代——附中石器时代．日本の考古学，Ⅰ：221～232。

裴文中、张森水，1985．中国猿人石器研究．科学出版社，北京。

裴文中、周明镇，1961．云南宜良发现之旧石器．古脊椎动物与古人类，2：139～142。

裴文中等，1958．山西襄汾县丁村旧石器时代遗址发掘报告．科学出版社，北京。

黎兴国等，1987．^{14}C年代测定报告（PV）I．第四纪冰川与第四纪地质论文集．碳十四专集．16～38．地质出版社，北京。

Boule，M.，*et al.*，1928．Le Paleolithique de la Chine．*Archives de l' Institut de Paleontologie Humaine*．Mém．4．Masson．Paris.

Gai，Pei，1991．Microblade tradition around the northern Pacific rim：A Chinese perspective．Contributions to the XⅢ INQUA by the Institute of Vertebrate Paleontology and Paleoanthropology，Academia Sinica，21～31．Beijing Scientific and Technological Publishing House．Beijing.

Jia，Lanpo and Huang Weiwen，1985．The late Palaeolithic of China．In：*Palaeoanthropology and Palaeolithic Archaeology in the People's Republic of China*．211～223．Eds．Wu Rukang and J．W．Olsen，Academic Press．Orlando.

Li，Yanxian，1991．Levalloiso-Mousterian technique of Palaeolithic industries in North China．Abstracts of the XⅢ INQUA，p．200．Beijing.

（原载《人类学学报》1993，12（3）：214～223）

东亚和东南亚旧石器初期重型工具的类型学

——评 Movius 的分类体系

黄慰文

众所周知，东亚和东南亚在研究人类起源与进化上具有重要的地位。这里是最先发现直立人化石的地方，其他阶段的人类化石亦十分丰富，许多关于人类起源与进化的理论都是根据这个地区的工作而提出的。东亚、东南亚的旧石器在近一个世纪以来也有许多重要发现。例如：20 年代至 30 年代发现的中国水洞沟、萨拉乌苏、周口店、缅甸安雅特、爪哇巴芝丹等工业，以及 50 年代以来中国大陆、中南半岛、朝鲜半岛、蒙古高原、西伯利亚平原和日本列岛的一系列重要发现，为复原本地区早期人类的历史提供了很好的基础。然而，回顾历史，人们无不遗憾地发现：有关本地区旧石器文化许多带有根本性质的问题并未弄清。这里的旧石器研究不但和本地区相对比较发达的古人类学不相称，同欧洲、非洲的旧石器研究相比亦尚处于欠发达状态。

长期以来，东亚和东南亚旧石器的研究者们把精力较多地投入有关文化发展模式的讨论上（Pope，1988&1989）。近年，有些学者又把开展人类行为方式的研究，看作发展本地区旧石器考古的关键（Clark and Schick，1988；Clark，1992）。平心而论，上述讨论和研究方向符合旧石器考古的基本目标，可以说无可厚非。然而，如果从东亚、东南亚旧石器研究的历史与现状权衡，则眼下有更加紧迫的事情要做，那就是类型学方面的工作。周口店第一地点（北京人遗址）的石制品，是东亚、东南亚地区最先发现的旧石器初期工业。它以脉石英为主要原料，在技术上和类型上同欧洲以火石为原料的同期工业差别很大。当时，像 Oldowan 等东非旧石器初期工业尚未发现，人们在世界其他地方很难找到可以与周口店对比的旧石器文化。不过，即便如此，早期研究者们在描述周口店工业时，依然采用当时流行的欧洲类型学概念（Pei，1931；Teihard de Chardin and Pei，1932；Black *et. al.*，1933）。1937～1938 年，美国东南亚早期人类考察团在缅甸北部伊洛瓦底江谷地发现安雅特工业。此前，荷兰人类学家 G. H. R. von Koenigswald 等 1935 年在东爪哇南部 Baksoka 河谷发现巴芝丹工业。这两批材料经美国考古学家 Hallam L. Movius 进行系统整理和研究，认为与西方的显著不同，为此他提出了一套不同于欧洲、非洲和西亚旧石器的分类体系，并在此基础上建立了影响深远的“两种文化”（或“两个文化圈”）理论（Movius，1943，1944 and 1948）。

今天回过头来看，如果 Movius 的分类体系合理，那么，它的建立应当推动东亚、东南亚旧石器考古向新的高度发展。然而令人遗憾的是，Movius 在缅甸和爪哇的工作虽然开创了东南亚旧石器研究的新时代，但他所建立的分类体系事实上不像预期的那样有利于人们正确认识东亚、东南亚旧石器文化。已故法国著名旧石器类型学和实验学考古学家 Francois Bordes 说过：“正如地层学仍旧是旧石器年代学的基础一样，类型学亦必定仍旧是研究任何一个旧石器工业的基础。类型学是使聚集在史前堆积里的各色各样工具能够定义、认识和分类的科学。这是一门困难而又必不可少的学问”（Bordes，1968）。为使东亚、东南亚旧石器考古今后走上健康发展的道路，我们今天还必须腾出精力来清理类型学方面存在的问题。当然，造成今日东亚、东南亚旧石器类型学不尽人意的局面并非 Movius 一人的责任，而是有其历史背景的。众所周知，中国考古学家和西方同行之间的正常交流在50年代以后一个相当长的时期里基本上陷入停顿状态。正是这个时期，像Francois Borders，Denise de Sonneville－Borders和Jean Perrol等西方学者通过一系列的努力协调了至今仍在非洲、欧洲流行的旧石器分类体系（in Freeman，1977）；而在旧大陆东半部旧石器研究中占有关键位置的中国学者却不幸地被排除在这个进程之外。因此，当80年代初中国的大门重新打开的时候，来访的西方学者只能随身带来不合时宜的Movius的分类体系，而面对的又是使他们迷惑不解的、中国同行在封闭半封闭环境里发展起来的那套术语。也许，我们在这里可以用“先天不足”和“后天失调”来概括目前东亚、东南亚旧石器类型学的处境。

Movius把安雅特工业分为早、晚两期。早期安雅特相当于旧石器初期和中期，晚期安雅特相当于旧石器晚期。巴芝丹工业原先被看作一种直立人文化。近年，一些研究者认为它的时代不像原先预料的那么早，可能是一种晚期智人文化。安雅特制品按原料分为木化石和硅质凝灰岩两个系列。在483件早期安雅特工具中，木化石和凝灰岩，大体上各占一半。巴芝丹标本2419件，绝大部分为硅质凝灰岩制成。另外有一些硅质灰岩和少数几件木化石制品。从与打制石器有关的各项物理性能，如密度、硬度、弹性和韧度来看，上述各种原料与火石并无多大差别。但是，木化石在树木石化之后仍保持生长时的纹理，使它在受外力打击时容易顺长轴劈开。因此，除少数硅化程度特别深的毛坯可以从各个方向打片以外，一般只能从一个方向，即与年轮轴大致成直角的方向打片。木化石这种特性，使打出来的工具几乎全都具有陡峭的锛状“端刃”。Movius对此一清二楚。然而，令人费解的是，当他对安雅特工具进行分类和对工业的性质进行评价时，事实上没有把原料的这种特殊性摆到一个恰当的位置。Movius在整理安雅特的标本时，起初建立了两个新的分类和重新界定两个原有分类（Movius，1943&1944）。后来，又增加一个新的分类（Movius，1948）。三个新分类为“chopping－tools”，“hand－adzes”和“proto－hand－axes”；重新界定的两个分类为“choppers”和“scrapers”。在他的分类体系里，“chopping－tools”是从“choppers”里分出来专指两面打击（通常是交互打击）和具有一个曲折刃口的卵石工具，中文可译作“两面砍斫器”。而“choppers”在这里限于单面打击、刃缘呈圆形、半卵形或近于平直的卵石工具，中文可译作“单面砍斫器”。“Hand－adzes”是Movius的得意之作，指一种轮廓呈方形或长方形的单面打击的粗大石核工具，中文可译作“手锛”。Movius解释手锛是特殊的单面砍斫器，其最突出的特征是有一个单斜面的陡峭的锛状刃口。这个刃口往往与工具长轴大致呈直角相交。“Proto－hand－axes”在中文里可按字义译作“原型手斧”。Movius说它是“轮廓呈尖状或椭圆形、断面平凸的粗大手锛，单面打击，通常以石片为毛坯”，“从类型学观点看，原型手斧显示出从手锛到真正的手斧之间的过渡”。至于“scrapers”，即中文的“刮削器”，Movius说它与“choppers”之间并无严格的、稳定的界限，两者仅有尺寸上的差别，“choppers”就是“粗大的刮削器”。

美国考古学家L. G. freeman说过：“一个好的分类体系应该建立在各个分类相互独立、不相重叠和包容性强（能最大限度地覆盖采集品的变异）等三个原则之上”（Freeman，1977）。如果用上述标准衡量，则Movius的分类体系的缺陷十分明显。第一，各分类相互重叠，独立性差。他自己也承认“在scrapers→choppers→hand→adzes→proto→hand→axes中的重叠程度在许多情况下可能是相当大的”（Movius，1948）；第二，包容性差，突出表现在“hand－adzes”和“choppers”这二个主要分类上。在早期安雅特木化石系列中占压倒优势的hand－adzes，在凝灰岩系列中几乎完全缺失，只有28件难以界定的“hand－adzes or choppers”；相反，在凝灰岩系列中占第一位的“choppers”，又几乎不见于木化石系列，而只有5件“side hand－adzes or choppers”（Movius，1948）。以上事实清楚地表明：Movius的分类体系即使在安雅特工业内部亦受原料制约，但他却无条件地把它推广到爪哇以至整个东亚和东南亚，结果使自己陷入尴尬的局面。例如，在总数2419件巴芝丹工具中，“handadzes”这样重要的分类只有87件，占工具总数3.5%。既然“手锛”有如此明显的局限性，而Movius也承认它只是一种特殊的砍斫器，那么，建立这个分类的必要性就值得考虑了。

关于三个新的分类还有进一步讨论的必要。首先是“chopping－tools”。Movius建立它的原意是要把两面打击的和单面打击的砍斫器分开，前者冠以新名“chopping－tools”，后者则沿用旧名“choppers”。对于设立这个新分类的得失，李炎贤有如下的评价：“Movius是有功绩的，他注意到了加工方向在石器分类中的重要性，在旧石器时代考古学中增添了新的类型。限于当时的条件和发展水平，他对加工方向的多样性和复杂性的组合形式认识不足，而为后学者留下了难题……例如，转向加工显然不同于两面加工或交互加工，这两样加工的砾石叫choppers显然不合适，叫chopping－tools也不太妥当，为了避免重复这个难题，我们主张在汉语名称上统称这类砾石石器为砍砸器，至于加工方向及其组合的区别可按技术特征来处理或作为次一级分类的依据”（李炎贤，1991）。其次是“hand－adzes”。应该承认，这类石核工具具有一定的特色。然而，如前述，这些特色与木化石分不开。离开这种特殊材料，“hand－adzes”基本上就不存在了。再次是“proto－hand－axes”。建立这个新的分类也许可以说是

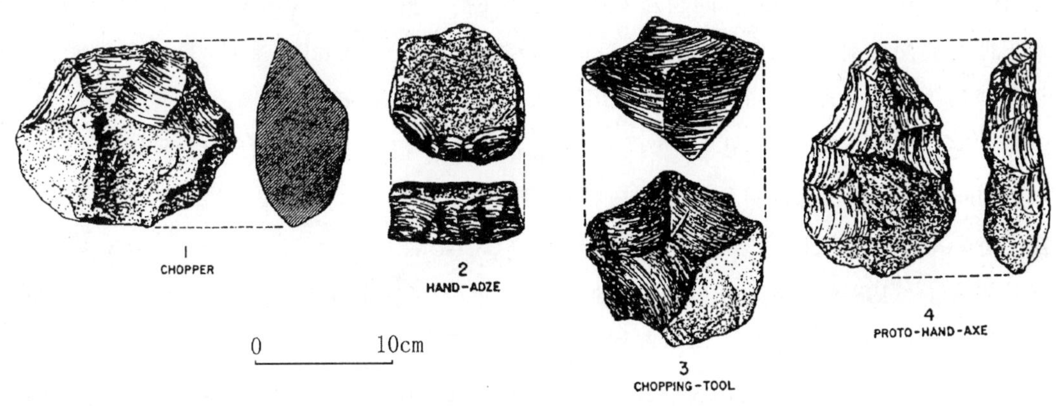

图一　Movius的分类模式图（据Movius，1948）

Movius分类体系最大的失误（图一）。按照他的定义和图示，这类工具应该归入当时已经设立的pick（中文可译作“手镐”）分类中去。然而，Movius认为它们是“手锛与真正的两面手斧之间的过渡”（Movius，1948），所以提出要建立“proto－hand－axes”分类。遗憾的是，Movius的建议缺乏模拟打制石器实验方面的证据，所以并未被考古学界普遍采纳。相反，研究者们根据Olduvai的“BedⅡ”上部提供的有价值的证据，认为过渡发生在两面打制的尖状的砍斫器和真正的手斧之间（Bordes，1968；Leakey，M.，1971）。做过很好的模拟打制手斧实验的Bordes把这个过程描述为：“首先，围绕卵石的周围进行除粗大一端以外的修整，此阶段的制品称为原型手斧；然后，修整扩展到整个卵石的上下两面；最后，修整工作以粗大一端也完全修掉为止。不过，后面的特征并非固定不变，有些进入莫斯特期的手斧就是保留柄部（butt）不作修整的”（Bordes，1968）。我们认为Bordes等对proto－hand－axes的界定是合理的。首先，两面打制是手斧最基本的技术特征，不管是“原型的”还是“真正的”都应

具备；其次，“原型的”和“真正的”只不过是手斧的次一级特征。它们代表技术的进化过程或程度不同的修整——粗制的或完备的（图二）。

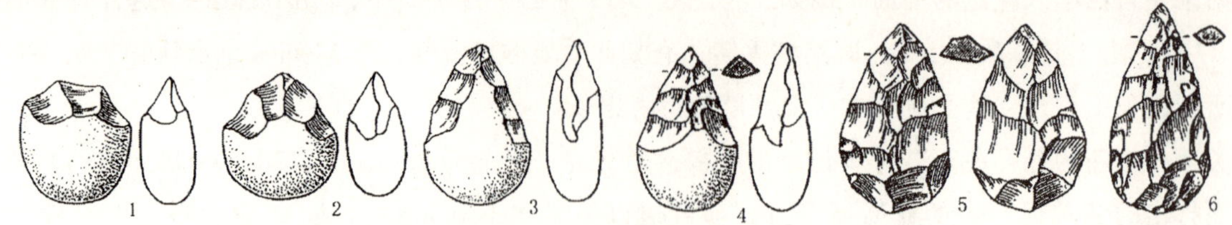

图二　从两面砍斫器到手斧的演变（据 Bordes，1968）

在评价 Movius 的分类体系时，还涉及如何对待类型学根本原则的问题。这里所说的类型学根本原则，首先是指用什么标准来划分工具类型？是根据形状和技术特性还是根据功能？由于旧石器时代对我们来说是一个十分遥远而且各个方面都差别很大的时代，要弄清各种工具的功能是一件极端困难甚至是不可能的事情。虽然近一二十年来对石制品的微痕分析已经取得了某些进展，但离问题的解决还要走相当长的路。今天人们对多数工具功能的认识仍不能超出推测或假设。所以，根据形状和技术来决定工具的分类是旧石器考古学界普遍赞同的原则，包括 Movius 在内的多数研究者都这样强调过（Movius，1943；Crabtree，1979）。问题是上述原则往往被一些研究者以种种借口而搁置一边，结果造成了有章不循的局面。前面谈到 Movius 将“pick”称为“proto－hand－axes”是一个例子，但更突出的例子是他对待手斧的态度。手斧是 Movius 用来划分东、西两个文化圈的主要依据，他认为手斧在东亚、东南亚“完全缺乏”或“罕见”。然而事实并非如此。巴芝丹中有 153 件手斧，占工具总数的 6.325。Movius 以“沿长轴方向打片”为理由将它们完全排除在“真正的手斧”之外。可是，巴芝丹事实上存在十分标准的、打法同西方打法无异的标本（Bartstra，1978）。所以，Movius 对巴芝丹材料处理不当（井川史子，1982）。其实，安雅特工业也有手斧。1990 年春天本文作者访问美国哈佛大学时，在 Peabody Museum 收藏的安雅特标本里看到几件手斧。其中一件两面打击的椭圆形手斧是以木化石为原料的，标本登记号为：“Ny. ②/T3－surface/38～65～60/9660”。尽管这件标本是地面采集的，而能够归入手斧的标本数量的确很少，但是安雅特工业存在手斧毕竟是一个事实。可惜，这些情况在 Movius 的报告里没有得到反映。因此，我们认为，谈到类型学时还应该强调：分类标准原则上应不受时空的约束，否则就无统一标准可谈，分类学也就失去其存在的意义了。

经厘定，本文作者认为下述分类适用于东亚、东南亚旧石器初期的重型工具：

1.Chopper：

中译砍斫器或砍砸器，是一类用粗砾或大石块简单打制的重型工具。位于一侧（一端）或两侧（两端）的刃部由两面或一面剥落的片疤构成，不作精细修整，刃口多呈锯齿状，与刃口相对一端（一侧）的边缘保留石皮。用大石块打制的砍斫器，与刃口相对的边缘常作修钝处理以便于把握。Movius 分类体系中的“手锛”应纳入此类。

2.Hand axe

中译手斧，是一类用结核、粗砾或大石片两面打制的重型工具。轮廓通常呈梨形或椭圆形，一端略尖略薄，相对一端略宽略厚。器身布满片疤，或只保留小部分石皮。手斧有一定的打制程序，故被称为人类最早的标准化工具。然而，它也有一个演化过程，无论工艺水平还是形状的规范化方面亦因时因地而存在很大的变异。总的来说，早期类型手斧由于用硬锤打击而具有身厚、疤深、刃脊曲折、轮廓不匀称和保留石皮较多等特点。它们也称为非标准手斧或原型手斧。晚期类型手斧由于改进技术，尤其是一些地区普遍采用软锤打击而使器身变薄、片疤平远、刃脊平齐、轮廓匀称和不保留或保留很少石皮。它们也称为标准手斧或阿修尔手斧。本文作者曾系统介绍过中国手斧（黄慰文，1987）。

3.Cleaver

中译薄刃斧，也有人译作“斧状器”、“劈裂器”、“手锛”、“修理把手大石片”等。这是一类用大石片打制的重型工具，修整工作限于柄部和侧边，刃口由石片原有的两个面交汇的边缘构成。标准薄刃斧的轮廓呈“U”字型，上方为平直的刃口并与工具长轴垂直相交，修整部位一般为两面打击，但亦有单面打击。林圣龙最近对中国薄刃斧作了系统介绍（林圣龙，1992）。

4.Pick

中译手镐。以往的中文报告称此类工具为“大尖状器”、“原尖状器”、“三棱大尖状器”等。这是一类与手斧关系密切的重型工具，用粗砾或大石片制成。器身窄长，横断面呈三角形或四边形；尖端厚实粗大，刃口呈尖锥状或圆弧状；腹面略平，背面因两侧陡直修整而隆起。Movius 分类体系中的“原型手斧”应厘定为此类。

5.Spheroid

中译球状器，依形状可以分为正球体和准球体两组。前者包括一些外表光滑的石球，但一般为外表保留疤脊或仅去掉部分疤脊的标本；后者器身不对称和带较多棱角。

6.Scraper

中译刮削器，是一类很普通的石片工具，一个或几个边缘经过修整。它又分为重型和轻型两组。中间径等于和超过 100 毫米的归入重型组，为本文讨论范围。中文文献里的“刮削器”是一个内容庞杂的分类。在轻型工具中，它至少应分为端刮器、边刮器、凹缺器和锯齿刃器等几个平行的分类。不过在重型工具里，由于加工简单和形状不稳定，这些分类往往难以界定。因此，本文在讨论重型工具时，暂时保留“刮削器”这个涵义广泛的名称。

以上分类的定义与西方通用的分类体系（Bordes，1979；Whitehouse，1983；Tattersall *et al*.，1988）基本一致。

东亚、东南亚各地的旧石器初期重型工具工业也存在一些地方性差别。例如，东亚南部和东南亚的工业主要用粗砾为毛坯，可以称为卵石工具工业；北部则主要用大石片为毛坯，不宜称为卵石工具工业。球状器在中国北部和长江中下游以及朝鲜半岛的工业中时有发现，但不见于南方的百色和缅甸的安雅特。在百色，球状器的位置似乎被石锤所取代了。另外，薄刃斧在东亚北部存在，但南部还不清楚。尽管如此，前面提出的六个分类所组成的分类体系，对整个东亚和东南亚旧石器初期重型工具仍具有普遍的应用意义。换句话说，西方通用的分类体系也适用于东方。Movius 建立新体系的必要性和合理性值得重新考虑。

参考文献

李炎贤，1991，关于砾石石器分类的一些问题．封开县博物馆等编《纪念黄岩洞遗址发现三十周年论文集》，广东旅游出版社，147～153。

林圣龙，1992．中国的薄刃斧，人类学学报，11（3)：143～201。

金元龙、崔茂藏、郑永和，1981．韩国旧石器文化研究，韩国精神文化研究院（韩文）。

黄慰文，1987．中国的手斧，人类学学报，8（1）61～68。

黄慰文，1991．南方砖红壤层的早期人类活动信息．第四纪研究，（4)：373～379。

井川史子，1982，东アツァ前期旧石器时代に关する三つの模式，考古学ツヤーナル 206：43～47。

Bartstra，G. J. and Basoki，1989. Recent work on the Pleistocene and the Palcolithic of Java. *Current Anthropology*. 30: 241～244.

Black，D.，Teilhard de Chardin，Young，C. C and Pei，W. C.，1933. *Fossil Man in China*. Geological Memoirs，Seris A，No. 11.

Bordes，F.，1968. *The Old Stone Age*，World University Library，McGraw－Hill Book Company，New York，Toronto.

Bordes，F.，1979. *Typologie du Paleolithigue*，*Anuien et Moyen*. Eds. C. N. R. S. *Cahiers Du Quarternaire*，Paris.

Clark，J. D.，and Schick，K. D.，1988. Context and content：impressions of Paleolithic sites and assemblages in the People' s Republic of China. *Journal of Human Evolution*. 17：439～448.

Clark. J. D.，1992. The antecedents and origins of Chinese civilization：joint research at Nihewan，*China Exchange News*，20（2)：7～11.

Crabtree，D. E.，1979. An introduction to flintworking. *Papers of the Idaho State University Museum*，(28)，1～98.

Freeman，L. G.，1977：Paleolithic archaeology and Paleoanthropology in China. Eds Howells，W. W and Tsuchitani，P.J.，*Paleoanthropology in People's Republic of China*：79～113.

Huang Weiwen，1989. The Early Paleolithic of China. 第四纪研究（日本）28（4)：237～242.

Leakey，M. D.，1971. *Olduvai Gorge*，Vol. 3，Cambridge at the University Press.

Movius，H. H.，1943. The Stone Age of Burma. *Transactions of the American Philiso phical Soclety*. NS 32：341～394.

Movius，H. L.，1944. Early Man and Pleistoccne Stratigraphy in Southern and Eastern Asia. *Papers of the Peabody Museum of American Archaeology and Ethnology*，*Harvard University*，14（3)：1～125.

Movius，H. L.，1948. The Lower Paleolithic Cultures of Southern and Eastern Asia. *Transaclions of the American Philoso phical Society*，NS 33（4)：329～420.

Pei，W. C.，1931. Notice of the discovery of quartz and other stone artifacts in the Lower Pleistocene hominid－bearing sediments of the Choukoutien cave deposit. *Bull*. *Geol*. *Soc*. *China*，11（2)：109～139.

Pope. G. G.，1988. Recent advances in Far Eastern Paleoanthropology. *Ann*. *Rev*. *Anthropol*.，17：43～77.

Pope. G. G.，1989. Hominid paleoenvironments in the Far East. Editoriale Jaca Book Milan，*Homonidae*，231～235.

Tattersall，I.，E. Delson and J. V. Couvering，eds.，1988. *Encyclopedia of Human Evolution and Prehistory*. Garland Publishing. New York & London.

Teilhard de Chardin and W. C. Pei，1932. The lithic industy of the *Sinanthropus* deposite in Choukoutien. *Bull*. *Geol*. *Soc*. *China*，11（4)：315～358.

Whitehouse，R. D. ed.，1983. *The MacMilian Dictionary of Archaeology*. MacMillan Press，London.

（原载《人类学学报》1993，12（4)：297～304）

对九件手斧标本的再研究和关于莫维斯理论之拙见

林圣龙

手斧是旧石器时代众多石器类型中的一种，但是它的重要性已远远超出作为一种石器类型本身的范围。早在50年前，莫维斯教授（H. L. Movius）就主要根据手斧的存在与否来划分旧大陆旧石器时代早期东、西方的不同的文化传统和文化区（Movius，1943；1944；1948），充分说明了手斧在世界旧石器文化研究中的特殊意义。在中国旧石器文化中是否存在真正的手斧还是一个需要进一步探讨的问题。本文是对中国发现的被认为是手斧的九件标本的再研究，并对莫维斯的理论作一评论。

一、手斧的鉴别特征

近年来有的学者发表了一系列论述中国手斧和评论莫维斯的理论的论文（黄慰文，1987；Huang，W. 1989；Huang Weiwen，1989；Jia Lanpo and Huang Wei－wen，1991；黄尉文，1992；Huang Wei－wen，1993；黄慰文，1993），提出了一些重要的看法，总的观点是："越来越多的考古发现表明：中国不缺少手斧，东亚、南亚其他地区也不缺少手斧，手斧在这里某些旧石器时代初期工业中扮演着一个不容忽视的角色；这类工业的工具组合和欧、非手斧文化有许多相似之处。上述发现逐步填平东、西方文化上的'鸿沟'，表明两大地区的文化交流早在旧石器初期可能已经存在。""总之，把旧石器初期世界划分成两个截然不同的文化圈的观点不符合客观事实。"（黄慰文，1987）为了确定中国旧石器文化中是否存在真正的手斧，笔者觉得有必要对中国发现的被认为是手斧的标本重新作一番详细的考察。

手斧在中国发现较晚。将近40年前，贾兰坡教授曾撰文，认为在北京猿人遗址、周口店第15地点、丁村遗址和水洞沟遗址中都存在手斧（贾兰坡，1956），但学术界尚未取得共识。后来裴文中等（1958）发表了沙女沟发现的似"手斧"石器（即原丁村P.1889号标本）。自此以后，发现的被认为是手斧的标本数量也不多，没有对手斧的技术—类型的特点作过深入的研究，很少有人详细地讨论它的鉴别特征。人们常常是根据器物相似于手斧的平面形状和有两面或部分两面修整来鉴定手斧的。为此我们觉得首先需要讨论一下手斧的制作以及它的定义和鉴别特征。

实验表明，制作手斧和薄刃斧比起制作奥杜韦文化的石器来要复杂和型式化得多：从开始到完成，技术指向一个明确的末端产品，要求更高的技能和更大的力量。生产手斧主要有两种方法：一种，特别用于加工熔岩或石英岩，是用从巨砾上打下的大石片作为毛坯；另一种，正常地用于有较小的燧石或火石结核的地方，是选用大的盘状砾石作为原料。在非洲、西南亚、伊比利亚和印度的阿舍利工业中，从熔岩、石英岩、黑曜岩或燧石巨砾上打下大石片毛坯是特别普遍的。生产大石片的能力是阿舍利工业的标志之一，在非洲开始于大约距今170万年前。下一步是把大石片粗制成手斧的雏形，用硬锤从大石片的两面交替地剥去石片，特别注意去掉大石片上凸出的部分——厚的台面和鼓起的打击泡，对尖端的打片是使它比跟部窄一点和锐利一点，跟部甚至可能保留原来所用石片或砾石的大部分形状。

在阿舍利的较早时期，打片通常停留在这个阶段，而在阿舍利的较晚时期（在非洲开始于距今100万年前后），有些手斧工业开始显示出更加精致。这涉及手斧制作过程中的去薄和最后成型的阶段。在去薄过程中需要进行“台面修理”，指的是在刃缘上轻轻敲琢，打掉小碎屑，使刃缘变陡，这样能对准刃缘进行修整，打下小而薄的石片，从而使器物更加对称，相对宽而言非常之薄，使刃缘变直，还特别注意使尖端变得薄、直和锋利。“台面修理”是技术上的一个突破。在去薄时，可以使用硬锤，或者更可取的是使用软锤。如果是对燧石或火石进行打片，比较理想的是选用一块扁平的盘状或板状砾石。打制也包括粗制成雏形以及去薄和最后成型两个阶段，同样使用“台面修理”技术。现在生活在新几内亚西部的一个Langda村的Kin－Yal人仍然制作装有把手的磨光石锛。他们取得大石片和把大石片粗制成粗糙的长身卵圆形两面器的过程似乎惊人地相似于阿舍利技术。在精细加工时通过轻轻敲琢和磨擦先对刃缘进行修理（Schick and Toth，1993）。

Kleindienst（1962）把手斧放在“以具有切割刃为特征的大型工具”中，后者的定义是：一面或两面修整，最大长很少小于10厘米或大于30厘米；平均长:宽:厚接近4:2:1（宽/长0.50；厚/宽0.50；厚/长0.25）。手斧的特征是：围绕工具整个四周，或者在更为罕见的情况下围绕跟部以外的周边有一切割刃；制作的重点，如果可以分辨出来的话，似乎是在尖端和两个刃缘；通常两侧对称；纵截面和横截面（即沿着纵轴和横轴）或多或少成双凸形；尖端类型包括从非常尖锐的到似舌形。在大小、工艺水平和质量以及平面图形方面有大的变异。根据平面图的变异分类，主要按照刃缘的曲度、长/宽比率以及相对于工具长的最大宽的位置分类。她把手斧分成27种亚类型。

Clark and Kleindienst（1974）同样把手斧放在“大的切割工具”之中，后者的长度通常超过100毫米并具有规整和锋利的刃。手斧的特征是：它们是两面修整的，更为罕见的是一面加工的；典型特征是有一扁平的双凸或平凸的截面，以及除了有时跟部和跟部附近例外，围绕整个周边有一切割刃。

在东非Olorgesailie遗址发现了大量的手斧，Isaac（1977）对手斧有比较详细的定义和界说。他根据处理Olorgesailie材料的经验认为，可以把手斧分成两个亚类：典型手斧和亚典型手斧。他认为Bordes（1979）在撰写两面器时使用了相似的划分。

Isaac对典型的阿舍利手斧的定义是：一种显示某种程序延长（宽/长＜0.76）的两面工具；在其大部分长度上有一稍稍扁平的双凸或透镜体形的截面，最大厚/宽比率＜0.67；有一匀称的、通常是圆的轮廓，有或没有尖端；围绕器物的四周有一连续的刃，主要部分是锐利的（＜75°），而且相对于工具轴是双斜型。亚典型手斧的定义是：一种其一般形态相似于手斧但某些或全部属性与典型手斧不同的工具。

综上所述，我们可以把手斧的鉴别特征归纳成以下几点。

1.手斧是一种大型切割工具，一般说来长在100毫米以上；

2.通常两侧对称，围绕器物的周边有连续的刃（有时跟部例外）。刃缘规整锋利，属于切割刃，刃角按Clark and Kleindienst（1974）关于切割刃的定义为＜45°，而Isaac（1977）认为主要部分刃缘应＜75°。刃缘形态为双斜型。

3.截面比较薄，纵截面和横截面通常成稍稍扁平的双凸或透镜体形，或者是比较薄的平凸形。

4.制作典型或比较精致的手斧，先粗制成雏形，然后进行去薄和最后成型，器物两面广泛修整。

5.测量特征：按Kleindienst（1962）为大型切割工具的设定的界限，宽/长比率为0.50，厚/宽比率0.50，厚/长比率0.25；依Isaac（1977）为典型的阿舍利手斧设定的界限，宽/长比率<0.76，厚/宽比率<0.67。

二、对中国手斧标本的再研究

下面我们对文献中提到并图示的九件手斧标本逐一加以讨论，对有些标本作补充的描述、绘图和测量。

1. 平梁P.3468号标本（图一）。

这件标本发现于东距公王岭约2公里的平梁，是从相当于公王岭含蓝田猿人化石和旧石器的一套古土壤剖面之下紧接着的另一套古土壤剖面的黏土层中发现的。这件标本器身较长，前端尖，后端厚钝，断面略呈三角形，是利用一块石英岩砾石，由两面剥落若干石片，粗制成坯形，再在两侧边缘进一步加工而成，进一步加工的痕迹在两侧均有几同方向处及一相反方向处，着力点多呈现为小白点或形成小凹坑，后端及一面的后部保留有砾石面（戴尔俭，1966）。

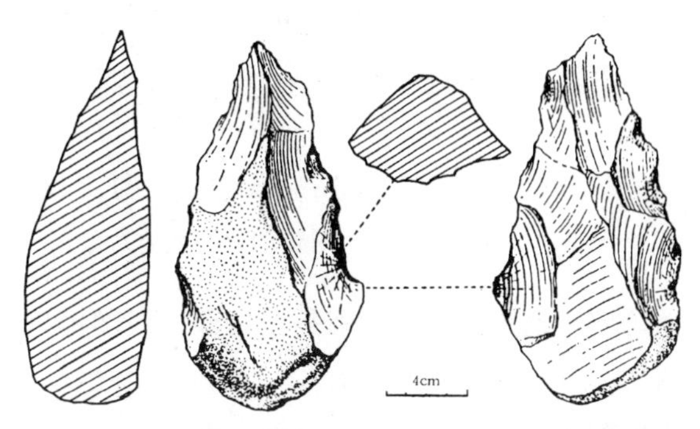

图一　平梁P.3468号标本

我们在原报告插图的基础上增加了纵截面图并进行了测量：长×宽×厚为173×92×67（单位毫米，下同）。由此计算得宽/长比率为0.53，厚/宽比率0.73，厚/长比率0.39。刃缘形态介于平斜型和双斜型之间。重928克。

戴尔俭把这件标本定为大尖状器①，并认为它和山西匼河和丁村发现的三棱大尖状器非常相像，和蓝田涝池河沟中更新世地层中的大尖状器在原料、器形和制作程序上也很接近，只是后者加工限于一面，可能是因砾石形状而异（戴尔俭，1966）。最近有学者把它归入手斧，并认为更可能是用一块大石片制成的（黄慰文，1987）。笔者认为这件标本可能是镐。因此这里需要讨论一下镐的特征及其与手斧的区别。

Clark and Kleindienst（1974）指出，镐是一些重的、尖的，有时端部是圆的工具，一面有最低限度的初步打片或修整，甚至在远端，它们总是显示一高背、平凸或三角形的截面，腹面通常不打片。如果腹面打片，就是一件三棱稿。镐可以是一头尖或两头尖的。

Kleindienst（1962）把镐放在重型工具之中，后者是一类都只有最低限度修整以及形状缺乏标准化的工具；它们是大型工具，最大尺寸通常超过100毫米，但偶尔可以小到50毫米；它们是用致密的岩块（厚石片、结核或石块）制作的。具体到镐，这是一类粗大的工具，有最低限度的全面修整，但修整的重点在于尖而不是刃。各件标本趋向于互不相同。宽/长比率在切割工具的变异范围之内（约1∶2

① 国内文献中所用的“大尖状器”相当于国际上通用的“镐”（Pick），“三棱大尖状器”相当于“三棱镐”（Trihedral pick）。为了与国际通用的名称相沟通和接轨，本文将用“镐”和“三棱镐”代替“大尖状器”和“三棱大尖状器”。

或 0.50），但厚/宽比率超过 0.80，厚/长比率超过 0.40。她把镐分为十个亚类型（图二）。其中第一个亚类型是"三棱的：横截面是三角形的尖状器，背面的中脊从尖端向跟部延伸于工具的大部分长度。脊可以不发生在跟部，跟部稍稍修整或未经修整。基部趋向于平和不加修整，但是尖部可以在所有三个面上都加工。"第二种亚类型是"两面的：两面修整，横截面趋向于透镜体形，特别是在尖部，跟部可以是粗笨的且很少修整。平面观趋向于是长卵圆形或长三角形。"（其他亚类型从略）

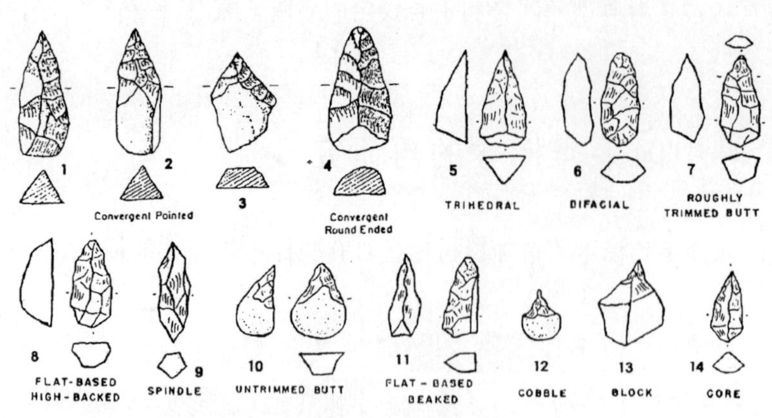

图二　Clark and Kleindienst（1～4）以及 Kleindienst（5～14）对镐的亚类型的划分

综上所述，镐与手斧的区别表现在：

（1）镐是重型工具，而手斧则是大型切割工具；

（2）镐只有最低限度的初步打片或修整，而手斧一般说来加工较精细；

（3）镐的形状缺乏标准化，各件标本趋向于互不相同，手斧的形状比较规范化；

（4）镐的制作重点在尖而不在刃，有一突出而明显的尖；手斧的制作重点在尖和两个刃，围绕器物四周有连续的刃（有时跟部或跟部附近例外），刃缘规整锋利，属切割刃；

（5）两者的截面有较大的不同。镐有一高背、平凸或三角形的截面，截面比较厚，厚/宽比率超过 0.80，厚/长比率超过 0.40；手斧的截面比较薄，纵截面和横截面通常成双凸或透镜体形，或者截面是比较薄的平凸形，依 Kleindienst（1962）为大型切割工具设定的界限，宽/长比率为 0.50，厚/宽比率 0.50，厚/长比率 0.25，依 Isaac（1977）为典型的阿舍利手斧的设定的界限，宽/长比率＜0.76，厚/宽比率＜0.67。

现在再来考察平梁 P.3468 号标本。它原是一块砾石，由两面剥落若干石片，粗制成坯形，再进一步加工而成。底面经初步打片，中间形成一斜脊，从尖端附近延伸到跟部，右侧有四处修整痕迹，左侧打过二下。背面中间也有一稍斜而不高的中脊贯通器身，右侧有两处修整痕迹，左侧只在下部打了一下。总的看来，加工比较简单，背面和跟部有较大部分区域保留了砾石面。加工重点在尖端，也是这件器物的使用部位。刃缘长度约占器物周长的 54%。再从整体形态来看，跟部厚钝，成 V 字形，全部是砾石面，是这件器物最厚的部位，向前厚度渐减，前端形成一个略扁的尖。纵截面的形态呈楔形，横截面略成三角形。截面比较厚，厚/宽比率为 0.73。因此，从总的特征组合来看，应维持原研究者的意见，把它归入镐的范畴。

2. 三门峡 P.2768 号标本（图三）。

这件标本原为一厚大石片（绿色火成岩），重 1262 克，台面和大部分背面尚保留着原来的砾石面。在它的两侧，由劈裂面向背面打下一系列小石片，形成一个坚厚锋利的尖端。劈裂面的右侧，也有修理的痕迹，同尖端相对的把手部分特别钝厚，并进行了适当的处理。石器上加工的疤痕均较深凹，打击点集中，可能是用石锤打击成的。原研究者最初把它定为大尖状器，认为它在打制方法上基本与匼河、丁村的三棱大尖状器相近（黄慰文，1964），但后来将其归入手斧（黄慰文，1987）。

笔者补绘了标本的纵截面并进行了测量：长×宽×厚为 163×111×77。宽/长比率为 0.68，厚/宽比率 0.69，厚/长比率 0.47。刃缘形态一侧为平斜型，另一侧因腹面进行过修整，其形态介于平斜型和双斜型之间。

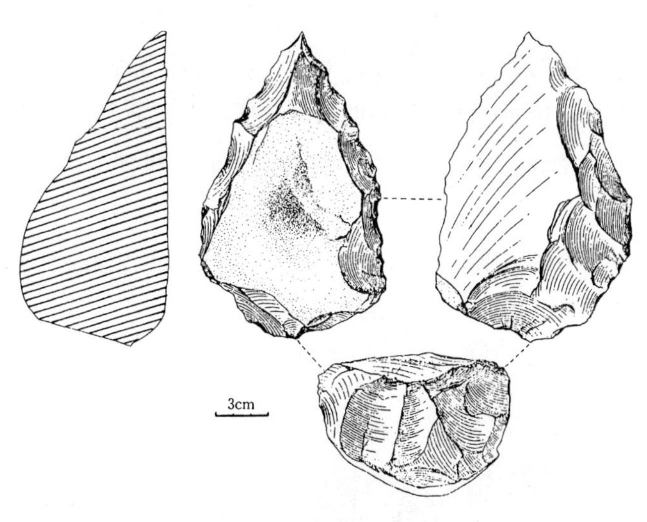

图三　三门峡 P.2768 号标本（依黄慰文，1964，本文增加了纵截面）

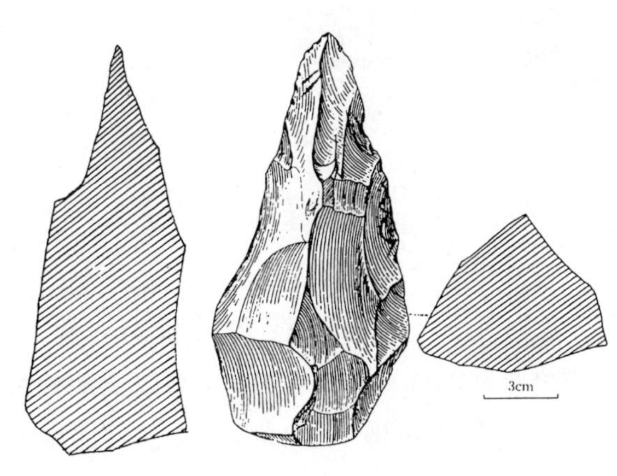

图四　丁村 P.0684 号标本

总起来看，这件标本是一件既大又重的重型工具。器身后端高高突起，这就使得跟部虽进行过适当的处理，仍然特别钝厚，是这件器物最厚的部位，向前厚宽渐减，器身中部保留了原来砾石面上的一个椭圆形凹陷，靠近尖端部分比较薄，前端有一突出而锋利的尖。因此，纵截面为楔形，横截面大致成不规则的亚三角形。腹面总的来说比较平，在一侧和跟部附近有边缘修整，背面两侧也进行了边缘修整。刃缘占器物周长的 60%左右。这件标本的另一个重要特征是截面相当厚，厚/宽比率 0.69。因此，从总的特征组合来看，还是应维持原研究者最初的看法，把它归入镐的范畴比较合适。

3. 丁村 P.0684 号标本（图四）。

这件标本采自丁村 96 地点，原料是角页岩，是用长石核打击成的，重 833 克，在三个边缘上都有交互打击而成的粗大的石片疤。这种石片疤一般都很大而深凹，是用石锤直接打击出来的。断面成三棱形，尖端细锐（裴文中等，1958）。

我们补绘了标本的纵截面并进行了测量：长×宽×厚为 166×74×72。宽/长比率为 0.45，厚/宽比率 0.97，厚/长比率 0.43。

原研究者把这件标本归厚尖状器中的三棱大尖器（裴文中等，1958）。最近有的学者提出，“在原来归入‘三棱尖状器’的标本中，属于两面修整的那部分，如 P.0684 号标本，与欧、非的‘三棱手斧’是一样的，为了便于对比，笔者认为可以考虑归入手斧的分类之中”（黄慰文，1987）。

我们认为，把丁村 P.0684 号标本归入手斧的范围是十分勉强而且很不合适的，因为它的特征是非常典型的：底部平，背部有一中脊，纵贯器身，器物通体呈三棱形；跟部最厚，向前厚度渐减，器身前端1/3部分明显缩窄，成一细锐的尖，因此纵截面为楔形，横截面呈三角形。因底面基本上是平的，所以刃缘的形态是平斜形。另一个重要特征是，截面很厚，厚和宽几乎相等，厚/宽比率高达0.97。这些都是三棱镐区别于手斧的典型特征。事实上，在丁村石制品中，除了P.0684号标本以外，还有4件属于同样类型的标本。P.1042号（图五）和P.1977号（图六）是其中的两件。P.1977号标本器身三棱形，与P.0684号标本基本上一样，只是稍小一点。P.1042号标本是同类器物中最大的一件，它的特点是在两侧由腹面向背面加工时没有在中间会合，因此留下了一个平台，使截面成平底高背形，但尖端部分是三棱形，三个面都进行了加工。

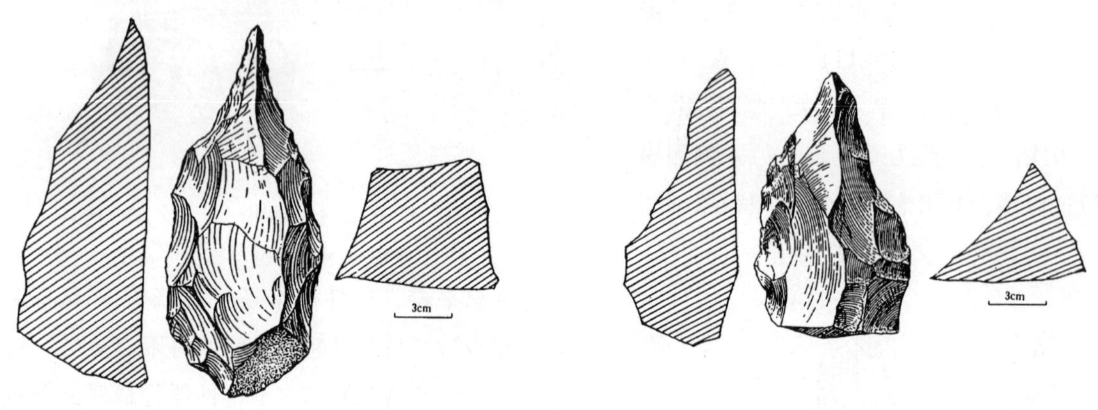

图五　丁村P.1042号标本　　　　图六　丁村P.1977号标本

4. 乾县P.5786号标本（图一〇，1）。

这件标本是在黄土表层上拾到的，原料为青灰色石英岩砾石，长×宽为170×100，重1145克；一端圆钝，一端扁尖，轮廓近似舌形；圆钝的一端残留着未经打制的砾石面，扁尖的一端，尖端折断。从曲折的刃缘和器身两面深而粗大的石片疤观察，这件器物是用石锤交互打击而成的（邱中郎，1984）。

我们补测了它的厚度：74。因尖端已折断，无法求得准确的宽/长和厚/长比率，厚/宽比率是0.74。刃缘的形态是双斜型和平斜型之间的中间类型。

原研究者把这件标本定为手斧（邱中郎，1984）。最近有学者赞成原来的鉴定（黄慰文，1987）。笔者认为这件可能是一件石核斧（Corc axcs）。因此这里有必要讨论一下石核斧的特征。

在Clark and Kleindienst（1974）的分类体系中，石核斧属于重型工具，后者的特征是：长度可以大于或小于100毫米；工具的形状没有通过修整而达到规范化（There is no rcgular standardization of the shapc of the tool by rctouch）；使用部位似乎是为了猛烈有力的使用而设计的，器物上常常具有这样使用的痕迹。具体到石核斧的特征是：早期种类通常是用石块、中砾或厚石片制作的粗重工具，具有聚拢或平行的刃缘；是用硬锤技术两面、更罕见是一面修整的，侧面观侧刃是不规则的；跟部最经常是完全不加工的，这样使用时为工具提供了附加重量；通常截面厚，工具的主要功能部分是在与跟部相对的远端并且总是显示了更为细致的修理。过去这些工具已被称为镐或长的两面工具，虽然平面观不同，常常是相当大的不同，它们都有某些共同的特征：有一钝的但坚韧的使用端，对原来石块或中砾表面的最少的改变（用硬锤初步打片）以及它们的重量。晚期形式显然更对称，更细致地修整，有时两个面的大部分或全部进行了修整，相对于其宽度来说不那么厚，较小且重量较轻。Clark and Kleindienst把石核斧分成12个亚类（图七）。

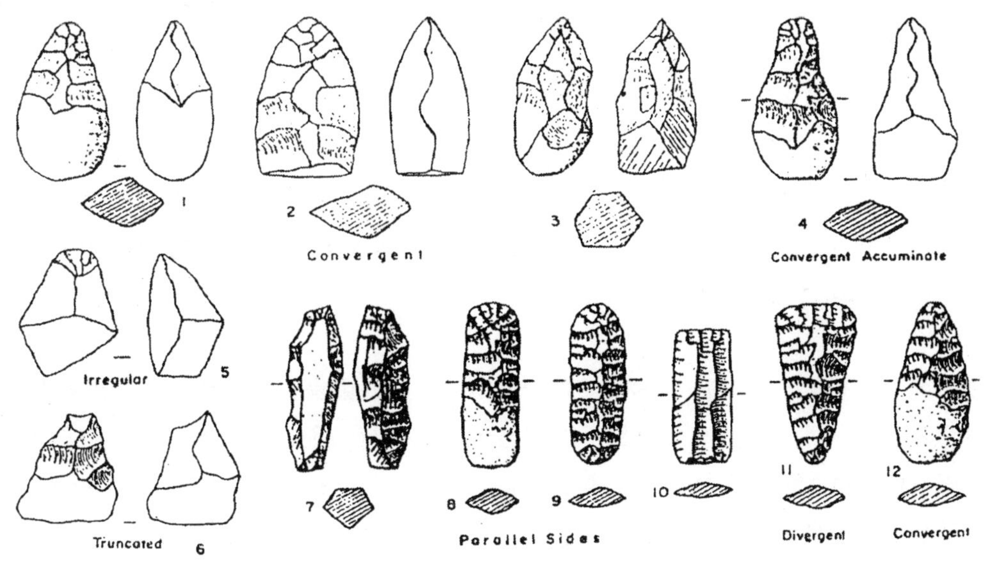

图七 Clark and Kleindienst对石核斧亚类型的划分

因此，石核斧特别是早期石核斧的主要特征是：

（1）它是一种重型工具；

（2）用硬锤技术打制，通常两面加工；

（3）形状缺乏规范化；

（4）侧刃不规则；

（5）跟部最经常是完全不加工的；

（6）截面厚；

（7）主要使用部位在坚韧的远端。

再看乾县P.5786号标本。它是一件用砾石制成的工具，比较厚重，器物最厚的部分位于靠近跟部处，向前厚度渐减。从保存部分推测前端可能是一个扁尖。整体来看，器物的前半部分比较扁薄，而后半部分比较厚钝。底面大部分（约占3/4）为一凹凸不平的粗糙的面，左侧边缘有几处打击痕迹，右侧也有一二处打过，但没有成功；背面左侧仅加工了前半部，有二三处加工痕迹，右侧似乎只有一处加工痕迹，其余为初步打片面。背面中央有一稍斜而不高的中脊，但没有延伸到跟部，后端为一片砾石面。刃缘按现在保存情况计算，约占器物周长的60%左右，如果把缺失的尖端考虑进去，估算可达65～70%。纵截面的形态既不是典型的双凸形，也不是平凸或高背形，而是近似楔形，横截面呈不规则的四边形。截面厚，厚/宽比率达0.74。整体看来，打制比较简单粗糙，使用部位显然是在前端。因此从总的特征组合来看，它可能是一件石核斧。

5.百色P.8203号标本（图一〇，4）。

根据原研究者的意见，这件标本属于“似手斧尖状器”。最近有的学者将其归入手斧（黄慰文，1987）。这类标本全部是交互打击制成，尖端有一圆凸的刃。P.8203号标本采自百色县六坟山四级阶地，由远端两侧向两个面加工，器体粗大，长×宽×厚为236×141×113，重4125克（曾祥旺，1983）。

根据上面的数值，得到宽/长比率为0.60，厚/宽比率0.80，厚/长比率0.48。由于没有见到原标本，我们无法作进一步的观察和描述，无法绘制纵、横截面图。

这件标本的特征比较典型。原料是一块大砾石，标本重达4125克，是丁村P.0684号标本重量的将近五倍，平梁P.3468号标本的将近四倍半，乾县P.5786号标本的三倍半还多，因此是一件极其粗大的重型工具。前半部两面加工，但大约1/3的后部和跟部完全不加工；打制粗糙，刃缘曲折；截面厚，厚度达到宽度的4/5；使用部分显然是在圆钝的前端。从这些特征组合的情况来看，我们认为应是一件石核斧。

6. 梁山P.4171号标本（图一〇，2）。

根据原研究者的报告，P.4171号标本发现于梁山主体，是由扁长的黑色石英岩砾石制成，长140，中腰宽和厚为87×44，重815克。器身的手握部分为椭圆的砾石面，尖端犀利，两侧出刃。它的制作方法是，在砾石的一端，由两面加工而成的一件极似"手斧"的器物。由于岩石层理的影响，修整尖部时打成的石片疤有的呈阶梯状。（阎嘉祺，1981）

这件标本的宽/长比率为0.62，厚/宽比率0.51，厚/长比率0.31。因没有见到原标本，无法作详细的观察和描述。原研究者把它定为尖状器（阎嘉祺，1981），有学者把它归入手斧（黄慰文，1987）。

这件标本的原料是一块砾石，加工只限于前半部，后半部和跟部完全没有加工，保留了原来的砾石面，所以刃缘只占周边的1/2左右；前端通过两面加工形成一锋利的尖端，是这件器物的使用部位；打制比较粗糙，刃缘不很规则。它与Kleindienst（1962）的镐的亚类型中的"跟部未修整的"镐（"Untrimmed butt"）比较相似，后者的特征是："有一个一面或两面修整的、常常加工良好的尖，伴有一大而重的未经修整的跟部。如果是用大砾石制作的，跟部保留石皮，而在一面加工的标本中，腹面保留石皮。"因此梁山P.4171号标本应归入"跟部未修整的"镐。

7. 沙女沟标本（原丁村P.1889号标本）（图八）。

这件标本是由丁村东约5公里的沙女沟的地面上捡得的。岩性为角页岩，呈长圆形，重1115克。一端较尖，一端较圆；器身一面平，一面凸出，两面均有剥落石片的疤痕；刃缘很钝，可能说明它曾经使用；器身的边棱和表面，有磨蚀的痕迹（裴文中等，1958）。

标本的长×宽×厚为202×98×59。宽/长比率为0.49，厚/宽比率0.60，厚/长比率0.29。刃缘形态为双斜型。

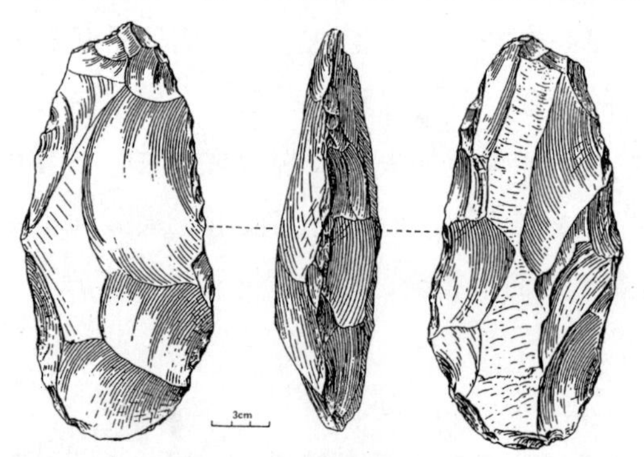

图八　沙女沟似手斧石器

原研究者认为，从外形上看它很像在西欧各地发现的旧石器时代早期的手斧一类的石器，因此将其定名为"似'手斧'石器"（裴文中等，1958）。最近有的学者在讨论中国的手斧时也举了这件标本作为例子（黄慰文，1987）。

这件标本，无论从形态特征还是从测量特征来看，都是比较相似于手斧的。但是，这件标本有其自己的特点。比较平的一面，右侧打击过三块较大的石片和一块较小的石片，而左侧缘打击的两块石片相对较小，于是在器身靠近左侧缘的地方留下一片石皮；高起的一面，右侧修整掉的石片较大、较长，左侧的较小、较短，两者的石片疤没有在中间叠合，因此在器身中间留下一条窄长的石皮，从尖端一直延伸到跟部，也使得左侧明显高于右侧。然而，这件标本的最大缺陷是，它是从与丁村有一定距离的沙女沟的地表捡到的。而在沙女沟东 2 公里的塔儿山支脉大崮堆山南坡，已发现了大崮堆山史前石器制造场，研究者将其时代“暂定为史前时期”，“通过目前对石制品堆积层上部，裸露于表层一部分石器的初步研究，估计上层文化的时代不会早于旧石器时代晚期，大约处于旧石器时代之末，也可能延续到新石器时代早期。”（王向前等，1987）鉴于丁村 P.1889 号标本是一件既没有准确的出土层位、又没有可靠的年代的标本，再加上丁村石制品中没有发现过同类器物，因此我们认为很难把它作为丁村文化的石制品来看待。为了避免与丁村石制品混淆，我们建议将它称为“沙女沟似手斧石器”，但可说明即原丁村 P.1889 号标本。

8. 丁村 P.1844 号标本（图九）。

这件标本是由过去已挖掘出来的砂砾堆中捡拾来的。原研究者把它归入多边砍砸器，认为这类石器的主要特征是打击石块或厚石片的几个边缘，使它们成为可以用多边砍砸的工具。打击出来的刃一般超过全部边缘的 70%，也有全部边缘都打击成刃的。刃是用交互打击法打成的，并由石片疤的深凹，可以证明是用硬锤打击而成的。这一类型的石器，虽有圆、椭圆或略成尖形的轮廓，但根据它的打击方法和使用均可归于同一类型。至于 P.1844 号标本，它呈椭圆形，除一端为碎裂的平面外，其余边缘均有打制痕迹，刃缘占全部边缘的 83%，刃缘有很多剥落碎屑的痕迹，说明这件石器曾经多次使用（裴文中等，1958）。

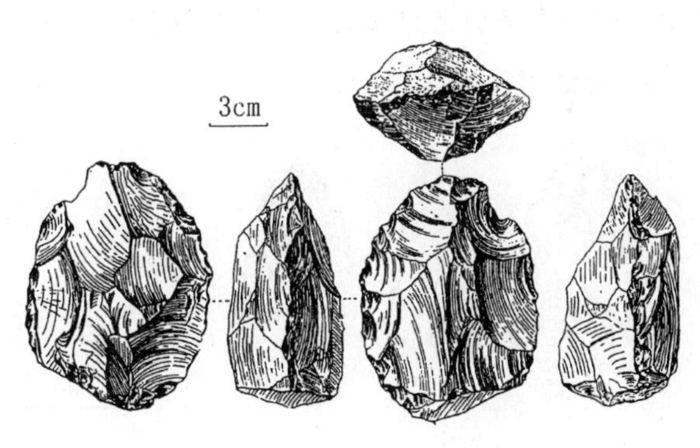

图九　丁村 P.1844 号标本

我们根据插图进行了测量，长×宽×厚为 125×98×63。宽/长比率为 0.78，厚/宽比率 0.64，厚/长比率 0.50。

最近有的学者把 P.1844 号标本归入手斧（黄慰文，1987）。这里涉及砍砸器和手斧的区别问题。

许多学者都提出过砍砸器的鉴别特征（Movius，1948；Kleindienst，1962；Clark and Kleindienst，1974；Isaac，1977；Leakey，1971；Bhattacharya，1979；张森水，1987），归纳起来，主要有以下几点：

（1）形状不规则，缺乏规范化；

（2）通常是用致密的岩块——石块、结核或砾石——制作的，偶尔也有用厚石片的；

（3）属于重型工具，有砍砸刃，轮廓呈不规则的正弦曲线，刃角较大，根据 Clark and Kleindienst（1974）对砍砸刃的定义通常大于 45°；

（4）通常用交互打击法打制，有比较深凹的石片疤；有的有少量的第二步加工；

（5）刃缘曲折，刃口较钝，常有猛烈使用的痕迹；

（6）截面比较厚。

现在再来看丁村 P.1844 号标本。因笔者没有见到原标本，无法进行仔细的观察和描述。为此笔者找了另外两件也被原研究者归入多边砍砸器的标本（P.0663 号和 P.0318 号标本，见裴文中等，1985，图版Ⅶ和Ⅷ以及Ⅴ和Ⅵ）作为参照的例子。虽然因为没有看到原标本，笔者还难以作出肯定的判断，但是下列几点还是值得注意的：（1）P.0663 和 P.0318 号标本的毛坯是厚石块（分别厚 43 和 42 毫米），P.1844 号标本比它们更厚（63 毫米），其毛坯可能也是一块厚石块；（2）根据原研究者对这类器物的描述，以及从图九看，P.1844 号标本是用交互打击法打制的，刃缘比较曲折，原研究者也指出刃缘有很多剥落碎屑的痕迹。根据笔者对 P.0663 和 P.0318 号标本的观察，情况也是如此；（3）就其大小而言，截面相当之厚，刃角较大，不像是一件手斧之类的切割工具；（4）在 P.0663 和 P.0318 号标本上分别有约 1/2 和 1/3 的边缘没有修整成刃，P.1844 号标本有一端为碎裂的平面（从图 10 中可以看出），这部分都比较厚实，似乎是手握的部位。与此相关，P.1844 号标本的纵截面不是手斧那样的双凸形，而是一端较薄一端厚的楔形；（5）由于截面比较厚，厚/宽比率相当高（0.64）。基于上述考虑，笔者倾向于同意原研究者的意见把它归入多边砍砸器。

9．涝池河标本（图一〇，3）。

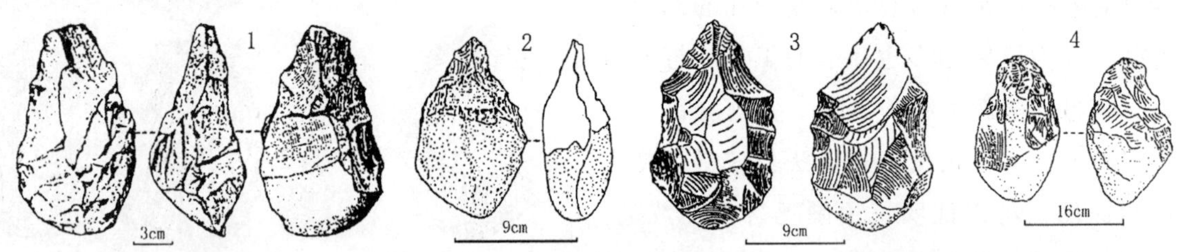

图一〇　石制品

1．乾县 P.5785 号标本　2．梁山 P.4171 号标本　3．涝池河标本　4．百色 P.8203 号标本

这件标本是 1963 年陕西文管会同志在涝池河拾得的。制作方法是从两侧边缘向两面加工，尖端突出，但器身保留的原砾石面较少，轮廓呈杏仁状。原研究者把它定为手斧，并认为由于在晚更新世地层中至今没有发现这种石器，而这种石器在类型上又与公王岭的一件可以相比，因此这件标本出自红色土中（盖培、尤玉柱，1976）。最近有的学者也把这件标本归入手斧（黄慰文，1987）。

由于原研究者未作详细的描述，没有提供标本的纵、横截面图，而笔者又没有见到原标本，无法详细了解它的形态特征和测量特征，因此我们只好暂且存疑。

关于这九件标本的出土情况，大致可以分成以下几类：

（1）通过正式发掘，有具体的出土地点和准确的出土层位，且有其他石制品共生的，如丁村 P.0684 号标本。

（2）丁村 P.1844 号标本是在丁村附近由农民已挖出的砂砾堆中捡来的，具体的出土地点和层位以及是否有石制品共生，都不清楚。

（3）通过采集得到，有具体的出土地点和准确的出土层位，其中有的有石制品共生如三门峡 P.2768 号标本，有的没有其他石制品共生如平梁 P.3468 号标本。

（4）百色“采集的石制品标本，绝大多数都是在三级阶地和第四级阶地的地表捡拾的。其中可能夹杂有不同时代的文化遗存。但有一部分是直接从地层中发掘出来的”（曾祥旺，1983）。具体到P.8203号标本，是发掘出来的还是地表捡拾的，原研究者未作具体说明。梁山的石制品是在调查中采集到的，“它们或出现在山顶或山坡的基岩面上，或聚集于冲沟和坳谷中，与滚石、砾石等混在一起。”（阎嘉祺，1981）

（5）沙女沟似手斧石器（原丁村P.1889号标本）、乾县P.5786号和涝地河标本都是在地表捡到的，前两者有具体的发现地点，后者的发现地点不详，它们都没有准确的出土层位和可靠的年代。乾县P.5786号和涝池标本没有其他石制品共生。

综上所述可以得到这样两点认识：

1.通过再研究，笔者认为，有几件标本还是应维持原研究者的意见，如平梁P.3468号、三门峡P.2768号和梁山P.4171号标本应归入镐的范畴，丁村P.0684号标本是三棱镐，沙女沟标本（原丁村P.1889号标本）为似手斧石器，丁村P.1844号标本为多边砍砸器。关于乾县P.5786号和百色P.8203号标本，笔者倾向于认为可能是石核斧。涝池河标本的类型归属暂且存疑。

2.把类型鉴定和出土情况结合在一起考虑，我们可以说，在所讨论的标本中，还没有发现通过正式发掘得到、有具体的出土地点、准确的出土层位和可靠的年代并有其他石制品共生的手斧标本。因此，这可能暗示，在中国旧石器文化中，像典型的阿舍利手斧那样的石器，即使不是完全缺乏，也是十分稀少的。

三、对莫维斯的理论的评论

谈到手斧，常常会联系到莫维斯的理论，因为正是莫维斯教授，以手斧存在与否作为主要的依据，第一次把旧大陆旧石器时代早期文化划分为两大文化传统和文化区，把中国旧石器时代早期文化也纳入他的砍砸器文化传统，对此国内外一些学者多有异议。莫维斯教授提出他的理论已有半个世纪，因此，趁此机会，联系到我们前面讨论的中国手斧问题，对莫维斯的理论作一客观的评论似乎是必要而又适宜的。

1937～1938年美国东南亚考察团，莫维斯是其中的一员，在上缅甸的伊洛瓦底江流域发现了安雅特文化。1938年春，作为考察团工作的继续，他们又去印度尼西亚的爪哇，对孔尼华于1935年发现的巴吉丹文化的考古材料进行野外考察和室内研究。在此之前，在巴基斯坦已发现了索安文化，在中国有北京猿人文化。当时认为这几个文化之间没有什么亲缘关系。通过安雅特文化的发现，莫维斯认为这四个文化有着密切相关的亲缘关系，一起代表了一个与西方阿舍利文化平行发展的独立的文化传统，即东南亚、巴基斯坦和中国旧石器时代时期的砍砸器文化复合物，它具有三个突出的特点：（1）在石器组合中砍砸器和手锛等石核工具的比例特别高，与未经预先修理的石片和石核共生；（2）文化材料显示了惊人的一致性；（3）显示出极少的年代上变化。因此，莫维斯认为，在旧大陆旧石器时代早期，已经存在着两个互不相同的独立的文化传统，它们有着不同的发展道路：“一个，砍砸器工具传统，它的分布基本上是‘东方的’；另一个手斧传统，基本上是‘西方的’。”（Movuis，1948，P.350）又说：“这两个多多少少同时代的手斧工具传统……能够被定义如下：（a）西方的——典型特征是双刃、两面（修整）的切割工具或手斧；（b）东方的——典型特征是单刃的切割工具或砍砸器。”（同上，pp. 410

~411)。他所说的东方文化传统就包括缅甸的安雅特文化、印度尼西亚爪哇的巴吉丹文化、巴基斯坦的索安文化以及中国的周口店文化（即北京猿人文化）。

需要强调指出的是，虽然莫维斯把东方文化传统称之为砍砸器文化传统，他完全认识到石片石器在其中所占的重要地位。例如他说："石片工具特别成为周口店第1地点的典型特征，事实上石片工具在数量上远多于石核工具，"他把周口店第1和第15地点工业称之为"基本上是一个砍砸器—粗刮削器文化"，"与砍砸器共生的……是一个用石英制作的小石片工业，代表了一个特殊的相。"（Movuis，1943，p. 376）他也指出，在巴吉丹文化中只有非常小的比例是真正的石核工具（Movuis，1948）。

那么，莫维斯把东、西方划分成两大文化传统和文化区的主要根据是什么呢？他既熟悉西方旧石器文化，又亲自研究了东方文化中的安雅特文化和巴吉丹文化，因此当他站在整个旧大陆的高度来观察东、西方的旧石器早期文化时，他发现了一个十分简单而又极为重要的事实：西方旧石器时代早期文化的重要特征是手斧相当发达且占有重要的地位，而在东方，同时期文化的重要特征是缺少手斧或手斧十分稀少。他说："这样强调是不会太过分的：正是某些典型工具类型的缺乏，同样也正是别的典型工具类型的存在，鉴别了东南亚、北印度和中国的旧石器时代早期的砍砸器文化复合物。旧大陆其他地区的特点是具有真正的手斧和用勒瓦娄技术制作的石片工具。"（Movius，1944，p. 103）还说："既然在旧石器时代早期，除了远东以外，像砍砸器和手锛这种样子的原始工具已零散地发现在旧大陆的几个地区。因此，正是发达的手斧类工具的缺乏而不是典型的砍砸器和手锛的存在，使得安雅特早期文化具有重要的意义"（Movius，1948，p. 376）。

现在回到中国的问题。前面我们刚刚进行了对中国手斧再研究，结果表明，在我们亲自考察过的标本中，只有一件相似于西方的手斧，而且还是从地表捡拾的、没有准确的出土层位和可靠的年代的标本。这也许能证明，在旧石器时代文化中，手斧即使不是完全缺乏，也是极为稀少的。另外，迄今为止，在中国旧石器早期文化中还没有发现使用勒瓦娄技术的确凿证据。因此，至少就中国的材料而言，莫维斯的理论仍然是适用的。

在此，值得提到的是，在中国旧石器考古学界，已故的裴文中教授对于东、西方旧石器早期文化之间的关系，有比较精辟的见解。作为中国旧石器考古学的奠基人，他亲自发现和研究了北京猿人文化，同时他对西方旧石器文化也有比较充分的了解，因此他的看法对于我们也许是有启发性的。早在1939年，他就指出："史前文化本身很难用于中国和欧洲的对比，这两个地区的石器制造技术区别很大"（Pei，1939）。1955年他在讨论"中国旧石器时代文化的特征总说"时指出：到目前为止，我们看不出任何的迹象，可以说明中国旧石器时代的文化和欧洲同时期的文化有什么相同的地方。但与亚洲，特别是印度、巴基斯坦、缅甸和印度尼西亚爪哇已知道的旧石器时代文化，在制作方法和形态上，都有一定的相近的地方；我们不能不认为中国猿人的文化与欧洲的阿布维利为同时代的、而属于两个遥远的地区的、不同性质的文化。他还指出：东南亚各国旧石器时代早期的石器，从石器制作技术上看，都是用砾石打制的敲砸器或粗石片制作的石器（裴文中，1955）。10年之后当他回顾几十年来中国旧石器文化研究的发展过程时又指出：在中国旧石器时代，人类独立地、连续地、辉煌地发展了他的文化；至于说到考古年代学，我们相信，中国猿人工业可以与阿布维利文化（即现已不再使用的术语舍利或前舍利文化）对比，然而，这样一种对比主要是依据第四纪哺乳动物的进化阶段和相应的地质时代，但是忽略了石制品的类型和制作技术，因为迄今没有发现第四纪早期的两面器工业（这是欧洲的典型特征)；在我们看来，中国的旧石器工业是独立于欧洲的旧石器工业发展的，如果人们用石器类型学方法来考虑它们的对比将会是徒劳的；有人也把周口店的石制品与欧洲的阿舍利工业对比，这确实是毫无根据的，因为在这两个歧异很大的文化之间无论在类型学还是在地质时代方面都看不到存在什么关系；在结论部分，他把北京猿人文化和丁村文化称之为“砍砸器—刮削器工业”。(Pei，1965）由此可见，虽然裴文中教授没有直接提到莫维斯的理论，但他所阐述的看法与莫维斯的理论基本上是一致的，即在旧石器时代早期，东、西方存在着不同性质的文化。

当然，人们的认识总是不断发展的。越来越多的迹象表明，中国和西方旧石器文化传统的差别不限于旧石器时代早期，而且延续于旧石器时代中期和晚期；它们之间的差别也不限于如莫维斯所指出的手斧和勒瓦娄技术的存在与否，而且表现在许多方面，如在中国旧石器文化中，软锤技术似乎没有得到什么发展（林圣龙，1994)，数量很少的薄刃斧可能是中国旧石器工业本身发展到一定阶段的产物（林圣龙，1992)；钝背工具几乎完全缺乏（旧石器时代早、中期）和十分稀少（晚期)；几乎完全缺乏西方旧石器中的截刃工具；雕刻器十分稀少，没有楔劈技术和沟裂技术（林圣龙，1993）……等等。关于这些问题，已超出本文讨论范围，笔者将另行撰文讨论。

参考文献

王向前等，1987. 山西襄汾大崮堆山史前石器制造场初步研究. 人类学学报，6：87～94。

邱中郎，1984. 陕西乾县的旧石器. 人类学学报，3：212～214。

贾兰坡，1956. 在中国发现的手斧. 科学通报（12)：39～41。

黄慰文，1964. 豫西三门峡地区的旧石器. 古脊椎动物与古人类，8：162～177。

黄慰文，1987. 中国的手斧. 人类学学报，6：61～68。

黄慰文，1993. 东亚和东南亚旧石器初期重型工具的类型学——评 Movius 的分类体系. 人类学学报，12：297～304。

曾祥旺，1983. 广西百色地区新发现的旧石器. 史前研究，(2)：81～88。

阎嘉祺，1980. 陕西汉中地区梁山龙岗首次发现旧石器. 考古与文物，(4)：1～5。

阎嘉祺，1981. 陕西汉中地区梁山旧石器的再调查. 考古与文物，(1)：1～5。

盖培、尤玉柱，1976. 陕西蓝田地区旧石器的若干特征. 古脊椎动物与古人类，14：198～203。

裴文中，1955. 中国旧石器时代的文化. 中国人类化石的发现与研究，53～89 页. 科学出版社，北京。

裴文中等，1958. 山西襄汾县丁村旧石器时代遗址发掘报告. 中国科学院古脊椎动物研究所甲种专刊第 2 号，1～111. 科学出版社，北京。

戴尔俭，1966. 陕西蓝田公王岭及其附近的旧石器. 古脊椎动物与古人类，10：30～32。

黄慰文，1992. 中国华南地方の初期人类の残てた砾器文化. 古代学研究所研究报告第 3 辑。

Bhattacharya，D. K. 1979. *Old Stone Age Tools*. K. P.Bagchi & Company，Calcutta.

Clark，J. D. and Kleindienst，M. R.，1974. The Stone Age cultural sequence：Terminology，typology and raw material，In Clark，J. D. (od.)，*Kalambo Falls Prehistoric Site*. *Vol*. 2，pp. 71～106. Cambridge University Press，Cambridge.

Huang，W. 1989. Bifaces in china. *Human Evolution*. 4 (1) 87～92.

Huang，Weiwen，1989. The Early Paleolithic of China. *The Quaternary Research*. 28 (4)：237～242.

Huang，Weiwen，1993. On the Typology of the Lower Paleolithic from East and Southeast Asia. International Conference on

Human Paleoecology: Ecological Context of the Evolution of Man. Jakarta, October 13～15, 1993, Indonesia. Indonesian Institute of Sciences, Lembaga Ilmu Pengetahuan Indonesia.

Isaac, G. L., 1977. *Olorgesailie: Archealogical Studies of a Middle Pleistocene Lake Basin in Kenya*. The University of Chicago Press, Chicago.

Jia Lanpo and Huang Weiwen, 1991. The Palaeolithic culture of China. *Quaternary Science Reviews*, 10: 519～521.

Kleindienst, M. R., 1962. Components of the East African Acheulian assemblage: an analytic approach. In: Mortelmans, C. and J. Nenquin (eds.), *Actes du IVe Congres Panafrican de Prehistoire et de l'Etude du Quaternaire*, *pp*. 81～105.

Leakey, M. D., 1971. *Olduvai Gorge*, *Vol*. 3. Cambridge at the University Press.

Movius, H. L., JR. 1943. The Stone Age of Burma. *Trans. Amer. Philos. Soc.*, 32: 341～393.

Movius, H. L., JR. 1944. Early Man and Pleistocene stratigraphy in Southern and Eastern Asia. *Papers Peabady Mus. Amer. Arch. & Eth., Harvard Univ.*, 19: 1～15.

Movius, H. L., JR. 1948. The Lower Palaeolithic of Southern and Eastern Asia. *Trans. Amer. Philos. Soc.*, NS 38 (4): 329～420.

Pei, W. C., 1939. An attempted correlation of Quaternary geology, palaeontology and prehistory in Europe and China. *Occasional Paper No*. 2, *Institute of Archaeology*, *University of London*, pp. 1～17.

Pei, W. C., 1965. Professor Henri Breuil, pioneer of Chinese palaeolithic archaeology and its progress after him. Separated de《*Miscelanea en Homenaje al Abate Henri Breuil*》, 2, Barcielona, 251～271.

Schick, K. D., and N. Toth, 1993. *Making Silent Stones Speak: Human Evolution and the Dawn of Technology*. Simon & Schuster, New York.

（原载《人类学学报》1994, 13（3）: 189～208）

泥河湾盆地半山早更新世旧石器遗址初探

卫奇

1990年3~7月，在美国加利福尼亚大学伯克利分校人类学系J. Desmond Clark教授的支持下，对泥河湾盆地进行了早更新世旧石器遗址调查，着重勘探了东谷坨一带泥河湾层露头下部的地层，在东谷坨遗址附近的下方泥河湾层里发现一处旧石器遗址。因遗址暴露在泥河湾层的陡壁上，故名为半山遗址。9月份，由中国科学院古脊椎动物与古人类研究所所长基金资助对这个遗址进行了小规模的试探性发掘。本文为该遗址的初次发掘报告。

一、遗址的地质地理概况

半山遗址位于东谷坨遗址北侧岑家湾马圈沟（又名鱼儿咀），隶属于河北省阳原县大田洼乡。遗址距桑干河右岸岑家湾村SW25°约900米，地理坐标40°13′32″N，114°39′47″E（图一）。文化层底界海拔857.86米，比东谷坨遗址低约70米。半山和东谷坨两遗址之间存在一条NE~SW向正断层，断层倾向大约NW40°，倾角70°左右，断距可达75米（卫奇，1991）。遗址的地层剖面简述如下（图二）：

全新统

25. 砂质黄土，夹砂砾层，含陶片，与下伏地层不整合接触，厚约10米；

上更新统

24. 砂质黄土，夹砂砾层，含细石器，与下伏地层不整合接触，厚20余米；

23. 黄土，黄褐色，下部色较深，粉砂质，具垂直节理，与下伏地层界线不明显，厚9.9米；

22. 米砂质黏土，灰褐色，顶部含大量钙质结核，厚2.4米；

21. 细砂，黄色，具水平层理，厚1.0米；

20. 粉砂质黏土，浅灰色，厚0.7米；

19. 粉砂，上部浅黄色，下部黄褐色，水平层理发育，底部为薄层黄色细砂层，厚2.6米；

18. 粉砂质黏土，浅灰色，厚1.5米；

17. 粉砂，黄褐色，厚2.6米；

中更新统

16. 粉砂，灰褐色，下部有一层黄色细砂，厚7.5米。断层上盘残留厚1.9米；

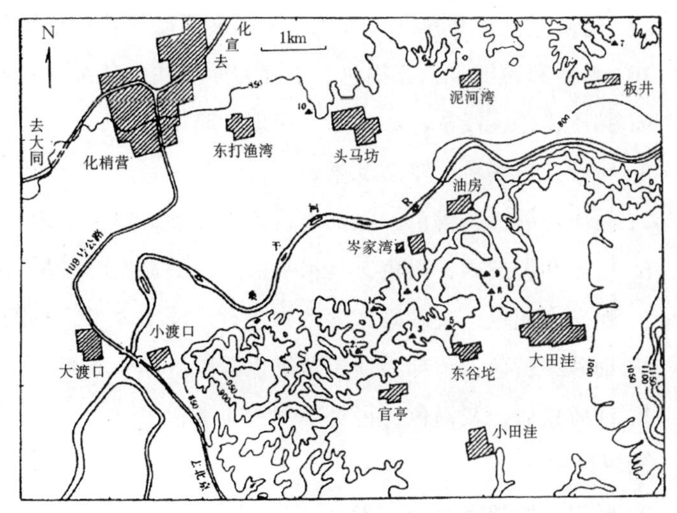

图一　半山遗址地理位置图

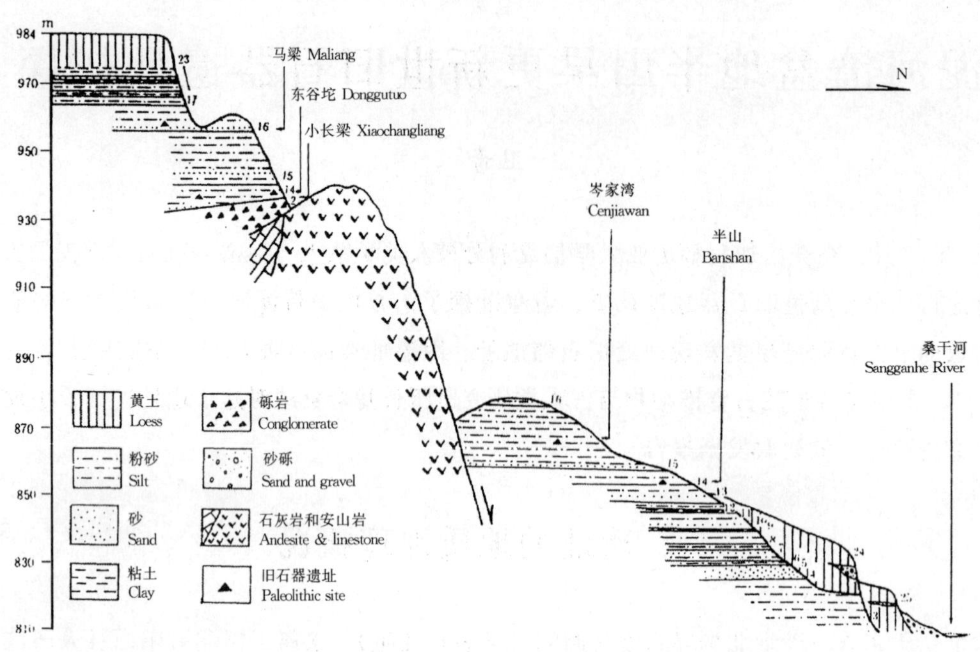

图二　半山遗址地质剖面图

15. 粉砂，黄褐色，夹多层赭褐色黏质粉砂，中部含细砂层，厚 15.4 米。断层上盘底部为细砂层，厚度为 19.7 米；

下更新统

14. 上部为浅灰色黏质粉砂，下部灰黄色粉砂或砂砾层并含石制品和动物化石，在半山遗址处厚 4.2 米，在东谷坨遗址位置厚 5.1 米，两遗址分别位于断层的上盘和下盘相应的层位里，断距 70 余米。在断层下盘，该层直接覆盖在侏罗系砾岩层或元古界变质岩系上；

13. 粉砂，灰褐色，夹薄层棕黄色细砂和灰黄色中细砂，厚 5.2 米；

12. 粉砂质黏土和黏质粉砂，褐色，底部有薄层棕黄色中细砂，厚 1.7 米；

11. 粉砂质黏土和粉砂，灰色，中部夹薄层浅黄色中细砂，厚 1.4 米；

10. 粉砂和粉细砂，黄褐色，下部为厚层浅黄色细砂，厚 5.1 米；

9. 黏质粉砂，浅灰色，具水平层理，厚 1.2 米；

8. 粉砂，黄褐色，厚 2.9 米；

7. 黏质粉砂，灰褐色，底部为黄色中细砂，厚 1.6 米；

6. 粉砂和粉细砂，褐色，具水平层理，夹黏质粉砂层，厚 3.0 米；

5. 粉砂，灰色，夹砂砾，含动物化石，厚 1.4 米，1992 年谢飞从中发现石制品；

4. 细砂，黄色，顶部为薄层黄褐色粉砂，厚 4.6 米；

3. 砂质粉砂，灰褐色，可见厚度约 4 米；

侏罗系

2. 砾岩，厚数米至数十米；

元古界

1. 变质岩系。

二、田野工作简介

半山遗址一发现，我们就和正在泥河湾盆地进行考察的美国科学家 J. Desmond Clark，Nicholas Toth，Kathy Schick 和 Catherin Badgley 等一同对此做了实地观察和探测，确认这是泥河湾盆地发现的又一处有意义的早期旧石器时代遗址，其中包含丰富的石制品和许多骨化石。

遗址发掘近 2 平方米。发掘前首先对该区及其周围地表进行采集，只发现一件近代瓷片；清除谷坡上披覆在泥河湾层上的黄土堆积，收集到二件灰色泥质厚陶片。然后在清理好的平面上布置相邻的两个 1×1 米的探方，发掘网格的南、北线从西往东分别为 E100 和 E101；东、西线从南到北分别为 N100、N101 和 N102。发掘层以 10 厘米为一单位，逐层剥露清理遗物。重点对出土的石制品、骨化石和贝壳化石以及大于细砾（砾径 2～20 毫米）的石块做观察记录。每一发掘层揭露完毕，对发现的标本依次编号，作暴露顶点和指北方向记号，用水准仪测分布高度，用钢卷尺测水平分布位置，用罗盘测倾向和倾角，现场绘制标本分布图和照像记录。最后将标本取起来带回室内进行分析。

共发掘 11 层，厚 110 厘米，地层可以划分为 5 层，从上到下分别简述如下（图三）。

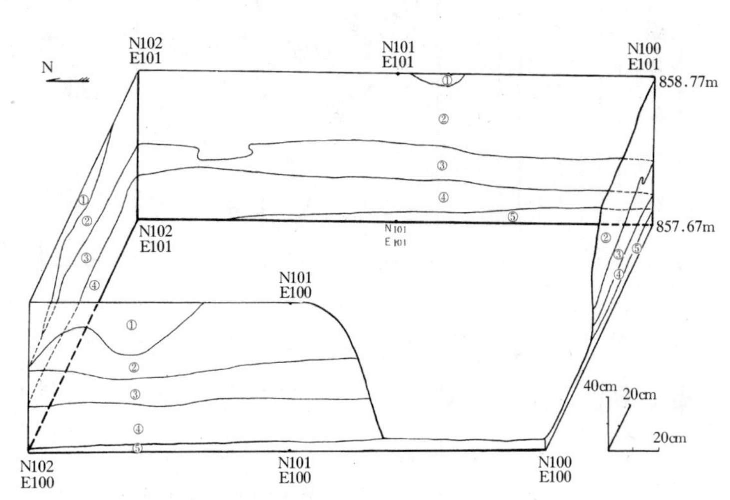

图三　半山遗址发掘区地层结构图

1. 黄土　2. 粉砂质黏土　3. 粉砂质砂　4. 砂砾　5. 粉砂

第 1 层　黄土，含陶片，披覆在泥河湾层上，厚 2～3 米；

第 2 层　粉砂质黏土，深灰色，含贝壳化石，与下伏地层不整合接触，厚 0.6～1.0 米；

第 3 层　粉砂质砂，浅灰色，带棕色斑点，有较多的骨化石，含少量石制品和石块，厚 0.2～0.3 米；

第 4 层　砂砾，浅灰色，含较多砾石，分选较差，最大砾石径长可达 130 毫米，可见最大厚度 0.4 米。石制品和骨化石主要发现在这一层；

第 5 层　粉砂，浅褐色，松散，质细均一，只发掘一层，未发现任何文化遗物。

在发掘区内，石制品主要集中在 N100/E100 探方里，大体上呈 NE60°或 SW60°走向的一个条带状密布（图四）。多数标本长轴呈北西—南东走向，倾向北东，倾角大小不等。在地层里，石制品大部分发现在第 9 层下部和第 10 层上部。骨头遍布第 4～10 层，在第 4～5 和第 9 层为两个集中分布层。贝壳发现在文化层上部，主要分布在第 4～6 层，只有一件出自第 2 层。遗物在地层中的分布为：南北向较为均匀，东西向大部分密集于 N100.30～N101.10 地段。

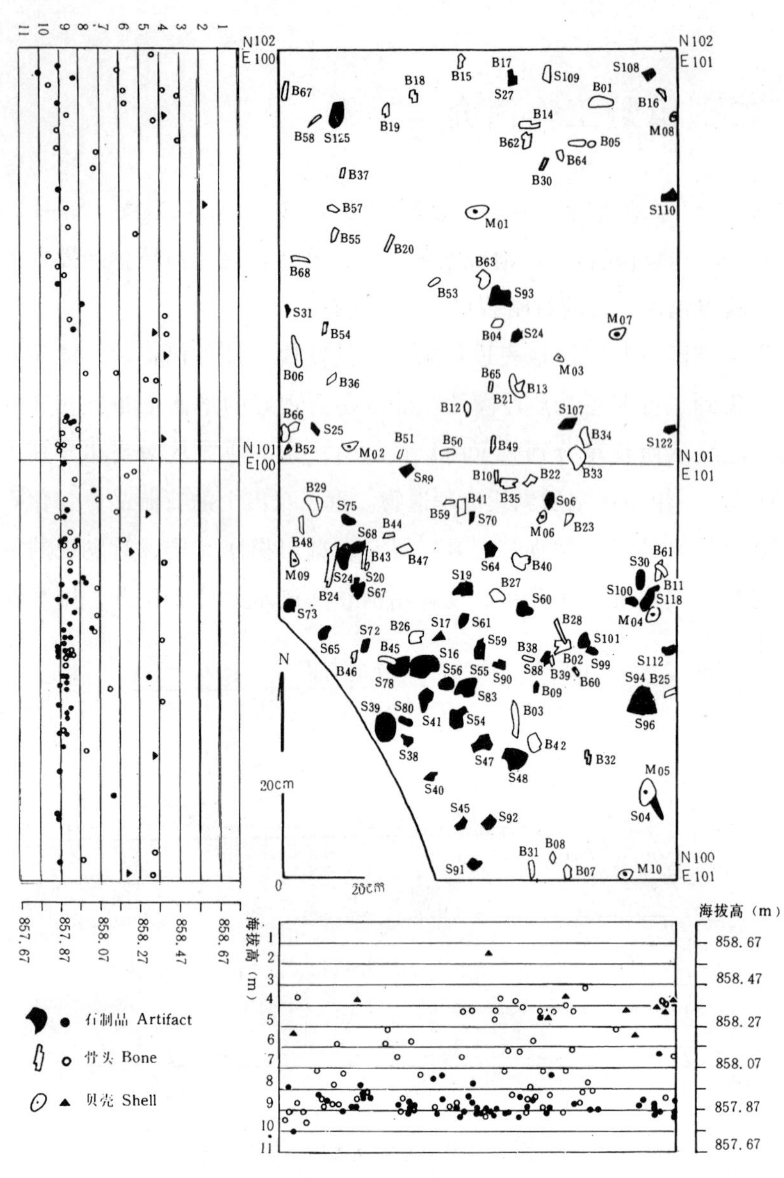

图四　石制品、骨头和贝壳空间分布图

三、石制品分析

本文记述的石制品共95件。包括精制品2件、粗制品18件、石核8件、石片42件、断块25件。各类分别占总数的2.1%、19.0%、8.4%、44.2%、26.3%。这些标本当中56件有确切的空间分布记录，15件是在发掘过程中从土中筛选出来的，24件（除最先发现的S160号标本系脱层采集的外）是在调查遗址时从N100/E100点附近出土的，分布位置基本上明确。

材料不算很多，为了便于比较，以表形式作简要记述，重点记述了研究工作中较为常用的、与本报告关系较大的几个项目。

精制品、粗制品、石核和完整石片共计56件。它们的长度和宽度多数在20～100毫米的范围内（图五）。为了对比的方便，同时考虑到石制品大小与一般人的手掌和手指的相对关系①，依据标本的最大长度，大致将石制品划分为微型（＜20毫米）、小型（≥20，＜50毫米）、中型（≥50，＜100毫米）、大型（≥100，＜200毫米）、巨大型（≥200毫米）五个等级（卫奇等，1984：229）。石制品的体型依据标本的长宽指数和宽厚指数，应用黄金分割律划分为四个类型：Ⅰ型（宽厚）、Ⅱ型（宽薄）、Ⅲ型（窄薄）、Ⅳ型（窄厚）。从图中可看出石核以宽厚型为主，精制品、粗制品和完整石片大多数属于宽薄型（图六）。

石片分为：Ⅰ型、Ⅱ型、Ⅲ型、Ⅳ型、Ⅴ型、Ⅵ型、左半、近端、远端和残片十个类型。Ⅰ～Ⅲ型，台面为自然面；Ⅳ～Ⅵ型，台面全部或大部分为人工打制面；Ⅰ和Ⅳ型，背面为自然面；Ⅱ和Ⅴ型，背面部分为自然面，部分为人工打制面；Ⅲ和Ⅵ型，背面为人工打制面（Bunn *et al.*，1980：132）。

① 双指捏者微；三指撮者小；手掌握者中；单手抓者大；双手拎者巨大。

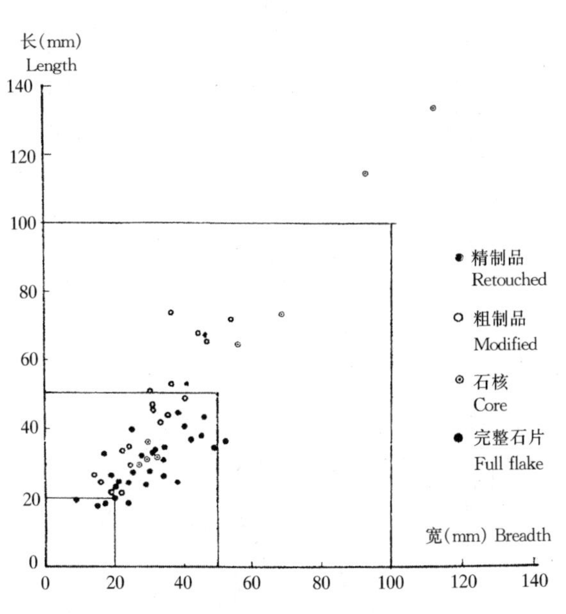

图五 精制品、粗制品、石核和完整石片长宽坐标图

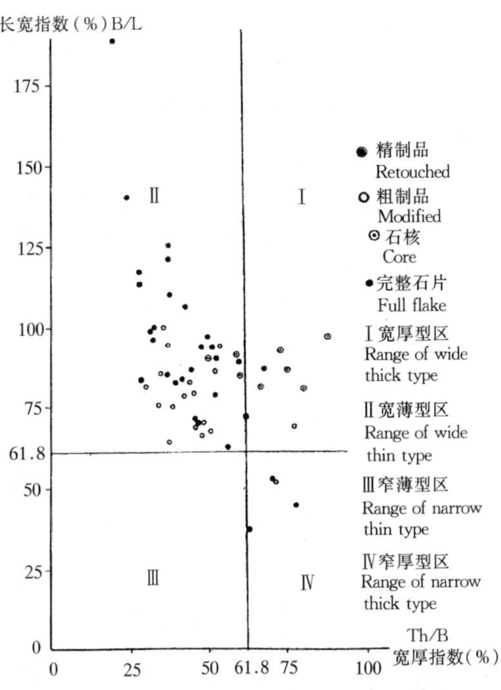

图六 精制品、粗制品、石核和完整石片长宽指数和宽厚指数坐标图

石制品原料分别为：1. 燧石、2. 石英、3. 矽质灰岩、4. 石英岩、5. 玛瑙、6. 珍珠岩、7. 安山岩、8. 粉砂岩、9. 辉长岩（表一～表六）。

表一 精制品（2件）

编号	原料	原型	磨蚀	风化	大小	体型	重量(g)	分布				
								层位	地层	北（m）	东（m）	海拔（m）
S125	1	石片	轻	中	中	Ⅳ	43.5	11	砂砾	101.87	100.16	857.760
S127	1	石片	轻	中	中	Ⅱ	48.4	10	砂砾	100	100	

表二 粗制品（18件）

编号	原料	原型	磨蚀	风化	大小	体型	重量(g)	分布				
								层位	地层	北（m）	东（m）	海拔（m）
S 04	1	石片	轻	轻	小	Ⅱ	24.7	7	砂	100.20	100.96	858.150
S 17	1	石片	轻	轻	小	Ⅱ	7.8	9	砂砾	100.60	100.41	858.037
S 20	1	石片	轻	轻	小	Ⅱ	13.5	11	砂砾	100.72	100.20	857.970
S 39	1	石片	中	重	中	Ⅱ	113.8	10	砂砾	100.40	100.31	857.893
S 45	1	石片	轻	轻	小	Ⅱ	3.0	10	砂砾	100.15	100.47	857.856
S 47	1	石片	轻	轻	中	Ⅱ	48.8	10	砂砾	100.35	100.54	857.853
S 59	1	石片	轻	是	小	Ⅱ	22.4	10	砂砾	100.58	100.52	857.883
S 67	1	断块	轻	中	小	Ⅱ	22.8	10	砂砾	100.71	100.21	857.935
S 93	1	断块	轻	轻	中	Ⅱ	44.8	10	砂砾	101.43	100.58	857.855
S 94	4	石片	中	中	小	Ⅱ	71.9	10	砂砾	100.47	100.95	857.900
S108	1	石片	轻	轻	小	Ⅱ	3.3	10	砂砾	101.95	100.94	857.850

续表二

编号	原料	原型	磨蚀	风化	大小	体型	重量(g)	分布				
								层位	地层	北（m）	东（m）	海拔（m）
S109	4	石片	中	中	小	Ⅳ	4.5	10	砂砾	101.96	100.68	857.855
S110	3	石片	中	中	小	Ⅰ	31.0	10	砂砾	101.66	101.00	857.850
S128	1	石片	轻	轻	中	Ⅱ	63.8	10	砂砾	100	100	
S131	1	石片	轻	中	小	Ⅱ	24.6	10	砂砾	100	100	
S135	2	石片	轻	轻	中	Ⅱ	36.1	10	砂砾	100	100	
S136	2	石片	轻	轻	小	Ⅱ	3.6	10	砂砾	100	100	
S137	1	砾石	轻	轻		Ⅱ	9.2	10	砂砾	100	100	

表三　石核（8 件）

编号	原料	原型	磨蚀	风化	大小	体型	台面角	重量(g)	分布				
									层位	地层	北（m）	东（m）	海拔（m）
S 48	2	断块	轻	轻	中	Ⅰ	80°	196.2	10	砂砾	100.32	100.63	857.875
S 68	2	断块	轻	轻	小	Ⅰ	90°	39.2	10	砂砾	100.81	100.21	857.943
S 73	1	砾石	轻	轻	小	Ⅱ	75°	12.9	10	砂砾	100.67	100.04	857.853
S 83	1	断块	轻	轻	小	Ⅰ	67°	21.9	10	砂砾	100.47	100.50	857.850
S 96	3	砾石	轻	轻	中	Ⅰ	85°	260.0	10	砂砾	100.46	100.95	857.892
S107	2	断块	轻	轻	小	Ⅱ	70°	14.4	10	砂砾	101.11	100.75	857.895
S126	1	砾石	轻	轻	大	Ⅱ	85°	1411.0	10	砂砾	100	100	
S160	1	砾石	轻	中	大	Ⅰ	80°	752.0					

表四　石片（42 件）

编号	类型	原料	磨蚀	风化	大小	体型	石片角	重量(g)	分布				
									层位	地层	北（m）	东（m）	海拔（m）
S 40	Ⅰ	3	中	中	小	Ⅱ	115°	20.3	10	砂砾	100.26	100.40	857.858
S 30	Ⅱ	1	中	重	中	Ⅱ	110°	44.7	9	砂砾	100.74	100.92	857.932
S129	Ⅱ	4	中	中	小	Ⅱ	100°	21.6	10	砂砾	100	100	
S141	Ⅱ	3	中	轻	中	Ⅱ		28.0	10	砂砾	100	100	
S155	Ⅱ	3	重	中	小	Ⅱ	100°	26.6	10	砂砾	100	100	
S156	Ⅱ	3	轻	轻	小	Ⅱ	95°	11.3	10	砂砾	100	100	
S157	Ⅱ	1	轻	中	小	Ⅳ	110°	6.5	10	砂砾	100	100	
S 24	Ⅲ	5	轻	轻	小	Ⅱ		3.5	9	砂砾	101.32	100.61	857.935
S154	Ⅳ	1	中	重	小	Ⅱ	113°	27.0	10	砂砾	100	100	
S150	Ⅴ	7	中	中	小	Ⅱ	105°	19.8	10	砂砾	100	100	
S151	Ⅴ	1	中	中	小	Ⅱ	105°	14.2	10	砂砾	100	100	
S153	Ⅴ	1	轻	轻	小	Ⅱ	105°	8.2	10	砂砾	100	100	
S 06	Ⅵ	1	轻	轻	小	Ⅱ		2.8	8	砂砾	100.93	100.69	858.048
S 27	Ⅵ	1	轻	轻	小	Ⅱ		3.4	9	砂砾	101.93	100.60	858.034
S 31	Ⅵ	1	轻	轻	微	Ⅱ		1.4	9	砂砾	101.38	100.02	857.972
S 38	Ⅵ	5	重	重	中	Ⅱ	115°	12.8	10	砂砾	100.35	100.34	857.898
S 41	Ⅵ	9	轻	重	中	Ⅱ	100°	22.2	10	砂砾	100.46	100.39	857.910
S 61	Ⅵ	1	轻	轻	小	Ⅱ	90°	6.9	10	砂砾	100.64	100.48	857.936
S 70	Ⅵ	1	重	中	微	Ⅳ	105°	1.1	10	砂砾	100.88	100.49	857.900

续表四

编号	类型	原料	磨蚀	风化	大小	体型	石片角	重量（g）	分　布				
									层位	地层	北（m）	东（m）	海拔（m）
S 80	Ⅵ	1	轻	轻	小	Ⅰ	110°	10.4	10	砂砾	100.39	100.34	857.895
S 89	Ⅵ	1	重	重	小	Ⅱ	110°	12.8	10	砂砾	101.00	100.34	857.872
S101	Ⅵ	2	轻	轻	小	Ⅱ		9.7	10	砂砾	100.60	100.79	857.880
S130	Ⅵ	1	轻	轻	小	Ⅱ	110°	25.1	10	砂砾	100	100	
S145	Ⅵ	1	轻	轻	小	Ⅱ	115°	2.8	10	砂砾	100	100	
S146	Ⅵ	1	轻	轻	小	Ⅱ	95°	5.2	10	砂砾	100	100	
S147	Ⅵ	2	轻	轻	小	Ⅱ		8.6	10	砂砾	100	100	
S148	Ⅵ	1	轻	轻	微	Ⅱ		1.9	10	砂砾	100	100	
S149	Ⅵ	1	轻	轻	小	Ⅱ	110°	3.9	8	砂	101	100	
S144	近端	1	轻	轻	小	Ⅱ	100°	21.6	10	砂砾	100	100	
S152	远端	1	中	中	小	Ⅱ		10.2	10	砂砾	100	100	
S159	远端	6	重	中	微	Ⅱ		1.9	10	砂砾	100	100	
S 55	左边	2	轻	轻	中	Ⅱ		81.2	10	砂砾	100.49	100.50	857.885
S142	左边	1	轻	轻	小	Ⅱ		3.5	10	砂砾	100	100	
B 09	残片	1	轻	轻	微	Ⅲ		1.2	5	黏土	100.48	100.66	858.337
S 19	残片	7	轻	轻	中	Ⅲ		32.4	9	砂砾	100.71	100.49	858.003
S133	残片	1	轻	轻	中	Ⅲ		30.2	10	砂砾	100	100	
S143	残片	1	轻	轻	小	Ⅲ		5.3	10	砂砾	100	100	
S158	残片	3	轻	轻	小	Ⅱ		7.3	10	砂砾	100	100	
S161	残片	1	轻	轻	微	Ⅱ		0.3	9	砂砾	101	100	
S162	残片	5	轻	轻	微	Ⅳ		0.7	10	砂砾	100	100	
S163	残片	3	中	中	微	Ⅱ		1.3	9	砂砾	100	100	
S164	残片	4	中	中	微	Ⅱ		1.8	8	砂砾	101	100	

表五　断块（25件）

编号	原料	磨蚀	风化	大小	体型	重量（g）	分　布				
							层位	地层	北（m）	东（m）	海拔（m）
S 16	4	轻	轻	中	Ⅰ	270.0	9	砂砾	100.45	100.41	857.935
S 25	2	轻	轻	微	Ⅱ	0.9	9	砂砾	101.10	100.10	857.937
S 54	1	轻	轻	小	Ⅰ	55.2	10	砂砾	100.42	100.47	857.860
S 56	1	轻	轻	中	Ⅳ	58.3	10	砂砾	100.49	100.45	857.882
S 60	2	轻	轻	小	Ⅰ	62.5	10	砂砾	100.67	100.64	857.920
S 64	1	轻	轻	小	Ⅱ	11.2	10	砂砾	100.81	100.55	857.874
S 65	1	轻	中	小	Ⅰ	19.3	10	砂砾	100.81	100.55	857.915
S 72	1	轻	轻	小	Ⅰ	7.0	10	砂砾	100.58	100.23	857.928
S 74	2	轻	轻	中	Ⅳ	44.3	10	砂砾	100.81	100.18	857.878
S 75	1	轻	中	小	Ⅳ	8.8	10	砂砾	100.87	100.19	857.882
S 78	1	中	中	中	Ⅱ	80.7	10	砂砾	100.54	100.33	857.847
S 88	1	轻	轻	小	Ⅱ	8.7	10	砂砾	100.55	100.69	857.880
S 90	1	轻	轻	小	Ⅱ	11.7	10	砂砾	100.53	100.57	857.857
S 91	1	轻	中	小	Ⅰ	14.7	10	砂砾	100.05	100.51	857.858
S 92	2	轻	轻	小	Ⅰ	19.9	10	砂砾	100.16	100.54	857.850

续表五

编号	原料	磨蚀	风化	大小	体型	重量（g）	分布				
							层位	地层	北（m）	东（m）	海拔（m）
S 99	2	轻	轻	小	Ⅰ	8.5	10	砂砾	100.57	100.81	857.880
S100	2	轻	轻	小	Ⅰ	14.5	10	砂砾	100.68	100.91	857.898
S112	1	轻	中	小	Ⅱ	9.0	10	砂砾	100.56	100.00	857.865
S118	1	轻	轻	中	Ⅳ	67.2	10	砂砾	100.71	100.96	857.870
S122	1	轻	轻	小	Ⅰ	18.8	10	砂砾	101.10	100.99	857.925
S138	1	轻	轻	中	Ⅰ	97.4	10	砂砾	100	100	
S139	1	轻	中	小	Ⅱ	23.4	10	砂砾	100	100	
S140	1	轻	轻	小	Ⅰ	23.0	10	砂砾	100	100	
S165	1	轻	轻	小	Ⅱ	4.8	10	砂砾	100	100	
S166	1	轻	轻	中	Ⅱ	86.0	10	砂砾	100	100	

表六　各类石制品的大小和体型数量统计

分析 / 数量 / 类型	大小				体型			
	微	小	中	大	Ⅰ	Ⅱ	Ⅲ	Ⅳ
精制品			2			1		1
粗制品		12	6		1	16		1
石　核		4	2	2	5	3		
石　片	9	26	7		1	34	4	3
断　块	1	17	7		12	9		4
总数的百分量	10.5%	62.1%	25.3%	2.1%	20%	66.3%	4.2%	9.5%

从表中看出，石制品的原料以燧石为主，占总数的63.2%；石英和矽质灰岩，各占14.7%和8.4%；石英岩和玛瑙各占4.2%和3.2%；其他岩石，包括安山岩、辉长岩和粉砂岩占5.3%。石料均来自于遗址附近，其组合和东谷坨遗址的石制品大体一致。

从统计数字中可以看出，小型和中型标本构成了石制品的主体，占总数的87.4%；大型的只出现在石核类型中；微型的出现在石片和断块中。石制品的体型以Ⅱ型为主；其次是Ⅰ型，主要出现在断块和石核中；Ⅳ型主要出现在断块和石片中；Ⅲ型最少，只存在石片之中。

石制品的重量除受岩石的比重影响外，主要和体积成正比。半山石制品的重量和体型似无关，大小的关系因一些长而窄薄的标本存在，也不完全就是大的重小的轻，例如大型的752～1411克，中型的12.8～270克，小型的1.4～62.5克，微型的0.3～1.9克。

磨蚀，指自然机械磨擦损耗的现象。石制品中有76件磨蚀轻微，甚至有的保存得相当完好，这样的标本占全部石制品的80.0%；磨蚀中等的14件，占14.7%；磨蚀严重的只有5件，占5.3%。磨蚀情况说明半山的石制品大多数是原地堆积或受流水轻微的搬运作用，而少量的标本是经过一定距离或较远的搬运受到了不同程度的磨损。

风化，指的是标本露天引起的化学变化。半山的石制品，风化轻微的63件，占总数的66.3%；中等的25件，占26.3%；严重的7件，占7.4%。风化状况表明，多数标本在制成后就较快被埋藏了起来，在地表裸露时间较短，而少数标本则在埋藏之前经过一个较长时间或相当长时间的裸露。

磨蚀和风化严重的标本是否属于半山文化层形成时期的产物，这是一个很值得研究的问题。事实上，文化层在形成过程中掺和古老的成分是经常有的事，因为古老的遗物可以经搬运重新堆积在较晚期的文化层里。半山遗址中发现的一部分标本，尤其是S38和S89二件石片，表面严重脱水呈白色风化层，边缘上有碰撞的新鲜疤痕，说明标本在地表裸露相当长的时间后又经搬运一定的距离才堆积在半山文化层里。因为这二件标本发现在文化层接近底部的位置，所以把它们看作为较早时期的文化遗物也许是更恰当的。

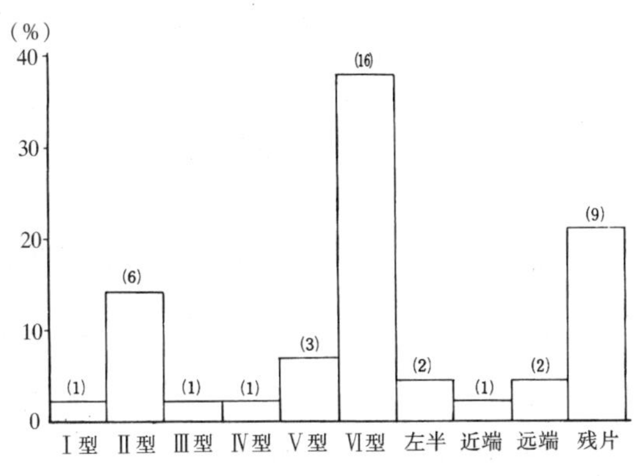

图七　不同类型石片数量的比较

半山的石核大小和形状受石料的影响而不定型。类型只有单台面和双台面的二种，不见东谷坨的多台面石核（卫奇，1985：292）。石核上的石片疤相对深而宽大，台面角在70°～90°之间，打击点较为集中，显示出与东谷坨较为相似的打片技术（卫奇，1985：291）。从发现的石核看，剥片利用率不高，即使是石料质地较好的石核，上面的石片疤数量也有限。这一现象可能是石核不多的缘故，因为石片中Ⅵ型相对数量最多（图七），说明半山石核的剥片率还是不算很低的。半山的石片的长宽指数和宽厚指数分别在70～125和25～70之间。石片台面多呈小而单一的平面，台面上带有疤痕或棱脊的很少。石片角多数在100°以上。在石质较好的标本上可以观察到宽而较为平坦的打击台面和一个明显的打击泡或半锥体，这些特征可以解释为类似欧洲“克拉克当技术”石锤打片的结果（Clark *et al*.，1974：86）。

精制品指的是具有明显有意修理规整的石制品。它作为工具看待，可以划分为各种各样的类型。粗制品指的是稍微加以修理的石制品，这样的制品没有一定的式样造型，不配作为任何样式的工具类型，有人把它看作是不规范修理的，也有人认为是使用过的（Clark *et al*.，1974：84～85）。实际研究工作中，严格区分精制品和粗制品是有一定困难的，不同的人观察的标准也不尽相同。1991年，我们与美国J. Desmond Clark教授一起对半山的石制品进行了观察和分析，只有S125和S127二件被列为精制品。

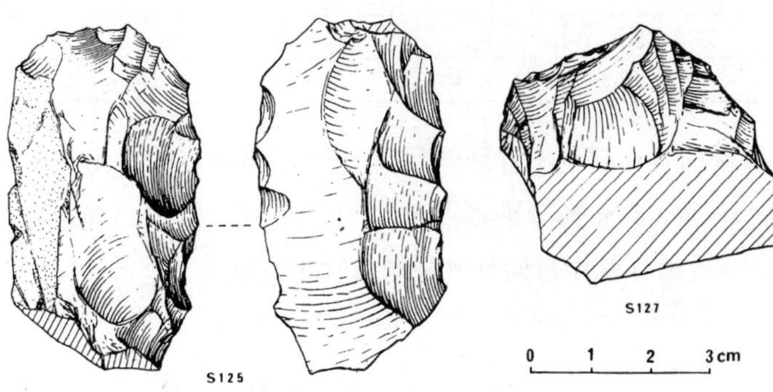

图八　精制品

S125和S127标本的长、宽、厚分别为56.0、32.3、20.4毫米和53.0、42.8、24.5毫米，按照通常的分类，它们均可归于刮削器型（图八）。S125标本是由长型的厚石片左右两侧分别向破裂面和背面错向加工而成，两边大致成直线近于平行，可以称之为双直刃刮削器，刃缘长分别为38.0和55.6毫米；刃角分别为75°和65°；修理疤大而较为宽深，最长的修理疤向内深入达17毫米，两边的修理疤分别为6～11个；修理疤呈迭鳞状。S127标本可能是在石片台面上向背面修理成一弧形边缘，可以称为凸刃刮削器。石器的刃缘长57毫米，刃角约85°，修理疤大部分小而且宽，可以观察到16个，彼此近平行排列或阶梯状。粗制品主要由石片加工而成，多数向背面修理，少数向破裂面或错向修理。

四、骨头分析

在半山遗址发现的动物化石材料，除少量的瓣鳃类和鱼类的标本外，哺乳类标本有130件。其中66件有准确的出土记录，另外64件有一部分是从发掘中过筛回收的，还有一部分是勘察遗址时发现的。它们的分布位置基本上明确。

哺乳动物化石中，牙齿或牙齿碎片32件，骨碎片98件；可以鉴定种类的标本37件，其他93件标本比较破碎难以明确种类归属。可以确定的种类如下：

狼（*Canis* sp.），有一枚不完整的下臼齿和一块带有 M^1 和残破 P^3 与 P^4 的左上颌部分。根据齿槽和牙齿残存部分推测，上裂齿 P^4 的长略小于臼齿 M^1 与 M^2 的长，M^1 的长和宽分别为13.4和16.0毫米，这些特征表明它和 *Canis chihliensis palmidens* 较为相近。

象类（Elephantids），仅一块臼齿齿板碎片和一块臼齿齿根。齿板珐琅厚4.4毫米。

马（*Equus* sp.），可以鉴定的材料有21件，包括完整的和破碎的牙齿以及部分肢骨。有一枚保存较完整的左上颊齿（B40），其齿冠尚存28毫米，属于老年个体。牙齿的长、宽分别为29.7和32.9毫米，个体较大，其咬面特征与 *Equus sanmeniensis* 的一致。

犀类（Rhinocerotids），只有一件牙齿啐片和一块齿根，根据牙齿表面较为粗糙的特征可以归于 *Coelodonta antiquitatis*。

鹿类（Cervids），可鉴定的标本有9件，有牙齿和肢骨碎片。

化石除几枚完整的牙齿外，其他都很破碎，较大的标本数量很少，绝大多数是小型的碎骨片（表七）。

表七　骨头长度分布统计（130件）

长度（mm）	<20	>20 <40	>40 <60	>60 <80	>80 <100	>100
数量（件）	46	58	19	3	3	1
百分量（%）	35.4	44.6	14.6	2.3	2.3	0.8

发现的骨头材料中，磨蚀轻微、中等和较重的分别占标本总数的73.1%、20.8%和6.1%；风化轻微、中等和较重的分别各占58.5%、20.0%和21.5%。在所有的标本中可以观察到8件带切痕的和3件带咬痕的，其中有两件既带切痕又带咬痕。

五、讨　　论

半山遗址的发掘是按照J. Desmond Clark教授在非洲采用的旧石器田野考古工作方法进行的，虽然只发掘近2平方米，但已获得了解遗址的主要考古信息。

中国的旧石器时代考古是从20年代初期或更早些时候由西方人开始的，到30年代周口店北京人遗址和山顶洞人遗址的发掘、研究在当时已经发展到相当高水平。但是，从六七十年代开始，当西方的旧石器时代考古发生重大变革的时候，中国的旧石器时代考古却仍然处在一个几乎封闭式的环境里自我发展，使得中、西方旧石器时代考古的共同语言变得越来越少。近些年来，随着中外科学交流的发展，中国的旧石器时代考古已经开始发生了可喜的变化，诸如埋藏学的应用、遗址内部空间结构的探讨、拼合分析、微痕观察、实验研究等都已经开始起步，特别是田野工作已开始向规范化发展。因为发掘是获得考古资料的根本，只有严格细致的发掘才有可能取得更多的考古信息。

半山遗址分布在泥河湾盆地东端，埋藏在泥河湾层中。它的海拔高程比东谷坨遗址低70余米，两处遗址以一正断层相隔，分别位于断层的上盘和下盘，断距达70多米。根据地层判断，半山遗址文化层与东谷坨遗址文化层上部的A层大致相当，地层层位属于下更新统泥河湾组上部，其地质时代应为早更新世后期。

半山遗址形成在河流相堆积层中，遗物呈带状分布，从遗物及砾石的产状判断，当时这里的河水流向大致由东向西。不论是石制品还是动物骨头，大多数材料磨蚀和风化程度较轻微，有的甚至保存得相当完好，说明多数遗物是就地迅速埋藏的。

半山遗址发现石制品共95件。其中以未加工的石片、残片及断块占绝大多数；稍加工的粗制品和不定型石核占一定数量，精制品为数有限。石制品以小型和宽薄型为主，石质多为燧石或石髓。从石制品的组合特征以及制作技术来看，半山的石工业与东谷坨的（Schjick *et al*.，1991：21～23）大体相似，二处的文化面貌基本一致。

半山和东谷坨遗址均发现一些磨蚀和风化比较严重的标本，说明泥河湾盆地存在着更早时期的古文化遗址。就东谷坨遗址来说，由于遗址地处盆地边缘，文化层厚度大、构造复杂并直接覆盖在古老地层上，文化层上、下形成的时间跨度可能较大，与之相对应的地层在向盆地中心不论高程、层次和厚度都有较大的变化。半山遗址文化层相当于东谷坨遗址文化层顶部的一部分。小长梁遗址可能形成在半山遗址之前，而与东谷坨文化层下部相对应的同期或更早的古人类遗迹显然应该在更下部的泥河湾层里发现。1992年，谢飞在比半山遗址低大约20米的层位里发现了马圈沟遗址（谢飞等，1993），已充分证实了这一论点。

半山发现的石制品虽然不多，但大体上反映出中国北方旧石器的一般特征。中国北方的旧石器，石片向背面加工的制品多，各种各样的刮削器多，石制品中、小型的多（晚期的细石器形制不规范）。这些特点很早就引起了西方人的注意，近年来有不少人在研究它。有人认为东亚地区史前竹林遍布，当时这里的人们主要使用竹制品，而石器制作技术处于衰落或次要地位，使得石制品不被精心修理（Schick and Toth，1993：278），这是人类在东亚大陆适应具有新资源基地的新环境的结果（Kathy and Dong，1993：24）。东亚的石制品是加工木器的工具（Clark and Schick，1988：446），或者把东亚置于一个显示复杂的木器加工技术的“岩溶—竹子”模式里（Pope，1982：3）。诚然中国旧石器具有区域的特征，但目前对它的认识仍然很有限，特别是它在时间和空间的分布、交融、发展的复杂性决不可能以一个简单的假设所概括。

因为中国的旧石器形制不规范的特点，加之分类陷入混乱状态，使人了解中国的旧石器实在有难以领会的感觉。例如，中国的旧石器虽有早、中、晚之分，但标志时代变化的特征制品却是模糊不清的。旧石器的分类诚然是研究者为研究而进行的技术处理，与表现制作者的意图在客观上存在着较大的差距。分类学是一门独特的学问。分类在形式逻辑学上称之为划分，就是一个概念的全部对象按照一定标准区分为若干小群或小类的一种揭示概念外延的逻辑方法。被划分的类叫做划分的母项，若干小类叫做划分的子项，子项的分子必然是母项的分子。划分必须遵循以下原则：1. 每一次划分只能有一个根据，同一层次的划分不能有双层标准；2. 划分后的各子项互不相容或排斥；3. 各子项必须穷尽母项，但对具体一个遗址的石制品分类时有的子项常常缺失；4. 划分不能越级，层次要分明（苏天辅，1981：41～43；诸葛殷同等，1982：44～66）。旧石器研究报告中的分类或划分错误屡见不鲜，就连声誉蜚高的论著也不能摆脱分类的困境，例如丁村遗址的石片石器被划分为单边形或多边形器、厚尖状器、小型尖状器、刮削器（裴文中、贾兰坡，1958：103～106），很显然这样的分类是有悖于正确分类原则的。

为了尽可能避免落入分类的误区，本篇报告对半山遗址的石制品完全从研究者的角度进行观察和分析，对每一件遗物扼要地做了编号登记处理，这样似乎有利于对遗物整体组合进行分析对比，也方便他人根据自己的分类标准进行综合研究。

半山遗址文化层中出土的动物骨头除了几枚牙齿外几乎全部是小型的碎骨片，其中有少量的骨片带有石器的切痕和食肉动物的牙齿咬痕。类似的发现在东谷坨、小长梁、许家窑等遗址都可以看到，似乎泥河湾盆地露天遗址里发现的动物骨头都应该是破碎的。这一埋藏特征可能是很多因素造成的结果，有人为的作用，也有动物尤其是食肉类动物的作用，还有自然的、物理的和化学作用等。目前，在泥河湾盆地还没有发现直立人的化石。许家窑遗址出土的早期智人化石数量不少，但也是比较破碎的。

半山遗址的发现、发掘和初步研究，与地质学的作用是分不开的。事实上，旧石器时代考古与地质学的关系向来是十分密切的。在中国，由于旧石器考古自身的特点，以旧石器、古人类、地质和哺乳动物四条腿走路的传统工作方法依然是不可忽视的。泥河湾盆地里发现的一系列旧石器时代文化遗址，因为有地质学和哺乳动物学的配合，所以避免发生了很多误会。

半山遗址的发现进一步显示了泥河湾盆地的考古意义，说明人类早在大约一百万年以前就已经出现在亚洲。泥河湾盆地从本世纪20年代名载科学史册以来，历经几代人的辛勤努力，研究工作纵横深化，成绩斐然，尤其是70年代末和80年代初，小长梁、东谷坨等早更新世旧石器时代遗址的发现，使泥河湾的工作出现了重大突破。近年来泥河湾盆地一系列的发现深受国内外学术界的青睐，中外科学家纷纷前往考察，对泥河湾的研究注入新的思维方法，呈现出非常喜人的局面。目前泥河湾盆地已经形成一个国际性的科学开发热点，预计不久的将来它可能将成为中国乃至东亚地区古人类学研究的圣地。

参考文献

卫奇，1985. 东谷坨旧石器初步观察. 人类学学报，4:289～300。

卫奇，1991. 泥河湾盆地旧石器遗址地质序列. 中国科学院古脊椎动物与古人类研究所：参加第十三届第四纪大会论文选. 北京：北京科学技术出版社. 61～73。

卫奇、黄慰文、张兴永，1984. 丽江木家桥新发现的旧石器. 人类学学报，4:223～232。

苏天辅，1981. 形式逻辑学. 成都：四川人民出版社. 1～324。

诸葛殷同、张家龙、周云之、倪鼎夫、张尚水、刘培育，1982. 形式逻辑学原理. 北京：人民出版社. 1～390。

谢飞、李珺，1993. 岑家湾旧石器时代早期文化遗物及地点性质的研究. 人类学学报，12：224Z～234。

裴文中、贾兰坡，1958. 丁村旧石器；裴文中主编：山西襄汾县丁村旧石器时代遗址发掘报告. 中国科学院古脊椎动物研究所，甲种专刊第二号. 北京：科学出版社. 97～111。

Bunn，Henry，John W. K. Harris，Clynn Issac，Zefe Kaufulu，Ellen Kroll，Kathy Schick，Nicholas Toth and Anna K. Behrensmeyer，1980. FxJi50：an early pleistocene site in northern Kenya. *World Archaeology*，12（2）：109～144.

Clark，J. Desmond and Kathy Schick，1988. Context and content：impressions of palcolithic sites and assemblages in the People' s Republic of China. *J. Hum. Evol*，17：439～448.

Clark，J. Desmond and M. R. Kleindienst，1974. The stone age cultural sequcnce：terminology typology and raw material. In：J. Desmond Clark. des. *Kalambo Falls Prehistoric Site* Ⅱ—*The later Prehistoric Cultures*. Cambridge：Cambridge University Press. 71～106.

Pope，G. Geoffrey，1982. The antiquity of the Asian Hominidae. *Physical Anthropol. News* 1（2）：1～3.

Schick，Kathy and Nicholas Toth，1993. Making Silent Stone Speak＞new York：Simon & Schuster Consumer Group. 1～352.

Schick，Kathy and Dong Zhuan，1993. Early paleolithic of China and Eastern Asia. *Evol. Anthropol*. 2（1）：22～35.

Schick，Kathy，Nicholas Toth，Wei Qi，J. Desmond Clark and Dennis Etler，1991. Archaeological perspectives in the Nihewan Basin，China. *J. Hum. Evol*. 21：13～26.

（原载《人类学学报》1994. 13（3）：223～238）

石球的研究

李超荣

一、前　言

石球是旧石器遗址或地点中常见的石器类型之一。这种石器类型从旧石器时代早期一直到旧石器时代晚期，在国内外都有发现。根据目前所发现的材料，本文主要论述我国旧石器时代的石球。它分布在我国南、北方，主要集中在北方地区。在山西省许家窑遗址发现石球达1000余件。此类工具在我国最先被认识是在丁村遗址的石器中（裴文中，1955；裴文中等，1958）。许多专家学者对这类石器分别做过描述与研究，积累了丰富的资料。对石球的制作工艺、使用功能进行了综合研究，提高了这类石器在我国旧石器工业的石器组合中的地位和作用。在上述工作基础上，本文拟对石球的制作、分类和使用等有关问题做初步研究与探讨。

二、考古发现

目前，在我国31处旧石器时代的遗址和地点中共发现石球1280多件，分布在我国的11个省市。旧石器时代早期遗址7处，发现36件；旧石器时代中期遗址9处，发现1180多件；旧石器时代晚期遗址15处，发现64件。

（一）　旧石器时代早期的石球

陕西省蓝田县公王岭稠水河沟发现1件，重490克，原料为脉石英。石球质地很差，表面除了一部分保留砾石面外，其余布满了多方向打击的小石片疤（戴尔俭，1973）。

山西省芮城县匼河遗址发现3件，其中1件以黑色石英岩为原料，重1035克，直径8.5～9.5厘米。石球表面打击痕迹虽很清楚，但石片疤碎小零乱，显然不是生产石片，而是有意制作的石球（贾兰坡等，1962）。

北京市周口店猿人遗址发现8件，其中6件用石英制作，另外2件为砂岩和石英岩。北京猿人球形器的变异较大，最长12.6厘米，最短4.2厘米；最宽9.6厘米，最窄4.3厘米；最厚8.8厘米，最薄4.2厘米；最重1518克，最轻101克（裴文中等，1985）。

辽宁省本溪庙后山遗址发现2件，原料采用石英和石英岩。石球最大的重930克，最大直径10厘米；最小的重300克，最大直径6厘米（辽宁省博物馆等，1986）。

山西省新绛县西马发现10件，其中1件为砂岩，另1件为泥灰岩，其余均由石灰岩制作。石球最大者重1440克，直径11.7厘米；最小者重575克；多数重1200克左右，直径约10厘米。9件标本均保留有砾石面，有的甚至占球体总面积的50%，修疤短浅，无一定方向，不是为了打片，而是为加工石球所进行的修整（王向前，1987）。

山西省万荣县西桌子发现 8 件，原料均为深灰色矽质灰岩。石球个体较大，直径多在 10 厘米左右，重量 1000 克以上。球体表面打击的痕迹无一定方向（汤英俊等，1982）。

河南省三门峡发现 4 件，原料为火山岩、石英和凝灰岩。石球直径约 8 厘米（黄慰文，1964）。

（二） 旧石器时代中期的石球

山西省阳高县许家窑人遗址出土了 1090 多件。原料以石英岩和火山岩为主，其次为花岗片麻岩、脉石英和砂岩，还有少量玛瑙和燧石。根据石球的重量分大、中、小三种（贾兰坡等，1976，1979）。

山西省襄汾县丁村遗址发现 9 件，原料以石灰岩最多，闪长岩次之，其他为石英和砂岩。石球直径多为 6～8 厘米，最大的重 1500 克以上，最小的重 200 克左右；其他重 500～1300 克（刘源，1988）。丁村 80:01 地点的时代与丁村遗址同时，发现 26 件石球，原料大部分为石灰岩，其次为闪长岩、脉石英和砂岩。最重者 1960 克，最轻者 355 克（临汾行署文化局等，1984）。

陕西省南郑县龙岗寺发现 40 件，其中原料为脉石英的 37 件，火山岩的 3 件。石球最大直径 9.5 厘米，重 1350 克；最小直径 5.5 厘米，重 300 克；其他直径为 7～9 厘米，重 500～1000 克（陕西省考古所汉水考古队，1986）。

山西省曲沃县里村西沟遗址发现 4 件，其中 1 件是用石灰岩制成。制作的方法是沿着石块的一个平面的周围边沿打击，但打击的痕迹并不限于一面，而是由各面打击成一个圆形器物，其中 1 件制作较精，直径 9～10 厘米（顾铁符，1956；贾兰坡，1959；刘源，1986）。

甘肃省镇原县姜家湾和寺沟口发现 2 件。姜家湾的 1 件用石灰岩制成，重 1032 克，直径 8～9.5 厘米，表面约 1/4 处保留砾石面（谢骏义等，1977）。

湖南省澧县张家滩和仙公发现 9 件，均采用砂岩砾石制成。器物加工粗糙，标本上皆保留有砾石面，重 600～1800 克，直径 7.5～10.5 厘米（澧县博物馆，1992）。

（三） 旧石器时代晚期的石球

云南省丽江木家桥发现 10 件，原料主要采用石灰岩，其次是脉石英和斑岩。器物最大者重的 1257 克，最小者轻的 385 克，直径约 9 厘米。部分标本上保留有砾石面（卫奇等，1984）。

甘肃省环县刘家岔发现 21 件，原料除个别用硅质岩外，其他均由石英岩制成。器物较大的重 350～615 克，直径 7.1～8 厘米；较小的重 100～190 克，直径 4.4～5.4 厘米（甘肃省博物馆，1982）。

安徽省巢湖市望城岗发现 12 件，原料主要是石英砂岩，其次是石英岩。器物最重的 1600 克，直径 10 厘米；最轻的 450 克，直径 6 厘米。多数标本的表面保留有砾石面（方笃生，1990）。宁国县轮窑厂发现 2 件，是用磨圆度较好的砂岩砾石制成。宣州市向阳窑厂发现 2 件，均用石英砂岩制作。石球加工较细，其上保留少量砾石面（房迎三，1988）。

甘肃省泾川县郝白村东沟和南峪沟桃山嘴发现 2 件（张映文等，1981）。镇原县黑土梁发现 1 件，重 878 克，直径 8.8 厘米（谢骏义等，1983）。

内蒙清水河县柳子峁发现 1 件，有打击的痕迹，球体上保留部分砾石面（张森水，1960）。清水河县喇嘛湾发现 4 件，其中 3 件为石英岩，另 1 件为矽质灰岩，周围都有打砸的痕迹，剥落下的碎屑呈鳞片状（张森水，1959）。呼和浩特市东郊大窑村南山发现3件，其中1件用石块敲砸而成，直径7.9厘米（汪宇平，1979）。

山西省下川富益河圪梁下文化层发现1件，原料为砂岩，虽呈球形，但不甚圆（王建等，1978）。

山西省霍县崃峪发现1件，原料采用脉石英。石球直径10～11厘米，外形浑圆，保留极小部分砾石面（王择义，1965）。

江西省安义发现2件，原料为脉石英。球形不太规整，直径分别为9厘米、8.5厘米，重897克、1082克。球体上保留1/3的砾石面（李超荣等，1991）。

河南省南召小空山下洞发现2件，原料均为石英岩。其中1件重720克，长径7.4厘米，宽径6.8厘米（小空山联合发掘队，1988）。

三、关于石球的分类及实验

（一）　石球的名称

石球是一种由砾石、石块和废弃石核等为素材加工而成的石器类型，通体呈球形，有鳞片状的石片小疤，两疤之间的夹角均大于90°。石球中文名称用法不统一。1955年裴文中首先用“石球”一词（裴文中，1955）；1958年裴文中与贾兰坡在《丁村旧石器时代遗址发掘报告》中称“球状器”（裴文中等，1958）；1976年贾兰坡等在《阳高许家窑旧石器时代文化遗址报告》里用“球形石”、“石球”，并按其重量分大、中、小三种（贾兰坡等，1979）；1985年裴文中等在《中国猿人石器研究》中用“球形器”（裴文中等，1985）；1987年黄慰文在《梁山旧石器遗址的初步观察》中用“球状器”、正球状器（或石球）、次球状器（或多面体石球）（黄慰文等，1987）。因以前石球的材料发现较少，因此对此研究不太系统。由于许家窑遗址中发现大量石球，笔者为探索石球制作工艺和功能做了一定数量的模拟实验。依据试验所得的结果与标本进行对比，来探讨石球类的分类、制作工艺和用途。

（二）　石球的分类

根据对许家窑发现的1000多件石球制品的分析、观察、研究和模拟实验，把石球分为以下几种。

- 石球
  - 成　品
    - 滚圆石球：球体圆滑，加工精细。
    - 次圆石球：球体圆，球体上加工痕迹较多，在80～90%以上。
  - 半成品
    - 球状器：基本呈球体，小的棱脊比较多，加工在50%以上。
    - 球形石：轮廓呈球形，加工痕迹较少，保留砾石面较多。
  - 残　品
    - 残石球、石球裂块和断块：是在制作石球时被打坏的，有的是沿岩石节理面裂开或断开。

在许家窑石球中，根据成品石球（滚圆与次圆石球）的重量分为大、中、小三种。在成品石球分类中，有的学者主张用测量球径来分大小。笔者认为还是以石球重量分比较合适。半成品的球状器和球形石还要进行细加工，不依重量分大小。

在研究许家窑的石制品中，对806件石球进行了分析统计。成品石球537件，其中滚圆石球387件（大的199件、中的80件、小的108件），次圆石球150件（大的75个、中的21个、小的54个）。成品石球主要采用石英岩和火山岩为原料，其次为花岗片麻岩、石英、砂岩、石灰岩和玛瑙（石英岩187件、火山岩179件、花岗片麻岩76件、石英40件、砂岩34件、石灰岩20件、玛瑙1件）。半成品269件，其中球状器145个，球形石124个。在这些半成品中，采用的原料是石英岩、花岗片麻岩、火山岩、石英、石灰岩、砂岩、玛瑙和燧石（石英岩112件）、花岗片麻岩60件、火山岩53件、石英34件、石灰岩5件、砂岩3件、玛瑙和燧石各1件）。806件石球中，成品占66.6%，半成品占33.4%。在成品的石球中，大石球中的最大者重2440克，直径约12厘米；最小者重1500克，直径约10厘米。中型的一般重800～1200克，直径8～9厘米；小型的一般重200～500克，直径5～7厘米。

（三） 人工石球与自然球的区别

人工石球是远古人类有意识打制的，球体上有人加工的痕迹。自然球为非人工所形成的，例如流水冲刷、风化剥落。流水对岩石的冲刷可以形成球体；风化作用中的球状风化能使岩块变成球形。另外，还有豪猪、河狸一类动物为了磨牙而啃咬石头所形成的球体，这种“石球”有一个很明显的特征，就是球体表面有平行齿印。笔者在山西临汾做旧石器考察时，从红土结核中采到球状结核；在北京怀柔县调查时，采集了岩石球状风化的自然球。在许家窑遗址中也有流水对砾石冲刷形成的球体。山西静乐县发现许多自然力形成的砂岩石球，科研工作者在实地考察时，发现这些“石球”源出于三叠纪砂岩，肯定这些“石球”为非人工产品（郭俊卿等，1985）。

（四） 石球模拟实验

1991年在丁村考察期间，曾做过打制石球的实验，了解到质软石灰岩和质粗的闪长岩、砂岩是制作石球的好原料，容易打，省时间；质硬的原料难打，费时间。笔者曾用一较厚角页岩打制石球，在加工过程中，打下大石片13个、中石片33个、小石片46个和碎屑（碎片）138个，用了2个多小时制成，但球体还不是很圆。

（五） 推测许家窑石球制作过程

贾兰坡先生认为，许家窑石球的制作过程大致分为三个步骤：①先把砾石打击成粗略的球形；②再反转打击去掉边棱使成荒坯；③最后左右手各持一个荒坯对敲，把打击时发现的疤磕掉，即成滚圆的石球（贾兰坡，1978）。笔者认为首先选择一些圆形、椭圆形、长方形砾石，较厚的石块，另外还有废弃的石核和石锤为材料，根据不同素材进行不同加工。圆形、椭圆形砾石容易制成比较满意的石球；厚石块和长方形砾石较难制作。加工过程中可采用三种方法：①两个球状器对敲，把打击时出现的疤磕掉形成滚圆的石球；②用球状器在石砧上砸掉棱脊和坑疤形成圆滑石球；③用石锤在石砧上砸击未加工好的石球，去掉棱脊坑疤形成滚圆石球。

石球产生于旧石器时代初期，盛行于旧石器时代中、晚期。我国旧石器时代早期，人类制作石球的原料以石灰岩和脉石英为主，其次是石英岩、凝灰岩和火山岩。从已发现的材料看，石球一般重1000～1500克，球径约10厘米，加工比较粗糙，器型不太规范。旧石器时代中、晚期，人类使用的原料种类丰富，以火山岩和石英岩为主，其次是花岗片麻岩、脉石英、砂岩和石灰岩，还有极少量的玛瑙和燧石。石球制品的分布范围也不断扩大，发现数量大，种类丰富。石球制作精细，球体滚圆，即可做石锤，也可做狩猎工具，是一种一器多用的工具。

四、关于石球的用途

1839年达尔文在《一个自然科学家在贝格尔舰上的环球旅行记》中描述过南美洲高乔人使用投石索狩猎的情况（达尔文，1957）。裴文中与贾兰坡在丁村报告中，指出既可做锤砸工具又可做狩猎工具的投石索。还有的学者利用民族志的材料对石球的用途进行探讨（宋兆麟，1984）。

石球究竟有什么用途？笔者推测：旧石器时代早期是作为打制石器、砸击坚果和大动物骨头的工具，有时也作为狩猎工具，是一器多用。旧石器时代中、晚期，石球分布范围广，石球大量发现，这时的石球可能主要作为狩猎工具使用。目前流行的解释是投索球，其来源可能是在法国多尔道尼贝皮耶尔Ⅰ莫斯特期洞穴遗址内发现的石球，在地层中平面分布，3个一组，共4组，两两成对，并在一直线上，其中一对的间距为1.2米，另一对为30厘米。其排列的位置与南美印第安人投索球位置相仿，因此推测莫斯特石球可能是与南美印第安人投索球相似的狩猎工具（吴汝康等，1980）。投索球（流星索）是系有绳索的石球，狩猎时绳索和石球同时抛出，或击或缠，进而获得野兽，然后再收回流星索继续使用。中小型石球用于投索球，人们可以理解。大号石球重2.5公斤左右，人们常问这么大的石球有什么用途，如何使用。通过查找资料和看田径比赛受到启发。这可能像体育运动中掷链球那样抛出捕捉野兽。从1976年和1977年许家窑遗址发掘出来的马的化石看，仅上、下颊齿就有4300多枚，其中左P^3～M^2有849枚，就是按每4个牙为一个体计算，也代表213匹马，可见许家窑人主要是捕猎马。其次有普氏羚羊、哦喉羚和披毛犀等也是许家窑人狩猎的动物（卫奇，1982）。有了威力较大的武器，许家窑人就可猎获大的野兽，不像旧石器时代早期的人类那样，只能猎取小兽。石球成为旧石器时代中、晚期文化的重要标志，随着石器时代的结束而逐渐消亡。

参考文献

达尔文，1957. 一个自然科学家在贝格尔舰上的环球旅行记．北京：科学出版社。

戴尔俭、许春华，1973. 蓝田旧石器的新材料和蓝田猿人文化．考古学报，2:1～12。

方笃生，1990. 巢湖望城岗旧石器的发现与研究．文物研究，6:19～35。

房迎三，1988. 皖南水阳江旧石器地点群调查简报．文物研究，3:74～83。

甘肃省博物馆，1982. 甘肃环县刘家岔旧石器时代遗址．考古学报，1:35～48。

郭俊卿、董祝安，1985. 汾河上游“石球”之谜．化石，3:14～15。

顾铁符，1956. 山西曲沃里村西沟发现旧石器．文物资料，8:21～23。

黄慰文，1964. 豫西三门峡地区旧石器．古脊椎动物与古人类，8（2）:162～177。

黄慰文、齐国琴，1987. 梁山旧石器遗址的初步观察．人类学学报，6（3）:236～244。

贾兰坡，1959. 山西曲沃里村西沟旧石器时代文化遗址．考古，1:18～21。

贾兰坡等，1962，匼河．北京：科学出版社。

贾兰坡、卫奇，1976. 阳高许家窑旧石器时代文化遗址．考古学报，2:97～114。

贾兰坡，1978. 中国大陆上的远古居民．天津：人民出版社。

贾兰坡、卫奇、李超荣，1979. 许家窑旧石器时代遗址 1976 年发掘报告．古脊椎动物与古人类，17940:277～293。

李超荣、徐长青，1991. 江西安义潦河发现的旧石器及其意义．人类学学报，10（1):34～41。

澧县博物馆，1992. 湖南澧县张家滩、仙公旧石器地点调查简报．华夏考古，4:1～9。

辽宁博物馆、本溪市博物馆，1986. 庙后山．北京：文物出版社。

临汾行署文化局、丁村文化工作站，1984. 丁村旧石器时代遗址 80:01 地点发掘报告．史前研究，2:57～68。

刘源，1986. 山西曲沃县西沟新发现的旧石器．人类学学报 .5（4):325～335。

刘源，1988. 丁村石制品再观察．人类学学报，7（4):306～313。

裴文中，1955. 中国旧石器时代文化．北京：科学出版，53～90。

裴文中等，1958. 山西襄汾县丁村旧石器时代遗址发掘报告．北京：科学出版社。

裴文中、张森水，1985. 中国猿人石器研究．北京：科学出版社。

陕西省考古研究所汉水考古队，1986. 陕西南郑龙岗寺新出土的旧石器和动物化石．史前研究，3、4:46～55。

宋兆麟，1984. 投石器和流星索．史前研究，2:99～108。

汤英俊等，1982. 山西万荣的旧石器．人类学学报 .1（2):156～159。

汪宇平，1979. 呼和浩特市东郊大窑文化的石器工艺．中国考古学会第一次年会论文集 .1～13。

王建、王向前、陈哲英，1978. 下川文化．考古学报，3:259～288。

王向前，1987. 山西新绛、河津发现旧石器．史前研究，4:38～42。

王择义，1965. 山西霍县的一些旧石器．古脊椎动物与古人类，9（4):399～402。

卫奇，1982."许家窑人"的生活环境．山西文物，3:18～22。

卫奇、黄慰文、张兴永，1984. 丽江木家桥新发现的旧石器．人类学学报，3（3):225～233。

吴汝康等，1980. 坦桑尼亚肯尼亚古人类概要．北京：科学出版社。

小空山联合发掘队，1988、1987 年河南南召小空山旧石器遗址发掘报告．华夏考古，4:1～15。

谢骏义、张鲁章，1977. 甘肃庆阳地区旧石器．古脊椎动物与古人类，15（3):211～222。

谢骏义等，1983. 甘肃镇原黑土梁发现的旧石器．考古，2:97～100。

张映文、谢骏义，1981. 甘肃泾川南峪沟桃山嘴旧石器时代遗址的发现．考古与文物，2:5～10。

张森水，1959. 内蒙中南部和山西西北部新发现的旧石器．古脊椎动物与古人类，1（1）31～40。

张森水，1960. 内蒙中南部旧石器的新材料．古脊椎动物与古人类，2（2):129～140。

（原载《跋涉集》1998，14～20）

中西方旧石器文化中的技术模式的比较

林圣龙

一、G. Clark 的五种技术模式

欧洲是旧石器考古学工作最早开始的地方，很早就建立了旧石器时代文化发展的序列和分期，并成为世界许多地方进行文化分期的标尺。但是，随着世界旧石器考古学的发展和研究的深入，人们发现旧石器文化在世界范围内分布广泛，由于地域和时代的不同，环境的差异和发展的不平衡性，各地的旧石器文化面貌存在着相当大的差异，因而欧洲的一套旧石器文化分期法并不一定适用于其他地区。

正是为了避免以欧洲为中心的旧石器文化分期法，也为了把旧石器时代技术、经济和社会的变化分开来进行研究，1961 年 G.Clark 提出了划分旧石器文化的五种技术模式（G. Clark，1969；Brooks，1988a；Toth and Schick，1988a）。在国内以往发表的文献中，似乎还从未提到过这种分类体系，现扼要介绍如下：

模式Ⅰ技术

或称之为奥杜韦技术。典型特征是有与初级产品共生的简陋的石核制品（例如砍砸器、多面体石器、盘状器），并常有随意修整的石片（刮削器和石锥）。使用硬锤打击、砸击技术和碰砧技术。在欧洲这个阶段有时被称为“前舍利文化”（图一、二）。

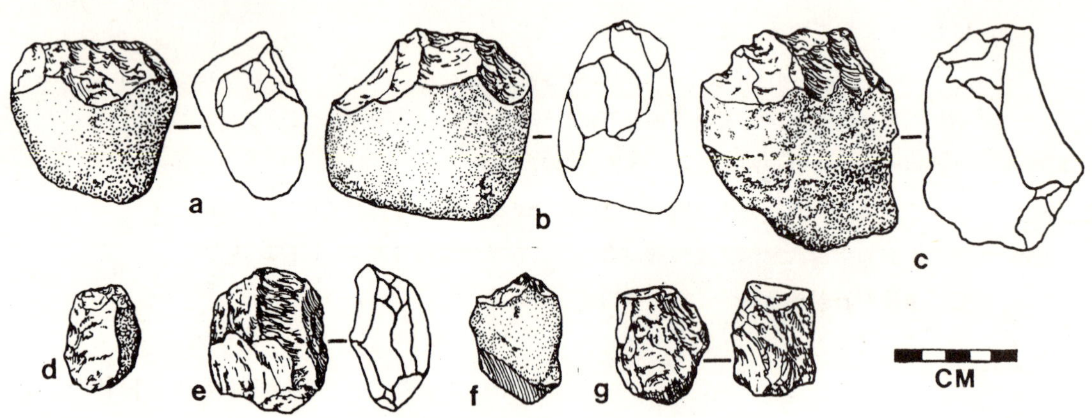

图一　非洲模式Ⅰ技术

模式Ⅱ技术

也称之为阿舍利技术。典型特征是有大的两面器，特别是手斧和薄刃斧，一组比较简单的石核制品以及经过修整的石片。使用硬锤打击技术、碰砧技术，而在稍晚的阿舍利工业中使用了软锤打击技术。在欧洲，这种技术以前被称为“舍利文化”，而较粗糙的两面器有时被归入“阿布维利文化”（图三、四）

模式Ⅲ技术

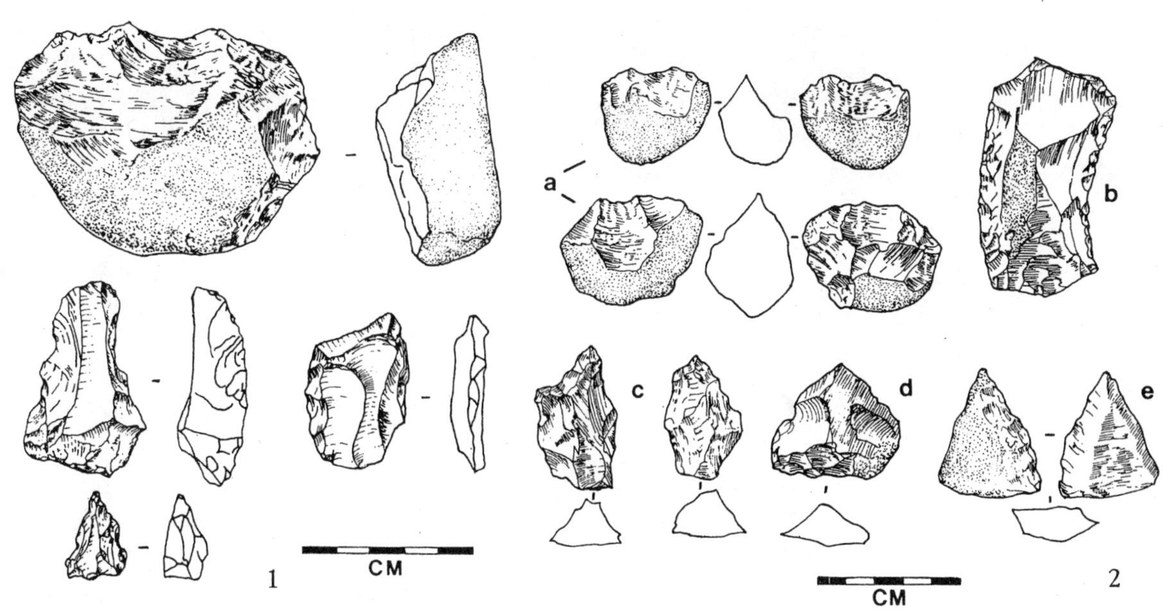

图二　欧洲模式Ⅰ技术

1. 早模式Ⅰ技术　2. 晚模式Ⅰ技术

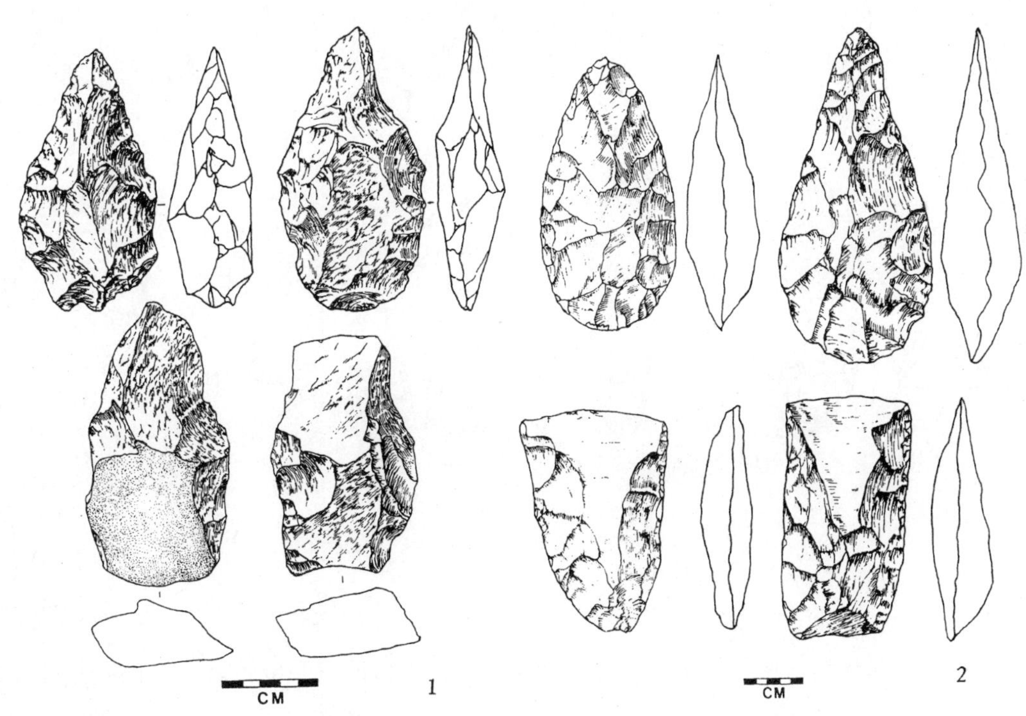

图三　非洲模式Ⅱ技术

1. 早模式Ⅱ技术　2. 晚模式Ⅱ技术

即旧石器时代中期技术。在非洲撒哈拉以南地区称作“中期石器时代”，而在欧洲称为莫斯特文化。一般说来，其典型特征是有一系列精致的边刮器和单面加工尖状器，在石器制作中使用石核修理

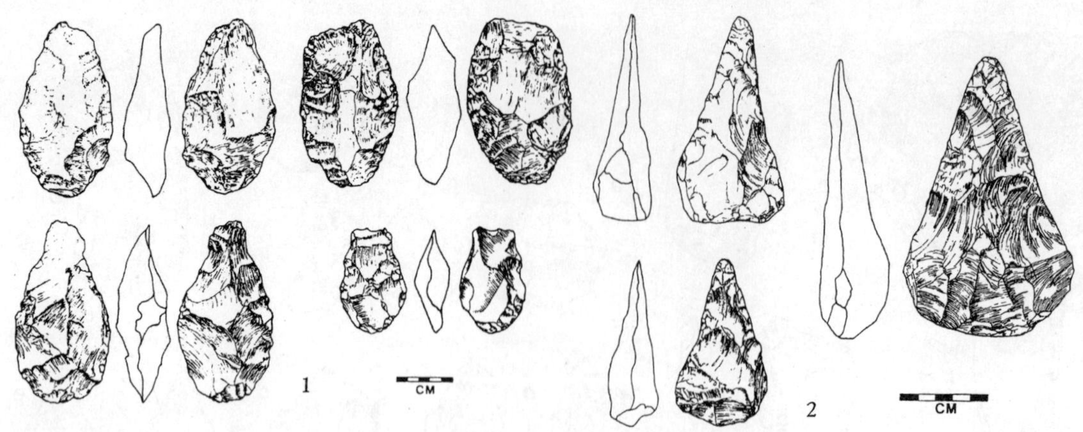

图四　欧洲模式Ⅱ技术

1. 早模式Ⅱ技术　2. 晚模式Ⅱ技术

技术，特别是勒瓦娄方法。典型地使用硬地和软锤打击技术。确定地抛射尖状器和 Aterian（莫斯特文化的北非变体）的带铤石器的存在表明，用绳索或胶粘物装把在这一阶段已被使用（图五、六）。

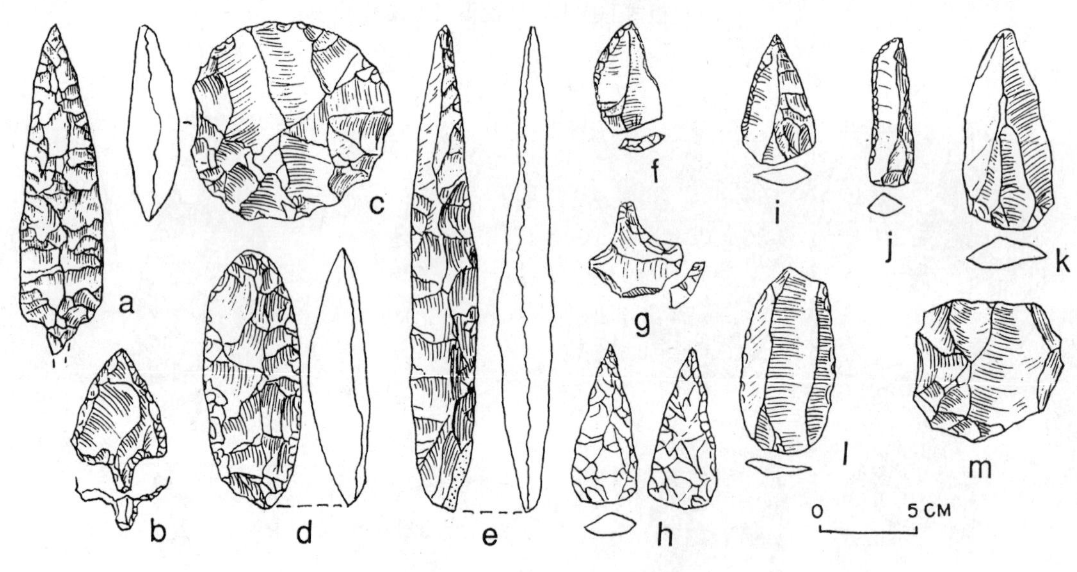

图五　非洲模式Ⅲ技术

模式Ⅳ技术

也称之为旧石器时代晚期技术。在欧洲大部分地区，北非和近东常常称之为“Upper” Paleolithic；在非洲撒哈拉以南地区，这种技术罕见，但发现于中期石器时代和晚期石器时代的石器组合物中。典型特征是石叶工业，共生的石器有端刮器、雕刻器和石锥等。可能存在两面加工的尖状器和一批骨、角器。典型地使用硬锤、软锤和间接打击技术以及压片法。这时期有了投矛器，而若干小的抛射尖状器的存在也表示可能已使用弓箭（图七、八）。

模式Ⅴ技术

这是中石器时代典型的模式技术，但在旧石器时代晚期文化中已出现了这一技术的若干成分。在非洲撒哈拉以南地区，这一技术阶段发现于晚期石器时代的细石器技术之中。典型特征是细石器，特别是像三角形器、梯形器和新月形器这样的几何形细石器，用它们来组成复合工具。这种技术常与弓箭使用共生。在某些地区，例如欧洲的温带地区，使用打制的石斧，有时附着于鹿角套，后者又被装在一个木把上。使用硬锤、软锤和间接打击技术，使用"沟断技术"方法生产制作几何形细石器的毛坯，还使用压片法（图九、一〇）。

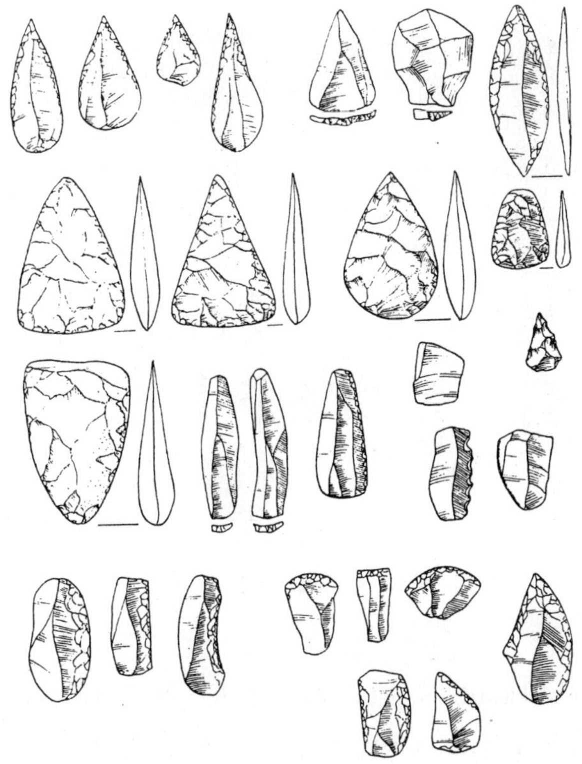

G. Clark 的分类体系是概括世界旧石器文化的技术发展的总趋势制定出来的，划分成几种主要的技术模式，因而避免了以欧洲为中心的分期法，也便于地区间的比较。另外，这个体系突出了技术的发展，具有简明、清晰的优点。现在这种分类法得到了越来越广泛的应用。

图六　欧洲模式Ⅲ技术

应该指出的是，在不同的地区，这些技术模式并不是以完全相同的速度发展的。例如，石叶技术（模式Ⅳ技术）在西南亚就比西欧出现得早。另外，每一个地区不一定都经历了每一种技术模式，例如非洲大部分地区缺乏模式Ⅳ技术。

二、西方旧石器文化中的技术模式

非洲最早的石制品发现于埃塞俄比亚的 Kada Gona（Hadar）、扎伊尔东部的 Seng 以及 T.Cmo 河河谷的 Shungura Formation，年代为距今 240～230 万年。稍晚一点的有 Olduvai 和 Koobi Fora 的地点，年代为距今 200～160 万年。与 Olduvai 和 Koobi fora 最早石制品可能同时的有 West Turkana（Kalochoro and Natoo Members of the Nachukiu Formation）、Chemoigut（Chesowanji）、Melka Kunturé（Ethiopia）、Mwimbi（Chiwondo Beds，Malawi）、Swartkrans（Member 1）和 Sterkfontein（Member 5）。上述石制品通常被归入奥杜韦工业，或称之为奥杜韦传统。属于模式Ⅰ技术。

大约从 150 万年前开始，第一次出现了一些新的石器类型：大的手斧和薄刃斧。这是阿舍利传统的标志，属于模式Ⅱ技术。在东非，阿舍利传统替代奥杜韦传统是在大约 150～140 万年前。在非洲，阿舍利传统持续到 20～10 万年前。整个非洲从南到北发现了无数的阿舍利遗址，重要的有东非的 Melka Kontouré，Gadeb 和 the Middle Awash（埃塞俄比亚），Kariandusi，Kilombe，Kapthurin 和 Olorgesaili（肯尼亚），Peninj，Olduvai Gorge，Chesowanja 和 Isimila（坦桑尼亚）；在南非和中非有 Victoria West，

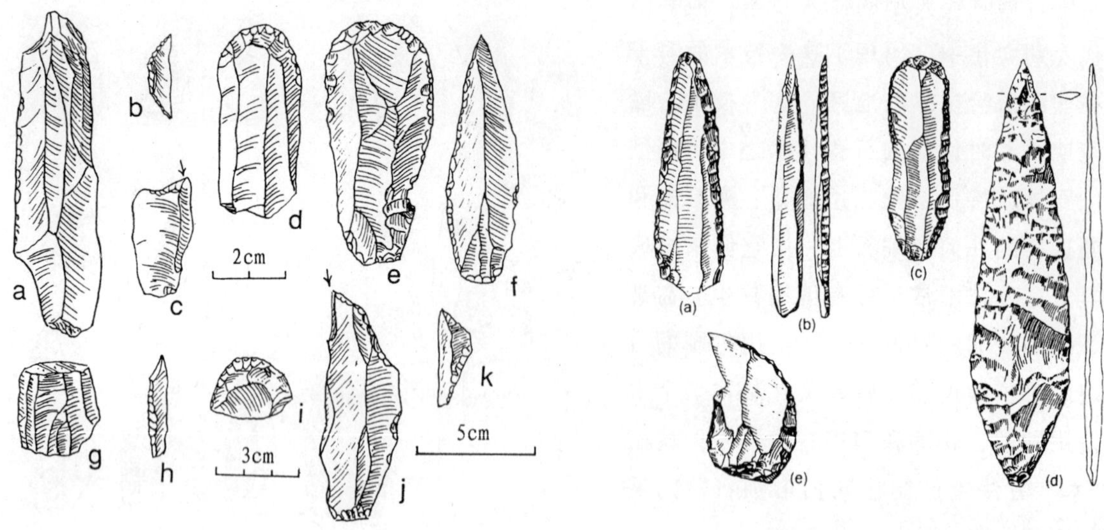

图七　非洲模式Ⅳ技术

图八　欧洲模式Ⅳ技术

Cave of Hearths 和 Saladanha（南非），Kalambo Falls（赞比亚）；北非有 Tighenif（ex－Ternifine，阿尔及利亚），Rabat（摩洛哥），Sidi Zin（突尼斯）以及 Arkin 和 Kharga Oasis（埃及）等。但是，阿舍利工业出现以后并未完全取代奥杜韦工业，在许多地区两者共存了长达几十万年的时间。也就是说，模式Ⅱ技术出现以后，模式Ⅰ技术并未立即消失，而是继续存在了一段相当长的时间。

到旧石器时代中期，非洲旧石器文化出现了地区性分化。北非有 LevalloisoMousterian 和 Aterian 工业，属于模式Ⅲ技术。在撒哈拉以南地区则是中期石器时代文化，也属于模式Ⅲ技术，例如 Pietersburg 和 Orangian 工业的石制品包括盘状和勒瓦娄石核，具有修理台面的 Convergent flake，以及石片—石叶、尖状器和刮削器等。Sangoan、Lupemban 和 Fauresmith 组合物也含有手斧和镐这样的大的两面工具，也许与居住于森林、从事木器加工有关。

在北非，继 Aterian 工业之后，出现了使用模式Ⅳ技术的旧石器时代晚期工业。在 Haua Fteah，Dabban 工业可以与欧洲 4～2 万年前的石叶工业相比较。类似的组合物也发现于肯尼亚、埃塞俄比亚和索马里。在撒哈拉以南地区，没有真正使用模式Ⅳ技术的工业，紧接着模式Ⅲ技术出现的是模式Ⅴ技术的工业。在非洲南部，晚期石器时代工业的典型特征是细石器技术（模式Ⅴ技术）以及更着重于捕渔和狩猎大的有蹄类动物。

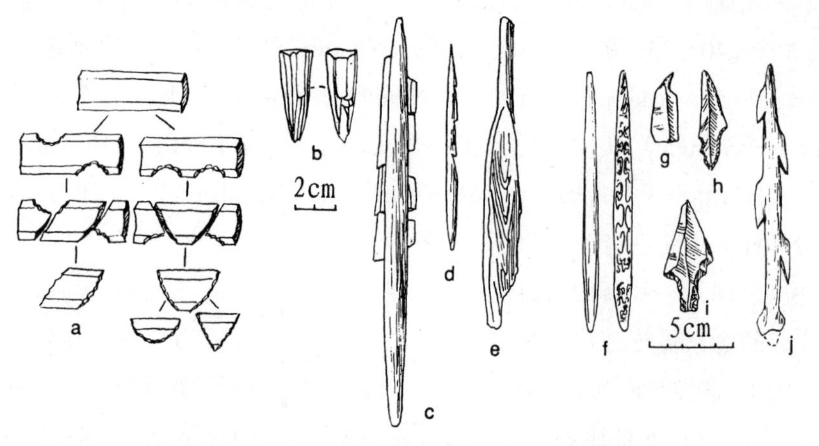

图九　中石器时代和旧石器时代晚期技术

晚期石器时代的开始可以早到3万年前，并继续到全新世，有些地区甚至进入了历史时期（Toth and Schick，1988b；Fleagle and Grine，1988；Schick，1994）。

总起来看，非洲旧石器文化存在着从模式Ⅰ→Ⅱ→Ⅲ技术的连续发展，模式Ⅳ技术主要存在于北非，而撒哈拉以南地区则较早出现了模式Ⅴ技术。

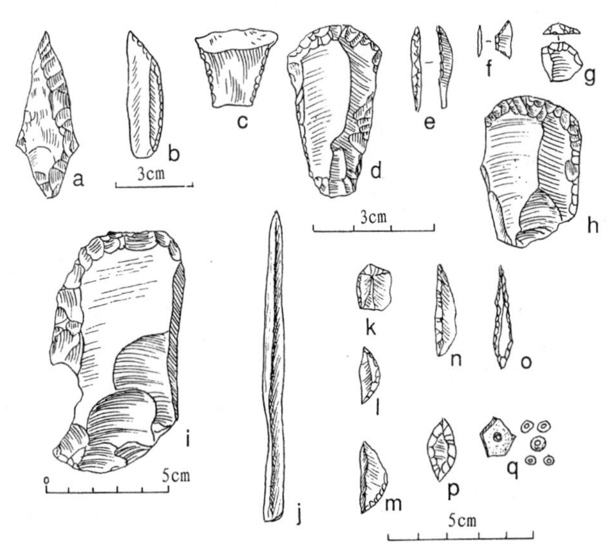

图一〇　含模式Ⅴ技术成分的撒哈拉以南非洲晚期石器时代的石制品

再看欧洲，发现了一些年代比较早的旧石器地点，如法国的Vallonnet Cave和Soleihac；前捷克斯洛伐克的Stranská Skála和Přezletice；意大利中部的Isernia；德国的Kārlich。它们的年代在距今90或70万年左右。发现的石制品比较简单、粗糙，包括石核、石片、砍砸器和经过简单修整的石片石器，有的地点还有人工破碎的动物骨头，但是都缺乏手斧和其他两面工具，属于模式Ⅰ技术。

在距今60万年至约20万年前存在着阿舍利工业传统，属于模式Ⅱ技术。典型器物是手斧和其他两面器。重要地点有英国的Hoxne、Swanscombe和Boxgrove；法国的Abbeville、St. Acheul和Terra Amata；西班牙的Torralba和Ambrona；意大利的Torre，可能还包括罗马附近的Fontana Ranuccio。有些较晚的阿舍利工业常常使用勒瓦娄修理石核技术。与非洲一样，在欧洲模式Ⅱ技术出现以后，模式Ⅰ技术并没有马上退出历史舞台，有些具有模式Ⅰ技术的中更新世工业与阿舍利工业大体上是同时代的，例如Clactonian，Tayacian。在西欧模式Ⅰ技术与模式Ⅱ技术发生重叠。然而，在东欧，大都缺乏阿舍利技术，存在的基本上是模式Ⅰ技术，如匈牙利的Verteszōllōs和德国的Bilzingsleben。

欧洲阿舍利工业结束的时间随地而异。在法国北部，没有手斧的莫斯特工业在大约距今19万年前完全替代了阿舍利工业，而在法国西南部，阿舍利工业延续到距今13万年前或更晚。总之，在大约距今15万年前，欧洲出现了旧石器时代中期的莫斯特工业，即模式Ⅲ技术。典型者如法国的莫斯特工业，它包括了几种变体：（1）Charentian Mousterian：刮削器数量多，钝背刀和手斧的比例低或缺乏。又分为Quina型和Ferrassie型。（2）Typical Mousterian：具有中等数量的刮削器，勒瓦娄打法的比例可变，Quina刮削器、横刃刮削器、钝背刀和手斧的比例低或缺乏，在这一变体中尖状器是最常见的。（3）Denticul ate Mousterian：齿状器和凹缺器在石器组合中占有高的比例，勒瓦娄指数可变，其他类型（刮削器、Quina刮削器、钝背刀、手斧）稀少或缺乏。（4）The Mousterian of Acheulian Tradition：可变的勒瓦娄指数，刮削器的比例低到中等，Quina刮削器稀少或缺乏，存在旧石器时代晚期的石器类型（雕刻器、端刮器），齿状器数量多，最典型的器物是钝背刀和手斧。又可分为两个亚类型：Type A具有三角形手斧；Type B具有少量制作较差的手斧，但是有许多钝背刀。在年代上，Type B总是晚于Type A。中欧和东欧旧石器时代中期组合物包括Typical、Denticulate和Quina Mousterian，以及具有两面叶形尖状器的“Altmuhlian”工业或含有手斧的Micoquian工业。

欧洲旧石器时代晚期是以石叶和雕刻器为基础的工业。在法国西南部有 Aurignacian、Perigordian、Solutrean 和 Magdalenian 等工业，属于模式Ⅳ技术。旧石器晚期工业在大约距今 3.5 万年前替代了旧石器中期的石片和修理石核工业，而在距今 2～1 万年前，又为细石器技术所替代（Delson and Brooks，1988；Brooks，1988b；Schick，1994）。

这样，欧洲旧石器文化中包括了从模式Ⅰ到模式Ⅴ技术。

Ubeidiya 是西南亚的一个重要的旧石器地点，是非洲以外最早有人类活动的地点之一。这里的早期石制品有石核、石片、一面或两面打制的砍砸器，与奥杜韦第Ⅱ层的奥杜韦文化的石制品相似，属于模式Ⅰ技术。晚期出现了粗糙的手斧，属于早期阿舍利文化即模式Ⅱ技术。在约旦河谷的 Jisr Banat Yaqub 地点，发现了阿舍利早期、中期和晚期工业。叙利亚的 Latamne 是另一个重要的阿舍利中期地点。其他重要的阿舍利地点有以色列的 Tabūn，Zuttiyeh、Benct Yάaquov，Ma' ayan Barukh；黎巴嫩的 Jabrud；约旦的 Lion' s Spring。

旧石器时代中期工业在石制品类型上可以与欧洲同时期的组合物相比较，包括各种莫斯特类型的石制品，有时是用勒瓦娄技术生产的，常被称之为 Levalloiso－Mousterian，属于模式Ⅲ技术。重要的遗址有以色列的 Tabūl、Kabara 和 Qafzeh；叙利亚沙漠的 El Kowm、Jerf' Ajla；伊拉克的 Shanidar Cave 和 al－Tar caves；伊朗的 Kunji 和 Warwasi caves。

旧石器时代晚期工业总的说来相似于欧洲和北非的石叶工业，属于模式Ⅳ技术。在 Levant，有 "Aurignacian" 工业，"后旧石器时代" 的 Kabaran 工业（约 1.9～1.4 万年）；在 Zagros 地区，有 Baradostian 工业，接着是 Zarzian（Toth and Schick，1988b；Kramer and Delson，1988）。

三、中国旧石器文化中的技术模式

经过半个多世纪的工作，中国已发现了一批重要的旧石器时代早期地点。北方有泥河湾的东谷坨、小长梁、岑家湾，蓝田公王岭和陈家窝子，周口店北京猿人遗址，匼河地点群，庙后山和金牛山遗址下文化层等；南方有元谋上那邦，黔西观音洞，大冶石龙头和桐梓岩灰洞等。近些年来在汉水上游地区、长江中游地区、江南丘陵地区和岭南百色盆地发现了许多新的旧石器地点，其中有些属于旧石器时代早期。

许多学者对中国旧石器时代早期文化进行了综合研究（Zhang Senshui，1985；张森水，1989；李炎贤，1989；王幼平，1994；Schick and Dong Zuan，1993）。中国旧石器时代早期文化的主要特征是：(1) 使用锤击法、砸击法和碰砧法，极少修理石核；(2) 有些工业以石片石器为主，虽然在有的地点或有的地点的有些层位中，砍砸器在石器组合中占的比例较大；有些工业则以砾石石器为主；(3) 常见的石器类型有刮削器、尖状器、砍砸器等，一些地点也有石锥、雕刻器、镐或石球，有少数地点出现了数量很少的薄刃斧，但都缺乏真正的手斧。有些石器组合以刮削器为主，有的则以大型石器为主；(4) 总的说来，石器形态的规范化程度较差。莫维斯曾把中国旧石器时代早期文化（当时包括周口店第 1 地点和第 15 地点）纳入他的砍砸器文化传统（Movius，1948）。J.D.Clark（1994）认为砍砸器文化传统这个名字已经过时，最好称之为 "Core/Flake Complex"。裴文中曾把北京猿人文化和丁村文化称之为 "砍砸器—刮削器工业"（Pei，1965）。最近有的学者把中国旧石器时代早期文化称之为 "简单的石核和石片工具”工业（Schick and Dong Zhuan，1993）。总起来看，中国旧石器时代早期文化属于模式Ⅰ技术。

中国旧石器文化在其发展过程中没有经过模式Ⅱ技术的阶段？这是一个仍然需要探讨的问题。在若干地点和蓝田平梁、三门峡、丁村、乾县、涝池河、梁山和百色等地，曾发现过一些标本，有的学者把它们定为手斧，并认为在中国旧石器时代早期，存在一些含手斧的、工具组合与欧、非手斧文化相似的石器工业，表明旧石器早期存在东西方文化交流的可能性（黄慰文，1987）。但是，也有学者认为，这些工业可能并不真正属于阿舍利文化（Schick and Toth，1993）。还有学者指出，东亚发现的手斧和其他两面器比西南亚、欧洲和非洲许多阿舍利遗址中发现的稀少得多，它们与阿舍利制品的形态是否真正相似还不清楚。另外，至少有些东亚遗址的年代可能为第四纪晚期甚至是第四纪的非常晚的时期。这时西方的阿舍利工业已经结束，总之，继续研究可能显示，印度北部的“莫维斯线”在第四纪中期确实有广泛的文化意义（Klein，1989）。最近笔者对上述地点的若干手斧标本重新进行了考察，结果表明它们可能并不是真正的手斧，更可能是镐、石核斧或砍砸器之类的重型工具（林圣龙，1994）。因此笔者认为，在中国旧石器时代，并不存在过模式Ⅱ技术。

最近 Schick and Dong Zhuan（1993）提出，在中更新世晚期或晚更新世早期，在中国出现了一些“两面器遗址”，含有大型两面器，显示了模式Ⅱ技术，并指出这个两面器现象似乎指示了一种有趣的技术，在东亚旧石器时代具有潜在的机能含义。这是一种新的看法，值得进一步讨论。首先应该指出，Biface 不是一个很好的科学术语，因为它缺乏严格的界定。Bordes（1979）在论述 Biface 时，只是说它们的共同特点是在两个面上进行通体的或不广泛的修整；还说它们同 Quina 型两面修整的刮削器和两面叶形器都具有这种两面修整，有时不容易区分。事实上，例如在 Kleindienst（1962）的石制品分类系统中，有许多种大型石器都是两面或部分两面加工的。Toth and Schick（1988c）在定义 Biface 时说：严格地说在一块石头的两个不同的面上进行打片的石制品，例如两面砍砸器、手斧或抛射尖状器，都是两面器。其次，G.Clark（1969）把模式Ⅱ技术定义为“手斧工业”，Toth and Schick（1988a）则称之为“阿舍利技术”，这两种称法基本上是一致的。现在 Schick and Dong Zhuan 把模式Ⅱ技术称之为“Biface technology”。应该说，用 Biface technology 来替换 Hand axe industry 或 Acheulean technology 不是一种很合适的做法，因为前者缺乏严格的限定。两面器技术可以包括很不相同的程度和范围，包含不同层次的技术水平，其结果是可以生产出不同种类的石器类型。就拿笔者和何乃汉最近重新研究的百色的一些标本来说，它们确实是两面加工的，因此有的学者把它们定为两面器（手斧）（邱中郎、何乃汉，1987），但是重新进行的观察和描述表明，它们基本上只加工了器物的前半部，后半部和跟部是完全或基本上不加工的，它们都只有最低限度的初步打片和修整，缺乏台面修理和两面去薄技术，因此截面厚，厚/宽比率高或比较高，周边缺乏连续的锐刃，形态不规范，因此它们不是真正的两面器或手斧（林圣龙、何乃汉，1995），很难与阿舍利技术相提并论。事实上，许多被认为是中国手斧标本的情况也是如此。因此，笔者认为，Biface technology 不如手斧工业或阿舍利技术能更准确表示模式Ⅱ技术的特征，容易引起误解和混乱。再从文中例举的具体标本来看，也显示了这一点。文中图一（Schick and Dong Zhuan，1993，p. 23），有一部分是表示中国旧石器文化中的技术模式的，其中作为模式Ⅱ技术即 Biface technology 的典型代表的是沙女沟似手斧石器（原丁村 P.1889 号标本）。笔者最近对这件标本重新进行了观察和描述（林圣龙，1994b）。事实上，这件标本只进行了最低限度的打片，比较平的一面，右侧打掉过三块较大的石片和一块较小的石片，而左侧打掉的两块石片相对较小，于是在器身靠近左侧缘的地方留下一片石皮；高起的一面，右侧打掉的石片较大、较长，左侧的较小、较短，两侧的石片疤没有在中间汇合，因此在器身中间留下一条窄长的石皮，从尖端一直延伸到跟部，也使得左侧明显高于右侧。这就难怪原研究者为什么不把它定为手斧而只是称它为似手斧石器（裴文中等，1958）。但是，即使如此，这件标本无论从形态特征还是从测量特征来说，都是比较相似于手斧的，可以说是迄今为止在中国发现的最相似于手斧的一件标本。可能正是因为这个缘故，Schick and Dong Zhuan 把这件标本的图放在表中作为中国模式Ⅱ技术的典型代表。但是，问题是这件标本是从距丁村 5 公里的沙女沟的地表捡到的，而后来的发现表明，在沙女沟东 2 公里的塔儿山支脉大崮堆山南坡，已发现了大崮堆山史前石器制造场，时代可能相当之晚（王向前等，1987）。因此这是一件既没有准确的出土层位，又没有可靠年代的标本，再加上无论是过去（裴文中等，1958）还是新近（王建等，1994）报道的丁村石制品中，都没有发现过同类器物，使我们很难把它作为丁村工业的石制品来看。因此，用这 件标本作为中国模式Ⅱ技术的典型代表显然是十分勉强也是很不适宜的。文中作为中国模式Ⅱ技术的代表还图示了另外三件 Biface 标本，一件是丁村 P.0684 号标本，一是平梁 P.3468 号标本，还有一件是三门峡 P.2768 号标本（原文图六之 a、c、d）。笔者最近对这三件标本也重新进行了观察和描述，增加了标本的纵截面图，计算了宽/长、厚/宽、厚/长比率。分析结果表明，它们也都不是真正的手斧，而应是镐一类的重型工具（林圣龙，1994b）。因此，仅仅根据四件这样的标本要肯定中国旧石器工业中存在模式Ⅱ技术显然还为时过早。后来，Schick（1994）又撰文专门讨论东亚旧石器时代早期工业和“莫维斯线”的问题，在图 26～11 中也用了中国的这四件标本和韩国全谷里遗址的两件标本作为亚洲模式Ⅱ技术的代表。她在图的说明中也指出，“这样的工具趋向于比较厚，甚至是三棱形，而且不是欧洲和西亚同时代的阿舍利工业的典型（虽然非洲早更新世时期的阿舍利早期工具有时有相似的形态）”（Schick，1994，p. 583）。在文中她也讨论了亚洲的模式Ⅱ技术问题，指出：尽管它们的两面（加工）的性质，这些技术与欧亚西部和非洲的阿舍利传统之间有着非常重大的区别：没有西方典型的两面去薄技术，由此而产生的工具趋向于厚得多，有时甚至是三棱形的。它们在许多方面使人想起中非的 Sangoan 工业。它们也没有阿舍利技术中的那一套技术过程或程度。因此，尽管它们的两面（加工）的或模式Ⅱ（技术）的性质，这些东方的两面器技术真的不应该被认为是整个阿舍利传统的一部分。它们似乎代表了出现在东亚旧石器时代早期的比较晚的时候的某种真实的技术发展，可能是作为一种独立的发明。她还指出，重要的是认识到：这个两面器技术在东亚似乎是局部的，也许是暂时、比较零星的，这与阿舍利的地区和时间的连续性成强烈的对照。在此意义上，阿舍利两面器技术和东亚的这个现象之间存在着巨大的差别。（东亚的）这个技术，如果能证明，至少部分地证明，代表一个年代上的有限的发展，也许可能是由于这些地区、这一时期的特定的功能上的需要和新近发展的文化规则的结合而出现的。所以，她明确地指出：阿舍利大型两面器技术“在东方仍然是明显地缺乏的”（Schick，1994，p. 584）。

总的来看，无论是中国旧石器时代早期工业，还是丁村工业，都具有这样几个非常突出的特征：(1) 没有真正的手斧；(2) 在制作大工具的过程中缺乏修理台面和两面去薄技术；(3) 缺乏软锤技术或者说很不发达；(4) 缺乏非洲（出现于大约 30 万年前）和欧洲（大约 20 万年前）模式Ⅱ技术中的勒瓦娄技术；(5) 缺乏阿舍利技术中的那套精心设计的技术程序。因此笔者认为，中国旧石器文化的发展似乎没有经历过模式Ⅱ技术的阶段。

除了上面说的丁村遗址以外，中国旧石器时代中期的重要地点有大荔人地点、周口店第15地点、许家窑、长武窑头沟、喀左鸽子洞和水城硝灰洞等。经过一些学者的综合研究（Qiu Zhonglang，1985；邱中郎，1989；张森水，1977、1985、1990），中国旧石器中期文化的主要特征是：（1）打制石器主要使用锤击法和砸击法；（2）修理石核技术很不发达，特别是缺乏勒瓦娄技术；（3）软锤技术缺乏或很不发达；（4）石器组合大都以刮削器为主，还有尖状器、雕刻器、石球、砍砸器、薄刃斧、镐等，但没有西方同时期工业中较普遍存在的勒瓦娄尖状器和莫斯特刮削器，与莫斯特尖状器相像的也仅有一或二例。

与旧石器时代早期文化相比，中国旧石器时代中期文化无论在技术还是在石器类型方面的变化似乎都不是很大。正如有的学者指出的："我国旧石器时代中期文化的石器类型和加工技术，如果和旧石器时代早期的相比较，基本上还是早期的一些类型和一套加工技术。即使类型稍有变化，技术稍有进步，如在周口店第15地点、山西丁村各地点和许家窑地点看到的，但是变化和进步都是缓慢的"（邱中郎，1989）。有的学者还指出，中国北方旧石器时代中期工业"继承有余，发展甚微，石制品显得古朴，前期的工业或组合的特点基本上被此时人类所继承"（张森水，1990）。正因为如此，中国旧石器时代早期和中期文化之间的分界线不很清楚，目前的划分并不是根据旧石器文化本身的特征变化作出来的，而是根据地质时代或年代的早晚来安排的。所以，总的来看，或者说就其基本特征而言，中国旧石器时代中期文化似乎还是属于模式Ⅰ技术。

关于中国旧石器时代晚期工业，一些学者进行了总结和讨论（Jia and Huang，1985；黄慰文，1989；李炎贤，1993；张森水，1983）。与早期和中期相比，晚期工业出现了多元化发展的局面，存在着几种不同的工业。

一种是石叶工业，有的学者称之为"以石叶为主要特征的文化系列"（李炎贤，1993），以宁夏灵武水洞沟遗址为代表。在这一遗址出土的石制品中，有预制定型的石核，呈长方形、半锥形和柱形等；有典型的石叶，最长者可达200余毫米，有形制较规整的三角形石片。石片石器的类型有刮削器、端刮器、尖状器和凹缺器等。石叶是这一工业具有特色的标本，石叶石器的类型有刮削器、端刮器、雕刻器和尖状器。有穿孔的鸵鸟蛋皮。在水洞沟附近的一个地点还发现有磨制的骨锥（Boule et al.，1928；贾兰坡等，1964；邱中郎、李炎贤，1978；李炎贤，1993）。新的发掘还发现了人工磨石（宁夏博物馆，1987）。关于水洞沟石叶工业的起源，学术界还有不同的看法。有的学者认为："水洞沟文化的发现，使我们认识到，在我国北方存在以小石器为主的文化传统为基础，又加入了新的成分，构成了新的文化传统并以其强大的生命力对其后文化发展发生影响。这些新的文化因素，从相邻地区工作来看，不像是从旧石器时代中期某文化衍生出来的，很可能是文化交流的结果"（张森水，1987）。但是，有的学者则认为，"水洞沟的石叶及其制品很可能是在吸收中国旧石器时代上中期文化的技术类型传统的基础上发展起来的"，其根据是在丁村54:97地点发现过一件石叶制品，河北阳原板井子也发现有12件石叶，旧石器时代早期一些遗址也发现有石叶（李炎贤，1993）。

不管水洞沟工业的来源究竟如何，有一点是肯定的，即在中国旧石器时代晚期文化中第一次出现了以石叶为特征的工业，但是很不发达，迄今为止只有水洞沟一个地点作为代表。从技术模式来看，属于模式Ⅳ技术。但是，若与西方属于模式Ⅳ技术的石叶工业相比，它有 特点：在水洞沟发现的石制品中，石片及用石片加工成的石器占了约80%；而石叶及用石叶加工成的石器仅占约20%（李炎贤，1993）。

另一种是含有模式Ⅴ技术成分的工业，有的学者称之为“以细石叶为主要特征的文化系列”，可以柴寺、下川、薛关、虎头梁等地点的石器工业为代表，主要特征是有锥状和楔状细石核和细石叶，共生的石器则往往是用石片或石叶加工成的，很少是用细石叶加工成的。这些遗址的共同点是：（1）细石核、细石叶与石片、石叶共存，且有相当数量的石器是以石片或石叶为素材的；（2）细石核具有区域性特色，楔状石核在各个遗址都有一定数量，而以虎头梁发现的比例为高；（3）石器组合中端刮器的数量引人注目（李炎贤，1993）。关于细石器技术的起源，有的学者认为，石叶工业是细石器工业的祖型，并把它们放在一起，称为“长石片—细石器工业”（张森水，1990），并且指出：无论从石器类型上或加工技术上看，细石器传统与长石片传统关系密切，可能存在渊源关系，而与小石器传统关系相当疏远，在技术上和类型上则表现出显著的差异，因此“细石器传统的起源与水洞沟文化有关”（张森水，1977）。但有的学者认为细石叶不仅仅是石叶的细化，石叶和细石叶的剥片技术明显不同，石叶和细石叶在石核修理技术上也很不同，石叶和细石叶间不存在传承关系，而认为作为细石器传统的代表楔状细石核已出现于晚更新世早期的一些工业中（Gai；1991）。

与上述两类工业大体平行存在的是一般所说的石片工业，有的学者称之为“以石片为主要特征的文化系列”（李炎贤，1993）。重要地点在北方有萨拉乌苏、朔县峙峪、环县刘家岔、韩城禹门口、安阳小南海、周口店山顶洞、海城小孤山、哈尔滨阎家岗、凌源西八间房等；在南方则有资阳人B地点、富林、呈贡龙潭山、铜梁张二塘、兴义猫猫洞、桐梓马鞍山、威宁草海、房县樟脑洞等。李炎贤概括了这一文化系列的主要特征：（1）使用硬锤打击和砸击技术，没有石叶技术，没有间接打法；（2）石制品中以石片和石片石器为主，没有石叶工艺和细石叶工艺制品。虽然在大量石片中可以找到一些按形状和长宽比例可归到石叶和细石叶中的标本，但缺乏相应的石叶石核和细石核，而且它们同前两个文化系列中发现者有一定的区别（李炎贤，1993）。或许还可增加的另一个特征是，与前两个文化系列或与西方同时期文化相比，石器类型比较简单，刮削器常常仍是石器组合中的主要类型，但也出现了一些新的石器类型。近些年来，在华南的汉水上游地区、长江中游地区、江南丘陵地区和岭南百色盆地也发现了一些旧石器晚期地点，根据王幼平（1994）的研究，这时华南的北部发展为石片石器工业，而南部则为非典型的砾石石器工业。从上述这一文化系列的特征分析来看，它们虽然所处的是晚更新世晚期的旧石器时代晚期，但从技术模式来看还是属于模式Ⅰ技术，而且由于地点多、分布广，显然是这一时期文化的主体。模式Ⅰ技术延续了这么长的时间、延续到这么晚且仍是这一时期文化的主要技术模式，确实是令人感到非常惊奇的，也充分显示了中国旧石器文化发展的特殊性。因此，与早期和中期文化的划分情况相类似，“中国旧石器时代中期和晚期的界线并不是很明确的”，“中国旧石器时代中期和晚期的划分，目前主要是建立在沉积岩石学、古生物学和古人类学的基础上”（黄慰文，1989）。换句话说，不是建立在旧石器文化本身变化的基础上的，也就是说，就文化主体而言，中期和晚期之间在技术、类型和石器组合方面没有发生重大的、足以引起文化特征或性质更迭的变化。

四、比较和讨论

现在我们对中西方旧石器文化中的技术模式作一比较和讨论。

从旧大陆几个地区（非洲、东亚和东南亚、西南亚以及欧洲）的旧石器文化来看，最早出现的都是模式Ⅰ技术。但是，由此往后，中西方旧石器文化发展经历了不同的道路，出现了技术传统的两分现象。

在西方，继模式Ⅰ出现的是模式Ⅱ技术，虽然在同时期仍然有一些只是使用模式Ⅰ技术的工业。模式Ⅱ技术在石器类型上的体现是出现了手斧、薄刃斧这样的大型切割工具；而在技术上反映出来的是发明了打制大石片的技术（首先在非洲），逐步发明了修理台面和两面去薄技术，发明了软锤技术，发明了勒瓦娄技术。有的学者认为，早在非洲和早更新世时期，可能已知道修理石核技术，在有些阿舍利早期的组合物中得到发展，但是仅仅在进步的阿舍利工业中得到明显的扩大（Svoboda，1987）。Bordes（1961）指出，在欧洲勒瓦娄技术是在阿舍利中期出现的。值得注意的是，勒瓦娄技术的出现与手斧有着密切的关系。早在半个世纪之前，莫维斯就注意到阿舍利手斧文化与勒瓦娄技术的密切关系。他说："这样强调是不会太过分的，正是某些典型工具类型的缺乏，同样也正是别的典型工具类型的存在，鉴别了东南亚、北印度和中国的旧石器时代早期的砍砸器文化复合物。旧大陆其他地区的特点是具有真正的手斧和用勒瓦娄技术制作的石片工具"（Movius，1994，p. 103）。后来他又指出，在整个远东，就东南亚和北中国而论，勒瓦娄技术几乎完全缺乏；勒瓦娄技术通常是与阿舍利手斧文化发现在一起的，而且"两者已知的分布很接近一致"（Movius，1969，p. 71）。近来一些学者也特别注意到阿舍利和勒瓦娄技术的这种相同的分布（Schick and Toth，1993；Schick，1994）。有的学者还指出了手斧制作和勒瓦娄技术之间可能存在的技术上的联系。史前石器制作者在修理龟背状石核的两面时，对剥取勒瓦娄石片的这一面和另一面（下面）常常倾注了几乎同样大的心血，这是令人难以理解的，"在勒瓦娄石片由修理石核上打下来之前，一定事实上相似于一件制作粗陋的手斧（虽然完全不像阿舍利手斧），因此勒瓦娄技术可以被认为是手斧技术的分枝。"在Bordes的著作中（1979，图100之5）就有一件用阿舍利手斧作为勒瓦娄石核的例子。所以，毫不奇怪，在西方紧接着模式Ⅱ技术之后出现了模式Ⅲ技术，后者的主要特征是广泛或比较广泛地使用修理石核技术，包括勒瓦娄技术和盘状石核技术。前者正是在模式Ⅱ技术的基础上得到了进一步的发展，后者只是勒瓦娄技术的变体，目的是节约原料，生产更多的、虽然是较小的石片。至于模式Ⅳ技术，它的主要特征是石叶技术和石叶工业，也是植根于模式Ⅱ技术和模式Ⅲ技术的母体的，因为在勒瓦娄技术中就包含了生产石叶的技术。Bordes（1961，p. 810）说："旧石器时代晚期由智人发展的大多数石器是莫斯特人、甚至阿舍利人发明的。石叶（也就是说，通过一种特别的打制技术制作的石叶，而不是打片中的偶然结果）至少追溯到阿舍利末期，而且在某些莫斯特文化的组合物中，石叶占了初级产品的40%。"因此，在西方大部分地区，到旧石器时代晚期，出现模式Ⅳ技术也就是完全顺乎自然的事情。当然，与模式Ⅱ、Ⅲ技术相比，在模式Ⅳ技术中又发明了用间接法打制石叶，这就更高一筹了。

在中国，当西方旧石器文化在不同地区、不同时间发生由模式Ⅰ技术向模式Ⅱ技术的转变时，模式Ⅰ技术还在继续，似乎没有出现模式Ⅱ技术。但是，一个值得注意的动向是，在中更新世晚期和晚更新世早期，在有的地点，如丁村遗址，出现了“大型石核工具技术”（Schick and Dong Zhuan, 1993）。关于其含义目前还不完全清楚，还有待更多的新发现和进一步的工作。紧接着在旧石器时代中期也没有出现模式Ⅲ技术，因为在这时期的中国旧石器文化中修理石核技术特别是勒瓦娄技术没有发展起来。至于模式Ⅳ技术只发现于一个地点，即水洞沟遗址。关于水洞沟工业，我们顺便再多说几句。水洞沟工业在中国旧石器文化中是一个特殊的现象。如前所述，关于它的来源学术界还有不同的看法。笔者倾向于张森水（1987）的观点，即它是与外界文化交流的结果。作为补充的证据，我们可以提到水洞沟工业中的两种石器，一种是 Grattoirs incurvés aurignaciesn，另一种是 Tranchets（Boule et al., 1928）。这两种石器是非洲和欧洲旧石器时代中期和晚期石器组合中的成分，在中国其他地点中似乎从未发现过，唯独出现在水洞沟工业中，似乎不是偶然的。

所以，从整体来看，模式Ⅰ技术在中国旧石器文化中始终占着主导的地位。从旧石器时代早期开始出现，经中期，一直延续到晚期。这是中国旧石器文化主体在技术模式方面的最主要、最突出的特征，也是制约和决定中国旧石器文化主体的基本性质和特征的主要因素。当然，从早期到晚期，模式Ⅰ技术本身也还是有变化、发展的，因此我们或可把旧石器时代早期者称之为早期模式Ⅰ技术，而把中、晚期者称之为晚期模式Ⅰ技术。

在旧石器时代晚期或它的较晚阶段，在中国或西方的旧石器文化的某些旧石器工业中出现了模式Ⅴ技术或模式Ⅴ技术成分，即细石器技术。但是由于历史背景和文化传统的不同，两者同样显示了重大的差异。在西方，除了以细石核生产细石叶，并加工成各种细石器外，还以 Microburin 技术生产用以制作细石器的毛坯，并制成几何形细石器、三角形器、梯形器和新月形器等。与此成鲜明对照的是，中国旧石器晚期文化中没有 Microburin 技术，没有几何形细石器，而是以各种细石核打制细石叶，但是石器往往是用石片或石叶加工成的，很少是用细石叶加工的，细石叶似乎主要是用来充作复合工具中的刀片。这再次显示了中西方文化传统的深刻差异。

总之，中西方旧石器文化中的技术模式的比较表明，两者间存在着明显的文化传统的差别。中国最早的旧石器文化可能是外来的，但是很快就成为自成体系、连续而独立地发展的一支，虽然在较晚的时候可能与外界有局部的文化交流，但是在它的整个发展过程中，似乎没有发生过大规模的文化替代或文化移植的现象。

参考文献

王幼平，1994．华南新发现的旧石器及相关问题．北京大学考古学系旧石器时代考古学博士研究生学位论文。

王向前等，1987．山西襄汾大崮堆山史前石器制造场初步研究．人类学学报，67（1）：87～94。

王建、陶富海、王益人，1994．丁村旧石器时代遗址群调查发掘简报．文物季刊，（3）：1～75。

宁夏博物馆、宁夏地质局区域地质调查队，1987、1980 年水洞沟遗址发掘报告．考古学报，（4）：439～449。

李炎贤，1989．中国南方旧石器时代早期文化．见：吴汝康等主编．中国远古人类．北京：科学出版社，159～194。

李炎贤，1993．中国旧石器时代晚期文化的划分．人类学学报，12（3）：214～223。

邱中郎，1989．中国旧石器时代中期文化．见：吴汝康等编．中国远古人类．北京：科学出版社，195～219。

邱中郎、李炎贤，1978．二十六年来的中国旧石器时代考古．见：中国科学院古脊椎动物与古人类研究所编．古人类论文集．北京：科学出版社，43～66。

何乃汉、邱中郎，1987. 百色旧石器的研究 . 人类学学报，6（4）:298～297。

林圣龙，1994a. 关于中西方旧石器文化中的软锤技术 . 人类学学报，13（1）:83～92。

林圣龙，1994b. 对九件手斧标本的再研究和关于莫维斯理论之拙见 . 人类学学报，13（3）:189～208。

林圣龙、何乃汉，1995. 关于百色的手斧 . 人类学学报，14（2）:118～131。

张森水，1977. 富林文化 . 古脊椎动物与古人类，15（1）:14～27。

张森水，1983. 我国南方旧石器时代晚期文化的若干问题 . 人类学学报，2（3）:218～230。

张森水，1985. 我国北方旧石器时代中期文化初探 . 史前研究，（1）:8～16。

张森水，1987. 中国旧石器文化 . 天津：天津科学技术出版社。

张森水，1989. 中国北京旧石器时代早期文化 . 见：吴汝康等主编 . 中国远古人类，北京：科学出版社，97～158。

张森水，1990. 中国北方旧石器工业的区域渐进与文化交流 . 人类学学报，9（4）:322～334。

贾兰坡、盖培、李炎贤，1964. 水洞沟旧石器时代遗址的新材料 . 古脊椎动物与古人类，8:75～83。

黄慰文，1987. 中国的手斧 . 人类学学报，6（1）:61～68。

黄慰文 .1989. 中国旧石器时代晚期文化 . 见：吴汝康等主编 . 中国远古人类 . 北京：科学出版社，220～244。

裴文中、吴汝康、贾兰坡等，1958. 山西襄汾丁村旧石器时代遗址发掘报告 . 中国科学院古脊椎动物研究所甲种专刊第二号 . 北京：科学出版社。

Bordes F. 1961. Mousterian cultures in France. Science, 134:803～810.

Bordes F. 1979. Typologie du Paléolithique Ancien et Moyen. Troisieme edition. Paris: Centre National de la Recherche Scientifique.

Boule M, Breuil H, Licent E, and Teilhard de Chardin P. 1928. Le Paleolithique de la Chine. Archives del' Institute de Paléontologie Humaine, Memoire 4. Paris: Masson.

Brooks A. 1988a. Paleolithic. In: Tattersall I et al. eds. Encyclopedia of Human Evolution and Prehistory. New York: Garland Publishing, 415～419.

Brooks A. 1988b. Mousterian. In: Tattersall I et al. eds. Encyclopedia of Human Evolution and Prehistory. New York: Garland Publishing, 360～363.

Brooks A. 1988c. Middle Stone Age. In: Tattersall et al. eds. Encyclopedia of Human Evolution and Prehistory. New York: Garland Publishing, 346～349.

Brooks A. 1988d. Later Stone Age. In: Tattersall I et al. eds. Encyclopedia of Human Evolution and Prehistory. New York: Garland Publishing, 309～312.

Brooks A. 1988e. Mesolithic. In: Tattersall I et al. eds. Encyclopedia of Human Evolution and Prehistory. New York: Garland Publishing, 335～338.

Brooks A. 1988f. Aurignacian. In: Tattersall I et al. eds. Encyclopedia of Human Evolution and Prehistory. New York: Garland Publishing, 63～64.

Clark G. 1969. World Prehistory. Second edition. Cambridge: Cambridge University Press.

Clark J D. 1970. The Prehistory of Africa. New York: Praeger Publishers.

Clark J D. 1982. The cultures of the Middle Palaeolithic/ Middle Stone Age. In: Clark J D. ed. The Cambridge History of Africa, Vol. 1: Form the Earliest Times to c. 500 BC. Cambridge: Cambridge University Press, 248～341.

Clark J D. 1944. The Acheulian industrial complex in Africa and else－where. In: Corruccini R S, Ciochon R L eds. Integrative Paths to the Past. New Jersey: Prentice Hall: 451～469.

Delson E, Brooks A. 1988. Europe: In: Tattersall I et al. eds. Encyclopedia of Human Evolution and Prehistory. New York:

Garland Publishing, 185～194.

Fleagle J G, Grine F E. 1988. Africa. In Tattersall I et al. des. Encyclopedia of Human Evolution and Prehistory. New York: Garland Publishing, 10～18.

Gai Pei. 1991. Microblade tradition around the northern Pacific rim: A Chinese perspective. In: Institute of Vertebrate Paleontology and Paleoanthropology, Academia Sinica. Contributions to the XIII INQU A. Beijing: Beijing Scientific and Technological Publishing House, 21～31.

Jia Lanpo, Huang Weiwen. 1985. The Late Palaeolithic of China. In: Wu Rukang, Olsen J W eds. Palaeoanthropology and Palaeolithic Archaeology in the People' s Republic of China. New York: Academic Press, 211～223.

Klein R G. 1989. Human Career: Human Biological and Cuttural Origins. Chicage: The University of Chicage Press.

Kleindienst M R. 1962. Components of the East African Acheulian assemblage: an analytic approach. In: Mortelmans C, Nenquin J eds. Actes du IVe Congres Panafrican de Prehistoire et de l' Etude du Quaternaire, 81～105.

Kramer C, Delson E. 1988. Near East. In: Tattersall I et al. eds. Encyclopedia of Human Evolution and Prehistory. New York: Garland Publishing, 372～379.

Movius H L J_R. 1994. Early Man and Pleistocene Stratigraphy in Southern and Eastern Asia. Papers of the Peabody Museum of American Archaeology and Ethnology, Harvard University, Vol. 19, No. 3.

Movius H L J_R 1948. The Lower Paleolithic Cultures of Southern and Eastern Asia. Trans. Amer. Philo. Soc., NS33 (4):329～420.

Movius H L J_R. 1969. Lower Paleolithic Archaeology in Southern Asia and the Far East. In: Howells W W ed. Early Man in the Far East, Studies in Physical Anthropology No. 1. New York: Humanities Press, 17～82.

Pei W C. 1965. Professor Henri Breuil, pioneer of Chinese palaeolithic archaeology and its progress after him. Separated de《Miscelanea en Homena je al Abate Henri Breuil》, 2, Barcielona, 251～271.

Qiu Zhonglang. 1985. The Middle Palaeolithic of China. In: Wu Rukang, olsen J W eds. Palaeoanthropology and Palaeolithic Archaeology in the People's Republic of China. New York: Academic Press, 187～210.

Schick K D, Dong Zhuan. 1993. Early Paleolithic of China and Eastern Asia. Evolutionary Anthropology.

Schick K D, Toth N. 1993. Making Silent Stones Speak: Human Evolution and the Dawn of Technology. New York: Simon & Schuster.

Schick K D. 1994. The movius Line reconsidered: Perspectives on the Earlier Paleolithic of Eastern Asia. In: Corruccini R S, Ciochon R L eds. Integrative Paths to the Past. New Jersey: Prentice Hall, 569～596.

Svobada J. 1987. Lithic industries of the Arage, Vértesszollos and Bilzingsleben hominids: comparison and evolutionary interpretation. Curr. Anthrop., 28:219～227.

Toth N, Schick K D. 1988a. Stone－tool making. In: Tattersall I et al. eds. Encyclopedia of Human Evolution and Prehistory. New York: Garland Publishing, 542～548.

Toth N, Schick K D. 1988b. Early Paleolithic. In: Tattersall I et al. eds. Encyclopedia of Human Evolution and Prehistory. New York: Garland Publishing, 169～173.

Toth N, Schick K D. 1988c. Biface. In: Tattersall I et al. eds. Encyclopedia of Human Evolution and Prehistory. New York: Garland Publishing, 91.

Watson W, Sieveking G de G. 1975. Flint Implements. Third edition. London: British Museum.

Zhang Senshui. 1985. The Early Palaeolithic of China. In: Wu Rukang, Olsen J W eds. Palaeoanthropoligy and Palaeolithic Archaeology in the People' s Republic of China. New York: Academic Press, 147～186.

Wymer J. 1982. The Palaeolithic Age. London: Croom Helm.

（原载《人类学学报》1996，15（1）:1～20）

盘县大洞的石器工业

黄慰文　侯亚梅　斯信强

一、导　言

本文观察的材料来自1990年6月和1991年11月两次短期考察，以及1992年和1993年两次春季野外发掘。1992年发掘结束时，石制品累计1352件。1993年发掘结束时增至大约2000件（斯信强等，1993；Huang et al.，1995）。在已知的中国南方旧石器洞穴遗址中，盘县大洞石制品不但数量比较丰富，技术学、类型学内涵也比较复杂。对于这样的材料进行系统、深入的研究尚需时日。本文所能提供给读者的只是一份阶段性观察报告。这份报告除了介绍有关方面的基本情况外，还提出观察的初步结论和对一些问题的初步看法，作为供今后深入研究的基础。

二、石制品的层位和埋藏状况

本文观察的材料中属于1990、1991年探查洞穴时所采的标本，数量不多且来自不同的层位，但一般都有记录；1993年发掘B区（位于洞厅中区范围内）所获标本不是本文观察的主要部分，但它们出自未受扰乱的地层，且都有层位记录；1992年发掘A区（位于洞厅前区范围内）所获标本，是本文观察的主体。但A区的地层受扰乱严重，标本的层位状况比较复杂，有必要在下面加以说明（图一）。

盘县大洞是一个巨大的石灰岩溶洞，洞厅纵深250米，宽23～56米，高22～30米，总面积约9900平方米（原先曾估计为8000平方米）。此洞所在山体发育了5层洞穴，各层以竖井、陡坎互相通联。大洞位于这个复杂溶洞体系的第3层，洞口的堆积表面高出洞前洼地地面32.4米。大洞洞厅被灰岩和钟乳石角砾、零星砾石、砂质黏土、黏土、成层的钟乳石等组成的堆积物充填。动物化石、人类化石、石制品、灰烬和炭屑等人类遗物、遗迹埋藏于上述堆积层之中。这个黄褐色堆积层的物质来源、成因、岩相的水平与垂直变化都很复杂。尤其值得注意的是，在近百年的时间里，当地人在洞内取土熬硝以制造炸药，以及其他目的的开挖，使洞内大部分堆积层的顶部受到严重破坏，同时还混入不少后期的人类遗物、遗迹。这是我们开始工作时面对的一个十分突出的问题。

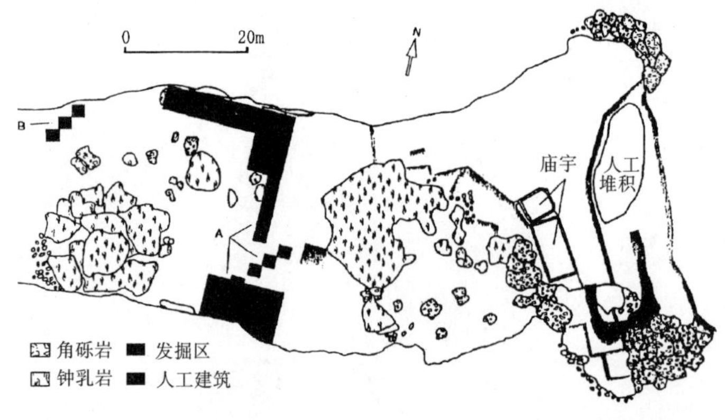

图一　盘县大洞平面图

1992年野外工作开始时，我们首先将A区范围内的扰乱堆积搬出洞口一一过筛，从中挑出动物化石和石制品等遗物。清理告一段落后，接着在原生堆积上分方逐层下挖。至野外工作结束时，各方发掘深度为1.2～2米左右，但其中D32方挖至4米以便了解堆积层的情况。因此，1992年的标本的埋藏状况有两种：一部分标本是从受扰乱的堆积物里清理出来的，它们已经失去地层根据；另一部分是从原生地层发掘出来，它们有明确的层位记录。两部分标本中以前者的数量居多。这些标本虽然失去地层根据，不过从清理后出露的原生堆积剖面以及洞壁上残留的堆积物来看，受扰乱的堆积层除局部波及较深层位外，主要位于第1层钙板和第3层钙板之间的含角砾黄色砂质黏土、黏土层，其厚度从北洞壁残留痕迹推算为大约6米（刘军等，1997）。用钟乳石为样品的铀系法测定，第1层钙板生成于距今130ka左右，而第3层钙板生成于距今260ka左右（沈冠军等，1997），即相当于中更新世晚期。这个判断与哺乳动物群的研究结论（张镇洪等，1997）基本一致，与人类化石研究的结论（刘武等，1997）相吻合。

为了找到洞内未被扰乱的顶部堆积，1993年在洞厅中部靠近北洞壁处开了3个2×2米的探方。从揭露情况看，这里的堆积层保存完好。从岩性上看，B区与A区（以残留于洞壁上的堆积为代表）似乎有一定差别，但总的看来两个区的地层基本上是衔接的。然而，用B区出土的动物牙齿化石所作的铀系法测定比洞厅前区钟乳石钙板所作的铀系法测定（沈冠军等，1997）年轻得多的结果：4个样品中1个（象臼齿，标本号PD93:1181，实验室号BKY93010）为62±6Ka；1个（犀牙，标本号PD93:373，实验室号BKY93013）为42±3Ka。另外2个分别为19±1Ka（犀牙，标本号PD93:1072，实验室号BKY93011）和17±1Ka（兽牙碎片，标本号PD93:290，实验室号BKY93012）。目前，我们不能肯定这种差别是因为不同的样品材料和不同的实验室所造成的，还是两个区的堆积层在层序上确实有先后之分。

无论是A区还是B区，已揭露的堆积层看来都是在洞厅脱离地下河环境之后所形成的。堆积层所含的石制品、动物碎骨和牙齿一般都保持破裂时所产生的锋利边缘，看不出被流水长距离搬运的磨痕。许多石制品和化石出土时还被钟乳石沉积物所包裹，表明它们被埋在堆积物之后没有移过位。据我们观察，早期人类活动应该是石制品和动物化石聚积在洞厅内。当然，从不少化石上的咬痕看，鬣狗、啮齿类等动物对洞厅里碎骨的积聚也起了一定作用（有关动物化石人为和非人为破碎状况将另文报道）。

三、石制品的原料及其来源

盘县大洞石制品由燧石、玄武岩、石灰岩、砂岩和钟乳石等矿物、岩石制成。根据对1074件标本的统计，燧石398件，占37%；玄武岩320件，占30%；石灰岩309件，占29%；砂岩25件，占2.3%；钟乳石8件，占0.7%；其他14件，占1%。以上比例大体上可以反映大洞工业利用原料的状况（图二）。

大洞周围的石炭系、二叠系厚层石灰岩含燧石脉岩，其出露地点往往以“火石”命名，如“火石垭口”、“火石坡”、“火石山”等。这里的燧石脉岩多为板状脉岩，但亦有呈球状结核的。颜色有黑、灰黑、灰白和浅褐色等。当地居民向来有采集火石用来人工取火的习惯。可以想像，旧石器时代的先民也是从遗址附近的山坡上或河床里采集燧石来打制石器，只是使用目的和今日的人们不同而已。我们的调查还表明：这一带的燧石露头很分散，产量并不丰富，采集起来亦非易事。况且，这些燧石脉岩多半较薄，而且节理发育。这些不利的性状对大洞石器工业的技术、类型会产生负面影响。下面我们将会讨论这个问题。

玄武岩在当地十分发育，其露头随处可见。它一般呈黑色，风化后变成灰绿色。在古代和现代的河床里，玄武岩砾石成为砾石层的主要成分。可以设想，旧石器时代的工匠们很容易就能从附近的河床里挑选适用的玄武岩砾石来打制工具。砂岩与玄武岩共生，砂岩砾石的出露状况与玄武岩砾石相同。

无论是燧石碎块也好，还是玄武岩或砂岩砾石也好，其尺寸一般不很大，只适于打制轻型工具（light-duty tools，指中间径<100毫米的工具）。重型工具（heavy-duty tools，指中间径≥100毫米的工具）只好另选别的原料制作。在发掘过程中，我们注意到一批大的石灰岩石片和可能被加工成工具的石灰岩制品。这些石片和制品与洞内崩坍产生的角砾不同，其人工性质比较清楚。不过，我们对于从A区扰乱堆积里清理出来的部分标本持谨慎态度。因为我们很难确定它们是旧石器时代的工匠所为，还是近代当地人破坏原生地层时所造成的结果。至于从未扰乱层出土的石灰岩制品，在排除自然因素破碎的前提下，我们将它们归入人工制品的观察范围。大洞一带的石灰岩是一种受轻度变质作用的硅质灰岩，其硬度大于普通石灰岩，可以用作打制工具的原料，尤其是在缺乏适用原料的情况下用来打制重型工具。此外，大洞还发现几件用钟乳石打制的石器。这种情况我们以前还未在其他地方遇见过。

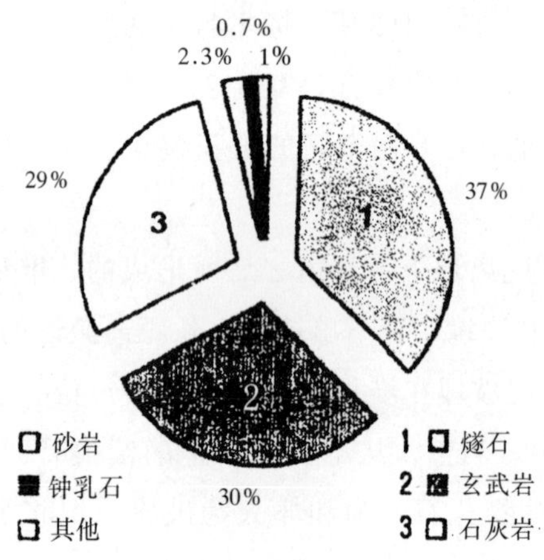

图二　盘县大洞石制品原料百分比图

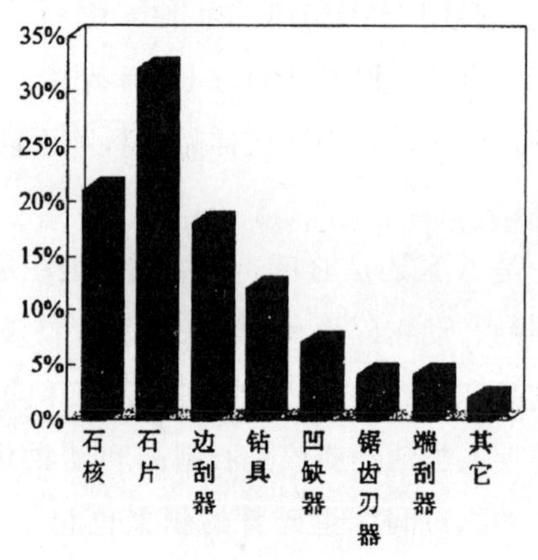

图三　盘县大洞石制品类型百分比图

四、分类描述

本文观察的石制品共1026件。其中石核215件，石片310件，工具501件。它们中有147件（占观察标本的14.3%）是1993年发掘时出土的，其余基本上是1992年发掘时所采集和出土。如前述，大洞还有一批石灰岩制品。考虑到它们中大多数的人工性质尚需进一步鉴定，所以暂不列入本文描述范围（图三）。

（一）　石核和石片

观察的石核215件。其中原先是砾石的有29件，占13.49%；是石片的有73件，占33.95%；断块或角砾的有104件，占48.37%；另外有9件的素材未能定性，占4.19%。对上述标本的尺寸进行测量，统计结果为：平均长 78.8 毫米，宽 60.6 毫米，厚 39.7 毫米。它们中最大长度在 51～99 毫米的有 123 件，≤50 毫米的 45 件，≥100 毫米的 47 件。石核的台面状况为：单台面 61 件，双台面 99 件，多台面 55 件。

观察的石片 310 件（另有 30 件非完整石片未计在内）。尺寸测量的统计结果：其轴长、宽、厚分别平均 51.57 毫米、50.66 毫米以及 19.62 毫米。石片角（指台面与打击泡顶点切线的夹角）和背缘角（指台面与背面的夹角）分别平均 108.81°、66.87°。对台面类型的观察统计，其结果为：自然台面 45 件，素台面 108 件，带脊台面 86 件，线状台面 18 件，点状台面 5 件以及修理台面 25 件。对石片侧边形态的观察统计，结果为：聚汇（最宽处位于台面）89，倒聚汇（最宽处在远端缘）51，平行（近、中、远三部分的宽度近乎相等）4，准平行 45，扇形（或分叉形，最宽处位于远端段内）43，四边形（侧边不规则四边形的组成部分）42 以及中扩形（最宽处位于石片中段内）36 件。根据背面状况划分石片类型，其统计结果为：Ⅰ型 8 件，Ⅱ型 24 件，Ⅲ型 12 件，Ⅳ型 10 件，Ⅴ型 115 件，Ⅵ型 79 件，不确定 37 件（图四）。

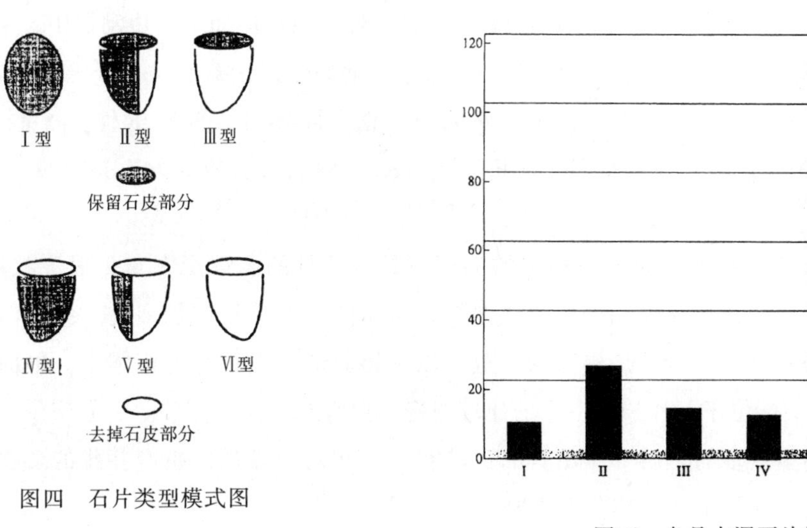

图四　石片类型模式图

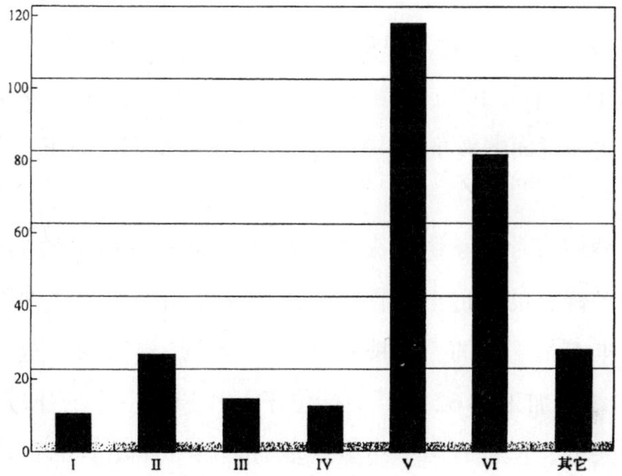

图五　盘县大洞石片类型分布图

以上有关石核和石片的观察，有几点值得注意：

用石片和断块（或角砾）为素材的石核分别占石核总数的 33.95% 和 48.37%；而以砾石为素材的石核只占 13.49%。这种比例和所用原料种类有关。因为燧石和石灰岩是两种主要原料（分别占所用原料的 37% 和 29%），而它们一般以断块和石片的形式出现。相比之下，通常以砾石形式出现的玄武岩和砂岩所占比重比较小。

尺寸≥100 毫米的石核有 47 件，占石核总数 21.86%。相比之下，尺寸小的占较大比重。其中≤50 毫米的也有 45 件，占 20.93%。这个统计结果与所观察的石片基本上属于轻型石片。

石片背缘角平均为 66.87°，与间接打片法对石核台面角（相当于石片背缘角）的要求（一般在 75°以上）有明显差距。同时，石片侧边形态的观察表明大洞石片的形状多不规范。以上两点表明硬锤打击可能是大洞工业普遍使用的一种打片方法。

带脊台面石片的数量仅次于素台面石片，而占据石片总数的第二位；修理台面石片在观察的 310 件石片中有 25 件，如果加上已被加工成工具的修理台面石片还不止此数。（图五）这些性状都说明大洞的打片技术和对石核的利用率已经达到了一定水平。图五所示的石片类型统计中，Ⅴ型和Ⅵ型石片占优势。

（二） 工具

本文观察的工具共计502件，其中有147件是1993年出土的。这批工具包括边刮器184件，钻具129件，凹缺器73件，锯齿刃器47件，端刮器47件，手斧1件，手镐1件，雕刻器7件，琢背石片1件。另有9件砍斫器和3件石锤不列入本文描述范围。

边刮器

边刮器是一种用石片、断块以至石核为毛坯，在一个、两个或更多个边缘上进行连续修整出线状刃口的工具。对184件标本的观察结果为：以石片为毛坯的127件，占绝大多数。其余为断块（39件）和石核（11件）。以原料来说，燧石67件，玄武岩54件，石灰岩48件，钟乳石4件。另外还有砂岩11件。从刃口数目来说，单刃97件，双刃62件，三刃19件，四刃5件以及周边刃1件。从加工方法来说，正向（向背）81件，错向6件，反向（向腹）36件，交互11件。在用断块和石核加工的边刮器中，单面加工28件，双面加工21件。观察构成刃口的、修整过程中打下的小片疤的形态：鳞状66件，普通54件，准平行21件，平行1件，叠鳞状20件。刃口形态：准平齐92件，锯齿状66件，平齐18件。测量标本的刃角（腹面和背面的夹角）：中等（50°～75°）88件，陡角（75°～85°）54件，直角（>85°）20件。

钻具

一种用石片、断块、石核以至砾石为毛坯加工的尖刃工具。钻具的尖刃形态与一般尖状器不同。它的两个修整的侧边至少有一个在接近尖端处内收成凹缺，从而使尖刃显得更加突出。尖状器的两个侧边基本上是平直的。钻具侧边的修整可是单面的，也可以是错向的。在129件标本中，单面加工的67件，错向加工的62件。尖端位于石片长轴一端的比较普遍，但也有偏向一侧的。一般来说，钻具只有一个尖端，但也有两个甚至更多的。后一类钻具的尖端有位于相对一端的，也有并排的。在129件标本中，双尖刃的8件，三尖刃的1件，其余为单尖刃。

凹缺器

通常用石片，但有时也用断块或石核加工的一种具有线状刃口的工具。以石片为毛坯的凹缺器，一般采用陡直或半陡直打法由腹面向背面修整，所形成的凹缺相对地窄，凹缺的深度大于宽度的1/10。如果凹缺半径加大并扩展到边缘的大部分，这件制品则归类到凹刃边刮器。按博尔德的主张，旧石器早期和中期的凹缺器按修整特点可分成两组，即克拉克当凹缺器和常规凹缺器（Bordes，1979）。前者是仅用石锤直接一击而成，凹缺较宽，其深度往往小于宽度的1/10。此组工具因在英国的克拉克当遗址普遍出现而得名。常规凹缺器是经多次精细修整而成，凹缺深度往往大于宽度的1/10。在我们观察的大洞的73件凹缺器中，毛坯为断块的16件，为石核的2件，不确定的2件，其余则为石片。原料以燧石较多，为47件；其余为玄武岩（20件）、石灰岩（5件）、不确定（1件）。后者中有34件为克拉克当凹缺器，37件为常规凹缺器。后者中4件为双凹缺，其余为单凹缺。

锯齿刃器

这是一类具有线状刃口的石片工具，但有时也用断块或石核制作。它的特征是刃口由一系列陡直打击的小凹缺组成。刃口连线是近乎平整，也可以是凸出或凹入呈弧线。由于“锯齿”间距显著和缺口较深，可以将此类工具同刃口不平齐的边刮器分开。本文观察的大洞锯齿刃器 47 件。其中有 6 件以断块、2 件以石核为毛坯，其余以石片制成。原料以燧石为主，有 22 件；其余为石灰岩（8 件）和玄武岩（7 件）。“锯齿”间距＞10 毫米的 26 件，＜10 毫米的 17 件。前者中有 10 件的“锯齿”间距超过 20 毫米。最大齿深＜2 毫米的 10 件，其余均超过 2 毫米。在后者中有 9 件≥4 毫米。

端刮器

端刮器是一类具有线状刃口的石叶工具。大洞的端刮器除了主要以石片为毛坯外，也有一些用断块、石核甚至小卵石制作的。典型的端刮器的刃口位于石叶（或石片）远端，非典型的则可以在近端、侧边或两者兼而有之。端刮器的刃口通常用陡直或半陡直打击修整，形成的刃角比较陡，刃口较窄、较凸，因而可以同横凸刃边刮器区分开来。本文观察的大洞端刮器 47 件。其中以石片为毛坯的 30 件，用石核、断块和卵石制作的分别为 1 件、4 件和 2 件。它们的原料以燧石居多，有 20 件，其余为玄武岩（8 件）、石灰岩（8 件）和不确定岩性（1 件）。刃口在远端的 12 件，近端的 2 件，远、近端兼有的 1 件，端部和侧边兼有的 11 件，其余的在侧边。刃口呈圆弧的 10 件，非对称的 4 件，尖状的 8 件，低平的 10 件，不规则的 5 件。刃口小片疤状的 11 件，叠鳞状的 3 件，准平行的 13 件，平行的 2 件，一般的 8 件。刃角中等（50°～75°）的 8 件，陡峭（75°～85°）的 16 件，陡直（＞85°）的 13 件（图六）。在大洞端刮器中有一件用燧石石片修整的短身端刮器是一件很精致的制品，与拇指盖状端刮器近似。

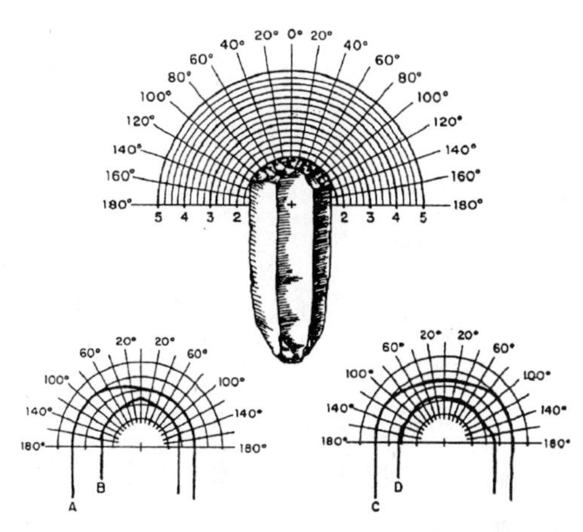

图六　端刮器刃口形态分类

上：圆弧

下：A. 非对称　B. 尖状　C. 低平　D. 不规则

雕刻器

雕刻器在欧洲旧石器晚期工业中占有重要地位。它以石叶或石片为毛坯，在一端（或两端）用“雕刻器打击”打下一个、两个或更多的“雕刻器片”，由削片片疤构成凿状刃口。这种刃口相对地窄，位置位于毛坯中轴线上或附近，因而能形成强度较大的横刃以适于加工硬物。雕刻器被认为是用来制作或修饰骨、角、木质器具时挖槽、刻划工序的专门工具。在中国的早更新世遗址小长梁、中更新遗址周口店第 1 地点等已出现雕刻器，但在随后的旧石器工业中并未得到发展。这种器物不仅数量少，形式也单调。盘县大洞的雕刻器的情况亦如此。本文只描述其中两件。

标本 P.166 用燧石断片打制，长 40、宽 16、厚 8.5 毫米。两端与长轴斜交的角度错向打下两个削片并形成刃口。削片长 12.8～16.5 毫米，宽 2.3～5.4 毫米。

标本 P.569 用燧石断片打制，长 38、宽 24、厚 10 毫米。一端陡直加工成钻头，另一端先打出一个“削片台面”，然后用大致和断片长轴平行的角度打下一个削片并形成一凿状刃口。

手斧

在盘县大洞的制品中，迄今仅认出 1 件。它以玄武岩石片为毛坯，用交互打击法制成的手斧，刃部较窄、较薄，柄部经过修整，背面留有部分石皮。长 73、宽 54、厚 25 毫米，重 112 克，是 1 件小型手斧。

手镐

在大洞的石制品中，迄今只认出1件。它以玄武岩石片为毛坯，加工集中于台面缘和远端至右侧的一部分。前者正向打击，后者交互打击。两个加工的部分在石片右侧与台面缘交汇处形成一个钝厚的尖头。长87.5、宽82、厚47.4毫米。

琢背石片

这是一种旧石器时代晚期流行的石叶或石片工具，其特征是将石叶（或石片）一侧用陡直或半陡直打击使之变钝，与这个“钝背”相对的、作为刃口使用的侧边不作修整。这种工具也被叫作“琢背小刀”。盘县大洞的标本P.72是1件左侧和柄部经对向打击而钝、右侧和远端保持打片时产生的锋利边缘的琢背石片。

五、一些可能显示特殊打片技术的石制品

过去的两篇简报都提到大洞石器工业存在修理台面技术。这个事实得到证明。本文在下面描述一些可能显示某些特殊打片技术的制品。

再生石核的“桌板”

这是修复石核台面时而打下的一种特殊的石片。为了与中文文献里常用的“台面”概念相区别，本文提议使用“桌板”这个并不理想的译名。这种特殊石片的上面（背面）由一些修复台面时先连续打片所产生的石片阴面（石片疤）组成，柄部亦由一组半截的（常常是石片近端）石片阴面组成。上述两点使此类石片有一个厚“边”，与平面呈多边形的轮廓（Marie－Louise Inizan et al.，1992）。大洞这类石片以标本P.1和P.95为代表（图七，1、2）。前者的原料为燧石，后者为玄武岩。值得一提的是，它们背面的片疤都是向心打片的结果。

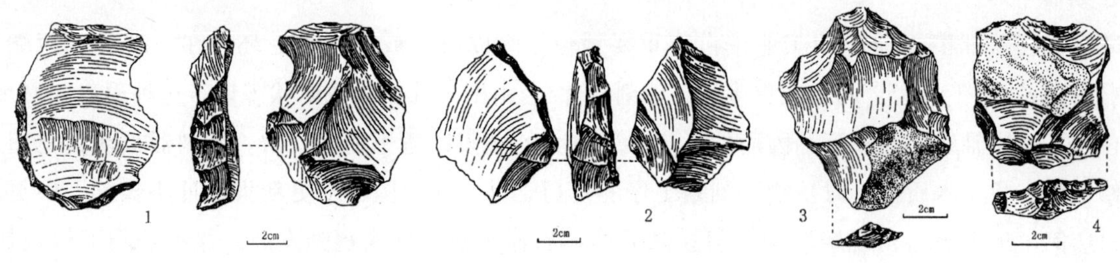

图七　石核、石片

1、2. 再生石核的“桌板”　3、4. 有勒瓦娄哇特征的石片

有勒瓦娄哇特征的石片

在大洞的石制品中存在一些背面带有连续向心打片痕迹以及带有修理台面的柄部的石片，如标本P.12和P.100。它们的原料都是燧石（图七，3、4）。

有勒瓦娄哇特征的石核

有大洞的石制品中同时存在一些与上述石片相对应的石核。它们上面有连续向心打片所留下的石片疤；下面的部分边缘由几个半截的石片阴面组成，显得很厚，其大部分则被一个近似圆形的完整的

石片阴面所占据，如标本 P.96 和 P.110（图八，1、2）。

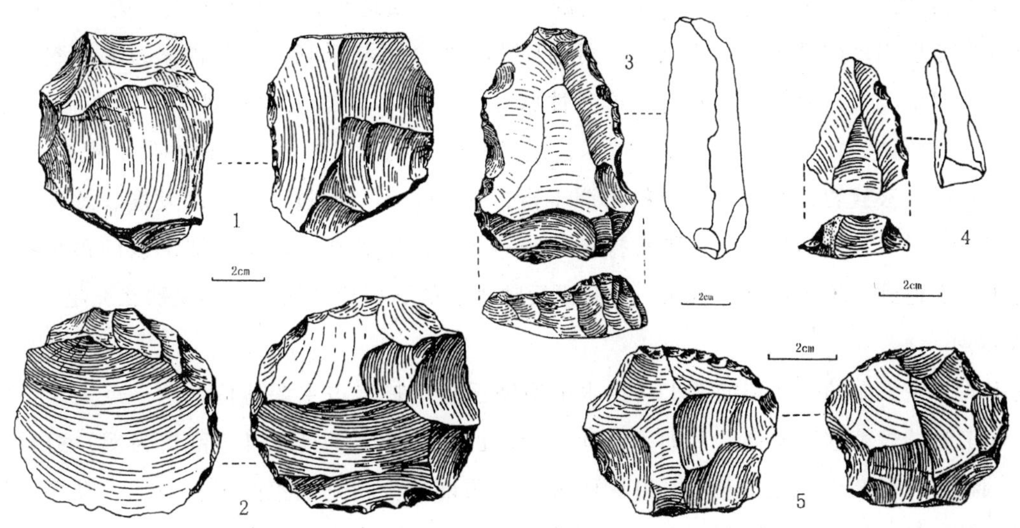

图八 石核、石片

1、2. 有勒瓦娄哇特征的石核 3、4. 似勒瓦娄哇尖状石片 5. 盘状石核

似勒瓦娄哇尖状石片

在大洞的石制品中还有一些似勒瓦娄哇尖状石片，如标本 P.169 和 P.66（图八，3、4）。它们的平面轮廓呈三角形，背面留有三个同向打击的片疤所形成的“Y”字形脊，台面经过修理。前者的原料为玄武岩，后者为燧石。由于此类石片数量比较少，加上还未识别出相应的石核，我们目前还不能肯定这个分类能否成立。

盘状石核

这是一种由两个对应的凸面合成的、平面轮廓近似于盘状。它的两个面布满相互重叠、向心打片的片疤，两个面接合处形成一个锯齿状的缝合线。一些研究者认为盘状石核是修理台面石核的一种。当在打片过程中它变得太小而最后被遗弃（Bordes，1968，p. 243）。我们赞同这种说法。在大洞的制品中，迄今只认出 1 件盘状石核，即标本 P.104，原料为玄武岩（图八，5）。

六、结论和讨论

（一） 盘县大洞石制品的一般特征

1. 原料

大洞石制品用当地原料打制。燧石、玄武岩和石灰岩分别占使用原料的 37%、30% 和 29%，是三种最普通的原料。此外，也使用少量砂岩和钟乳石。在统计中发现：轻型工具的制作比较精致，技术上要求较高的制品不是采用燧石就是采用玄武岩制作，很少采用别的岩石做原料。相比之下，石灰岩一般只用于打制粗大的工具。在中国已报道的旧石器工业，尤其是时代较早的工业中，像盘县大洞那样使用如此高比例的燧石为原料的还不多见（除了泥河湾盆地的小长梁工业以外）。

大洞工业所用的燧石中有些是褐色或黑色的、半透明、质地细腻，被当地人称为“牛角火石”。它们很像欧洲白垩层出产的蜂蜜色优质火石。可惜出露很少，不易采到。一般说来，大洞附近的燧石露头分散，脉岩厚度不大，而且节理发育。这些性状显然不利于石器工业发展，可能会制约某些技术，如属于“消耗（资源）体系”的勒瓦娄哇技术，使大洞中这类技术的制品显得不那么规范，尺寸较小，数量也比较有限。玄武岩、石灰岩等原料来源丰富，易于采集。不过，它们的硬度、致密度较差，不是一种理想的原料。大洞出现几件钟乳石打制的制品令我们感到意外。这种情形以前很少报道过，至少我们是头一次遇到。不知道这是否从一个侧面反映大洞的石器原料供应并不是那么充足。

2. 技术

观察表明，在大洞的打片和加工工具技术中用硬锤直接打击占主要地位。这一点决定了大洞的石核、石片和工具的规范程度不高。例如，石叶很少，也不标准。工具（以边刮器为例）刃口平齐的只占9.8%，而准平齐和锯齿状的分别占50%和36%。刃部缺少精细加工的平行片疤，准平行片疤和叠鳞状片疤加在一起也只占总数的22.3%，大多数的刃口是由鳞状片疤和普通型片疤构成（分别占36%和29.3%）。不过，大洞也存在一些进步的技术因素，这在打片技术上表现尤为突出。除了拥有一定比例的带脊台面石片外，还存在一定数量的修理台面石核和石片；石核利用率也比较高，等等。更值得注意的是，大洞工业存在勒瓦娄哇技术（关于这个问题将在下面着重讨论）。在工具加工上，大洞有一批比较规范的制品，特别在钻具和凹缺器中比较突出，甚至在以“原型”为多数的端刮器中，也出现了前面提到过的比较精致的类型。

3. 工具类群

盘县大洞的工具类群由边刮器、钻具、凹缺器、锯齿刃器、端刮器、雕刻器、琢背石片、手斧、手镐和砍斫器等组成。在建立上述分类时我们有过一些考虑，需要在此作一些说明。首先，通常在中国的旧石器报告里出现的“尖状器”没有被列入本文报道的大洞工具清单，原因是我们赞成博尔德主张的对尖状器应采取比较严格的分类标准：尖状器首先必须具有一个尖锐的尖端；其次，无论从平面还是从侧面看在尖端处构成的夹角都必须是锐角；最后，柄部适于装柄以做成矛或标枪。有了上面三条，我们便可以将尖状器和聚刃边刮器区分开来。至于尖状器同钻具的区别则比较容易。尖状器的侧边大体是平直的或稍微外凸，而钻具在靠近尖端处至少有一个侧边呈凹缺状，从而使尖端突出于器身之外（Bordes, 1979）。与博尔德较为严格的标准相比，目前不少国内学者对尖状器所采用的标准似乎过于宽松，结果常常造成尖状器与聚刃边刮器、钻具之间的界限不够清楚。

大洞的端刮器总的来说与旧石器晚期的典型端刮器有较显著差别，除了毛坯不是石叶之外，加工也很粗糙，按技术水平，称之为“原型端刮器”比较合适。不过，考虑到大洞也有比较精致的端刮器（尽管数量很少）。为避免重叠和混乱，本文只使用“端刮器”的名称，描述时再加以说明。对雕刻器的分类也作了类似处理。大洞的雕刻器也不够典型，而且数量极少，从打制技术和形态来说基本上符合标准。此外，琢背石片、手斧和手镐目前都是孤例。但它们的分类特征都非常明确，不宜并入其他分类中去。同时，考虑到大洞的发掘和研究目前还处于初始阶段，本文也只是一个阶段性总结，为了给以后的深入研究提供一个比较宽松的基础，我们还是把上述分类作为一个供讨论的方案提出来。

从分类标准看，大洞工具以边刮器、钻具为主；其次是凹缺器、锯齿刃器和端刮器；雕刻器、琢背石片、手斧和手镐都是数量稀少的类型。上述名单中带有一定时代特色的分类，如旧石器初期流行的手斧和手镐以及旧石器晚期流行的典型端刮器、雕刻器和琢背石片在工具类群中所占比例甚微。从加工技术的成熟和规范程度来看，以钻具和凹缺器最高，而且，它们还是工具类群中两个最重要的成分。上述几点，可以看作是大洞石器工业特色的重要组成部分。

（二） 关于勒瓦娄哇技术问题

和阿修尔技术一样，勒瓦娄哇技术是旧石器文化中又一种特殊的和格式化的技术。考古学家在进行地区之间的文化对比以确定彼此是否存在联系时，这两种技术常常被看作是可靠的根据。40年代莫维士提出的“两种文化”（或“两大文化圈”）理论时，手斧和勒瓦娄哇制品就是他的两个最关键的“实证”（Movius，1948）。今天，一些赞成莫维士理论的研究依然是这样做的（Schick，1994；林圣龙，1996）。因此，可以预料，本文提出盘县大洞石器工业可能存在勒瓦娄哇制品，也会像东亚是否存在手斧一样，难免在学术界产生不同的反应。况且，同东亚的手斧问题自50年代以来屡有报道和讨论的盛况相比，东亚的勒瓦娄哇制品问题就显得冷清得多。因此，介绍一下一些有关情况是有必要的。

早在1939年裴文中在一篇关于周口店第15地点的研究简报里，已着重描述过一种为数不少的“三角形石片”，认为这些石片的打片方法同欧洲晚期勒瓦娄哇石片的打片方法并无太大差别（Pei，1939）。有意思的是，报告还描述了几种与三角形石片一起发现的“特殊制品”，包括一些用大石片制成的薄刃斧、一些可能用木锤打制的小型手斧、一些可能当石锤用的类似于石球的“结核状制品”和一些盘状器。上述类型都是一些西方晚期阿修尔文化的常见成分。周口店第15地点不仅时代上与晚期阿修尔文化相当，而文化又有这么多相似之处，这是很耐人寻味的。

第二个可能存在勒瓦娄哇技术的中国旧石器工业来自水洞沟遗址。这个发现于1923年的遗址位于内蒙古高原南部，出土石制品由步日耶作了系统研究（Breuil，1928）。他认为水洞沟工业外观上介于十分发达的莫斯特文化和初生的奥瑞纳文化之间，或者是这两种文化产物。博尔德在观察巴黎自然博物馆古人类研究所收藏的水洞沟标本后也认为，“它果真是一个勒瓦娄哇技术的莫斯特文化”，尽管他不认为水洞沟工业与西方的勒瓦娄哇文化有太多的渊源关系（Bordes，1968，p. 130）。水洞沟遗址的时代根据生物地层学判断为晚更新世晚期，铀系法测定与石器共生的动物化石（马牙）为32～40ka（陈铁梅等，1984）；但^{14}C测定同层的动物化石为17250±210BP，钙质结核为26230±800BP（宁夏博物馆等，1987），其结果似乎偏于年轻了。

第三个被提到存在勒瓦娄哇技术制品的中国旧石器工业来自华北黄土高原河谷地带的丁村遗址。丁村工业拥有晚期阿修尔风格的手斧、手镐、薄刃斧和石球等，引起中外研究者Breuil（据Pei，1965）和Freeman（1997）的注意。但勒瓦娄哇石片则是不久前由中国学者李炎贤提出来的（li，1991）。他在一篇讨论华北旧石器的勒瓦娄哇－莫斯特技术的报告里提出这个看法。同时提及的还有泥河湾盆地的板井子遗址（铀系年龄为74～108ka）。遗憾的是我们至今未能见到他的具体描述。丁村遗址的时代是属于晚更新世早期还是中更新世晚期，研究者们至今尚未取得共识。当初根据共生动物群的性质定为晚更新世（裴文中，1958），但后来根据化石层位与黄土－深海沉积古气候旋回对比，则倾向于中更新世晚期，与北京人时代的最后阶段相当，年龄段为128～250ka（刘东生等，1984）。我们倾向于后一种看法。

上述几个例子都属于中国北方的旧石器文化。耐人寻味的是：它们在时代上处于中更新世晚期至晚更新世，在文化上是一些具有阿修尔－莫斯特成分的工业。此种背景与西方含勒瓦娄哇制品的工业十分接近。虽然现阶段讨论东、西方的这种相似是意味着一种文化上的“趋同”还是交流的结果尚嫌过早，但事实却是明摆着的。

中国南方石器工业的勒瓦娄哇制品，过去报道过广东珠江三角洲西樵山新石器时代石器采石场和工场出土的龟背状石核（黄慰文等，1979；Huang et al,. 1982），而属于旧石器工业的报道似乎还未有过。此次本文描述了盘县大洞工业中代表勒瓦娄哇技术的制品及提出我们的一些看法，主要目的是引起学术界的注意。盘县大洞是一个规模巨大的旧石器洞穴遗址，堆积层厚且内涵丰富。我们相信随着发掘工作扩大和研究的深入，中国南方石器工业中的勒瓦娄哇技术问题会渐渐明朗起来。

（三） 与邻近地区同期旧石器文化的对比

在云贵高原，与盘县大洞时代相近的文化有贵州黔西观音洞文化、云南路南石器工业。云南元谋盆地也有时代上可以对比的材料，如小横山地点的石制品（黄慰文等，1985），但材料限于零星采集，尚难进行详细对比。

1. 黔西观音洞文化

观音洞遗址发现于1964年冬，随后多次发掘并先后发表过简报和正式报告。它是中国南方一处十分重要的旧石器时代洞穴遗址，裴文中等一批中国学者都在此工作过。观音洞和盘县大洞都位于贵州高原西部，一个在北，一个在南，地理上十分靠近。正式报告根据出土的哺乳动物化石的性质，将观音洞下部的B组堆积（石制品和化石的主要层位）划归中更新世早一阶段；上部的A组堆积划归中更新世的较晚阶段（李炎贤等，1986）。不过，两个实验室分别用动物牙齿化石和钟乳石作铀系法测定，却获得比较年轻的年龄：B组底部为115ka或190ka，而A组底部为57ka左右或＜40ka（原思训等，1986；沈冠军等，1992）。观音洞动物群的成分似乎比较复杂，主体是中更新世和晚更新世的常见种类；但有残存的第三纪种类，如嵌齿象科，同时，又出现晚更新世的最后鬣狗。我们不清楚这种复杂情况是否与洞内堆积的埋藏状况有关。在进一步明确观音洞文化时代之前，我们暂时把它看作与盘县大洞时代上大体相当的文化。

观音洞石制品以硅质灰岩为主要原料（约占65%）；次为脉岩（占13.28%）和硅质岩（约占10.8%）；燧石、玉髓、细砂岩等也占有一定的比例（都在5%以下）（李炎贤等，1986）。大洞石制品以燧石、玄武岩和石灰岩为主要原料，此外还有比例很小的砂岩和钟乳石。两相比较，既有相同亦有差别：技术方面两个工业都以硬锤直接打击的方法为主，工具的刃口平齐的较少，石片和工具的规范程度较低；两个工业都有修理台面的石核和石片，但观音洞的数量很少而大洞则比较多，特别是后者有一批可能代表勒瓦娄哇技术的制品，而观音洞未见报道。

两个工业的工具主要以石片为毛坯制成，以轻型工具为特色（观音洞＜100毫米的工具占95%以上），这是相同之处。但观音洞缺少大洞那种以石灰岩大石片为毛坯制成的重型工具。观音洞的工具类群由刮削器、端刮器、砍砸器、尖状器、石锥、雕刻器和凹缺器组成，其中刮削器占了82.28%，是工具类群的主体；端刮器、砍砸器和尖状器居于第二位；石锥、雕刻器和凹缺器都是数量稀少的种类。大洞工具类群由边刮器、钻具、凹缺器、锯齿刃器、端刮器、琢背石片、砍斫器、手斧和手镐组成。

乍看起来与观音洞的差别比较大，不过，细细分析有些差别是由于所遵循的分类标准以至所用的名称不同而造成的。如：观音洞的厚尖状器、薄尖状器和石锥按本文处理应归入钻具，个别厚尖状器可归入手镐，一些刮削器可归入锯齿刃器。观音洞也有手斧和盘状石核，只不过被置于砍砸器的分类之中了。至于“砍砸器”和“砍斫器”，“石锥”和“钻具”通常情况下只是同物异名而已。然而，在排除上述因素之后，两个工业的工具类群确实仍存在一定的差别。例如，观音洞缺少大洞那种石灰岩大砍斫器；观音洞的刮削器（大洞称边刮器）不仅数量大，而且形式很丰富（正式报告将其分为五大类）；观音洞刮削器中陡刃的比重大，成为这个工业的一个很突出的特色，等等。

2. 路南旧石器

路南盆地位于云南省昆明市的东南，行政上以前由宜良县管辖，现归昆明市。路南与盘县大洞同属珠江流域，地理上相距不远。如果把观音洞－大洞－路南连成一条 NE－SW 的线，大洞差不多位于观音洞和路南的中间。路南旧石器发现于 1961 年 1 月。当时，中国科学院古脊椎动物与古人类研究所一支野外队在盆地里考察老第三纪地层和采集脊椎动物化石，意外地在贯穿盆地的小河巴盘江（又叫板桥河）的高阶地面发现一些打制石器。裴文中和周明镇（1961）对这批材料作了初步报道。同年 3 月，李炎贤和黄慰文（1962）到该地作进一步调查，又采集到更多的材料。

路南石制品主要出自高出河床 40～50 米的第四纪河流堆积的剥蚀面上。基岩下为第三系始新统和渐新统红色砂岩及白色泥灰岩，其中含燧石、玉髓、玛瑙及石灰岩结核。河流堆积由砂岩、燧石、玛瑙、玉髓等岩性的卵石层和其上的黄红色砂、砂质黏土组成，是盆地内普遍分布的三级河流阶地中最高的一级（T3）。这级阶地的砾石层成为路南石器的原料产地。最先发表的两篇简报在石制品层位证据不足而又缺少动物化石的情况下，根据石制品的技术特征并与欧洲旧石器文化的对比，认为该遗址的时代为旧石器中期或晚期，即处于晚更新世的范围以内，此后很长时间，路南盆地的旧石器考察基本上处于停顿状态。1984 年 2 月，黄慰文、卫奇、张兴永等到路南考察，在白石岭、文碧山等地点的 T3 砾石层里和坍塌的阶地堆积物中发现了一批石制品。这次短期考察解决了路南石器的层位。对照云南高原第四纪发展史，路南盆地的 T3 的时代可能要提早到中更新世晚期，即与盘县大洞的时代大体相当。

路南石器的进一步整理研究尚待进行。但现在看来，它在技术和类型方面值得注意，一些制品可以同欧洲旧石器对比，如裴文中和周明镇报告里描述的“凸边刮削器”（原报告图 5）。这件用厚石片打制的边刮器有一个加工细致、由多层重叠片疤组成的刃部，同莫斯特新月形边刮器非常相似。又如李炎贤、黄慰文在报告里描述的修理台面石片和船底形圆头刮削器（原报告图 8 上和图 11）也是欧洲旧石器常见的制品。同样，类似上述路南石器中的“西方成分”也存在于大洞石器。

（四）　关于文化命名问题

盘县大洞石制品出自一套有人类化石和动物化石共生的地层，而且这套地层已有了初步的同位素年代测定结果；石制品有相当的数量，而且初步观察表明确实拥有自己的特色；大洞的堆积层已进行了基础的地质学和地貌学研究并获得了阶段性成果。上述几个方面的工作表明：盘县大洞的石制品已经具备了文化命名的基础。不过，整个遗址的研究同时存在一些尚未明朗或尚不能确定的因素。首先，从地层上说，洞厅 A 区与 B 区的关系尚待进一步弄清；到目前为止，发掘只限于整个堆积的上部，中部、下部含化石和人类生活遗迹的地层有待揭露。其次，无论是基础的地质、地貌调查，还是哺乳动物化石研究、同位素年代测定，还只达到阶段性水平，许多工作还有待深入去做。另外，就文化遗物，石器工业的一些问题，如勒瓦娄哇技术、分类系统、与周围地区旧石器文化对比，等等，都还有待加强。除石制品外，大洞还发现用火遗迹和大量有人工打击痕迹的兽骨，它们是构成大洞文化的重要内容，对复原人类的行为尤为重要，这方面的研究还未很好开展。总之，上述情况表明对大洞文化命名的条件还不成熟，目前，我们采用“盘县大洞石器工业”来代表本文报道的石制品看来是合适的，文化命名工作留待以后去做。

参考文献

陈铁梅、原思训、高世君，1984. 铀系法测定骨化石年龄的可靠性研究及华北地区主要旧石器地点的铀系年代序列 . 人类学学报，3 (3):259～269。

黄慰文、李春初、王鸿寿等，1979. 广东南海县西樵山遗址的复查 . 考古，(4):289～299。

黄慰文、卫奇、张兴永，1985. 元谋盆地的旧石器 . 史前研究，(4):19～22。

李炎贤、黄慰文，1962. 云南宜良旧石器调查简报 . 古脊椎动物与古人类，6 (2):182～192。

李炎贤、文本亨，1986. 观音洞 . 北京：文物出版社。

林圣龙，1996. 中西方旧古器文化中的技术模式的比较 . 人类学学报，15 (1):1～20。

刘东生、丁梦林，1984. 中国早期人类化石层位与黄土－深海沉积古气候旋回的对比 . 人类学学报，3 (4):93～100。

刘军、斯信强、张汉刚等，1997. 盘县大洞堆积层的初步观察 . 人类学学报，16 (3)。

刘武、斯信强，1997. 盘县大洞发现的人类牙齿化石 . 人类学学报，16 (3)。

宁夏博物馆、宁夏地质局区域地质调查队 .1987.1980 年水洞沟遗址发掘报告 . 考古学报，(4):439～449。

裴文中，1958. 山西襄汾县丁村旧石器时代遗址发掘报告 . 北京：科学出版社，21～74。

裴文中、周明镇，1961. 云南宜良发现之旧石器 . 古脊椎动物与古人类，(2):139～142。

沈冠军、金林红，1992. 贵州黔西观音洞钟乳石样的铀系年龄 . 人类学学报，11 (1):93～100。

沈冠军、刘军、金林红，1997. 盘县大洞遗址年代位置初探 . 人类学学报，16 (3):221～230。

斯信强、刘军、张汉刚等，1997. 盘县大洞发掘简报 . 人类学学报，12 (2):113～119。

原思训、陈铁梅、高世君，1986. 华南若干旧石器时代地点的铀系年代 . 人类学学报，5 (2):179～190。

张镇洪、刘军、张汉刚等，1997. 盘县大洞遗址动物群的研究 . 人类学学报，16 (3):209～220。

Bordes F. 1969. The Old Stone Age. New York and Toronto: McGraw－Hill Book Company.

Bodes F. 1979. Typologie du Paleolithique, Ancien et Moyen. Ed. du C. N. R. S., Paris.

Breuil H. 128. Archeologie. In: Boule M et al des. Le Paleolithique de la Chine. p. 121. Archived de L' Institut Paleontologie Humaine, Menoire 4.

Freeman L. G. 1977. Paleolithic archaeology and paleoanthropology in China. In: Howells W W, P J Tsuchitani eds. Paleoanthropology in the People' s Republic of China, CSCPRC Report No. 4, 79～113.

Huang W W, Li C, Wang H et al. 1982. Reexamination of Microlithic site at Xiqiaoshan, Nanhai county, Guangdong. Curr Anthropol, 23 (5):487～492.

Huang W W, Si X Q, Hou Y M et al. 1995. Excavations at Panxian Dadong, Guizhou province, Southern China. Curr Anthropol, 36 (5):843～846.

Inizan M, Roche H, Tixier J. 1992. Préhistoire de la Pierre Taillée (Technology of Knapped Stone). p. 95. Meudon: CREP.

Li Y X. 1991. Levalloiso – Mousterian technique of Paleolithic industries in North China. Abstracts of Ⅹ Ⅲ International Congress of INQUA, 1991, Beijing, China.

Movius H L. 1948. The Lower Paleolithic Cultures of Southern and Eastern Asia. Transactions of the American Philosophical Society, N. S. 38 (4):329～420.

Movius H L, david N c, Bricker H M et al. 1969. The analysis of certain major classes of Upper Palaeolichic tools. In: Hugh Hencken ed. American School of Prehistoric Research. Peabody Museum, Harvard University.

Pei W C. 1939. A preliminary study on a new Paleolithic station known as Locality 15 within the Choukoutien region. Bulletin of the Geological Society of China, 19 (2):147～187.

Pei W C. 1965. Professor Henri Breuil, pioneer of Chinese Palaeolithic archaeology and its progress after him. In: Ripoll E ed. Separata de "Miscelánea en Homenaje al Abate Henri Breuil". Tome 2, 251～271.

Schick K D. 1994. The Movius line reconsidered perspectives on the earlier Paleolithic of Eastern Asia. In: Correccini R S, Ciochon R L eds. Integrative Paths to the Past. Englewood Cliffs, New Jersey: Prentice – Hall, Inc., 569～596.

Tixier J. 1974. Glossary for the description of stone tools. In: Muto G R ed. Newsletter of Lithic Technology: Special Publication No. 1. Washington State University.

（原载《人类学学报》1997，16（3）171～192）

关于“中国旧石器时代中期”的探讨

高星

在史学研究中，三分法似乎早已约定俗成。一个历史时代常被划分为早、中、晚三个时期。考古学研究也不例外。中国旧石器时代考古的分期断代研究便遵循着这样的模式。

中国乃至世界的旧石器时代多被习惯地划分为三个阶段：旧石器时代早期、中期和晚期，分别代表着古人类文化起源和发展的不同历史阶段。在不同的阶段中，人类的体质特点不同，其所创造的物质文化亦当不同。历史的发展，人类文化的演进，总是一个不断更新替代的过程。而对这一历史过程的分期、断代的原则应是后一阶段较之前一阶段有明显的变化和区别，拥有了新的内涵。考古学的文化分期，应该着眼于人类物质文化的发展和变化，体现在器物形态的改变，器物组合的变化，生产技术的变革，以及由此反映出的人类生态适应和生产生活方式的转变。

用这样的标准来衡量中国旧石器时代考古研究中的三分断代模式，就不难发现有些不整合之处，尤其是对“中国旧石器时代中期”的界定。学术界普遍接受“旧石器时代中期是旧石器时代以晚期的过渡时期”（张森水，1985）。然而“我国旧石器时代中期文化的石器类型和加工技术，如果和旧石器时代早期比较，基本上还是早期的一些类型和一套加工技术”（邱中郎，1989）。即所谓：“继承有余，发展甚微，石制品显得古朴，前期工业或组合的特点基本上被此时人类所继承”（张森水，1990）。因而“中国旧石器时代早期与中期之间的分界线不很清楚，目前的划分并不是根据旧石器文化本身的特征作出来的，而是根据地质时代或年代的早晚来安排的”（林圣龙，1996；亦见陈哲英，1993）。一些学者甚至摆脱这种传统的三期分法，忽略中国学者对中国旧石器时代中期的界定，而将中国乃至东亚旧石器时代的早、中期笼统地称作“早期旧石器时代”（Schick and Dong，1993；Schick，1994）。

那么“中国旧石器时代中期”到底是不是一个有意义的学术概念？这样的分期是怎样形成的？分期断代的标准是什么？这一期间内的文化内涵怎样？中国旧石器时代考古学的分期、断代到底应该怎样进行？这是本文所要探讨的主要课题。

一、中国旧石器时代中期的由来和演变

对于中国旧石器时代中期的研究历史，张森水（1985）曾做过考证。中国旧石器时代考古学研究以法国古生物学家桑志华于1920年在甘肃庆阳发现3件打制石器为标志揭开了序幕。1923年，桑志华和另一位法国古生物学家德日进在宁夏和内蒙古地区发现了水洞沟和萨拉乌苏等旧石器地点，并采集到一批石器标本。他们将这两个地点含动物化石和文化遗物的地层定为更新世晚期，相当于华北地区的黄土时期（Teilhare de Chardin and Licent，1928）。水洞沟的石器标本经法国史前学家步日耶等研究认为其性质相当于欧洲旧石器时代中期的莫斯特文化向旧石器时代晚期早一阶段的奥瑞纳文化过渡时期的文化（Breuil，1928）。这是中国存在旧石器时代中期文化遗存的可能性首次见诸考古学文献。20年代末和30年代初，随着周口店第一地点石器的发现、确认和山顶洞的发掘研究，“中国旧石器时代

之初期、中期及晚期，即各有代表者”（裴文中，1939、1987），于是中国旧石器时代三期断代的框架初具雏形。

水洞沟和萨拉乌苏的旧石器时代遗存后来被裴文中命名为“河套文化”（Pei，1937），在很长的时期内被当作中国旧石器时代中期的代表。直到1954年裴文中对“河套文化”进行了反思，指出水洞沟和萨拉乌苏两地的石器差异较大，不宜称为同一文化，而且其时代“不应属于旧石器时代中期，而应是旧石器时代晚期”（裴文中，1954）。1963年，在裴文中的主持下考古工作者对河套地区重新进行了广泛的考察，并对几个地点做了重点发掘，进一步肯定了裴文中所作出的修正（裴文中、李有恒，1964；贾兰坡等，1964）。于是“河套文化”不再成立，水洞沟和萨拉乌苏两个地点也就从中国旧石器时代三期断代框架的中间环节上消失了。

1953年，王择义发现了丁村遗址。这是中国旧石器时代中期乃至整个旧石器时代研究的新的曙光。1954年由裴文中、贾兰坡主持的田野考古工作在丁村地点群广泛地开展起来，系统地发掘了10个含石器的地点，采集到大量的石制品。

对丁村遗址的时代自发现之初便有不同的意见，总体上可以归结为四类：a. 周口店期或华北的红色土期（裴文中，1955）；b. 黄土时期或更新世晚期（裴文中、贾兰坡，1958）；c. 周口店期的晚期至黄土期的早期（周明镇，1958）；d. 中更新世的晚期（杨景春等，1979）。随着丁村遗址地质年代的改变，丁村文化的时代也处在变更之中。裴文中最初认为丁村文化属于“旧石器时代中期”的“一种‘河套文化’以外的文化”（裴文中，1955）。随后裴文中将其改定为旧石器时代早期，认为其“在人类物质文化发展史上，与周口店第15地点的文化，似为相当的阶段”（裴文中，1955）。1958年，丁村遗址的研究报告正式出版。报告在讨论丁村文化的时代时，认为其属于黄土时期，即更新世晚期。“就时代而论，比周口店中国猿人的文化及第15地点的文化都较晚，而大致相当于内蒙古萨拉乌苏的河套文化，但为不同的‘相’”。因之，“丁村文化是我国新发现的一个新的旧石器时代晚期的文化”（裴文中等，1958）。1960年，贾兰坡在讨论中国猿人的石器与华北其他旧石器文化的关系时，将丁村石器文化放到“华北旧石器时代初期较晚”的分期体系之中（贾兰坡，1960），但其前提是仍将水洞沟的石器作为中国旧石器时代中期的代表。裴文中对丁村文化的时代亦做了更改，认为“它代表山西汾河流域广泛分布的一种旧石器时代中期的文化，稍早于河套人的文化，大体相当于黄土基底砾石层中石器的时代”（裴文中，1959、1965）。至此以后，在大多数考古学家的心目中，丁村便成为中国旧石器时代中期的代表性遗址。

进入70年代，中国旧石器时代中期考古的发现和研究有了长足的进展。1972年发现了陕西长武县窑头沟地点，1973年、1976年发掘了辽宁喀左鸽子洞遗址，1974年发现了山西阳高许家窑遗址，1978年发现了大荔人遗址。这些发现和研究使中国旧石器时代中期的考古学内容得以充实、丰富起来。

上述的各个遗址或地点虽然都被列入旧石器时代中期的序列，但其中一些时代经历过反复，有的仍存争议。例如长武窑头沟遗址，原研究者以出土文化遗物地层的层位（黄土底部砾石层）将其文化时代定为旧石器时代中期，并进而提出了以丁村为代表的汾河文化和以窑头沟为代表的泾渭文化是平行发展的，以及从泾渭文化到水洞沟文化演化的假说（盖培等，1982）。其他学者则依据动物化石的成分提出窑头沟遗址应属旧石器时代晚期，并对原研究者提出的“汾河文化”、“泾渭文化”的概念及其文化演化模式提出质疑（刘玉林等，1984；张森水，1984）。

在现今中国旧石器时代中期排名表上（邱中郎，1989）名列首位的是周口店第15地点。该地点发现于1932年，于1935～1937年间进行了发掘，出土了近万件石制品。在该地点的第一篇简报中，贾兰坡认为“第15地点与第1地点无甚差异”（贾兰坡，1936）。随后裴文中根据该地点出土的动物化石将其地质时代界定为“与第一地点处于同一大的地质时代，但要偏晚一些，大体与第三地点同时”（Pei，1939），而文化时代则“代表了中国下部旧石器时代（Lower Palaeolithic，即旧石器时代早期——笔者注）的晚期”（Pei，1937）。1955年，裴文中指出周口店第15地点的石器文化较之第一地点“有显著的进步性”，并结合生物地层学资料认为第15地点的石器文化应为“连结中国猿人文化和黄土时期文化的中间类型”（裴文中，1955）。在《中国猿人石器研究》一书中，作者提出“周口店第15地点是中国猿人最亲近的文化，是它的继承和发展”（裴文中等，1985），但没有对第15地点的时代做进一步明确的定性。1985年邱中郎在对中国旧石器时代中期文化进行综合研究时，依据生物地层资料和石器技术的进步性特征，明确提出第15地点的地质时代应为晚更新世早期，文化时代应处于旧石器时代中期，并将其排序在大荔地点之后（Qiu，1985）。张森水亦提出相近的观点，将第15地点和大荔地点一同作为中国旧石器时代中期的开端，并推测第15地点的时代应在距今10～20万年之间（张森水，1985、1987）。

二、中国旧石器时代中期的考古现状

据张森水1985年的统计，分布于我国北方的旧石器时代中期的地点有42处（张森水，1985）；在邱中郎1989年的统计中，我国范围内发现的属于旧石器时代中期的地点则为30处（邱中郎，1989）。统计数字的不同应主要是对一些遗址不同地点的划分和统计方式不同所致。随着新的发现和研究的开展，这一名单上还可以加上河北阳原板井子（李炎贤，1991）、四川丰都烟墩堡和高家镇（三峡工作队，1997）等。当然，新发现的地点如同老地点一样也存在着年代上的争议，例如对福建漳州两个地点的时代归属问题就存在着不同的意见（张森水，1996）。

总体考察这些目前被划归为中国旧石器时代中期的考古地点不难发现：

属于这一阶段的遗址数目相对很少。尤其当将一些遗址的多个地点（例如丁村）合并计算时，其数量就大大缩小了。

遗址分布很不平衡。北方，尤其是华北地区十分集中，而华南地区则分布很少（只有7处，尚含不确定者）。

出土文化遗物丰富的地点不多。石制品总数上百件者17处，上千件者不足5处，大多数地点只有零散采集的标本。

经过系统发掘和整理的地点不多。

遗址多为旷野型，遗物多出自河流相地层，所能提供的有关古人类行为信息的埋藏学资料有限。

经过绝对年代测定的遗址不多。

由上述分析可以看出，中国旧石器时代中期的考古资料不很完备，研究基础仍很薄弱。

三、中国旧石器时代中期的年代学研究

如前所述，文化时代的划分应该以文化特点及其发展和变化为依据。然而“中国旧石器时代中期”的界定却没有遵循这一原则。综合考察对被划归到“中国旧石器时代中期”中的各遗址的分期断代过程，可以看出在考古实践中，我国学者采取的标准为两个：一是遗址所处的地质时代；另一是与石器文化伴生的人类化石的分类属性。前者对旧石器时代中期的限定是：旧石器时代中期＝晚更新世早期（目前对晚更新世早期普遍接受的时限是距今15～5万年）。而由后者引申出的旧石器时代中期的定义则是：旧石器时代中期＝早期智人生活的时期。具体对遗址和文化进行分期研究中，中国考古学家运用了如下手段：

a. 伴生的化石动物群

周口店第15地点之所以被改为旧石器时代中期，主要原因就是在该地点的动物群中存在赤鹿和普氏羚羊，二者被认为是更新世晚期的典型种属（张森水，1987）。生物地层学方法始创于地质学和古生物学。最初是靠所谓标准化石来对比和确定地层的时代。后来则更注重动物群中新老种属的对比。自从桑志华和德日进等古生物学家在20年代启动中国旧石器时代考古学，并将生物地层学方法引入中国，该方法便在我国旧石器时代考古实践中常用不衰。但该方法的运用只能是粗线条的。例如李炎贤在采用生物地层学资料划分华南旧石器文化时代时即指出，华南大熊猫—剑齿象动物群延续的时间较长，一般情况难以细分（李炎贤，1982）。盖培等亦指出华北的萨拉乌苏动物群可能包含着很长时代的种属，因而与该动物群伴生的石器文化可能会分属不同的时代（盖培等，1982）。

b. 地层关系

贾兰坡等（1961）曾将山西的旧石器地点依据归并为“红色土系统中的文化”、“黄土底部砾石层中的文化”和“黄土系统中的文化”。丁村遗址文化时代的确定便主要是依据地层层位。早时被认为是旧石器时代晚期，是因其层位被定为“相当于更新世晚期的‘黄土’的堆积物”（裴文中等，1958）。而后又被改定为旧石器时代中期，则是因为对其层位的认识改变为“大体相当于黄土层基底砾石层中石器的时代”（裴文中，1965）。窑头沟的文化时代被当初的研究者确定为旧石器时代中期，也是因为其层位被定为黄土底砾层，研究者并进而对萨拉乌苏动物群的时代属性提出疑问（盖培等，1982）。而其他研究者则依据伴生的动物化石资料否认原研究者的时代定性（刘玉林等，1984）。矛盾与弊端，略见一般。

c. 共生的人类化石

目前石制品与早期智人共生的地点已在我国发现约近10处，包括金牛山、庙后山、喀左鸽子洞、周口店第4地点、许家窑74093地点、丁村100地点、大荔和水城硝灰洞等。按照惯例，出土早期智人化石的石器地点应归属旧石器时代中期。周口店第4地点文化时代的确定便主要根据这一原则。但也有例外，如庙后山与金牛山。金牛山地点原依据地层和动物化石资料被确定为旧石器时代早期，但以后发现了人类化石，且被鉴定为早期智人（吴汝康，1988）。于是引发了一场有关其地层、时代、人类进化模式等一系列问题的争论（吕遵谔，1989）。而该地点的文化时代却没有因此而得以改变。

d. 绝对年代的测定

绝对年代的测定在旧石器时代考古的年代学研究中后来居上，为遗址的断代提供了更客观和更精确的手段。目前应用于我国旧石器时代考古年代学研究的主要方法包括铀系法、电子自旋共振法和裂变径迹法等。通过这些测试手段（主要是铀系法），中国旧石器时代中期的几个主要地点已有了绝对年代数据。这些数据一方面基本肯定了以生物地层学方法建立起来的时代框架，另一方面也对传统的分期模式提出了挑战。例如大荔的时代测定在距今23～18万年之间，丁村的时代则为距今21～16万年之间（陈铁梅等，1984）。这使它们的地质时代提前到更新世中期，二者的文化时代似乎也应该前移到旧石器时代早期。而旧石器时代早期在南方的代表遗址观音洞的铀系年代则为距今11.5～5.7万年之间（原思训等，1986），照理应改划为旧石器时代中期。当然，绝对年代测定也有它的局限性。考古学家对此不该迷信，也不应人为的取己所好。

从上述分析可以看出，目前应用于我国旧石器时代考古学研究中的各年代学手段，既有其长处，也有其局限性。将它们作为一个整体体系来为中国旧石器时代进行断代和定位，尤其是区分旧石器时代早期和中期，便出现若干矛盾或难以调和之处。问题的症结在于它们所测定的时代为地质时代或"绝对年代"。而"旧石器时代早期向中期的过渡并不是年代学的问题，而是文化的问题"（Jelinek，1982），即文化时代是一种"相对时代"，是指人类文化发展的不同阶段。因而上述方法都没有也不可能采纳考古学分期研究的真正标准——人类文化的发展变化。

中国旧石器时代文化采用地质—古生物学方法进行分期断代，可以说是不得已而为之。如前所述，中国旧石器时代考古学是由西方学者引进和启动的，其分期断代的框架也基本上是沿用西方现成的模式。所以在中国旧石器时代考古学的起始之时，所发现的遗址、遗物难免要与西方的考古学文化体系对号入座。但这样的移植式的分期方法随着周口店的发现、发掘而陷入困境，因为中国猿人的石器文化个性鲜明，难以与已知的欧洲文化进行对比。正如裴文中在30年代所指出，探讨中国和欧洲旧石器时代文化的关系，"存在两个不可克服的困难"：其一欧洲旧石器文化的分期很复杂，而欧洲史前人类主要工具的型式特征及其分期，尚不见于中国；其二文化是具有区域性的，因而不同的地区会有不同的人种和差异很大的文化（裴文中，1937）。基于这种情况，裴文中认为"根据地质学和古生物学的研究，我们可以克服这些困难。"因而"主要应该根据文化的地质时代来对比欧洲和中国旧石器文化的关系。至于工具的型式和工艺的比较也是可以考虑的，但对我们没有多少帮助。"所以，生物地层学方法便取代技术与类型学的研究，成为中国旧石器时代考古学分期、断代的主要标准及其与欧洲考古学文化进行对比研究的依据。于是欧洲和中国的旧石器时代文化都有了早、中、晚三个时期，只不过前者的划分是依据文化的发展变化，而后者则是将前者的文化时代转化为地质时代然后与其对比派生而出的，难免牵强附会、似是而非，也由此产生了误解和混乱。

四、中国旧石器时代文化的发展变化

中国旧石器时代文化经历了怎样的发展过程？在现存的早、中、晚的分期体系中，各个时期的文化具有什么样的特点？

许多学者对中国旧石器时代各个时期的文化特点进行过系统的归纳总结（邱中郎，1989；张森水，1985、1990、1997；李炎贤，1989、1993；林圣龙，1996；黄慰文，1989；Schick et al.，1993）。从若干总结性文章中，可以看到对中国，主要是中国北方旧石器时代考古学文化这样的概括：“以石片石器为主”，“使用锤击法打片和加工”，“以刮削器为主，尖状器为辅”，“形制不规则”，“刃缘不平齐”，等等。这些性状描述对于中国北方旧石器时代早、中期的绝大部分和晚期的部分遗址几乎是“放之四海而皆准”的。这一方面表明中国旧石器具有很强的共性和继承性，另一方面也说明这些总结和概括过于抽象和简单。

选取哪些项目来进行文化间的比较研究，会对研究结论有直接的影响。李炎贤提倡以素材、技术和类型作为文化分期和比较的重要因素，而将标本的大小和类型的组合作为次一级的分类依据（李炎贤，1993）。本文将依据这一原则选取若干能反映古代人类石器技术和文化面貌的信息单元来纵向考察中国旧石器文化从早到晚的发展变化，包括对原材料的开发利用、打片的方法、加工的技术和方式、类型的组合和演变以及形态特征等。

a. 对原材料的开发利用

对石质材料的开发利用在中国旧石器时代的绝大部分时期贯穿着这样的特点：一是就地取材；二是在制造石器的过程中，对原材料缺少系统的预制加工。就地取材意味着不刻意寻找优质材料，没有对优质石场进行连续系统的开发，也缺少对石器材料的远距离的搬运。就地取材的结果是原料种类的多样性和素材的劣质性，进而影响加工的质量和器物的形态。

依目前的资料看，对石器材料进行粗加工或预制石核、毛坯这一重要的石器技术，在中国旧石器时代没能成为制造石器的一个必要环节。在中国旧石器时代的早一阶段，虽然在一些工业中，例如周口店第15地点和丁村遗址，被认为存在修理台面的标本，但这样的标本数目很少，而且对其定性带有很大的主观臆断性。缺乏这一制作程序的结果是：石器个体间形态差异大，类型不规范。到旧石器时代晚期，在中国北方出现了长石片和细石器工业，而长石片和石叶的产生是需要对石核进行预制修理的。相应的结果是在这些工业中，石制品的规范性大大提高了。

b. 打片的方法

产生石片的方法，依据有无中介物可分为直接打片和间接打片；依据石锤种类可分为硬锤方法和软锤方法。在中国旧石器时代的绝大多数时期，石片是由直接打击法产生的，虽然具体方法，包括锤击法、投击法、碰砧法、砸击法和锐棱砸击法在不同工业中偏重不同。而在锤击法中，是以硬锤方法占统治地位的。虽然在一些工业中被认为存在软锤法产生的标本，但缺乏系统的观察和实验的依据（林圣龙，1994a）。至于在旧石器时代晚期的长石片—细石叶工业中是否应用了间接打击和软锤技术，尚需做进一步的观察和实验，因为直接打击和硬锤技术也是可以生产长石片和细石叶的。

c. 毛坯的选择

总体来说，中国旧石器时代文化对加工石器素材（毛坯）的选择从早至晚片状毛坯有逐渐增加的趋势。由于许多遗址缺乏完整的统计分析，难以进行详细的对比讨论。从目前的资料来看，这种变化从早期到中期似乎不十分明显，而在晚期一些工业中采用了长石片和石叶、细石叶作为工具的毛坯，对石器的制作注入了新的血液。

d. 加工方法

从石器的加工痕迹来看，中国旧石器时代从早期到中期基本上采用硬锤加工，控制程度较差，加工程度较粗，随意性较强。直到晚期的一些工业方应用了改进的加工技术，例如压制法和软锤加工等。

e. 加工方式

加工方式是研究旧石器文化常要涉及的观察项目，但其在古人类文化特点及其技术发展方面的意义却很不明确，也很少有所讨论。从目前我国积累的旧石器时代文化资料来看，除了向石片背面加工为主要特点以外，似乎很难看出其发展变化的趋势。

f. 器物类型

在整个旧石器时代，石质工具在类型方面呈现一种由少到多的发展趋势，体现出工具的专业化程度不断提高。在中国北方的石器工业中，刮削器自始至终是主要类型且种类愈发增多，砍砸器似乎是由盛而衰，尖状器则越来越成为重要器型。器物类型的变化在旧石器时代晚期愈发显著，端刮器、石锥、雕刻器和细石器等都成为器物组合中的重要类型，而且骨角器等也发挥着重要的作用，并出现了装饰品等非生产用品。

g. 器物的形态和大小

石器器体的规范化和形态的规则化是石器时代人类生产技术发展和成熟的重要标志。就此而言，从中国旧石器时代早期到中期的阶段性变化不十分显著，虽然周口店第 15 地点和丁村的石制品在此方面较之泥河湾和周口店第 1 地点有若干进步。这样的变化到旧石器时代晚期则变得非常明显，尤其体现在长石片—细石器系列之中。有关石制品的大小，贾兰坡等（1972）以此为主要依据将华北旧石器时代文化划分为两个传统。张森水（1990）则总结出中国北方旧石器时代的主工业沿着长宽等比小型化方向发展的规律。至于器物大小的变化与石器技术发展、文化传统演变的关系，尚需做进一步的讨论。

“中国旧石器时代”是一个很大的时空概念。用上述寥寥数语对其文化特点及其演变规律进行概括难免空泛。作者意在表明从早更新世至晚更新世早期，中国的石器文化虽然处于不断地发展变化之中，但这种变革是缓慢和渐次的，在技术和类型方面没有出现重大突破以至于可以划分出不同的文化时代。直至晚更新世晚期，中国的石器工业出现了新的并得以延续下去的文化因素，表明中国的旧石器时代文化进入了一个新的发展阶段。

五、西方对旧石器时代中期的定义和研究

让我们将中国旧石器时代中期的考古学研究纳入世界旧石器时代考古学体系，并与西方对旧石器时代中期的定义和研究状况做一比较研究。

世界考古学的分期研究始于 1836 年丹麦学者汤姆森（Thomsen，1836）对石器时代、铜器时代和铁器时代的划分。1865 年英国自然学家卢博克（Lubbock，1865）将石器时代划分为旧石器时代和新石器时代。随后法国古脊椎动物学家拉德特将旧石器时代划分为四个阶段，并依据伴生的动物化石将其命名为洞熊时代、猛犸象与披毛犀时代、驯鹿时代和原始牛或野牛时代。1872 年法国地质学家和史前人类学家莫尔蒂耶将 Lartet 的分期做了调整，并依地质学惯例用典型遗址将各个时期命名为舍利时期、莫斯特时期、梭鲁特时期和马格德林时期（Trigger，1989）。1877 年美国人类学家摩尔根（Morgan，1877）在 Mortillet 分期的基础上将旧石器时代确定为早、中、晚三个阶段。1881 年 Mortillet 发表了他的五期断代模式，即舍利、阿舍利、莫斯特、梭鲁特和马格德林（Mortillet，1881）。1912 年步日耶

(Breuil，1913）修正了 Mortillet 的分期模式，将奥瑞纳期置于莫斯特和梭鲁特之间。实际上欧洲旧石器时代文化的分期归位经历过许多反复，是一个很复杂、很烦琐的过程（见 Daniel，1975），在此只能理出一个大致轮廓。

自 Mortillet 的分期模式诞生以来，莫斯特便成为欧洲旧石器时代中期的代名词。Mortillet 将莫斯特工业概括为尖状器、刮削器、勒瓦娄哇石片以及三角形手斧的复合体。1913 年法国史前学家卡蒙特（Commont，1913）将莫斯特期进一步划分为“最后间冰期时代的莫斯特”、“早期莫斯特”——高比例的勒瓦娄哇石片、三角形手斧、刮削器、尖状器和凹缺刮器）、“中期莫斯特”——大量的刮削器）和发达的莫斯特”——含刮削器但无手斧）。1921 年法国考古学家帕伊若尼将莫斯特文化分割为“阿舍利传统的莫斯特”——含手斧、刮削器、凹缺刮器和锯齿状器）和“典型的莫斯特”——含刮削器和尖状器），而二者的关系是平行发展的（Peyrony，1921）。

五六十年代，法国旧石器时代考古学家博德兹为旧石器时代中期乃至整个旧石器时代的研究带来了革命性的变革（Sackett，1982）。他一方面为旧石器时代中期建立了一个系统的类型学体系，包括 63 种石制品名单（Bordes，1961、1972），而这一体系在西方得到了广泛的应用；另一方面，他依据各器类在一个组合中所占的比例将莫斯特工业划归 6 个文化变体（Bordes，1953），并认为这些不同的变体是由不同的文化群体所创造的（Bordes，1954）。这样，他一方面摒弃了传统的单纯依靠典型器物来确定文化性质的模式，将考古学研究由定性导入定量；另一方面则摆脱了单纯地对器物进行分类和描述的做法，将民族学和人类学的内容引入旧石器时代考古学。

自 Bordes 以后，对莫斯特文化变体的解释便成为旧石器时代中期考古学研究的核心内容。60 年代中晚期，以宾福德为代表的美国“新考古学”派开始用多变量分析的手段从功能与行为的角度诠释这些文化变异，认为不同莫斯特类型的差异是由人类在不同的季节、不同的遗址从事不同的生产生存活动而产生的（Binford et al.，1966）。这样便展开了 Bordes 与 Binford 之间对旧石器研究影响深远的长久论战。80 年代中期以来又有新的学派加入这场论战，对莫斯特文化的变异提出新的解释。这些学者一方面强调器物类型是动态的，而非一成不变（在石器加工、使用、再加工、再使用以致废弃的过程中，同一件石器可以经历不同的形态与类型的转换，例如边刃刮削器可以变成横刃刮削器，单刃刮削器可以变成两刃或复刃刮削器等）；另一方面从埋藏学的角度强调遗址的形成过程及后天的破坏作用对一个遗址或文化面貌的制约或改变（Dibble et al.，1992）。这样，一种器物或一个类型就不一定是人类有意识的设计与加工的最终形式，而一个所谓文化变体也不一定是人类行为的直接反映。这些探讨和争论对莫斯特文化以至整个旧石器时代中期的研究不断向更广和更深的领域开拓，由单纯的器物形态描述到文化传统的更替演变、人类对不同的环境的适应改造、对原材料的开发利用、人类技术与行为的复杂多变，以及如何透过若干扭曲的表象获取人类行为的真实信息。

目前，对旧石器时代中期的研究是西方旧石器时代考古学中最有活力的部分。资料表明，旧石器时代中期在西欧、西亚和非洲始于距今约 20 万年前，结束于距今 4～3.5 万年前（当然对旧石器时代中期的间隔跨度以及在各地区出现和消失的时间，不同学者尚有不同的意见，参见 Ronen，1982）。这些地区旧石器时代中期的文化面貌可谓大同小异。它们都由阿舍利时期的文化发展而来，有些变体尚保留若干阿舍利的遗风，因而有的学者认为在旧石器时代早期与中期之间没有质的区别（Bar - Yosef，1982；Gamble，1986）。它们普遍缺失大型的手斧，而代之以用石片加工而成的各类刮削器和尖状器，以及个体较小的三角形或心形的手斧，而在制取石片的过程中普遍采用勒瓦娄哇技术，甚至在石核上预制了石器的雏形，剥片后直接使用（Clark，1982；Klein，1989）。在西欧这样的文化遗存与尼安德特人化石共生，在非洲则与比尼人在体质上更进步的早期智人化石伴出，而在西亚这两种人类化石都曾被发掘出土。这也成为现代人类起源于非洲，经西亚向其他地区扩散并取代其他人类群体的重要证据（Stringer，1992）。

六、讨　论

中国旧石器时代中期的考古学研究始于20世纪20年代初。最初的研究工作是由法国学者启动的。当时法国是世界史前学研究的中心，中国旧石器时代考古学之父裴文中先生又在法国接受了系统的训练，因而中国学术界基本上接受了法国早期旧石器时代考古学的模式，包括对旧石器时代文化的分期研究。50年代以后，由于与西方学术界信息交流的减少以至中断，西方新的研究成果和学术思想对中国的旧石器时代考古学研究没有能进一步产生积极的影响。这样当西方学术界对旧石器时代中期的研究不断蓬勃开展的时候，中国在这一领域却显得沉寂和停滞，在很大程度上仍然停留在类型学和形态学上。

在承袭法国早期旧石器时代考古学分期的模式时，碍于中西方考古学文化内涵的不同，中国学者摒弃了以文化内容作为分期标准的原则，而采用地质古生物学的手段，单纯以地质时代来与西欧的分期进行类比和对应，这样便派生出了“中国旧石器时代中期”。

“中国旧石器时代中期”不是一个严格、有意义的学术概念。对它的界定采用了偏离传统的学术准则的间接的手段，由于这些手段，没有统一的标准，导致了对一些遗址或地点时代归属上的矛盾。

正如许多学者所指出，晚更新世晚期以前的中国旧石器时代文化在石器技术与类型方面没有质的发展与变化。既然如此，人为地将这一期间的考古学文化划分为两个时代，一方面没有意义和没有必要，另一方面也易于产生误解，造成文化发展的假象，使其他学科在使用这方面材料时误入歧途。因而作者提议应实事求是地依据考古资料的内涵，按照考古学文化分期的原则，以旧石器文化的发展变化为依据，在中国旧石器时代考古实践中摒弃三期断代的传统模式，而代之以早、晚两期的二分法。

中国旧石器时代早期始于更新世早期，终于晚更新世早期，涵盖原来的中国旧石器时代早期和中期；而中国旧石器时代晚期则处于晚更新世晚期，与原来的定义一致。需要说明的是，中国北方和南方的旧石器文化之间有诸多不同之处，上述的分期调整主要适用于北方的旧石器时代工业体系。而且历史时代、文化时代的分期只能着眼于大的发展趋势和方面，无法面面俱到。于是，当距今5～4万年前在中国北方出现长石片—细石器工业（当然长石片工业目前还是孤例），发展出新的并得以延续下去的石制品类型和制作技术时，我们便认为该地区的旧石器时代文化进入了一个新的发展阶段，即旧石器时代晚期。在做这样的分期归类时，我们必须考虑到文化间发展的不平衡性，不应该期待进入新的时代所有的文化便应同时具备新的属性。这样，在西欧的旧石器时代中期可以有“阿舍利传统的莫斯特文化”变体，在中国的旧石器时代晚期也可以存在带有早期特点的“中国北方旧石器主工业”体系。这就如同在现代社会中仍然存在着保持传统生活方式的人类群体，但我们不能由此而将当代社会界定为“原始社会”。重要的是去研究新的文化因素的由来和造成文化间的不平衡发展的机制。

如果套用克拉克的五种旧石器时代技术模式（Clark，1969）来对中国旧石器时代早、晚两期文化进行概括，可以认为中国旧石器时代早期一直处于模式Ⅰ技术或奥杜韦技术的范畴之中（林圣龙，1996）。其特点是石器加工比较简单随意，器物的成型形态与原坯相去不远；缺乏对石核系统的预制程序；石器类型的主体为刮削器、砍砸器和尖状器；器型之间分类不特别清晰；同类器物个体间变异较大。有的学者认为在中国存在手斧等属于模式Ⅱ技术范畴的阿舍利文化系统的石器类型（黄慰文，1987），但对这些器物的时代和定性都有很大的争议（林圣龙，1994b；林圣龙等，1995；高星等，1997），而且这些器类从来没有在任何一个工业中占据主体定位。至旧石器时代晚期，在中国的石器工业中出现了模式Ⅲ技术、模式Ⅳ技术和模式Ⅴ技术的石制品类型，同时模式Ⅰ技术继续存在，发展出多种文化系列（李炎贤，1993）。

在做这样的分期调整之后，便难免提出这样的问题：为什么中国旧石器时代早期延续时间如此之长，达百万年之久？为什么在晚期出现新的文化因素，呈现出多元化的发展格局？其动因是什么？

对于中国旧石器时代早期文化的所谓保守性和发展的缓慢性，中外学者已有所讨论。在传统研究中人们习惯于用人类种群的特点及其智力发展水平来解释类似的文化现象（Movius，1948；Coles et al.，1969）。体质人类学研究表明，在中国乃至东亚从猿人到智人呈现出地区性连续进行的趋势（吴新智、张银运，1978；吴新智，1989、1990；刘武，1997；Wolpoff et al.，1984）。但这并不表明人类在智力发育和文化水平上落后于西方的古代人群。因为前者毕竟成功地适应生存下来，并在以后创造出了灿烂的东方文明。他们之所以长期保留那样一套生产、生活工具，可能有两方面的解释：第一，这些看似简单的工具为当时人类的适应生存提供了足够的功能；第二，当时的东方人群可能拥有其他质料的工具，例如竹木制品（Pope，1989），而这些工具没能作为考古资料保存下来。张森水（1990）对中国北方旧石器主工业发展缓慢的原因做了较全面的阐述，提出的解释包括："继承性影响创造性"、"原料质劣影响技术的发挥"和"缺乏文化交流，有碍工业发展"。Reynolds（1991）也提出在对东西方文化进行类比研究时，应摒弃"直线进化"的思维习惯和形而上学的比较模式，具体而综合地考察各种因素对一个文化的发生和发展的影响，包括社会组织结构、石质工具在整体技术系统中所占的分量、原料的质量和供给以及生态环境等。对这些可能制约中国旧石器时代早期文化发展的因素的进一步考察，应是今后本学科研究的重要课题。

对于古代人类体质与文化的发展变化和更新替代，学者们提出了若干理论解释：这些假说可以被归结为三个方面：1）因生态环境及资源条件的改变当地人群在体质和文化方面发生适应变化；2）人口迁移使一个地区出现新的人类群体和新的文化；3）不同区域的人群之间发生基因与信息的交流从而导致一个地区的人群体质与文化的改变（Kozlowski，1988）。对于中国旧石器时代晚期文化中出现新的技术与类型的因素，中国的考古学家也在上述的理论框架之内提出了不同的解释，归结起来主要为两种观点：一是本地区旧石器时代文化继承、发展和创新的结果（李壮伟等，1985；李炎贤，1993）；二是通过与周边地区，尤其是西、北邻近地区的文化交流，旧的传统得以突破，新的文化得以创造和发展（张森水，1990）。当然，无论是继承创新还是交流突破，在环节上都有若干缺失，尚需要做进一步的补充和完善。

参考文献

三峡工作队，1997. 四川烟墩堡旧石器遗址入选我国 1996 年十大考古新发现 . 人类学学报，16（2）:169～170。

三峡工作队，1997. 丰都高家镇桂花村旧石器遗址发掘取得满意结果 . 人类学学报，16（2）:170。

尤玉柱，1991. 漳州史前文化 . 福州：福建人民出版社。

刘玉林、黄慰文、林一璞 .1984. 甘肃泾川发现的人类化石和旧石器 . 人类学学报，3（1）:11～18。

刘武，1997. 蒙古人种及现代中国人的起源与演化 . 人类学学报，16（1）:55～73。

吕遵谔，1989. 金牛山人的时代及其演化地位 . 辽海文物学刊，（1）:44～55。

李炎贤，1982. 华南旧石器时代的相对年代 . 人类学学报，1（2）:160～168。

李炎贤，1989. 中国南方旧石器时代早期文化 . 见：吴汝康等编 . 中国远古人类 . 北京：科学出版社，159～194。

李炎贤，1991. 河北阳原板井子石制品的初步研究 . 见：中国科学院古脊椎动物与古人类研究所参加第十三届国际第四纪大会论文选 . 北京：北京科学技术出版社，74～95。

李炎贤，1993. 中国旧石器时代晚期文化的划分 . 人类学学报，12（3）:214～223。

李壮伟、石金鸣，1985. 华北旧石器时代晚期文化的相互关系 . 史前研究，（1）:17～23。

吴汝康，1988. 辽宁营口金牛山人化石头骨的复原及其主要性状 . 人类学学报，7（2）:97～101。

吴新智，1989. 中国的早期智人 . 见：吴汝康等编 . 中国远古人类 . 北京：科学出版社，24～41。

吴新智，1990. 中国远古人类的进化 . 人类学学报，9:312～321。

吴新智、张银运，1978. 中国古人类综合研究 . 见：中国科学院古脊椎动物与古人类研究所编 . 古人类论文集 . 北京：科学出版社，38～41。

邱中郎，1989. 中国旧石器时代中期文化 . 见：吴汝康等编 . 中国远古人类 . 北京：科学出版社，195～219。

陈哲英，1993. 山西旧石器时代考古学综述 . 见：山西省考古研究所编 . 山西旧石器时代考古文集 . 太原：山西经济出版社，1～14。

陈铁梅、原思训、高世君，1984. 铀子系法测定骨化石年龄的可靠性研究及华北地区主要旧石器地点的铀子系年代序列·人类学学报，3（3）:259～269。

林圣龙，1994a. 关于东西方旧石器文化中的软锤技术 . 人类学学报，13（1）:83～92。

林圣龙，1994b. 对九件手斧标本的再研究和关于莫维斯理论之拙见 . 人类学学报，13（3）:189～208。

林圣龙，1996. 中西方旧石器文化中的技术模式的比较 . 人类学学报，15（1）:1～19。

林圣龙、何乃汉，1995. 关于百色的手斧 . 人类学学报，14（2）:118～131。

张森水，1984. 五年来中国旧石器文化的研究——纪念北京猿人第一头盖骨发现 55 周年 . 人类学学报，3（4）:304～312。

张森水，1985. 我国北方旧石器时代中期文化初探 . 史前研究，（1）:8～16。

张森水，1987. 中国旧石器文化 . 天津：天津科学技术出版社。

张森水，1990. 中国北方旧石器工业的区域渐进与文化交流 . 人类学学报，9（4）:322～334。

张森水，1996. 漳州莲花池山旧石器时代文化地点的新材料及再研究 . 人类学学报，15（4）:277～293。

张森水，1997. 在中国寻找第一把石刀 . 人类学学报，16（2）:87～95。

杨景春、刘光勋，1979. 关于“丁村组”的几个问题 . 地层学杂志，3:194～199。

周明镇，1958. 软体动物化石 . 见：裴文中主编 . 山西襄汾县丁村旧石器时代遗址发掘报告 . 北京：科学出版社，81～93。

贾兰坡，1936. 周口店第 15 地点发掘简单报告 . 见：贾兰坡旧石器时代考古论文集 . 北京：文物出版社，107～111。

贾兰坡，1960. 中国猿人的石器和华北其他各地旧石器时代早一阶段的石器关系 . 古脊椎动物与古人类，2:45～50。

贾兰坡、王择义、邱中郎，1961. 山西旧石器 . 北京：科学出版社。

贾兰坡、盖培、李炎贤，1964. 水洞沟旧石器时代遗址的新材料 . 古脊椎动物与古人类，8 (1):75～83。

贾兰坡、盖培、尤玉柱，1972. 山西峙峪旧石器时代遗址发掘报告 . 考古学报，(1):39～58。

高星、欧阳志山，1997. 趋同与变异：关于东亚与西方旧石器时代早期文化的比较研究 . 见：童永生等编 . 演化的实证——纪念杨钟健教授百年诞辰论文集 . 北京：海洋出版社，63～76。

原思训、陈铁梅、高世君，1986. 华南若干旧石器时代地点的铀系年代 . 人类学学报，5 (2):179～190。

黄慰文，1987. 中国的手斧 . 人类学学报，6 (1):61～68。

黄慰文，1989. 中国旧石器时代晚期文化 . 见：吴汝康等编 . 中国远古人类 . 北京：科学出版社，220～244。

盖培、黄万波，1982. 陕西长武发现的旧石器时代中期文化遗物 . 人类学学报，1 (1):19～29。

裴文中，1937. 中国的旧石器时代文化 . 见：裴文中史前考古学论文集 . 北京：文物出版社，150～159。

裴文中，1939. 周口店山顶洞之文化 . 中国古生物志，新丁种第 9 号，1～58。

裴文中，1954. 新中国五年来考古事业的成就 . 新建设，(110):45～55。

裴文中，1955. 中国旧石器时代的文化 . 科学通报，(1):30～45。

裴文中，1955. 中国旧石器时代的文化 . 见：中国人类化石的发现与研究 . 北京：科学出版社，53～89。

裴文中，1959. 旧石器研究 . 见：十年来的中国科学——古生物学 . 北京：科学出版社，115～125。

裴文中，1965. 中国的旧石器时代——附中石器时代 . 见：裴文中史前考古学论文集 . 北京：文物出版社，158～175。

裴文中，1983. 史前考古学基础 . 见：裴文中史前考古学论文集 . 北京：文物出版社，49～107。

裴文中、张森水，1985. 中国猿人石器研究 . 北京：科学出版社。

裴文中、李有恒，1964. 萨拉乌苏河系初步探索 . 古脊椎动物与古人类，8 (2):99～118。

裴文中、贾兰坡，1958. 丁村旧石器 . 见：裴文中主编 . 山西襄汾县丁村旧石器时代遗址发掘报告，北京：科学出版社，97～111。

蔡回阳、王新金、许春华，1991. 贵州毕节扁扁洞旧石器 . 人类学学报，10 (1):50～57。

Bar－Yosef O. 1982. Some remarks on the nature of transition in Prehistory. In：Avraham Ronen ed. The Transition from Lower to Middle Palaeolithic and the Origin of Modern Man. BAR International Series 151. Applied Scientific Research Co.，University of Haifa Ltd，29～34.

Binford LR，Binford S. 1966. A preliminary analysis of functional variability in the Mousterian of Levallois Facies. American Anthropologist，68 (2):238～295.

Bordes F. 1953. Essai de classification des industries Mousteriennes. Bulletin de la Societe Prehistorique Francaise，50:457～466.

Bordes F. 1954. L' Evolution buissonnante de industries en Europe occidentale. Considerations theorique，sur le Paleolithique ancien et moyen. L' Anthropologie 54:393～420.

Bordes F. 1961. Typologie du Paleolithique ancien et Moyen. Publications de I' Institutde Prehistoire de I' Universite de Bordeaux，memoire No. 1，2 Vols.

Bordes F. 1972. A Tale of Two Caves. New York：Harper and Row.

Breuil H. 1913. Les subdivisions du Paleolithique superieur et leur signification. C. R. 14eme Congres International d' Anthropoligie et d' Archeologie Prehistorique，1912，Geneva，165～238.

Breuil H. 1928. Archeologie. In：Boule M et al. des. Le Paleolithique de la Chine. Archives de I' Institute de Paleontologie Humaine，Memoire 4，Masson，Paris，103～136.

Clark G. 1969. World Prehistory. 2nd edition. Cambridge：Cambridge University Press.

Clark JD. 1982. The cultures of Middle Palaeolithic/Middle Stone Age. In：Clark JD ed. The Cambridge History of Africa，Vol

1. Cambridge: Cambridge University Press, 248～341.

Coles JM, Higgs ES. 19679. The Archaeology of Early Man. Middlesex: Penguin.

Commont V. 1913. Le Mousterien ancien a Saint－Acheul et Montieres. Congres Prehistorique de France. Compte Rendu de la Huitieme session－Angouleme. Paris: Bureaux de la Societe Prehistorique Francaise.

Daniel GE. 1975. A Hundred and Fifty Years of Archaeology. 2nd edition. London: Duckworth.

Dibble HL, Rollad N. 1992. On assemblage variability in the Middle Paleolithic of Western Europe: historty, perspectives, and a new synthesis. In: Dibble HL, Mellars P eds. The Middle Paleolithic: Adaptation, Behavior, and Variability. University Museum Monograph 72, University of Pennsylvania, 1～28.

Gamble C. 1986. The Palaeolithic Settlement of Europe. Cambridge: Cambridge University Press.

Jelinek AJ. 1982. Concluding discussion. In: Ronen A ed. The Transition from Lower to Middle Palaeolithic and the Origin of Modern Man. BAR International Series 151. Applied Scientific Research Co, University of Haifa Ltd, 321～329.

Klein RG. 1989. The Human Career: Human Biological and Cultural Origins. Chicage: The University of Chicage Press.

Kozlowski J. 1988. Problems of continuity and discontinuity between the Middle and Upper Paleolithic of central Europe. In: Dibble HL, Montet－White A eds. Upper Pleistocene Prehistory of Western Eurasia, The University Museum Monograph 54, University of Pennyslvania, 349～360.

Lubbock J. 1865. Pre－historic Times: As Illustrated by Ancient Remains, and the Manners and Customs of Modern Savages. London and Edinburgh.

Morgan LH. 1877. Ancient Society. New York: Holt.

Mortillet GD. 1881. Le Musee Prehistorique. Paris.

Movius H. 1948. The Lower Paleolithic culture of Southern and Eastern Asia. Tran Am Philos Soc, 38 (4):329～420.

Pei WC. 1937. Palaeolithic industries in China. In: MacCurdy ed. Early Man. NMew York: Linpincott, 221～232.

Pei WC. 1939. A preliminary study on a new Palaeolithic station known as Locality 15 within the Choukoutien Region. Bull Geol Soc China, 19:147～187.

Peyrony D. 1921. Le Mousterien—ses facies. In: Association Francaise pour l' Advancement de sciences, 44e session. Strassbourg, 497～517.

Pope G. 1989. Bamboo and human evolution. Natural History, 10:48～57.

Qiu ZL. 1985. The Middle Palaeolithic of China. In: Wu Rukang, Olsen JW eds. Palaeoanthropology and Palaeolithic Archaeology in the People' s Republic of China. New York: Academic Press, 187～210.

Reynolds TEG. 1991. Revolution or resolution? The archaeology of human origins. World Archaeology, 23 (2):155～166.

Ronen A (ed). 1982. The Transition from Lower to Middle Palaeolithic and the Origin of Modern Man. BAR International Series 151, Applied Scientific Research Co, University of Haifa Ltd.

Sackett J. 1982. From de Mortillet to Bordes. A century of French Palaeolithic research. In: Daniel G ed. Towards A History of Archaeology. London: Thames and Hudson, 85～99.

Schick KD. 1994. The Movius Line reconsidered: Perspectives on the Earlier Paleolithic of Eastern Asia. In: Corruccini RS et al eds. Integrative Paths to the Past. New Jersey: Prentice Hall, 569～596.

Schick KD, Dong Zhuan. 1993. Early Paleolithic of China and eastern Asia. Evol Anthropol, 2 (1):22～35.

Stringer CB. 1992. Replacement, continuity and the origin of Homo sapiens. In: Brauer G, Smith FH eds. Continuity or Replacement: Controversies in Homo sapiens Evolution. Rotterdam: Balkema, 9～12.

Teilhard de Chardin P, Licent E. 1928. Stratigraphie. In: Boule M et al eds. Le Paleolithique de la Chine. Archives de l' Institute de Paleontologie Humaine, Memoire 4, Masson, Paris, 1～26.

Thomsen CJ. 1836. Kortfattet Udsigt over Mindesmaerker og Oldsager fra Nordens Fortid. In: Ledtraad til Nordish Oldkyndighed. Copenhagen. 27～87.

Trigger BG. 1989. A History of Archaeological Thought. Cambridge: Cambridge University Press.

Wolpoff MH et al. 1984. Modern Homo sapiens: a general theory of hominid evolution involving the evidence from East Asia. In: Smith FH, Spencer F eds. The Origin of Modern Humans. New York: Alan R Liss Inc, 411～483.

（原载《人类学学报》1999，18（1）:1～16）

中国早更新世人类活动的信息

李炎贤

一、引　　言

长期以来不少学者锲而不舍地在中国早更新世的地层中寻找人类的化石和他们活动的踪迹。每一次发现总是伴随着争论。因为最早的人类活动的踪迹，是大家关心的问题，所以对这一时期的人类化石、文化遗物的性质和年代存在不同意见是常见的事。其实，对最早的人类和文化的认识是通过不断争论来提高和发展的。

早在20世纪20年代，法国学者在河北省阳原县泥河湾早更新世地层中发现大批哺乳动物化石。法国学者Breuil从中识别出一定数量切割断的鹿角、修整过的额骨、加工得像匕首的角核；一些骨头像石头一样被打击过，与周口店者相同。他认为还有少数骨头是被火烧过的，因为它们看来是炭化了的，有细小的裂纹。他并且认为，离泥河湾村不远的下沙沟发现的一件细晶岩石块，具有打击痕迹，是粗糙的手斧。他说："我个人并不怀疑这种粗糙手斧的人工性质。因此，在我看来，在泥河湾存在一种能够制作的人，中国猿人或者其他人，是已经成立的事实。"但在泥河湾工作并研究该地发现的哺乳动物化石的Teilhard de Chardin则不同意Breuil的解释，他说："我的朋友Breuil主张这样一种说法——在一些骨头上和一块细晶岩（特别容易劈裂的岩石）上的一定的古老的破裂痕迹，除了人工作用外，难以解释。我还是不可能接受这种观点，但是我也应当重视在旧石器时代工业方面，它们的造成者的例外的技术，我祝贺今后的研究将证实它。"其实，Teilhare de Chardin和Piveteau于1930年发表的《泥河湾哺乳动物化石》一书中就已明确指出："老实说，我们缺乏直接的证据，能证明最后的三趾马经常来喝泥河湾湖水的时候，中国就有了人类。"这场争论因为没有进一步的发现，也就没有继续下去，时间一长也就被人们淡忘了。

不过从理论上来讲，中国早更新世应该有人类存在并活动。Teilhard de Chardin和Piveteau在1930年发表的那本专著中也指出："我们不知道这个时期是否已经生活着人类，但我们知道可能存在着人类。"裴文中在40年代也指出："由上述各种石器证实，可知当时中国猿人之生活，实相当进步，已超过最原始及最简单之程序，即中国猿人之文化，实非最原始的文化，将来或可发现较中国猿人文化更早之人类"（裴文中，1948）。贾兰坡和王建也于50年代提出了："泥河湾的地层是最早人类的脚踏地"的论断。虽然他们论述的时间不同，先后相隔数十年，但基本论调略同。

随着1960年西侯度的发现，对中国早更新世的人类及其文化遗物的探讨和研究就进入了检验种种推论或假说的新阶段了。

二、发现与研究

本文采用Brunhes/Matuyama界限作为早更新世的上限，Matuyama/Gauss界限作为早更新世的下限。在这一部分主要回顾一下早更新世的旧石器时代考古的发现与研究、主要收获和存在的问题。依发现或研究的年代为序，简述如次。

（一） 西侯度

西侯度地点隶属山西省芮城县。发现于1960年。1961年和1962年进行发掘，由早更新世地层中出土一批动物化石和一些石质标本。动物化石以哺乳动物为主，计有17种，包括平额象（*Archidiskodon planifrons*）、纳玛象（*Palaeoloxodon cf. namadicus*）、李氏猪（Sus cf. Lydekkeri）、双叉麋鹿（*Elaphurus bifurcatus*）、晋南麋鹿（*Elaphurus chinnaniensis*）、步氏真梳鹿（*Euctenoceros boulei*）、粗面轴鹿（*Axis rugosus*）、山西轴鹿（*Axis shansius*）、步氏羚羊（*Gazella cf. black*）、古中国野牛（*Bison palaeosinensis*）、粗壮丽牛（*Leptobos crassus*）、山西披毛犀（*Coelodonta antiquitatis shansius*）、古板齿犀（*Elas motheuium cf. inexpectatum*）、中国长鼻三趾马（*Proboscidipparion sinense*）、三门马（*Equus sanmeniensis*）。石质标本经贾兰坡等研究后，认为是人工制品，共32件，包括石核7件、石片8件、砍砸器10件、刮削器6件、三棱大尖状器1件。另外，他们还描述了两件有人工加工痕迹的鹿角和一些燃烧过的骨、角和马牙。

这批材料发现后，引起有关方面的专家的关注，曾经在一定范围内进行讨论，对所发现的哺乳动物化石的鉴定和地层时代的推论，专家们的认识大致相同，惟对石制品的性质未能取得一致的认识。这种分歧在很长时期内未见之于文字。1978年关于西侯度发掘的专著发表（贾兰坡等，1978）。对石制品的认识仍然存在不同意见（李炎贤，1979），偶尔有几篇论文透露了一些学者怀疑这些石制品是自然力量作用的结果（Aigner，1978；Li，1983；Clark and Schick，1988），但未引起更多的讨论。而赞成西侯度石制品为人工制造的专家，在一些论著，特别是科普著作中，不断重复或引用原研究者的观点，以致在一般读者中形成了认识一致的错觉。最近张森水撰文对原作者描述的32件石制品进行分析，认为"河流碰撞所产生的碎石的形态、疤的特征都可与《西侯度》'石器'进行对比，其中有非常相像之处"，因而"'石制品'的人工性质存疑"；至于"'带有切痕的鹿角'，原来的推论有不少疑点，需要进一步工作"，而"'燃烧过的骨、角和马牙'，是否燃烧过无法肯定，当然更难把它看作是人类最早用火证据"（张森水，1998）。张森水的论文是值得重视的，尽管还存在论证不够充分的地方，要完全改变人们的看法还有一定距离，但毕竟是对流行二三十年的观点坦诚的讨论，打破了多年来论调一边倒的局面。希望这样的讨论将会促进本门学科的发展。

无论如何，西侯度的发现和研究，是我国学者对早更新世的旧石器时代考古工作的第一次尝试，其中的经验与教训、成就与不足，或可为后学者借鉴。

（二） 元谋上那蚌

1965年5月，地质学家钱方等在云南省元谋县上那蚌村发现二枚人类牙齿化石，经专家研究后定名为直立人元谋种，简称元谋直立人，伴出的哺乳动物化石有云南马（*Equus yunnanensis*）等，地质时代被定为早更新世（胡承志，1973)。这是一个重要的发现。不少专家学者参与考察和研究。1973年在元谋人化石产地出土3件石制品（文本亨，1978)，使元谋人的研究增添了新的内容。地层古生物学的研究，为元谋人的时代的确定提供了一个时间框架（浦庆余等，1977；林一璞等，1978)。李普等（1976）对元谋组进行了磁性地层学研究，得出的结论为："元谋人化石埋藏的层位相当于1.7±0.1百万年，即吉尔萨事件（1.61～1.79百万年）范围内。"程国良等（1977）对元谋人化石产地也做了古地磁测定，所得结果为："元谋直立人化石所在层位的年代为1.63～1.64百万年。"也有学者认为"元谋人的时代，根据元谋化石层位在底部的事实，可以确定为不应超过73万年，即可能为距今50～60万年或更晚一些"（刘东生等，1983)。与元谋人化石同一层位出土的哺乳动物化石中有较多的第三纪残留种类和绝灭种类，如桑氏鬣狗（*Hyaena licenti*)、泥河湾剑齿虎（*Megantereon cf. nihowanensis*)、类象剑齿象（*Stegodon elephantoides*)、爪兽（*Nestoritherium sp.*)、最后枝角鹿（*Cervocerus ultimus*)、粗面轴鹿（*Axis rugosus*)、山西轴鹿（*Axis shansius*)、斯氏鹿（*Cervus stehlini*)、云南水鹿（*Rusa yunnanensis*）等，看来元谋人的时代要比北京人为早，划归早更新世似较为适宜。元谋人牙齿属于直立人类型，这已为广大人类学家所接受；3件石制品虽然加工粗糙，但人工痕迹清楚，考古学家的认识也是一致的。由于标本过少，对文化性质、技术类型特点难以做过多的推论。不管怎样，元谋人的牙齿和石制品的发现证明中国早更新世就有人类存在并在这里生活、劳动。

（三） 郧县梅铺

湖北省郧县梅铺龙骨洞于1970年为当地群众所发现，动物化石的采集也就随之而开始。1975年科学工作者在此进行发掘，出土3枚直立人牙齿化石、1件人工痕迹清楚的石核和20多种哺乳动物化石，主要有：大熊猫（*Ailuropoda sp.*)、桑氏鬣狗（*Hyaena licenti*)、嵌齿象（*Gomphotherium sp.*)、剑齿象（*Stegodon sp.*)、马（*Equus sp.*)、貘（*Tapirus sp.*)、犀（*Rhinoceros sp.*）等。古生物学家认为："由龙骨洞中动物化石种类看，部分种类仍是大熊猫－剑齿象动物群（广义的）中的成员。化石种类中，有第三纪残存种类嵌齿象，又有更新世初期的桑氏鬣狗，还有可能生存于更新世初期到中期的小猪，似乎表明这个动物群有古老的性质。因此郧县人的时代比北京猿人为早"（许春华，1978)。古人类学家董兴仁（1989）指出："1975年在湖北省郧县龙骨洞采集的4枚人类牙齿（引者按：在群众采集的化石中发现1枚牙齿）（左侧的上内侧门齿、下外侧门齿、上第二前臼齿和第一臼齿）虽在总的形态上与北京猿人同类牙齿很相似（吴汝康等，1980)，但牙齿的尺寸大于北京猿人，加之与人类牙齿共存的动物群时代有可能早到早新世，因而郧县猿人的牙齿有可能属于早期直立人之列。"

（四） 阳原小长梁

1978年尤玉柱、汤英俊和李毅在河北省阳原县大田洼乡官亭村小长梁发现一处旧石器时代遗址，经过发掘，获得石制品804件（依尤玉柱等的分类，包括石核25件、石片47件、石器12件、废品与碎块720件)、骨片6件。石器中有小型砍砸器1件、单刃刮削器10件、复刃刮削器1件。伴出的哺乳动物化石有9属10种：鬣狗（*Hyaena sp.*)、古菱齿象（*Palaeoloxodon sp.*)、三趾马（*Hipparion sp.*)、三门马（*Equus sanmeniensis*)、羚羊（*Gazella sp.*)、鹿（*Cervus sp.*)、腔齿犀（*Coelodonta sp.*）以及不能详定的牛、啮齿类等。时代被定为早更新世。根据“古地磁测量的数值可以间接推知遗址层位的年代应是152～300万年之间”。但在结论中则说“小长梁遗址的时代属早更新世，从层位对比看可能老于西侯度和元谋人文化层，因此它是目前我国境内发现的最早的旧石器时代遗址。从古地磁资料推测，其年代可能超过200万年”（尤玉柱等，1980）。

自1978年发掘之后，尤玉柱等又多次到小长梁考察，采集了一些石制品，计150件。据尤玉柱报道，其中有两极石核1件、两极石片3件、石片120件、薄石片2件、小台面石片4件、使用石片10余件、单边直刃刮削器5件、圆头刮削器2件、尖状器5件、小石钻2件。年代作了一些调整，他说“小长梁遗址的时代应为早更新世，出露位置在贾拉米诺事件界线之下，距今约100万年或稍大于100万年”（尤玉柱，1983）。

经过进一步的发掘和研究之后，汤英俊等提出了小长梁遗址发现的新的哺乳动物化石名单：上新异费鼠相似种（*Allophaiomys cf. pliocaenicus*）、中华僕鼠（*Mimomys chinensis*）、貂（*Martes sp.*）、桑氏鬣狗（*Hyaena licenti*）、古菱齿象（*Palaeoloxodon sp.*）、披毛犀（*Coelodonta antiquitatis*）、三门马（*Equus sanmeniensis*）、中国长鼻三趾马（*Proscidipparion sinense*）、三趾马（*Hipparion sp.*）、鹿（*Cervus sp.*）、羚羊（*Gazella sp.*）、牛亚科未定种（*Bovinae indet.*）。并指出，“小长梁遗址中的旧石器以小型石器为主，打制技术相当进步，其类型与欧洲某些更晚期的旧石器有某些相似之处而与旧石器伴生的哺乳动物化石则是泥河湾早更新世的重要成员，古地磁初步测试结果接近167万年”（汤英俊等，1995）。

小长梁遗址的发现和研究，在中国早更新世旧石器时代文化研究发展过程中起着非常重要的作用，至少对泥河湾地区说来，找到了前人梦寐以求的早更新世生活在泥河湾盆地人类活动的证据，同时也为后来在泥河湾地区早更新世地层寻找更多的旧石器时代文化遗址奠定了良好的基础。对于这一工作，裴文中和贾兰坡都发表了评论。至于小长梁遗址的地质时代，在学术界的认识是大同小异，多数人认为属于早更新世，但对其年代的估计因人而异，有早有晚。笔者赞成距今100万年左右之说。关于小长梁的石制品的技术和类型，多数学者的看法偏高。因篇幅所限，这一问题当另文讨论。

（五） 阳原东谷坨

东谷坨位于河北省阳原县大田洼乡官亭村的许家坡，离小长梁不太远。1981年卫奇等发现，同年进行发掘。在1000平方米内发掘了5个探坑，共发掘45平方米，获得石制品1443件。其中石核152件、石片839件、石器452件（据卫奇的分类，包括砾石石器29件、石核石器38件、石片石器385件；类型有砍砸器9件、刮削器391件、尖状器52件）。石制品主要用火山碎屑岩、石髓和燧石为原料。伴出的哺乳动物化石有8种：中华鼢鼠（*Myospalax cf. fontanieri*）、狼（*Canis sp.*）、熊（?）（*Ursus sp.*）、古菱齿象（*Palaeoloxodon sp.*）、三门马（*Equus sanmeniensis*）、披毛犀（*Coelodonta antiquitatis*）、野牛（*Bison sp.*）、羚羊（*Gazella sp.*）等。卫奇指出，“李华梅认为东谷坨旧石器的文化层形成在事件之前，估计其年代距今大约100万年……目前我们认为将东谷坨旧石器地点的地质时代置于晚新世末期较为合宜”（卫奇，1985）。

张森水对东谷坨地点的时代问题提出疑问：“关于东谷坨地点，笔者有迷惑不解处，即如何协调古地磁测定的地质年代的古老和石制品明显的进步性及共生的哺乳动物化石显示年代较新的问题。”“先说石器。其加工相当精致是卫奇已指出的。笔者认为，其精致程度超过中国猿人文化早期的同类石器，与中、晚期者可以媲美，特别令人注目的是其中的尖刃器，在数量上与中国猿人文化中期相当（各占11.5%），而比早期者（5.9%）占的比例约大一倍。另外，无论从形态或加工精致的程度看也超过早期的，也可与中、晚期乃至华北更新世晚期的尖刃器相匹敌。”至于哺乳动物化石，他分析了东谷坨发现的标本后指出，“由此可以进一步看到东谷坨目前发现的哺乳动物化石具有中国北方中、晚更新世的特点，而见不到早更新世的有代表性属种。”“这一切只有留待未来更广泛和更深入的工作才能有符实之论”（张森水，1997）。

张森水提出的问题是确实存在的。哺乳动物化石发现有限，缺乏早更新世的有代表性的属种，要进一步确定其时代尚有待更多材料的发现。最令人迷惑不解的还是那些石制品。本文作者认为：这种情况使我们联想到小长梁曾经出现的讨论。要进一步讨论这类问题，最好还是对东谷坨发现的石制品做深入细致的分析研究，可能会提供一些有益的信息。

（六） 阳原岑家湾

岑家湾遗址位于河北省阳原县大田洼乡岑家湾村西南150米处。北距桑干河约500米，南距东谷坨地点约500米。1984年发现。1986年进行发掘，出土石制品897件，其中断块和残片751件，能分类的标本146件。原料以各色火山角砾岩为主，其次为石英和玛瑙。可分类的标本中有石核23件（其中4件为砸击石核）、石片97件（其中2件为砸击石片）、石器26件，全部为刮削器。伴出的哺乳动物化石较破碎，仅可看出有象的臼齿残片和马的趾骨，无法进一步鉴定。根据地层关系，谢飞等认为，“岑家湾旧石器地点的文化层位于泥河湾层，层位比小长梁和东谷坨低，其地质时代应为早更新世，文化时代为旧石器时代早期，时限应早于小长梁和东谷坨文化”（谢飞等，1990）。但是卫奇认为，“岑家湾遗址的形成时间也不可能是布容期，而只能是松山期的Jaramillo正向极性期，即90～97万年前”（卫奇，1991）。后来，谢飞等于1992年又进行了发掘，发掘面积20平方米，获得石制品486件、动物遗骨206件，并筛选出许多石屑和碎骨。经过进一步的研究，他们发现石制品中有一部分可以相互拼合（谢飞等，1994）。至于岑家湾地点的时代，他们作了一些修改，“从地层和古地磁年代数据考虑，岑家湾地点的时代应略晚于东谷坨和小长梁”（谢飞等，1993）。

（七） 阳原半山

半山地点位于河北省阳原县大田洼乡东谷坨地点北侧、岑家湾村马圈沟（又名鱼儿嘴），比东谷坨地点低70余米。半山和东谷坨之间有一条北东－南西向正断层。该地点发现于1990年，当年9月进行发掘，发掘面积近2平方米，深110厘米。出土石制品95件，包括石核8件、石片42件、粗制品18件、粗制品2件、断块25件。原料以燧石为主（63.2%），石英和硅质灰岩次之（分别为14.7%和8.4%），石英和玛瑙各占4.2%和3.2%，其他岩石，包括安山岩、辉长岩和粉砂岩占5.3%。伴出的哺乳动物化石较为破碎，根据卫奇鉴定有狼（*Canis sp.*）、象类（*Elephantids*）、马（*Equus sp.*）、犀类（只有一块牙齿碎片和一块齿根，根据牙齿表面较为粗糙的特征可以归于*Coelodonta antiquitatis*）、鹿类（*Cervids*）等。根据这些化石是很难进一步确定它的时代的。利用地层对比，卫奇对半山地点的时代进一步推论，“半山遗址分布在泥河湾盆地东端，埋藏在泥河湾层中，它的海拔高程比东谷坨遗址低约70米，两处遗址以一正断层相隔，分别位于断层的上盘和下盘，断距达70多米，根据地层判断，半山遗址文化层和东谷坨遗址文化层上部的A层大致相当，地层层位属于下更新统泥河湾组上部，其地质时代应为早更新世后期”（卫奇，1994）。

（八） 蓝田公王岭

地点位于陕西省蓝田县东20公里处。1964年发现直立人头盖骨和一些动物化石。1965年和1966年进行大规模发掘，发现大批哺乳动物化石。1965年发现石制品7件，1966年发现13件，另有6件是1975年夏采自发掘过的剖面地层中或发掘出来的堆积中。石制品多发现于坝河阶地红色土堆积中。石制品的层位高于蓝田猿人头盖骨的层位。这些石制品一部分与公王岭动物群同时，另一部分可能稍晚。石制品共26件，包括石核12件、石片7件、削器7件（戴尔俭，1966；戴尔俭等，1973；贾兰坡等，1966；魏京武，1977，张森水，1989）。

公王岭由于发现了直立人化石而引人注目。根据伴出的哺乳动物化石，学者多认为其时代为中更新世早期（周明镇，1964；胡长康，1978）。虽然作过年代测定，但诸说不一：氨基酸外消旋法测出的数值为距今51万年左右（李任伟等，1979），古地磁法所得的数值为距今80～75万年（马醒华等，1978）、距今100～98万年（程国良等，1978）或距今115～110,。万年（安芷生等，1990）。氨基酸外消旋法的测年数值可能偏低。古地磁法有3个数据，很难说哪一个最接近真实的情况。从伴出的哺乳动物化石看来，公王岭蓝田猿人的年代大致以距今100万年左右较为合适（李炎贤等，1998）。在地质时代的归属方面，不少学者虽然接受古地磁法测年数据，但仍然把公王岭划归中更新统底部。最早把公王岭划归早更新世的是黄万波和计宏祥。他们指出：“陕西蓝田公王岭动物群，过去把它放在中更新统底部，但目前有些学者主张以0.73百万年（是布容/松山倒转期的年龄），作为早、中更新统的界线，尽管公王岭层位的古地磁测定有两种不同数据：前80～前75万年、前160～前98万年（原文如此。应为前100～前98万年之误——引者），但二者都是大于距今73万年，故作者认为放入早更新世顶部是符合当前的一般划分”（黄万波等，1984）。由于公王岭发现的石制品层位有高有低，故其中一部分的年代可能接近距今100万年，另一部分可能要晚些，但多数可以看作是早更新世的文化遗物。

（九） 芮城匼河

地点位于山西省西南的黄城县。1957年发现。1957年、1959年两度发掘，由红色土下的桂黄色砾石层或泥灰层中发现石制品和哺乳动物化石。发现石制品的地点有11个，共发现石制品183件。其中181件为发掘出土的。发现哺乳动物化石的地点有6051、6052、6054、6055、6056和6061等，其中以6054、6055及6056等地点的遗物较为丰富，其他地点则很少，只有残碎的骨片为代表。哺乳动物化石计有4目，11属，13种，其中有肿骨鹿（*Megaceros pachyosteus*）、扁角鹿（*Megaceros flabellatus*）、师氏剑齿象（*Stegodon zdanskyi*）、东方剑齿象（*Stegodon orientalis*）、纳玛象（*Palaeoloxodon cf. namadicus*）等。根据哺乳动物化石，贾兰坡等认为：“我们不仅在这层砾石层中发现了肿骨鹿、扁角鹿的化石和具有原始性质的石器，还发现了古老的师氏剑齿象化石。因此我们认为把这层砾石层划归更新世中期的最早阶段是较为妥当的”（贾兰坡等，1962）。匼河发现的石制品有183件，经过分析描述的有石核53件（用锤击法打击的石核52件，又可分为利用砾石平面作为打击台面者29件，沿着砾石周围边缘向一面打击者7件，打制台面者15件，沿着小石块的周围边缘向两面打击者1件、用摔击法生产石片的石核1件）、石片66件（用直接打击法打击的石片63件、用摔击法摔击的石片2件、用投击法砸击的石片1件）、石器19件（砍砸器7件、刮削器7件、三棱大尖状器1件、小尖状器1件、石球3件）。

关于匼河文化的年代，在学术界有不同的意见：一种意见以邱中郎为代表，认为匼河地点的时代并不比北京猿人早，而在北京猿人的时间范畴之内；另一种意见以张森水（1989）为代表，认为"从石器的尺寸和水磨程度看，6054和6055两个主要出石器地点明显不一样，可能意味着有时代先后之别"。"北京猿人早期文化、陈家窝子地点、匼河6051和6054地点可归于约距今70万年后至40万年前"，"北京猿人中期文化……属于旧石器时代早期偏后阶段，约距今40～30万年前，匼河其余地点可能归于其中，也可能稍晚或更晚，因为断代依据十分贫乏"（张森水，1989）。

本文作者认为，匼河发现的哺乳动物化石"绝灭种类所占比例比北京人者略高，时代似乎比北京人者古老。匼河动物群的特点是：长鼻类种类很突出，它们和水牛一起使人明显地感受到南方的成分，这使我们联想到蓝田公王岭动物群（周明镇，1965）。匼河动物群中森林型动物多于草原型动物，南方成分占相当比例，看来当时匼河附近的气候环境可能比较温暖潮湿。如果匼河同公王岭及周口店第一地点比较，这两方面都显示出匼河较为接近公王岭"（李炎贤，1990）。现在看来，匼河动物群可以看作是同公王岭动物群时代大致相当的动物群，其时代都可划归早更新世晚期。至于匼河其他地点，虽然尚未发现可鉴定时代的哺乳动物化石，不能不说是一种遗憾。但在同一地区，且相距不远，只要层位相同，还是可以对比的。所以，贾兰坡等的解释还是可以考虑的，"匼河一带含旧石器的地层，从现象上看虽然比较复杂，有的为砾石层，有的为泥灰层，但是从动物化石和石器的性质上，仍不能找出它们的上下关系。这次设想的11个含旧石器地点，我们认为均属于同一时代。虽然在时间上可能稍早或稍晚（如独头6055、6056及6058等地点）的区别，但出入不会很大，因为在含旧石器地层的上部都堆积着相当厚的、性质相同的红色土壤。这种红色土壤，很自然构成了它们的上限"（贾兰坡等，1962）。

（一〇）　建始高坪

地点位于湖北省建始县高坪乡龙骨洞。1970年发现3枚臼齿，最初被鉴定为南方古猿类型，时代依伴出的其他哺乳动物化石，划归早更新世晚期（高建，1975）。对这一归属，学者们提出了不同看法，认为鄂西的牙齿在齿冠较大与形状狭长方面接近人属早期成员的特点，并主张将其改归早期直立人类型中（张银运，1984；董兴仁，1989）。这一地点尚未发现石制品。

（一一）　巫山龙骨坡

地点位于重庆市巫山县庙宇镇龙坪村。1984年考察时发现有断代意义的扬子江乳齿象（*Ainomastodon yangziensis*）、最后双齿尖河猪（*Dicoryphochoerus ultimus*）、桑氏粗壮斑鬣狗（*Pachycrocuta licenti*）和祖鹿（*Cervavitus sp.*）等哺乳动物化石。其后连续发掘4年，共发现脊椎动物化石120种。1985年出土一块人类下颌骨，1986年秋又发现一枚直立人的上门齿、两件石制品。石制品虽少但性质肯定，原料为安山玢岩，其一为两面加工的砍砸器，另一件为砸击用的石锤。含化石的堆积被确定为早更新世早期，可分为上、中、下三部，根据古地磁测年资料，分别为距今187～167万年、204～201万年和239万年。人类化石和石制品均发现于中部堆积（黄万波等，1991）。如果上述测年数据可信，龙骨坡的堆积可视作早更新世早期的代表；而这里发现的人类化石就比元谋人要早30万年左右，代表中国境内发现的最早的人类。但是有些人类学家对这里发现的人类化石的分类地位还有不同意见（王谦，1996），要解决这一问题尚有待进一步深入研究和更多的发现。

（一二）郧县曲远河口

地点位于湖北省郧县青曲镇曲远河口学堂梁子。1989年5月发现一具基本完整的人类颅骨化石。1990年、1991年和1995年，由湖北省文物考古研究所主持，先后发掘4次，发掘面积575平方米。在4次发掘中出土一批哺乳动物化石和石制品。1990年第一次发掘快结束时，在地层中又出了一具相当完整的人类颅骨化石。这些发现引起有关专家的关注（李天元等，1990～1991，1991，1994，1995，1996；陈铁梅等，1996；黄培华等，1995；黄慰文，1991；张银运，1995）。

由学堂梁子遗址中出土的石制品有207件。扰土层中发现14件，地表采集的70件。发掘出土的标本中石核41件、石片45件、砍砸器7件、刮削器2件、石锤2件、碎片（碎块）103件、有打击痕迹的石块（砾石）7件。原料以石英为最多（70.05%），砂岩次之（17.87%），灰岩较少（10.15%），火成岩最少（仅占1.93%）。在207件标本中有22件标本（约占标本总数的10.63%）可以相互拼合，联成9组，这充分说明这些石制品是原地制造、原地埋藏，这里是郧县人的石器制造场。郧县曲远河口学堂梁子发现的石制品显示出如下特点：打片以锤击法为主，存在砸击的石锤，表明可能使用砸击法；未见系统修理台面的石片，但存在有疤台面和多疤台面的石核；砾石石器居多数。在采集的标本中有零台面石片，有两面加工的带尖的砾石石器，其中一件使人联想到加工未完的手斧。看来，郧县曲远河口学堂梁子发现的石制品比较接近我国南方广大地区发现的时代较早的石制品，但亦具备一些北方旧石器时代早期文化的特点。换句话说，它同时兼备南方和北方旧石器时代早期文化的特点。

由曲远河口学堂梁子发现的哺乳动物化石有20多种，主要有桑氏鬣狗（*Hyaena licenti*）、云南水鹿（*Rusa yunnanensis*）、秀丽水鹿（*Cervus*（*Rusa*）*elegans*）、蓝田金丝猴（*Rhinopithecus lantianensis*）、短角丽牛（*Leptobos brevicornis*）等比较古老的种类。在鉴定到种的19种动物中，有11种同公王岭发现者相同，其比例接近60%。看来郧县动物群可以同公王岭动物群对比，均可划归早更新世晚期。另外，在郧县人遗址对岸的相同层位中发现有似剑齿虎未定种化石，可视为同一动物群的成员。

根据阎桂林对学堂梁子第四级阶地剖面的古地磁研究，自上而下（按照李天元等的划分，可分为14层）的第一层（表土）和第二层（即红土层）顶部为布容正向极性世；第二层顶部为布容正向极性世和松山反向极性世的分界线，相当于距今73万年。第二层上部以下为松山反向极性世。第四层（细粉砂层）中部至第六层底部为Jaramillo正向极性事件。剖面底部的第10～12层为Olduvai事件，相当于距今180～167万年（阎桂林，1993）。看来，郧县人遗址含文化遗物的堆积都处于松山反向极性世，即早于距今73万年而接近Jarmillo事件，但晚于Olduvai事件。学堂梁子发现的石制品虽然分别出自下、中、上三个文化层，但都可看作是同一阶段的产物，都是郧县人制造和使用的文化遗物。无论如何，这三个文化层的石制品的时代可以划归早更新世晚期，其文化属于旧石器时代早期，大致相当于蓝田公王岭或芮城匼河时期，而早于周口店北京人地点、湖北大冶石龙头和贵州黔西观音洞地点。

湖北郧县发现的人类化石，最初有专家认为是南方古猿，后来经李天元等进一步研究，确定为直立人类型，称郧县直立人或郧县猿人，简称郧县人，与郧县梅铺龙骨洞发现者同一名称，这是需要注意的。对曲远河口的人类化石的分类地位，学者中亦有不同意见（张银运，1995；李天元等，1996），这是可以进一步研讨的。

除了上述地点确切和有地层古生物为依据的12处地点或遗址外，尚有2处零星材料。

（一三） 湖北巴东

1968年在湖北省巴东县中药材经理部收集到1枚右下第一臼齿，同建始高坪龙骨洞发现的3枚臼齿均被描述为南方古猿，后来亦改为早期直立人类型。

（一四） 河南淅川

1973年在河南省淅川县收购来的化石中发现有13枚人类牙齿化石，产地不详，据推测有可能出自湖北省郧县。据专家研究，这13枚牙齿的尺寸与形态有的近似早期直立人，有的近似晚期直立人（吴汝康等，1982）。

三、小结与讨论

（一） 中国早更新世旧石器时代遗址的年代顺序

由上所述，可以看出，从1960年西侯度发现开始，这30多年来，在中国的南方和北方，已经发现一批属于或可能属于早更新世的人类化石或石制品。这些地点的年代顺序大致如下：早更新世早期的地层，有重庆市巫山县、山西省芮城县西侯度和云南省元谋县，均发现人类的化石或石制品。它们的大致顺序为：巫山龙骨坡最早，大约相当于古地磁年表上的留尼汪正向极性亚时（亚带）的2r～1，约距今201～204万年；芮城西侯度次之，约距今180万年；元谋上那蚌可能略晚，约距今170万年。在距今100万年左右，中国南方和北方广大区域内，存在着直立人，他们在这些地方制造石器。可以归于这一阶段的地点有蓝田公王岭、芮城匼河、郧县曲远河口、郧县梅铺、建始高坪、阳原小长梁、东谷坨、半山和岑家湾。这些地点可能有的稍早，有的稍晚，学术界争论较多，但似乎可以把它们看作属于同一阶段的。要确切地说明哪一个地点早，哪一个地点晚，在测年技术的精确度还未进一步提高之前，是困难的。湖北巴东和河南淅川仅发现人类化石材料，而无石制品发现，伴出的哺乳动物化石亦无从得知，因而其确切年代只好留待以后考证。

（二） 中国早更新世旧石器时代考古的前景

从上面的介绍中，可以看出，在早更新世的十几个地点中，情况不太一致。有的只有人类化石材料而无石制品发现；有的地点有较好的地层古生物依据，但石制品发现数量过少，还难以进一步讨论其文化特点；有的地点发现的石制品数量可观，但可以断代的哺乳动物化石发现不多，年代问题不好解决。对石制品的性质有争议的地点，今后也还可以多做工作，以便进一步深入研究。我们虽然已有一些发现，但还有很多缺环和空白地区，需要我们去探索、去寻找。当前比较薄弱的环节是早更新世早期，因这一时期发现少，存在一定争议。距今100万年左右的地点虽然发现较多，但亦存在这样或那样的问题，需要多做工作。有些地点石制品数量发现虽然比较多，但研究还不够深入。在我国南方和北方有分布很广的早更新世的堆积，其中包含不少哺乳动物化石地点，为寻找这一时期的人类化石或石制品提供了良好的条件。从已有的线索看来，云南、广西、湖南、湖北、重庆、安徽、青海、甘肃、陕西、山西、河南、河北、北京、内蒙古、辽宁都是可以进一步做工作的，特别是元谋盆地、三峡地区、秦岭南北两侧、三门峡地区和泥河湾盆地，更应投入较多的人力、物力。只要坚持不懈地努力，相信会有所发现，会改变我国早更新世旧石器时代文化的面貌，大大地丰富我们现有的知识。

参考文献

安芷生、高万一、祝一志等，1990．"蓝田人"的磁性地层年龄．人类学学报，9（1）:1～5。

陈铁梅、杨全、胡艳秋等，1996．湖北"郧县人"化石地层的ESR测年研究．人类学学报，15（2）:14～118。

程国良、李素玲、林金录，1997．"元谋人"的年代和松山早期事件的商榷．地质科学，（1）:34～43。

程国良、李素玲、林金录，1978．蓝田人地层年代的探讨．见：中国科学院古脊椎动物与古人类研究所编．古人类论文集．北京：科学出版社，151～157。

戴尔俭，1996．陕西蓝田公王岭及其附近的旧石器．古脊椎动物与古人类，10（1）:30～32。

戴尔俭、许春华，1973．蓝田旧石器的新材料和蓝田人文化．考古学报，（2）:1～12。

盖培、卫奇，1974．泥河湾更新世初期石器的发现．古脊椎动物与古人类，12（1）:69～72。

盖培、尤玉柱，1976．陕西蓝田地区旧石器的若干特征．古脊椎动物与古人类，14（2）:198～203。

高建．1975，与鄂西巨猿共生的南方古猿牙齿化石．古脊椎动物与古人类，13（1）:81～87。

胡长康、齐陶，1978．陕西蓝田公王岭更新世哺乳动物群．中国古生物志．新丙种第21号．北京：科学出版社，1～64。

胡承志，1973．云南元谋发现的猿人牙齿化石．地质学报，（1）:65～69。

黄培华、R. Grün，1998．元谋猿人遗址牙化石埋藏年代的初步研究．人类学学报，17（3）:165～170。

黄培华、李文森，1995．湖北郧县曲远河口地貌、第四纪地层和埋藏环境．江汉考古，（4）:83～86。

黄万波、方其仁编，1991．巫山猿人遗址．北京：海洋出版社，1～229。

黄万波、计宏祥，1984．三门峡地区含哺乳动物化石的几个第四纪剖面．古脊椎动物学报，22（3）:203～238。

黄慰文，1985．小长梁石器再研究．人类学学报，4（4）:301～307。

黄慰文，1991．南方砖红壤层的早期人类活动信息．第四纪研究，（4）:373～379。

计宏祥，1980．陕西蓝田地区第四纪哺乳动物群的划分．古脊椎动物与古人类，18（3）:220～228。

贾兰坡，1989．中国最早的旧石器时代文化．见：吴汝康等主编．中国远古人类．北京：科学出版社，81～96。

贾兰坡、盖培、黄慰文，1966．陕西蓝田地区的旧石器．见：中国科学院古脊椎动物与古人类研究所编．陕西蓝田新生界现场会议论文集．151～154。

贾兰坡、王建，1957．泥河湾期的地层才是最早人类的脚踏地．科学通报，（1）:30～31。

贾兰坡、王建，1978．西侯度——山西更新世早期古文化遗址．北京：文物出版社，1～85。

贾兰坡、王择义、王建，1962．匼河——山西西南部旧石器时代初期文化遗址．中国科学院古脊椎动物研究所甲种专刊第五号．北京：科学出版社，1～40。

李华梅、安芷生、王俊达，1982．我国第四纪的研究．第三届全国第四纪学术会议文集．北京：科学出版社，43～49。

李华梅、王俊达，1985．中国北方几个典型地质剖面的磁性地层学研究．中国第四纪研究，6:29～33。

李普、钱方、马醒华等，1976．用古地磁方法对元谋人化石年代的初步研究．中国科学，(6):579～591。

李任伟、林大兴，1979．我国“北京人”“蓝田人”和“元谋人”产地骨化石中氨基酸的地球化学．地质科学（1):56～61。

李天元、艾丹、冯小波，1996．郧县人头骨形态特征再讨论．江汉考古，(1):40～44。

李天元、王正华，1990～1991．湖北郧县人颅骨化石初步观察．史前研究（合刊)，1～12。

李天元、王正华、李文森等，1991．湖北省郧县曲远河口化石地点调查与试掘．江汉考古（2):1～14。

李天元、王正华、李文森等，1994．湖北郧县曲远河口人类颅骨的形态特征及其在人类演化中的位置．人类学学报，13(2):104～116。

李天元、武仙竹、李文森，1995．湖北郧县曲远河口发现的猴类化石．江汉考古，(3):4～7。

李炎贤，1979．评《西侯度——山西更新世早期古文化遗址》．古脊椎动物与古人类，17（3):261～262。

李炎贤，1990．匼河石制品的时代和原始性问题．人类学学报，9（2):97～104。

李炎贤，1996．丁村文化研究的新进展．人类学学报，15（1):21～35。

李炎贤，1991．关于砾石石器分类的一些问题．见：封开县博物馆等编．纪念黄岩洞遗址发现30周年文集．广州：广东旅游出版社，147～153。

李炎贤，1991．石制品．见：黄万波，方其仁编．巫山猿人遗址．北京：海洋出版社，20～23。

李炎贤、计宏祥、李天元等，1998．郧县人遗址发现的石制品．人类学学报，17（2):94～120。

林一璞，潘悦容，陆庆五，1978．云南元谋早更新世动物群．见：中国科学院古脊椎动物与古人类研究所编．古人类论文集．北京：科学出版社，101～125。

刘东生等，1985．黄土与环境．北京：科学出版社，1～481。

刘东生、丁梦麟，1983．关于元谋人化石地质时代的讨论．人类学学报，2（1):40～48。

马醒华、钱方、李普等，1978．“蓝田年”年代的古地磁学研究．古脊椎动物与古人类，8（4):238～243。

裴文中，1948．中国史前时期之研究．上海：商务印书馆，1～235。

裴文中，1980．对“泥河湾组旧石器的发现”一文的评论．中国第四纪研究，5:11～12。

浦庆余、钱方，1977．用古磁方法对元谋人化石年代的初步研究．地质学报，(1):89～97。

钱方，1985．关于元谋人的地质时代问题——与刘东生等同志商榷．人类学学报，4（4):324～332。

汤英俊、李毅、陈万勇，1995．河北阳原小长梁遗址哺乳类化石及其时代．古脊椎动物学报，33（1):74～83。

卫奇，1978．泥河湾盆地半山早更新世旧石器遗址初探．人类学学报，13（3):223～238。

卫奇，1978．泥河湾层中的新发现及其在地层学上的意义．见：中国科学院古脊椎动物与古人类研究所编．古人类论文集．北京：科学出版社，136～150。

卫奇，1985．东谷坨旧石器初步观察．人类学学报，4（4):289～300。

卫奇，1991．泥河湾盆地旧石器遗址地质序列．中国科学院古脊椎动物与古人类研究所参加第十三届国际第四纪大会论文选．北京：北京科学技术出版社，61～73。

卫奇，1994．泥河湾盆地半山早更新世旧石器遗址初探．人类学学报，13（3):223～238。

卫奇、孟浩、成胜泉，1985．泥河湾层中发现一处旧石器地点·人类学学报，4（3):223～232。

魏京武，1977．蓝田人遗址新发现的旧石器．古脊椎动物与古人类，15（3):223～224。

文本亨，1978．云南元谋盆地发现的旧石器．见：中国科学院古脊椎动物与古人类研究所编．古人类论文集．北京：科学出版社，126～135。

吴汝康，1966．陕西蓝田发现的猿人头骨化石．古脊椎动物与古人类，10（1):1～16。

吴汝康、董兴仁，1980．湖北郧县猿人牙齿化石．古脊椎动物与古人类，18（2):142～149。

谢飞，1991. 泥河湾盆地旧石器文化研究新进展 . 人类学学报，10（4）:324～332。

谢飞、成胜泉，1990. 河北阳原岑家湾发现的旧石器 . 人类学学报，9（3）:265～272。

谢飞、凯西·古克、屠尼克等，1994. 岑家湾遗址 1986 年出土石制品的拼合研究 . 文物季刊，(3):86～102。

许春华，1978. 湖北郧县猿人化石地点的发掘 . 见：中国科学院古脊椎动物与古人类研究所编 . 古人类论文集 . 北京：科学出版社，175～179。

许春华、韩康信、王令红，1974. 鄂西巨猿化石及共生动物群 . 古脊椎动物与古人类，12（3）293～306。

阎桂林，1993. 湖北"郧县人"化石地层的磁性地层学初步研究 . 地球科学——中国地质大学学报，18（4）:221～226。

尤玉柱，1983. 河北小长梁旧石器的新材料及其时代问题 . 史前研究，(1):46～50。

尤玉柱、祁国琴，1973. 云南元谋更新世哺乳动物化石新材料 . 古脊椎动物与古人类，11（1）:66～85。

尤玉柱、汤英俊、李毅，1980. 泥河湾组旧石器的发现 . 中国第四纪研究，5:1～13。

张森水，1997. 在中国寻找第一把石刀 . 人类学学报，16（2）:87～95。

张森水，1998. 关于西侯度问题 . 人类学学报，17（2）:81～93。

张银运，1984. 鄂西"南方古猿"和印尼早更新世若干人类化石 . 人类学学报，3（1）:85～81。

张银运，1995. 郧县人类头骨化石与周口店直立人头骨的形态比较 . 人类学学报，14（2）:1～7。

周明镇，1965. 蓝田猿人动物群的性质和时代 . 科学通报，6:482～487。

Aigner JS. 1978. Important archaeological remains from North China. In: Ikawa－Smith F ed. Early Palaeolithic in South and East Asia. The Hague, Paris: Mouton Publishers, 163～233.

Breuil H. 1935. Etat actuel de nos connaissances sur les industries paleolithiques de Choukoutien et Nihowan. L' Anthropologie, 45:740～745.

Clark D, Schick K. 1988. Context and content, impressions of palaeolithic sites and assemblages in the People' s Republic of China. Jour Hum Evol, (17):439～448.

Li Huamei, Wang Junda. 1982. Magnetostratigraphic study of several typical geologic sections in North China. In: Quaternary Geology and Environment of China. Beijing: China Ocean Press, 31～38.

Li Tianyuan, Etler D A. 1992. New Middle Pleistocene Hominid Crania drom Yunxian in China. Nature, (357):404～407.

Li Yanxiaan. 1983. Le Paléolithique inferieur en Chine du Nord. L' Anthropoligie, 87 (2):185～199.

Teilhare de Chardin P. 1935. Les recents progres de la prehistoire en Chine. A' Anthropoligie, 45:735～740.

Teilhare de Chardin P, Piveteau J. 1930. Les mammiferes fossiles de Nihowan (Chine). Ann. Paleont., 19.

（原载《庆贺贾兰坡院士九十华诞国际学术讨论会文集》北京：科学出版社，1998，152～165）

河北阳原小长梁遗址 1998 年发掘报告

陈淳　沈辰　陈万勇　汤英俊

一、历史回顾和研究目标

河北阳原小长梁遗址在自 1978 年发现至今的 20 年中，国内外专家作了大量的工作。它在中国乃至东亚旧石器时代考古学中的重要性已日益显现。裴文中（1980）评述道："这个发现是重要的，如果证明它确是泥河湾期的产物，这将对旧石器考古学和古人类学有一定的革新作用。"贾兰坡（1980）则指出："使我感到惊奇的是，这些石器和古老的真正的三趾马属发现于相同的层位中……如果这批石器的时代确实属于早更新世，就得重新估价我们的历史。"

在后继的工作中，泥河湾层与小长梁遗址属于早更新世的年代学问题得到了确认（程国梁等，1978；汤英俊等，1995；卫奇，1991，1997）。一些来泥河湾工作的美国学者也完全认同小长梁等遗址年代的古老性及其重要的科学意义。

美国印第安纳大学的 Schick 等（1991）指出："这里的考古遗址也许代表了人类在东亚最早的证据。"它们"可以大大丰富我们对于直立人自非洲扩散到欧亚大陆期间和之后，古人类在中国的活动与适应的了解"。美国学者 Pope 与 Keates（1994）则进一步阐述了泥河湾层中小长梁和东谷坨等早更新世地点的科学意义：其一像保留有大量石器、石核、废片并与动物遗骸共生的旷野遗址在亚洲从未发现过。以前所知中国旧石器时代早中期的石工业基本上都以石英岩和脉石英为原料。泥河湾组合在这方面对于石料的可获性、石器技术的规整性以及早期人类文化能力的探讨极为重要。其二泥河湾盆地位于周口店第 1 地点与所知甚少的西伯利亚、蒙古以及华南之间。此外，泥河湾层的石制品分布在层位清楚，细粒及分选良好的湖滨相与湖相淤土之中，指示一种旷野沉积。这在亚洲旧石器时代早期遗址中是罕见的。动物地质学、区域地层学以及古地磁资料也基本上确认相当于中维拉方期或下离石黄土期。

对于小长梁这样一处重要地点，尽管在过去 20 年中作了大量工作，发表了一系列的论文，但是研究中的不足之处也较明显。比如，以往的发掘都未对发掘位置作严格的控制，也未对出土遗存的方位与分布作详尽的登记。发掘采集工作多各自为政，缺乏整体性和可持续性考虑，致使一个完整的研究对象变成断断续续和支离破碎的拼接。特别是由于缺乏对人类行为和埋藏学探索的考虑，在遗址整体研究上缺乏统一规划和目的。文化遗存仍限于描述，未作统计分析。正如 Pope 等所指出的，二战后在西方发展起来的埋藏学、石器拼合分析、微痕观察以及交叉学科研究在中国仍处草创阶段。中国同行并不对出土遗存作详尽的布方平面登记，没有意识到标明出土位置的重要性，并在介绍出土遗存时没有充分的统计数据（Pope et al.，1994；Keates，1997）。由于这些缺陷，小长梁遗址的一些重要问题如石制品工艺的探讨基本上限于一种印象的表述，难以提供有关人类行为的信息。

小长梁遗址研究目前最令人关注的有两个问题，一是遗址与遗存的沉积特点可能保留有人类活动的信息；二是石工业的水平。对于沉积特点，Pope 等（1994）指出，小长梁动物化石保存比较好，初步调查它是早更新世湖滨一处工具制造和活动地点。对于石工业问题，裴文中（1980）认为小长梁石器已具黄土期式样。贾兰坡（1980）觉得，小长梁石制品在打片技术上颇为进步。尤玉柱等（1978）指出，小长梁极高的废片率反映燧石裂隙发育以及当时人类工艺水平的原始性。后来，尤玉柱（1985）又进而强调人类活动性质与石料质地对石制品的制约，认为人类狩猎活动可能需要较小的工具，而燧石质的制品色泽鲜艳，给人以美感。黄慰文（1985）认为小长梁石制品打制已达到较熟练的程度，并鉴定出雕刻器、端刮器、直刃刮削器等较进步的器物类型。Pope 等（1994）则指出，小长梁石制品个体小，看来与当地石料的易碎性有关。

1998 年夏季小长梁的野外发掘工作是以尝试解决上述两个问题为目标的，并对其他相关问题作了统筹考虑。借助于新技术诸如全球定位系统（GPS）、数码技术和电脑分析手段的帮助，我们希望能在过去工作的基础上，创立一个较新的研究范例，并为以后遗址的整体及可持续研究打下基础。

二、方法论与研究设计

为了了解人类的活动与行为，考古遗存的沉积方式及其特点是关键的信息来源。这是本次发掘与分析方法论考虑的首要问题。60 年代以来，埋藏学为考古学家提供了一套间接观察过去的手段，从遗址与考古材料形成原因来了解骨骼与文化遗存的沉积与搬运，从动物骨骼破碎与改造特征来观察人类活动及其他的外力作用如食肉类的啃咬，以了解古人类的活动与猎物的关系（Gifford，1981）。

我们在小长梁发掘中特别留意考古材料分布及其沉积背景，因它可提供埋藏环境与遗址形成过程的关键信息，进而分析居址形态与人类生存活动。对遗址沉积特点的观察与分析，我们参考与借鉴了美国考古学家 Butzer 提出的三项沉积成分与三类考古材料特征的分辨。

三项沉积成分标志分别为：1）自然动力成分，反映自然动力对遗址的塑造，如侵蚀、水流淤土、沙、坡积等等。2）生物动力成分，主要由生物在遗址中留下的遗迹，如食肉类、啮齿类、蚯蚓等留下的食物残骸与扰动。3）人类动力成分，包括人类带入遗址的各种矿物与生物资料，人类留下的废弃物与遗迹等。

三类考古材料特征包括：1）初级材料，由人类带入遗址的原料及产品，如石料、工具与食物等。2）次级材料，遗址中人类活动如食物加工以及化学分解所留下的材料，如动物残骸、贝壳、炭屑等。3）三级材料，被自然和人类动力再次移动与改造的初级与次级材料，换言之，是经扰动后的初级和次级材料（Butzer，1990）。上述成分的特点和考古材料的分辨是小长梁遗址发掘中力求关注的方面。

尤玉柱（1983）和 Pope 等都注意到小长梁石制品中高比率的废片和碎屑，特别是 Pope 等认为这一现象十分难得（1994）。在当今的旧石器研究中，废片的重要性已超过工具的类型分析，因为它们比工具更精确地反映了人类的行为。Sullivan 与 Rozen（1985）将工具与石核之外的石制品均称为废片，但是 Bordes（1961）将保留有台面与背腹面的石片称为废片，Crabtree（1972）将无台面和背腹面特征的废料称为碎屑块。本文采纳 Bordes 和 Crabtree 的定义，将废片与碎屑块分别鉴定。Shott（1994）列举了废料分析的意义：1）数量比成型工具多，可供定量分析；2）综合与比较废片的数理统计数据，以提供文化断代的信息；3）保存了工匠打片与修理技术的信息；4）不像工具会被带走，所以废片的分布特点可以提供人类原始居址或活动面的信息。

综上所述，遗址的埋藏学观察以及石制品，特别是废料的分析是我们方法论的两项基点。这两方面的探索内容有助于我们了解更新世早期人类在小长梁生活时的古环境以及生产活动。根据方法论，我们对小长梁的发掘与分析作了以下的研究设计：

1. 对发掘点及过去历次的探方作 GPS 定位，梳理与解决小长梁遗址以往发掘中的无序状态，为今后的综合研究打下基础。

2. 规范布方，严格控制与详细记录考古材料出土位置，注意沉积基质的特点与变化，揭示遗存水平分布的特点，寻找古地面或人类居住活动面。

3. 每个探方以西南角为零点的 X 与 Y 水平轴确定方位，将每件出土材料以三维绘测记录输入电脑，由专设程序绘制平面分布图。在垂直分布观察中寻找古地面，在未见明确沉积中断或古地面的情况下，视遗存密度以 5～10 厘米逐层向下揭露。

4. 注意埋藏学特点，了解遗址和考古遗存的沉积动力。

5. 所有沉积基质在丢弃前进行筛选以收集所有微小化石与石制品碎屑。

6. 了解石料的可获性与质地，对不同石料进行实验打片，并将结果输入电脑与石制品进行对比，以观察其破碎特点、尺寸分布，进而了解石料对打片技术的制约。分析打片技术、工艺水平，分辨具有概念型板意义的工具类型。

7. 微痕观察，分辨石制品与食肉动物以及其他动力对骨骼的改造。

8. 基于上述分析的结果，对人类行为、沉积环境与动力、居址形态、工艺技术，乃至早更新世人类的智力进行综合或专题分析。

三、GPS 定位与探方梳理

本次野外发掘，我们采用了全球定位系统（GPS）对遗址定位，GPS 的全称是 Global Position System。我们采用的是享有盛誉的美国 Garmin 公开研制的 12XL 型便携式 GPS 定位接收仪，该仪器具有精确的卫星跟踪与定位能力，提供地理方位角、行程偏位角、直线距离、行速及测定点分布图等信息。我们用该定位仪对小长梁 3 个关键地点，即遗址标志、A 地点和 B 地点作了经纬度与相对位置测定，同时也对小长梁附近一些重要旧石器地点进行了测定。

由于 GPS 定位仪是跟踪同步卫星发出的信号提供地理位置信息，因此常会因测定地点的地势、时间、气候等条件差异而影响测定数据的准确性。特别是短距离内的多点定位，误差更为明显。因为小长梁 3 个地点之间相对距离不超过 250 米，所以误差值的校对尤为重要。我们用了 4 种方法来校正误差确定数据。

1. 对同一测定地点在不同日子，不同时间作 10 次以上的重复测定，删除测定相隔过近和偏值较大的数据，对较接近的数据取平均值。

2. 对同一测定地点在同一天里作长时间间隔的连续测定。测定时间间隔如果太短，数据可能过于接近，平均值便不够精确。间隔时间愈长，测定数据的平均值就较为精确。所以，我们一般对相隔一小时以上的测定数据进行校正。

3. 短距离两地点的实测校正。因小长梁A、B两地点距离较近，对GPS定位仪测定的方位角与直线距离用实地测量加以检验，并以最接近实测的定位仪读数为准。

4. 长距离定位点的原点复位校正。原理是：对某一测定点定位后，当操作人员远离测定点时，定位仪会向操作人员提供跟踪的方位角、行程偏位角与直线距离的数据。当操作人员按定位仪提供的数据返回原测定点时，定位仪上显示的方位角与距离应为零。如果零点位置与原测定点相距不足10米，数据可视为精确可靠。如果超过10米或更多，则要作重新测定。

下面是小长梁遗址三处地点的GPS测定数据：

1. 遗址标志碑，水泥质，1982年7月23日由河北省人民政府所立，位于官亭村台地下的第二级坡地上，因其标志性和稳固性，可视为遗址的永久性标柱与基准点（datum）。标志碑面南背北，方位角南偏东37°，经纬度N40°13.073′，E114°39.802′。

2. 小长梁A地点，1978年发掘所定，测定点位于1998年的探方内。经纬度N40°13.181′，E114°39.752′。

3. 小长梁B地点，1978年发掘所定。原为一小山包，东、西、北3面分布有历年的探方。测定点在山包顶端，下距文化层约3米，经纬度N40°13.188′，E114°39.692′。

三个地点的相对位置为：A地点位于标志碑西北方向，方位角（以标志碑为零点）346°，或北偏西14°，直线距离208米。B地点位于标志碑西北方向，方位角330°或北偏西30°，丰线距离256米。A地点位于B地点东南方，方位角（以B地点为零点）104°或南偏东76°，两地点GPS测定直线距离为80米，实测为75米。

为方便今后工作的参考，我们在此提供以小长梁标志碑为零点所测定的附近几处重要旧石器地点的方位角与直线距离：

东谷坨（T1）：方位角63°，距离846米。飞梁，方位角39°，距离784米。

半山：方位角11°，距离928米。岑家湾，方位角28°，距离1392米。

马梁：方位角70°，距离1360米。马圈沟，方位角10°，距离816米。

根据GPS定位与实测数据，我们对历年发掘留下的探方作了定位与梳理。但是由于一些探方未见发掘报告，无法认定发掘时间与操作单位。这次小长梁GPS定位工作，希望能为今后的发掘与布方提供一个比较精确的地理概念。

四、地层与埋藏学观察

尤玉柱等（1978）与汤英俊（1995）对小长梁地层作了详细的观察与介绍。这次发掘我们特别关注沉积动力，希望能找到沉积中断或古地面的证据。我们先在B地点西侧开了一个1×3米的探方，结果一无所获。之后，我们移到A地点东侧开了一个4×4米的探方。本次报告是A地点发掘研究的结果。

Henry（1996）介绍了他们分辨古地面的几项依据。一是分辨层理面，观察沉积后扰动、遗物及灰坑的分布特点；二是层位中一些沉积物如风化岩透镜体可以指示古地面；三是层位中高比率的带石锈的石制品可以指示古地面。本次研究主要试图从层理与遗存分布特点来分辨古地面。遗憾的是，对文化层的仔细揭露与遗物分布观察，未能找到沉积中断和古地面的明确证据。石制品与动物化石显示一种水动力对初级与次级材料的近距离的再搬运与堆积。在平面上，石制品与化石呈非人类或动物行为方式所致的分布特点。在垂直距离中，发现物也呈随机而非分层的集中分布。

为此，我们的分层是按遗存密度而定的发掘进度的主观控制，并非任何文化意义的层位划分。由于文化层呈不间断的连续堆积，因此从层位学的角度来说，整套文化层应被视为同一文化层。

根据对文化层沉积基质的观察，显示为一套厚约 0.8 米的白色细砂沉积。上下夹有 3 条较厚的锈黄色粗砂质条带，主要分布在探方的南侧，西北部不见，说明沉积时，北侧（湖心一侧）水流较缓，而南侧（近湖岸一侧）水流较急，带入较粗的沉积物，形成黄色砂质条带。这些条带分布呈旋涡状，石制品与化石在条带中和附近较为集中，有的长骨片在条带（旋涡）中心呈直立状埋藏，指示一种水动力堆积作用。

对第三层黄色砂层的观察，发现探方下伏地形呈波浪形起伏，西北—东南走向，两侧较低，中间略高。对探方东北角探的层位观察，显示文化层下有一套约 0.5 米厚的棕红色黏土层，不含文化遗存，在历次发掘中未见提及。

虽然本次发掘寻找古地面未果，希望以后发掘探方能向南侧延伸，以期能找到湖岸上暴露时间较长的古地面文化堆积。

本次发掘共发现动物碎骨片 3191 件，其中 454 件（13.8%）为原地发现并标明出土位置。2823 件（85.5%）是过筛沉积物中拣出的骨屑。另有 14 件（0.4%）为探坑中出土。总的来说，90%以上的动物骨骼是非常破碎的小骨片，无法分辨种属和解剖学部位。在骨骼样本中，我们初步挑选了可能保留有动物或人类改造痕迹的骨片 43 件，作埋藏学观察，获得了以下初步印象。

17 件标本（39.5%）保存良好，骨皮未见明显风化。19 件（4.2%）保存程度较好，表面与边缘略呈风化痕迹。7 件（16.3%）保存较差，骨皮呈鳞片状剥落。

所有标本显示各种动力作用的改造，其中包括水流搬运，表面显示有并行和近平行的擦痕，并与骨片长轴呈 45°至 135°的夹角。这类标本占 90.7%（n=39）。一半以上的标本（n=24，55.8%）显示有新鲜的破裂面。12 件标本（27.9%）显示有典型的“螺旋形”破碎，另有 4 件（9.3%）很可能也属于此类破碎。几乎没有标本显示有在埋藏之前曾长时间暴露地表所致的枯骨破损特点。12 件标本（27.9%）有确凿的食肉类牙痕与磕点。另有 10 件（23.3%）的痕迹也可归于此类。因此，多达 51.2%（n=22）的观察标本确被食肉类改造过。植物根系的腐蚀痕迹也见于 3 件标本（7%），表明它们在被流水搬运与堆积之前，曾未被扰动地埋藏过一段时间。一些标本上发现很可能为石器所致的多条平行 V 形擦痕，但由于其走向与水流的擦痕大致平行，所以还有待于进一步确认。根据上述初步的埋藏学观察，动物骨骼特点显示了动、植物与人类的改造以及水流搬运的特点，这与地层及沉积物和遗存分布特点的观察基本吻合。

本次发掘，根据牙齿鉴定的动物计有：披毛犀 *Coelodonta antiquitatis*.，古菱齿象 *Palaeoloxodon sp.*，野牛 *Bison sp.*，三趾马 *Hipparion sp.*，灵猫 *Viverra* sp.，猫科 *Flidae* gen. indet。其中野牛、灵猫与猫科动物为以前发掘所未见。此外，还有不少无法详定的食草动物牙齿碎片及一件鸟类肱骨远端。据周本雄的意见，典型喜冷的披毛犀出现在晚更新世。早、中更新世的披毛犀应改为腔齿犀（见周儒等，1991；卫奇，1991）。

五、石制品初步观察

本次发掘共获石制品901件。其中有4件出自探坑，85件为地表采集，后者大多是被雨水从历年发掘丢弃的堆积物中冲刷出来的。这批石制品的总体观察特点见表。从石制品观察得知，小长梁石工业的打制技术仅采用硬锤直接打制法与两极法，以锤击法为主（表一）。

表一　1998年小长梁遗址发掘获得的石制品

石制品	探坑	地表	发掘	总计	%
岩　块	0	1	39	40	4.44
石　核	1	5	75	71	7.88
不规则石核	1	0	28		
两极石核	0	5	22		
石核残块	0	0	5		
器　类	0	1	6	7	0.78
砍砸器	0	0	1		
修理石片	0	1	5		
废　片	3	29	140	172	19.09
两极石片	1	2	26		
石叶石片	0	0	3		
一般石片	2	27	111		
碎屑块	0	49	562	611	67.81
片屑	0	25	172		
断块	0	24	390		
总　　计	4	85	812	901	100

由于所有石制品是从同一文化层中出土，因此它们被作为同一文化组合来予以分析。虽然它们的沉积经历了一定的时间长度，上下的文化遗存有一定的时间先后，因此石制品的特点有可能含有人类行为和石工艺技术差异和历时变化的信息。但是总的来说，目前从文化遗存的再沉积特点和堆积时间长度的初步判断，我们可能尚不足以在这短暂的地质时期中辨认明显的进步与变化。

另需指出的是，表中所列的石制品名称，并非是常规意义上的器物分类，而是石工业技术产品的目录表。由于本文的研究目的之一是了解石制品大小的制约因素，因此石工业组合的专题和综合研究，如废片的定性、定量分析以及微痕观察将另文介绍。

石料　石料的质地与可获性对打制的主石制品特点有很大的制约。石料分析所关注的问题包括：1）有哪些石料被利用；2）它们是丰富还是罕见；3）它们的质地如何；4）它们的形状如何；5）它们对打片技术有何制约（陈淳，1996）。小长梁遗址的石料主要是呈棕、黄、紫、黑色的前震旦纪含燧石条带的火山角砾岩和变质石英岩，它们在泥河湾层之下的不同地点均有露头。这些石料在郝家台东侧出露较多，因此被认为是泥河湾层中的旧石器早期地点在郝家台东侧较为集中的原因（Schick et al.，1991）（在该文中，作者可能将郝家台误为岑家湾——笔者）。这类含燧石的火山角砾或细粒变质石英岩，呈块状，局部质地不错，但由于裂隙非常发育，所以整体质地很差。这些裂隙有的是岩块的节理，有的可能是因为岩性脆、质地不够致密，在受力作用下发生弹性和柔性形变，最后导致不规则断裂。同一块石料上有时胶结有不同的燧石块，而有的一块石料上呈质地粗细明显不同的变化，遗址中还见有夹灰色燧石条带的硅质灰岩，产自遗址东部的凤凰山，这类石料也呈质地不匀的特点。

总的来说，小长梁当地石料来源十分丰富，但质地很差，与理想打片所需的匀质硅质石料的要求相去甚远。由于石料裂隙非常发育，我们认为这一特点会对小长梁石工业的打制技术与石制品特征与尺寸产生很大的制约作用。小长梁一些石制品在初看之下，由于石质好，色泽比较醒目，而且个体较小，容易给人以较为精致的印象。为此，我们特别进行了打制实验来观察石料破碎特点与碎片尺寸分布频率，并且通过电脑与发掘采集品进行对比，以确定小长梁石制品尺寸大小究竟是人工刻意所为，还是石料质地原因。

打片实验　我们挑选了6件颜色不同的火山角砾岩与硅质灰岩岩块作打制实验。其中1件来自东谷坨，1件采自小长梁遗址地表，为以前发掘所弃。4件为本次地层中发掘出土，无任何人工痕迹。它们大小适中，每件重约2公斤。我们采用硬锤直接打击剥片，观察石片破碎特点，然后对5毫米以上的碎片与碎屑块作长宽测量。

实验证实，所有6件石料在打片中，显示了极不规则和极难控制的特点。大部分石片和碎屑块不是循打击方向剥离，而是沿其内在裂隙崩落。有时打击点在台面右侧，碎屑块却从左侧震动崩裂，呈现为一种粉碎性破碎的特点，很难从锤击的方向与力量来控制石片的的剥离与尺寸。当遇石料局部质地较好时，打片往往较为理想，产生的石片台面与半锥体也较清晰，但是一般难以打下较大的规整石片。所以，打片的产品绝大部分是粉碎性解体的碎屑块。然而，其中不乏从形状、石质、颜色和尺寸上观察貌似十分“精致”的标本。

打制实验产品与发掘石制品尺寸分布频率由电脑处理，我们发现两组石制品尺寸分布范围十分接近。因此我们认为，小长梁石制品尺寸较小是受制于石料裂隙发育的原因，而非人工刻意所为。

废片分布与埋藏学分析　根据我们的实验，以及参考Nwecomer等（1980）从事各种打片实验所描述的废片分布特点显示，大部分打片废料无论大小，基本上都集中在打片者位置1米直径的范围内。蹲坐打片较为集中，大致在0.5米范围内。而站立硬锤打片分散较均匀，小碎屑散布直径可达2米以上。

从小长梁探方中石制品分布观察，未见有明显就地打片的迹象，废片和碎屑块在16个探方中呈均匀的分布，并无集中堆积的现象，表明为一种水动力搬运后的随机堆积过程。同一水平层中的石制品原料种类差异也很大，未显示原地打片常见的同一种石料较多的特点。虽然石料不规则破碎特点很难做拼合分析，但是我们仍然密切关注这种可能性。比如，我们发现第6与第17探方第3层中两件砸击制品（N980442，N980445）原属同一块灰色燧石，水平分布距离不到1米。此外，第16探方第3层中一件两极石核（N980348）与一件附近采集的两极石片（N980031）原属同一块黑色燧石，后者为以前发掘所弃。

从石制品特征所见，除少数标本显示水流作用的磨圆外，大部分标本棱角锋利，也没有石锈，表明水流搬运距离不远和暴露地表时间不长的特点。

六、结　　论

1998年对小长梁遗址的发掘与初步分析，为我们设定的研究目标和问题提供了以下的初步结果：

1. 探方区的地层与埋藏学观察表明，石制品与动物化石是水流搬运后的沉积，未能找到古地面或人类的活动面。一种可能是，当时古人类在此活动时湖水上升较快。另一种可能是，目前的探方区仍位于古湖滨的水面以下部分。希望今后的发掘能向南侧延伸，以检验这一推测。

2. 石制品废品率极高。即使不计石核与块状石料，有修整痕迹的石制品在整个采集品中也仅占0.89%。根据打片实验证实，小长梁石制品尺寸偏小是由于石料质地原因，非人工刻意所为。

根据对动物骨骸的初步观察，其中被石制品改造过的比率不高。然而，单凭此点仍不足以说明小长梁古人类没有利用过其中一些动物。下一步的工作，我们将在43件动物骨片埋藏学观察的基础上，对所有可供观察的动物骨骼材料做定量的统计观察分析，以进一步确认人工切痕。与此同时，我们还将对石制品作微痕观察，以了解它们加工的对象和使用方式，并尝试对石工业工艺分析以探索小长梁古人类的智力与认知能力。

我们希望，以后的发掘能在探方梳理的基础上，对遗址进行系统和有目的的整体研究。特别是应将寻找人类活动面作为一个重要的探索目标。因为对这种活动面的完整揭露，可以提供更为丰富的有关小长梁古人类活动方式和生态系统，特别是湖滨生态环境的珍贵信息。

参考文献

陈淳，1996. 旧石器研究：原料，技术及其他 . 人类学学报，15（3）:268～275。

程国梁、林金录、李素玲等，1978.“泥河湾层”的古地磁学初步研究 . 地质科学，(3):247～252。

黄慰文，1985. 小长梁石器再观察 . 人类学学报，4（4）:301～306。

贾兰坡，1980. 讨论“泥河湾组旧石器的发现”. 中国第四纪研究，5（1）:1～13。

裴文中，1980. 讨论“泥河湾组旧石器的发现”. 中国第四纪研究，5（1）:1～13。

汤英俊、李毅、陈万勇，1995. 河北阳原小长梁遗址哺乳类化石及其年代 . 古脊椎动物学报，33（1）:7483。

卫奇，1991. 泥河湾盆地旧石器遗址地质序列 . 见：中国科学院古脊椎动物与古人类研究所编 . 参加第十三届国际第四纪大会论文选 . 北京：北京科学技术出版社，61～73。

卫奇，1997. 泥河湾盆地考古地质学框架 . 见：童永生等编，演化的实证——纪念杨钟健教授百年诞辰论文集 . 北京：海洋出版社，193～207。

尤玉柱、汤英俊、李毅，1980. 泥河湾组旧石器的发现 . 中国第四纪研究，5（1）:1～13。

尤玉柱，1983. 河北小长梁旧石器遗址的新材料及其时代问题 . 史前研究创刊号：46～50。

周廷儒、李华章、刘清泗等，1991. 泥河湾盆地新生代古地理研究 . 北京：科学出版社。

Bordes F. 1961. Typologie du Paleolithique ancient et moyen. 2 vols. Memoires de I' Institut Prehistoriques de I' Universite de Bordeaux 1. Bordeaux Delman.

Butzer KW. 1990. Archaeology as Human Ecology. Cambridge: Cambridge University Press.

Crabtree D. 1972. An Introduction to Flintknapping. Occasional Paper of the Idaho State Museum, No. 18. Pacatello.

Gifford DP. 1981. Taphonomy and paleoecology: a critical review of archaeolgy' s sister discipline. Adv Archaeol Method, Theory, 4:365～438.

Henry DO et al. 1996 Middle paleolithic behavioral organization: 1993 excavation of Tor Faraj, Southern Jordan. J Field Archaeol, 923):31～53.

Keates SG. 1997. Analyzing modern human origins in China. In: Clark GA, Willermet CM eds. Conceptual Issues in Modern Human Origins Research. New York: Aldine, 294～303.

Newcomer MH, Sieveking G de G. 1980. Experimental flake scatter patterns: a new interpretive technique. J Field Archaeol, (7):345～352.

Pope GG, Keates SG. 1994. The evolution of human cognition and cultural capacity: a view from the Far East. In: Curuccini RS, Ciochon RL eds. Integrative Paths to the Past: Paleoanthropological Advances in Honor of F Clark Howell, Prentice Hall, Englewood Cliffs, 531～568.

Schick K, Toth N, Wei Qi et al., 1991. Archaeological perspective in the Nihewan Basin, China. J Hum Evol, (2):13～26.

Shott MJ. 1994. Size and form in the analysis of flake debris: Review and recent approaches. Journal of Archaeological Method and Theory, 1 (1):69～110.

Sullivan AP, Rozen KC. 1985. Debitage analysis and archaeological interpreation. American Antiquity, 50 (4):755～779.

（原载《人类学学报》1999，18（3）：225～239）

周口店第15地点剥片技术研究

高星

周口店第15地点位于龙骨山东麓，与第1地点相隔约70米，与第4地点相邻。该地点发现于1932年，发掘于1935～1937年（贾兰坡等，1984）。共有万余件石制品和大量的动物化石出土，其文化遗物的丰富及学术地位在周口店旧石器文化遗址群中可与山顶洞遗址相媲美，仅次于第1地点，从而使其成为中国乃至东亚中、晚期更新世的一处重要的旧石器时代地点。

虽然该地点在中国旧石器时代考古学研究中占有很重要的位置，在各种文献中被广泛提及和引述，但对该地点的研究基础却十分薄弱，其丰富的文化遗物从来没有被系统地整理和分析。迄今为止，对该地点的原始研究只有两篇发表于30年代的发掘简报（贾兰坡，1936；Pei，1939）。这使中外学者们在使用该地点的考古材料方面受到了很大的限制。本人有幸于1997年接触和研究了这批石器资料，并在此基础上完成了博士学位论文（Gao，2000）。现将该文中有关石核、石片研究和剥片技术分析部分单独成文，以飨国内读者。

一、石核形态与类型

共有130件锤击石核从第15地点发掘出土。其中126件以脉石英为原料。为了客观地描述和分析这些石核的形态和技术特点，本文对每件标本做了以下的测量和记录：1）长度、宽度、厚度和重量；2）台面和工作面的数量；3）台面的性质和大小；4）石片疤的数量、大小和方向；5）台面角；6）打击点、锥疤和半锥体阴痕状态；7）多台面标本台面间的几何关系；8）残存原生石皮的比率；10）原料种类。

根据打片方向、台面的数量与关系的综合考量，该地点的石核可以分为以下三个类型：

1．简单石核共23件，包括单台面和双台面石核。这些石核的特点是其利用率很低，只有零散的几个石片被剥离下来，打片显得简单和随意，台面和工作面不做任何修整。它们在打片的初始阶段即被弃置不用或者是因其质地不良，或者其形态不适合被进一步利用。这样的标本在西方文献中被称为“尝试石核”。

简单石核个体间的大小变异很大。最大者长为14厘米，最小者为3.4厘米，标准偏差值为2.4厘米。

2．盘状石核共33件。这类石核的特点是石片疤分布在其两个相对的工作面上，且从边缘向中心延伸，使石核体边缘薄而中心厚，横切面近于圆形（图一）。

盘状石核个体间大小的变异较之简单石核要小得多。绝大多数盘状石核的个体较小，平均长为5.8厘米，宽为4.7厘米，厚为3.3厘米，台面角平均为79°，是一类利用率较高的石核。

3．多台面石核共74件，占石核类的57%。这类石核体上遍布石片疤，石片疤的方向不定，石核呈多面体（图二）。

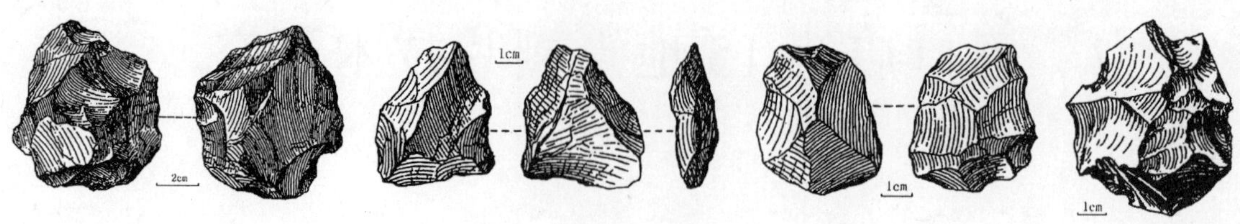

图一　盘状石核

多台面石核的个体变异很大，最大者长 12.8 厘米，最小者长仅 3.4 厘米。大多数个体很小，平均长为 5.6 厘米，台面角平均为 82°，表明多数石核曾被充分利用（图三、四）。

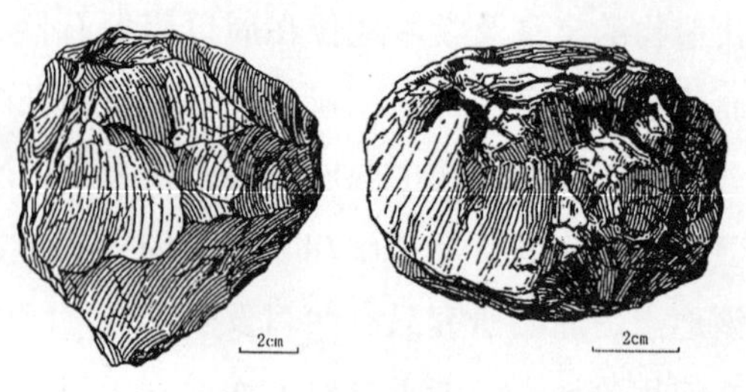

图二　多台面石核

从图三石核的长宽分布及图四的平均重量分布情况看，表明盘状石核小于简单石核和多台面石核，因而在三类石核中利用率最高，其次为多台面石核。

多台面石核所拥有的原生石皮比率在三类石核中最小，但这并不表明其利用率高于盘状石核，而是其剥片的方式所导致的。

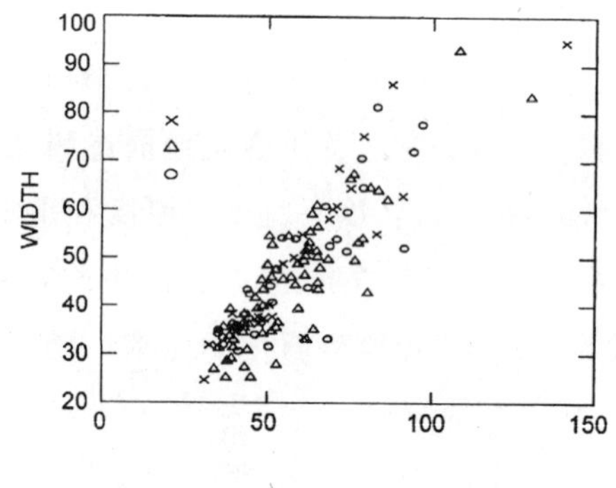

图三　三种类型石核的长宽分布

（╳简单石核，△多台面石核，○盘状石核）

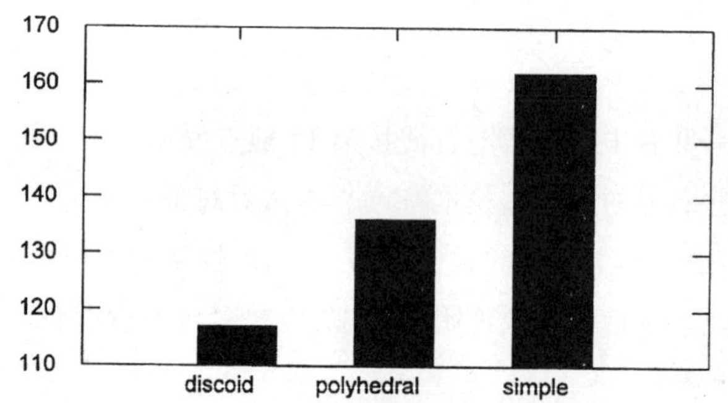

图四　三种类型石核的平均重量分布

二、石片的类型与特点

本文共研究了 439 件锤击石片和 91 件残片、断片。其中 393 件以脉石英为原料。为研究石片的剥片技术和形态特点，对每件标本的下述变量进行了测量和记录：1）标本完整状况；2）长度、宽度、厚度和重量；3）台面性质、形态和大小；4）石片角；5）打击点、半锥体和锥疤状况；6）边缘破损情况；7）原生石皮占有率；8）背面石片疤数量；9）背面石片疤的走向；10）总体形状；11）原料种类（表一）。

表一　完整石片的大小测量统计

测量统计项目	长度（mm）	宽度（mm）	厚度（mm）	重量（g）
数量	439	439	439	439
最小值	11	12	3	1
最大值	160	175	45	521
平均值	36	34	12	21
标准偏差值	16	17	5	36

表中列出了对完整的石片大小与重量的测量统计情况。这些石片大多个体较小，长度与宽度多在2～5厘米之间，厚度多在0.5～2厘米之内。其中两件石片个体很大，分别为16×13×4.5厘米和10.3×17.5×3.6厘米，表明在材料许可的情况下生活在该地点的古人类有能力生产大型的石片。

绝大多数石片为普通石片（图五）。长型石片很少。其中7件标本可归类为长石片或石叶——长宽比值大于2，两侧边近于平行（图六、七）。但图七显示全部石片的长宽比值为正态连续分布，而且这些石叶在技术特征方面与普通石片没有多少差别，不必单独分一类。

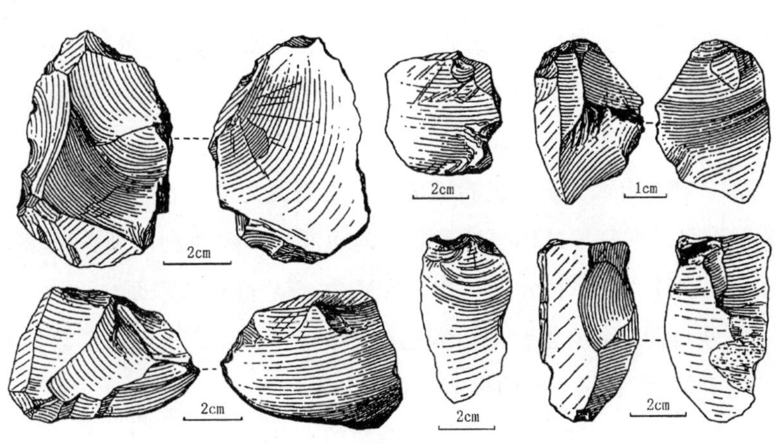

图五　普通石片

对于普通石片的形状很难进行准确的描述。第15地点的

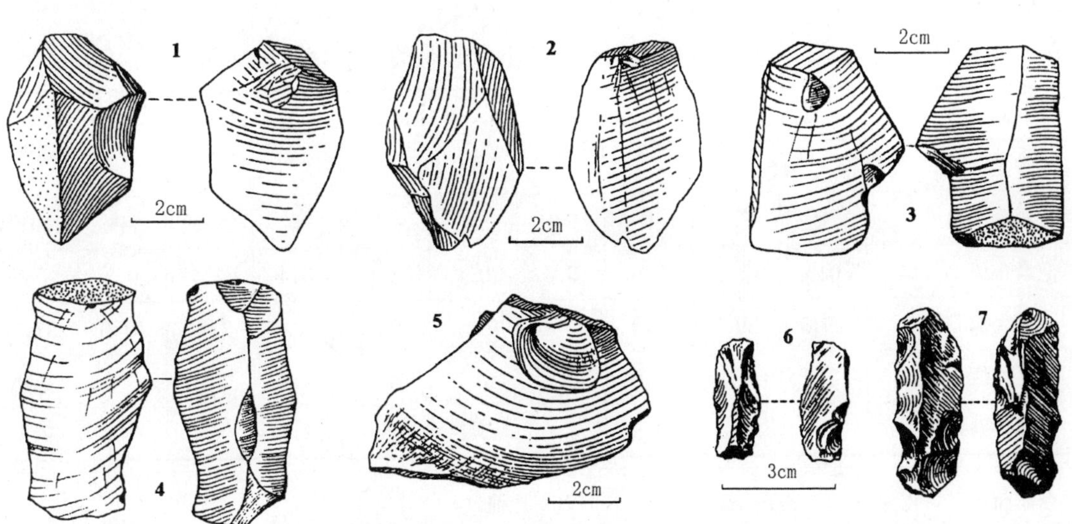

图六　普通石片与石叶（3、4比例尺同，6、7同）

石片可以依据其两侧边缘的走向与相互之间的关系大致划分为四类：

1. 平行石片　石片的两侧边基本上相互平行，标本的总体形状近于长方形或方形。只有5.6%的

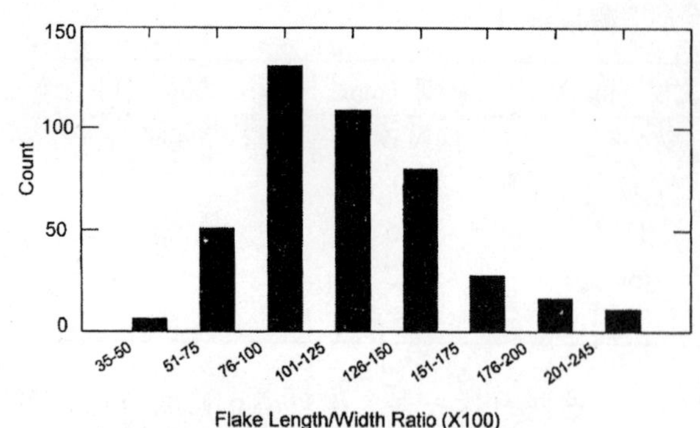

图七　石片长/宽比的分布情况

标本属于平行石片。

2. 窄尾石片　石片的两侧边向尾端收缩并最终交汇，使标本在整体上呈三角形。有10.4%的标本属于这类石片。

3. 宽尾石片　与窄尾石片相反，其两侧边在尾端向两侧扩张，使标本尾端的宽度大于台面端的宽度，整体形态呈梯形、扇形或近圆形、半圆形。有7.3%的石片属于这一类型。

4. 不规则石片　这种石片不属于上述任何一类，不可能用几何语言进行分类和描述。有76.7%的标本属于不规则类，占石片的绝大多数。

石片的台面可以划分为以下七个类型（表二）。

1. 自然台面　12.6%的石片的台面为原生石皮。

2. 节理面台面　石片的台面为平整而新鲜的节理面。该类台面往往归于自然台面。但考虑到脉石英节理发育，在打片过程中易于顺节理面断裂，因而利用新鲜的节理面打片在程序上应不同于利用原生石皮面剥片，故单独分为一类。4.3%的石片具有节理面台面。

3. 素台面　具有素台面标本是石片中最多一类，占石片总数的63.8%。

4. 有脊台面　6.6%的标本为有脊台面。

5. 有疤台面　这类标本占石片总数的9.2%。

6. 线状台面　2.5%的石片归属此类。

7. 点状台面　只有0.7%的石片具有点状台面。

表二　台面面积与石片本身大小的测量比较

台面性质	自然台面		节理面台面		素台面		有脊台面		有疤台面	
数量	55		18		275		23		40	
测量项目	P	F/P	P	F/P	P	F/P	P	F/P	P	F/P
最小值	0.3	2.2	0.6	3.4	0.1	2.1	0.4	2.4	0.2	1.0
最大值	29.5	39.7	3.8	17.6	73.3	77.3	11.0	22.5	47.3	37.7
平均值	3.5	9.1	1.6	8.5	2.2	11.2	3.8	6.8	3.6	9.0
标准偏差值	4.5	8.2	0.8	4.1	5.2	12.6	2.7	5.4	7.4	7.6

P：台面面积（单位为cm^2）；F/P：石片大小与台面面积比值

点状台面和线状台面的面积显然是很小的，难以准确测量。表中显示在不包括具有上述两类台面的标本中，具有节理面台面的石片拥有最小的台面，脊台面石片拥有最大的台面。经研究发现石片台面的宽度与厚度构成一定的正向线性关系，即宽台面与厚台面往往搭配出现，说明当时的石片生产者尚没有能力将石片的绝对厚度控制在一定的标准之内（图八）。这样的线性关系在石片台面面积与石片大小之间则不很明显，说明对大部分标本而言并非台面越大而石片越大。而当将石片的大小按台面的性质进行分类比较时，发现具有小台面（点状台面、线状台面和节理面台面）的石片皆为个体很小者，说明特别小的石片只能与小台面相伴而生。第15地点石片的石片角度测量数值呈正态连续分布。有脊台面石片的石片角的平均值最小（99°）。其他类型的石片角度平均值很相近（105°～109°）。全部石片的石片角平均值为108°（图九）。

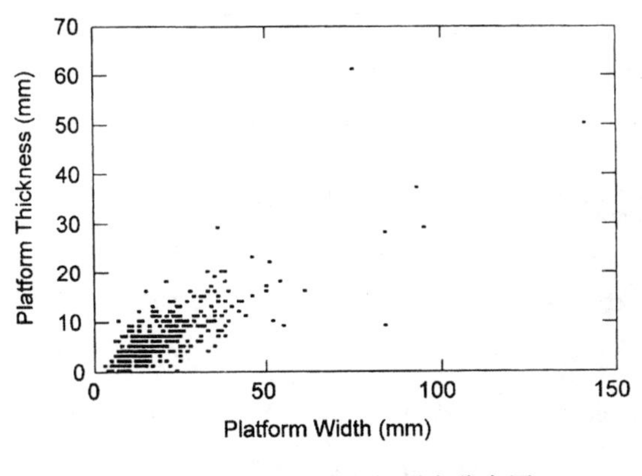

图八　石片台面宽度与厚度分布图

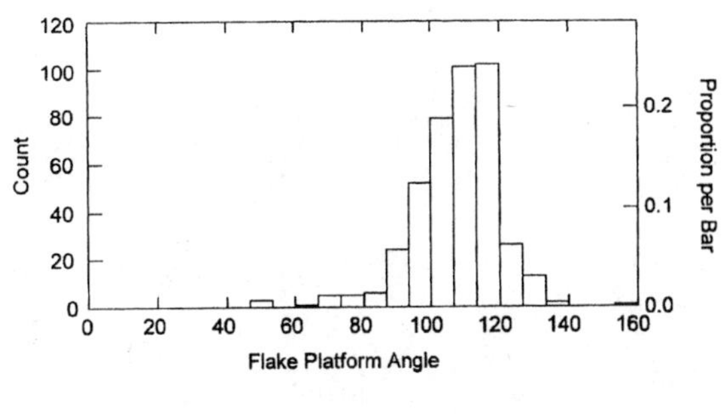

图九　石片角分布图

第15地点石片上的打击点大多不清楚。近41%的标本没有打击点的任何痕迹。仅25%的石片保留深凹而明显的打击点。半锥体在这些石片上亦不常能观察到。77%的标本没有明显的半锥体，仅3.2%的石片保留凸出而显著的半锥体。个别石片在半锥体处反而凹入。另外，有2.5%的石片出现锥疤，缺失打击点、半锥体和锥疤往往被归结于软锤打片的迹象（Crabtree，1973）。但石片阳面上的痕迹不但与剥片方式有关，还受到原料质量的影响。同为第15地点的石片，上述特征在不同原料的标本上有着不同的显现。在石英石片中，54.7%的标本观察不到打击点，85.4%的标本没有半锥体。相比之下，在火成岩、粉砂岩和燧石类石片中，仅3.5%的标本没有打击点，54.3%的标本没有凸起的半锥体。这说明不能单纯用上述特征来推断产生石片的技术与方式，必须考虑到不同原料对石制品上诸多痕迹与特点的影响与制约（表三）。

表三　不同原料的石片的打击点和半锥体的观测、统计和对比

观测项目	打击点（%）			半锥体（%）			
状态描述	无	深	浅	无	微凸	显凸	凹入
石英石片	54.7	4.9	40.4	85.4	12.1	1.6	0.9
非石英石片	3.5	10.4	86.1	54.3	38.0	7.8	0.0

关于石片的背面，76%的标本不保留原生石皮，仅3%的标本全部为石皮所覆盖。大多数标本的背面有2～4个石片疤。由于石英的质地粗糙，对这些石片背面石片疤关系与走向的研究很难取得理想的结果。

在未经加工的石片中，69件或16%的标本的边缘有破损现象，其中68%发生在一侧或两侧边上。这些破损疤痕往往小且不连续。这样的疤痕有时被解释为使用的结果。但使用破损与自然破损很难区别开来，尤其当这样的痕迹发生在像石英这样劣质的材料上。

三、砸击石片

砸击技术的一个重要特点是石核可以被连续利用直至消失（裴文中、张森水，1985），而且石核与其产生的石片之间没有明显界限。

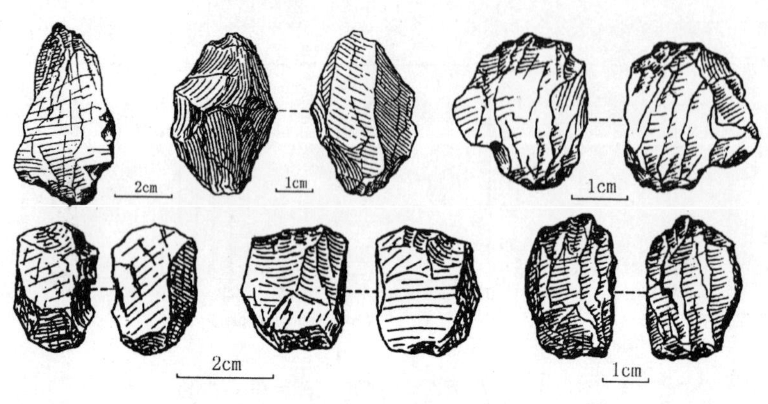

图一〇　砸击石片

第15地点发掘出土87件砸击产品，仅占石核—石片类的11.6%。其中35件为一端石片，其余为两端石片。绝大多数标本个体很小，平均长为3.4厘米，宽为2.2厘米，厚为1.4厘米，重为1.3斤。总体来说，两端石片的个体大于一端石片。这是因为产生两端石片时砸击力从顶端传达到了底端，因而剥离出完整的石片；而当砸击力未能传到底端，或在石核体内遇到节理或裂隙，产生的石片便不完整，因而个体较小（图一〇）。

四、石　锤

第15地点的石制品中共有7件石锤。其中5件为火成岩，另2件为砂岩。这些石锤在一端或两端有打击破损的痕迹。其中两件在中部平坦处有凹陷的破损坑疤，表明它们亦被作为砸击石锤使用过(图一一)。

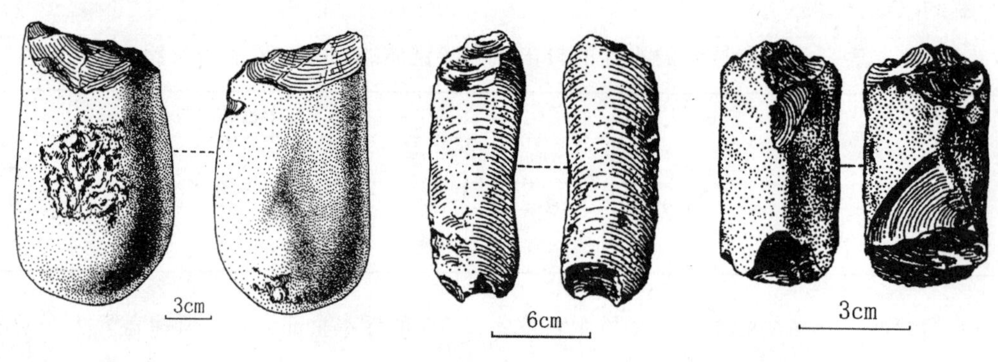

图一一　石锤

与石核、石片和大量的残块、废片比较，石锤在该地点的数量显得不成比例。但事实上石锤并不一定是专用工具，不需要具备特定的形态特征，自然砾石、废弃的石核和断块皆可偶尔代之。而当这样的石锤没有被充分利用并留下明显的破损特征时便会逃过研究者的眼睛。

五、讨　　论

（一）　生产石片的技术与方式

通过对周口店第15地点的石核与石片观察，至少有两种剥片技术在该地点被使用过。一种是石锤直接打片，以石核和石片为代表；另一种为砸击打片，其产品为砸击制品。在石片中有几件个体很大的标本带有宽而厚的台面，其石片角亦很大，超过120°。这样的石片曾被认为是碰砧法的产品（裴文中等，1958）。本文认为不能排除碰砧技术在该地点应用的可能性。但正如一些学者所指出，宽厚而倾斜的台面和大的石片角并非碰砧石片的专有特点，这样的特点在锤击石片中也能观察到，因而很难将锤击产品和碰砧产品区分开来（Aigner，1978；李莉，1992）。

通过对三种类型的石核（简单石核、盘状石核和多台面石核）的观察，可以确定生活在第15地点的人类拥有娴熟的锤击打片技术，他们根据原材形态的不同而采取不同的剥片方式。至少有两种锤击打片方式可以从这些石核上推断出来：

A. 向中心交互打片。这样的打片方式发生在盘状石核上，即从砾石的边缘向中心的上下两面交互打片，一个工作面上的石片疤成为另一个工作面的台面。剥片在相对的两个面上交互进行，直至石核变得很小不能继续使用为止。这样即使不对标本的台面和工作面进行修整，也能使其保持适合的剥片角度。因而这种打片方式具有一定的计划性与规范性。正因为如此，盘状石核在总体上小于其他两类石核，利用率最高。

B. 多向打片。此种打片方式被用于多台面石核上。多向剥片的特点为机会性与方向不定，缺乏计划性，通体为台面与工作面，一旦石核体上不再有适合打击的台面与角度时便被弃之不用。

从打片的力学角度分析，由双面交互剥片所产生的盘状石核应起始于扁平的原材；而多向打片则适用于在多面体原材上生产石片。当然，随着打片的进行和原材形态的改变，交互剥片方式可以转化为多向剥片。

如果将第15地点中用这两种锤击方式生产的石片区分开来是一件无法做到的事情。原因之一是这些石片多为石英制品，质地不均匀，断口不规则，因而很难精确判断其背面石片疤的方向；之二是这两种方式生产的石片在特征方面不具有排他性，因而不能截然分开。从这些石片的特点观察，古人类在剥片时一般不对石核的台面做修整。数件石片在背面上出现一系列小而重叠且与打击轴走向一致的疤痕，说明古人类在生产石片时偶尔对石核的工作面加以修理。

将上述打片技术熟练地应用在质地不好、难以控制的脉石英材料上，说明生活在该地点的远古人类在驾驭生产技术和开发利用资源方面已经具有了很强的能力。

（二）　砸击技术的特点及其在第15地点的地位

砸击技术在旧石器时代曾在世界范围内被广泛应用（林圣龙，1987），在中国的旧石器考古学中更是一个重要的研究课题（张森水，1987）。它多被用来开发个体较小不易锤击剥片或像脉石英这样不易控制的原料（Svoboda，1989；Kuhn，1995）。

在中国的旧石器时代遗址中，砸击产品含量最高者为周口店第1地点，在石核与石片类中，砸击制品占74%以上（裴文中等，1985）。砸击产品在中国其他遗址中亦多有发现。有关更新世时期中国的砸击技术及其产品似乎可以归纳为如下一些特点：

A. 在绝大多数遗址或地点中，砸击技术只起着辅助作用，砸击制品只占很小一部分。占统治地位的是锤击法及其产品。周口店第1地点是个特例。

B. 绝大多数的砸击制品采用石英作为原料。实验表明脉石英和粗质的石英岩在锤击打片时易于在结构裂隙处断裂，不易控制和利用（Maloney et al.，1988）。因而采用砸击法生产石英石片是不得已而为之。

C. 绝大多数砸击制品个体很小。例如周口店第1地点，砸击石片的长度多在3～5厘米之间。这样小的石片只能用来制做小型工具，而且很难被持续加工和使用。

D. 大部分砸击石片没有被加工成工具。在周口店第1地点，发掘出土3890件未经加工的砸击石片和768件加工成工具的砸击制品，亦即每6件砸击制品中只有1件被加工利用过。相比之下，在锤击产品中共有1231件完整且未经加工的石片和588件被加工成工具的石片被采集，亦即每3件锤击石片中便有1件被加工使用过。这样显著的对比说明：砸击制品作为加工石器的毛坯的可利用率远低于锤击制品，因而砸击剥片不是生产石器毛坯的有效方法。

关于砸击产品在第15地点所占的比例以及砸击技术在该地点石器生产中的地位，长期以来一直不很明确。裴文中在其最初的研究报告中，提及第15地点的石制品中砸击制品十分罕见，因而较之第1地点是个“不解之谜”（Pei，1939：160）。这次系统的整理、研究，发现了87件砸击产品，占石核—石片类的11.6%，比例远远低于第1地点（74%）。由此可见，砸击技术在周口店经历过第1地点的极盛期后，在第15地点已经衰落，由主导地位变成了辅助和陪衬。

如上所述，砸击法是古代人类群体在面对石英这样劣质的原料时不得已而采取的方法。它的使用具有很大的浪费性，即大量消耗原材料，在效能上是以量代质。当人们没有能力用更好的办法来开发这样的原料时，采用砸击法便是其唯一的选择。这可能就是北京直立人的处境。而在第15地点，情况有了很大的变化。生活在该地点的古人类在锤击技术方面有了很大的进步，能够有效地用石锤从脉石英块上打下可用的石片，而且能够根据原料形态的不同采用不同的方式（例如向中心交互剥片和多向剥片）生产石片，因而在很大程度上摒弃了浪费资源的砸击法，使锤击法成为生产石器毛坯的主要方法。

（三） 关于第15地点的勒瓦娄洼技术问题

在周口店第15地点的石制品中，一件石片十分引人注目，该石片采用燧石为原料，在其背面有3个与石片打击轴走向一致且在尾端交汇的石片疤，最后一个片疤呈三角形且叠压在其他片疤之上，使整个石片的外形近于三角形，远端的纵剖面也呈三角形。这件石片的形态特征与西方旧石器时代遗址中常见的勒瓦娄洼尖状器（Levallois point）十分相似，因而常被作为勒瓦娄洼技术被应用于周口店第15地点（Kozlowski，1971；Otte，1995）（图一二）。

勒瓦娄洼技术是一个重要而又复杂的旧石器考古学研究课题。自100多年前这一石器技术在西欧被解读后，研究者一直对其争论不休，其定义与内涵不断被修正（Ranov，1995），研究重点也不断被更

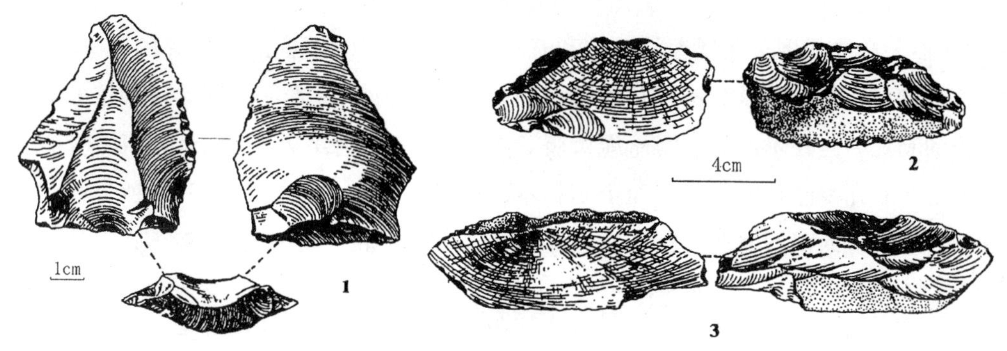

图一二　“勒瓦娄洼尖状器”与石片

新和改变。对勒瓦娄洼技术的传统定义着眼于石核和由此产生的特定的石片在形态上的密切关系，即石核是经过细致的预制加工，这样从石核上产生的石片便拥有了固定和预设的形态，勿需加工即可直接使用（VanPeer, 1992）。近来有的学者提出勒瓦娄洼技术只是生产石片过程中的一个环节，即在连续剥片的时候，有些石片会自然地拥有相似与固定的形态，而勿需对石核进行预制处理（Dibble，1989）。不过这样的观点尚不被多数学者所接受。传统上，人们只重视对少数典型的终极产品（end products，例如勒瓦娄洼石核、石片和尖状器）的形态观察。近来，人们则更重视对生产石片的全过程及其产品的形态变异的实验与技术分析。

许多研究者意识到单纯地对少数终极产品的形态观察，很难准确地判断在某一石器工业中是否运用了真正的勒瓦娄洼技术（Copeland，1981）。实验与拼合研究表明：一些很容易被分类为勒瓦娄洼石片的标本事实上是由非此技术产生的；而一些在类型学上不属于勒瓦娄洼产品的石片却是由真正的勒瓦娄洼技术生产出品的（Boëda，1995）。这样，在研究一个含有“勒瓦娄洼制品”的器物组合时，便会面临如下的三种情况：1）所有的石制品都是由勒瓦娄洼技术产生的；2）所有的石制品都是由非勒瓦娄洼技术产生的，但一些出品具有勒瓦娄洼产品的形态特征，即“非勒瓦娄洼技术的勒瓦娄洼产品”；3）部分石制品是由勒瓦娄洼技术产生，而另一部分是由非勒瓦娄洼技术产生的。

由此可见，在判断一个石器工业是否拥有真正的勒瓦娄洼技术成分时须十分谨慎。在所谓有“典型的勒瓦娄洼产品”中，勒瓦娄洼尖状器的问题最大。这类器物被定为规则的三角形的石片，其背面有3条石片疤，构成倒置的“Y”状。Boëda（1995）对该类石器进行了深入的研究，证明它不是勒瓦娄洼技术的专利产品，而是可以通过多种方式制做产生，包括从柱状石核和盘状石核上剥离下来。这样的实验结果对周口店第15地点的“勒瓦娄洼尖状器”的技术归类具有很大的启示，因为盘状石核是该地点石核中一个重要的类型。

Boëda（1995:61～67）对典型的勒瓦娄洼石核和盘状石核的形态、技术特征做了比较。二者都是由两个凸起的曲面组成，皆为中心厚四边薄。对勒瓦娄洼石核而言，两个曲面不对称且不能互换：一个面为工作面，用以预设所要产生的石片的大小和形态；另一面是台面，保持着适合的剥片角度。而盘状石核则不然，两个曲面可互为台面和工作面；二者的工作面都要经过一定的加工修整，保持适合的角度和工作状态，这样生产出的石片会比较规则，其形态具有一定的规范性。由此可见，二者在形态和技术方面有很多的相似性，因而生产的石制品相同或相近。

本次研究，未能在第15地点的石制品中拣选出其他具有勒瓦娄洼特征的石核或石片，因而上述“勒瓦娄洼尖状器”尚属孤例。在现存的石核和石片中没有见到对石核进行系统的修理与预制的标本，倒是发现有若干盘状石核。所以对该石片最合理的解释应该为：它是一件从盘状石核上剥落的规则石片，而非真正的勒瓦娄洼技术产品。因而周口店第15地点的器物组合应为上述三种情况中的第二种，即全部石制品由非勒瓦娄洼技术产生，而个别标本带有勒瓦娄洼的形态特征。这种含有“勒瓦娄洼尖状器”与盘状石核组合的旧石器遗址在日本也有发现（Sato et al.，1995），显然不是孤例。

（四）关于第15地点的功能与使用

本文只从生产石片的角度对第15地点的功能做一探讨。第15地点出土的石锤、石核、石片和大量的断块废屑，说明该地点的一个重要的功能是作为打制石片和生产石器的基地，但不是生活在该地点的古人类群体生产石器的唯一场所。从石制品原料使用的分类统计来看，脉石英制品在类型上最为完整，囊括了石核、石片、断块废屑和工具，说明它们是就地生产的。而火成岩、燧石和粉砂岩制品基本不包括石核，有少量的断块废屑，说明它们大多不在该地点生产，而是在别处打片后，经筛选的石器毛坯被带回该地点进行进一步的加工和使用。即使脉石英制品其打片与制做的过程也不是全部在洞穴内完成的。如前所述，在石片类中，台面为原生石皮的标本只占12.6%，绝大多数（76%）石片的背面没有原生石皮。这说明脉石英石料可能在原生地被进行初级打片或实验剥片，以敲掉外表风化破裂部分，检验该砾石是否可以被打片利用，然后再将这种材料搬入洞内继续使用（表四）。

表四　石制品原料使用的分类统计

原料	石英		火成岩		水晶		燧石		粉砂岩		石英岩
统计项目	数量	%	数量	%	数量	%	数量	%	数量	%	
石核	126	1.8					2		1		1
石片	393	5.7	113	1.6			15	0.2	9	0.1	
砸击品	86	1.3			1						
石锤			5	0.1					2		
断块	4730	68.9	32	0.5	66	1.0	1				
工具	1198	17.4	54	0.8	14	0.2	12	0.2	4	0.1	1
总计	6533	95.2	204	3.0	81	1.2	30	0.4	16	0.2	2

（五）　与周口店第1地点的关系及其文化意义

自从第15地点被发现和发掘以来，就成为与第1地点进行对比、研究的重要议题。一种观点认为第1地点、第4地点与第15地点同属一个巨大的龙骨山地下洞穴，因而第1地点上部（1～3层）与第4地点（包括新洞）和第15地点属同一时期、同一考古学文化（贾兰坡等，1984）。另一种观点则认为第15地点与第1地点的上部为不同时期的文化，前者比后者有显著的进步（Qiu，1985；张森水，1987）。

我们首次将绝对年代的测定技术应用到第15地点。对含有文化遗物层位的测定结果为距今14～11万年（有关测年的方法、材料和结果的详细情况将另文发表）。而第1地点上部最晚的测年结果为距今23～22万年。由此可见，二者之间存在着10万年左右的间隔。

据统计，第 1 地点的 1～3 层出土 3 84 件石制品，包括石核 12 件、石片 199 件、砸击制品 600 件、石锤 8 件、石砧 2 件、石球 2 件、石器 456 件和断块 2 205 件（裴文中等，1985）。从这一组统计数字可以看出，砸击技术在此占据主体地位，而锤击技术起着辅助作用。这与第 15 地点的情况正好相反，说明二者不可能属于同一时期的同一文化。在第 1 地点上部的 12 件锤击石核中，5 件以石英为原料，另 7 件为非石英制品；7 件为单台面石核，5 件为双台面石核。按照本文的分类标准，只有 1 件可以定为不很规则的盘状石核，且以燧石作为原料。其他标本都属于简单石核。由此可见，锤击技术在第 1 地点的应用尚不很成熟，不很系统，说明即使在北京直立人晚期，人们也没能很好地掌握这门生产技术，因而不得不依赖砸击技术来生产石片和加工石器。

周口店第 15 地点的石器工业曾被作为中国旧石器时代中期的起始；其技术特点及器物的类型和形态亦被认为与西方的石器工业以及旧石器时代晚期的长石片—细石叶工业存在着某种联系。本次研究表明，虽然该地点在打片技术方面与第 1 地点有了很大的区别和进步，但在总体的石器技术、类型与形态上仍属于中国北方的石核—石片—刮削器技术主工业。在该地点并不存在真正的长石片—石叶技术成分，也没有真正的勒瓦娄洼技术产品。这说明它与中国北方的旧石器文化一脉相承，因而不应该被视作新的文化分期的开端或新的技术与文化的发源地。

参考文献

李莉，1991. 碰砧法和锤击法的打片实验研究 . 南方民族考古，5:180～197。

林圣龙，1987. 砸击技术与砸击产品：国外发现情况 . 人类学学报，6（4）:352～360。

张森水，1987. 中国旧石器文化 . 天津：天津科学技术出版社。

贾兰坡，1936. 周口店第 15 地点开掘简单报告 . 世界日报（自然副刊）1936 年 1 月 19 日和 2 月 9 日。

贾兰坡、黄慰文，1984. 周口店发掘记 . 天津：天津科学技术出版社。

裴文中、贾兰坡，1958. 丁村旧石器 . 见：裴文中主编 . 山西襄汾县丁村旧石器时代遗址发掘报告 . 北京：科学出版社，97～111。

裴文中、张森水，1985. 中国猿人石器研究 . 北京：科学出版社。

Aigner JS. 1978. Important archaeological remains from North China. In: Ikawa－Smith F ed. Early Palaeolithic in South and East Asia. The Hague: Mouton Publishers, 163～233.

BoëdaË. 1995. Levallois: a volumetric construction, methods, a technique. In: Dibble HL and Bar－Yosef O eds. The Definition and Interpretation of Levallois Technology, Monographs in World archaeology 23. Madison: Prehistory Press, 41～68.

Copeland L. 1981. Levallois or non－Levallois? Reflections on some technological features of Hummal Leve IA (EIKowm, Syria). Comison V, X Congresso, Union Internacional de Ciencias Prehistoricas, 1～25.

Crabtree D. 1973. Comments on lithic technology and experimental archaeology. In: Swanson E ed. Lithic Technology: Making and Using Stone Tools, The Hague: Mouton Publishers, 105～114.

Dibble H. 1989. The implications of stone tool types for the presence of language during the Lower and Middle Paleolithic. In: Mellars P and Stringer C eds. The Human Revolution: Behavioural and Biological Perspectives on the Origins of Modern Humans. Edlinburgh University Press, 415～433.

Gao X. 2000. Interpretations of Typological Variability within Paleolithic Remains from Zhoukoudian Locality 15, China. Ph. D. Dissertation, the University of Arizona.

Kozlowski JK. 1971. The problem of the so-called Ordos Culture in the light of the Palaeolithic finds from northern China and southern Mongolia. Folia Quat, 36:63~99.

Kuhn SL. 1995. Mousterian Lithic Technology: An Ecological Perspective. Princeton: Princeton University Press.

Maloney N, Bergman C, Newcomer M at al. 1988. Experimental replication of bifacial implements using bunter quartzite pebbles. In: MacRae RJ and Malney N eds. Non-Flint Stone Tools and the Palaeolithic Occupation of Britain. Oxford: British Archaeological Reports, BAR British Series 189, 25~48.

Otte M. 1995. The nature of Levallois. In: Dibble HL and Bar-Yosef O eds. The Definition and Interpretation of Levallois Technology, Monographs in World Archaeology 23. Wisconsin: Prehistory Press, 117~124.

Pei WC. 1939. A preliminary study on a new Paleolithic station known as Locality 15 at Zhoukoutien. Bull Geol Soc China, 19 (2):147~187.

Qiu ZL. 1985. The Middle Paleolithic of China. In: Wu RK and Olsen JW eds. Palaeoanthropology and Palaeolithic Arhaeology in the people's Republic of China New York: Academic Press, 187~210.

Ranov V. 1995. The Levallois paradox. In: Dibble HL and Bar-Yosef O eds. The Definition and Interpretation fo Levallois Technology, Monographs in World Archaeology 23. Wisconsin: Prehistory Press, 69~78.

Sato H, Nishihaki Y, Suzuki M. 1995. Lithic technology of the Japanese Paleolithic: Levallois in Japan? In: Dibble HL and Bar-Yosef O eds. The Definition and Interpretation of levallois Technology, Monographs in World Archaeology 23. Wisconsin: Prehistory Press, 485~500.

Svoboda J. 1989. Middle Pleistocene adaptations in central Europe. Journal of world Prehistory, 3 (1):33~69.

Van Peer P. 1992. The Levallois Reduction Strategy. Monographs on world Archaeology 13. Wisconsin: Pehistory Press.

（原载《人类学学报》2000，19（3）:199~215）

北京市王府井东方广场旧石器遗址发掘简报

李超荣　郁金城　冯兴无

一、遗址的发现与发掘概况

北京地区古人类化石和旧石器时代文化遗物的发现始于20世纪20年代的周口店。为了进一步探索北京人时期及其后的古人类在北京地区的活动踪迹，中国科学院古脊椎动物与古人类研究所与北京市文物研究所组成考察队，从1990年开始在北京地区进行广泛的考古调查，对重点遗址进行科学发掘。初步调查表明：北京地区除周口店外，曾有旧石器时代不同时期的人类在此劳动、生息过，迄今为止发现属于旧石器时代的旷野地点或遗址38处：平谷县12处、密云县3处、怀柔县10处、延庆县8处、门头沟区3处、东城区和西城区各1处（李超荣等，1998）。

王府井东方广场旧石器时代遗址就是其中的重要发现之一。1996年12月28日在北京市中心的王府井东方广场施工前期准备工作中，根据北京大学学生岳升阳提供的线索，本文第一作者到工地考察，从地层发现一些文化遗物。经综合分析，初步确定东方广场为一处有意义的旧石器时代地点，地质时代为晚更新世，考古学年代为旧石器时代晚期。1996年12月30日至1997年8月间中国科学院古脊椎动物与古人类研究所与北京市文物研究所对该地点进行了抢救性发掘。参加发掘的单位有东城区及平谷县的文物部门。

王府井东方广场位于东长安街北侧、东单头条、王府井大街与东单大街之间，地理坐标大致在东经116°25′28″，北纬39°55′26″。遗址面积约2000平方米。因工程在施工中，所以我们对文化分布密集区进行重点抢救性发掘，开探方90个，面积为1440平方米。发掘面积780平方米（上文化层164平方米，下文化层616平方米），下文化层清理面积112平方米，总发掘清理面积892平方米。每个探方长4、宽4米，分A、B、C、D四个区。文化遗物分别来自上、下两个文化层，相距约1米，它们分别出自距地表深约11.422米至11.784米，12.271米至12.643米河湖相地层之间。文化内涵丰富，出土标本2000余件，其中编号标本1500多件。

1997年7月23日至8月10日，中国社会科学院考古研究所科技中心受发掘单位委托，对遗址进行起取保护工作。遗址的起取工作顺利完成，遗迹块被安全地转运到北京市辽金博物馆存放。王府井东方广场遗址博物馆在1999年2月2日破土动工。待遗址博物馆建成后，将遗迹块再迁回复原。将来人们可以看到400平方米的古人类文化陈列，以供观众参观和普及科学知识。

二、文化遗物

文化遗物包括石制品、骨制品、用火标本和赤铁矿碎块等。

（一） 石制品

在观察分析的1098件石制品中，上文化层出土71件标本，其中编号标本52件，脱层标本19件。它们分别是石核2件、人工石块20件、石片22件、断片4件、裂片3件、石屑8件和石器12件。在下文化层出土的1027件标本中，编号的533件，脱层的494件。石制品包括15件石核、人工石块99件、石片344件、断片181件、裂片28件、石屑314件及石器46件。在下文化层的46件石器中，刮削器26件、尖状器2件、雕刻器12件、石钻2件、石砧2件和石锤2件。石制品的原料主要为燧石。打片技术主要为锤击法，偶用砸击法（因当时可能燧石原料少，但质地好。小的燧石砾石无法采用锤击法打片，为了应急，可能采用砸击法剥片）。以石片石器为主的文化。石器主要类型是刮削器和雕刻器，其中以小型为主。第二步加工的方式多样，但主要是向背面加工。

794号标本是一件规整的梯形两极石核。利用燧石砾石或石块作素材。石核重6克，长2.3、宽2、厚1.2厘米。此标本因采用两极法剥片，石核台面分别在石核的顶面和底面。台面呈刃状，两端砸痕都比较锐，为层状分布。第一个台面长1.5、宽0.8厘米，疤痕为两层，石核角为70°；第二个台面长1.8、宽0.7厘米，疤痕为2层，石核角为70°。在石核的前面有1～2层的石片疤5个，其中4个疤两端不相连，另外一个疤两端相连。第一个疤似三角形，长1.6、宽0.8厘米；第二个疤呈梯形，长1、宽0.8厘米；第三个疤似三角形，长1.8、宽1.1厘米，为两端相连的石片疤；第四个疤似梯形，长0.6、宽1厘米；第五个疤呈三角形，长1、宽0.5厘米。在石核后面有一个长2.3、宽1.9厘米的梯形疤，石片疤两端相连。石核左侧面有一个长2、宽0.9厘米的三角形疤，石片疤两端相连。石核右侧面有一个长2.1、宽0.8厘米的三角形疤。石片疤两端相连。石核两端的砸痕明显，表现出两极石核的特征。石核上的石片疤大多浅平，剥片范围占100%。

152号标本是一件双刃刮削器。它是用燧石石片作素材，石片的近端与左侧下部分由腹面向背面加工成直凹两个刃。石器重1.7克，长3.1、宽1.8、厚0.4厘米。在石片近端加工一凹刃，刃口长1.6、宽0.2～0.6厘米，刃角为24°；修疤为两层：第一层疤大，第二层疤小，加工程度适中。石片左侧边的中下部加工一直刃，刃口长1.5、宽0.2厘米，刃角为40°；修疤小而匀称，从平直的刃口来看，修整工作可能采用压制法。石片左侧边上部有一长0.1厘米的使用痕迹，呈锯齿状。

1227号标本是一件加工精细的长身圆头刮削器。重4克，长2.7、宽1.9、厚0.8厘米。采用长厚型黑色燧石石片，在两侧边和远端向背面进行加工。石器有三个刃缘：左侧边是直刃，长1.5、宽0.8厘米，刃缘匀称，有三层细小的修疤，刃角74°；右侧边是凸刃，长2、宽0.5厘米，加工精细，刃缘匀称，呈弧形，两层修疤细小而平齐，刃角为74°；远端是凸刃，长2、宽0.5厘米，两层修疤细小平齐，刃缘匀称，刃角为74°。从刃缘的修疤分析，石器的第二步加工可能是采用压制法进行修整。在石器的左侧保留有10%的天然面。

168C号标本是一件短身圆头刮削器，也称拇指盖状刮削器。这种石器的特点是器型小，器身宽大于长或宽和长相等或接近，它是旧石器时代晚期常见的一种石器。此标本重2.6克，长1.9、宽1.9、厚0.8厘米。系用燧石石片为素材。在石片的两侧和远端由腹面向背面加工，形成一椭圆形的刃，刃缘长5.4、宽0.2～0.6厘米，刃角为40°，端部为75°，两层的修疤深浅不一，修整工作较粗糙。

696号标本为一件两直刃刮削器。采用较厚的燧石石片作素材，石器重18克，长4.6、宽2.6、厚

1.7 厘米。石片的两侧由腹面向背面加工，形成两个较陡的直刃。石器左侧刃缘长 2.5、宽 0.9 厘米，刃角 78°；右侧刃缘长 2.1、宽 0.9 厘米，刃角 85°。两个刃缘的修整疤深浅不一，加工较粗。

1513 号标本是一件石钻。重 1.7 克，长 1.9、宽 1.4、厚 0.8 厘米。系用燧石石片，在石片远端的两侧错向加工成短尖。石片右侧端由腹面向背面加工，刃长 0.9、宽 0.3 厘米，刃角 93°，修疤细小而浅平，刃缘平整；左侧端由背面向腹面加工，刃长 0.8、宽 0.3 厘米，刃角 93°，修疤小，但刃缘不平整。石钻尖端两侧夹角为 70°，两面的夹角约 28°。

259 号标本为一件加工精细的雕刻器，器型规整。系用燧石石片作素材，重 1.3 克，长 2.2、宽 1.4、厚 0.4 厘米。在石片远端的左右两侧用雕刻器的打法各打下若干细小的石片，呈屋脊形的雕刻刃。在石片远端左侧修整的疤有四个，分为两层，排列整齐，修疤小而浅平，刃缘整齐，雕刻刃面长 0.9、宽 0.4 厘米；右侧修整疤为两层，疤痕大小不一，但刃缘平直，雕刻刃面长 1.1、宽 0.4 厘米。雕刻器刃角为 35°，雕刻刃尖端两面夹角是 20°。

（二） 骨制品

旧石器时代骨器的制作技术和使用经历了漫长的史前时期。打制骨器究竟始于何时，目前尚无定论，但打击骨器与敲骨吸髓有密切的关系。古人类用石器敲砸动物长骨时，出现一些“尖刃”的骨头，被在偶然的场合所利用。以后，渐渐地被当作工具有意识地使用，并为了某种用途的需要而进行加工修整。骨器是旧石器文化中不可忽视的器物类型，有重要的地位。旧石器时代早期的骨器粗糙，而且类型简单；旧石器时代晚期由于加工技术的发展，磨制技术的应用，骨器变得越来越精细而且类型丰富。骨器的制作技术大致经历了打制、切割、刮制和磨制四个发展阶段。

在研究旧石器时代文化遗物中，专家和学者们十分关注骨制品的研究和探讨。骨制品因其质地较为脆弱而容易破碎，在一些遗址中发现的标本常引起一些争论。在 20 世纪 30 年代，裴文中先生曾拟定专文论述了非人工破碎的骨化石，告诫人们“在确认骨化石上史前人类的加工痕迹之前，一定要非常谨慎”（Pei，1938）。作者在研究东方广场遗址的骨化石时，对出土的动物骨表面风化和磨蚀的情况进行了观察和分析。风化主要是由于光和热等对动物骨骼表面产生的作用，使骨骼发生裂纹，骨表质脱落。根据骨骼风化程度分为未风化、轻微风化、局部风化或全部风化四级。磨蚀主要是由于水流的作用，使骨骼受到冲刷磨蚀乃至被搬运，造成骨骼的损伤，产生了不同程度的冲磨特征。骨骼磨蚀也分为四级：未磨蚀、轻微磨蚀、局部磨蚀或全部磨蚀。东方广场遗址的动物骨头和骨制品主要是未风化和未磨蚀的标本，骨表面不同程度的风化和磨蚀对确定遗址的性质和探讨古人类的行为活动非常重要。在研究东方广场遗址的骨制品中，作者进行了一些打制实验、拼合分析和对比研究工作。按骨器的制作过程分为骨核、人工骨块、骨片、骨屑和骨器五大类。

东方广场遗址中研究分析的骨制品计 411 件（图一、二）。其中上文化层出土 24 件，20 件为编号的，4 件为脱层的。它们包括骨核 3 件、人工骨块 2 件、骨片 6 件、骨屑 8 件、骨铲 1 件、骨雕刻器 1 件，骨尖状器 2 件和骨刮削器 1 件。下文化层骨制品数量较多，分布比较集中，有 387 件，其中编号标本 245 件，脱层标本 142 件。它们包含骨核 23 件、人工骨块 53 件、骨片 188 件、骨屑 64 件、骨铲 2 件、骨雕刻器 9 件、骨尖状器 31 件和骨刮削器 17 件。在我国旧石器时代考古学研究中，首次较系统地开展了骨制品的拼合研究工作。从骨制品和动物骨头中，拼合成 33 组。一般是由 2 件标本拼合在一起，拼合标本最多的组是由5件标本组成。在骨制品中发现人工刻划痕迹及切割、砍砸痕迹，一些骨制品和石制品上附着赤铁矿粉。这些信息对研究骨器的制作工艺、人类狩猎活动、埋藏学和人类生活环境等是非常有益的。

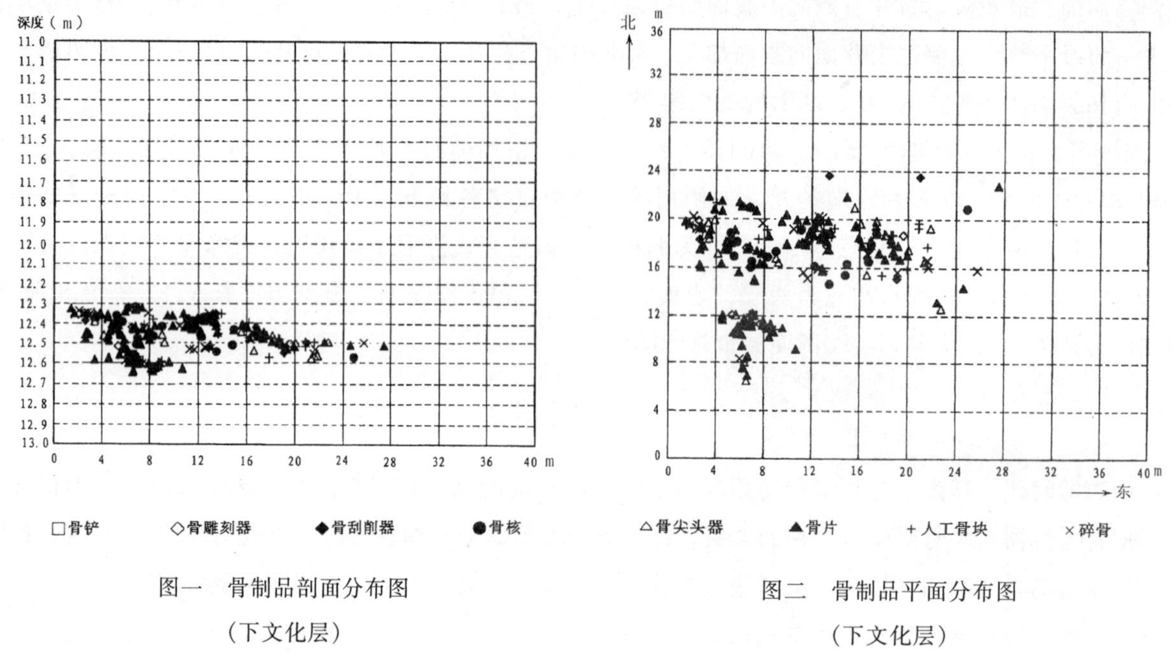

图一　骨制品剖面分布图
（下文化层）

图二　骨制品平面分布图
（下文化层）

1417号是一件加工精制的骨铲。标本重102克，长17、宽5.3、厚1.3厘米。在管状骨片端部的两侧由骨表面向髓腔面进行加工，形成似三角形尖刃。端部右侧为凹刃，刃长5、宽1.1厘米，刃角48°；左侧为凸刃，刃长4.5、宽1.2厘米，骨刃角35°。修疤都比较浅平，在骨铲右侧靠近中部处，有两个因打片形成的内疤，其中一块骨片现已裂开，这是由于连续打击两次，骨片未打下而形成的。在发掘时保存完好，后在室内整理中发现内疤裂开，明显看出连续两次打片的情况。在骨铲右侧下部是一个加工精细的凹刃，由髓腔面向骨表面加工，修疤细小而浅平，刃长3.8、宽1.1厘米，刃角42°～48°。此标本可与骨片1351、1354和1436号拼合，因此它是一件很有意义的标本，从中获取了打制骨片、骨器加工和拼合复原等方面的信息。

标本409号为一件骨尖状器。重85克，长13.6、宽3.9、厚2.8厘米。系用管状大骨片，在端部的左右纵向由骨壁面向髓腔面加工成尖刃。尖刃长6.3、宽3.2厘米，刃角为54°，第二步加工的疤痕浅平。

标本842号是一件骨核。重104克，长12.6、宽5.6、厚1.6厘米。在骨表面有人工砍砸痕迹12条，其中10条是直的，2条是弯的。在痕迹中，最长的2厘米，最短的0.6厘米，一般长约1厘米左右，间隔0.2～0.5厘米。条痕似平行排列。人工痕迹的范围约长2、宽3.5厘米。痕迹可能是古人类吃肉、肢解动物所形成的。

标本44号为一件骨片。重6克，长5.7、宽2、厚1厘米。在骨面有5条明显的人工切割的痕迹。切割痕的形状均为直线形，最长0.8、最短0.3厘米，一般长0.5厘米左右，间隔0.6～1.4厘米。条痕平行排列。人工痕迹的范围约长1、宽3.6厘米。

标本800号骨刮削器系用小骨片作素材。重5克，长5、宽1.6、厚0.6厘米。在骨片一侧由骨表面向髓腔加工，形成一凹刃。刃长1.8、宽0.5厘米，刃角50°，修疤细小而浅平。

（三） 用火遗迹

东方广场遗址中发现有丰富的用火遗迹，如烧骨、烧石、木炭和灰烬等。用火遗迹的分布有一定的规律，上文化层有2处、下文化层4处。上文化层的一些烧石和骨片各自还可以拼合在一起。根据含有切痕和砍砸痕迹的动物骨头、拼合起来的骨制品及烧骨的分布推测，当时人类一边制作石器，一边屠宰和肢解猎物，然后围着火堆进行烧烤，品尝着胜利果实（李超荣，1999）。

三、讨　论

（一） 遗址的时代

东方广场遗址出土的脊椎动物化石，经初步鉴定有原始牛（*Bos primigenins*）、斑鹿（*Cervus sp.*）、蒙古草兔（*Lepus capensis*）、安氏鸵鸟（*Struthio andersoni*）、雉（Phasianidae）和鱼（Teleostei）等。另外还出土有树叶、树根和树籽等。经^{14}C测定，上文化层，年代为距今24240±300年；下文化层年代为距今24890±350年。依据已有的材料分析研究，遗址的地质年代为晚更新世，考古学年代为旧石器晚期，它应是一处旧石器时代人类临时活动的营地。迄今，北京城区已发现了2处旧石器时代的遗址，除东方广场遗址外，还有西单中银大厦遗址（李超荣等，2000）。西单中银大厦遗址的石制品和哺乳动物化石出土于距地表深约21米的河湖相地层。王府井东方广场遗址的文化遗物出自12米左右的河湖相地层。根据上述地层对比及年代学研究结果，两处均为旧石器时代晚期遗址。中银大厦文化层比东方广场文化层深，所以时代可能古老些。目前，北京城区遗址中，东方广场是含旧石器时代文化遗物最丰富的一处古文化遗址，而中银大厦遗址是时代最古老的一处文化遗存。

（二） 石制品的特点

综上所述，东方广场遗址发现的石制品有如下一些主要特征。

（1）石制品的原料来自河滩，黑色燧石占绝大多数。

（2）打片技术以锤击法为主，偶用砸击法。采用砸击法对燧石原料进行剥片的方法在旧石器遗址中是很少见的。可能当时古人类采集质地好而易打片的原料比较困难，因此采到燧石、小砾石后，为了应急而采用砸击法进行剥片。

（3）石制品分为石核、人工石块、石片、断片、裂片、石屑和石器。打片和加工石器中产生的石屑和断片在石制品中占有一定的比例。

（4）石器的素材主要采用不同形状的石片，偶用石核和石块。这是一种以石片工具为主的石器工业。

（5）石器分为刮削器、雕刻器、尖状器、石钻和石锤，其中刮削器数量多而且形式多样，有单刃、双刃和多刃。石器以小型为主。

（6）从石器的第二步加工痕迹分析，在一些标本中，可能使用压制法或指垫法进行加工修整。石器加工方式以向背面为主。

（三） 骨制品的特点

经初步研究，骨制品的特点可以归纳如下几点。

（1）骨制品的原料主要是原始牛的肢骨，其余为其他动物的肢骨。

（2）打制骨片采用的是锤击法。

（3）骨制品可以分为骨核、人工骨块、骨片、骨屑和骨器。其中骨片占有量较大，但大多数骨片形状不规整。

（4）骨器分为骨尖状器、骨铲、骨雕刻器和骨刮削器，其中骨尖状器的数量较多。

（5）加工骨器的方法主要采用锤击法，偶用压制法。

（6）一些骨片上有人工切割、砍砸和刻划痕迹。

（7）从一些拼合的骨制品中可以了解到一些骨器的打制和加工技术。

（四） 文化间的关系

东方广场遗址的文化遗物包括石制品、骨制品、用火遗迹和赤铁矿等。它与著名的山顶洞（Pei，1939）、峙峪（贾兰坡等，1972）和小孤山遗址（张镇洪等，1985）对比，共同之处是：以石片石器为主体；打片以锤击法为主，偶用砸击法；工具组合以刮削器为主体；石器以小型为主；出土有被赤铁矿粉着色的标本。不同之处是：东方广场遗址中未发现有精致的骨针、鱼叉和装饰品，骨器制作技术似乎显得不精细。

东方广场遗址中出土的文化遗物和从地层中获得的各种信息，对深入开展遗址的综合研究具有十分重要的意义。旧石器时代古人类文化遗址发现于一个国家的首都在世界上尚属首次，对研究首都历史具有重要意义。它是目前北京城区最丰富的一处古文化遗址，为研究此地区古人类的活动提供了证据。从石制品的加工技术和类型看，它与北京人文化及山顶洞人文化关系密切。表明北京从五六十万年至二万年前在文化上可能是一脉相承的（裴文中等，1985）。在遗址中发现的骨器及有人工刻划痕迹的骨片是继山顶洞之后的又一重要发现，在华北地区亦不多见。它为研究我国旧石器时代晚期骨器的制作技术和艺术品的研究提供了珍贵的材料。丰富的用火遗迹的发现，对研究旧石器时代用火的历史发展具有重要意义。目前，晚更新世与全新世早期人与环境关系的研究是一个热点，王府井东方广场遗址的时代正属于这个时期。遗址中的古树叶、树根、树籽及孢粉等对研究人类生态环境与古气候具有重要意义。

参考文献

贾兰坡、盖培、尤玉柱，山西峙峪旧石器时代遗址发掘报告．考古学报，1972，(1)：39～58。

李超荣、郁金城、冯兴无，北京地区旧石器考古新进展［J］．人类学学报，1998，17（2）：137～146。

李超荣，北京城区中心的古人类活动遗址．科学中国人，1999，(12)：33～34。

李超荣等，北京西单发现的旧石器［J］．人类学学报．2000，19（1）：76～77。

裴文中、张森水，中国猿人石器研究．科学出版社，1985，1～277。

张镇洪等，辽宁海城小孤山遗址发掘报告［J］．人类学学报．1985，4（1）:70～79。

Pei Wenzhong. The Upper Cave Industry of Choukoutien. Pal Sin New Ser D, 1939. 9:1～41.

Pei Wenzhong. Le Rôle des animaux et des carses naturelles dans la cassure des os., New Ser. No. D7, 1938. 1～16.

（原载于《考古》2000（9）:1～8）

中国旧石器文化序列的地层学基础

黄慰文

一、前　　言

世界各国在条件具备时都会建立起本国的旧石器文化序列，并随着新的发现不断去充实和修正它。在中国，裴文中和贾兰坡等也先后提出过他们的方案（裴文中，1955；贾兰坡等，1978）。近年，中国旧石器考古获得重大进展，新发现大幅度增加，修订序列当在情理之中。不过，这是一件艰难而又复杂的事情。因为它不单是旧石器考古本身的事，还涉及第四纪研究的诸多领域，需要各学科研究者们共同努力。值得庆幸的是，在新千年伊始，由刘东生院士发起和组织冰川、黄土、海洋、湖泊、河—湖、洞穴、脊椎动物、古人类和旧石器文化等领域的10多位作者，共同编制以气候变化为标志的中国第四纪地层对比表（刘东生等，2000）。这无疑是一项具有深远意义的综合工程。本文作者有幸参与这项工作并承担编制旧石器文化序列。建立旧石器文化序列要有两个基本条件，一是年代工作，一是对本国、本区文化发展脉络的研究。本文讨论第一个问题，第二问题将另文讨论。

二、旧石器文化序列的基础

建立一个好的旧石器文化序列首先必须有好的年代学。人类历史是地球演化史的一部分，适于第四纪测定年代的方法，包括地学、同位素年代学和古地磁学等，原则上也适于旧石器考古。其中，同位素年代学和古地磁学都是近二三十年才发展起来的，而地层学却是一种有上百年历史的传统方法。各种方法所分析的对象、原理和得出年代的方式（数值年龄或相对年龄）有所不同，而且都带有一定的局限性。地层学方法自然亦不例外。不过，它始终是旧石器考古年代学的基础（Bordes，1968），是检验其他方法是否可信的主要依据。这里所说的“地层”不仅是一个单纯的时空概念，而且还包含更为重要的内容，即它所记录的地球上的气候变化。因此，以气候变化为标志的地层层序是我们建立旧石器文化序列的重要依据。前述裴、贾等遵循了这一原则。中国幅员广大，既有发育的新生代陆相地层又有辽阔陆架和边缘海。近年来中国第四纪研究在黄土、青藏高原和西太平洋边缘海等许多领域取得重大进展，为建立旧石器文化序列打下了良好的基础。特别应该指出的是，完整的黄土—古土壤序列在时间上长达250万年，层位划分的分辨率可以达到千年级，从而为旧石器文化提供可靠的断代依据。同时，黄土序列所记录的气候波动与深海氧同位素记录和极地冰芯记录能够很好地对比，从而为中国旧石器文化与境外文化对比提供客观的地质学背景。

谈到第四纪地层划分，有两个问题需要说明。首先是更新统的下界问题。这是国际地层学界长期争论未决的问题。目前流行的由国际地层委员会推荐的方案将第四系与第三系的界线放在奥杜威极性亚带的最上部，年代为1.80MaB.P.。但是，一些学者认为这条界线应下移至松山/高期（M/G）界面上（汪品先，2000），即中国午城黄土或氧同位素（MIS）104 阶的底界，年代为 2.59MaB.P. 或 2.60MaB.P.。这个建立虽然未能获得 1998 年由国际地层委员会指定的会议上通过，但争论并未停止。按照中国第四纪地层发育的实际，界线下移的建议显然比较合理。本文提出的地层层序就是采用了这个建议。其次是更新统的划分问题。目前国际流行的是二分法，即将更新统分为下更新统和上更新统两部分，界线位于布容/松山（B/M）界面上，年代为 0.78MaB.P.。这个界线相当于中国黄土 L8 下部或 MIS19 阶底面。不过，按照中国的实际和习惯，上述“上更新统”可再划分为中更新统和上更新统。后两者的界线放在黄土地层的 S1/L1 或 MIS5/6 阶的界面上，亦即末次间冰期开始，年代为 128MaB.P.。上述更新统 3 阶段可分别用 Qp1、Qp2 和 Qp3 表示，全新统则用 Qh 表示（刘嘉麒等，2000）。

在上述方案的基础上，中国旧石器文化可以划分为初、中、晚三期。它们与地分期的对应关系为：旧石器初期相当于 Qp1 和 Qp2；旧石器中期相当于 Qp3 早期；而旧石器晚期相当于 Qp3 晚期。由于晚更新世（Qp3）占据的时间相对较短，如何根据地层层序划分旧石器中期和晚期并非那么容易。在西欧，这条界线放在末次冰期的两个间冰段，即 Interstadial Würm Ⅱ/Ⅲ 褐冷期，年代不晚于 35000a B.P.（Bordes，1968）。这个冷期可能与有的研究者所说的 Paudorf interstadial（ca. 40000～29 000a）前期两个短暂的暖峰（ca.37000～30000a）之间有一个较长的冷谷（Butzer，1972）相当。令人感兴趣的是，与晚更新世相当的渭南中国黄土 L1 也存在类似的层位，即 L1 的 5 个阶段中的 L1～3。在 5 个阶段里，L1～2（顶面 AMS^{14}C 年龄为 21920aB.P.，日历年为 25370aB.P.）和 L1～4（底面 TL 年龄为 59000aB.P.）是两层古土壤，代表两个暖峰。L1～3 是黄土层，虽然也有一定程度的成壤，但反映的气候状况较差（聂高众等，1996）。我们建议以它作为旧石器中期和晚期的层位界线，年代为 35000～40000aB.P.。与 MIS 对比，这条界线应落在第 3 阶（24000～53000aB.P.）的后半，早于末次盛冰期（20000～15000aB.P.）。不过，在非黄土地带，这条层位界线如何认定还有待进一步工作。

一些研究者认为中国以至整个东亚的旧石器文化只能划分出早、晚期（界线放在晚更新世的早期和晚期之间），因而主张摒弃西方通用的三分法体系而用二分法划分东亚旧石器文化（Ikawa～Smith，1978；高星，1999）。本文作者认为，强调东亚“特殊”缺乏根据，实质上是“莫氏线”（Movius line）理论（Movius，1948）的延伸。因为要确立二分法分期体系必须满足以下前提：第一，东亚旧石器发展的地质背景与非、欧有根本的差别，如“莫氏线”声称的那样，否则无法为二分法提供必不可少的地层学根据；第二，东亚旧石器发展确实走了一条与非、欧完全或基本上不同的路，就如 Movius 当年以这样的假设为前提，将整个旧石器时代的旧大陆分割成东、西两个相互独立的文化圈那样，否则无法为二分法提供必不可少的技术与类型学根据。

本文作者曾在一篇合作文章里讨论过第一个前提，指出把东亚视为第四纪全球环境频繁、剧烈和迅速变化例外，不符合国际第四纪研究的主流结论。相反，近二三十年来对中国黄土、西太平洋边缘海等领域的研究以大量事实有力地表明：整个东亚（包括东南亚）在第四纪期间与其他地区一样，随着全球能量涨落，也发生过频繁的气候波动。而且，可能与某些地区因素（如青藏高原强烈隆起和西太平洋暖池效应）的叠加有关，波动幅度常常超过其他同纬度地区（黄慰文等，1999）。对比东亚季风区、印度季风区和西非季风区上新世—更新世的气候记录，发现在 2.80～2.50MaB.P.、1.80～1.60MaB.P. 和 1.20～0.60MaB.P. 前后，三个地区都发生了明显的气候转型事件，而气候总趋势都是干旱化和季节性日趋加强（刘东生等，1999)。关于第二个前提，本文作者曾经评论过“莫氏线”理论的主要依据，即 Movius 为东亚、东南亚旧石器初期重型工具建立的分类体系，指出它存在严重缺陷和使用双重标准。实际上，东西方旧石器初期的技术与类型并无本质的差别，没有必要在西方通用的分类体系之外另起炉灶（黄慰文，1993)。

一些研究者认为旧石器文化分期应以“文化”为标准。这个主张有一定道理，但并不全面。问题在于：对于一个考古分期来说，第一位的是“年代”还是“文化”？无可置疑，在人类进化过程中，文化作为人对环境变化的适应性表现也在变。因此，在不同地区和不同时期会形成一些特殊技术和类型的石器工业。例如，在欧洲旧石器初期的阿修尔文化、旧石器中期的莫斯特文化和勒瓦娄洼技术，还有旧石器晚期的奥瑞纳文化，等等。它们与某地区、某时代存在一定的联系，因此在一定条件下可以作为考古分期的一项标志。同时，通过早期人类扩散、迁移而造成文化上的交流与融合，它们还可以成为更广大地区考古分期的共同标志。不过，这种联系不应过分强调。随着新的发现，原有的框架常常被打破。例如，勒瓦娄洼技术长期以来被作为欧洲旧石器中期的一项重要指标。但是，1998 年本文作者在法国西南部访问时，在 Tautavel 镇的欧洲史前研究中心却看到一批出自该地区 Orgnac 遗址的成熟的勒瓦娄洼制品，年代为 0.38MaB.P.。又例如，作为欧洲旧石器中期文化同义语的莫斯特文化，近年工作表明在远离它的命名地的西伯利亚也普遍存在，而年代可以追溯到 0.30MaB.P.（Derev’anko, 1998)。像这样“高龄”的文化，恐怕已非“旧石器中期”所能容纳。因此，对“文化”与地区、“文化”与时代之间的联系的认识不能故步自封，而是要根据新的发现随时作出调整。还有一点不应忽视，各地区文化发展不平衡和地方特色也在很大程度上制约“文化”在较大范围内发挥分期的标志作用。与“文化”在时空上表现出来的局限性和不稳定性相比，地层层序则具有相对稳定的特点。而且，通过综合第四纪有关领域的研究成果，可以建立起不同地区对比的统一的年代框架。还应补充一点，如果一个地区的文化分期不是以年代为基本标准，那么，在与周边地区文化对比时就缺少一致的时间位置，因而无法测量不同地区文化发展的速度并勾画出它们之间的关系。而建立一个这种不能与其他地区对比的地方性序列又有多大意义呢？

三、关于中国旧石器文化分布区

以前一般把中国旧石器文化分布区表述为“华北”和“华南”两大区域。不久前，刘东生提出“黄土地质考古带”和“黄土石器工业”的概念（1998)。本文作者认为，用“黄土地质考古带”取代“华北”不单是概念的转换，而且是研究思想的转变。从概念转换来说，“华北”是一个单纯地理概念，而“黄土地质考古带”除地理内涵外，还有深刻而丰富的地层、生态和人涵，是一个地质学概念。从研究思想转变来说，“华北”是一个地区性概念，有明显的局限性。相比之下，“黄土地质考古带”克服了这种局限性，将观察中国旧石器文化的视野从境内扩大到整个旧大陆。黄土地是季风环境的产物，在欧亚大陆上形成一个从西到东的巨型地质体，占据着北半球广阔的温带地区，许多重要的人类化石和旧石器遗址都分布在这个带上。这些化石和遗址，记录了上百万年来人类演化、扩散的脚步，以及他们在不断变化的环境压力下所取得的进步和发明创造。因此，上述研究思想的转变不但合理，而且必要。

在“黄土地质考古带”的南面，横亘着另一个巨型地质体——红土。它广泛分布于我国秦岭—淮河一线以南广大地区（包括藏南和藏东）的河谷地带，并且向南扩展到东南亚和南亚，向西经印巴次大陆延伸到非洲。红土也是季风环境的产物，是热带—亚热带地区最普遍的一种第四纪堆积。同黄土地质带一样，红土地质带也是我国乃至旧大陆早期人类化石和文化遗物的主要分布区，而且发端年代可能更早（黄慰文，1991；侯亚梅等，1998）。考虑到这点，本文作者在刘东生领衔的合作文章（刘东生等，2000）里提议建立“红土地质考古带”和“红土石器工业”概念，作为对刘先生建议的补充。另外，本文作者建议扩充“黄土石器工业”的概念，即不限于黄土堆积里的旧石器，也包括这个地质带内出自洞穴、河流、湖泊及其他类型堆积里的旧石器。因为，不管属于哪一类堆积，生活在同一地质带的人类，他们在相同时期所处的大生态环境基本一样。对“红土石器工业”亦作同样处理。需要说明一点，黄土和红土作为季风环境的产物，它们在不同时期的分布范围会随晚新生代期间的气候波动而变动。有时，我们会在一个地区看到两种堆积交替、相互叠压的情形。因此，考察一个地区早期人类活动的地质背景，必须遵循具体问题作具体分析的原则。

四、一些主要遗址的年代问题

上面提到中国旧石器考古年代学的有利条件，但同时也存在不利因素。例如，由于火山堆积分布不普遍，使多数遗址无法利用火山物质作同位素测年。以前在通常情况下，3 万多年以内的遗址用^{14}C法，超出这个年限但又小于 40 万年的用铀系法测定，大于 40 万年的则一般缺少可靠的同位素年龄。在运用地层学方法时，过去偏重于哺乳动物化石而未能充分发挥其他方面（如岩性地层、新构造运动、地貌学等）作用，也难免使年代带有较大的不确定性。当前，如何客观地考虑各种不同测定方法的特点，扬长避短，在地层学的基础上综合考虑并作出合理判断，也许是摆脱目前困境的出路。下面，讨论一些主要遗址的年代问题。

（一） 周口店遗址

周口店第 1 地点即“北京人”遗址，含化石堆积厚达 40 多米，早期研究者根据哺乳动物群性质和地文学原理将其层位放在三门系（泥河湾沉积）之后和马兰黄土之前（Black et al.，1933），即今天所说的中更新世。1978～1981 年及近年对该遗址的多种方法的年代学研究，使这个世界著名遗址第一次有了自己系统的同位素和古地磁年龄（表一）。

从图中可以看到：第一，各种方法的结果虽然有差别，但都落在中更新世的范围以内，与地层学结论吻合；第二，骨化石的铀系年龄有层位倒转现象，与用新生碳酸盐岩为样品的结果差别较大。这可能与堆积形成以后化石中的铀发生迁移有关（夏明，1982）；第三，古地磁测定表明 B/M 界线在第 13/14 层（钱方等，1985）。这条界线的年代现在修订为 0.78MaB.P. 而不是过去的 0.73MaB.P.。考虑到第 13 层发现过石器（贾兰坡，1959），而层位上相当于第 1 地点下部（第 10～13 层）的第 13 地点也出土石器和用火遗迹;所以，“北京人”在周口店生存时代应该比过去从“北京人”化石和石器共生的第 11 层算起的年代早了许多；第四，第 1 地点堆积顶部的年代，即“北京人”在周口店生存时代的终结。骨化石的铀系年龄平均在 0.20～0.30MaB.P.，新生碳酸盐岩的铀系年龄为 ca.0.40MaB.P.。贾

表一　周口店第1地点年代测定

方法 分层	古地磁（PM）	裂变径迹（FT）	热释光（TL）	电子自旋共振（ESR）	铀系（U—S）	
					骨化石	碳酸盐岩
1-3				221±84 282±45	220-270	410±10
4		299±55	292±26			
5						≥600
6					350	
7					360	
8-9				418±48	>350	
10		462±45	610±10		340^{+100}_{-60}	
11						
12				578±66		
13	$\frac{B}{M}780$			669±84	310^{+70}_{-50}	
14						
.....						

本图数据出处除正文提到的以外，尚有刘顺生等，1985；郭士伦等，1991；裴静娴，1985；黄培华等，1991；陈铁梅等，1984；赵树森等，1985；沈冠军等，1991、1996和1999

兰坡先生多次对本文作者提起，1931年春他加入周口店发掘时，第1地点顶部保留的积层比今天所见到的还要高一些。考虑到上述情况，把ca. 0.30MaB.P.作为这个遗址终结的年龄看来比较合理。

周口店第15地点与相邻的第4地点，包括“新洞”的堆积层相连，可以作为一个地点看待。早期研究者根据堆积物和动物化石，将前面两者的时代定在中更新世晚期，与第1地点顶部大体相当（贾兰坡，1936；Pei，1939）。后来，有人以发现个别黄土期常见的种属为由，把其时代划入晚更新世（邱中郎，1989）。对“新洞”亦有类似处理（顾玉珉，1978）。不过，第4地点的骨化石铀系法测定的年代范围在0.111～0.122MaB.P.(Level 3)和0.171MaB.P.(Levels 6～7)之间（陈铁梅等，1984）；热释光测定结果为0.257±0.36MaB.P.（裴静娴，1985）；新生碳酸盐岩铀系法测定（其中有2个样品采用高精度热电离质谱测定）结果是0.25MaB.P.（上部）～0.27MaB.P.（下部），表明此遗址的年代不晚于0.30MaB.P.。另外，第15地点已发掘部分下部的年龄为$0.294^{+0.049}_{-0.034}$MaB.P.（沈冠军等，1999）。综上所述，周口店第15地点在时代上并未越出中更新世，它的年代在ca.0.30MaB.P.，同第1地点顶部相当。

（二）　蓝田直立人遗址

蓝田地区有两个直立人化石产地：1963年发现下颌骨的陈家窝子；1964年出土头骨的公王岭。最初，研究者根据地层、动物群和人类化石判断，公王岭遗址（“蓝田人”遗址）时代上早于陈家窝子遗址（贾兰坡，1965；周明镇，1965；吴汝康，1965）。随后又有两地时代相当的说法（周明镇等，1965）。不过，由北方种类组成的陈家窝子动物群难以和“带有浓重的南方色彩”的公王岭动物群放在一起。古地磁测定也表明陈家窝子遗址处于布容正向期而公王岭遗址处于松山反向期（马醒华等，1978；程国良等，1978）。刘东生等根据含人类化石的黄土层位与深海沉积古气候旋回的对比，将陈家窝子化石层和黄土序列的S5～S6（按调整后的年龄为0.5080.669MaB.P.，下同）对比；公王岭化石层与L9（“旧粉砂层”，0.789～0. 852MaB.P.）对比（刘东生等，1984）。安芷生等在作新的古地磁测定之后，将陈家窝子化石层和S6对比，将公王岭化石层同L15（“下粉砂层”，1.165～1.180MaB.P.）对比（安芷生等，1990）。

应该说，把蓝田遗址的年代学纳入黄土—古土壤序列并且与MIS对比，在指导思想和研究方法上迈出了可喜的一步。不过，令人惋惜的是，无论将公王岭化石层位同L15还是L9对比都不妥。因为根据野外记录（本文作者当年主持该遗址的发掘）和早年发表的材料，人类和动物化石常常被包裹在钙质结核之中。因此，这个层不可能是黄土层而是古土壤层。那么，公王岭化石层到底相当于洛川序列的哪一层很值得再做工作。如果从人类化石的形态特征的对比来看，公王岭化石则与 ca.1.80MaB.P.（据 Swisher Ⅲ et al.，1994）的 Mojokerto 直立人相当。看来，公王岭直立人的年代比目前所知道的还早也并非没有可能。

（三） 小长梁与东谷坨遗址

小长梁与东谷坨遗址位于华北下更新统河湖相地层的泥河湾盆地中，两者相距不足千米。横贯盆地的桑干河切割巨厚的河湖相沉积，在沿岸一些地段形成峭壁。小长梁的石制品深埋于地面以下 67 米的湖相地层中，与泥河湾动物群共生，原研究者据此定遗址时代为早更新世，又根据古地磁测定年代在 1.52～3.00MaB.P.（尤玉柱等，1980）。但是，当时学术界难以接受如此古老的年代，甚至怀疑它只不过属于晚更新世（裴文中，1980）。后来，原研究者又引述未正式发表的新的古地磁测定结果，将遗址改定为 1.67MaB.P.（汤英俊等，1995）。

东谷坨的石制品也出自泥河湾组的河湖相地层，距地面约 45 米。由于文化层正好在 Jaramillo 事件（调整后的年代为 0.99～1.05MaB.P.）下面，因而确定遗址年代为 1MaB.P.（Li and Wang，1982）。由美国学者独立进行的古地磁测定也获得相同的结果（见 Schick et al.，1993）。现在人们关心的问题是，两遗址在时代上是否如上述差距这么大？泥河湾地层是一套连续并有性质明确的动物化石作为“支点”的河湖相堆积，细致的地层对比和古地磁测定有望较好地回答这个问题。

（四） 许家窑遗址

山西、河北两省交界处的许家窑遗址也在泥河湾盆地内，大量动物和人类化石、石制品、骨角制品均产自地面以下 8～12 米的湖相沉积中。最初报告定遗址时代为晚更新世早期，还认为许家窑遗址的发现表明古泥河湾湖延续到了晚更新世（贾兰坡等，1976）。后来出土了周口店第 1 地点动物群的代表种——裴氏扭角羊，而人类化石又具有北京直立人和早期智人混合的特征，于是改遗址时代为中更新世晚期，相当于欧洲的 Late Riss（贾兰坡等，1979）。然而，大概受骨化石铀系测定结果（104～125kaB.P.）（陈铁梅等，1984）影响，一般文献仍将许家窑遗址归入晚更新世早期。

不久前，古地磁研究发现在村西剖面 6 米以下和村东剖面 12 米以下出现了宽幅的正向磁性（上部）和反向磁性（下部）倒转的现象，显示出明确的 B/M 界线。这一发现又得到附近大同玄武岩和火山砾堆积层的 K－Ar 测定（0.65±0.03MaB.P. 和 0.53±0.05MaB.P.）的支持。因此，建议将许家窑遗址的年代向前推进到 0.50MaB.P.（Løvlie et al.，1999）。

在本文作者看来，泥河湾盆地第四纪地貌演化史对确定许家窑遗址的时代有重要意义。今天，桑干河（古泥河湾湖消失后盆地内出现的外流河）一共形成了三级阶地。其中，含新石器遗物的 T1 生成于全新世；含虎头梁文化的 T2 生成时代不晚于晚更新世末期（^{14}C 11000a.B.P.）；T3 产纳玛象（Palaeoloxodon namadicus）、赤鹿（Cervus elaphus）、猎豹（Acinonyx jubatus）和原始牛（Bos primigenius）等化石，时代至少不会晚于晚更新世。换句话说，桑干河演化史排除了古泥河湾湖延续至中更新世之后的可能。如果考虑动物群显示的冰期气候性质，将许家窑遗址层位与黄土序列 L5（0.413～

0.479MaB.P.）对比并非是不可以考虑的。

（五） 丁村遗址和大荔遗址

山西丁村遗址位于黄河支流汾河的T3上，最初报告根据含化石和石制品的砂砾层之上覆盖着“红色土”而将遗址时代定在中更新世；又考虑到共生动物群晚于周口店第1地点（贾兰坡，1955）。后来裴文中强调现生种在丁村动物群中占有较高的比例，认为它不可能相当于周口店期，而是“相当于华北的黄土时期，接近或相当于河套的萨拉乌苏时期”（1958）。不过，骨化石铀系法测定结果（160～210kaB.P.）（陈铁梅等，1984）不支持这种意见。刘东生等指出丁村化石层被离石黄土覆盖，后者夹有一层古土壤S1（73～127kaB.P.），因此遗址时代为中更新世最后阶段，约128～250kaB.P.（刘东生等，1984）。然而，王建等在丁村遗址新发掘报告里提出：古地磁测定的丁村54:100地点文化层的上部堆积发现了Blake事件（119～122kaB.P.），又引用以前氨基酸法和电子自旋共振法所得的比较年轻的年代，认为丁村遗址还是属于晚更新世，年代为ca.120kaB.P.或100～120kaB.P.（1994）。

本文作者认为，与丁村遗址同处于黄土高原、地层结构大体相同的陕西大荔遗址的断代工作有助于解决丁村的争论。后者也位于黄河支流（洛河）T3上，剖面厚约40米，人类化石、动物化石和石制品出自约20米厚的流砂砾层下部，上覆约20米厚的黄土。动物化石为周口店第1地点动物群所常见，如河狸（*Castoridae*）、古菱齿象（*Palaeoloxodon*）、马（*Equus*）、犀（*Dicerorhinus*）、肿骨鹿（*Megaloceros pachyosteus*）和水牛等，时代被定为中更新世，或比周口店第1地点稍晚（吴新智等，1981）。骨化石的铀系法测定为209kaB.P.或190～232kaB.P.（陈铁梅等，1984）。后来有研究者以动物群里出现了个别晚更新世的常见种类为由，主张把遗址时代推迟到旧石器中期的早一阶段（张森水等，1984）。不过，剖面上的黄土中已经确认两个古土壤层，即S1和S2（195～247kaB.P.），而化石和文化层还在S2下面约8米处，因此遗址年龄至少不会晚于250kaB.P.（尹功明等，1999），电子自旋共振法测定也得出同样结论（与尹功明个人交流）。

（六） 萨拉乌苏遗址和水洞沟遗址

萨拉乌苏遗址位于内蒙古高原南部靠近陕北黄土高原的毛乌沙漠之中。这里在中生代红色砂岩洼地之上充填了约70米厚的第四纪堆积。20世纪20年代，Teilhard P和Licent E把这套松散堆积划分成两部分：上部为约10米厚的全新世湖沼相粘土、粉砂和河流冲积黄土，顶部为现代砂丘；下部为约50米厚的晚更新世河湖相粘土、粉砂、细砂和风成砂交互堆积，即后来所说的萨拉乌苏组（系）。绝大部分萨拉乌苏动物群化石、全部人类化石和旧石器文化遗物出自这个组下部的湖相粘土、粉砂层之中（见Boule et al.，1928）。Teilhare P后来用示意剖面将萨拉乌苏遗址的时代划归马兰黄土期，层位略高于底砾层（Black et al.，1933）。

裴文中原先赞同上述观点，还将萨拉乌苏石器工业和宁夏水洞沟工业合称“河套文化”（1939）。后来，他基于两个工业技术类型上的差别而撤消“河套文化”的命名建议，对遗址的时代也作了调整：水洞沟工业仍代表黄土时期文化，萨拉乌苏工业则代表更新统末期文化（1955）。1963年，他考察萨拉乌苏后将河谷两侧断崖上的地层划分为M1～M7。其中，位于底部的M6～M7是他新发现的含钙质结核的“红黄色砂土层”，时代为中更新世。M1～M2相当于Teilhard P等的上部地层，M3～M5相当下部地层。裴文中等的这些分层和 Teilhard P 等的安排基本一致。然而，他们把河谷里 T3 中的 TⅡ3 和 TⅢ4 两层作为同时异相堆积也列入了“萨拉乌苏河系”（裴文中等，1964），这就背离了原研究者的本意。因为据后者考察，萨拉乌苏河的历史很短，是在全新世早期湖泊消失以后才形成的小河。另外，由于裴文中等将位于 T2 上的旺楚克（1922 年引导 Licent E 发现萨拉乌苏遗址的当地蒙族人）家园所在地邵家沟湾误认为当年的发掘地点，加上考虑石器工业的特征，促使他们把萨拉乌苏石器看作一种旧石器时代末期文化，从而离原研究结论更远了。

从 1978 年起董光荣等对萨拉乌苏及其邻近地区的第四纪地层进行了连续 3 年的考察，在地层划分、年代测定和古环境研究等方面做了大量工作，使萨拉乌苏研究在过去工作的基础上又迈出了一大步。他们通过对旺楚克女儿的访问，弄清当年发掘的具体地点是离她家不远处的杨四沟湾，而不是裴文中等所猜测的邵家沟湾。与裴文中等不同，董光荣等对萨拉乌苏组层位的确认虽然与 Teilhard P 等相同，但对年代则估计早了许多。他们根据热释光测定（93～125kaB.P），将萨拉乌苏组安排到相当于 MIS 5（75～122kaB.P.）的末次间冰期（the Last Interglacial）（1998），而不是 Teilhard P 等的末次冰期（the Last Glacial）内早于末次盛冰期（the maximum of Last Glacial，20000～15000aB.P.）的间冰段（interstadial），或 MIS 3 的前半段。

1980 年，本文作者参加了由董光荣组织的考察，并主持了范家沟湾遗址的发掘（杨四沟湾遗址以外萨拉乌苏工业又一重要产地）。这次发掘再次证实萨拉乌苏动物群化石、人类化石和旧石器文化确实出自河面以上的湖相地层之中。用 ^{14}C 测定与化石和文化遗物共生的炭屑，结果为 35000±1900aB.P.（黎兴国等，1984）。有趣的是，这些样品在实验室里处理时发现是被火烧过的动物碎骨。这表明它们是远古猎人们的打猎生活和野篝火遗迹，因而也是非常理想的年代测定样品。不过，考虑到当时实验室技术水平所限，测定结果已经是一个极限年龄，遗址的实际年龄很可能会更早一些。因此，当时的骨化石铀系法测定的结果（37000～50000 aB.P.）（原思训等，1983）也许更加接近于遗址的实际年龄。至于遗址年代是否如热释光法测定的那样早，还要检查后一方法是否适用于该遗址。不过，迄今为止的工作表明 Teilhard P 等的结论基本上是可取的，萨拉乌苏遗址的年代早于旧石器晚期而应归入中期。

水洞沟也在内蒙古高原的南部。Breuil H 把水洞沟石器工业看作是一个“处于十分发达的莫斯特文化和初生的奥瑞纳文化之间的半路上”的文化，与 Teilhard P 等对遗址层位的判断吻合（见 Boule et al.，1928）。1984 年发表的对该遗址旧石器文化层出土的两个封闭性良好的骨化石铀系法年龄为 34000±2000 aB.P. 和 38000±2000 aB.P.（陈铁梅等，1984），相当欧洲莫斯特文化晚期至奥瑞纳文化早期。曾经公布过两个 ^{14}C 测定数据，17250±210 aB.P.（动物化石）和 26230±800 aB.P.（钙质结核）（宁夏博物馆等，1987），则显得比较年轻。从目前来看，把水洞沟工业看作一种旧石器中期之末或旧石器晚期之初的文化看来比较合适。

（七） 元谋直立人遗址

元谋直立人牙齿化石发现于云南元谋盆地。原研究者将遗址出土的动物群归属更新世（林一朴等，1978），古地磁测定为 1.70MaB.P.（Li et al.，1977）或 1.63～1.64MaB.P.（程国良等，1977）。后来的综合研究重申上述结论（张宗祜等，1994）。电子自旋共振法测定的结果为 1.60～1.10MaB.P.（黄培华等，

1998)。但是，遗址的地层层序、人牙的层位、动物群性质和最初公布的古地磁测定结果都曾在学术界受到质疑。有人认为人化石层位应归入中更新世，ca. 0.50～0.60MaB.P.（刘东生等，1983)。

在本文作者看来，经过多年工作，有两个基本事实是清楚的。第一，与动物化石共生的石制品的人工性质明确，足以表明这是一处早期人类遗址，人牙化石的层位问题不会影响这个结论；第二，遗址出露剖面显示它自下而上属于连续的河湖相地层，后期构造运动并未造成层序混乱，遗址的化石和石制品层同叠压在元谋层之上因强烈酸性而不含化石的河流沉积或坡积等，与后期堆积无关。

（八） 南方红土堆积中的石器工业

在长江和珠江中下游河谷的红土堆积里含大量以卵石工具为特色的石器工业（黄慰文，1991)。由于红土强烈酸性而不利于保存动物骨骼，常规的生物地层学方法不能用于此类堆积。这使得学术界对这些堆积里的石器工业时代的认识分歧很大。例如，广西百色旧石器就曾被划归晚更新世的晚期（李炎贤等，1975)。其实，早期研究者们根据岩石学特征和地文学原理，曾经建立起一套地层层序。例如，“砖红壤”和“砖红壤化期”，“普通壤土层”和“后砖红壤化沉积”期。砖红壤层相当于华北泥河湾层，普通壤土层相当于周口店第1地点堆积层（Teilhard et al., 1935)。

南方红土年代学最重大的突破是对百色遗址的同位素测定。最先用裂变径迹法测定与石制品共生的玻璃陨石，结果为 0.733MaB.P.（郭士伦等，1996)。最近又公布了 Ar－Ar 测定结果，为 0.803MaB.P.（Hou et al., 2000)。两者都落入国际上对这一期玻璃陨石所测定数据的范围，它们的差别可能主要与不同的方法有关。不过，Ar－Ar 测定结果同该遗址初步古地磁测定所发现的B/M界线更加吻合。对安徽宣城红土剖面进行电子自旋共振法测定的尝试也获得了令人鼓舞的结果：位于剖面下部的砖红壤为 0.730.40MaB.P.，上部的“均质红土”（相当于黄土性质的下蜀土——本文作者）为 0.40～0.10MaB.P.（赵其国等，1995)。

（九） 黔西观音洞

黔西观音洞堆积层分上（A组，第2层）下（B组，第3～8层）两组，之间以剥蚀面隔开，但出土的石制品无太大差别。原报告根据共生动物群确定B组时代为“中更新世早一阶段”而A组时代为“中更新世较晚的一个阶段”（李炎贤等，1986)。不过，上述判断和铀系法测定结果相去甚远。骨化石样品的年龄A组为57kaB.P.左右，B组为80～119kaB.P.（原思训等，1986)；新生碳酸盐岩样品的年龄A组＜40kaB.P.，B组第3层＜50kaB.P.，第4～8层为50～240kaB.P.（沈冠军等，1992)。至于如何解释遗址出土的动物化石中含有个别古老的种属，如通常只见于第三纪的乳齿象（*Gomphotheriidaeindet*）泥？本文作者认为有可能从该遗址的埋藏环境得到答案。据本文作者考察该遗址所得的印象，观音洞是一个连接小型石灰岩溶蚀漏斗的水平溶洞。洞室长而窄，主洞的宽度大部分为2～4米，支洞仅1米左右，并不适合人类居住，亦未发掘出灰烬层等洞内生活遗迹。洞内堆积或来自洞穴本身的灰岩角砾和风化残积，或来自漏斗周围高土上流水搬运来的泥沙、石块、石制品和动物尸骨。当然，也可能包括从被剥蚀的古老地层里冲刷来的化石。因此，加强埋藏学研究将有助于解决上述问题。

五、中国旧石器文化序列表

表二　部分中国旧石器中期和晚期遗址的年代测定

黄土地质考古带	红土地质考古带
虎头梁^{14}C10690±210	兴义猫猫洞^{14}C8820±13，U－s14600±1200
昂昂溪^{14}C11800±150	普定白岩脚洞^{14}C12080±200，14630±200
兴　隆 AMS^{14}C13065±270	房县樟脑洞^{14}C13490±150
薛　关^{14}C13550±150	桐梓马鞍山^{14}C15100±1500
小南海^{14}C13075±220	铜梁张二塘^{14}C21550±210
U－s11000±24100	柳州大龙潭^{14}C21020±450
阎家岗^{14}C21740±30	昆明龙潭山 3 号洞^{14}C18600±300
下　川^{14}C16400～2900，36200^{+35}_{-25}	U－s21000±1000，28600±1300
	龙潭山第 2 地点^{14}C30500±800
柴　寺^{14}C＞4000，U－s26400±800	柳州白莲洞^{14}C26680±625，37000±200
山顶洞 AMS^{14}C27000，34000	U－s28000±2000
TL＞32000	“资阳人”B 地点第 6 层
峙　峪 AMS^{14}C3220±625	^{14}C37400±3000，39300±2500
小柴旦^{14}C30000	
小孤山^{14}C3000～40000，TL40000±3500	黔西观音洞 U－sA 组＜40000，57000
水洞沟 U－s44000±2000，38000±2000	
迁安爪村 U－s44000±2000，48000±2000	B 组第 3 层＜50000
萨拉乌苏^{14}C35340±1900	B 组第 4～8 层 50000～240000
U－s37000～50000	B 组 80000～119000
TL93000±1400，124900±15800	
板井子 U－s740000～108000	

表三 中国旧石器初期文化序列

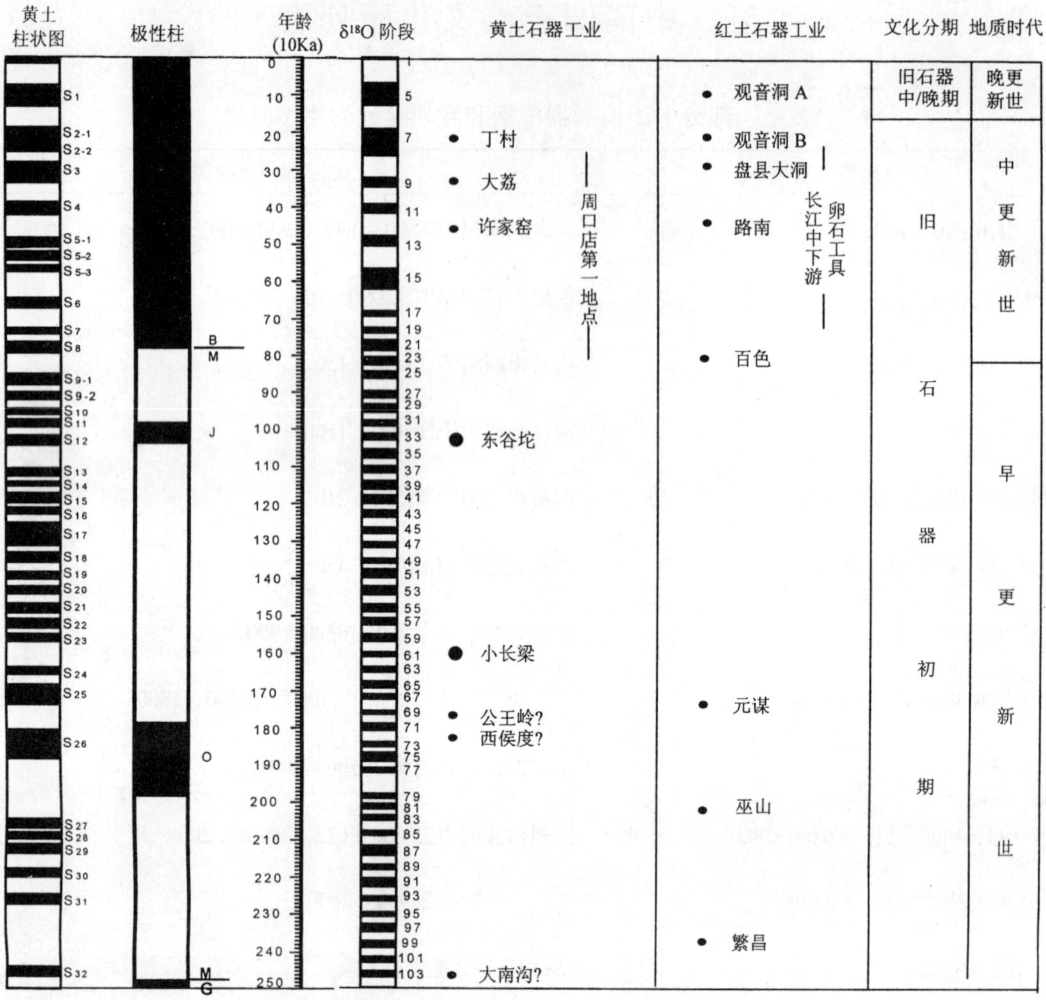

年龄(10Ka)	δ¹⁸O 阶段	黄土石器工业	红土石器工业	文化分期	地质时代
10	5		观音洞 A	旧石器中/晚期	晚更新世
20	7	丁村	观音洞 B	旧石器初期	中更新世
30	9	大荔	盘县大洞		
40	11	许家窑	路南		
80	23		百色		早更新世
100	33	东谷坨			
160	61	小长梁			
170	69	公王岭?	元谋		
180	71	西侯度?			
200	81		巫山		
240	99		繁昌		
250	103	大南沟?			

Vertical bracket labels printed beside these columns:

Printed label	Column	Span
周口店第一地点	黄土石器工业	30–80 (10Ka)
卵石工具 / 长江中下游	红土石器工业	20–70 (10Ka)

黄土柱状图：S1, S2-1, S2-2, S3, S4, S5-1, S5-2, S5-3, S6, S7, S8, S9-1, S9-2, S10, S11, S12, S13, S14, S15, S16, S17, S18, S19, S20, S21, S22, S23, S24, S25, S26, S27, S28, S29, S30, S31, S32

极性柱：B/M, J, O, M/G

年龄(10Ka)：0, 10, 20, 30, 40, 50, 60, 70, 80, 90, 100, 110, 120, 130, 140, 150, 160, 170, 180, 190, 200, 210, 220, 230, 240, 250

δ¹⁸O 阶段：5, 7, 9, 11, 13, 15, 17, 19, 21, 23, 25, 27, 29, 31, 33, 35, 37, 39, 41, 43, 45, 47, 49, 51, 53, 55, 57, 59, 61, 63, 65, 67, 69, 71, 73, 75, 77, 79, 81, 83, 85, 87, 89, 91, 93, 95, 97, 99, 101, 103

表四 中国旧石器中期文化序列

地质时代	黄土序列及年代(aB.P)		黄土石器工业	红土石器工业	深海氧同位素阶段	文化分期	
全新世		S0	虎头梁	猫猫洞、穿洞上文化带	1	新石器	
晚更新世	12780	L1-1	兴隆、昂昂溪 阎家岗	白岩角洞、马鞍山 铜梁张二塘、柳州大龙潭	2	晚期	旧石器时代
	25370	L1-2	下川、柴寺 山顶洞、峙峪 水洞沟、小孤山	龙潭山第2地点 柳州白莲洞、“资阳人”B点	3		
		L1-3					
		L1-4	萨拉乌苏、里村西沟	观音洞A组			
	59800	L1-5			4	中期	
	74200	S1	洛阳北窑		5		
	128800						

六、结　　语

1. 旧石器文化序列应该建立在地层学基础之上。

2. 国际上通用的旧石器时代三分法分期体系同样适用于中国。

3. 中国旧石器文化分布区可划分为黄土地质考古带和红土地质考古带。

4. 目前中国旧石器遗址年代学上存在的争论可以在地层学原则指导下，通过不同测定方法的扬长避短、综合考虑来解决。

5. 本文提出的文化序列是一个供讨论的方案，需要在今后逐步完善。

6. 本文开头已经提到，除了好的年代之外，一个好的旧石器文化序列的建立还有赖于对本国、本地区文化发展脉络的了解。本文作者打算另外撰文来讨论这个问题。

参考文献

马醒华、钱方、李普等，1978．“蓝田人”年代的古地磁学研究．古脊椎动物与古人类，16（4）:238～243。

尤玉柱、汤英俊、李毅，1980．泥河湾旧石器的发现．中国第四纪研究，5（1）:1～13。

王建、陶富海、王益人，1994．丁村旧石器时代遗址群调查发掘简报．文物季刊，(3):1～75。

尹功明、赵华、卢演俦等，1999．大荔人化石层位上限年龄的地质学证据．第四纪研究，(1):93。

宁夏博物馆、宁夏地质局区域地质调查队，1987.1980年水洞沟遗址发掘报告．考古学报，(4):439～449。

刘东生、丁梦林，1983．关于元谋人化石地质时代的讨论．人类学学报，2（1）:40～48。

刘东生、丁梦林，1984．中国早期人类化石层位与黄土—深海沉积古气候旋回的对比．人类学学报，3（2）:93～101。

刘东生，1998．黄土石器工业．见：徐钦琦、李隆助编，垂杨介及她的邻居们——庆贺贾兰坡院士九十华诞国际学术讨论会文集．北京：科学出版社，35～45。

刘东生、丁仲礼，1999．季风区古环境演化的相似性与人类演化．第四纪研究，(4)，289～298。

刘东生、施雅风、王汝建等，2000．以气候变化为标志的中国第四纪地层对比表．第四纪研究，(2):108～128。

刘顺生、张峰、胡瑞英等，1985．裂变径迹法在北京猿人年代测定中的应用．见：吴汝康等编．北京猿人遗址综合研究．北京：科学出版社，241～245。

刘嘉麒、刘强，2000．中国第四纪地层．第四纪研究，(2)，129～141。

汤英俊、李毅、陈万勇，1995．河北原阳小长梁遗址哺乳动物化石及其时代．古脊椎动物学报，33（1）:74～83。

安芷生、高万一、祝一志等，1990．“蓝田人”的磁性地层年龄．人类学学报，9（1）:1～7。

李炎贤、尤玉柱，1975．广西百色发现的旧石器．古脊椎动物与古人类，13（4）:225～228。

李炎贤、文本亨，1986．观音洞——贵州黔西旧石器时代初期文化遗址．北京：文物出版社。

邱中郎，1989．中国旧石器时代中期文化．见：吴汝康等编．中国远古人类．北京：科学出版社，195～219。

汪品先，2000．更新统下界的半世纪之争．第四纪研究，(2)，178～181。

沈冠军、金林红，1991．北京猿人遗址年代上限再研究．人类学学报，10（4）:273～277。

沈冠军、金林红，1992．贵州黔西观音洞钟乳石样的铀系系年龄．人类学学报，11（1）:03～100。

沈冠军、顾德隆、B Gahled等，1996．高精度热电离质谱铀法测定北京猿人遗址年代初步结果．人类学学报，15（3）:210～217。

沈冠军、刘军、金林红，1997. 贵州盘县大洞遗址年代位置初探·人类学学报，16（3）:221～230。

沈冠军、袁振新，1999. 周口店新洞（第4地点）年代新考·龙骨坡史前文化志，1:141～147。

陈铁梅、原思训、高世君，1984. 铀子系支测定骨化石年龄的可靠性研究及华北地区主要旧石器地点的铀子系年代序列．人类学学报，3（3）:259～269。

陈铁梅、REM Hedgers、袁振新，1992. 山顶洞遗址的第二批加速器质谱^{14}C 年龄数据与讨论．人类学学报，11（2）:112～116。

吴汝康，1965. 蓝田猿人头骨的特征及其在人类进化系统上的地位．科学通报，(6):488～592。

吴新智，1981. 中国大荔出土的一具保存完好早期智人古老类型的头骨．中国科学，24（4）:530～541。

周明镇，1965. 蓝田猿人动物群的性质和时代．科学通报，(6):482～487。

周明镇、李传夔，1965. 陕西蓝田陈家窝中更新世哺乳类化石补记．古脊椎动物与古人类，9（4）:337～393。

林一朴、潘悦容、陆庆五，1978. 云南元谋晚新世哺乳动物群．见：中国科学院古脊椎动物与古人类研究所编．古人类论文集．北京：科学出版社，101～125。

张宗祜、刘平贵、钱方等，1994. 元谋盆地晚新生代地质研究的新进展．海洋地质与第四纪地质，14（2）:1～18。

张森水、周春茂，1984. 大荔人化石地点第二次发掘简报．人类学学报，3（1）:19～29。

赵树森、夏明、张承惠等，1985. 应用铀系法研究北京猿人年代．见：吴汝康等编．北京猿人遗址综合研究．北京：科学出版社，246～250。

赵其国、杨浩，1995. 中国南方红土与第四纪环境变迁的初步研究．第四纪研究，(2):107～116。

高星，1999. 关于“中国旧石器时代中期”的探讨．人类学学报，18（1）:1～16。

原思训、陈铁梅、高世君，1983. 用铀子系法测定河套人和萨拉乌苏文化的年代．人类学学报，2（1）:90～94。

原思训、陈铁梅、高世君，1986. 华南若干旧石器时代地点的铀系年代．人类学学报，5（2）:179～190。

原思训，1993. 加速器质谱法测定兴隆纹饰鹿角与峙峪遗址等样品的^{14}C 年代．人类学学报，12（1）:92～95。

侯亚梅、黄慰文，1998. 东亚和早期人类第一次大迁徙浪潮．人类学学报，17（4）:293～309。

郭士伦、刘顺生、孙盛芬等，1991. 北京猿人遗址第四层裂变径迹法年代测定．人类学学报，10（1）:73～77。

郭士伦、郝秀红、陈宝流等，1996. 用裂变径迹法测定广西百色旧石器遗址的年代．人类学学报，15（4）:347～350。

聂高众、刘嘉麒、郭正堂，1996. 渭南黄土剖面15万年以来的主要地层界线和气候事件——年代学方面的证据．第四纪研究，(3)，221231。

贾兰坡，1955. 山西襄汾县丁村人类化石及旧石器发掘简报．见：郭沫若等编．中国人类化石的发现与研究．北京：科学出版社，91～104。

贾兰坡，1936. 周口店第十五地点发掘简单报告．自然，(54)。

贾兰坡，1959. 中国猿人化石产地1958年发掘报告．古脊椎动物与古人类，1（1）:21～26。

贾兰坡、王建，1978. 西侯度——山西更新世早期古文化遗址．北京：文物出版社。

贾兰坡，1965. 蓝田猿人头骨发现经过及地层概况．科学通报，(6):477～481。

贾兰坡、卫奇，1976. 阳高许家窑旧石器时代文化遗址．考古学报，(2):97～114。

贾兰坡、卫奇、李超荣，1979. 许家窑旧石器时代文化遗址．古脊椎动物与古人类，17（4）:277～293。

钱方、张景鑫、殷伟德，1985. 周口店第1地点西壁及探井堆积物磁性地层的研究．见：吴汝康等编．北京猿人遗址综合研究．北京：科学出版社，251～255。

黄万波、方其仁等，1991. 巫山猿人遗址．北京：海洋出版社。

黄培华、金嗣炤，梁任义等，1991. 北京猿人第一个头盖骨及其堆积年代的电子自旋共振测年研究．人类学学报，10（2）:107～115。

黄培华、R. Grün，1998. 元谋猿人遗址牙化石埋藏年代的初步研究．人类学学报，17（3）:165～170。

黄慰文，1991. 南方红壤层的早期人类活动信息．第四纪研究，(4):373～379。

黄慰文，1993. 东亚和东南亚旧石器初期重型工具的类型学．人类学学报，12（4）:297～304。

黄慰文、侯亚梅，1997. 中国旧石器研究的进展与问题．见：童永生等编．演化的实证——纪念杨钟健教授百年诞辰论文集．北京：海洋出版社，51～61。

黄慰文、侯亚梅，1999. 关于东亚早期人类生态环境的重建．第四纪研究，(2):155～164。

夏明，1982. 周口店北京猿人洞骨化石铀系年龄数据——混合模式．人类学学报，1（2）:191～196。

顾玉珉，1978. 周口店新洞人及其生活环境．见：中国科学院古脊椎动物与古人类研究所编．古人类论文集．北京：科学出版社，158～174。

程国良、李素玲、林金录，1977. “元谋人”的年代和松山早期事件的商榷．地质科学，(1):34～43。

程国良、林金录、李素玲，1978. 蓝田人地层年代的探讨．见：中国科学院古脊椎动物与古人类研究所编．古人类论文集．北京：科学出版社，151～157。

董光荣、苏志珠、靳鹤龄，1998. 晚更新世萨拉乌苏组时代的新认识．科学通报，43（17）:1869～1872。

裴文中，1939. 欧洲和中国第四纪地质、古生物和史前文化的初步对比．中文译文转引自《裴文中科学论文集》，北京：科学出版社，1990，103～114。

裴文中，1955. 中国旧石器时代的文化．见：郭沫若等编．中国人类化石的发现与研究．北京：科学出版社，53～89。

裴文中，1958. 哺乳动物化石的研究．见：裴文中主编．山西襄汾县丁村旧石器时代遗址发掘报告，北京：科学出版社，21～74。

裴文中、李有恒，1964. 萨拉乌苏河系的初步探讨．古脊椎动物与古人类，8（2）:99～118。

裴文中，1980. 讨论．见：尤玉柱等“泥河湾旧石器的发现”。

裴静娴，1985. 北京猿人洞穴堆积及其他洞穴堆积的热发光年龄．见：吴汝康等编．北京猿人遗址综合研究．北京：科学出版社，256～260。

黎兴国、刘光联、许国英等，1984. 河套人及萨拉乌苏文化的年代．见：第一次全国^{14}C会议论文集．北京：科学出版社，141～142。

Black D, Teilhard de Chardin, Young Cc et al. 1933. Fosisil man in China. Geological Memoirs, Series A, No. 11.

Bordes F. 1968. The Old Stone Age. New York, Toronto: McGraw－Hill Book Company, 22.

Boule M, Bruil H, Licent E et al. 1928. Le Paleolithique de la Chine. Archives de L' Institut de Paleontologie Humaine, Memoire 4, Paris.

Butzer KW 1972. Environment and Archeology. Methuen & Co Ltd. 11 New Fetter Lane London EC4.

Derev' anko A 1998. Introduction. In: Derev' anko A et al ed. The Paleolithic of Siberia. Translatrd to English by Inna P. Laricheva. Urbana and Chicago: University of Illinois Press, 1～3.

Hou Y, Potts R, Yuan B et al., 2000. Mid－Pleistocene Acheulean－like stone technology of the Bose basin, South China. Science, 287 (5458): 1622～1626.

Huang W, Ciochon R, Gu Y et al. 1995. Early Homo and associated artefacts from Asia. Nature, 378: 275～278.

Ikawa－Smith F. 1978. Intruduction. In: Ikawa－Smith F ed.. Early Paleolithic in South and East Asia. Mouton: Mouton Publishers, 1～10.

Li H and Wang J 1982. Magnetostraitigraphic study of several typical geologic section in North China. In: Quaternary Geology and Environment of China. Beijing: China Ocean Press, 33～38.

LiP, Qian F, Ma X. 1977. Preliminary 6 study on the age of Yuanmou man byu paleomagnetic technique. Scientic Sinica, 20

(5):645～664.

Løvlie R, Su P et al. 1999. Revised age of the Xujiayao lacustrine sediments: implications fro the chronology of the Xujiayao Paleolithic site. Abstracts of the International symposium on Paleoanthropology in Commemoration of the 70th anniversary of the discovery of the first skull of Peking man at Zhoukoudian, 12～16 Oct. 1999, Beijing, China, 69.

Movius HL 1948. The Lower Palaeolithic cultures of southern and eastern Asia. Trans am Philosoph Soc, N. S. 38 (4):329～420.

Pei, WC. 1939. A preliminary study on a new Palaeolithic station known as locality 15 within the Chou-koutien region. Bull Geol Soc China, 19:147～187.

Shen G, Wang J. Chronological studies on Chinese Middle-Late Pleistocene hominid sites, actualisties and prospects. (in publishing)

Shick KD, Dong Z. 1993. Early Paleolithic of China and Eastern Asia. Evol Anthropol, 2 (1) 22～35.

Swisher Ⅲ C, GH Curtis, Jacob T et al. 1994. Age of the earliest known hominids in Java, Indonesia. Science, 263:1118～1121.

Teilhard de Chardin P, Young CC, Pei WC et al. 1935. On the Cenozoic formations of Kwangsi and Kwangtung. Bull Geol Soc China, 14 (2):179～205.

（原载《人类学学报》2000，19 (4):269～283）

中国科学院古脊椎动物与古人类研究所

20世纪旧石器时代考古论著目录

Bibliography of Paleolithic Archaeology in the 20th Century The Institute of Vertebrate Paleontology and Paleoanthropology, Chinese Academy of Sciences

陈淳 Chen Chun

陈淳. 1983. 中国细石核类型和工艺初探——兼谈与东北亚、西北美的文化关系. 人类学学报 2 (4): 331－341. (Chen Chun. 1983. Preliminary Exploration of the Typology and Technology of Microcores in China－also of the Culture Relationship between Northeast Asia and Northwestern North American. Acta Anthropologica Sinica 2 (4): 331－341. With English summary)

陈淳. 1993. 废片分析和旧石器研究. 文物季刊 (1): 10－15

陈淳. 1993. 几何形细石器和细石叶的打制及用途. 文物季刊 (4): 72－78

陈淳. 1993. 谈旧石器打制试验. 人类学学报 12 (4): 398－403

陈淳. 1994. 谈旧石器类型学. 人类学学报 13 (4): 374－382

陈淳. 1994. 东亚与北美细石叶遗存的古环境. 第四纪研究 (4): 369－377 (Chen Chun. 1994. The paleoenvironment of microblade remains in East Asia and North America. Quaternary Sciences 4: 369－377. With English abstract)

陈淳. 1995. 谈中石器时代. 人类学学报 14 (1): 82－90

陈淳. 1996. 旧石器研究: 原料、技术及其他. 人类学学报 15 (3): 268－275

陈淳. 1997. 谈旧石器精致加工. 人类学学报 16 (3): 312－318

陈淳. 1997. 再谈旧石器类型学. 人类学学报 16 (1): 74－80

陈淳. 1998. 两极法与 pièce esquillées. 人类学学报 17 (1): 73－80

陈淳. 1999. 旧石器类型学的理论与实践. 载于《史前考古学新进展: 庆贺贾兰坡院士九十华诞国际学术讨论会文集》175－182. 徐钦琦、谢飞、王建主编. 北京: 科学出版社

陈淳. 1999. 旧石器时代考古学的昨天与今天. 第四纪研究 (2): 148－154 (Chen Chun. 1999. Paleolithic archaeology: its past and present. Quat. Sci (2): 148－154. With Engish abstract)

陈淳、沈辰、陈万勇、汤英俊. 1999. 河北阳原小长梁遗址1998年发掘报告. 人类学学报 18 (3): 225－239 (Chen Chun、Shen Chen、Chen Wangyong、Tang Yingjun. 1999. Excavation of the Xiaochangliang Site at Yangyuan、Hebei, 1998. Acta Anthropologica Sinica 18 (3): 225－239. With English abstract)

陈万勇 Chen Wanyong

陈万勇. 1983. 山西"丁村人"生活时期的古气候. 人类学学报 2 (2): 184－195 (Chen Wanyong. 1983. On the Palaeoclimate during the Period of "Dingcun Man". Acta Anthropologica Sinica 2 (2): 184－195. With English abstract)

戴尔俭 Dai Erjian

戴尔俭. 1966. 陕西蓝田公王岭及其附近的旧石器. 古脊椎动物与古人类 10 (1): 30－32 (Dai Erjian. 1966. The Palaeoliths found at Lantian Man Locality of Gongwangling and its vicinity. Vertebrata PalAsiatica 10 (1): 30－32.

With English Summary)

戴尔俭. 1985. 旧大陆的手斧与东方远古文化传统. 人类学学报 4 (30): 215 - 222 (Dai Erjian. 1985. The bifaces of the Old World and the ancient cultural tradition of the orient. Acta Anthropologica Sinica 4 (3): 215 - 222)

戴尔俭. 1988. 关于中石器时代. 考古与文物 (1): 10

戴尔俭、白云哲. 1966. 山东——旧石器时代洞穴遗址. 古脊椎动物与古人类 10 (1): 82 - 83 (Dai Erjian、Bai Yunzhe. 1966. A Palaeolithic cave site found in Shandong. Vertebrata PalAsiatica 10 (1): 82 - 83. With English Summary)

戴尔俭、盖培、黄慰文. 1964. 阿拉善沙漠中的打制石器. 古脊椎动物与古人类 8 (4): 414 - 416

戴尔俭、计宏祥. 1964. 陕西蓝田发现之旧石器. 古脊椎动物与古人类 8 (2): 152 - 161 (Dai Erjian、Ji Hongxiang. 1964. Discovery of Palaeoliths at Lantian, Shanxi. Vertebrata PalAsiatica 8 (2): 152 - 161. With English Summary)

戴尔俭、许春华. 1973. 蓝田旧石器的新材料和蓝田猿人文化. 考古学报 (2): 1 - 12

邓涛 Deng Tao

薛祥煦、邓涛、李传令、岳乐平、张宏彦、陈民权、张学锋. 1999. 陕西洛南龙牙洞遗址的特征和环境. 第四纪研究 (2): 170 - 175 (Xue Xiangxu、Deng Tao、Li Chuanling、Yue Leping、Zhang Hongyan、Chen Minchuan、Zhang Xuefeng. 1999. the feature and environment of the Longya Cave Site in Luonan, Shanxi, China. Quaternary Sciences 1999 (2): 170 - 175. With Engish abstract)

董明星 Dong Mingxing

董明星. 1999. 湖北秭归孙家洞旧石器文化遗址调查简报. 人类学学报 18 (2): 144 - 146

董祝安 Dong Zhu'an

董祝安. 1989. 大布苏的细石器. 人类学学报 8 (1): 49 - 58 (Dong Zhu' an. 1989. Microliths from Dabusu, Western Jilin Province. Acta Anthropologica Sinica 8 (1): 49 - 58. With English abstract)

冯兴无 Feng Xingwu

冯兴无、侯亚梅. 1998. 泥河湾盆地霍家地发现的旧石器. 人类学学报 17 (4): 310 - 316 (Feng Xingwu、Hou Yamei. 1998. Huojiadi - a new Paleolithic site discovered in the Nihewan Basin. Acta Anthropologica Sinica 17 (4): 310 - 316. With English abstract)

盖培 Gai Pei

Gai Pei. 1982. Comparative Study of Paleolithic Technologies in North China and Japan. Archaeol. J. (199): 2 - 7 (盖培. 1982. 华北和日本旧石器时代石器制造技术的比较研究. 日语. In Japanese)

盖培. 1984. 阳原石核的动态类型学研究及其工艺思想分析. 人类学学报 3 (3): 244 - 252 (Gai Pei. 1984. Dynamic Typology of Yangyuan Core and Analysis of Its Technological Ideas. Acta Anthropologica Sinica 3 (3): 244 - 252. With English abstract)

Gai Pei. 1985. Microlithic Industries in China. In: Palaeoanthropology and Paleolithic Archaeology in the People' Republic of China, 225 - 241. Wu Rukang and J. W. Olsen [eds]. Orlando: Academic Press, Inc (盖培. 1985. 中国的细石器工业. 载于《中华人民共和国的古人类学和旧石器时代考古学》225 - 241. 吴汝康, John W. Olsen 主编. 英语)

Gai Pei. 1986. Upper Paleolithic Cultural Traditions in North China. In: Advances in World Archaeology 5: 339 - 364. F. Wendorf and A. E. Close [eds]. Orlando: Academic Press, Inc (盖培. 1986. 华北旧石器时代晚期的文化传统.

英语）

Gai Pei. 1986. Recent Progress of Upper Paleolithic Research in China. In: The Pleistocene Perspective 2: 1－7. The World Archaeological Congress [ed]. London: Allen and Unwen（盖培. 1986. 中国旧石器时代晚期文化研究的新进展. 英语）

Gai Pei. 1990. Paleolithic Microlithic Complex in China. In: Papers for the International Symposium of Chronostratigraphy of the Paleolithic in North, Central, East Asia and America, 107－113. Novosibirsk（盖培. 1990. 中国旧石器时代的细石器文化. 俄语. In Russian）

Gai Pei. 1991. Microblade Tradition Around the Northern Pacific Rim: A Chinese Perspective. In: Contributions to the XIII INQUA, 21－31. IVPP [ed]. Beijing: Beijing Scientific and Technological Publishing House（盖培. 1991. 北太平洋沿岸细石叶传统. 载于《中国科学院古脊椎动物与古人类研究所参加第十三届国际第四纪大会论文选》21－31. 北京：北京科学技术出版社. 英语）

Gai Pei. 1992. Microblade Cores in China. In: Papers Presented at the International Symposium of the Origin and Dispersal of Microblade Industry in Northern Eurasia, 1－6. Hokkaido: Sapporo University（盖培. 1992. 中国的细石叶石核. 载于《欧亚北部地区细石叶工业的起源和分布国际研讨会论文集》1－6. 北海道：日本札幌大学. 日语. In Japanese）

Gai Pei. 1993. The Paleolithic Prehistory of Bail Siberia. Rev. Archaeol 14 (1): 1－8（盖培. 1993. 西伯利亚贝加尔湖西部地区的旧石器时代文化. 英语）

盖培、黄万波. 1982. 陕西长武发现的旧石器时代中期的文化遗物. 人类学学报 1 (1): 18－29 (Gai Pei, Huang Wanbo. 1982. Middle Paleolithic Remains Found in Changwu County, Shanxi. Acta Anthropologica Sinica 1 (1): 18－29. With English abstract)

盖培、王国道. 1983. 黄河上游拉乙亥中石器时代遗址发掘报告. 人类学学报 2 (1): 49－59 (Gai Pei, Wang Guodao. 1983. Excavation Report on a Mesolithic Site at Layihai, Upper Yellow River. Acta Anthropologica Sinica 2 (1): 49－59. With English abstract)

盖培、卫奇. 1974. 泥河湾更新世初期石器的发现. 古脊椎动物与古人类 12 (1): 70－72 (Gai Pei、Wei Qi. 1974. Discovery of the Lower Pleistocene Stone Artifacts from the Nihewan Basin. Vertebrata PalAsiatica 12 (1): 70－72)

盖培、卫奇. 1977. 虎头梁旧石器时代晚期遗址的发现. 古脊椎动物与古人类 15 (4): 287－300 (Gai Pei、Wei Qi. 1977. Discovery of the Late Paleolithic Site at Hutouliang, Hebei. Vertebrata PalAsiatica 15 (4): 287－300)

盖培、尤玉柱. 1976. 陕西蓝田地区旧石器的若干特征. 古脊椎动物与古人类 14 (3): 198－203 (Gai Pei、You Yuzhu. 1976. Some Characters of Paleolithic Artifacts in Lantian, Shanxi. Vertebrata PalAsiatica 14 (3): 198－203)

<u>高星 Gao Xing</u>

高星. 1988. 昂昂溪新发现的旧石器. 人类学学报 7 (1): 84－88 (Gao Xing. 1988. New Discovery of Palaeoliths from Angangxi, Heilongjiang Province. Acta Anthropologica Sinica 7 (1): 84－88. With English abstract)

高星. 1990. 陕西大荔育红河村旧石器地点. 考古学报 (2): 187－203 (Gao Xing. 1990. Paleolithic Locality at Yuhonghe of Dali County, Shanxi Province. Acta Archaeology Sinica (2): 187－203. With English abstract)

高星. 1994. 旧石器时代考古. 中国考古学年鉴 (1992): 1－10

高星. 1999. 关于“中国旧石器时代中期”的探讨. 人类学学报 18 (1): 1－16 (Gao Xing. 1999. A Discussion on “Chinese Middle Paleolithic”. Acta Anthropologica Sinica 18 (1): 1－16. With English abstract)

Xing Gao. 2000. Explanations of Typological Variability in Paleolithic Remains from Zhoukoudian Locality 15, China. Ph.

D. Dissertation, University of Arizona (高星. 2000. 对周口店第 15 地点石制品类型变异的阐释. 英语)

Gao Xing. 2000. Core Reduction at Zhoukoudian Locality 15. Archaeology, Ethnology & Anthropology of Eurasia, 3 (3): 2-12 (高星. 2000. 周口店第 15 地点的石片生产. 英语)

高星. 2000. 周口店第 15 地点剥片技术研究. 人类学学报 19 (3): 199-215 (Gao Xing. 2000. A study of flaking technology at Zhoukoudian Locality 15. Acta Anthropologica Sinica 19 (3): 199-215. With Engish abstract)

Gao Xing. 2000. Interpretation of Lithic Technology at Zhoukoudian Locality 15. Acta Anthropologica Sinica 19 (Supplement): 156-165. (高星. 2000. 解析周口店第 15 地点的石器工业. 人类学学报 19 (增刊): 156-165. 英语)

高星、欧阳志山. 1997. 趋同与变异: 关于东亚与西方旧石器时代早期文化的比较研究. 载于《演化的实证——纪念杨钟健教授百年诞辰论文集》63-76. 北京: 海洋出版社 (Gao Xing、John W. Olsen. 1997. Similarity and variation within the Lower Paleolithic: East Asia, Western Europe, and Africa Compared. In: Evidence for Evolution - Essays in Honor of Prof. Chungchien Young on the Hundredth Anniversary of His Birth, 63-76. Tong Yongsheng et al. [eds]. Beijing: China Ocean Press. With English abstract)

高星、尤玉柱、吴志清. 1991. 山西榆次大发旧石器地点. 人类学学报 10 (2): 147-154 (Gao Xing、You Yuzhu、Wu Zhiqing. 1991. The Palaeolitic Site at Dafa Village, Yuci District, Shanxi Province. Acta Anthropologica Sinica 10 (2): 147-154. With English abstract)

谢飞、高星、龙凤骧. 1992. 四方洞——河北第一处旧石器时代洞穴遗址. 文物春秋 1992 (增刊): 98-119 (Xie Fei、Gao Xing, Long Fengxiang. 1992. Sifangdong - the first Paleolithic cave site in Hebei Province. Wenwu Chunqiu (supplement): 98-119. With English abstract)

鸽子洞发掘队 Gezidong Archaeological Team

鸽子洞发掘队. 1975. 辽宁鸽子洞旧石器遗址发掘报告. 古脊椎动物与古人类 13 (2): 122-136 (Archaeological Team of Liaoning Provincial Museum and IVPP. 1975. Discovery of Paleolithic Artifacts in Gezidong Cave in Liaoning Province. Vertebrata PalAsiatica 13 (2): 122-136)

古脊椎动物与古人类研究所 IVPP

古脊椎动物与古人类研究所. 1978. 古人类论文集——纪念恩格斯《劳动在从猿到人转变过程中的作用》写作一百周年报告会论文汇编 1-179. 北京: 科学出版社

古脊椎动物与古人类研究所. 1991. 中国科学院古脊椎动物与古人类研究所参加第十三届国际第四纪大会论文选. 北京: 北京科学技术出版社 1-172 (IVPP. 1991. Contributions to the XIIITh INQUA. Beijing: Beijing Scientific and Technological Publishing House, 1-172. With English Summary)

北京市文物研究所, 中科院古脊椎动物与古人类研究所. 北京地区旧石器的新发现. 载于《北京市文物与考古》(第 3 辑): 1-8

侯亚梅 Hou Yamei

侯亚梅. 1992. 石制品微痕分析的实验研究. 人类学学报 11 (3): 202-215 (Hou Yamei. 1992. Experimental Studies of Microwear Analysis on Stone Artifacts. Acta Anthropologica Sinica 11 (3): 202-215. With English abstract)

侯亚梅. 1992. 考古标本微磨痕初步研究. 人类学学报 11 (4): 354-361 (Hou Yamei. 1992. Preliminary Microwear Studies on Archaeological Stone Artifacts. Acta Anthropologica Sinica 11 (4): 354-361. With English abstract)

Hou Yamei. 1998. New observation on Paleolithic of China reflected by three sites. In: Procilo oraziskovanju paleolitika, neolitika ineneolitika v Sloveniji, xxv, 1-15. M. Budja [eds]. Ljubljana: University of Ljubljana (侯亚梅. 1998. 中国旧石器的新观察. 英语)

侯亚梅. 1999. 在泥河湾盆地可望找到二百万年前的人类遗迹. 第四纪研究 19 (1): 95

Hou Yamei, Richard potts, Yuan Baoyin, Guo Zhengtang, Alan Deino, Wang Wei, Jennifer Clark, Xie Guangmao, Huang Weiwen. 2000. Mid－Pleistocene Acheulean－like stone technology of the Bose Basin, South China. Science, 287 (5458): 1622－1626(侯亚梅等. 2000. 华南百色盆地中更新似阿舍利的石器工业. 英语)

侯亚梅. 2000. 旧石器考古学的动态与展望. 东南文化 3: 8－10

侯亚梅、黄慰文. 1998. 百色旧石器研究. 载于《“元谋人”发现三十周年纪念暨古人类国际学术研讨会文集》127－130. 昆明: 云南科技出版社(Hou Yamei、Huang Weiwen. 1998. Palaeoliths in Bose Basin. In: Collected Works for “the 30th Anniversary of Yuanmou Man Discovery and the International Conference on Palaeoanthropological Studies”, 127－130. Kunming: Yunnan Science & Technology Press. With English Summary)

侯亚梅、黄慰文. 1998. 东亚和早期人类第一次大迁徙浪潮. 人类学学报 17 (4): 293－309 (Hou Yamei、Huang Weiwen. 1998. East Asia and the First Migration Tide of Early Man. Acta Anthropologica Sinica 17 (4): 293－309. With English abstract)

侯亚梅、卫奇、冯兴无、林圣龙. 1999. 泥河湾盆地东谷坨遗址再发掘. 第四纪研究 19 (2): 139－147 (Hou Yamei、Wei Qi、Feng Xingwu、Lin Shenglong. 1999. Re－excavation at Donggutuo in the Nihewan Basin, North China. Quaternary Sciences 19 (2): 139－147. With Engish abstract)

侯亚梅、徐自强、黄万波. 1999. 龙骨坡遗址 1997 年新发现的石制品. 龙骨坡史前文化志 1 (1): 69－80 (Hou Yamei、Xu Ziqiang、Huang Wanbo. 1999. Some new stone artifacts discovered in 1997 at Longgupo, Southern China. Longgupo Prehistoric Culture 1 (1): 69－80. With Engish abstract)

黄万波 Huang Wanpo

黄万波. 1984. 和县猿人的骨制品. 载于《美国人类学中心骨器研究会论文集》17－19

黄万波. 1989. 迁安爪村“假石器”——订正一个历史的误解. 人类学学报 8 (2): 114－117 (Huang Wanpo. 1989. A Revision of the Qian' an Zhaocun “Eolith”. Acta Anthropologica Sinica 8 (2): 114－117. With English abstract)

黄万波、方其仁等著. 1991. 巫山猿人遗址. 北京: 海洋出版社 (Huang Wanpo、Fang Qiren et al. 1991. Wushan Hominid Site. Beijing: China Ocean Press. With English Summary)

黄万波、计宏祥、蔺永茂. 1986. 旧石器时代的蚌制品. 人类学学报 5 (3): 267－270 (Huang Wannpo、Ji Hongxiang、Lin Yongmao. 1986. A Late Paleolithic Shell Tool from Xinjiang、Shanxi. Acta Anthropologica Sinica 5 (3): 267－270. With English abstract)

Huang Wanbo, Russel Ciochon, et al. 1995. Early Homo and associated artefacts from Asia. Nature. 378 (6554): 275－278. (黄万波等. 1995. 亚洲早期人类和相关石制品的发现. 英语)

黄万波、徐晓风、李天元. 1987. 湖北房县樟脑洞旧石器时代遗址发掘报告. 人类学学报 6 (4): 298－305 (Huang Wanpo、Xu Xiaofeng、Li Tianyuan. 1987. A Report of the Paleolithic Site from Zhangnao Cave, Fangxian County, Hubei Province. Acta Anthropologica Sinica 6 (4): 298－305. With English abstract)

黄万波、尤玉柱. 1987. 关于金牛山人遗址岩溶洞穴的探讨. 中国岩溶 6 (1): 61－68 (Huang Wanpo、You Yuzhu. 1987. On the Problems of the Karst Cave and the Deposits of the Site of Jinniushan Man. Karst in China 6 (1): 61－68. With English abstract)

黄慰文 Huang Weiwen

黄慰文. 1964. 豫西三门峡地区的旧石器. 古脊椎动物与古人类 8 (2): 162－177 (Huang Weiwen. 1964. On a Collection of Palaeoliths from Sanmenxia Area in Western Henan. Vertebrata PalAsiatica 8 (2): 162－177. With English Summary)

Huang Weiwen. 1981. On the Taxonomy and Cultural Traditions of Homo erectus in China. In: Union International de

Ciencias Prehistoricas y Protohistoricas, X Congreso. Cultura y Nedio Ambiente del Hombre Fossil en Asia, Comision IX, Mexico, 19-26. A. G. Ghosh [ed] (黄慰文. 1981. 中国直立人的分类和文化传统. 英语)

黄慰文. 1985. 古人类学与旧石器时代考古. 中国考古学年鉴 (1985): 1-10

黄慰文. 1985. 小长梁石器再观察. 人类学学报 4 (4): 301-307 (Huang Weiwen. 1985. On The Stone Industry of Xiaochangliang. Acta Anthropologica Sinica 4 (4): 301-307. With English abstract)

黄慰文. 1987. 中国的手斧. 人类学学报 6 (1): 61-68 (Huang Weiwen. 1987. Bifaces in China. Acta Anthropologica Sinica 6 (1): 61-68. With English abstract)

黄慰文. 1989. 日本旧石器考古新发展. 人类学学报 8 (1): 84-87 (Huang Weiwen. 1989. New Development of Paleolithic Archaeology in Japan. Acta Anthropologica Sinica 8 (1): 84-87)

Huang Weiwen. 1989. The Early Paleolithic of China. Quat. Res. (Japan) 28 (4): 237-242 (黄慰文. 1989. 中国旧石器初期文化. 英语)

黄慰文. 1989. 中国旧石器时代晚期文化. 载于《中国远古人类》220-244. 吴汝康, 吴新智, 张森水主编. 北京: 科学出版社 (Huang Weiwen. 1989. The Late Paleolithic of China. In: Early Humankind in China, 220-244. Wu Rukang, Wu Xinzhi and Zhang Senshui [eds]. Beijing: Science Press)

Huang Weiwen. 1989. Bifaces in China. Hum. Evol 4 (1): 87-92. (黄慰文. 1989. 中国手斧. 英语)

黄慰文. 1991. 古人类学与旧石器时代考古. 中国考古学年鉴 (1990): 14-22

黄慰文. 1991. 南方砖红壤层的早期人类活动信息. 第四纪研究 (4): 373-379 (Huang Weiwen. 1991. Evidence for Early Man's Activities from the Lateritic Beds of South China. Quat. Res. (4): 373-379. With English abstract)

黄慰文. 1992. 旧石器时代考古. 中国考古学年鉴 (1991): 5-13

黄慰文. 1992. 中国华南地方の初期人类の残しナン砾器文化. 载于《大分县丹生遗迹群の研究》第 3 辑: 407-415. 铃木忠司 编. 古代学研究所研究报告, 古代协会 (In Japanese with English abstract)

Huang Weiwen. 1992. Palaeoantropologia Kaj Paleolithika Arkeologio de Cinio. El Popola Cinil (3): 16-17 (黄慰文. 1992. 中国早期人类与旧石器. 世界语. In Esperanto)

黄慰文. 1993. 东亚和东南亚旧石器初期重型工具的类型学——评 Movius 的分类体系. 人类学学报 12 (4): 297-304 (Huang Weiwen. 1993. On the Typology of Heavy-Duty Tools of the Lower Paleolithic from East and Southeast Asia-Comment on the Movius' System. Acta Anthropologica Sinica 12 (4): 297-304. With English abstract)

黄慰文. 1993. 关于西樵山石器制造场的几个问题. 文物 (9): 40-44

黄慰文. 1999. 关于华北早更新世人类活动的问题. 载于《史前考古学新进展: 庆贺贾兰坡院士九十华诞国际学术讨论会文集》63-68. 徐钦琦, 谢飞, 王建主编. 北京: 科学出版社

黄慰文. 2000. 中国旧石器文化序列的地层学基础. 人类学学报 19 (4): 269-283 (Huang Weiwen. 2000. Stratigraphical basic of the Paleolithic sequence of China. Acta Anthropologica Sinica 19 (4): 269-283. With Engish abstract)

Huang Weiwen. 2000. Greeting Chinese Paleolithic Archaeology in the 21th Century (A Retrospective). Acta Anthropologica Sinica, 19, Supplement: 104-114 (黄慰文. 2000. 亚洲: 仅仅是一个伟大的东方幻觉吗? ——迎接新世纪的中国旧石器考古. 英语)

黄慰文、陈克造、袁宝印. 1987. 青海小柴达湖的旧石器. 载于《中国—澳大利亚第四纪学术讨论会论文集》168-175. 北京: 科学出版社 (Huang Weiwen、Chen Kezao、Yuan Baoyin. 1987. Discovery of Paleolithic Artifacts in Xiaocaidamu Lake Area, Qinghai Province. In: Symposium on Quaternary of China and Australia, 168-175. Beijing: Science Press. With English summary)

黄慰文、侯亚梅. 1996. 关于环太平洋地区最早的人类活动——对六个中国早期人类遗址的观察. 文物季刊 (1): 68 – 73

黄慰文、侯亚梅. 1997. 中国旧石器研究的进展与问题. 载于《演化的实证——纪念杨钟健教授百年诞辰论文集》51 – 62. 童永生等编. 北京: 海洋出版社 (Huang Weiwen、Hou Yamei. 1997. Recent Progress and Problems of Paleolithic Archaeology in China. In: Evidence for Evolution – Essays in Honor of Prof. Chungchien Young on the Hundredth Anniversary of His Birth, 51 – 62. With English abstract)

黄慰文、侯亚梅. 1998. 关于元谋的旧石器. 载于《"元谋人"发现三十周年纪念暨古人类国际学术研讨会文集》96 – 99. 昆明: 云南科技出版社 (Huang Weiwen、Hou Yamei. 1998. Palaeoliths in Yuanmou Basin. In: Collected Works for "the 30th Anniversary of Yuanmou Man Discovery and the International Conference on Palaeoanthropological Studies", 96 – 99. Kunming: Yunnan Science & Technology Press. With English Summary)

黄慰文、侯亚梅、斯信强. 1997. 盘县大洞的石器工业. 人类学学报 16 (3): 171 – 192 (Huang Weiwen、Hou Yamei、Si Xinqiang. 1997. Stone Industry from Panxian Dadong: A Cave – site of Southwestern China. Acta Anthropologica Sinica 16 (3): 171 – 192. With English summary)

黄慰文、冷健、员晓枫、谢光茂. 1990. 对百色石器层位和时代的新认识. 人类学学报 9 (2): 105 – 112 (Huang Weiwen、Leng Jian、Yuan Xiaofeng、Xie Guangmao. 1990. Advanced Opinions on the Stratigraphy and Chronology of Baise Stone Industry. Acta Anthropologica Sinica 9 (2): 105 – 112. With English abstract)

黄慰文、刘源、李超荣、员晓枫、张镇洪、曾祥旺、谢光茂. 1988. 百色石器的时代问题. 载于《纪念马坝人化石发现三十周年文集》95 – 101. 广东省博物馆和曲江县博物馆编. 北京: 文物出版社 (Huang Weiwen、Liu Yuan、Li Chaorong、Yuan Xiaofeng、Zhang Zhenhong、Zeng Xiangwang、Xie Guangmao. 1988. Tentative Opinions on the Age of Baise Stone Industry. In: Treatises in Compiled by the 30th Anniversary of the Discovery of Maba Human Cranium, 95 – 101. Guangdong Provincial Museum and the Museum of the Qujiang County [eds]. Beijing: Cultural Relics Publishing House. With English synopsis)

黄慰文、祁国琴. 1987. 梁山旧石器遗址的初步观察. 人类学学报 6 (3): 236 – 244 (Huang Weiwen、Qi Guoqin. 1987. Preliminary Observation of Liangshan Paleolithic Site. Acta Anthropologica Sinica 6 (3): 236 – 244. With English abstract)

黄慰文、Olsen J W、Reeves R W、Miller – Antonio S、雷加强. 1988. 新疆塔里木盆地南缘新发现的石器. 人类学学报 7 (4): 294 – 301 (Huang Weiwen、Olsen J W、Reeves R W、Miller – Antonio S、Lei Jiaqiang. 1988. New Discoveries of Stone Artifacts on the Southern Edge of the Tarim Basin, Xinjiang. Acta Anthropologica Sinica 7 (4): 294 – 301. With English abstract)

黄慰文、卫奇. 1981. 萨拉乌苏河套人及其文化. 载于《鄂尔多斯文物考古文集》24 – 32

黄慰文、卫奇、张兴永. 1985. 元谋盆地的旧石器. 史前研究 (4): 19 – 22

黄慰文、张镇洪. 1991. 中国南方砖红壤中的石器工业. 载于《纪念黄岩洞遗址发现三十周年论文集》125 – 129. 封开县博物馆, 广东省文物考古研究所等编. 广州: 广东旅游出版社 (Huang Weiwen、Zhang Zhenhong. 1991. The Stone Industries from Primary Laterite in South China. In: Treaties in Commemoration of the 30th Anniversary of the Discovery of Huangyandong Cave Site, 125 – 129. The Fengkai County Museum, the Guangdong Provincial Institute of Cultural Relics and Archaeology [eds]. Guangzhou: Guangdong Travel and Tourism Press. With English abstract)

黄慰文、张镇洪、缪振棣、于海明、初本君、高振操. 1984. 黑龙江昂昂溪的旧石器. 人类学学报 3 (3): 234 – 243 (Huang Weiwen、Zhang Zhenhong、Miao Zhendi、Yu Haiming、Chu Benjun、Gao Zhencao. 1984. Discovery of Paleolithic Artifacts at Angangxi of Qiqihaer，Heilongjiang Province. Acta Anthropologica Sinica 3（3）：234－243. With English abstract）

黄慰文、张镇洪、傅仁义、陈宝峰、刘景玉、祝明也、吴洪宽. 1986. 海城小孤山的骨制品. 人类学学报 5（3）：259－266（Huang Weiwen、Zhang Zhenhong、Fu Renyi、Chen Baofeng、Liu Jingyu、Zhu Mingye、Wu Hongkuan. 1986. Bone Artifacts and Ornaments from Xiaogushan Site of Haicheng，Liaoning Province. Acta Anthropologica Sinica 5（3）：259－266. With English abstract）

刘玉林、黄慰文、林一璞. 1984. 甘肃径川发现的人类化石和旧石器. 人类学学报 3（1）：11－18（Li Yulin、Huang Weiwen、Lin Yipu. 1984. Human Fossil and Paleolithic Remains from Jingchuan，Gansu. Acta Anthropologica Sinica，3（1）：11－18. With English abstract）

Olsen J. W、R. W. Reeves、Huang Weiwen et al. 1989. The University of Arizona－Chinese Academy of Sciences Joint Investigation of the Prehistory of Southern Xinjiang：Results of 1986 and 1987 Campaigns. Central and Inner Asian Studies 3：57－82（Olsen J W、Reeves R W、黄慰文等. 1989. 1986－1987 年美中合作新疆南部史前考察报告. 英语）

钱方、吴锡浩、黄慰文. 1988. 藏北高原各听石器初步观察. 人类学学报 7（1）：75－83（Qian Fang、Wu Xihao、Huang Weiwen. 1988. Preliminary Observation on Geting Site in North Tibet. Acta Anthropologica Sinica 7（1）：75－83. With English abstract）

贾兰坡 Jia Lanpo（Chia Lanpo）

贾兰坡. 1936. 周口店第十五地点开掘简单报告. 自然（世界日报副刊），164 期，2 月 9 日

贾兰坡. 1950. 中国猿人. 北京：龙门联合书局. 1－104

贾兰坡. 1951. 察哈尔左云县冯家窑附近石器遗址. 科学通报 2（5）：506－508

贾兰坡. 1951. 河套人及其文化. 历史教学 1（3）

贾兰坡. 1951. 山顶洞人. 北京：龙门联合书局

贾兰坡. 1951. 中国猿人及其文化. 历史教学（1）

贾兰坡. 1955. 河套人（增订本）. 北京：龙门联合书局

贾兰坡. 1955. 山西襄汾县丁村人类化石及旧石器发掘报告. 科学通报（1）：46－51

贾兰坡. 1956. 对中国猿人石器的新看法. 考古通讯（6）：1－8

贾兰坡. 1956. 似石器的非石器. 文物参考资料（12）

贾兰坡. 1956. 在中国发现的手斧. 科学通报（12）：39－41

贾兰坡. 1956. 中国人类化石和文化遗物. 生物学通报（9）：1－5

贾兰坡. 1957. 旧石器时代文化. 北京：科学出版社

贾兰坡. 1957. 试述中国旧石器时代初期文化的相互关系. 考古通讯（1）：1－6

贾兰坡. 1958. "北京人"的故居. 北京：北京出版社

贾兰坡. 1958. 旧石器的研究对更新统地层划分的作用. 中国第四纪研究 1（1）：132－133

贾兰坡. 1959. 关于中国猿人的骨器问题. 考古学报（3）：1－5（Chia Lanpo. 1959. Notes of the Bone Implements of Sinanthropus. Acta Archaeol. Sin（3）：1－5. With English summary）

贾兰坡. 1959. 山西曲沃里村西沟旧石器时代文化遗址. 考古（1）：18－20（Chia Lanpo. 1959. The Paleolithic Site at His Kou，Li Ts' un，C' hu，C' hu Wo County，Shansi. Archaeology（1）：18－20）

贾兰坡. 1959. 我国旧石器研究的今与昔. 文物（10）

Chia Lanpo. 1959. Report on the Excavation of Sinanthropus Site in 1958. Vertebrata PalAsiatica 3（1）：41－45（贾兰坡.

1959. 中国猿人化石产地 1958 年发掘报告. 古脊椎动物学报 3 (1): 41-45. 英语)

贾兰坡. 1959. 中国猿人化石产地 1958 年发掘报告. 古脊椎动物与古人类 1 (1): 21-26 (Chia Lanpo. 1959. Report on the Excavation of Sinanthropus Site in 1958. Paleovertebr. Paleoanthro 1 (1): 21-26)

贾兰坡. 1960. 中国猿人的石器和华北其他各地旧石器时代早一阶段的石器关系. 古脊椎动物与古人类 2 (1): 45-50 (Chia Lanpo. 1960. The Stone Artifacts of Sinanthropus and Its Relationship with the Contemporary Cultures in North China. Paleovertebr. Paleoanthro 2 (1): 45-50)

贾兰坡. 1961. 谈中国猿人石器的性质和曙石器问题——与裴文中先生商榷. 新建设 (9)

贾兰坡. 1962. 和邱中郎同志讨论匼河文化遗址的时代. 古脊椎动物与古人类 6 (3): 295-298 (Chia Lanpo. 1962. On the Discussion of Kehe Culture Site. Vertebrata PalAsiatica 6 (3): 295-298. With English Summary)

贾兰坡. 1962. 中国猿人 (中国历史小丛书). 北京: 中华书局

Jia Lanpo. 1963. Cultural Site over 500, 000 Years Old. China Reconstructs 12 (1) (贾兰坡. 1963. 五十万年以前的文化遗址. 英语)

贾兰坡. 1964. 中国猿人及其文化 (知识丛书). 北京: 中华书局

贾兰坡. 1966. 陕西蓝田地区的旧石器. 载于《陕西蓝田新生界现场会议论文集》151-156, 中国科学院古脊椎动物与古人类研究所编. 北京: 科学出版社

贾兰坡. 1973. 凌源西八间房旧石器时代文化地点. 古脊椎动物与古人类 11 (2): 223-226

Jia Lanpo. 1973. On the Origin of Microlithic Industries in East Asia. In: Union Internationale des Science Prehistoriques et Protohistoriques IX Congres, Colloquy XVIII, 7-9 (贾兰坡. 1973. 东亚细石器的起源. 英语)

贾兰坡. 1978. 中国大陆上的远古居民. 天津: 天津人民出版社

贾兰坡. 1978. 中国细石器的特征和它的传统、起源与分布. 古脊椎动物与古人类 16 (2): 137-143 (Chia Lanpo. 1978. On the Phase, Origin and Tradition of Microtool Industry in China. Vertebrata PalAsiatica 16 (2): 137-143. With English Summary)

贾兰坡. 1978. 从工具和用火看早期人类对物质的认识和利用. 自然杂志, 1 (1): 31-34

贾兰坡. 1978. 周口店遗址. 文物 (11): 89

贾兰坡. 1979. 北京人. 北京: 中华书局

贾兰坡. 1979. 中国旧石器时代考古学的研究现状和发展趋势. 山西师院学报 (哲学社会科学版) (1): 1-12 (1978 年秋在山西临汾的一次学术报告, 临汾地区文化局整理)

Jia Lanpo. 1979. Early Man in China. Beijing: Beijing Foreign Languages Press (贾兰坡. 1979. 中国远古人类. 北京: 外文出版社. 英语)

Jia Lanpo. 1981. El Hombre Primitivo en China. Beijing: Edicionen en Lengues Expranjeras (贾兰坡. 1981. 中国远古人类. 北京: 外文出版社. 西班牙语. In Spanish)

贾兰坡. 1982. 中国的旧石器时代. 科学 (7): 1-12

贾兰坡. 1983. 北京人生活中的几个问题. 史前研究 (2): 19-22

贾兰坡. 1983. 考古学和第四纪地质学. 新疆地理 6 (3)

贾兰坡. 1983. 辽宁旧石器考古的展望. 辽宁文物 (4): 32-34

贾兰坡. 1984. 贾兰坡旧石器时代考古论文选. 黄慰文、卫奇编. 北京: 文物出版社 (Jia Lanpo. 1984. The Palaeoliths of China-Selected Works of Jia Lanpo. Huang Weiwen and Wei Qi [eds]. Beijing: Cultural Relics Publishing House

贾兰坡. 1984. 什么时候开始有了弓箭? 郑州大学学报 (4): 1-4

贾兰坡．1984．四川是研究人类起源的重要地区之一．四川文物（4）：3－7

贾兰坡．1984．我国西南地区在考古学和人类学研究中的重要地位．云南社会科学（3）：71－73

Jia Lanpo. 1985. China's Earliest Paleolithic Assemblages. In：Palaeoanthropology and Palaeolithic Archaeology in the People's Republic of China，135－145. Wu Rukang and Olsen J W［eds］. Orlando：Academic Press（贾兰坡．1985．中国最早的旧石器．载于《中华人民共和国的古人类学和旧石器时代考古学》135－145．吴汝康，Olsen J W 主编．英语）

贾兰坡．1988．关于周口店北京人遗址的若干问题——评宾福德等的新看法．考古（1）：77－84

贾兰坡．1988．广东在古人类学研究上的重要地位．载于《纪念马坝人化石发现三十周年文集》45－47．广东省博物馆和曲江县博物馆编．北京：文物出版社（Jia Lanpo. 1988. The Important Position of Guangdong in the Study of Palaeoanthropology. In：Treatises in Compiled by the 30th Anniversary of the Discovery of Maba Human Cranium，45－47. The Guangdong Provincial Museum and the Museum of the Qujiang County［eds］. Beijing：Cultural Relics Publishing House. With English synopsis）

Jia Lanpo. 1989. On the Problems of the Beijing Man Site－A Critique of New Interpretations. Curr. Anthropol 30（2）：200－205（贾兰坡．1989．关于北京人遗址的问题．英语）

贾兰坡．1989．中国最早的旧石器时代文化．载于《中国远古人类》81－96．吴汝康，吴新智，张森水主编．北京：科学出版社（Jia Lanpo. 1989. Earliest Paleolithic Assemblages of China. In：Early Humankind in China，81－96. Wu Rukang，Wu Xinzhi and Zhang Senshui［eds］. Beijing：Science Press）

贾兰坡．1990．继续调查、发掘周口店和西山一带的洞穴堆积．人类学学报 9（4）：294－296（Jia Lanpo. 1990. Continue to Survey the Cave in Western Hills for Searching the Ancestors and Descendants of Peking Man. Acta Anthropologica Sinica 9（4）：294－296. With English abstract）

贾兰坡．1991．论旧石器时代与新石器时代的划分．载于周昆叔主编：《环境考古研究》（1）：3．北京：科学出版社（Jia Lanpo. 1991. On the Division of Paleolithic and Neolithic Ages. In：Zhou Kunshu Eds. Researchs of Environmental Archaeology（Volume 1：3）. Beijing：Science Press）

贾兰坡．1991．中石器时代是否存在．载于 封开县博物馆，广东省文物考古研究所等编：《纪念黄岩洞遗址发现三十周年论文集》52－54．广州：广东旅游出版社（Jia Lanpo. 1991. Mesolithic Period：It Ever Existed or Not? In：Treaties in Commemoration of the 30th Anniversary of the Discovery of Huangyandong Cave Site，52－54. The Fengkai County Museum and the Guangdong Provincial Institute of Cultural Relics and Archaeology et al.［eds］. Guangzhou：Guangdong Travel and Tourism Press. With English abstract）

贾兰坡．1994．小长梁遗址的年代测定说明了什么．中国文物报，6月12日，3版

贾兰坡．1996．环渤海地区的旧石器时代考古应联合起来进行大规模工作．载于 河北省文物研究所编：《环渤海考古国际学术讨论会论文集》2－3．北京：知识出版社（Jia Lanpo. 1996. Archaeology of the Palaeolithic Bohai Region Should be Carried out Co－operatively on a Large Scale. In：Papers of the International Symposium on Circum－Bohai Archaeology，2－3. The Hebei Provincial Institute of Cultural Relics［ed］. Beijing：Knowledge Press）

贾兰坡．1997．悠长的岁月．长沙：湖南少年儿童出版社

贾兰坡．1999．山西旧石器研究的重要地位．载于 徐钦琦，谢飞，王建主编：《史前考古学新进展：庆贺贾兰坡院士九十华诞国际学术讨论会文集》1－6．北京：科学出版社

Jia Lanpo、Chen Chun. 1992. On the Origin of the Bow and Arrow in China. In：Man and His Culture－A Resurgence，159－171. Bellwood P S［eds］. New Delhi：Bools & Books（贾兰坡、陈淳．1992．中国弓箭的起源．英语）

贾兰坡主编、陈淳编著．1998．中国猿人．上海科技教育出版社（Jia Lanpo、Chen Chun. A Story of Early Man in China. Shanghai: Shanghai Science and Education Press)

贾兰坡、盖培、黄慰文. 1966. 陕西蓝田地区的旧石器. 载于 古脊椎动物与古人类研究所编.《陕西蓝田新生界现场会议论文集》151－154. 北京: 科学出版社

贾兰坡、盖培、李炎贤. 1964. 水洞沟遗址的新材料. 古脊椎动物与古人类 8 (1): 75－83 (Jia Lanpo、Gai Pei、Li Yanxian, 1964. New Paleolithic materials from Shuidonggou. Vertebrata PalAsiatica 8 (1): 75－83. With Russian summary)

贾兰坡、盖培、尤玉柱. 1972. 山西峙峪旧石器时代遗址发掘报告. 考古学报 (1): 39－58

Jia Lanpo、He Chuankun. 1990. Lumiere Nouvelle sur l' Archeologie Palithique Chinoise. Anthropologie (Paris) 94 (4): 851－860 (贾兰坡、何传坤. 1990. 对中国旧石器考古学的新认识. 法语)

贾兰坡、黄慰文. 1984. 周口店发掘记. 天津: 天津科学技术出版社

Jia Lanpo、Huang Weiwen. 1985. On the Recognition of China' s Paleolithic Cultural Traditions. In: Palaeoanthropology and Palaeolithic Archaeology in the People' s Republic of China, 259－265. Wu Rukang and Olsen J W [eds]. Orlando: Academic Press (贾兰坡、黄慰文. 1985. 关于中国旧石器文化的传统. 载于《中华人民共和国的古人类学和旧石器时代考古学》259－265. 吴汝康, Olsen J W 主编. 英语)

Jia Lanpo、Huang Weiwen. 1985. The Late Paleolithic of China. In: Palaeoanthropology and Palaeolithic Archaeology in the People' s Republic of China, 211－223. Wu Rukang and J. W. Olsen [eds]. Orlando: Academic Press (贾兰坡、黄慰文. 1985. 中国旧石器晚期文化. 载于《中华人民共和国的古人类学和旧石器时代考古学》211－223. 吴汝康, J. W. Olsen 主编. 英语)

Jia Lanpo、Huang Weiwen. 1990. The Story of Peking Man. Beijing: Foreign Language Press; Hongkong: Oxford University Press (贾兰坡、黄慰文. 1990. 北京人的故事 ——《周口店发掘记》英文版. 北京: 外语出版社)

Jia Lanpo、Huang Weiwen. 1991. The Paleolithic Culture of China. Quat. Sci. Rev, 10: 519－521 (贾兰坡、黄慰文. 1991. 中国旧石器文化. 英语)

贾兰坡、黄慰文、卫奇. 1986. 三十六年来的中国旧石器时代考古. 文物出版社编辑部编: 载于《文物与考古论集》1－16. 北京: 文物出版社 (Jia Lanpo、Huang Weiwen、Wei Qi. 1986. Chinese Paleolithic Archaeology in the Last 36 Years. In: Treatises on Archaeology and Cultural, 1－16. The Editorial Department of the Cultural Relics Publishing House [ed]. Beijing: Cultural Relics Publishing House)

贾兰坡、李有恒、袁振新、卫奇. 1977. 北京东郊泥炭层中的动物遗骸和角质工具. 古脊椎动物与古人类 15 (2): 150－156 (Jia Lanpo、Li Youheng、Yuan Zhenxin、Wei Qi. 1977. Mammal Remains and Horn Tools from the Peat Bed of the Eastern Suburb of Peking. Vertebrata PalAsiatica 15 (2): 150－156. With English Summary)

贾兰坡、邱中郎. 1960. 广西洞穴中打击石器的时代. 古脊椎动物与古人类 2 (1): 64－68 (Chia Lanpo、Chiu Chunglang. 1960. On the Age of the Chipped Artifacts in Kwangsi Caves. Paleovertebr. Paleoanthropol. 2 (1): 64－68)

贾兰坡、王健. 1956. 人类用火的历史和火在社会发展中的作用. 历史与教学 12 月号

贾兰坡、王建. 1957. 泥河湾的地层才是最早人类的脚踏地. 科学通报 (1): 30－31 (Jia Lanpo、Wang Jian. 1957. To Search the Most Ancient Man in Nihewan Beds. Scientia (1): 30－31)

贾兰坡、王建. 1962. 山西旧石器的研究现状及其展望. 文物 (4－5): 23－27 (Chia Lanpo、Wang Jian. 1962. Paleolithic Implements of Shanxi. Cultural Relics (4－5): 23－27)

贾兰坡、王建. 1978. 西侯度——山西更新世早期古文化遗址. 北京: 文物出版社 (Jia Lanpo、Wang Jian. 1978. Hsihoutu－A Culture Site of Early Pleistocene in Shanxi Province. Beijing: Cultural Relics Publishing House. With English summary)

贾兰坡、王建. 1982. 上新世地层中应有最早的人类遗骸及文化遗存. 文物 (2): 67－68

贾兰坡、王择义. 1957. 山西交城旧石器文化的发现. 考古通讯 (5): 12－18

Chia Lanpo、Wang Zeyi、Chiu Chunglang. 1960. Paleoliths in Shanxi. Vertebrata PalAsiatica 4 (1): 27－29 (贾兰坡、王择义、邱中郎. 1960. 山西旧石器. 古脊椎动物学报 4 (1): 27－29. 英语)

贾兰坡、王择义、邱中郎. 1960. 山西旧石器. 古脊椎动物与古人类 2 (1): 51－55 (Chia Lanpo、Wang Zeyi、Chiu Chunglang. 1960. The Paleoliths in Shanxi. Paleovertebr. Paleoanthropol. 2 (1): 51－55)

贾兰坡、王择义、邱中郎. 1961. 山西旧石器. 中国科学院古脊椎动物与古人类研究所甲种专刊 (4): 1－48 (Chia Lanpo、Wang Zeyi、Chiu Chunglang. 1961. Paleoliths in Shanxi. Mem. Inst. Vertebr. Paleontol. Paleoanthropol. Acad. Sin. (4): 1－48)

贾兰坡、王择义、王建. 1961. 山西芮城匼河旧石器时代初期文化遗址. 考古 (8): 395－397 (Chia Lanpo、Wang Zeyi、Wang Jian. 1961. Excavations of Early Paleolithic Remains at Kehe, Jui Ch'eng County, Shanxi. Archeology (8): 395－397)

贾兰坡、王择义、王建. 1962. 匼河——山西西南部旧石器初期文化遗址. 中国科学院古脊椎动物与古人类研究所甲种专刊 (5): 1－40 (Chia Lanpo、Wang Zeyi、Wang Jian. 1962. Kehe－An Early Paleolithic Site in South－Western Shanxi. Mem. Inst. Vertebr. Paleontol. Paleoanthropol. Acad. Sin. (5): 1－40. With English summary)

贾兰坡、卫奇. 1976. 阳高许家窑旧石器时代文化遗址. 考古学报 (2): 97－114 (Jia Lanpo、Wei Qi. 1976. A Paleolithic Site at Hsu－chia－yao in Yangkao County, Shanxi Province. Acta Archaeol. Sin. (2): 97－114. With English summary)

贾兰坡、卫奇. 1982. 建议用古人类学和考古学的成果建立我国第四系的标准剖面. 地质学报 56 (3): 255－263 (Jia Lanpo、Wei Qi. 1982. Application of Palaeoanthropology and Archaeology to Setting Up Quaternary Standard Sections in China. Acta Geol. Sin. 56 (3): 255－263. With English summary)

贾兰坡、卫奇. 1987. 北京人文化的渊源与发展. 人类学论丛 (第 1 辑): 119－127

Jia Lanpo、Wei Qi. 1987. Artifacts Lithiques Provenant du Site Pleistocene Ancien de Donggutuo pres de Nihewan (Nihowan), Province d'Hebei. Anthropologie (Paris) 91 (3): 727－732 (贾兰坡、卫奇. 1987. 河北省泥河湾盆地东谷坨早更新世的石制品. 法语. In French)

贾兰坡、卫奇、陈淳. 1982. 中国の下部 (前期) 旧石器. 考古学ヅヤ－ナル (206): 36－41

贾兰坡、卫奇、李超荣. 1979. 许家窑旧石器时代文化遗址. 古脊椎动物与古人类 17 (4): 277－293 (Jia Lanpo、Wei Qi, Li Chaorong. 1979. Report on the Excavation of Xujiayao (Hsuchiayao) Man Site in 1976. Vertebrata PalAsiatica 17 (4): 277－293. With English Summary)

贾兰坡、尤玉柱. 1973. 山西怀仁鹅毛口石器制造场遗址. 考古学报 (2): 13－26 (Chia Lanpo、You Yuzhu. 1973. The Remains of a Stone Workshop at Ngo－Mao－K'ou in Huaijen County, Shanxi Province. Acta Archaeol. Sin. (2): 13－26. With English summary)

金昌柱 Jin Changzhu

金昌柱、韩立刚、魏光飚. 1999. 安徽繁昌县人字洞发现早更新世早期的旧石器. 人类学学报 19 (1): 70－71

金昌柱、徐钦琦、董为等. 1999. 安徽繁昌人字洞旧石器遗址. 载于徐钦琦, 谢飞, 王建主编:《史前考古学新进展: 庆贺贾兰坡院士九十华诞国际学术讨论会文集》131－135. 北京: 科学出版社

金牛山联合发掘队 Jinniushan Joint Archaeological Team

金牛山联合发掘队. 1978. 辽宁营口金牛山旧石器文化的研究. 古脊椎动物与古人类 16 (2): 120－127

李超荣 Li Chaorong

Li Chaorong. 1989. Discovery of Palaeolitic Artifacts from Xiaozhan Site in Datong City, Shanxi Province in China. Hum. Evol 4 (1): 93-94. (李超荣. 1989. 大同市小站旧石器的发现. 英语)

李超荣. 1991. 江西安义县旧石器的研究. 江西文物 (3):1-6 (Li Chaorong. 1991. A Study of Ancient Artificial Stone-Wares from Anyi of Jiangxi. Relics from Jiangxi (3): 1-6. With English abstract)

李超荣. 1993. 大同市小站王龙沟的旧石器. 考古与文物 (4): 1-7

李超荣. 1994. 石球的研究. 文物季刊 (3): 103-108

李超荣. 1998. 丹江水库发现的旧石器. 中国历史博物馆馆刊 (1): 4-12

李超荣. 1999. 北京地区的旧石器考古. 中国文物报. 10月13日第3版

李超荣. 1999. 北京城区中心的古人类遗址. 科学中国人 (12): 33-34

李超荣. 1999. 古人类学与旧石器时代考古. 中国考古学年鉴 (1997). 1-10

李超荣、郁金城. 1994. 北京平谷首次发现旧石器. 文物春秋 (4): 8-11, 75

李超荣、冯兴无、郁金城. 1999. 北京地区的旧石器文化. 载于王元青, 邓涛主编:《第七届中国古脊椎动物学学术年会文集》239-248. 北京: 海洋出版社. (Li Chaorong、Feng Xingwu、Yu Jincheng. 1999. The Paleolithic Culture in Beijing area. In: Proceedings of the Seventh Annual Meeting of the Chinese Society of Vertebrate Paleontology, 239-248. Wang Yuanqing, Deng Tao [eds]. Beijing: China Ocean Press. With English abstract)

李超荣、冯兴无、郁金城. 2000. 北京市西单发现旧石器. 人类学学报 19 (1): 76-77 (Li Chaorong、Feng Xingwu、Yu Jincheng. 2000. The Stone Artifact from Xidan, Beijing. Acta Anthropologica Sinica 19 (1): 76-77. With English abstract)

Li Chaorong、Feng Xingwu、Yu Jincheng. 2000. Paleolithic Site Discovered at Dongfang Plaza, Beijing. Acta Anthropollogia Sinica, 19 (Supplement): 194-197 (李超荣、冯兴无、郁金城. 2000. 北京王府井东方广场的旧石器遗址. 人类学学报 19 (增刊): 194-197. 英语)

李超荣、侯远志、王强. 1994. 江西新余发现的旧石器. 人类学学报 13 (4): 309-313 (Li Chaorong、Hou Yuanzhi、Wang Qiang. 1994. Material of Paleoliths from Xinyu, Jiangxi Province. Acta Anthropologica Sinica 13 (4): 309-313. With English abstract)

李超荣、任秀生. 1992. 大同县山自造地点旧石器研究. 人类学学报 11 (1): 79-85 (Li Chaorong、Ren Xiusheng. 1992. Study of the Artifacts from Locality of Shanzizao, Datong County, Shanxi Province. Acta Anthropologica Sinica 11 (1): 79-85. With English abstract)

李超荣、解廷琦、胡平. 1986. 大同市小站的旧石器. 人类学学报 5 (4): 336-345 (Li Chaorong、Xie Tingqi、Hu Ping. 1986. Discovery of Palaeolitic Artifacts from Xiaozhan Site in Datong City, Shanxi Province. Acta Anthropologica Sinica 5 (4): 336-345. With English abstract)

李超荣、解廷琦、唐云俊. 1983. 大同青瓷窑旧石器遗址的发掘. 人类学学报 2 (3): 236-246 (Li Chaorong、Xie Tingqi、Tang Yunjun. 1983. The Excavation of Qingciyao Paleolithic Site in Datong. Acta Anthropologica Sinica 2 (3): 236-246. With English abstract)

李超荣、徐长青. 1991. 江西安义潦河发现的旧石器及其意义. 人类学学报 10 (1): 34-41 (Li Chaorong、Xu Changqing. 1991. Paleoliths from the Liao River Area in Anyi, Jiangxi Province. Acta Anthropologica Sinica 10 (1): 34-41. With English abstract)

李超荣、郁金城. 1995. 北京怀柔发现的旧石器. 文物季刊 (3): 1-5

李超荣、郁金城. 1999. 旧石器时代文化遗物的拼合. 载于《中石器文化及有关问题研讨会文集》275-283. 广州:

广东人民出版社

李超荣、郁金城、冯兴无. 1998. 北京地区旧石器考古新进展. 人类学学报 17 (2): 137－146 (Li Chaorong、Yu Jincheng、Feng Xingwu. 1998. Latest Achievements of Paleolithic Archeology in Beijing Area. Acta Anthropologica Sinica 17 (2): 137－146. With English abstract)

李超荣、郁金城、冯兴无. 2000. 北京市王府井东方广场旧石器时代遗址发掘简报. 考古 (9): 1－8 (Li Chaorong、Yu Jincheng、Feng Xingwu. 2000. Excavation of a Paleolithic Site at Orintal Plaza, Wangfujing, Beijing. With English abstract)

李壮伟、李超荣、刘仲. 1994. 山西左云县两处原始文化遗存. 文物春秋 (1): 40－42

郁金城、李超荣. 1995. 北京平谷首次发现旧石器. 北京文物与考古 1994 年 (4): 22－26

郁金城、李超荣. 1998. 北京地区旧石器考古的新收获. 北京文博 (3): 5－16

李莉 Li Li

李莉. 1992. 碰砧法和锤击法的打片实验研究. 南方民族考古 (5): 180－197

李炎贤 Li Yanxian

李炎贤. 1982. 华南旧石器时代的相对年代. 人类学学报 1 (2): 160－168 (Li Yanxian. 1982. On the Relative Age of the Paleolithic in South China. Acta Anthropologica Sinica 1 (2): 160－168. With English abstract)

李炎贤. 1983. 观音洞文化在中国旧石器时代文化中的地位. 史前研究 (2): 12－18

Li Yanxian. 1983. Le Paléolithique Inferieur en Chine du Nord. Anthropologie (Paris) 87 (2): 185－199 (李炎贤. 1983. 华北旧石器时代早期文化. 法语. In French)

李炎贤. 1984. 关于石片台面的分类. 人类学学报 3 (3): 253－258 (Li Yanxian. 1984. Note on the Classification of Flake Platform. Acta Anthropologica Sinica 3 (3): 253－258. With English abstract)

李炎贤. 1988. 观音洞文化及其技术传统. 载于 广东省博物馆和曲江县博物馆编:《纪念马坝人化石发现三十周年文集》102－109. 北京: 文物出版社 (Li Yanxian. 1988. The Guanyindong Culture and Its Technological Tradition. In: Treatises in Commemeration of the 30th Anniversary of the Discovery of Maba Human Cranium, 102－109. The Guangdong Provincial Museum and the Museum of the Qujiang County [eds]. Beijing: Cultural Relics Publishing House. With English synopsis)

李炎贤. 1989. 中国南方旧石器时代早期文化. 载于 吴汝康, 吴新智, 张森水主编:《中国远古人类》159－194. 北京: 科学出版社 (Li Yanxian. 1989. The Early Paleolithic of South China. In: Early Humankind in China, 159－194. Wu Rukang, Wu Xinzhi and Zhang Senshui [eds]. Beijing: Science Press)

李炎贤. 1990. 关于北京人遗址第 13 层发现的石制品. 人类学学报 9 (4): 334－339 (Li Yanxian. 1990. On the Stone Artifacts from Layer 13 of the Sinanthropus Site. Acta Anthropologica Sinica 9 (4): 334－339. With English abstract)

李炎贤. 1990. 匼河石制品的时代和原始性问题. 人类学学报 9 (2): 97－104 (Li Yanxian. 1990. On the Age and Primitiveness of the Stone Artifacts from the Kehe Site. Acta Anthropologica Sinica 9 (2): 97－104. With English abstract)

李炎贤. 1991. 关于砾石石器分类的一些问题. 载于 封开县博物馆, 广东省文物考古研究所等编:《纪念黄岩洞遗址发现三十周年论文集》147－153. 广州: 广东旅游出版社 (Li Yanxian. 1991. Some Problems of the Classification of Pebble Tools. In: Treaties in Commemoration of the 30th Anniversary of the Discovery of Huangyandong Cave Site, 147－153. The Fengkai County Museum and the Guangdong Provincial Institute of Cultural Relics and Archaeology [eds]. With English abstract)

李炎贤. 1991. 石制品. 载于黄万波，方其仁等著:《巫山猿人遗址》20－23. 北京: 海洋出版社

李炎贤. 1993. 中国旧石器时代晚期文化的划分. 人类学学报 12 (3): 214－223 (Li Yanxian. 1993. On the Division of the Upper Paleolithic Industries of China. Acta Anthropologica Sinica 12 (3): 214－223. With English abstract)

李炎贤. 1996. 丁村文化研究的新进展. 人类学学报 15 (1): 21－35 (Li Yanxian. 1996. Progress in Studies on the Dingcun Industry. Acta Anthropologica Sinica 15 (1): 21－35. With English abstract)

李炎贤. 1996. 关于丁村石片的技术问题. 载于 中国考古学会，山西省考古学会，陕西省考古研究所编:《汾河湾——丁村文化与晋文化考古学术研讨会文集》30－36. 太原: 山西高校联合出版社 (Li Yanxian. 1996. The Technique Applied in the Dingcun Flakes. In: Treatises for the International Symposium on Dingcun Culture and Jin Culture, 30－36. The China Society of Archaeology, the Shanxi Association of Archaeology, and the Shanxi Institute of Archaeology [eds]. Taiyuan: Shanxi College Union Press)

李炎贤. 1996. 关于碰砧法在旧石器时代技术中的意义. 载于 湖南省考古研究所编:《长江中游史前文化暨第二届亚洲文明学术讨论会论文集》48－54. 长沙: 岳麓书社 (Li Yanxian. 1996. A Note on the Anvil Technique)

李炎贤. 1996. 丁村文化研究的回顾与展望. 中国文物报，8 月 18 日，第 3 版

李炎贤. 1997. 关于丁村文化的几个问题. 载于童永生等编:《演化的实证——纪念杨钟健教授百年诞辰论文集》39－50. 北京: 海洋出版社 (Li Yanxian. 1997. Some Problems of the Dingcun Industry. In: Evidence for Evolution－Essays in Honor of Prof. Chungchien Young on the Hundredth Anniversary of His Birth 39－50. Tong Yongsheng et al. [eds]. Beijing: China Ocean Press. With English abstract)

李炎贤. 1998. 中国早更新世人类活动的信息. 载于徐钦琦，李隆助主编:《庆祝贾兰坡院士九十华诞国际学术讨论会文集——垂杨介及她的邻居们》152－165. 北京: 科学出版社

李炎贤. 1999. 中国最早旧石器文化的发现与研究. 中国文物报，1 月 20 日及 27 日，第 3 版

李炎贤. 1999. (龙骨坡遗址) 1987－1988 年发现的石制品. 龙骨坡史前文化志 1 (1): 21－24

李炎贤. 1999. 关于小长梁石制品的进步性. 人类学学报 18 (4): 241－254 (Li Yanxian. 1999. On the Progressiveness of the Stone Artifacts from the Xiaochangliang Site at Yangyuan, Hebei. Acta Anthropologica Sinica 18 (4): 241－254. With English abstract)

李炎贤. 1999. 中国早更新世人类活动的信息. 载于徐钦琦、谢飞、王建主编:《史前考古学新进展: 庆贺贾兰坡院士九十华诞国际学术讨论会文集》141－153. 北京: 科学出版社

李炎贤. 2000. 郧县人的研究及其意义. 中国文物报，1 月 5 日，第 3 版

李炎贤、蔡回阳. 1986. 白岩脚洞石器类型的研究. 人类学学报 5 (4): 317－324 (Li Yanxian、Cai Huiyang. 1986. A Study of the Typology of Stone Tools from the Cave of Baiyanjiao, Puding, Guizhou. Acta Anthropologica Sinica 5 (4): 317－324. With English abstract)

李炎贤、蔡回阳. 1986. 贵州白岩脚洞石器的第二步加工. 江汉考古 2 (2): 56－64

李炎贤、蔡回阳. 1986. 贵州普定白岩脚洞旧石器时代遗址. 人类学学报 5 (2): 162－171 (Li Yanxian、Cai Huiyang. 1986. A Paleolithic Site at Puding, Guizhou. Acta Anthropologica Sinica 5 (2): 162－171. With English abstract)

李炎贤、黄慰文. 1962. 云南宜良旧石器调查简报. 古脊椎动物与古人类 6 (2): 182－189 (Li Yanxian、Huang Weiwen. 1962. Preliminary Report on the Investigation of the Paleolithic Artifacts from Yiliang District, Yunnan Province. Vertebrata PalAsiatica 6 (2): 182－189. With English summary)

李炎贤、计宏祥、李天元、冯小波、李文森. 1998. 郧县人遗址发现的石制品. 人类学学报 17 (2): 94－120 (Li Yanxian、Ji Hongxiang、Li Tianyuan、Feng Xiaobo、Li Wensen. 1992. The Stone Artifacts from the Yunxian Man

Site. Acta Anthropologica Sinica 17 (2): 94－120. With English abstract)

李炎贤、林一璞、葛治功、张祖方. 1980. 江苏省东海县发现的打制石器. 古脊椎动物与古人类 18 (3): 239－246 (Li Yanxian、Lin Yipu、Ge Zhigong、Zhang Zufang. 1980. On a Collection of Chipped Stone Artifacts from Donghai, Jiangsu. Vertebrata PalAsiatica 18 (3): 239－246. With English summary)

李炎贤、文本亨. 1978. 贵州黔西观音洞旧石器时代文化的发现及其意义. 载于 古脊椎动物与古人类研究所编:《古人类论文集》77－93. 北京: 科学出版社

李炎贤、文本亨. 1986. 观音洞——贵州黔西旧石器时代初期文化遗址. 北京: 文物出版社. 1－181 (Li Yanxian、Wen Benheng. 1986. Guanyindong－A Lower Paleolithic Site at Qianxi County, Guizhou Province. Beijing: Cultural Relics Publishing House 1－181. With English synopsis)

李炎贤、谢飞、石金鸣. 1991. 河北阳原板井子石制品的初步研究. 载于《中国科学院古脊椎动物与古人类研究所参加第十三届国际第四纪大会论文选》74－99. 北京: 北京科学技术出版社 (Li Yanxian、Xie Fei、Shi Jinming. 1991. A Preliminary Study of the Lithic Industry from the Banjingzi Site at Yangyuan County, Hebei Province. In: Contributions to the XIII INQUA, 74－99. IVPP [ed]. Beijing: Beijing Science and Technologyl Press. With English summary)

李炎贤、尤玉柱. 1975. 广西百色发现的旧石器. 古脊椎动物与古人类 13 (4): 225－228 (Li Yanxian、You Yuzhu. 1975. Discovery of Paleolithic Artifacts in Bose, Guangxi. Vertebrata PalAsiatica 13 (4): 225－228)

李炎贤、袁振新、董兴仁. 1974. 湖北大冶石龙头旧石器时代遗址发掘报告. 古脊椎动物与古人类 12 (2): 139－157 (Li Yanxian、Yuan Zhenxin、Dong Xingren. 1974. Report on the Excavation of a Paleolithic Station Known as Shilongtou at Daye, Hubei. Vertebrata PalAsiatica 12 (2): 139－157. With English summary)

李毅 Li Yi

李毅、陈瑄. 1999. 三峡工程淹没区旧石器时代文化遗址调查报告. 载于徐钦琦、谢飞、王建主编:《史前考古学新进展: 庆贺贾兰坡院士九十华诞国际学术讨论会文集》111－124. 北京: 科学出版社 (Li Yi、Chen Yan. 1999. Report on the survey of Paleolithic sites in the Three Gorges Region. In: New Advance of Archaeology in Prehistory, 111－124. Xu Qinqi, Xie Fei, Wang Jian [eds]. Beijing: Science Press)

林圣龙 Lin Shenglong

林圣龙. 1987. 砸击技术和砸击制品: 国外发现情况. 人类学学报 6 (4): 352－360

林圣龙. 1989. 西方旧石器文化中的勒瓦娄技术. 人类学学报 8 (1): 77－83

林圣龙. 1989. 中国古人类学的历史回顾. 载于吴汝康, 吴新智, 张森水主编:《中国远古人类》1－8. 北京: 科学出版社 (Lin Shenlong. 1989. Brief History of Palaeoanthropological Study in China. In: Early Humankind in China, 1－8. Wu Rukang, Wu Xinzhi and Zhang Senshui [eds]. Beijing: Science Press)

林圣龙. 1992. 中国的薄刃斧. 人类学学报 11 (3): 193－201. (Lin Shenglong. 1992. Cleavers in China. Acta Anthropologica Sinica 11 (3): 193－201. With English abstract)

林圣龙. 1993. 关于尖状器的定义——中西方的比较. 人类学学报 12 (1): 8－22. (Lin Shenglong. 1993. On the Definition of Point－Comparison between China and the West. Acta Anthropologica Sinica 12 (1): 8－22. With English abstract)

林圣龙. 1993. 楔劈技术、沟裂技术和雕刻器. 人类学学报 12 (2): 182－193

林圣龙. 1994. 对九件手斧标本的再研究和关于莫维斯理论之拙见. 人类学学报 13 (3): 189－208 (Lin Shenglong. 1994. Restudy of Nine Hand－axes Specimens and the Applicability of Movius' Theory. Acta Anthropologica Sinica 13 (3): 189－208. With English abstract)

林圣龙．1994．关于中西方旧石器文化中的软锤技术．人类学学报 13（1）：83－92

林圣龙．1995．关于全谷里的手斧．人类学学报 14（3）：189－205（Lin Shenglong．1995．On the Hand－axes from Chon－gok－ni in Korea．Acta Anthropologica Sinica 14（3）：189－205．With English abstract）

林圣龙．1996．中西方旧石器文化中的技术模式的比较．人类学学报 15（1）：1－20（Lin Shenglong．1996．Comparison of Technological Mode of Paleolithic Culture Between China and the West．Acta Anthropologica Sinica 15（1）：1－20．With English abstract）

林圣龙．1997．丰都烟墩堡旧石器遗址发掘成果丰硕．中国文物报，2月2日，1版

林圣龙、何乃汉．1995．关于百色的手斧．人类学学报 14（2）：118－131（Lin Shenglong，He Naihan．1995．On the Hand－axes from Baise Basin．Acta Anthropologica Sinica 14（2）：118－131．With English abstract）

林一璞 Lin Yipu

林一璞、陈万勇、张森水．1980．林芝人及其文化遗物．载于中国科学院青藏高原综合科学考察队编：《西藏古生物》（第一分册）54－69．北京：科学出版社（Lin Yipu、Chen Wanyong、Zhang Senshui．1980．The Neolithic Human Skeletons and the Cultural Remains from Linzhi．In：Paleontology of Xizang．Book 1，54－69．The Comprehensive Scientific Expedition to the Qinhai－Xizang Plateau，Chinese Academy of Science［ed］．Beijing：Science Press）

林一璞、张兴永．1978．云南丽江木家桥发现的哺乳类化石和旧石器．地层古生物论文集（7）：80－85（Lin Yipu、Zhang Xingyong．1978．Mammalian Fossils and Palaeoliths from Lijiang Basin，Yunan．Profes．Pap．Stratigr．Palaeontol．（7）：80－85）

葛治功、林一璞．1985．大贤庄的中石器时代细石器——兼论我国细石器的分期与分布．东南文化（第1辑）：2－17

刘东生 Liu Dongsheng

刘东生．1999．黄土石器工业．载于徐钦琦、谢飞、王建主编：《史前考古学新进展：庆贺贾兰坡院士九十华诞国际学术讨论会文集》52－62．北京：科学出版社（Liu Dongsheng．1999．Paleolithic industries in loess．In：New Advance of Archaeology in Prehistory，52－62．Xu Qinqi，Xie Fei，Wangjian［eds］．Beijing：Science Press）

Liu Dongsheng、Wang Qian．2000．Story of Monsoon－A new environmental interpretation of origination of hominid．Acta Anthropologica Sinica 19（Supplement）：1－7（刘东生、王谦．2000．季风的故事——关于人类起源的新的环境阐释．人类学学报 19（增刊）：1－7．英语）

刘宪亭 Liu Xianting

刘宪亭．1954．山西汾城发现旧石器时代人类文化．科学通报（1）：61－62

刘源 Liu Yuan

刘源．1986．山西曲沃县西沟发现的旧石器．人类学学报 5（4）：325－335（Li Yuan．1986．The Paleoliths Newly Discovered at the Xigou Site，Quwo County，Shanxi Province．Acta Anthropologica Sinica 5（4）：325－335．With English abstract）

刘源．1988．丁村石制品再观察．人类学学报 7（4）：306－313（Liu Yuan．1988．The Reobservation of Stone Artifacts in Dingcun．Acta Anthropologica Sinica 7（4）：306－313．With English abstract）

龙凤镶 Long Fengxiang

龙凤镶．1992．马鞍山遗址出土碎骨表面痕迹的分析．人类学学报 11（3）：216－229（Long Fengxiang．1992．Analysis of Bone Fragments from Ma' anshan Site，Guizhou．Acta Anthropologica Sinica 11（3）：216－229．With English abstract）

黄泗亭、龙凤骧、安家瑗. 1992. 马鞍山南洞旧石器文化遗址试掘报告. 人类学学报 11 (1): 69-78 (Huang Siting、Long Fengxiang、An Jiayuan. 1992. Stone Artifacts from the South Cave of Ma'anshan, Guizhou Province. Acta Anthropologica Sinica 11 (1): 69-78. With English abstract)

陆庆五 Lu Qingwu

陆庆五. 1990. 日本旧石器文化研究的进展争论. 人类学学报 9 (3): 276-281 (Lu Qingwu. 1990. The Development and Controversy about Japanese Paleolithic Cultural Research. Acta Anthropologica Sinica 9 (3): 276-281. With English abstract)

裴文中 Pei Wenzhong (W. C. Pei)

Pei Wenchung. 1931. Notice of the Discovery of Quartz and Other Stone Artifacts in the Lower Pleistocene Hominid-Bearing Sediments of the Choukoutien Cave Deposit. Bull. Geol. Soc. China 11 (2): 109-140 (裴文中. 1931. 周口店洞穴含中国猿人化石堆积层内石英及其他种类石器之发现. 中国地质学会志 11 (2): 109-140. 英语)

Pei Wenchung. 1933. Preliminary Note on Some Incised, Cut and Broken Bones Found in Association with Sinanthropus Remains and Lithic Artifacts from Choukoutien. Bull. Geol. Soc. China 12 (1): 105-108 (裴文中. 1933. 周口店骨器之几种. 中国地质学会志 12 (1): 105-108. 英语)

Pei Wenchung. 1934. Report on the Excavation of the Locality 13 in Choukoutien. Bull. Geol. Soc. China 13: 359-367 (裴文中. 1934. 周口店第13地点采掘报告. 中国地质学会志 13: 359-367. 英语)

裴文中. 1934. 周口店洞穴层采掘记. 地质专报, 乙种 (7): 1-68

Pei Wenchung. 1934. Report on the Excavation of the Locality 13 in Choukoutien. Bulletin of the Geological Society of China 13 (3): 359-368 (裴文中. 1934. 周口店第13地点发掘报告. 英语)

Pei Wenchung. 1934. A Preliminary Report on the Late-Paleolithic Cave of Choukoutien. Bull. Geol. Soc. China 13: 327-350 (裴文中. 1934. 周口店旧石器后期洞穴层. 中国地质学会志 13: 327-350. 英语)

Pei Wenchung. 1935. On a Mesolithic (?) Industry of the Caves of Kwangsi. Bull. Geol. Soc. China 14 (3): 393-408 (裴文中. 1935. 广西洞穴之中石器时代文化. 中国地质学会志 14 (3): 393-408. 英语)

裴文中. 1935. 旧石器时代之艺术. 上海: 商务出版社

Pei Wenchung. 1936. Le Role des Phenomenes Naturels dans l'Eclatement et le Faconnement des Roches Dures Utilesees par l'Homme Prehistorique. Rev. Geogr. Phys. Geol. Dynam 9 (4): 1-78 (裴文中. 1936. 石器与非石器之区别. 法语. In French)

Pei Wenchung. 1937. Palaeolithic Industries in China. In: Early Man, 221-232. MacCurdy G G [ed]. Philadelphia: J. B. Lippincott (裴文中. 1937. 中国旧石器文化. 英语)

Pei Wenchung. 1937. Die Fundstelle vom Sinanthropus. Natur Wisseuschaftliche Monatsschrift des Deutschen Naturkundevereins, E. V. 50: 226-230 (裴文中. 1937. 中国猿人遗址. 德语. In German)

Pei Wenchung. 1937. Les Fouilles de Choukoutien en Chine. Bull. Soc. Prehist. Franc (9): 1-15 (裴文中. 1937. 中国周口店的发掘. 法语. In French)

Pei Wenchung. 1938. Le Role des Animaux et des Causese Naturelles dans la Cassure des Os. Palaeontol. Sin. New Ser. D (7): 1-16 (裴文中. 1938. 非人工破碎之骨化石. 中国古生物志, 新丁种 (7): 1-16. 法语并附中文节要. In French with Chinese summary)

Pei Wenchung. 1939. New Fossil Materials and Artifacts Colleted from the Choukoutien Region during the Years 1937 to 1939. Bull. Geol. Soc. China 19 (3): 207-232 (裴文中. 1939. 三十六年至三十八年期间在周口店附近所发见之新化石及考古材料. 中国地质学会志 19 (3): 207-232. 英语)

Pei Wenchung. 1939. Geochronological Table, No. 1, An Attempted Correlation of Quaternary Geology, Palaeontology and Prehistory in Europe and China. Occ. Pep. Univ. London. Inst. Archaeol (2): 1-17 (裴文中. 1939. 欧洲和中国第四纪地质、古生物和史前文化的初步对比. 英语)

Pei Wenchung. 1939. The Upper Cave Industry of Choukoutien. Palaeontol. Sin., New Ser. D (9): 1-58 (裴文中. 1939. 周口店山顶洞之文化. 中国古生物志, 新丁种 (9): 1-58. 英语)

Pei Wenchung. 1939. A Preliminary Study on a New Palaeolithic Station Known as Locality 15 whithin the Choukoutien Region. Bull. Geol. Soc. China 19 (2): 147-187 (裴文中. 1939. 周口店新发见之旧石器时代遗址. 中国地质学会志 19 (2): 147-187. 英语)

裴文中. 1934. 新疆之史前考古. 中央亚细亚 1 (1): 34-39

裴文中. 1943. 河套之史前文化. 中央亚细亚 2 (2): 10-19

裴文中. 1946. 中国史前文化之传布与混合. 天津大公报, 12 月 25 日

裴文中. 1946. 周口店中国猿人之文化. 地质论评 11 (6): 399

Pei Wenchung. 1947. The Prehistory of the Chinese: A Review. Quarterly Bulletin of Chinese Bibliography 7 (1-4): 1-9 (裴文中. 1947. 中国史前史回顾. 英语)

裴文中. 1947. 史前学发达略史. 现代学报 1 (6-7): 1-12

裴文中. 1947. 中国细石器概说. 燕京学报 (33)

Pei Wenchung. 1948. Archaeological Reconnaissance in Kansu Corridor and in Kokonor Region in Northwest China. Contribution from the Institute of Geology (8): 89-117 (裴文中. 1948. 中国西北甘肃走廊与 Kokonor 地区的考古学复兴. 英语)

裴文中. 1948. 史前时期之西北. 西北通讯丛书, 南京: 西北通讯社

裴文中. 1948. 中国远古文化之调查. 西北通讯 3 (7): 1-3

裴文中. 1951. 中国文化之生成及其发展. 新建设 3 (4): 23-28

裴文中. 1948. 中国史前时期之研究. 北京: 商务印书馆

裴文中. 1951. 大同高山镇之细石器文化遗址. 载于《雁北文化勘察团报告》23-24. 北京: 中央人民政府文化部文物局出版

裴文中. 1954. 中国石器时代的文化. 北京: 中国青年出版社 1-68

裴文中. 1955. 中国旧石器时代的文化. 科学通报 (1): 30-45

裴文中 (主编). 1958. 山西襄汾县丁村旧石器时代遗址发掘报告. 中国科学院古脊椎动物与古人类研究所甲种专刊 (2): 1-111 (Pei Wenchung [ed]. 1958. Report on the Excavation of Paleolithic Sites at Tingtsunm Hsiangfenhsien, Shanxi Province, China. Mem. Inst. Vertebr. Paleontol. Paleoanthropol. Acad. Sin (2): 1-111. With English summary)

裴文中. 1958. 旧石器时代考古学常识. 文物参考资料 (10): 49-50

裴文中. 1958. 旧石器时代考古学常识. 文物参考资料 (11): 47-49

裴文中. 1958. 旧石器时代考古学常识. 文物参考资料 (8): 69-70

裴文中. 1958. 旧石器时代考古学常识. 文物参考资料 (9): 65-66

裴文中. 1958. 石器时代考古总论. 载于《考古学基础》3-9. 北京: 科学出版社

裴文中. 1959. 旧石器研究. 载于《十年来的中国科学: 古生物学 (1949-1959)》. 中国科学院编译出版委员会主编. 北京: 科学出版社. 114-125

裴文中. 1960. 关于中国猿人骨器问题的说明和意见. 考古学报 (2): 1-9 (Pei Wenchung. 1960. On the Problem of the "Bone Implemetns" of the Choukoutien Sinanthropus Site. Acta Archaeol. Sin (2): 1-9. With English summary)

裴文中. 1961. "曙石器"问题回顾——并论中国猿人文化的一些问题. 新建设 (7):12-23

Pei Wenchung. 1965. Professor Henri Breuil, Pioneer of Chinese Palaeolithic Archaeology and Its Progress after Him. Separated de Miscelanea en Homenaje al Abate Henri Breuil, 2 (251-271). Barclelona (裴文中. 1965. 步日耶——中国旧石器考古学的先驱. 英语)

裴文中. 1965. 中国の旧石器时代——附中石器时代. 载于《先土器时代》324-350. 杉原庄介编著 (日语. In Japanese)

裴文中. 1980. 对《泥河湾组石器的发现》一文的意见. 中国第四纪研究 5 (1): 11-12

裴文中. 1980. 中国石器时代 (第3版). 北京: 青年出版社

裴文中. 1987. 裴文中史前考古学论文集. 北京: 文物出版社 (Pei Wenzhong. 1987. Prehistoric Archaeology, Selected Works of Pei Wenzhong. Beijing: Cultural Relics Publishing House)

裴文中. 1990. 裴文中科学论文集. 北京: 科学出版社 (Pei Wenzhong. 1990. Selected Works of Pei Wenzhong. Beijing: Science Press)

裴文中. 1994. 中国旧石器时代考古简介. 第四纪研究 (4): 297-306 (Pei WenZhong. 1994. A brief introduction to the Paleolithic archaeology of China. Quaternary Sciences 4: 297-306. With English abstract and editor' s note)

裴文中. 1998. 中国旧石器时代的文化. 载于《北京大学百年国学文粹 (考古卷)》43-60. 北京大学中国传统文化研究中心编, 北京大学出版社

裴文中. 1999. 旧石器时代之艺术. 北京: 商务印书馆 (Pei Wenchung. 1999. Arts in the Paleolithic Period. Beijing: The Commercial Press)

裴文中、贾兰坡. 1958. 丁村旧石器. 载于 裴文中主编:《山西襄汾县丁村旧石器时代遗址发掘报告》97-111. 中国科学院古脊椎动物与古人类研究所甲种专刊 (2) (Pei Wenchung、Jia Lanpo. 1958. Studies of Tingtsun Paleoliths. In: Report on the Excavation of Paleolithic Sites at Tingtsunm Hsiangfenhsien, Shanxi Province, China, 97-111. Pei Wenchung [ed]. Mem. Inst. Vertebr. Paleontol. Paleoanthropol. Acad. Sin (2). With English summary)

裴文中、李有恒. 1964. 萨拉乌苏河系的初步探讨. 古脊椎动物与古人类 8 (2): 99-118 (Pei Wenchung、Li Youheng. 1964. Some Tentative Opinions on the Problem of "Sjara-osso-gol Series". Vertebrata PalAsiatica 8 (2): 99-118. With English Summary)

裴文中、袁振新、林一璞、张银运、曹泽田. 1965. 贵州黔西观音洞试掘报告. 古脊椎动物与古人类 9 (3): 270-279 (Pei Wenchung、Yuan Zhenxin、Lin Yipu、Zhang Yinyun、Cao Zetian. 1965. Discovery of Paleolithic Chert Artifacts in Kuan-Yin-Tung Cave in Chien-His-Hsien of Kweichow Province. Vertebrata PalAsiatica 9 (3): 270-279. With English Summary)

裴文中、张森水. 1985. 中国猿人石器研究. 中国古生物志 新丁种 (12): 1-277 (Pei Wenchung、Zhang Senshui. 1985. A Study on the Lithic Artifacts of Sinanthropus. Palaeontol. Sin. New Ser. D (12): 1-277. With English summary)

裴文中、周明镇. 1961. 云南宜良发现之旧石器. 古脊椎动物与古人类 (2): 139-142 (Pei Wenchung、Zhou Minchen. 1961. Discovery of Paleoliths in Yunnan. Vertebrata PalAsiatica (2): 139-142. With English Summary)

Teilhard de Chardin P, Pei Wenchung. 1932. The Lithic Industry of the Sinathropus Deposits in Choukoutien. Bull. Geol. Soc. China 11 (4): 315-358 (德日进, 裴文中. 1932. 周口店中国猿人堆积的石工业. 中国地质学会志 11

(4): 315－358. 英文)

Teilhard de Chardin、P Pei Wenchung. 1934. New Discoveries in Choukontien 1933－1934. Bull. Geol. Soc. China 13: 369－389 (德日进、裴文中. 1934. 二十二年及二十三年间周口店之新发现. 中国地质学会志 13: 369－389. 英文)

邱中郎 Qiu Zhonglang

邱中郎. 1958. 青藏高原旧石器的发现. 古脊椎动物学报 2 (2－3): 157－163 (Qiu Zhonglang. 1958. Discovery of Paleoliths on the Tibet － Tsinghai Plateau. Vertebrata PalAsiatica 2 (2－3): 157－163. With English summary)

邱中郎. 1958. 山西垣曲新发现的旧石器材料. 古脊椎动物学报 2 (4): 281－288 (Qiu Zhonglang. 1958. Discovery of Paleoliths in Yuan－qu County of Shanxi Province. Vertebrata PalAsiatica 2 (4): 281－288. With English summary)

邱中郎. 1962. 匼河文化遗址的时代问题. 古脊椎动物与古人类 6 (3): 291－294 (Qiu Zhonglang. 1962. On the Geological Age of the Kehe Paleoliths from Southwestern Shanxi. Vertebrata PalAsiatica 6 (3): 291－294. With English Summary)

邱中郎. 1983.《日本旧石器之类型研究》介绍. 人类学学报 2 (1): 104－105

邱中郎. 1984. 陕西乾县的旧石器. 人类学学报 3 (3): 212－214 (Qiu Zhonglang. 1984. Several Paleoliths from Qianxian, Shanxi. Acta Anthropologica Sinica 3 (3): 212－214. With English abstract)

Qiu Zhonglang. 1985. The Middle Paleolithic of China. In: Palaeoanthropology and Palaeolithic Archaeology in the People's Republic of China, 187－210. Wu Rukang and Olsen J W [eds]. Orlando: Academic Press (邱中郎. 1985. 中国旧石器时代中期文化. 载于 吴汝康, Olsen J W 主编:《中华人民共和国的古人类学和旧石器时代考古学》187－210. 英语)

邱中郎. 1988. 我国早期智人的时代问题. 载于 广东省博物馆、曲江县博物馆编:《纪念马坝人化石发现三十周年文集》133－136, 北京: 文物出版社 (Qiu Zhonglang. 1988. On the geological age of early Homo sapiens in China. In Treatises in Commemoration of the 30th Anniversary of the Discovery of Maba Human Cranium. 133－136. The Guangdong Museum and the Qujiang Museum [eds]. Beijing: Cutural Relics Press. With English abstract)

邱中郎. 1989. 中国旧石器时代中期文化. 载于吴汝康、吴新智、张森水主编:《中国远古人类》195－219. 北京: 科学出版社 (Qiu Zhonglang. 1989. The Middle Paleolithic of China. In: Early Humankind in China, 195－219. Wu Rukang, Wu Xinzhi, Zhang Senshui [eds]. Beijing: Science Press)

Qiu Zhonglang. 1992. The Stone Industries of Homo Sapiens from China. In: The Evolution and Dispersal of Modern Humans in Asia, 363－372. Akazawa T, Aoki K and Kimura T [eds]. Tokyo: Hokusen－sha (邱中郎. 1992. 中国智人的石器文化. 英语)

邱中郎、顾玉珉、张银运、张森水. 1973. 周口店新发现的北京猿人化石及文化遗物. 古脊椎动物与古人类, 11 (2): 109－131 (Qiu Zhonglang、Gu Yumin、Zhang Yinyun、Zhang Senshui. 1973. Newly Discovered Sinathropus Remains and Stone Artifacts at Choukoutien. Vertebrata PalAsiatica 11 (2): 109－131)

邱中郎、李炎贤. 1978. 二十六年来的中国旧石器时代考古. 载于古脊椎动物与古人类研究所编:《古人类论文集》43－66. 北京: 科学出版社

邱中郎、张银运、胡绍锦. 1985. 昆明呈贡龙潭山第2地点的人化石和旧石器. 人类学学报 4 (3): 233－241 (Qui Zhonglang、Zhang Yinyun、Hu Shaojin. 1985. Human Tooth and Palaeoliths Found at Locality 2 of Longtanshan, Chenggong, Kunming. Acta Anthropologica Sinica 4 (3): 233－241. With English abstract)

何乃汉、邱中郎. 1987. 百色旧石器的研究. 人类学学报 6 (4): 289－297 (He Naihan、Qiu Zhonglang. 1987. A

Study of Stone Tools from Baise, Guangxi. Acta Anthropologica Sinica 6 (4): 289－297. With English abstract)

石金鸣 Shi Jinming

石金鸣. 1999. 试论太行山区的旧石器文化. 载于 王元青，邓涛主编：《第七届中国古脊椎动物学术年会论文集》259－266. 北京：海洋出版社（Shi Jinming. 1999. Preliminary research on Paleolithic culture in Taihang Mountain area. In: Proceedings of the Seventh Annual Meeting of the Chinese Society of Vertebrate Paleontology, 259－266. Wang Yuanqing, Deng Tao [eds]. Beijing: Ocean Press. With English abstract)

石金鸣. 1999. 山西旧石器. 载于 徐钦琦、谢飞，王建主编：《史前考古学新进展：庆贺贾兰坡院士九十华诞国际学术讨论会文集》69－80. 北京：科学出版社（Shi Jinming. 1999. Paleolithic research in Shanxi Province. In: New Advance of Archaeology in Prehistory, 69－80. Xu Qinqi, Xie Fei, Wangjian [eds]. Beijing: Science Press)

石金鸣、胡生. 1992. 张家山旧石器的初步研究. 人类学学报（2）：117－125（Shi Jinming, Hu Jiasheng. 1992. A preliminary study of the Paleoliths from the Zhangjiashan site. Acta Anthropologica Sinica (2): 117－125. With English abstract)

谢飞、石金鸣、李君. 1996. 中国旧石器时代晚期锛状器的研究. 载于 韩国忠北大学先史文化研究所、中国辽宁省文物考古研究所编：《东北亚旧石器文化》179－195. 韩国：白山文化出版社（Xie Fei、Shi Jinming、Li Jun. 1996. Research on adze－shaped tools unearthed in Upper Paleolithic sites in China. In: The Paleolithic Culture in Northeast China, 179－195. The Institute of Prehistoric Cultures at the Zhongbei University (Korea) and Liaoning Institute of Cultural Relics and Archaeology (China) [eds]. Korea: Baishan Cultural Press. With English abstract)

汤英俊 Tang Yingjun

汤英俊、尤玉柱、李毅. 1981. 河北阳原、蔚县几个早更新世哺乳动物化石及旧石器地点. 古脊椎动物与古人类 19（3）：256－268（Tang Yingjun、You Yuzhu、Li Yi. 1981. Some New Fossil Localities of Early Pleistocene from Yangyuan and Yuxian Basins, Northern Hopei. Vertebrata PalAsiatica 19 (3): 256－268. With English summary)

汤英俊、宗冠福、雷遇鲁. 1987. 汉水上游旧石器的新发现. 人类学学报 6（1）：55－60（Tang Yingjun、Zong Guanfu、Lei Yulu. 1987. On New Paleolithic Materials from the Hanshui Valley. Acta Anthropologica Sinica 6 (1): 55－60. With English abstract)

汤英俊、宗冠福、徐钦琦. 1982. 山西万荣的旧石器. 人类学学报 1（2）：156－159（Tang Yingjun、Zong Guanfu、Xu Qinqi. 1982. Discovery of Paleolithic Artifacts in Wanrong, Shanxi. Acta Anthropologica Sinica 1 (2): 156－159. With English abstract)

王令红 Wang Linghong

王令红、彭书琳、陈远璋. 1982. 桂林宝积岩发现的古人类化石和石器. 人类学学报 1（1）：30－35（Wang Linghong、Peng Shulin、Chen Yuanzhang. 1982. On the Human Fossil and Stone Artifacts Found in Baojiyan Cave, Guilin. Acta Anthropologica Sinica 1 (1): 30－35. With English abstract)

宋方义、邱立诚、王令红. 1983. 广东封开黄岩洞洞穴遗址. 考古（1）：1－3

王向前 Wang Xiangqian

王向前. 1991. 古交遗址群文化性质初探. 人类学学报（1）：19－26（Wang Xiangqian. 1991. An exploratory study of the sites group found in Gujiao. Acta Anthropologica Sinica (1): 19－26. With English abstract)

王向前、陈哲英. 1988. 太原古交后梁之旧石器. 载于 广东省博物馆、曲江县博物馆编：《纪念马坝人化石发现三十周年文集》143－149. 北京：文物出版社（Wang Xiangqian、Chenzheying. 1988. Paleolithic artifacts of the Houliang in Gujiao, Tianyuan. In Treatises in Commemoration of the 30th Anniversary of the Discovery of Maba Human

Cranium, 143－149. The Guangdong Museum and the Qujiang Museum [eds]. Beijing: Cutural Relics Press. With English abstract)

王向前、丁建平、陶富海. 1983. 山西蒲县薛关细石器. 人类学学报 2: 162－171 (Wang Xiangqian、Ding Jianping、Tao Fuhai. 1983. Microliths from the Xueguan site in Puxian County, Shanxi Province. Acta Anthropologica Sinica 2: 162－171. With English Abstract)

王向前、李占扬、陶富海. 1987. 山西襄汾大崮堆山史前石器制造场初步研究. 人类学学报 (2): 87－95 (A preliminary study of Dagudui Mountain prehistoric stone tool workshorp in Xiangfen County, Shanxi Province. Acta Anthropologica Sinica (2): 87－95. With English abstract)

王向前、王朝栋、陶富海. 1991. 丁村一带第四系观察. 山西文史资料 (6): 137－151

王建、王向前、陈哲英. 1978. 下川文化——山西下川遗址调查报告. 考古学报 (3): 259－288 (Wang Jian、Wang Xiangqian、Chen Zheying. 1978. The Xiachuan Culture－Report n the survey of the Xiachuan site in Shanxi Province. Acta Archaeologica Sinica (3): 259－288)

王择义 Wang Zeyi

王择义. 1965. 山西霍县的一些石器. 古脊椎动物与古人类 9 (4): 399－402 (Wang Tzeyi. 1965. Paleoliths from Huoxian, Shanxi. Vertebrata PalAsiatica 9 (4): 399－402. With English summary)

王择义、胡家瑞. 1961. 山西平陆县庙后、罗家岭、枣树垭等地的旧石器. 考古 (12): 643, 668 (Wang Tzeyi、Hu, Jiarui. 1961. Palaeoliths found from Miaohou, Luojialing, and Zaoshuya in Pinglu County, Shanxi Province. Kaogu (12): 643, 668)

王择义、胡家瑞、李玉杰. 1959. 山西侯马市南梁的旧石器. 古脊椎动物与古人类 1 (4): 187－188 (Wang Tzeyi、Hu Jiarui、Li YuQjie, 1959. Some Paleoliths found in Nan－Liang, Hou－Ma, Shanxi Province. Vertebrata PalAsiatica 1 (4): 187－188)

王择义、邱中郎、毕初珍. 1959. 山西垣曲南海峪旧石器地点发掘报告. 古脊椎动物与古人类 1 (2): 88－91 (Wang Tzeyi、Chiu Chunglang、Bi Chuzhen. 1959. Report on the excavation of Paleolithic site from Nan－hai－yu, Yuan－chii, Shanxi. Vertebrata PalAsiatica 1 (2): 88－91)

王择义、王建. 1960. 太原古交工矿区旧石器的发现. 古脊椎动物与古人类 2 (1): 59－60 (Wang Tzeyi、Wang Chien, 1960. On the discovery of the Palaeoliths at Gujiao, Shanxi. Vertebrata PalAsiatica 2 (1): 59－60)

卫奇 Wei Qi

卫奇. 1978. 泥河湾层中的新发现及其在地层学上的意义. 载于古脊椎动物与古人类研究所编:《古人类论文集》136－150, 北京: 科学出版社

卫奇. 1978. 人类的起源地. 地理知识 (6): 30－31

Wei Qi. 1981. On the Feature and the Development of Paleolithic Culture in China. In: Union International de Ciencias Prehistoricas y Protohistoricas, X Congreso. Cultura y Medio Ambiente del Hombre Fossil en Asia, Comision IX, Mexio, 27－34. Ghosh A G [ed]. Mexico: X－UISPP (卫奇. 1981. 中国旧石器文化特征及其发展. 英语)

卫奇. 1982. "许家窑人"的生活环境. 山西文物 (3): 18－23

卫奇. 1985. 北京人文化的来龙去脉. 中国历史博物馆馆刊 (7): 7－14

卫奇. 1985. 东谷坨旧石器初步观察. 人类学学报 4 (4): 289－300 (Wei Qi. 1985. Paleoliths from the Lower Pleistocene of the Nihewan Beds in the Donggutuo Site. Acta Anthropologica Sinica 4 (4): 289－300. With English abstract)

Wei Chi. 1986. The Archaeological Remains of Lower Pleistocene in China. In: The World Archeological Congress.

Southampton and London (卫奇. 1986. 中国下更新统的考古遗迹. 英语)

Wei Qi. 1988. Le Cadre Stratigraphique, Geochronologique et Biostratigraphique des Site les Plus Anciens Connus en Chine. Anthropologie (Paris) 92 (3): 612-620 (卫奇. 1988. 中国最早旧石器遗址的地层学、地质年代学和生物地层学. 法语. In French)

卫奇. 1991. 华南旧石器考古地质 (摘要). 载于《纪念黄岩洞遗址发现三十周年论文集》154-155. 封开县博物馆, 广东省文物考古研究所等编. 广州: 广东旅游出版社 (Wei Qi. 1991. The Paleolithic Archeological Geology in South China. In: Treaties in Commemoration of the 30th Anniversary of the Discovery of Huangyandong Cave Site, 154-155. The Fengkai County Museum, the Guangdong Provincial Institute of Cultural Relics and Archaeology et al. [eds]. Guangzhou: Guangdong Travel and Tourism Press)

卫奇. 1991. 泥河湾盆地旧石器遗址地质序列. 载于《中国科学院古脊椎动物与古人类研究所参加第十三届国际第四纪大会论文选》61-73. 北京: 北京科学技术出版社 (Wei Qi. 1991. Geologic Sequence of the Archeological Sites in the Nihewan Basin, North China. In: Contributions to the XIII INQUA, 61-73. IVPP [ed]. Beijing: Beijing Scientific and Technological Publishing House. With English summary)

卫奇. 1992. 中国北方早期旧石器新观察. 载于《黄海地域环境与文化国际研讨会论文集》(韩国), 69-74

卫奇. 1994. 泥河湾盆地半山早更新世旧石器遗址初探. 人类学学报 13 (3): 223-238 (Wei Qi. 1994. Banshan Paleolithic Site from the Lower Pleistocene in the Nihewan Basin in Northern China. Acta Anthropologica Sinica 13 (3): 223-238. With English abstract)

卫奇. 1995. 蓝田猿人的层年龄的思考. 文物季刊 (4): 34-36

卫奇. 1997. 泥河湾盆地考古地质学框架. 载于童永生等编: 《演化的实证——纪念杨钟健教授百年诞辰论文集》193-208. 北京: 海洋出版社 (Wei Qi. 1997. The Framework of Archaeological Geology of the Nihewan Baisn. In: Evidence for Evolution - Essays in Honor of Prof. Chungchien Young on the Hundredth Anniversary of His Birth, 193-208. With English abstract)

卫奇. 1997. 中国泥河湾盆地考古地质学. 古文化 (第 50 辑): 317-330 (In Korean)

卫奇. 1998. 塔水河遗址发现原始细石器. 载于《"元谋人"发现三十周年纪念暨古人类国际学术研讨会文集》131-134. 云南科技出版社 (Wei Qi. 1998. The Primitive Microcores from the Tashuihe Site, Shanxi Province. In: Collected Works for the 30th Anniversary of Yuanmou Man Discovery and the International Conference on Palaeoanthropological Studies, 130-134. Yunnan Science & Technology Press. With English Summary)

卫奇. 1999. "许家窑人"遗址志. 山西省政协文史资料委员会编: 载于《阳光下的山西——山西考古发掘记事》88-98. 北京: 中国文史出版社

卫奇. 2000.《西侯度》石制品之浅见. 人类学学报 19 (2): 85-96 (Wei Qi. 2000. On the Artifacts From Xihoudu Site. Acta Anthropologica Sinica 19 (2): 85-96. With English abstract)

卫奇. 2000. 中国早更新世旧石器. 文物春秋 (2): 1-14 (Wei Qi. 2000. Paleolith of Early Pleistocene Epoch in China. Wenwu Chunqiu (2): 1-14)

卫奇、杜世昌、明富璋. 2000. 关于中国早更新世旧石器. 中国文物报, 3 月 22 日, 第 3 版

卫奇、黄慰文、张兴永. 1984. 丽江木家桥新发现的旧石器. 人类学学报 3 (3): 225-233 (Wei Qi、Huang Weiwen、Zhang Xingyong. 1984. New Materials of Paleoliths from Mujiaqiao Site in Lijiang Naxi National Autonomous County, Yunnan Province. Acta Anthropologica Sinica 3 (3): 225-233. With English abstract)

卫奇、林圣龙、李毅、陈言、冯兴无、张振标、朱松林、武仙竹. 1997. 三峡库区的旧石器遗存及古人类与古脊椎动物考察. 中国三峡建设年鉴编纂委员会编: 载于《中国三峡建设年鉴》100-109. 宜昌: 中国三峡建设年鉴

社

卫奇、孟浩、成胜泉. 1985. 泥河湾层中新发现一处旧石器地点. 人类学学报 4 (3): 223－232 (Wei Qi、Meng Hao、Cheng Shengquan. 1985. New Paleolithic Site from the Nihewan (Nihowan) Beds. Acta Anthropologica Sinica 4 (3): 223－232. With English abstract)

卫奇、谢飞 (编). 1989. 泥河湾研究论文选编. 北京: 文物出版社 (Wei Qi、Xie Fei [eds]. 1989. Selected Treatises on Nihewan. Beijing: Cultural Relics Publishing House)

Schick K、Toth N、Wei Qi、Clark J D、Etler D. 1991. Archeological Perspectives in the Nihewan Basin, China. J. Hum. Evol. 21: 13－26 (Schick K、Toth N、卫奇、Clark J D、Etler D. 1991. 中国泥河湾盆地考古前景. 英语)

文本亨 Wen Benheng

文本亨. 1978. 云南元谋发现的旧石器. 载于《古人类论文集》126－135. 古脊椎动物与古人类研究所编. 北京: 科学出版社.

文本、卫奇、陈哲英、李有成. 1983. 晋西北黄河岸边新发现的旧石器地点. 人类学学报 2 (3): 231－235 (Wen Benhen、Wei Qi、Chen Zheying、Li Youcheng. 1983. Discovery of a New Paleolithic Site on the Bank of the Yellow River, in Northwest Shanxi Province. Acta Anthropologica Sinica 2 (3): 231－235. With English abstract)

吴茂霖 Wu Maolin

吴茂霖、王令红、张银运、张森水. 1975. 贵州桐梓发现的古人类化石及其文化遗物. 古脊椎动物与古人类 13 (1): 14－23. (Wu Maolin、Wang Linghong、Zhang Yinyun、Zhang Senshui. 1975. Fossil Human Teeth and Associated Cultural Relics from Tongzi, Guizhou Province. Vertebrata PalAsiatica 13 (1): 14－23. With English Summary)

吴茂霖、王令红、赵仲如. 1976. 广西都安仙洞发掘简报. 古脊椎动物与古人类 14 (3): 205－207

吴茂霖, 张森水, 林树基. 1983. 贵州省旧石器新发现. 人类学学报 2 (4): 320－330 (Wu Maolin、Zhang Senshui、Lin Shuji. 1983. New Discovery of the Paleoliths in Guizhou Province. Acta Anthropologica Sinica 2 (4): 320－330. With English abstract)

吴茂霖、张森水、林树基. 1986. 草海旧石器新发现. 载于《草海科学考察报告》64－77. 贵州: 贵州人民出版社

吴汝康 Wu Rukang

Wu Rukang、John W. Olsen [eds]. 1985. Palaeoanthropology and Paleolithic Archaeology in the People's Republic of China. Orlando: Academic Press, Inc (吴汝康、J. W. Olsen 主编. 1985. 中华人民共和国的古人类学和旧石器时代考古学. 英语)

吴汝康、任美锷、朱显谟、杨子赓、胡长康、孔昭宸、谢又予、赵树森等著. 1985. 北京猿人遗址综合研究. 北京: 科学出版社 (Wu Rukang、Ren Meie、Zhu Xianmo、Yang Zigeng、Hu Changkang、Kong Zhaochen、Xie Youyu、Zhao Shusen et al. 1985. Multi－disciplinary Study of the Peking Man Site at Zhoukoudian. Beijing: Science Press)

吴汝康、吴新智、张森水 (主编). 1989. 中国远古人类. 北京: 科学出版社 (Wu Rukang、Wu Xinzhi、Zhang Senshui [eds]. 1989. Early Humankind in China. Beijing: Science Press. With brief English introduction)

吴汝康、吴新智 (主编). 1999. 中国古人类遗址. 上海科技教育出版社 (Wu Rukang and Wu Xinzhi [eds]. Paleolithic Sites in China. Shanghai: Shanghai Science and Education Press)

吴新智 Wu Xinzhi

吴新智. 1984. 关于旧石器时代的考古工作. 四川文物 (3): 14－17

吴新智、尤玉柱. 1979. 大荔人遗址的初步观察. 古脊椎动物与古人类 17 (4): 294－303 (Wu Xinzhi、You Yuzhu.

1979. A Preliminary Observation of Dali Man Site. Vertebrata PalAsiatica 17 (4): 294－303. With English Summary)

吴新智、袁振新、韩德芬、齐陶、陆庆五. 1966. 陕西蓝田公王岭猿人地点1965年发掘报告. 古脊椎动物与古人类 10 (1): 23－29 (Wu Xinzhi、Yuan Zhenxin、Han Defen、Qi Tao、Lu Qingwu. 1966. Report of the Excavation at Lantian Man Locality of Gongwangling in 1965. Vertebrata PalAsiatica 10 (1): 23－29. With English Summary)

吴新智、周春茂. 1980. 大荔人及其文化. 考古与文物(创刊号): 2－6

许春华 Xu Chunhua

许春华. 1980. 河南省又发现重要的旧石器地点. 古脊椎动物与古人类 18 (4): 313

蔡回阳、王新金、许春华. 1991. 贵州毕节扁扁洞的旧石器. 人类学学报 10 (1): 50－57 (Cai Huiyang、Wang Xinjin、Xu Chunhua. 1991. Palaeoliths of Bianbian Cave at Bijie County, Guizhou Province. Acta Anthropologica Sinica 10 (1): 50－57. With English abstract)

李家合、徐长青、彭云秋、敖友圣、许春华、邱中郎. 1992. 江西萍乡竹山园洞的哺乳类化石和石制品. 人类学学报 11 (1): 86－92. (Li Jiahe、Xu Changqing、Peng Yunqiu、Ao Yousheng、Xu Chunhua、Qiu Zhonglang. 1992. Some Mammalian Fossils and a flake from the Zhushanyuan Cave of Pingxiang City, Jiangxi Province. Acta Anthropol. Sin 11 (1): 86－92. With English abstract)

杨钟健 Yang Zhongjian (C. C. Young)

杨钟健. 1951. 周口店发掘工作的过去现在和未来. 科学通报 2 (7): 693－696

郭沫若、杨钟健、裴文中、周明镇、吴汝康、贾兰坡. 1955. 中国人类化石的发现与研究. 1－104. 北京: 科学出版社

Teilhard de Chardin P, C. C. Young, 1929. Preliminary Report on the Chou Kou Tien Fossiliferous Deposit. Bull. Geol. Soc. China 8 (3): 173－202 (德日进、杨钟健. 1929. 周口店洞穴层简报. 中国地质学会志 8 (3): 173－202. 英语)

Teilhard de Chardin P、C. C. Young. 1933. On Some Neolithic (and Possibly Paleolithic) Finds in Mongolia, Sinkiang and West China. Bull. Geol. Soc. China 12:83－104. (德日进、杨钟健. 1933. 中国西部及内蒙古新疆几个新石器(或旧石器)之发现. 中国地质学会志 12:83－104. 英语)

尤玉柱 You Yuzhu

尤玉柱. 1982. 关于峙峪若干问题的讨论. 考古与文物 (5): 44－49

You Yuzhu. 1982. Preliminary Study on Paleolithic Bone Engraving in shiyu, Shanxi. In: Quaternary Geology and Environment of China. Beijing: China Ocean Press 198－202 (尤玉柱. 1982. 山西峙峪旧石器时代骨雕的初步研究. 载于《中国第四纪地质和环境》198－202. 北京: 海洋出版社. 英语)

尤玉柱. 1982. 峙峪遗址刻画符号初探. 科学通报 27 (16): 1008－1010

尤玉柱. 1983. 河北小长梁旧石器遗址的新材料及其时代问题. 史前研究(创刊号): 46－50 (You Yuzhu. 1983. New Data from the Xiaochangliang Site in Hebei and Their Chronology. Prehistory (1): 46－50. With English summary)

尤玉柱. 1984. 论华北旧石器晚期遗址的分布、埋藏以及地质时代问题. 人类学学报 3 (1): 68－75 (You Yuzhu. 1984. Distribution and Burying of Late Paleolithic Culture in North China. Acta Anthropologica Sinica 3 (1): 68－75. With English abstract)

尤玉柱. 1989. 史前考古埋藏学概论. 北京: 文物出版社 (You Yuzhu. 1989. Taphonomy for Prehistoric Archaeology. Beijing: Cultural Relics Press)

尤玉柱. 1992. 中国旧石器时代之艺术及其比较. 载于《黄海沿岸环境及文化国际学术讨论会论文集》1－3. 汉阳大学.

尤玉柱（主编）. 1991. 《漳州史前文化》. 福州：福建人民出版社（You Yuzhu [ed]. 1991. Prehistocal Cultures in Zhangzhou. Fuzhou: Fujian People's Press）

尤玉柱、范雪春. 1991. 漳州旧石器时代文化遗物. 载于尤玉柱主编：《漳州史前文化》19－27. 福州：福建人民出版社

尤玉柱、李壮伟、石金鸣. 1985. 居址与非居址——关于旧石器时代遗址的分类. 山西大学学报（2）：97－101

尤玉柱、汤英俊、李毅. 1979. 泥河湾小长梁遗址的发现及其意义. 科学通报 24（8）：365－367

尤玉柱、汤英俊、李毅. 1980. 泥河湾组旧石器的发现. 中国第四纪研究 5（1）：1－13（You Yuzhu、Tang Yingjun、Liyi. 1980. Discovery of the Paleoliths from Nihewan Formation. Quat. Sin 5 (1): 1－13. With English summary）

尤玉柱、王峰. 1992. 记河北兴隆发现的纹饰鹿角. 载于 周国兴主编：《北京人第一头盖骨发现六十周年文集》38－41. 北京：北京科学技术出版社（You Yuzhu, Wang Feng. 1992. Note on the Antler with Engraving Ornament Found in Xinglong County, Hebei Province. In: 60th Anniversary for Discovery of the First Peking Man's Skull, 38－41. Zhou Guoxing [ed]. Beijing: Beijing Scientific and Technological Publishing House）

尤玉柱、徐淑彬、孔繁刚、邱播. 1997. 山东沂水西水旺旧石器地点调查简报. 人类学学报 16（1）：38－42

尤玉柱、徐晓风、员晓枫、徐淑彬、杨深富、胡膺. 1989. 山东日照沿海发现的旧石器及其意义. 人类学学报 8（2）：101－106.（You Yuzhu、Xu Xiaofeng、Yuan Xiaofeng、Xu Shubing、Yang Shenfu、Hu Ying. 1989. Paleolithic Implements from the Coastal Area in Rizhao, Shandong Province. Acta Anthropologica Sinica 8 (2): 101－106. With English abstract）

尤玉柱、于汇历. 1990. 阎家岗古营地遗址结构与埋藏学研究. 载于《阎家岗旧石器时代晚期古营地遗址》76－84. 北京：文物出报社

尤玉柱、张振标. 1990. 论史前闽台关系及文化遗址的埋藏规律. 福建文博（增刊），(16)：8－15

Bednarik R G、You Yuzhu. 1991. Paleolithic Art from China. Rock Art Res 8 (2): 119－123（Bednarik R G、尤玉柱. 1991. 中国旧石器时代艺术. 英语）

李壮伟、尤玉柱. 1980. 从桑干河若干遗址的发现看中国小石器系统的起源. 山西大学学报（3）：65－74

于汇历、尤玉柱. 1988. 阎家岗遗址的结构及埋藏学研究. 考古与文物（4）：1－8

袁宝印 Yuan Baoyin

袁宝印、侯亚梅、王頠等. 1999. 百色旧石器遗址的若干地貌演化问题. 人类学学报 18（3）：215－224（Yuan Baoyin、Hou Yamei、Wang Wei et al. 1999. On the Geomorphological Evolution of the Bose Basin, A Lower Paleolithic Locality in South China. Acta Anthropologica Sinica 18 (3): 215－224. With English abstract）

员晓枫 Yuan Xiaofeng

员晓枫、徐淑彬、吴瑞吉. 1989. 山东莒南发现的石制品. 人类学学报 8（1）：32－38（Yuan Xiaofeng、Xu Shubin、Wu Ruiji. 1989. The Discovery of Stone Artifacts from Junan, Shandong Province. Acta Anthropologica Sinica 8 (1): 32－38. With English abstract）

袁振新 Yuan Zhenxin

袁振新、林圣龙、董兴仁、金昌柱. 1985. 北京猿人遗址 1978－1979 年发掘报告. 载于古脊椎动物与古人类研究所编：《北京猿人遗址综合研究》102－106. 北京：科学出报社

陈铁梅、Hedges R E M、袁振新. 1989. 周口店山顶洞遗址年代的加速器质谱再测. 人类学学报 8（3）：216－221（Chen Tiemei、Hedges R E M、Yuan Zhenxin. 1989. Accelerator Radiocarbon Dating for Upper Cave of Zhoukoudian. Acta Anthropologica Sinica 8 (3): 216－221. With English abstract)

陈铁梅、Hedges R E M、袁振新. 1992. 山顶洞遗址的第二批加速器质谱^{14}C年龄数据与讨论. 人类学学报 11 (2): 112－116 (Chen Tiemei、Hedges R E M、Yuan Zhenxin. 1992. The Second Batch of Accelerator Radiocarbon Dates for Upper Cave Site of Zhoukoudian. Acta Anthropologica Sinica 11 (2): 112－116. With English Summary)

张俊山 Zhang Junshan

张俊山. 1991. 峙峪遗址碎骨的研究. 人类学学报 (4): 333－345 (Zhang Junshan. 1991. A study of the bone fragments of Shiyu site. Acta Anthropologica Sinica (4): 333－345. With English abstract)

张森水 Zhang Senshui

Zhang Senshui. 1959. Discovery of Late Paleolithic Artifacts in Inner Mongolia and North－West Shanxi. Vertebrata PalAsiatica 3 (1): 47－56 (张森水. 1959. 内蒙古和山西西北部新发现的旧石器. 古脊椎动物学报 3 (1): 47－56. 英语)

张森水. 1959. 内蒙中南部和山西西北部新发现的旧石器. 古脊椎动物与古人类 1 (1): 31－40 (Zhang Senshui. 1959. Discovery of Late Paleolithic Artifacts in Inner Mongolia and North－West Shanxi. Paleovertebr. Paleoanthropol 1 (1): 31－40)

张森水. 1960. 内蒙中南部旧石器的新材料. 古脊椎动物与古人类 2 (2): 129－140 (Zhang Senshui. 1960. New Materials of Palaeoliths from Inner Mongolia. Paleovertebr. Paleoanthropol 2 (2): 129－140)

张森水. 1962. 对中国猿人石器性质的一些认识. 古脊椎动物与古人类 6 (3): 270－279 (Zhang Senshui. 1962. Some Problems Concerning the Sinanthropus Industry of Choukoutien. Vertebrata PalAsiatica 6 (3): 270－279. With English Summary)

张森水. 1963. 周口店第22地点的旧石器. 古脊椎动物与古人类 7 (1): 84－85 (Zhang Senshui. 1963. Some Paleoliths from Loc. 22 of Choukoutien. Vertebrata PalAsiatica 7 (1): 84－85. With English Summary)

张森水. 1965. 桂叶形尖状器在我国首次发现. 古脊椎动物与古人类 9 (3): 309

张森水. 1965. 湖南桂阳发现有刻纹的骨锥. 古脊椎动物与古人类 9 (3): 309

张森水. 1975. 从我国一些旧石器文化资料看早期原始社会的发展. 文物 (12): 65－71

张森水. 1976. 事实胜于雄辩——驳“丁村文化等来自西方”的谬论. 古脊椎动物与古人类 14 (1): 1－5 (Zhang Senshui. 1976. Facts Speak Louder than Eloquence. Vertebrata PalAsiatica 14 (1): 1－5)

张森水. 1976. 西藏定日新发现的旧石器. 载于《珠穆朗玛峰地区科学考察报告 第四纪地质 (1966－1968)》105－109. 北京: 科学出版社

张森水. 1977. 富林文化. 古脊椎动物与古人类 15 (1): 14－27 (Zhang Senshui. 1977. On Fulin Culture. Vertebrata PalAsiatica 15 (1): 14－27)

张森水. 1980. 西藏细石器新资料. 载于《西藏古生物》(第一分册) 70－75. 中国科学院青藏高原综合科学考察队编. 北京: 科学出版社 (Zhang Senshui. 1980. New Discovery of the Microlithic Materials from North Xizang. In: Paleontology of Xizang. Book 1. The Comprehensive Scientific Expedition to the Qinghai－Xizang Plateau, 70－75. Chinese Academy of Science [ed]. Bejing: Science Press. With English abstract)

张森水. 1983. “春蚕到死丝方尽”——深切怀念裴文中老师. 史前研究 1 (2): 182－184

张森水. 1983. 贵州的新发现及其对我国旧石器考古的意义. 贵阳师范学院学报 (社会科学版) (3): 15－24

张森水. 1983. 我国南方旧石器时代晚期文化的若干问题. 人类学学报 2 (3): 218－230 (Zhang Senshui. 1983. On Some Problems of the Upper Paleolithic Culture in Southern China. Acta Anthropologica Sinica 2 (3): 218－230. With English abstract)

张森水．1984．古人类学．中国考古学年鉴（1984）：1－11．北京：文物出版社

张森水．1984．关于扎赉诺尔文化年代的一点意见．人类学学报 3（4）：392－394（Zhang Senshui．1984．Discussion on the Age of Zalainuoer Culture．Acta Anthropologica Sinica 3（4）：392－394．With English abstract）

张森水．1984．五年来中国旧石器文化的研究——纪念北京猿人第一头盖骨发现55周年．人类学学报 3（4）：304－312（Zhang Senshui．1984．A Brief Summarization on Paleoliths Found in China During 1980－1984－Commemorating the 55th Anniversary of the Discovery of the First Homo Erectus（Sinanthropus pekinensis）Skull．Acta Anthropologica Sinica 3（4）：304－312．With English abstract）

张森水．1985．我国北方旧石器时代中期文化初探．史前研究（1）：8－16

张森水．1985．我国旧石器文化研究的拓荒者——纪念裴文中教授逝世三周年．贵阳师范学院学报（社会科学版）（1）：9－15

Zhang Senshui．1985．The Early Paleolithic of China．In：Palaeoanthropology and Paleolithic Archaeology in the People' Republic of China，147－186．Wu Rukang and Olsen J W［eds］．Orlando：Academic Press，Inc（张森水．1985．中国旧石器时代早期文化．载于吴汝康，Olsen J W 主编：《中华人民共和国的古人类学和旧石器时代考古学》147－186．英语）

张森水．1986．河南省旧石器新线索及管窥．中原文物（2）：16－22

张森水．1987．中国旧石器文化．天津：天津科学技术出版社，1－336（Zhang Senshui．1987．Paleolithic Cultures in China．Tianjin：Tianjin Science and Technology Press，1－336）

张森水．1988．旧石器时代考古．中国考古学年鉴（1986）：1－11．北京：文物出版社

张森水．1988．古人类学和旧石器时代考古．中国考古学年鉴（1987）：1－12．北京：文物出版社

张森水．1988．马鞍山旧石器遗址试掘报告．人类学学报 7（1）：64－74（Zhang Senshui．1988．A Brief Report of the Tentative Excavation in Ma' anshan Paleolithic Site．Acta Anthropologica Sinica 7（1）：64－74．With English abstract）

张森水．1989．古人类学和旧石器时代考古．中国考古学年鉴（1988）：1－13．北京：文物出版社

张森水．1989．贵州旧石器时代晚期文化研究的新认识．考古与文物（2）：57－64

张森水．1989．河北迁安县爪村地点发现的旧石器．人类学学报 8（2）：107－113（Zhang Senshui．1989．Paleolithic Materials Found in Zhaocun site，Qian' an Hebei．Acta Anthropologica Sinica 8（2）：107－113．With English abstract）

张森水．1989．中国北方旧石器时代早期文化．载于 吴汝康，吴新智，张森水主编：《中国远古人类》97－158．北京：科学出版社（Zhang Senshui．1989．The Early Paleolithic of North China．In：Early Humankind in China，97－158．Wu Rukang，Wu Xinzhi，Zhang Senshui［eds］．Beijing：Science Press）

张森水．1989．周口店的重要研究成果和周口店精神——纪念北京人第一头盖骨发现60周年．文物春秋 1－12．

张森水．1990．旧石器时代考古．中国考古学年鉴（1989）：1－17．北京：文物出版社

张森水．1990．中国北方旧石器工业的区域渐进与文化交流．人类学学报 9（4）：322－333．（Zhang Senshui．1990．Regional Industrial Gradual Advance and Cultural Exchange of Paleolithic in North China．Acta Anthropologica Sinica 9（4）：322－333．With English abstract）

张森水．1991．中国北方旧石器工业分类初探．文物春秋（1）：34－42

张森水．1993．丁村 54：100 地点石制品研究．人类学学报 12（3）：195－213（Zhang Senshui．1993．A Study on the Stone Artifacts from 54：100 Site in Dingcun Region．Acta Anthropologica Sinica 12（3）：195－213．With English summary）

张森水. 1994. 从周口店早期工作看裴文中先生对史前考古学的贡献——纪念裴文中先生诞辰 90 周年. 第四纪研究 (4): 330 - 338 (Zhang Senshui, 1994. Prof. Pei Wenzhong's contribution to prehistoric archaeology during the early days of Zhoukoudian excavation: In commemoration of the 90th anniversary of the birth of Prof. Pei Wenzhong. Quaternary Sciences 4: 330 - 338. With English abstract)

张森水. 1994. 丁村 54: 90 地点石制品研究. 人类学学报 13 (3): 209 - 222 (Zhang Senshui. 1994. A Study on the Stone Artifacts from 54: 90 Site on Dingcun Region. Acta Anthropologica Sinica 13 (3): 209 - 222. With English summary)

张森水. 1995. 穿洞史前遗址 (1981 年发掘) 初步研究. 人类学学报 14 (2): 132 - 146 (Zhang Senshui. 1995. A Brief Study on Chuandong Prehistoric Site (Excavated in 1981). Acta Anthropologica Sinica 14 (2): 132 - 146. With English abstract)

张森水. 1996. 河南省旧石器考古.《洛阳考古四十年——一九九二年洛阳考古学术研讨会论文集》51 - 75

张森水. 1996. 环渤海地区旧石器时代考古回顾. 载于河北省文物研究所编:《环渤海考古国际学术讨论会论文集》4 - 49. 北京: 知识出版社 (Zhang Senshui. 1996. A Review of Archaeological Researches on the Palaeolithic Bohai Region. In: Papers of the International Symposium on Circum - Bohai Archaeology, 4 - 49. Hebei Provincial Institute of Cultural Relics [ed]. Beijing: Knowledge Press)

张森水. 1996. 漳州莲花池山旧石器时代文化地点的新材料及再研究. 人类学学报 15 (4): 277 - 293 (Zhang Senshui. 1996. Some New Materials and Restudy of the Stone Artifacts from Lianhuashan Paleolithic Site of Zhangzhou County. Acta Anthropologica Sinica 15 (4): 277 - 293. With English abstract)

张森水. 1996. 中国旧石器考古学的几个问题. 载于湖南省考古研究所编:《长江中游史前文化暨第二届亚洲文明学术讨论会论文集》6 - 19. 长沙: 岳麓书社 (Zhang Senshui. 1996. Some Problems on the Paleolithic Archaeology in China)

张森水. 1997. 在中国寻找第一把石刀. 人类学学报 16 (2): 87 - 95 (Zhang Senshui. 1997. On the Problems of Seeking the Earliest (about 2 Ma) Human Remains in China. Acta Anthropologica Sinica 16 (2): 87 - 95. With English abstract)

张森水. 1998. 关于西侯度的问题. 人类学学报 17 (2): 81 - 93 (Zhang Senshui, 1998. A Discussion on the So - called Cultural Relics Found at Xihoudu Site in Ruicheng County, Shanxi Province. Acta Anthropologica Sinica 17 (2): 81 - 93. With English abstract)

张森水. 1999. 管窥新中国旧石器考古学的重大发展. 人类学学报 18 (3): 193 - 214 (Zhang Senshui. 1999. On the Important Advancements of the Paleolithic Archeology in China Since 1949. Acta Anthropologica Sinica 18 (3): 193 - 214. With English abstract)

张森水. 1999. 贵州旧石器考古学浅论. 徐钦琦、谢飞、王建主编: 载于《史前考古学新进展: 庆贺贾兰坡院士九十华诞国际学术讨论会文集》154 - 174. 北京: 科学出版社

张森水. 1999. 小口子史前地点发现的石制品研究. 人类学学报 18 (2): 81 - 101 (Zhang Senshui. 1999. A Study of Stone Artifacts Found at the Xiaokouzi Prehistoric Site. Acta Anthropologica Sinica 18 (2): 81 - 101. With English abstract)

张森水等. 1993. 金牛山 (1978 年发掘) 旧石器遗址综合研究. 中国科学院古脊椎动物与古人类研究所集刊 (19): 1 - 163 (Zhang Senshui et al. 1993. Comprehensive Study on the Jinniushan Paleolithic Site. Mem. Inst. Vertebr. Paleontol. Paleoanthropol, Acad. Sin (19): 1 - 163. With English summary)

张森水、韩立刚、金昌柱、魏光飚、郑龙亭、徐钦琦. 2000. 繁昌人字洞旧石器遗址 1998 年发现的人工制品. 人类

学学报 19 (3): 169 - 183 (Zhang Senshui、Han Ligang、Jin Changzhu、Wei Gaungbiao、Zhen Longting、Xu Qinqi. 2000. On the artifacts unearthed from the Renzidong Paleolithic Site in 1998. Acta Anthropologica Sinica 19 (3): 169 - 183. With Engish abstract)

张森水、曹泽田. 1980. 贵州旧石器文化概论. 贵阳师范学院学报 (社会科学版) (2): 1 - 11

张森水、高星、王辉. 1990. 碎骨与文化遗物研究. 载于《大连古龙山遗址研究》4 - 17. 北京: 北京科学技术出版社

张森水、梁久淮、方孝廉. 1982. 洛阳首次发现旧石器. 人类学学报 1 (2): 149 - 155. (Zhang Senshui、Liang Jiuhuai、Fang Xiaolian. 1982. Some Paleolithic Artifacts Discovered in Luoyang, Henan Province. Acta Anthropologica Sinica 1 (2): 149 - 155. With English abstract)

张森水、吴玉书、于浅黎等. 1982. 铜梁旧石器遗址自然环境的探讨. 古脊椎动物与古人类 20 (2): 165 - 179 (Zhang Senshui、Wu Yushu、Yu Qianli et al. 1982. Discussion of Natural Environment of Paleolithic Site of Tongliang. Vertebrata PalAsiatica 20 (2): 165 - 179)

张森水、周春茂. 1984. 大荔人化石地点第二次发掘简报. 人类学学报 3 (1): 19 - 29 (Zhang Senshui、Zhou Chunmao. 1984. A Preliminary Study of the Second Excavation of Dali Man Locality. Acta Anthropologica Sinica 3 (1): 19 - 29. With English abstract)

李宣民、张森水. 1981. 铜梁旧石器文化之研究. 古脊椎动物与古人类 19 (4): 359 - 371 (Li Xuanmin、Zhang Senshui. 1981. On Paleolithic Culture of Tongliang County. Vertebrata PalAsiatica 19 (4): 359 - 371. With English summary)

李宣民、张森水. 1984. 资阳人 B 地点发现的旧石器. 人类学学报 3 (3): 215 - 224 (Li Xuanmin, Zhang Senshui. 1984. Paleoliths Discovered in Ziyang Man Locality B. Acta Anthropologica Sinica 3 (3): 215 - 224. With English abstract)

梁久淮、张森水、方孝廉等. 1980. 洛河岸边首次发现旧石器文化遗存. 河南文博通讯 (3): 7

张银运 Zhang Yinyun

Chen Tiemei, Zhang Yinyun. 1991. Paleolithic Chronology and Possible Coexistence of Homo erectus and Homo sapiens in China. World Archaeol 23 (2): 147 - 154 (陈铁梅、张银运. 1991. 中国的旧石器时代年代学及直立人与智人可能并存问题. 英语)

赵资奎 Zhao Zikui

赵资奎、戴尔俭. 1961. 中国猿人化石产地 1960 年发掘报告. 古脊椎动物与古人类 (4): 374 - 378 (Zhao Zikui、Dai Erjiang. 1961. Report on the Excavation of the Choukoutien Sinathropus Site in 1960. Vertebrata PalAsiatica (4): 374 - 378. With English Summary)

Zhao Zikui、Li Yanxian. 1960. Report on the Excavation of the Choukoutien Sinathropus Site in 1959. Vertebrata PalAsiatica 4 (1): 30 - 32 (赵资奎、李炎贤. 1960. 中国猿人化石产地 1959 年发掘报告. 古脊椎动物学报 4 (1): 30 - 32. 英语)

赵资奎、李炎贤. 1960. 中国猿人化石产地 1959 年发掘报告. 古脊椎动物与古人类 2 (1): 97 - 99 (Zhao Zikui、Li Yanxian. 1960. Report on the Excavation of the Choukoutien Sinathropus Site in 1959. Paleovertebr. Paleoanthropol 2 (1): 97 - 99)

周本雄 Zhou Benxiong

周本雄. 1965. 河南安阳小南海旧石器时代洞穴遗址脊椎动物化石的研究. 考古学报 (1): 28 - 49

周国兴 Zhou Guoxing

周国兴、张元真．1991．关于中国史前文化开端的探索与思考．载于 云南省博物馆编：《云南人类起源与史前文化》247－274．昆明：云南人民出版社

周国兴．1974．河南许昌灵井的石器时代遗存．考古（2）：91－98

周国兴．1998．"东方人"和"蝴蝶人"石器的质疑兼对"蝴蝶拉玛猿"头骨属性的探讨．北京自然博物馆研究报告（56）：231－251．北京：海洋出版社（Zhou Guoxing. 1998. Discussion on Stone Implements of the "Oriental Man" and "Butterfly (Ridge) Man" – with on the Attributes of the Cranium of " Ramapithecus Hudienensis". Memoirs of Beijing Natural History Museum (56)：231－251)

周国兴．1998．元谋盆地人类化石及文化遗存的研究．载于《"元谋人"发现三十周年纪念暨古人类国际学术研讨会文集》18－32．云南科技出版社（A Study of Fossil Hominoid and Cultural Remains in Yuanmou Basin. In：Collected Works for "the 30th Anniversary of Yuanmou Man Discovery and the International Conference on Palaeoanthropological Studies", 18－32. Yunnan：Science & Technology Press. With English Summary)

张兴永、周国兴．1978．元谋人及其文化．文物（10）：26；又载于云南省博物馆编：《云南人类起源与史前文化》131－137．1991，昆明：云南人民出版社

周明镇 Zhou Mingzhen

周明镇．1953．周口店——中国猿人的产地．科学通报（11）：88－90

周明镇．1955．从脊椎动物化石上可能看到的中国化石人类生活的自然环境．科学通报（1）：15－22

周明镇．1965．蓝田猿人动物群的性质和时代．科学通报（6）：482－487

周明镇．1990．"北京人"的发现与国际合作．人类学学报 9（4）：297－302（Zhou Mingzhen. 1990. Discovery of the Peking Man and international scientific cooperation. Acta Anthropologica Sinica 9（4）：297－302)

周明镇．1993．从河南仰韶村到山西丁村——怀念袁复礼教授，并记"丁村旧石器"发现的一个序曲．第四纪研究（4）：335－343（Zhou Mingzhen. 1993. From Yangshao，Henan to Dingcun，Shanxi：In Commemoration of Prof. P. L. Yuan' s 100th Anniversary. Quat. Sci（4）：335－343. With English abstract)

Zhou Mingzhen and C. K. Ho，1990. History of the dating of Homo erectus at Zhoukoudian. Geol. Soc. Am. Bull，Spec. Pap 242：69－74.（周明镇、何传坤．周口店直立人测年史．美国地质学会通讯 242:69－74)

周明镇、王元青．1990．中国人类进化的古环境背景．大自然探索（2）：26－32（Zhou Mingzhen and Wang Yaunqing, 1990. Paleoenvironmental contexts of hominid evolution in China. Expl. Nat（2）：26－32. With English summary)

宗冠福 Zong Guanfu

宗冠福、陈万勇、黄学诗．1987．四川省甘孜藏族自治州炉霍县发现的古人类与旧石器材料．史前研究（3）：59－61（Zong Guanfu、Chen Wanyong、Huang Xueshi. 1987. The Fossils of Human and Mammal from Xiaolatuo，Luhuo，Sichuan. Prehistory（3）：59－61)

20 世纪中国旧石器时代考古大事记

Memorabilia of Chinese Paleolithic Archaeology in the 20th Century

1913

美国传教士埃德加在湖北、四川的西部及长江沿岸采集石器。在中国，他是从事野外采集史前文化遗物（包括旧石器）最早的人。

J. Edgar, an American missionary, began to collect stone artifacts in Hubei and Sichuan provinces along the Yangtze River. He was regarded as the first person collecting prehistorical cultural remains in field in China.

1914

法国天主教神甫、古生物学家桑志华在天津创办黄河、白河博物馆（也叫北疆博物馆），在办馆的宗旨中明确提出要在中国寻找古人类化石和旧石器。

E. Licent, a French paleontologist, established the Museum of North China and declared that the major mission of the museum was to search ancient human remains in China.

1918

瑞典考古学家安特生首次考察北京房山周口店，确认该地区的科学研究价值。

Sweden archaeologist J. Andersson paid the first visit to Zhoukoudian and foresaw research potentials in the area.

1920

桑志华在甘肃庆阳县的黄土层及黄土底砾层中发现 1 件人工打制石核、2 件石片，被认为是在中国境内发现最早的、出自于地层的旧石器时代的文化遗物，从而揭开了中国旧石器考古学的序幕。

E. Licent found 3 chipped stone artifacts in situ from loess deposit in Qingyang County, Gansu Province, which has been regarded as the starting point of Paleolithic archaeological research in China.

1921

安特生在周口店龙骨山的堆积中发现石英片，由此推测"这里有古人类"；奥地利古生物学家师丹斯基在周口店龙骨山开始试掘。

J. Andersson found some quartz flakes in the Longgushan deposits during an investigation at Zhoukoudian, and anticipated that human ancestors had lived there; Australian paleontologist O. Zdansky conducted test excavations at the Peking Man site.

1923

1) 桑志华与另一位法国古生物学家德日进发现水洞沟、萨拉乌苏等遗址，采集并发掘出石制品和动物化石。

E. Licent and P. Teilhard de Chardin, a French paleontologist, discovered the Shuidonggou and

Salawusu (Sjara－osso) sites in Ningxia and Inner Mongolia，collected/unearthed a large quantity of stone artifacts and faunal remains.

1927

1）师丹斯基将 1921、1923 年从周口店龙骨山发掘出土的两枚牙齿鉴定为人属。

The two teeth unearthed from Longgushan at Zhoukoudian in 1921 and 1923 were identified as genus *Homo* by O. Zdansky.

2）中国地质调查所与美属北京协和医学院合作，开始正式发掘周口店遗址。

China Institute of Geological Survey and US sponsored Beijing Medical Union College launched formal joint excavations at Zhoukoudian.

3）加拿大解剖学家步达生将在周口店第 1 地点发掘出土的臼齿化石定名为“中国猿人北京种”。

Canadian anatomist D. Black named hominid teeth unearthed from Zhoukoudian Loc. 1 *Sinanthropus pekinensis* (Peking Man).

1928

布勒等发表《中国旧石器文化》（法文）一书。这是第一本关于中国旧石器时代研究的专著。

M. Boule *et al*. published *LE PALéOLITHIQUE DE LA CHINE*，which is the first book focused on Chinese Paleolithic.

1929

1）中国地质调查所新生代研究室成立。

The Cenozoic Laboratory under China Institute of Geological Survey was established.

2）裴文中主持周口店的发掘，并于 12 月 2 日在第 1 地点发现北京猿人的第一个头盖骨化石，引起国际学术界轰动。

Pei Wenzhong (W. C. Pei) began to take charge of fieldworks at Zhoukoudian，and found the first skullcap of Peking Man at Zhoukoudian Locality 1 on December 2，causing a great sensation in the international academic world.

1930

1）裴文中首次在周口店第 1 地点辨认出石制品，同时还采集到灰烬和烧骨、烧石等用火遗迹。

Pei Wenzhong recognized stone artifacts from Zhoukoudian Loc. 1，and collected some fire－use remains.

2）发现周口店山顶洞遗址。

The Upper Cave at Zhoukoudian was discovered.

1931

1）周口店第 1 地点的鸽子堂石英Ⅱ层出土了上千件石制品和用火遗迹。

Thousands of stone artifacts and fire－use remains were unearthed from the Pigeon Hall of Zhoukoudian Loc. 1.

2）法国史前学家步日耶访问周口店，肯定周口店存在石器和用火遗迹，并提出周口店存在骨角器。

H. Breuil，a French archaeologist，visited Zhoukoudian and confirmed the authenticity of the unearthed stone artifacts and fire evidence, and raised the issue of bone industry at Zhoukoudian.

1932

1）周口店的发掘方法经过改进，采用打探沟和分方的方法。

A new method of excavation, trenching and gridding, was applied to the Zhoukoudian excavations.

2）发现周口店第 15 地点。

Zhoukoudian Loc. 15 was discovered.

1933

1）裴文中主持山顶洞的发掘工作，发现 3 个完整的晚期智人头骨化石，一部分躯干骨、少量石器和较多的装饰品，并首次在中国发现旧石器时代墓葬。

Pei Wenzhong presided over the excavation of the Upper Cave and found 3 intact skullcaps of *Homo sapiens sapiens*, some stone artifacts and adornments, and unearthed the first Paleolithic grave in China.

2）步达生、德日进、杨钟键和裴文中编写的《中国原人史要》（英文版，中文节要）一书出版。

Fossil Man in China (in English) by H. Breuil, P. Teilhard de Charlin, C. C. Young and W. C. Pei was published.

1934

1）裴文中发表《周口店洞穴层采掘记》。

The Excavation Record of Zhoukoudian Cave by Pei Wenzhong was published.

2）周口店的发掘工作实行正规化的探方发掘法和规范的标本编号。

More standardized gridding method was employed in the excavation at Zhoukoudian, and regularized series numbers were assigned to unearthed specimens.

1935

1）步日耶在泥河湾一带发现石制品。

H. Breuil announced the discovery of stone artifacts from the Nihewan Basin.

2）开始发掘周口店第 15 地点；1937 年结束。

Excavations began at Zhoukoudian Loc. 15 and lasted until 1937.

1936

在贾兰坡主持下，11 月在周口店第 1 地点连续发掘出土 3 个完整的猿人头盖骨化石。

Three intact *Sinanthropus* skulls were unearthed from Loc. 1 during November's excavation directed by Jia Lanpo.

裴文中发表《石器与非石器之区别》的研究论文（法文）。

Le Rô le des Phénomènes Naturels dans l' Eclatement et le Faconnement des Roches Dures Utilisées par l' Homme Préhistórique by Pei Wenzhong was published.

1937

卞美年与贾兰坡在云南富民河上洞发现更新世动物化石及石制品。这是云南有地层和化石根据的最早的旧石器考古记录。

Bian Meinian and Jia Lanpo discovered Pleistocene faunal fossils and stone artifacts from the Heshangdong Cave in Fumin County, Yunnan Province, which are the first Paleolithic records in association with animal fossils unearthed from primary strata in Yunnan province.

1938

裴文中发表了《非人工破碎之骨化石》(法文)一书。

Le Rô le des Animaux et des Causes Naturels dans la Cassure Des Os by Pei Wenzhong was published.

1939

裴文中著的《山顶洞人文化》(英文)一书出版。

Pei Wenzhong published the book *The Upper Cave Industry of Choukoutien*.

1940

裴文中将水洞沟和萨拉乌苏发现的旧石器材料合在一起，统称为“河套文化”。

Pei Wenzhong named Shuidonggou and Shalawusu Paleolithic remains as “Hetao Culture”.

1941

珍珠港事件次日(即12月8日)，从1927年以来在周口店出土的全部北京猿人及山顶洞人化石、一些灵长类化石及石制品在运送美国的过程中丢失。

Hominid fossils and part of artifacts unearthed from Zhoukoudian since 1927 were lost on their way to America after the Pearl Harbor Incident.

1948

裴文中在燕京大学创办了中国第一个史前博物馆，并出版《史前时期之研究》一书。

Pei Wenzhong established the first prehistoric museum in China at Yanjing (Old Peking) University and published *Study on Prehistory*.

1949

周口店遗址发掘工作在中断了12年之后，于9月27日得以恢复。在清理塌土时发现3枚猿人牙齿。

Excavations at Zhoukoudian resumed after 12 years halt. Three Peking Man teeth were collected during clearing collapsed deposits.

1951

修建成渝铁路时，在四川资阳县黄鳝溪桥发现资阳人头骨化石。

A *Homo sapiens* skull was discovered in Ziyang County, Sichuan Province.

1953

1) 在山西襄汾县发现丁村旧石器时代遗址。

The Dingcun Paleolithic site was discovered in Xiangfen County, Shanxi Province.

2) 我国第一座古人类遗址博物馆——北京猿人陈列馆在周口店落成。

The Museum of Peking Man, the first paleoanthropological museum in China, was set up at Zhoukoudian.

3) 中国科学院古脊椎动物与古人类研究所的前身——直属中国科学院的古脊椎动物研究室建立。

The Laboratory of Vertebrate Paleontology was established directly under the Chinese Academy of Sciences, which is the predecessor of the Institute of Vertebrate Paleontology and Paleoanthropology.

1954

1）以贾兰坡为队长，由中国科学院古脊椎动物与古人类研究所、山西省文物管理委员会组成的发掘队开始对丁村遗址进行发掘，共发现9处旧石器地点，其中第100地点出土人牙化石。

A team organized by the Laboratory of Vertebrate Paleontology and Shanxi Cultural Relics Management Commission, headed by Jia Lanpo、launched surveys and excavations at Dingcun and found 9 Paleolithic localities, including one（54：100）yielding *Homo Sapiens* fossils.

2）12月27日在北京举行北京猿人第一个头盖骨发现25周年纪念会。这是我国首次举行的古人类学术会议。

A symposium on paleoanthropology in commemoration of the 25th anniversary of the discovery of the first skullcap of Peking Man was held in Beijing.

1955

郭沫若等编写的《中国猿人化石的发现与研究》一书出版。

Discovery and Study of Ancient human Fossils authored by Guo Moruo *et al*. was published.

1956

1）贾兰坡发表《对中国猿人石器的新看法》一文，提出北京人文化具有进步性的观点。

Jia Lanpo published the paper *New Views on Sinanthropus Stone Tools*, proposed the advanced aspect of the Zhoukoudian Locality 1 industry.

2）辽宁省文物考察队在喀佐鸽子洞发现旧石器时代文化遗物。它是东北地区首次发现的旧石器时代洞穴遗址。

The Pigeon Cave（Gezidong）site was discovered in Kezuo County, Liaoning Province, which is the first cave site found in Northeast China.

3）湖北省长阳县黄家塘乡下钟家湾的龙洞中发现长阳人化石。

The Changyang Man（*H. sapiens*）fossils were found from the Longdong cave in Changyang County, Hubei Province.

4）首届古脊椎动物与古人类训练班在周口店举办。

The first Paleontological and Paleoanthropological Field－School was conducted at Zhoukoudian.

1957

1）中国科学院古脊椎动物与古人类研究所正式命名。

The Institute of Vertebrate Paleontology and Paleoanthropology（IVPP）was formally named.

2）《古脊椎动物学报》创刊，1959年更名为《古脊椎动物与古人类》。

Vertebrata PalAsiatica（or *Paleovertebrata et Paleoanthropologia*）Started publication.

3）贾兰坡与王建在《泥河湾期的地层才是最早人类的脚踏地》一文中提出在中国应有比北京人更早、更原始的人类及其文化存在。从而引发了一场有众多学者参与的、持续五年之久的有关北京猿人及其文化性质、曙石器、骨器等大辩论。

In their article *The Nihewan strata – the oldest place human had stepped on*, Jia Lanpo and Wang Jian proposed that there should be hominids and their cultures earlier than Peking Man in China, which initiated a wide – range and long – lasting debate over the nature of *Sinanthropus* industry, eolith, and bone industry in China.

1958

1）裴文中主编的《山西襄汾县丁村旧石器遗址发掘报告》一书出版。

Report on the Excavation of Paleolithic Sites at Tingtsun, Hsiangfenhsieny, Shanxi Province, China, with Pei Wenzhong as chief editor was published.

2）广西柳江新兴农场附近的山洞内发现柳江人头骨和部分体骨化石。

The Liujiang Man（*H. sapiens*）fossils were discovered in a cave in Liujiang County, Guangxi Zhuang Autonomous Region.

3）广东马坝狮子山发现马坝人头骨化石。

The Maba Man（*H. sapiens*）skull was discovered in Maba County, Guangdong Province.

1959

12月21～24日北京猿人第一个头盖骨发现30周年纪念会在北京召开。

A conference was held in Beijing in commemoration of the 30th anniversary of the discovery of the first skullcap of Peking Man on December 21～24.

1960

1）中国科学院古脊椎动物与古人类研究所与山西省文物管理工作委员会组成联合发掘队，在山西芮城西侯度早更新统地层中发现旧石器时代文化遗迹；并对匼河遗址进行了正式发掘。

Some Paleolithic cultural remains were unearthed from the Lower Pleistocene strata at Xihoudu, Ruicheng County, Shanxi Province, by the IVPP and the Shanxi Museum joint team. The team also conducted excavations at the Kehe Site.

2）四川省汉源县富林镇发现旧石器时代晚期遗址。

The Fulin Upper Paleolithic site was discovered in Hanyuan County, Sichuan Province.

3）河南安阳小南海发现旧石器时代晚期遗址并进行首次发掘。

The Xiaonanhai Upper Paleolithic site in Anyang of Henan Province was discovered and excavated.

1961

广东封开县发现旧石器时代向新石器时代过渡的黄岩洞文化遗址。

The Huangyandong site, yielding an industry of a transitional period from Paleolithic to Neolithic, was discovered in Fengkai County, Guangdong Province.

1963

1）裴文中主持对鄂尔多斯地区和榆林地区的重新考察，并对宁夏灵武县水洞沟等地点重新进行了发掘。

Pei Wenzhong led an anew survey in Ordos and Yulin regions and conducted new excavations at the Shuidonggou site.

2）中国科学院古脊椎动物与古人类研究所野外考察队，在陕西蓝田陈家窝的红色土层中发现了一猿人下颌骨和几件石器。

An IVPP team discovered a *Homo erectus* mandible and a few stone artifacts from Chenjiawo of Lantian County，Shannxi Province.

3）中国科学院古脊椎动物与古人类研究所太原工作站，在山西朔县峙峪河流相堆积中发现人枕骨化石1块、石制品15000多件和大量具有人工痕迹的动物化石。

An IVPP team collected a piece of *Homo sapiens sapiens* occipital fossil and numerous lithic and faunal materials from the Shiyu site in Suoxian County，Shanxi province.

1964

1）中国科学院古脊椎动物与古人类研究所考察队，在蓝田公王岭发掘出猿人头盖骨、牙齿化石和少量石器。

An IVPP team unearthed a *Homo erectus* skullcap，a few teeth and stone artifacts from the Gongwang ling site in Lantian County，Shaanxi Province.

2）中国科学院古脊椎动物与古人类研究所、贵州省博物馆，在黔西县沙井乡观音洞发现一处旧石器时代遗址。

The Guanyingdong site was discovered in Qianxi County，Guizhou province，by the IVPP and Guizhou Museum.

3）山西省蒲县发现薛关细石器遗址。

The Xueguan site，yielding microlithic tools，was discovered in Puxian County，Shanxi Province.

4）云南丽江发现属于晚更新世的智人化石。

The Lijiang *H. sapiens sapiens* fossil was discovered in Lijiang County，Yunnan Province.

1965

1）中国地质科学院地质力学研究所考察队，在云南省元谋县上那蚌村附近“元谋组”褐色黏土层中发现元谋人牙齿化石。

H. erectus teeth of the Yuanmou Man were found from Shangnabang in Yuanmou County，Yunnan Province by a team under the Institute of Geology and Mechanics，Chinese Academy of Geosciences.

2）中国科学院古脊椎动物与古人类研究所太原工作站在河北省阳原县发现虎头梁遗址。

The Hutouliang Paleolithic site in Yangyuan County，Hebei Province was discovered by an IVPP team.

1970

山西省发现下川细石器遗址。

The Xiachuan microlithic site was discovered in Shanxi Province.

1971

1）贵州省桐梓县发现早期智人化石。

Archaic *H. sapiens* fossils were discovered in Tongzi County，Guizhou Province.

2）湖北发现并发掘大冶石龙头洞穴遗址。

The Shilongtou cave site was discovered and excavated in Daye County，Hubei Province.

1972

1) 辽宁省凌源县西八间房发现一处旧石器时代晚期遗址。

An Upper Paleolithic site was discovered in Xibajianfang, Lingyuan County, Liaoning Province.

2) 中国科学院古脊椎动物与古人类研究所，对河北阳原虎头梁细石器遗址进行发掘，3 年内发掘 9 个地点，出土石制品数万件。

An IVPP team excavated the Hutouliang site. Excavations were conducted at 9 localities, lasted for 3 years and unearthed tens of thousands of artifacts.

3) 贾兰坡在《山西峙峪旧石器时代遗址发掘报告》中提出华北旧石器文化存在两个系统："匼河—丁村系"和"周口店第 1 地点—峙峪系"。

In the paper *Excavation Report of Shiyu site in Shanxi*, Jia Lanpo hypothesized that there were two Paleolithic cultural traditions in North China, namely the"Kehe - Dingcun series" and the"Zhoukoudian Loc. 1 - Shiyu series".

4) 贾兰坡在《中国细石器的特征和它的传统、起源与分布》一文中认为：中国及东亚、北亚和北美的细石器文化属于同一传统，起源于华北。

In the paper *Characters of microlithic industry in China and its tradition, origin and distribution*, Jia Lanpo suggested that microlithic complexes discovered in China, East Asia, North Asia and North America belong to the same cultural tradition, originated in North China.

5) 富林遗址首次进行系统发掘，发现石制品 5000 多件。

The Fulin site was excavated and more than 5000 stone artifacts were unearthed.

1973

1) 首次在广西百色盆地高阶地上发现打制石器。

Stone artifacts were collected for the first time in high terraces in the Bose Basin, Guangxi Zhuang Autonomous Region.

2) 由中国科学院古脊椎动物与古人类研究所、辽宁省博物馆组成联合发掘队，对辽宁喀左鸽子洞旧石器时代中期遗址首次进行发掘。

Excavations were conducted at the Gezidong site in Liaoning Province by the IVPP and Liaoning Museum.

3) 陕西韩城发现禹门口旧石器时代遗址，发掘出石制品 1200 余件。

The Yumenkou site in Hancheng County, Shaanxi Province was discovered and excavated, and more than 1200 stone artifacts were unearthed.

1974

1) 山西省阳高县与河北省阳原县交界处发现许家窑遗址。

The Xujiaoyao site was discovered in a conjunction area of Yanggao County, Shanxi Province and Yangyuan County, Hebei Province .

2) 辽宁营口县发现包含旧石器时代早、中期文化的金牛山遗址。

The Jinniushan site was discovered in Yingkou County, Liaoning Province.

3）贵州兴义县猫猫洞发现旧石器时代晚期的古人类文化遗址，出土了人类化石和大量的石制品、骨角制品。

The Maomaodong Upper Paleolithic site was discovered from Xingyi County，Guizhou Province，and some human fossils，a large numbers of stone artifacts and bone tools were unearthed from it.

1975

山西大同青磁窑煤矿附近采集到石制品。经 1976、1977 年两次发掘，获得石制品近 1000 件。

Stone artifacts were collected from the Qingciyao coalmine area in Datong of Shanxi Province. Subsequent excavations yielded about 1000 stone artifacts.

1976

1）四川省铜梁县发现旧石器时代晚期遗址，出土了 300 多件石制品和丰富的动物化石。

The Tongliang Upper Paleolithic site was discovered in Sichuan Province and approximately 300 stone artifacts and abundant faunal fossils were unearthed.

2）贵州省普定县发现穿洞遗址。在其后的发掘中出土智人头盖骨化石和大量石器、骨角器。

The Chuandong site was discovered in Puding County，Guizhou Province，and subsequent excavations resulted in the finding of *Homo sapiens* fossils and numerous stone and bone tools.

3）中国科学院古脊椎动物与古人类研究所对许家窑遗址进行发掘，出土 9 件早期智人化石、13000 余件石制品和一批骨制品。石制品中包含数量众多的石球。

The IVPP began to excavate the Xujiayao site and unearthed 9 pieces of archaic *Homo sapiens* fossils, more than 13000 pieces of stone artifacts and bone implements，including a large number of stone spheroids.

1977

甘肃环县刘家岔发现旧石器时代晚期遗址，出土丰富的石制品。

The Liujiacha Upper Paleolithic site was discovered in Huanxian County，Gansu Province，and plenty of stone artifacts were unearthed from it.

1978

1）中国科学院古脊椎动物与古人类研究所在泥河湾盆地下更新统层位中发现小长梁遗址，出土丰富的石制品。

Numerous stone artifacts were collected from the Lower Pleistocene strata at Xiaochangliang in the Nihewan Basin，Hebei Province by an IVPP field team.

2）贵州省普定县发现白岩脚洞旧石器时代晚期遗址。1979 年试掘、1982 年发掘，共获得石制品和骨器 1000 多件。

The Baiyanjiaodong Upper Paleolithic site was discovered in Puding County，Guizhou Province，and more than 1000 stone artifacts and bone implements were unearthed during subsequent excavations.

3）陕西省大荔县地质队在大荔县段家乡解放村甜水沟发现一具比较完整的早期智人头骨化石。经发掘在含人化石层中发现丰富的石制品和哺乳动物化石。

The Dali Geological Survey Team obtained a relatively complete skullcap of *Homo Sapiens* from Tianshuigou in Dali County, Shaanxi Province. Subsequent excavations unearthed numerous lithic artifacts and faunal remains.

4）辽宁本溪发现庙后山旧石器时代早期遗址，出土有人类化石、石制品和哺乳动物化石。

The Miaohoushan Lower Paleolithic site was found in Benxi of Liaoning Province; Human fossils, stone artifacts, and mammalian fossils were unearthed from it.

1979

1）在北京召开北京猿人第一个头盖骨发现50周年纪念会。会上报告了两年来北京猿人遗址综合研究的初步结果。

The paleoanthropological symposium in commemoration of the 50th anniversary of the discovery of the first skullcap of Peking Man was held in Beijing. Major achievements in a multi－disciplinary study of Zhoukoudian started two years ago were reported.

2）山西省考古研究所对薛关遗址进行试掘，第二年正式发掘，获得包括细石器在内的石制品4777件。

Excavations were launched at the Xueguan site by the Shanxi Institute of Archaeology, and 4777 pieces of lithic artifacts, including numerous microlithic tools, were unearthed during the two－year period.

1980

中国科学院古脊椎动物与古人类研究所对内蒙古乌审旗大沟湾萨拉乌苏遗址进行发掘，从地层中发现一批石制品。

An IVPP team conducted excavations at the Salawusu site and obtained a batch of stone artifacts.

1981

1）泥河湾盆地发现东谷坨遗址。

The Donggutuo Lower Paleolithic site was discovered in the Nihewan Basin.

2）辽宁省海城县发现小孤山仙人洞旧石器时代晚期遗址。文化遗物丰富而多样，石制品数以万计，并有骨、角器和装饰品。

The Xianrendong Upper Paleolithic site was discovered at Xiaogushan near Haicheng City, Liaoning Province, and abundant stone artifacts, bone tools, and ornaments were unearthed.

1982

1）中国旧石器时代考古学之父裴文中先生于9月18日在北京逝世。

The founding father of Chinese Paleolithic archaeology, Professor Pei Wenzhong (W. C. Pei), passed away on September 18 in Beijing.

2）《人类学学报》创刊。

Acta Anthropologica Sinica started publication.

3）哈尔滨市郊的阎家岗发现旧石器时代晚期古营地遗址。

An Upper Paleolithic encampment site was discovered at Yanjiagang near Harbin, Heilongjiang Province.

1983

山西省考古所在太原古交镇附近发现一处大型的史前石器制造场。

The Shanxi Institute of Archaeology discovered a large－scale prehistoric lithic workshop at Gujiao near Taiyuan，Shanxi Province.

1984

1）贾兰坡、黄慰文著述的《周口店发掘记》一书出版。

Excavation Records at Zhoukoudian written by Jia Lanpo and Huang Weiwen was published.

2）《贾兰坡旧石器时代考古论文选》出版。

The Palaeoliths of China－Selected Works of Jia Lanpo was published.

3）盖培在《阳原石核的动态类型学研究及其工艺思想分析》中提出石制品的动态类型学概念。

4）Gai Pei put forward the concept of"dynamic typology for lithic artifacts" in the paper A study on the changing forms of cores from Yangyuan and an analysis on craftwork ideas published in *Acta Anthropologica Sinica*.

5）李炎贤在《关于石片台面的分类》一文中对石片台面的分类提出系统的方案。

Li Yanxian classified systemically the flake platforms in the paper *Classification of flake platforms* published in *Acta Anthropologica Sinica*.

6）中国科学院古脊椎动物与古人类研究所、贵州省博物馆对白岩脚洞遗址进行了联合发掘。

The IVPP and the Guizhou Museum jointly excavated the Baiyanjiaodong site.

7）"北京人发现55周年纪念会"在北京举行。会上首次公开展出了禄丰古猿、北京人、蓝田人、马坝人等珍贵标本。

The 55th anniversary celebration in commemoration of the discovery of the first skullcap of Peking Man was held in Beijing.

8）"元谋人发现20周年纪念会"在云南省元谋县举行。会上就元谋人的年代问题进行了讨论。新的古地磁测定结果认为元谋人生存于距今170万年以前。

The 20th anniversary celebration in commemoration of the discovery of *Homo erectus yuanmoensis* was held in Yuanmou，Yunnan province. New paleomagnetism date affirms the age of Yuanmou Man to be 1.7 million BP.

9）北京大学考古队在辽宁省营口市金牛山遗址发现属于早期智人的一个头骨、50余件头后骨化石及古人类生活面等文化遗迹、遗物。

A Beijing University archaeological team unearthed a *Homo sapiens* skull，more than 50 pieces of post－cranial fossils and some cultural remains from the Jinniushan site，Liaoning Province.

10）在河南省荥阳织机洞发现一处旧石器时代至新石器时代的遗址。

The Zhijidong cave site，dated to be the Upper Paleolithic-Neolithic Period，was discovered in Xingyang，Henan Province.

1985

1）裴文中、张森水所著的《中国猿人石器研究》，吴汝康等编著的《北京猿人遗址综合研究》两本专著出版。

Two books related to Zhoukoudian, *A Study on the Lithic Artifacts of Sinanthropus* authored by Pei Wenzhong and Zhang Senshui, and *Multi – Disciplinary Study of the Peking Man Site at Zhoukoudian* edited by Wu Rukang. *et al*. were published.

2）中国科学院古脊椎动物与古人类研究所、重庆自然博物馆开始对巫山龙骨坡遗址进行发掘。所发现的人科化石、哺乳动物化石及 3 件石制品被认为距今 200 万年左右。

The IVPP and Chongqing Natural Museum began to excavate the Longgupo site and collected some hominid fossils, mammalian remains and 3 stone artifacts, believed to be 2 million years old.

3）吴汝康和 J. W. Olsen 编著的《中国古人类学与旧石器时代考古学》一书（英文）在美国出版。这是第一部在西方出版的系统介绍中国古人类学和旧石器时代考古学成果的专著。

Paleoanthropology and Paleolithic Archaeology in the People's Republic of China (in English), edited by Wu Rukang and John W. Olsen, was published in America.

4）美国考古学家宾福德等撰文对北京猿人遗址的性质、用火证据和人类狩猎行为提出质疑。

American archeologists L. R. Binford *et al*. called in question the nature of Peking Man site, the fire – using evidences and human hunting behaviors at Zhoukoudian.

1986

1）李炎贤、文本亨合著的《观音洞——贵州黔西旧石器时代早期文化遗址》一书出版。

Guanyindong——A Lower Paleolithic Cultural Site in Qianxi, *Guizhou Province* by Li Yanxian and Wen Benheng was printed.

2）由辽宁省博物馆和本溪市博物馆编著的《庙后山》一书出版。

The monograph *Miaohoushan* edited by the Liaoning Museum and Benxi Museum was published.

3）河北省文物研究所对阳原岑家湾旧石器时代早期遗址进行首次发掘，出土近 900 件石制品。谢飞等于其后的研究中首次进行系统的拼合尝试。

The first excavation at the Chenjiawan Lower Paleolithic site in the Nihewan Basin by the Hebei Institute of Archeology & Cultural Relics yielded nearly 900 stone artifacts. Xie Fei *et al*. conducted the first systemic refitting test in China on these unearthed materials.

1987

1）《裴文中史前考古学论文集》出版。

Prehistoric Archaeology – Selected Works of Pei Wenzhong was published.

2）张森水：《中国旧石器文化》一书出版。

Chinese Paleolithic Cultures by Zhang Senshui was printed.

3）河北省兴隆县发现一件属于旧石器时代的有刻划花纹的鹿角。

An antler with sculptured lines on it, dated to be the Upper Paleolithic, was discovered in Xinglong County, Hebei Province.

4）黄慰文在《中国的手斧》一文中指出：中国旧石器时代文化中存在一批含手斧的石器工业，其分布集中在汾渭地区、汉水谷地和百色盆地。

In the paper *Handaxes in China*, Huang Weiwen pointed out that handaxes existed in Paleolithic complexes in China, concentrated in three regions, namely the Fen－Wei river Valley, Hanshui Valley and the Bose Basin.

1988

中国科学院古脊椎动物与古人类研究所与河北省文物研究所对承德四方洞遗址进行发掘，出土丰富的旧石器时代晚期文化遗物。同时举办了河北省首届旧石器时代考古培训班。

The IVPP and Hebei Institute of Archaeology & Cultural Relics excavated the Sifangdong Cave site in the Chengde district and unearthed a large number of cultural remains dated to be the Upper Paleolithic. The first Paleolithic archaeological field－school in Hebei Province was held during the excavation.

1989

1）北京猿人第一个头盖骨发现 60 年纪念暨国际古人类学术研讨会于 10 月 19～24 日在北京召开。会前出版《中国远古人类》一书。

The International Symposium on Paleoanthropology in Commemoration of the 60th Anniversary of the Discovery of the First Skullcap of Peking Man was held in Beijing. *Early Humankind in China*, edited by Wu Rukang *et al.*, was published before the conference.

2）安徽广德独山镇关家湾牛棚山发现旧石器时代中期遗址，出土 100 多件石制品。

A Middle Paleolithic site was discovered on the Niupeng Mountain in Guangde County, Anhui Province, and about 100 stone artifacts were unearthed.

3）南昌市西北的安义县潦河河谷发现江西省第一处旧石器地点，出土石制品 40 多件。

The first Paleolithic site in Jiangxi Province was discovered in the Liaohe Valley, Anyi County, and more than 40 stone artifacts were unearthed.

1990

1）《裴文中科学论文集》出版。

Selected Works of Pei Wenzhong was published.

2）湖北郧县曲远河口学堂梁子发现人类头骨化石、动物化石和石制品。该发现被评为当年全国十大考古发现之一。

Hominid skulls, animal fossils and stone artifacts were discovered in Yunxian Conty, Hubei Province. This discovery was chosen as one of 1990' Ten Greatest Archaeological Discoveries in China.

3）贵州省盘县发现大洞遗址。

The Dadong (Grant Cave) site was discovered in Panxian County, Guizhou Province.

4）湖北省丹江口市武当山麓旧石器晚期露天遗址中出土 7000 多件石制品和一批动物化石。

More than 7000 stone artifacts and a batch of animal fossils were unearthed from a Paleolithic site on the slope of Wudangshan Mountain, Danjiangkou, Hubei Province.

5）湖南省石门县燕儿洞发现距今 3～2 万年的晚期智人化石。这是湖南省首次发现的古人类化石。

Some *Homo sapiens sapiens* fossils, estimated to be about 30－20 thousand years old, were unearthed from Yanerdong cave in Shimeng County, Hunan Province, which are the first human fossils discovered in that province.

6) 北京市平谷县马家坟发现一处旧石器时代遗址。

A Paleolithic site was discovered at Majiafen in Pinggu County, Beijing.

7) 河南省巩义市南河渡乡神南村发现一处旧石器时代早期遗址，出土石制品 600 多件。

A Lower Paleolithic site was discovered at Shennan in Gongyi District, Henan Province and about 600 stone artifacts were collected.

8) 由黑龙江省文管会、中国科学院古脊椎动物与古人类研究所等编著的《阎家岗旧石器时代晚期古营地遗址》一书出版。

The book *Yanjiagang – An Upper Paleolithic Camp Site* compiled by Heilongjiang Cultural Relics Management Commission and the IVPP was published.

1991

1) 中国科学院古脊椎动物与古人类研究所与美国加利福尼亚大学伯克莱分校等单位组成的中美联合考古队，在泥河湾盆地，对东谷坨等遗址进行发掘。该项目将现代西方的田野考古方法引入中国。

The Sino – US joint archaeological team conducted excavations in the Nihewan Basin. This program introduced some new field methods into China.

2) 泥河湾盆地早更新统地层中发现半山遗址。

The Banshan site was discovered within the Lower Pleistocene horizons in the Nihewan Basin.

3) 卫奇首次编制出泥河湾盆地旧石器遗址地质序列。

Wei Qi established the geological – chronological sequence for Paleolithic sites in the Nihewan Basin.

1992

1) 侯亚梅发表《石制品微痕分析的实验性研究》和《考古标本微磨痕初步研究》两篇论文。这是在中国将微痕观察手段应用到旧石器时代考古研究中的首次系统尝试。

Hou Yamei published two papers on stone tool microwear analysis on *Acta Anthropologica Sinica*, namely *Experimental Studies of microwear analysis on stone artifacts and Preliminary microwear studies on archaeological stone artifacts*, representing the first systematic attempt in this approach in China.

2) 湖北省江陵发现鸡公山遗址。由北京大学考古系等单位发掘的 425 平方米内辨识出 5 处“人类居住面”。该发现被评为当年全国十大考古发现之一。

The Jigongshan site, dated to be the Lower Paleolithic, was discovered in Jiangling County, Hubei Province. Five areas of human habitation surfaces were identified during the excavation conducted by Beijing University. The discovery was listed as one of 1993’ Ten Greatest Archaeological Discoveries in China.

3) 中国科学院古脊椎动物与古人类研究所和贵州六盘水市文管会等单位首次对盘县大洞遗址进行发掘，出土 1300 多件石制品，肯定其为一巨大的早期人类居住的洞穴遗址。

The Dadong site was excavated by IVPP *et al*. and more than 1300 stone artifacts were unearthed.

4) 云南昆明市郊大板桥发现主要以砸击法生产的石制品。

Stone artifacts flaked mainly by the bipolar technique were discovered at Dabanqiao near Kunming, Yunnan Province.

5) 海南省三亚落笔洞发现晚期智人化石及其文化遗物。这是在海南首次发现旧石器时代遗存。

Homo sapiense sapiens fossils and stone artifacts were found from the Luobidong cave site near Sanya city, which is the first Paleolithic discovery made in the newly established Hainan Province.

6) 泥河湾盆地早更新统地层中发现马圈沟遗址。

The Majuangou site was discovered within the Lower Pleistocene horizons in the Nihewan Basin.

1993

1) 南京汤山葫芦洞发现直立人化石及伴生的动物群。

The Tangshan *Homo erectus* fossils were discovered from the Huludong cave site in Nanjing.

2) 中国科学院古脊椎动物与古人类研究所组成三峡库区旧石器时代考古队，于年底开始大规模的考古调查工作。

The IVPP organized the Sanxia Paleolithic Archaeological Team and launched a large scale reconnaissance within the Three Gorges region.

3) 盘县大洞遗址的发掘被评为 1993 年全国十大考古成果之一。

Excavation at the Dadong site was chosen as one of the 1993' Ten Greatest Archaeological Discoveries in China.

4) 贾兰坡在《中国古人类大发现》一书中提出“人类的起源在亚洲南部”的新主张，并认为人类的历史已有 400 万年。

Jia Lanbo proposed a new hypothesis that human beings originated from South Asia 4 million years ago.

1994

1) 林圣龙发表《对九件手斧标本的再研究和关于莫维斯理论之拙见》一文，认为在中国的旧石器时代文化中不存在真正的手斧和勒瓦娄洼技术产品，因而莫维斯关于东西方两个旧石器时代传统的划分仍然适用。

In a paper published in *Acta Anthropologica Sinica*, Lin Shenglong proposed that there weren't authentic handaxes and Levallois products in China, so the Movius' partition on East and West cultural traditions still held true. This led to a debate on the characteristics and relationships of Paleolithic cultures between the East and the West.

2) 三峡旧石器考古队在库区发现 68 处旧石器时代遗址和哺乳动物化石地点，被评为 1994 年全国十大考古发现之一。

Sixty-eight Paleolithic sites and faunal localities were discovered by the Sanxia Paleolithic Archaeological Team, and such a result was listed as one of the 1994' Ten Greatest Archaeological Discoveries in China.

3) 中国科学院古脊椎动物与古人类研究所野外考察队在丹江水库二期工程（南水北调工程）淹没区进行考察，发现旧石器地点 58 处。

A field team of the IVPP found 58 Paleolithic localities in the Danjiang Reservoir-affected area.

4）丁村文化国际学术研究会在太原召开，会后出版了论文集。

An international symposium on the Dingcun Culture was held in Taiyuan and the proceedings was published after the conference.

1995

中国科学院古脊椎动物与古人类研究所在重庆丰都县高家镇举办了“三峡淹没区旧石器时代考古训练班”，并对高家镇遗址和烟墩堡遗址进行了发掘。

The IVPP sponsored the Sanxia Paleolithic Archaeological Workshop in Fengdu，and ran excavations at the Gaojiazheng and Yandunbao sites.

1996

1）陕西省洛南县尖角乡东河村发现一处洞穴遗址，时代为距今 50 万年。出土直立人牙齿化石 1 枚、石制品和骨制品 2 万余件，以及一些用火遗物和遗迹。

A cave site，estimated to be 500000 BP，was discovered at Donghe in Luonan County，Shanxi Province. A *Homo erectus* tooth，more than 20000 stone and bone artifacts and fire remains were unearthed from it.

2）北京王府井东方广场工地发现一处旧石器时代晚期遗址，经中国科学院古脊椎动物与古人类研究所等单位的抢救性发掘，出土了一批石制品、骨制品和用火痕迹。

An Upper Paleolithic site was discovered at Wangfujing，downtown Beijing. Some stone and bone artifacts and fire－use remains were unearthed by the IVPP *et al*.

3）烟墩堡遗址的发掘被评为 1996 年度全国十大考古发现之一。

Exacavation at the Yandunbao site was listed as one of the 1996’ Ten Greatest Archaeological Discoveries in China.

1997

1）重庆巫山龙骨坡遗址发掘队在地层中发现大批石制品。

Some stone artifacts were unearthed from the Longgupo site.

2）卫奇提出泥河湾盆地考古地质学框架。

Wei Qi established the georarchaeological sequence for the Nihewan Basin.

1998

1）中国科学院古脊椎动物与古人类研究所承担的“国家‘九五’攀登专项”——《早期人类起源及环境背景研究》启动，旨在寻找 200～500 万年前的中国古人类、古猿遗存。

The program “Study on Early Hominid Origins and Environmental Backgrounds ‘under a key national science project ’ Pandeng” was launched by the IVPP，aiming at searching for hominid remains of 2－5 million years old.

2）中国科学院古脊椎动物与古人类研究所与安徽省博物馆考察人员在繁昌县孙村镇癞痢山发现“人字洞”遗址，采集到少量石制品，时代为早更新世早期。

An IVPP the Anhui Museum joint team discovered the Renzidong site in Fanchang County，Anhui Province，and collected several stone artifacts，estimated to be the early phase of the Lower Pleistocene.

3）美国《科学》杂志发表 Weiner 等人的文章，否定周口店北京猿人的用火证据，引起中国学者的强烈反对。

Weiner *et al*. published the article *Evidence for the use of fire at Zhoukoudian*, *China on Science* (Vol. 281, 10 July), renounced fire－use evidence at Zhoukoudian Locality 1, caused fierce criticisms from Chinese scholars.

4）三峡旧石器考古队对丰都高家镇遗址和奉节鱼复浦遗址进行了发掘。

The Sanxia Paleolithic Team conducted excavations at the Gaojiazhen and Yufupu sites.

5）庆祝贾兰坡院士九十华诞国际学术讨论会在北京举行。会后出版论文集《史前考古学新进展》。

The International Symposium celebrating the 90th birthday of the academician Jia Lanpo was held in Beijing. The proceedings named *New Advance of Archaeology in Prehistory* was published thereafter.

6）贾兰坡、陈淳编著的《中国猿人》一书出版。

A Story of Early Man *in China* authored by Jia Lanpo and Chen Chun was published.

1999

1）高星在《关于"中国旧石器时代中期"的探讨》中提出"中国旧石器时代中期"不是一个合理的学术概念，提议以二分法取代早、中、晚三期断代模式。

In the paper *A discussion on 'Chinese Middle Paleolithic'* published in *Acta Anthropologica Sinica*, Gao Xing advanced that 'Chinese Middle Paleolithic' is not a rigorous and meaningful academic concept, thus the three－staged cultural sequence should be replaced by an Early and Late Paleolithic model in China.

2）张森水在《管窥新中国旧石器考古学的重大发展》一文中对中国旧石器工业的基本框架进行了探讨，提出北、南主工业二元结构与多种区域性工业类型并存的观点。

In *Restricted Views on Great Progresses in Chinese Paleolithic Archaeology*, Zhang Senshui proposed that the North and South 'Principal Paleolithic Industries' coexisted with many regional industries in China.

3)′99 国际古人类学研讨会暨北京猿人第一个头盖骨发现 70 周年纪念会于 10 月在北京召开。会前出版了由贾兰坡主编的图册《周口店记事》。

The ′99 International Symposium on Paleoanthropology in Commemoration of the 70th Anniversary of the Discovery of the First Skull－cap of Peking Man was held in Beijing, and the photo album——*Zhoukoudian Records* edited by Jia Lanpo was published before the conference.

4）北京猿人网站开通。

The website *Peking Man* was established.

5）三峡旧石器考古队发掘了丰都井水湾遗址和奉节横路遗址。

The Sanxi Paleolithic Team conducted excavations at the Jingshuiwan and Henglu sites in the Three Gorges region.

6）吴汝康、吴新智两院士主编的《中国古人类遗址》一书出版。

The monograph *Paleolithic Sites in China* edited by Wu Rukang and Wu Xinzhi was published.

2000

1）3月3日，美国《科学》杂志（加彩色封面）刊登侯亚梅等撰写的有关百色盆地旧石器工业的论文，认为百色盆地的手斧证明东亚地区在旧石器时代早期存在与西方阿舍利文化同样进步的石器文化。

Hou Yamei *et al*. published *Mid－Pleistocene Acheulean－like stone technology of the Bose Basin, South China* in *Science*（March 3），proposed that handaxes collected from the Bose Basin indicate that the East Asia had the same enlightened Paleolithic cultures as the Western world.

2）三峡旧石器考古队对丰都烟墩堡遗址的野外工作获国家文物系统田野发掘三等奖。

The IVPP and Chongqing Natural Museum joint team won a third－class'Fieldwork Award' issued by the State Cultural Relics Bureau for its outstanding excavations at the Yandunbao site.

3）王幼平著述的《旧石器时代考古》一书出版。

The book *Paleolithic Archaeology* written by Wang Youping was published.

4）湖北建始龙骨洞再次发掘，出土2枚早期人类牙齿化石和少量石制品。

Two hominid teeth and a few stone artifacts were unearthed from the Longgudong site in Jianshi County，Hubei Province，by an IVPP team.

5）三峡旧石器考古队对井水湾、枣子坪、横路、洋安渡和三坨5处石器时代遗址进行了抢救性发掘。

The Sanxia Paleolithic Team conducted excavations at 5 prehistoric sites in the Three Gorges region，including Jingshuiwan，Zaoziping，Henglu，Yangandu and Santuo.

编后记

中国科学院古脊椎动物与古人类研究所与中国旧石器时代考古学一同孕育，一起成长。经过80年的发展，中国旧石器时代考古学在裴文中、贾兰坡两位院士的带领下，从无到有为复原旧石器时代人类群体生存的历史做出了重要的贡献。而在此期间古脊椎动物与古人类研究所承担了全国范围内旧石器时代考古调查、发掘和研究的大部分工作，组织了一系列重大考察和研究项目，集中了本学科的主要资料，发表了大量的学术论文和专著，并为国家培训了一批业务骨干。该所成为中国旧石器时代考古学的科研基地，代表着我国这一领域的研究水平和方向，是中国旧石器时代考古学的缩影。

为了温故知新，总结和展示该所（进而也是全国）20世纪的科研成果，在所领导和老一辈科学家的支持下，我们成立了由中、青年业务骨干组成的编辑委员会，负责收集和精选出过去80年间由本所学人发表的重要的旧石器考古研究的学术论著，并附加本所同仁的“20世纪旧石器时代考古论著目录”与“20世纪中国旧石器时代考古学大事记”，汇编成一部《中国科学院古脊椎动物与古人类研究所20世纪旧石器时代考古学研究》，以此作为向新世纪、新千年的献礼。

我们将入选论文限定在本所正式学习和工作过的同仁在本所工作期间正式发表过的研究报告或论文。这些论文应在旧石器时代考古学理论和研究方法方面具有较高的水平或新的创见，或涉及到重要的旧石器时代考古遗址和材料。由于篇幅所限，不可能将全部重要论文收录，难免挂一漏万；在论文的选定和编审方面定会有不周和不足之处。另外，限于篇幅和出版效果的考虑，我们删掉了论文中的图版（但保留了线图），在此向作者和读者表示歉意。

本书的出版得到了中国科学院“百人计划”的资助。贾兰坡先生在生前不顾年高体弱，挥笔为本书作序。张森水、林圣龙、黄慰文、卫奇、李炎贤、邱中郎、盖培和尤玉柱等先生审阅了部分稿件并提出宝贵的指导意见。“20中国旧石器时代考古大事记”由冯兴无撰写，“20世纪旧石器时代考古论著目录”由陈福友收集、整理，裴树文对部分稿件进行了整理和删节，林玉芬对全部稿件进行了编排，高星对文稿进行了审定。文物出版社的李莉女士为该书的出版付出了很多心血。夏莹洁女士为稿件线图的清绘、编排和文字输入做了大量的技术性工作。

在此谨向所有支持和帮助过本书付梓发行的人士表示衷心的感谢！

编委会

2002年5月1日

封面设计　张希广
责任印制　王少华
责任编辑　李　莉

图书在版编目（CIP）数据

中国科学院古脊椎动物与古人类研究所 20 世纪旧石器时代考古学研究/高星，侯亚梅编. —北京：文物出版社，2002.12
ISBN 7-5010-1362-4

Ⅰ.中…　Ⅱ.①高…②侯…　Ⅲ.旧石器时代考古-研究-中国-文集　Ⅳ.K871.114-53

中国版本图书馆 CIP 数据核字（2002）第 093597 号

中国科学院古脊椎动物与古人类研究所

20 世纪

旧石器时代考古学研究

高星　侯亚梅

*

文物出版社出版发行

北京五四大街 29 号

http://www.wenwu.com

E-mail:web@wenwu.com

北京美通印刷有限公司印刷

新　华　书　店　经　销

889×1194　1/16　印张：31.25

2002 年 12 月第一版　2002 年 12 月第一次印刷

ISBN 7-5010-1362-4/K·609　定价：180.00 元